CSSCI 來源集刊

歷史語言學研究

（第十三輯）

中國社會科學院語言研究所《歷史語言學研究》編輯部　編

2019 年 · 北京

《歷史語言學研究》編輯委員會

目　　録

因聲求字與因義求字

——俗語詞“硌硬”本字考

江藍生

提　要　本文考證了北方方言俗語詞“gè · ying”的本字是“硌隱”。“gè · ying”在方言中有“硌影、格癢、圪噫”等多種詞形，其下字有的反映了本字音變的不同歷史層次，有的則反映了方言的變讀音。本文還考證了“隱”的詞義爲“硌”，故“硌隱”爲同義並列結構。本文旨在説明：(1)考本字要將因聲求字與因義求字相結合；(2)语音的演变既有連續式音變(時間，縱向)，也有疊田边置式音變(地域，横向)，必須兼而考慮。

關鍵詞　考本字　連續式音變　疊置式音變　硌隱　西北方言

2008 年修訂《現代漢語詞典》(以下簡稱《現漢》)第 5 版時，我們對第 5 版中的一些方言詞的讀音和詞形進行了較爲系統的考察和處理，如把有的方言詞的讀音改爲普通話讀音(“拆爛污”的“拆”由 cā 改爲 chāi，刪去“拆”的 cā 音；把“貓腰”máoyāo 改爲 māoyāo，刪去“貓”的陽平音)。另外，根據詞義有無關聯性把某些多義字詞分列爲同音形字詞(如把“怯”字頭分爲“怯[1]”和“怯[2]”，“怯[1]”爲本字，“怯[2]”爲音借字，本字爲“客”)。決定做這些改動往往離不了考本字的環節，有的俗語詞的本字很難求證，牽涉語音、語義、語法以及歷時、共時多個層面。

下面擬以俗語詞“硌硬”爲典型代表，談談我們在這方面的切身體會，或許對開闊考本字的思路、改進考本字的方法有所啟發。

一　“硌硬”的各種方言詞形與讀音

1.1　改“膈應”爲“硌硬”

《現漢》第 3 版增收方言詞“膈應”gè · ying(第 1、2 版未收)，此詞廣泛使用于東北、華北、西北、中原等地區，是個通用度較大的北方方言詞，應該收進詞典。問題是“膈應”只是記音形式，各地方言詞典用字各不相同，讓人莫衷一是。

《現漢》第 1、2 兩版“膈”字只有陽平 gé 一讀(“横膈膜”的“膈”)，第 3 版至第 5 版增加了去聲 gè 一讀，因爲修訂者把通行於北方地區的方言詞“gè · ying”的詞形定爲“膈應”，這才

使"膈"字多了一個去聲音。下面是第 5 版的釋義(見 464 頁):

膈gè [膈應](gè · ying)〈方〉❶形討厭;膩味:心裏～得慌。❷動使討厭;使膩味:這種事兒特別～人。

另見 462 頁 gé。

歷來"膈"字只有陽平 gé 一讀,方言詞"gè · ying"的本字是不是"膈應"? 如果不是,給"膈"增加一個去聲音就缺乏根據。

在對第 5 版進行修訂時,筆者認爲"gè · ying"的"gè"本字應爲"硌","gè · ying"的"· ying"讀輕聲,其本字尚不能確定,考慮再三,最後選擇了"硬"字,只是權宜之計而已(詳下文)。這樣,第 6 版把第 3—5 版的"膈應"修改爲"硌硬",相應地删去了去聲的"膈"字頭(見 442 頁)。

"硌"是身體某部位觸到凸起的東西覺得不舒服或受到損傷,是一種觸覺感受。人們往往用身體器官的感覺來隱喻心理的感覺,例如人們用"甜、酸、苦、辣"這些味覺詞和"疼、寒、涼、熱、燙"等觸覺詞比喻心理上的感受,用身體"癢、麻"等感覺形容精神層面的狀態(心癢、技癢,麻木不仁、麻痹大意),認知語言學認爲這一通感引申路徑是人類語言的共性,因此用"硌"這種身體觸覺上的不舒服隱喻心理上的不舒服是十分合理自然的。

1.2　"硌硬"的各種方言詞形與讀音

"硌"字好解釋,難點在於"硌硬"(gè · ying)的"ying"這個輕聲音節的本字是什麽,爲此我們查檢了多部方言詞典,其詞形不一,有"膈殃、格癢、硌癢、硌影、格應、圪蠅、硌疑、圪噫、圪義"等,如(略去調值):

【膈殃】kɤ · iaŋ ❶厭惡;討厭:我最～他|讓人犯～。❷使厭惡;使討厭:真～人! |可～死我了! ‖膈,也作硌、忔、各。重疊式"膈膈殃殃":令人噁心厭惡的樣子:那個小飯館兒蒼蠅飛來飛去的,～的。(尹世超《哈爾濱方言詞典》158 頁)筆者按:作者受《現漢》第 3—5 版影響,上字選擇了"膈",下文以"硌殃"替代"膈殃"。

【格癢】kə · iaŋ/iŋ 討厭;厭惡;不喜歡:你～人家,人家能不～你? |蛤巴子(青蛙)上腳背——不咬人～人。(羅福騰《牟平方言詞典》111 頁)牟平方言下字有[· iaŋ/ · iŋ]兩讀,甚可注意。

【硌癢】kə · iaŋ 令人生厭。(董紹克、張家芝《山東方言詞典》注:用於青州、牟平、平邑等地,338 頁)

【硌影】kə · iŋ ❶厭惡,噁心:頭午吃了小攤上買的東西,真～得慌! ❷使人噁心:你看他吐的一地,真～人! ❸諷刺挖苦:你别～人! ‖重疊式"硌硌影影的":看了那一堆蒼蠅,老半天～! (錢曾怡《濟南方言詞典》111 頁;董紹克、張家芝《山東方言詞典》注:用於濟南、菏澤、陽谷、曹縣、德州、威海等地,338 頁)

【格應】kə · iŋ 使人感到厭惡,不舒服:我一看見賴呱子蟾蜍就～底不行,渾身都難受|一

出門兒就看見老哇烏鴉叫底呢，心裏頭總有些～。（周磊《烏魯木齊方言詞典》124 頁）

【圪蠅】kɯ・iŋ 令人噁心：雜碎沒洗淨，看著都～的，還吃呢！｜蒼蠅不叮人，～人呢！（李樹儼、張安生《銀川方言詞典》61 頁）

【硌疑】kə・i 疑惑：這玩意兒不大新鮮，吃了真讓人～｜這個事兒讓我覺得～‖重疊式“硌硌疑疑的”：心裏頭～！（錢曾怡《濟南方言詞典》111 頁）筆者按，“硌疑”釋義當爲“心裏不舒服”，與“硌影”實爲同一個詞（詳見下）。

【圪噫】kəʔ・i 心理作用導致的噁心。生理導致的叫“噁心”（aʔɕiŋ）。（沈明《太原方言詞典》277 頁）

【圪義】kɯi ❶討厭：他得的這種病會傳染，我一看着他就～。❷猶豫：你不要～了，該咋式辦就得咋式辦。（賀巍《洛陽方言詞典》11 頁）

此外，李行健《河北方言詞彙編》記録河北多處方言點作“各應”或“各英”（618、646 頁，未注音）。河北師範大學桑宇紅教授告知，河北井陘有[kə・iaŋ]和[kə・iŋ]兩讀，山區多讀前者。

綜上，各方言點下字幾乎都念輕聲（洛陽除外），但韻母却有[iaŋ] [iŋ] [i] 三種之别。

二 [iaŋ] [iŋ] [i]三種讀音之間的關係

所謂三種讀音之間的關係是指：這三種讀音是分别代表不同的本字，還是同一個字的音變、音轉？

2.1 [iaŋ]與[iŋ]是連續式音變

陳剛等《現代北京口語詞典》收録了“殃腔、硬强着”兩個詞語：

【殃腔】yāng qiang ①勉强支持。如：他病得～不了多久了。/好歹～着。②費力地慢慢扶養。如：好容易才把孩子～大了。（409 頁）

【硬强着】yìngqiángzhe ①强迫的意思。如：兒子～把車子搶走了。②勉强。如：～説了兩句話。（422 頁）

今謂“殃腔”實爲“硬强”的音轉，從“殃腔”的義項①與“硬强着”的義項②核心義都是“勉强”可以看出。“殃”yāng 應是“硬”yìng 的白讀變調音（“腔”是“强”的輕讀借字），同類情況在晉語中也有反映。例如吴建生等《萬榮方言詞典》中“硬”有兩讀，與“軟”相對的“堅硬”義讀[ȵiE]（118 頁），其“（態度）堅決”義讀[ȵiʌŋ]（335 頁），與“央、仰”韻母同爲[iʌŋ]。北京話和晉語萬榮話“硬”有文白讀，而白讀音跟“殃、央、仰”同音的事實，使我們可以推測山東牟平方言的“格癢”與北京話的“硌硬”同爲一詞，只不過“格癢”的“癢”是“硌硬”的“硬”的白讀輕聲借字，牟平方言此詞有[kə・iaŋ]和[kə・iŋ] 兩讀，河北井陘方言也有這兩讀，這種多地存在的文白兩讀現象應該怎麽解釋呢？

今謂方言中某些[iŋ]韻字讀[iaŋ]反映了較早的歷史語音層次。

王力先生《漢語史稿》上册第十五節《上古鼻音韻尾的發展》述及陽部包括《廣韻》的唐韻、陽韻、庚韻字(含庚韻的二等和三等),所列舉的例字中有"迎、英、景"等字,音變構擬圖示爲:iaŋ→ĭɐŋ(92頁)。又,第二十八節《現代-ŋ尾韻母的來源》述及"庚三",例字有"硬",音變構擬圖示爲:iŋ←ɐŋ(189頁)

郭錫良先生《漢字古音手册》(增訂本)爲上古影母、疑母陽部字(如"影、景、英、央、映、迎")擬音爲[ĭaŋ],爲中古影母、疑母的梗攝開口三等字(如上"影、景、英、央、映、迎")擬音爲[ĭɐŋ]。也就是説,從上古經中古到現代,跟"硬"音韻地位相同的這組字的歷史音變路線爲:[ĭaŋ]>[ĭɐŋ]>[iŋ]。由此可見,方言中"硌殃、硌瘠、格瘠"的讀音反映的是較早的歷史層次,"硌影、圪蠅"類是較晚的歷史層次。

至此,我們可以把詞形"硌殃、格瘠"與"硌影、圪蠅"看作詞義全等的文白讀變體,其中"殃、瘠"反映該詞下字古代舊讀的遺存,屬白讀音,"影、蠅"反映該詞中古以後歷史音變下字的實際讀音,與舊讀相對,屬文讀音。

2.2　[iŋ]與[i]:不同系統間的同源音類疊置

下面,我們需要解釋"硌疑/圪噫"[i]與"硌影/圪蠅"[iŋ]等帶長鼻音韻尾詞形的關係。關於這方面,宋代文人筆記中爲我們留下了寶貴的方音史料:

北宋劉攽(1023—1089)《貢父詩話》:"關中以……丹青之青云萋。"(詳見周祖謨《問學集》下册656頁《宋代方音》一文)。

南宋陸游(1125—1210)《老學庵筆記》卷六:"四方之音有訛者,則一韻盡訛。如閩人訛'高'字,則謂'高'爲'歌',謂'勞'爲'羅';秦人訛'青'字,則謂'青'爲'妻',謂'經'爲'稽';蜀人訛'登'字,則一韻皆合口;吴人訛'魚'字,則一韻皆開口,他放(仿)此。中原唯洛陽得天地之中,語音最正,然謂'絃'爲'玄'、謂'玄'爲'絃',謂'犬'爲'遣'之類,亦自不少。"(77—78頁,中華書局1979)

其中講秦人訛"青"爲"妻",訛"經"爲"稽",是説秦人把梗攝開口青韻字讀成蟹攝開口齊韻字。這種讀音規律正好可以解釋"硌影/圪蠅"又作"硌疑/圪噫"的原由。

關於西北方言iŋ脱落韻尾的情況,羅常培、邵榮芬二先生的論著中都曾明確論及。羅先生《唐五代西北方音》記録了梗攝與齊、祭韻相混的四例:以"庚"注"齊"、以"庚"注"祭"、以"清"注"齊"以及"青""齊"互注(137、138頁)。邵先生《敦煌俗文學中的别字異文和唐五代西北方音》一文中列舉"清、齊"代用和"青、齊"代用例,並指出《千字文》的對音"庚、清、青、齊"四韻字很多混用,《開蒙要訓》裏"庚、清、青"三韻字和"齊"韻字互注的也有九對,此外敦煌曲子詞《蘇莫遮》以"令"字、"定"字跟"帝"字押韻。據上,邵先生説:"這都是當時西北方音'庚、清、青'等和齊韻混淆的確證。"

《金瓶梅詞話》中有“打張驚兒”一詞，意思是做出慌張、驚恐狀，也作“打張雞兒”：

> 賁四果然害怕，次日封了三兩銀子，親到伯爵家磕頭。伯爵反打張驚兒，説道：“我沒曾在你面上盡得心，何故行此事？”(35 回，文學古籍刊行社 1955 年影明刊本)
>
> 你看他還打張雞兒哩，瞞著我黄貓黑尾，你幹的好繭兒！(28 回，同上)

“驚”(梗攝開三庚韻)與“雞”(蟹攝開四齊韻)之轉跟陸游説的“經”與“稽”之轉應屬同類現象。

秦晉之地的這一語音特點至今仍多有留存，“文革”中我在山西晉中地區工作，親耳聽到當地百姓把“青皮核桃”説成“妻皮格到”。

侯精一(2015)《平遥方言研究》“文白異讀”記録了衆多此類現象(297—298 頁)，如：映 iŋ 反映；i 映鏡兒(照鏡子)。影 iŋ 電影；i 影活活(皮影)。

溫端政《忻州方言词典・引論》(14 頁)介绍古曾、梗两摄部分白读失去[ŋ]韵尾：

蝇曾 ＝ 赢梗 ＝ 移止［i］

沈明《太原方言詞典・引論》(4—5 頁)介紹古曾梗兩攝開口字城區基本無文白讀，只殘留少數幾個；而南郊區則有文白讀之差别，文讀韻母爲鼻音尾韻母，白讀爲口母音韻母。例如(略去聲調)：

病(梗開三)城區：piŋ 疾～，～咧　　南郊區：piŋ 疾～｜ pi ～咧

蠅(曾開三)城區：iŋ～拍子，～子　　南郊區：iŋ～拍子｜ i～子

其中南郊區“蠅”的文白讀恰好能説明銀川的“圪蠅”跟太原的“圪噫”、濟南的“硌疑”詞形之間反映的文白讀關係。

至此，我們大致可以厘清陝晉魯豫等北方地區各方言點不同下字“殃/癢、影/蠅、疑/噫”之間的語音關係，即：[ĭaŋ]→[iŋ]

[i]

從[ĭaŋ]→[iŋ]，符合連續式歷史音變規律，而從[iŋ]→[i]不是連續式音變，而是方音的變異。漢語的音節在發音時前輕後重，有的方言在口語中[iŋ]的後鼻音韻尾因弱化而磨損掉了，只剩下了單母音[i]，因而此類音變屬於不同系統的同源音類的疊置。在[iŋ]與[i]疊置並存的方言，[iŋ]是文讀，[i]是白讀。

三　“硌硬”的本字爲“硌隱”

儘管我們厘清了“硌硬”下字三種讀音[ĭaŋ]、[iŋ]、[i]之間的音韻關係，但是，此詞下字的本字是什麽仍不清楚。《現漢》6 版改作“硌硬”只解決了上字，下字“硬”仍是音借字，是不得已的一種選擇，畢竟“硬”與“硌”在意義上有聯繫。但“硌硬”上字爲動詞素，下字爲性質

形容詞素,詞的語義關係不清楚。特別是河北吴橋有"心蠅"一詞,意思是心裏討厭;天津慶雲縣説心裏討厭、厭惡爲"應得慌",從詞義來看,可以判斷"心蠅"的"蠅"、"應得慌"的"應"本字不會是"硬";從聲調來看,《萬榮方言詞典》"癢人"[iʌŋ・ʐei](噁心:一見你吙鼻子鼻涕就覺～。358頁)、山東牟平"格癢"的"癢"、山東濟南的"恶影"[ŋə・iŋ](醜惡骯髒使人噁心,《濟南方言詞典》113頁),其中的"癢、影"都是上聲字,由此筆者懷疑此詞下字的本字應該是一個零聲母上聲字,繼而從詞義出發,懷疑這個上聲字爲"隱"。也就是説,"硌硬"的本字爲"硌隱","硌硬"實爲"硌隱"的音變。

3.1　"隱",硌也

"隱"本指矮牆,《左傳・襄公二十三年》"踰隱而待之",杜預注:"隱,短牆也。"由此引申爲凸起義:

晉・葛洪《西京雜記》卷五:"趙后有實琴,曰鳳凰,皆以金玉隱起爲龍鳳螭鸞、古賢列女之象。"

唐・張鷟《朝野僉載》卷五:"景龍中,瀛洲進一婦人,身上隱起浮圖塔廟諸佛形象。"

另外,"癮疹"指皮膚上出的小凸起,"𡾊嶙"指山高聳突兀貌,可見從"㥯"者多有凸起義(見《集韻》上聲十九隱)。從"凸起"義引申爲被凸起物所硌,唐以來文獻中不乏其例(項楚《王梵志詩校注》卷六《梵志翻著襪》761—762頁注三引例甚夥),如:

王梵志詩:"梵志翻著襪,人皆道是錯。乍可刺你眼,不可隱我腳。"(乍可:寧可)

《宋朝事實類苑》卷65引《倦遊録》:"曹琰郎中,滑稽之雄者。一日因食落一牙,戲作詩曰:昨朝飯裏有粗砂,隱落翁翁一個牙,爲報妻兒莫惆悵,見存足以養渾家。"

尉遲偓《中朝故事》:"日晝寢於驛廳内,睡中轉身,爲彈子所隱,肋下痛極。"

另外,明李實《蜀語》:"有所礙曰隱。隱,恩上聲。"成都、貴陽、長沙等方言有"隱腳"(硌腳)一詞(詞典多不知其本字,以"□"代之),歇後語"肋下插柴——自隱(忍)"(方音"隱"與"忍"音同),"隱"也是"硌"義。石鋟教授告知,他的老家湖南常德臨澧縣既説"硌腳",也説"隱[ŋen]腳",如此,則"硌隱"爲同義並列複詞。當年修訂時考慮到"隱"與"硌影"的"影"韻母不合,而且文獻中未見"硌隱"連用之例,斟酌再三,最後第6版選用了"硌硬"。雖然如此,我並沒有放棄詞形或爲"硌隱"的想法。

3.2　"隱"讀如"影":同一系統内的異源音類疊置

劉俐李(2009)《同源異境三方言和特徵詞比較》一文中有陝西關中話、新疆焉耆話二級特徵詞"圪𠽿",釋爲"噁心",這使筆者重拾以前的想法,認爲"圪𠽿"實即"硌隱"。據劉文,在陝晉方言中以[i、ə、u、y]爲韻腹的鼻韻母只有[-ŋ]尾,無[-n]尾,所以"圪𠽿"的"𠽿"讀[iŋ],與"影"同音。侯精一(2015)《晉語與官話方言研究》指出晉語的一個特點是"中古的[-m、-n、-ŋ]三個鼻音韻尾,晉語只保存一個舌根鼻音韻尾[-ŋ]。"(16頁)"深、臻、曾、梗、通五攝舒聲韻今合流，韻尾收舌根鼻音[-ŋ]”，如：根＝庚、心＝新＝星、魂＝紅、群＝窮(72 頁)。邵榮芬(1963)文中列舉敦煌變文中 10 處[-ŋ]尾和[-n]尾互相混用的用例，如“勝—身、陵—璘、臣—承、鄰—陵、孕—胤、生—申、隱—影”。我們認爲，這些混用的例子透露出唐五代西北方言中[-ŋ]尾和[-n]尾開始或者已經合併的資訊；而且以今推古，根據現代晉語等西北方言深、臻、曾、梗、通五攝舒聲韻合流爲[-ŋ]尾的情況，可以判定上列 10 例中的各字均讀[-ŋ]尾音。其中末例“隱—影”代用出自《韓擒虎變文》“五道將軍唱喏，影沒身形”(《敦煌變文集》206 頁)。以“影”(梗三)代“隱”(臻三)，是彼時西北方言“隱、影”同音的明證，這可以解釋俗語詞“硌隱”讀如“硌影”的方言背景。“隱隱糊糊”一詞，《烏魯木齊方言詞典》注音爲[iŋ・iŋ xu・xu](336 頁)，《銀川方言詞典》注音爲[iŋ・i・xu・xu](312 頁)，同樣證明“隱”讀如“影”；銀川方言第一個“隱”讀[iŋ]，第二個“隱”讀[・i]，既可證明“隱、影”同音，又可證明[iŋ]在輕讀時容易失去[-ŋ]韻尾。

在晉語音韻系統中，臻攝的舒聲字合併到梗攝的舒聲字中了，這表明晉語中的[iŋ]韻有兩個來源，一個是梗攝字(用“影”代表)；另一個是臻攝字(用“隱”代表)，即：

iŋ ↙ iŋ(影)
　 ↖ in(隱)

至此，我們理清了“格癢、硌影、硌疑”及“硌隱”下字之間的語音關係，也就是[iɑŋ][iŋ][i][in]之間的音變關係：

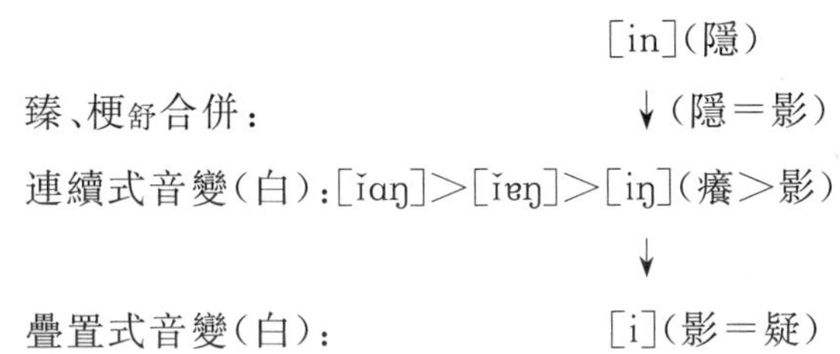

上面的縱橫交錯的複雜音變路徑由西北方言的兩個語音特點決定：其一，臻攝與曾梗攝舒聲合併[in]＝[iŋ]，普遍存在於陝晉西北方言中；其二，部分口語詞中存在曾梗攝丟失 ŋ 韵尾現象[iŋ]＝[i]，與古庚三的連續式音變相疊置。這種錯綜複雜的方言音變現象彙集於“硌隱”的“隱”字上，使考源頗費周折。

四　小結

(1)北方地區俗語詞 gè・ying 的源詞爲“硌隱”，同義並列結構。但因爲此詞下字實際讀音爲後鼻音韻尾，故詞典不宜以本字詞形“硌隱”出條。由於下字源詞爲上聲的“隱”，故從語音角度來看，詞形“硌影”比“硌硬”更爲貼近本詞形；但從詞義的聯想性來看(特別是後字都讀輕聲)，選擇“硌硬”也有其合理性。

(2)語言在不同地域的發展速度不一、存古情况不同,考求本字應該從古今音比較、方言音比較入手。語音共時平面的差異反映了歷時演變的軌跡,"硌影、圪蠅、格應"等不同的詞形反映了跟此詞下字"影、應、蠅"(聲調不計)音韻地位相同的字的歷史音變路線爲:[ĭɑŋ]>[ĭɐŋ]>[iŋ]。

(3)語音的演變既有連續式音變(反映時間維度),也有疊置式音變(反映空間維度);疊置式音變又分不同系統同源音類疊置式音變([iŋ]>[i])和同一系統異源音類的疊置式音變([in]>[iŋ])。俗語詞 gè·ying 本字考證的難度就在於它身上以上幾種音變方式交織在一起,忽略了這種音變的交叉性、多樣性,就難以找到揭開真相的鑰匙。

(4)詞是音義結合體,考本字、求源詞必須音義結合。因義求字,是因爲被考詞與源頭詞在語義上必有聯繫;因聲求字是因爲語音是發展變化的,需要理清它的歷史演變層次和音變關係才能看出其是否同源。這兩方面必須雙管齊下,只有音義完全契合,才是確詁。

馬克思在《資本論》裏説:"研究必須充分地佔有材料,分析它的各種發展形式,探尋這些形式的内在聯繫。"(《馬克思恩格斯全集》第 23 卷)這三句箴言放之四海而皆準,是革命導師理論探索和實踐的深刻總結,具有普遍的指導作用,我們應該在學術研究中加深理解,切實運用。

參考文獻

北大中文系語言學教研室　2005　《漢語方言詞彙》(第二版),北京:語文出版社。

陳　剛　宋孝才　張秀珍　1997　《現代北京口語詞典》,北京:語文出版社。

董紹克　張家芝　主編　1997　《山東方言詞典》,北京:語文出版社。

郭錫良　2010　《漢字古音手册》(增訂本),北京:商務印書館。

侯精一　2015　《平遥方言研究》,《晉語與官話方言研究》,北京:中國社會科學出版社。

李　榮　2012　《關於方言研究的幾點意見》,《方言存稿》,北京:商務印書館。

李行健　主編　1995　《河北方言詞彙編》,北京:商務印書館。

劉俐李　1993　《焉耆漢語方言研究》,烏魯木齊:新疆大學出版社。

劉俐李　2009　《同源異境三方言和特徵詞比較》,《語言研究》第 2 期。

賀　巍　1996　《洛陽方言詞典》,南京:江蘇教育出版社。

李樹儼　張安生　1996　《銀川方言詞典》,南京:江蘇教育出版社。

羅常培　2012　《唐五代西北方音》,北京:商務印書館(據 1961 年科學出版社版重印)。

羅福騰　1997　《牟平方言詞典》,南京:江蘇教育出版社。

馬克思　《資本論》,《馬克思恩格斯全集》第 23 卷,北京:人民出版社。

錢曾怡　1997　《濟南方言詞典》,南京:江蘇教育出版社。

邵榮芬　1963　《敦煌俗文學中的别字異文和唐五代西北方音》,《中國語文》第 3 期。

沈　明　1998　《太原方言詞典》,南京:江蘇教育出版社。

孫立新　2001　《户縣方言研究》,北京:東方出版社。

孫玉文 2016 《談談方言史研究中的考本字和求源詞》,《文獻語言學》第二輯,北京:中華書局。
王 力 1980 《漢語史稿》上册,北京:中華書局。
王重民等 1957 《敦煌變文集》,北京:人民文學出版社。
溫端政 1995 《忻州方言詞典》,南京:江蘇教育出版社。
吴建生 趙宏因 1997 《萬榮方言詞典》,南京:江蘇教育出版社。
項 楚 1991 《王梵志詩校注》,上海:上海古籍出版社。
徐通鏘 1991 《歷史語言學》,北京:商務印書館。
徐通鏘 1997 《語言論》第二編,長春:東北師範大學出版社。
尹世超 1997 《哈爾濱方言詞典》,南京:江蘇教育出版社。
中國社會科學院語言研究所詞典編輯室《現代漢語詞典》2005 年第 5 版、2012 年第 6 版,北京:商務印書館。
周 磊 1995 《烏魯木齊方言詞典》,南京:江蘇教育出版社。
周祖謨 1981 《問學集》上下册,北京:中華書局。

The study of etymology basing on both sounds and meaning: on the etymology of colloquial word *gè · ying* (硌硬)

JIANG Lansheng

Abstract: This paper discussed the colloquial word *gè · ying* in Northern dialects which originated from 硌隱. *gè · ying* has many dialect word forms such as 硌影、格癭、圪噫, some of which reflected different historical strata of the sound change and sandhi in dialects. This paper also discussed the word *yin* (隱) which means *ge* (硌), so that *gè · ying* (硌隱) should be a coordinate structure with synonymous morphemes. The aim of this paper could be concluded as follow: first, the study of etymology should base on both sounds and meaning; second, sound change should consider both gradual sound change in time and overlapped sound change in space.

Key words: etymology, gradual sound change, overlapped sound change, *gè · ying*(硌隱), Northwestern dialects

(江藍生 中國社會科學院語言研究所 100732)

“咱”音補説

何大安

提 要 “咱”是標誌近代漢語的一個關鍵詞，吕叔湘先生關於“咱”是“自家切音”的論斷，十分正確，也已成爲定論。不過，爲當時學術資源所限，吕先生對切音的究竟，未及細詳。本文參考後出的方音材料，提出以下的補充：(一)“咱”字形成在濁音清化之前；(二)“咱”字形成時，至少有兩種方言變體；(三)北京話“咱”讀不送氣聲母，是音韻調整的結果。

關鍵詞 咱 自家 濁音清化 方言變體 音韻調整

〇 引言

山西臨猗方言的人稱代詞“咱”讀作 tɕhia[24]，陽平調。(張延華 1980)這個讀音，很有啟示性。

現代北京話的“咱”讀 tsa[35]，陽平調。吕叔湘先生認爲“咱”是宋代才有的俗字，由唐人的“自家”轉變而成，語音上也“恰好是自家的切音。”(吕叔湘 1955:176)也就是説，“咱”是由“自”的聲母和“家”的韻母組成的。什麼時候“自家”開始合讀成“咱”，吕先生並沒有進一步説明。不過，他曾在文中提到：“自字廣韻‘疾二切’，但宋代大概已經清化。”似乎暗示，切音爲“咱”，也是宋代的事情。

“咱”是標誌近代漢語的一個關鍵詞，對它來歷的考訂，意義非凡。吕先生關於“咱”是“自家切音”的論斷，十分正確，也已成爲定論。(蔣紹愚 2005，蔣紹愚、曹廣順 2005)稍有可惜的是，吕先生沒有機會見到二三十年後才發表的方音材料，因此對切音的究竟，只能總説，無從細詳。我們有幸，能夠見到這些材料，或可嘗試補苴，以疏其説。是否正確，請諸位方家指教。

一 聲調的問題

“自”，廣韻疾二切，是個從母去聲字。從母在中古是全濁聲母 *dz。依照北京話濁母清化的條例，中古全濁聲母配平聲調時，今讀爲送氣清聲母；配上去入等仄聲調時，今讀爲不送氣聲母。北京話“咱”的聲母既是不送氣的 ts，顯然符合這項條例。那麼“咱”確是在濁母清化這個變化發生後才形成的,而且它的聲母來自清化後的去聲"自"。

不過這個説法有一點不能令人滿意,那就是"咱"爲什麽要讀成陽平調。"咱"的聲調和韻母都來自"家","家"是全清母平聲字,今讀爲陰平調;可是"咱"却讀陽平。這個問題,迄無善解。現在我們可以根據臨猗方言,來嘗試一種不同的想法。

臨猗方言有文白異讀,濁母清化的條例在文白兩層中不盡相同。文讀層清化的情形和北京話一樣,平聲送氣,仄聲不送氣。白話層則不分平仄,一律爲送氣清音。(田希誠、吕枕甲 1983)"咱"字既讀送氣清音,除了來自文讀層之外,也有可能來自白話層。但是,這也同樣不能解釋爲甚麽"咱"字會讀陽平。

臨猗方言和北京話的共同點之一,都是把"咱"讀成陽平調。因此,"陽平"或許不是一個要想法子去掉的障礙,而恰是我們重新思考的起點。

假如"咱"字本來是個平聲調的字——這是最合理的假設,因爲"家"正是個平聲字——那麽它讀陽平一定是濁母清化之後的事。這也就是説,"自家"合讀爲"咱",是在濁母清化之前,而不是之後。這時候"咱"字還是濁聲母的平聲字,並且以這種形式進入了北京話和臨猗方言的前身之中。後來發生濁母清化的時候,兩地各依自己的條例演變。在臨猗,平聲送氣,所以今讀爲 tɕhia^{24},入陽平。北京話原來也應當照平聲送氣讀 tsha,也入陽平,但是由於北京話在聲韻調的配合上,沒有陽平調的 tsha,倒是有陽平而讀 tsa 的字,例如"雜""砸",因此受到音節結構上的限定,改讀成了 tsa。這麽看來,臨猗方言的讀法是完全規則的,北京話則經過了音韻的調整。①

二 介音的問題

"咱"字的最早形式雖然帶有濁聲母,但是方言間的表現似乎並不一致。臨猗方言今讀聲母爲舌面音 tɕh,當是受到了介音 i 的影響。這個介音 i 又是怎麽來的呢?

一種想法是來自"家"字。"家"是麻韻二等的見母字。二等見曉系字在許多北方方言中都腭化了,可見它们的韻母中一定有導致腭化的成分。然而這個想法不見得可靠。因爲見曉系字的腭化是很晚的事,而一個二等韻母誘發屬於精系的從母字也腭化的現象,在北方方言裏似乎還不曾發現過。因此,臨猗"咱"字音中的介音 i,不能從"家"的中古讀法裏去找。

我們認爲,這個 i 介音,其實就來自"自"字的韻母。"自"字屬至韻,中古韻母爲元音 i(李方桂 1971)。這個元音 i,在與"家"合讀的時候,弱化爲介音,之後再使清化後的聲母腭化。整個過程是:

① "音韻調整"是一個高度概括的概念,其成因、過程,所牽涉的方面,都極其複雜。北京話中"桊"字的讀音,即爲著名的一例。請參閲李榮(1985)、朱曉農(2006)、陳梅香(2011)等學者的相關討論。

dzi+ka>dzia>tshia>tɕhia

至於北京話的前身,可能在合讀之初就丢失了原來的元音 i,因而沒有腭化,但却經過了聲韻配合的調整。過程是:

dzi+ka>dza>tsha>tsa

照這樣看來,在濁音清化之前,“咱”不但已經形成,而且還有了兩種方言性的變體——dzia 和 dza。

三　餘論

“咱”這個字不見於宋以前的字書,可是吕先生指出,“自家”却在唐代的文獻中早已出現。我們知道,唐五代西北方音(羅常培 1940)和北宋汴洛語音都發生了濁母清化的變化。假如“咱”字的形成確在濁母清化之前,如上文所説,那麼在北宋中期之前,甚或晚唐五代之前,“咱”字應該已經在北方流行了。宋代增修的韻書《廣韻》《集韻》不收“咱”字,也許正因爲它是個新興的口語詞,且不易入韻的緣故吧?

這個新興的口語詞還可由實詞而虚化。“咱”字在宋元以後的戲曲作品中,有作爲人稱代詞詞尾的用法。張相《詩詞曲語詞匯釋》(卷六・咱)説:“咱,於自稱或稱人時用爲語尾,與普通之獨立爲自稱義者異。”例如“你咱”“他咱”“我咱”“俺咱”“余咱”“卿咱”,等等,意思分别就是“你”“他”“我”“俺”“余”“卿”。吕先生也注意到了這一現象,但是並未深論。我們細查張相所舉的文例,大體都有修辭上對比的意味,可以將這裏的“咱”理解爲組成反身代詞(reflexive pronoun)的後綴。所謂“你咱”“他咱”,等等,就相當於今天的“你自己”“他自己”。想來“咱”既爲“自家”的合讀,亦當援“自家”爲訓。那麼這種反身後綴的用法,可説是雖曰虚化,猶存古義。蔣紹愚先生在《近代漢語研究概要》中解釋何以會用“咱”來表示“包括式”的時候,也特别點明了“自家”合音的古義在形成新的語法範疇上所起的關鍵作用。作爲後綴的“咱”,恰好從另一個側面,爲蔣先生的話提供了註脚。

参考文獻

陳梅香　2011　《國語ㄖ聲母例外來源考》,《成大中文學報》第 34 期。
蔣紹愚　2005　《近代漢語研究概要》(修訂本 2017),北京:北京大學出版社。
蔣紹愚　曹廣順　2005　《近代漢語語法史研究綜述》,北京:商務印書館。
李方桂　1971　《上古音研究》,《清華學報》新第 9 卷第 1、2 期合刊。
李　榮　1985　《論北京話“榮”字的音》,《語文論衡》,北京:商務印書館。
羅常培　1940　《唐五代西北方音》,上海:商務印書館。
吕叔湘　1955　《漢語語法論文集》,北京:科學出版社。

田希誠　吕枕甲　1983　《臨猗方言的文白異讀》,《中國語文》第5期。
張　相　1989　《詩詞曲語辭匯釋》,臺北:臺灣中華書局。
張延華　1980　《山西臨猗方言的人稱代詞》,《中國語文》第6期。
周祖謨　1966　《宋代汴洛語音考》,《問學集》,北京:中華書局。
朱曉農　2006　《腭近音的日化——官話方言中尚未結束的[jʊŋ]→[ɻʊŋ]音變》,《音韻研究》,北京:商務印書館。

A Phonological supplement of *Za*“咱”

Dah-an Ho

Abstract:Professor Lü Shuxiang has pointed out several decades ago that *Za* “咱”,the most distinctive pronoun that characterizes Modern Chinese,is a fusion word of *Zi* “自 ”and *Jia* “家”. While this claim is correct,the details of how the pronunciation of *Za* “咱” is made of are remain unclear. This paper,based on recent publications,suggests the following as a supplement:(1)the word *Za* “咱” is formed before the phonological devoicing of Modern Chinese;(2)there are at least two regional variations in the time when *Za* “咱” is formed;and (3)the non-aspirated initial z of *Za* “咱” in Pekingese is a result of phonological adjustment.
Key words:*Za* “咱” *Zijia* “自家” devoicing regional variation phonological adjustment

(何大安　臺北“中研院”語言學研究所　11529)

王梵志詩“飲酒是癡報”的句法語義分析*

朱慶之

提　要　王梵志《飲酒是癡報》是一首講酗酒有惡報的白話哲理詩。首句“飲酒是癡報”是全詩的立論依據，但從句法語義的角度來分析，這個句子與作者想要表達的意思南轅北轍。本文嘗試分析了其中的問題所在，並對原因作了初步的解釋。

關鍵詞　王梵志詩　佛教　飲酒　癡報　是字句　句法語義分析

王梵志詩是研究唐代語言、文學與文化的重要資料。由於是手寫時代的産物，今天所見的王梵志詩，不論是傳本還是抄本，異文和錯訛在所難免。爲此，20 世紀 80 年代以來，前輩學者在文本的校釋方面作了不懈的努力，成績卓著。然而，金無足赤，其中必然還存有可以繼續討論之處。

王梵志有一首首句爲“飲酒是癡報”的五言四句詩，全詩爲：

> 飲酒是癡報，如人落糞坑。情知有不淨，豈合岸頭行。

這首詩的大意不難考索，就是勸人不要飲酒。飲酒就好比人失足掉到糞坑裏，明知裏面有屎尿，幹嗎還要在糞坑邊上行呢？

不過，從語言學的角度看，關鍵的第一句“飲酒是癡報”却有點語法和語義的“毛病”。

項楚《王梵志詩校注》在“飲酒是癡報”句下有一個按语，説明了詩的思想基礎和來源：

> 按《分别善惡所起經》：“佛言人於世間，喜飲酒醉，得三十六失。……三十六者，從地獄中來，出生爲人，常愚癡，無所識知。今見有愚癡無所識知人，皆從故世宿命喜嗜酒所致。”《［法苑］珠林》卷一一二引《薩遮尼乾子經》偈云：“飲酒多放逸，現世常愚癡，忘卻一切事，常被智者呵。來世常闇鈍，多失諸功德。是故黠慧人，離諸飲酒失。”又引《尼羅浮陀地獄經》：“身如段肉，無有識知，此是何人？皆由飲酒。”《［太平］廣記》二三三“酒臭”（出《五行記》）：“故釋典戒酒，令人昏癡。今臨亡酒臭，彰其入惡道耳。”（項楚 1991：

* 本文初稿曾在第五屆“佛教文獻與文學國際學術研討會”（2018 年 11 月，四川大學）作過報告，修改稿在南京師範大學“隨園漢語言文字學系列講座·漢文佛典語言研究專題（2019 年 3 月 22 日）”和中國人民大學“國際交流學院語言學項目系列講座（2019 年 4 月 20 日）”做過交流。此次正式發表，筆者根據部分學者和同學的意見做了修改和補充。此外，王繼紅、姜南、陳秀蘭、李博寒和董秀芳幾位也爲修改提供了有益的幫助。在此一併致謝。

546/2010:466)

注者認爲,這是一首宣揚飲酒有惡報的詩,而這一觀念也源於印度佛教。毫無疑問,這是非常正確的。

我們都知道,爲了達成脱離六道輪回的人生目標,印度佛教對實踐者的言行作出了嚴格的規範。其理論體系中有所謂的“五戒”“八戒”或“十戒”之説,其中都包含禁酒的内容。

這些戒説在佛教傳入初期就介紹了進來。例如東漢支讖譯《般舟三昧經》卷中裏的“五戒”:

> 佛告颰陀和:“白衣菩薩聞是三昧已欲學守者,當持五戒,堅淨潔住:酒不得飲,亦不得飲他人;不得與女人交通,不得自爲,亦不得教他人爲;不得有恩愛於妻子,不得念男女;不得念財産。”(CBETA,T13,No. 418,p910,b12—17)

再如東漢支讖譯《道行般若經》卷 6 裏的“十戒”:

> 身不生惡處,不作女人身,當持十戒:不殺生、强盜、婬泆、兩舌、嗜酒、惡口、妄言、綺語,不嫉妒、瞋恚罵詈。不疑亦不教他人爲。身自持十戒不疑,復教他人守十戒,於夢中自護十戒,亦復於夢中面目見十戒。(CBETA,T08,No. 224,p454,b27—c3)

又如三國吴支謙譯《菩薩本緣經》卷下裏的“八戒”:

> 爾時,龍王復向諸龍而作是言:“已爲汝等作善事竟,爲已示汝正真之道,復爲汝等然正法炬、閉諸惡道、開人天路,汝已除棄無量惡毒以上甘露,補置其處欲請一事。汝等當知於十二月前十五日,閻浮提人以八戒水洗浴其身,心作清淨爲人天道而作資糧,遠離憍慢、貢高、貪欲、瞋恚、愚癡。我亦如是,欲效彼人受八戒齋法。汝當知之,若能受持如是八戒,雖無妙服而能得洗浴、雖無墻壁能遮怨賊、雖無父母而有貴姓,離諸瓔珞身自莊嚴、雖無珍寶巨富無量、雖無車馬亦名大乘,不依橋津而度惡道,受八戒者功德如是。汝今當知,吾於處處常受持之。”諸龍各言:“云何名爲八戒齋法?”龍王答言:“八戒齋者:一者不殺,二者不盜,三者不婬,四者不妄語,五者不飲酒,六者不坐臥高廣床上,七者不著香華、瓔珞以香塗身,八者不作倡伎樂,不往觀聽。如是八事莊嚴,不過中食,是則名爲八戒齋法。”(CBETA,T03,No. 153,p69,b1—19)

在佛教的不同部派學説中,基本的戒條在具體内容上有同有異,形成“五戒”“八戒”和“十戒”之説。儘管互有出入,但都包含了禁酒。可見,禁酒是佛教的最基本的戒條之一。

爲什麽要禁酒呢?誠如項楚先生所引,佛教有所謂的飲酒導致“三十六失”之説。爲了方便讀者,我們把失譯《分别善惡所起經》[①]裏所説的“三十六失”全文引在下面:

---

① 日本《大正藏》將此經譯者目爲後漢安世高。但梁僧祐《出三藏記集》録於卷四“新集續撰失譯雜經録第一”之中。根據現有的資料,譯者爲安世高之説大概源於隋費長房《歷代三寶記》,唐道宣《大唐内典録》等從之。長房録之説未必可靠,但該經在僧祐時代已經存在,則是可以肯定的。

佛言:人於世間喜飲酒醉,得三十六失。何等三十六失?一者,人飲酒醉,使子不敬父母,臣不敬君,君臣、父子無有上下;二者,言語多亂誤;三者,醉便兩舌多口;四者,人有伏匿陰私之事,醉便道之;五者,醉便罵天尿社,不避忌諱;六者,便臥道中,不能復歸,或亡所持什物;七者,醉便不能自正;八者,醉便低仰横行,或墮溝坑;九者,醉便躄頓,復起破傷面目;十者,所賣買謬誤妄觸觝;十一者,醉便失事,不憂治生;十二者,所有財物耗減;十三者,醉便不念妻子飢寒;十四者,醉便嚾罵不避王法;十五者,醉便解衣脱褌袴,裸形而走;十六者,醉便妄入人舍中,牽人婦女,語言干亂,其過無狀;十七者,人過其傍,欲與共鬬;十八者,蹋地唤呼,驚動四隣;十九者,醉便妄殺蟲豸;二十者,醉便撾捶舍中什物破碎之;二十一者,醉便家室視之如醉囚,語言衝口而出;二十二者,朋黨惡人;二十三者,踈遠賢善;二十四者,醉臥覺時,身體如疾病;二十五者,醉便吐逆,如惡露出,妻子自憎其所狀;二十六者,醉便意欲前蕩,象狼無所避;二十七者,醉便不敬明經賢者,不敬道士,不敬沙門;二十八者,醉便婬泆,無所畏避;二十九者,醉便如狂人,人見之皆走;三十者,醉便如死人,無所復識知;三十一者,醉或得疱面,或得酒病,正萎黄熟;三十二者,天龍鬼神,皆以酒爲惡;三十三者,親厚知識日遠之;三十四者,醉便蹲踞視長吏,或得鞭搒合兩目;三十五者,萬分之後,當入太山地獄,常消銅入口焦腹中過下去,如是求生難得、求死難得千萬歲;三十六者,從地獄中來出,生爲人常愚癡,無所識知。今見有愚癡、無所識知人,皆從故世宿命喜嗜酒所致。如是分明,亦可慎酒! 酒有三十六失,人飲酒皆犯三十六失。(CBETA,T17,No. 729,p518,b24—c28)

以上就是"三十六失"的細目。最後一失,説的是飲酒之人即使能從地獄中轉生爲人,也有很大的機會會是一個先天癡呆者;而且末尾還特别强調,如果看到自己周邊有這樣的人,就知道都是前世飲酒的結果。

除了"三十六失"之説,佛經中另外還有一種飲酒有"三十五失"的説法——在具體的内容上,二者的差異明顯,相信同樣來自不同部派的理論。如姚秦鳩摩羅什譯《大智度論》卷13所述:

……佛語難提迦優婆塞:"酒有三十五失。何等三十五? 一者、現世財物虚竭。何以故? 人飲酒醉,心無節限,用費無度故;二者、衆病之門;三者、鬬諍之本;四者、裸露無恥;五者、醜名惡聲,人所不敬;六者、覆没智慧;七者、應所得物而不得,已所得物而散失;八者、伏匿之事,盡向人説;九者、種種事業,廢不成辦;十者、醉爲愁本。何以故? 醉中多失,醒已慚愧憂愁;十一者、身力轉少;十二者、身色壞;十三者、不知敬父;十四者、不知敬母;十五者、不敬沙門;十六者、不敬婆羅門;十七者、不敬伯、叔及尊長。何以故? 醉悶怳惚無所别故;十八者、不尊敬佛;十九者、不敬法;二十者、不敬僧;二十一者、朋黨惡人;二十二者、踈遠賢善;二十三者、作破戒人;二十四者、無慚、無愧;二十五者、不守六情;二十六者、縱色放逸;二十七者、人所憎惡,不喜見之;二十八者、貴重親屬及諸知識所共擯棄；二十九者、行不善法；三十者、棄捨善法；三十一者、明人、智士所不信用。何以故？酒放逸故；三十二者、遠離涅槃；三十三者、種狂癡因緣；三十四者、身壞命終，墮惡道泥梨中；三十五者、若得爲人，所生之處，常當狂騃。”如是等種種過失，是故不飲。(CBETA，T25，No. 1509，p158，b7—c2)

同樣，飲酒會有各種惡果。其中第三十三種説飲酒會“種狂癡因緣”，即飲酒會種下導致狂癡的種子，後患無窮；第三十五説“若得爲人，所生之處，常當狂騃”，即飲酒之人死後如果還能輪回到人，每一次出生，不論在什麽地方，多半會是“狂騃”之人，而非正常之人。

不要簡單地以爲飲酒者再次生爲人時，很可能會成爲天生的癡呆，這只是飲酒者所受到諸多懲罰中的一種。從佛經的記載來看，這其實是飲酒之因導致的各種惡果中的最嚴重的一種。因此，佛教經典常常以此來作爲飲酒惡報的代表。例如：

舊題三國吴支謙譯《戒消災經》：“爾時有一縣，皆奉行佛五戒十善，一縣界無釀酒者。中有大姓家子，欲遠賈販，臨行父母語其子言：‘汝勤持五戒，奉行十善，慎莫飲酒，犯佛重戒。’受教而行。往到他國，見故同學，親友相得，歡喜將歸。出蒲萄酒，欲共飲之。辭曰：‘吾國土奉佛五戒，無敢犯者。飲酒後生，爲人愚癡，不值見佛。且辭親行，父母相誡，以酒蒸仍[①]。違教犯戒，罪莫大也。知識區區，别久會同，心雖悦喜，不宜使吾犯戒，違親教也。’……”(CBETA，T24，No. 1477，p944，b6—16)

東晉僧伽提婆譯《增壹阿含經》卷7：“爾時世尊告諸比丘：‘於此衆中，我不見一法修行已、多修行已，受畜生、餓鬼、地獄罪。若生人中，狂愚癡惑，不識真僞，所謂飲酒也。諸比丘！若有人心好飲酒，所生之處，無有智慧，常懷愚癡。如是，諸比丘！慎莫飲酒。如是，諸比丘！當作是學。’”(CBETA，T02，No. 125，p. 576，c26—p. 577，a2)

劉宋求那跋陀羅譯《罪福報應經》：“憙飲酒醉犯三十六失，後墮沸屎泥犁中；出，生墮狌狌中；後爲人，愚癡頑無所知。”(CBETA，T17，No. 747a，p563，a1—3)

元魏菩提流支譯《佛名經》卷30：“問：‘復有衆生，或瞋或癡或狂或騃，不别好醜。

---

① “蒸仍”一語，《漢語大詞典》(1986—1994，上海漢語大詞典出版社)未收。考“父母相誡，以酒蒸仍”句，在語義上，似應理解爲“父母以酒相誡蒸仍”，亦即“以酒相誡，言辭蒸仍”。“蒸仍”應爲同義連文。根據《漢語大字典》(第二版，湖北崇文書局，四川辭書出版社，2010年)，“蒸”可以通“烝”，有多義。《詩・大雅・烝民》“天生烝民”，毛傳：“烝，眾。”《孟子・告子上》引詩字作“天生蒸民”。《漢書・伍被傳》：“壹齊海内，汜愛蒸庶。”顔師古注：“蒸亦眾也。”又，“蒸”又有長久義。《玉篇・艸部》：“蒸，塵也。”這個“塵”，並不是塵土之塵。《爾雅・釋詁下》：“塵，久也。”《文選・張衡〈思玄賦〉》：“美襞積以酷烈兮，允塵邈而難虧。”舊注：“塵，久也。”《詩・小雅・南有嘉魚》“烝然罩罩”，鄭箋：“烝，塵也。烝然，猶言‘久如’。”又“仍”，有頻仍義。《國語・周語下》：“晉仍無道而鮮胄，其將失之矣。”韋昭注：“仍，數也。”又有連續義。《楚辭・九章・悲回風》：“觀炎氣之相仍兮，窺煙液之所積。”王逸注：“相仍者，相從也。”“蒸”和“仍”爲同義詞。《後漢書・史弼傳》：“發言烝烝。”李賢注：“烝烝，猶仍也。”由此可知，“蒸仍”乃同義連文，延綿不斷之謂，用來形容説話的諄諄，如譯經之例；亦可形容言語的重複。《三國志・吴書・周魴傳》載魴“被命密求山舊族名帥爲北敵所聞知者，令譎挑魏大司馬揚州牧曹休。魴荅，恐民帥小醜不足仗任，事或漏泄，不能致休，乞遣親人齎牋七條以誘休”。其第七條末尾云：“伏知智度有常，防慮必深，魴懷憂震灼，啟事蒸仍，乞未罪怪。”言已擔心事情洩露，前後七次齎牋叮囑，自覺有些“絮叨”。

何罪所致?'佛言:'以前世時飲酒醉亂犯三十六失,後得癡身,如似醉人,不别尊卑,故獲斯罪。'"(CBETA,T14,No. 441,p. 302,c6—13)

失譯《罪業應報教化地獄經》①:"[問:]'復有衆生,或癲、或狂、或癡、或騃,不别好醜。何罪所致?'佛言:'以前世時坐飲酒醉亂,犯三十六失,後得癡身,如似醉人,不識尊卑,不别好醜。'"(CBETA,T17,No. 724,p451,c8—15)

舊題梁諸大師集撰《慈悲道場懺法》卷 3:"復有衆生,或顛或癡,或狂或騃,不别好醜。何罪所致? 佛言:以前世時飲酒醉亂,犯三十六失。後得癡身,猶如醉人不别尊卑。以是惡業,故獲斯罪。"(CBETA,T45,No. 1909,p935,c16—19)

對此,或許可以作出這樣的解釋:在佛教爲飲酒者設計的諸多懲罰中,只有這一項對人在心理上的殺傷力最大——相對其他,天生爲癡呆是無法通過改正錯誤來彌補或糾正的。因此,不但將其放在三十五失或三十六失的最後,也是最高的位置,以達到"致命一擊"的效果;而且佛教還在不同場合將其單獨提出,加以渲染,使之成爲阻遏的最後手段。

衆所周知,因果報應是佛教哲學和世界觀的基本内容之一,是佛教對世界萬物發生與變化原因的基本解釋。爲什麽有人生而聰慧,有人却生而癡傻? 這都是有特定原因的。佛教對後者的解釋之一,就是他們前世有飲酒的惡習。在飲酒與天生癡呆之間,佛教建立了一個清晰的邏輯關係,即飲酒導致癡呆,飲酒是因,後世癡呆是前世好飲的果(報)。王梵志的詩意應該與此相合。

可是,細繹起來,王梵志的"飲酒是癡報"却有點讓人費解。因爲從字面上看,這個句子表達不是癡呆是飲酒的報應,恰恰相反,飲酒是愚癡的報應。顯然,在這個表述中,飲酒與愚癡之間的因果關係正好顛倒了——這就是我們認爲這個句子有問題的原因所在。

我們懷疑這個句子要麽是"飲酒得癡報"或"飲酒受癡報"之誤,要麽是對"是"字判斷句的誤用。爲什麽呢?

系統的語料調查發現,佛教典籍裏講"報應",常見的有以下幾種説法:一是"受報"或者"受什麽報",二是"有/無報"或者"有/無什麽報",三是"獲報"或者"獲什麽報",四是"得報"或者"得什麽報"。也就是在前"因"和後"果"之間,使用的動詞是"受""有""獲""得"等。如:

東漢竺大力共康孟詳譯《修行本起經》卷 2:"佛天眼淨,見人物死神所出生,善惡殃福,隨行受報。"(CBETA,T03,No. 184,p472,a18—20)

又《修行本起經》卷 2:"現世獲大福,後世受果報。"(CBETA,T03,No. 184,p469,

① 此經梁僧祐《出三藏記集》未見著録。隋費長房《歷代三寶記》卷 4 有《地獄報應經》,注云"或云罪業報應教化地獄經",首次著録,並定爲後漢安世高譯。似不可信。

c27)

三國吴康僧會譯《六度集經》卷 5:“吾宿行所種,今當受報。”(CBETA,T03,No. 152,p29,b12)

舊題三國吴支謙譯《菩薩本緣經》卷 2:“如是衆生先行惡法,今受苦報,自作自受,實非我咎。”(CBETA,T03,No. 153,p62,b14—16)①

舊題支謙譯《撰集百緣經》卷 5:“汝等先世,造何業行,受斯罪報?”(CBETA,T04,No. 200,p224,a28—29)

以上爲“受報”説。

舊題東漢支讖譯《雜譬喻經》:“古人施一猶有弘報,況今檀越能多行者乎?”(CBETA,T04,No. 204,p501,a13)

《六度集經》卷 6:“調達亦爲魔天王,行四天下,教人爲惡從心所欲,無有太山殃禍之報。”(CBETA,T03,No. 152,p37,a4—6)

三國吴維祇難譯《法句經》:“惡行品者,感切惡人,動有罪報。不行無患。”(CBETA,T04,No. 210,p564,c19—20)

西晉竺法護譯《生經》卷 3:“善惡有對,罪福有報。”(CBETA,T03,No. 154,p89,c26)

後秦佛陀耶舍共竺佛念譯《長阿含經》卷 6:“婆悉吒! 夫不善行有不善報,爲黑冥行則有黑冥報。”(CBETA,T01,No. 1,p37,a8—9)

以上爲“有/無報”説。

東漢安世高譯《阿那邠邸化七子經》:“諦聽彼七子所因功德諸善所獲果報,我今當説。”(CBETA,T02,No. 140,p862,b3—4)

舊題安世高譯《㮈女祇域因緣經》:“供養比丘、比丘尼,施藥迎醫,隨喜發誓,今獲果報,如是受持。”(CBETA,T14,No. 553,p902,a21—22)

舊題東漢失譯《分別功德論》卷 2:“諸善普至者,後獲梵天報。”(CBETA,T25,No. 1507,p37,b10—11)

《撰集百緣經》卷 5:“汝造何業,獲斯苦報?”(CBETA,T04,No. 200,p226,b28)

西晉竺法護譯《漸備一切智德經》卷 4:“罪福身行,所當獲報,合散成别,亦復了之。”(CBETA,T10,No. 285,p483,b21—22)

以上爲“獲報”説。

《分別功德論》卷 4:“婆拘羅者受前宿世慈心之福,故得年壽加倍之報。”(CBETA,T25,No. 1507,p45,c23—24)

---

① 底本作“苦”,據宋元明三本改。

《菩薩本緣經》卷 2:"當知皆是過去施業,今得是報。"(CBETA,T03,No. 153,p58,c29)

《撰集百緣經》卷 4:"我自憶念過去世時,修行慈悲,和合湯藥,用施衆生,以是之故,得無病報。凡所食噉,皆悉消化,無有患苦。"(CBETA,T04,No. 200,p217,a13—15)

竺法護譯《四自侵經》:"夫人學道,求度世者,極易不難亦不勞役,常自勤意精進求之,信受聖教,雄猛伏意,而得明慧、寶英之報。"(CBETA,T17,No. 736,p539,a14—16)

竺法護譯《海龍王經》卷 3:"佛語龍王:'人不惡口,得八清淨言辭之報,壽終之後得生天上。'"(CBETA,T15,No. 598,p147,a10—11)

東晉僧伽提婆譯《中阿含經》卷 44:"衆生因自行業,因業得報,緣業、依業,業處衆生隨其高下處妙不妙。"(CBETA,T01,No. 26,p706,b2—4)

以上爲"得報"説。

"癡報"(或者三音節形式"狂癡報""愚癡報")本身就是一個佛教的詞語。據現在能看到的材料,最早見於鳩摩羅什的譯經,並非王梵志的創造。接下來,我們可以再看看佛教經典中"癡報"作賓語時的動詞是什麼。

後秦鳩摩羅什譯《大莊嚴論經》卷 15:"爾時王難高座法師言:'若施他酒得狂癡者,今飲酒亦多,無狂癡報。'"(CBETA,T04,No. 201,p343,b5—7)

隋智顗《妙法蓮華經文句》卷 9:"次半行,正見無癡報。"(CBETA,T34,No. 1718,p124,a26—27)

以上是"無"。

後魏菩提流支譯《大寶積經論》卷 1:"依聞障故,亦於未來世中得愚癡報。"(CBETA,T26,No. 1523,p206,a17—18)

唐阿地瞿多譯《陀羅尼集經》卷 1:"其聽法者,得愚癡報。"(CBETA,T18,No. 901,p795,a4—5)

以上是"得"。

隋闍那崛多譯《大威德陀羅尼經》卷 13:"彼於何處受癡報也? 謂地獄畜生閻摩羅世中。"(CBETA,T21,No. 1341,p810,c17—18)

唐般若譯《大乘本生心地觀經》卷 6:"或有菩薩,觀畜生道而爲恐怖,傍生界中受愚癡報,經無量劫難出離故。"(CBETA,T03,No. 159,p319,a10—12)

唐遁倫著《瑜伽論記》卷 11:"言癡異熟者,由受癡報無黠慧故。"(CBETA,T42,No. 1828,p551,b27)

以上是"受"。

請注意,以上都是表述什麼因會導致什麼報的句子,主語是因,賓語是果(報)。其中的動詞除了用"無""得""受",目前的確還沒有找到用判斷動詞"是"的[①]。爲什麽不用"是"?原因其實很簡單,不合事理邏輯之法——飲酒並非愚癡的報應,恰恰相反,愚癡是飲酒的報應。"飲酒是癡報",這是將因爲果,將果爲因。

如果要修改這個句子,應該如何做呢?最簡單的辦法就是將"是"改爲"得"或"受"或"有"或"獲"。從校勘學的角度看,我們甚至可以懷疑這個"是"就是"得"的誤字。

記録這首詩寫本的时代是晚唐到五代,屬中國文獻傳播史中手寫時代晚期。考慮到手寫時代的文獻中文字使用非常混亂,既有訛誤字,也有俗字的情形(參看張涌泉 2010)[②],我們也可以假設其中的"是"是一個訛誤字。而且根據字形,這個字有可能就是"得"。

根據台灣《教育部異體字字典》提供的資料[③],"得"和"是"有許多的俗體。其中"得"可寫作"导""㝵""旻",與"是"的俗體如"昰"字形相近。[④] 當然,這只是一種假設,如果要確定"是"字是"得"字之訛,還需要有更進一步的證明。

除此以外,還有另外的辦法。如果將"報"字改爲"因",即"飲酒是癡因",這個句子就合法了[⑤]。

在佛教經典中不但能够看到"癡因"這樣的説法。如:

北涼曇無讖譯《大般涅槃經》卷 37:"是故我於十二部經説無明者,即是貪因、瞋因、

---

① 在中國人民大學交流時,李建强博士告知譯經中有"是癡報"的説法。如鳩摩羅什譯《維摩詰所説經》卷 3《香積佛品 10》:"維摩詰言:此土眾生剛强難化,故佛爲説剛强之語以調伏之。言:是地獄,是畜生,是餓鬼;是諸難處,是愚人生處;是身邪行,是身邪行報;是口邪行,是口邪行報;是意邪行,是意邪行報;是殺生,是殺生報;是不與取,是不與取報;是邪婬,是邪婬報;是妄語,是妄語報;是兩舌,是兩舌報;是惡口,是惡口報;是無義語,是無義語報;是貪嫉,是貪嫉報;是瞋惱,是瞋惱報;是邪見,是邪見報;是慳悋,是慳悋報;是毀戒,是毀戒報;是瞋恚,是瞋恚報;是懈怠,是懈怠報;是亂意,是亂意報;是愚癡,是愚癡報;是結戒,是持戒,是犯戒;是應作,是不應作;是障礙,是不障礙;是得罪,是離罪;是淨,是垢;是有漏,是無漏;是邪道,是正道;是有爲,是無爲;是世間,是涅槃。以難化之人,心如猨猴,故以若干種法,制御其心,乃可調伏。譬如象馬,𢤱悷不調,加諸楚毒,乃至徹骨,然後調伏。如是剛强難化眾生,故以一切苦切之言,乃可入律。'"(CBETA,T14,NO. 475,p. 552,c26—p. 553,a16)今按,維摩詰引述佛陀的話,是佛陀用來警示那些"難化"眾生的。可以想象,或許佛陀指著一幅畫,上面畫著地獄餓鬼等等,説:"這是地獄,這是畜生,這是餓鬼;這是諸難處,這是愚人生處;這就是身邪行,這就是身邪行的果報;……這就是愚癡,這是愚癡的報應……"。其中"是地獄"等等,都是以代詞"是"爲主語的名詞謂語判斷句。這種理解可得到平行梵文的證實。如"是愚癡,是愚癡報"這句話,平行的梵文是 idaṃ dauḥprajñyam 和 idaṃ dauḥprajñasya phalaṃ(大正 2004:380)。其中 idaṃ 是指示代詞,譯爲"是",作主語;dauḥprajñyam"愚癡"和 dauḥprajñasya phalaṃ"愚癡果",則作名詞謂語。這種句子在玄奘的異譯《説無垢稱經》中都作繫詞"是"判斷句,如"此是愚癡,是愚癡果",反映了判斷句式的變化。無論如何,其中的"是愚癡報"與王梵志詩中的"飲酒是癡報"中的"是"性質不同。

② 張涌泉(2010:241)説:"漢魏南北朝時期,漢字由篆而隸,由隸而楷,是字形變遷最爲劇烈的時期,也是異體俗字最爲紛雜的時期。"又説(2010:254):"魏晉南北朝時期,由於國家分裂,軍閥割據,造成了各地區間語言文字的隔閡,俗字别體,遍滿經傳;民間用字,更是譌俗滿紙,十分混亂。"

③ http://www2.edu.tw/variants/rbt/home.do。

④ "得""是""見"三字的手寫俗體相近。《高麗藏》本三國吳支謙譯《菩薩本緣經》卷 2:"是人以是覆藏盜事,得見現報。"(CBETA,T03,No. 153,p61,c20)據《大正藏》校勘記,"得見"之"見",宋、元、明三本作"是"。根據上下文,作"是"是對的。

⑤ "報"是仄聲字。在南京師範大學"隨園漢語言文字學系列講座・漢文佛典語言研究專題"的討論環節,董志翹和趙家棟兩位教授提示用"因"是否不合平仄。其實王梵志詩這種白話詩只求押韻,一般是不講求平仄的。

癡因。"(CBETA,T12,No.374,p583,a7—8)

甚至還能看到與"飲酒是癡因"十分相似的句子,如:

唐法藏撰《梵網經菩薩戒本疏》:"第九攝諸門者有四。一約十惡者,於顯十戒中,謗意是邪見,謗詞惡口。酒是癡因,謗是癡果。所餘如次,餘九應知。二依菩薩善戒經……"(CBETA,T40,No.1813,p609,b21—23)

唯一不同的是,"酒是癡因"的主语"酒"是單音節。

其實,佛經中有許多"某是某因",即以"因"作爲表語這樣的句子。如:

姚秦曇摩耶舍共曇摩崛多等譯《舍利弗阿毘曇論》卷27:"殺生以何因?殺生爲誰因?……殺生是地獄畜生餓鬼因,是鬼神人中貧賤因,若餘報生人中,短壽。竊盜以何因?竊盜爲誰因?……盜竊是地獄畜生餓鬼因,是鬼神人中貧賤因,若餘報生人中,財物消耗。邪婬以何因?邪婬爲誰因?……邪婬是地獄畜生餓鬼因,是鬼神人中貧賤因,若餘報生人中,諍競。妄語以何因?妄語爲誰因?……妄語是地獄畜生餓鬼因,是鬼神人中貧賤因,若餘報生人中,常被誹謗。兩舌以何因?兩舌爲誰因?……兩舌爲誰因?是地獄畜生餓鬼因,是鬼神人中貧賤因,若餘報生人中,眷屬親厚相憎嫉破壞。惡口以何因?惡口爲誰因?……惡口是地獄畜生餓鬼因,是鬼神人中貧賤因,若餘報生人中,聞不適意聲。綺語以何因?綺語爲誰因?綺語……是地獄畜生餓鬼因,是鬼神人中貧賤因,若餘報生人中,言不貴重。貪欲以何因?貪欲爲誰因?貪欲……是地獄畜生餓鬼因,是鬼神人中貧賤因,若餘報生人中,多諸緣事。瞋恚以何因?瞋恚爲誰因?瞋恚……是地獄畜生餓鬼因,是鬼神人中貧賤因,若餘報生人中,多有怨憎。邪見以何因?邪見爲誰因?邪見……是地獄畜生餓鬼因,是鬼神人中貧賤因,若餘報生人中,以邪爲吉。"(CBETA,T28,No.1548,p700,b5—c7)

可見,將"飲酒是癡報"改爲"飲酒是癡因",不但符合佛教教義,也符合佛教漢語的用法。

最後一種可能的改法是將"飲酒"與"癡"對調,使句子變爲"癡是飲酒報"。這就是一個典型的表示等同關係的判斷句,因爲"癡是飲酒報"也可以説成"飲酒報是癡"。在佛教文獻裏,類似的説法也能見到。如:

隋智顗《金光明經文句》卷1:"外耗財物内虧禮度,此是飲酒報。"(CBETA,T39,No.1785,p50,b21)

然而,是不是"飲酒是癡報"在任何情況下都不成立?倒也不是。我們先舉一個具體的例子。

東晉佛馱跋陀羅譯《大方廣佛華嚴經》卷24有以下的話:

是菩薩復作是思惟:"此十不善道,上者、地獄因緣;中者、畜生因緣;下者、餓鬼因緣。於中殺生之罪,能令衆生墮於地獄、畜生、餓鬼;若生人中,得二種果報:一者、短命;二者、多病。劫盜之罪,亦令衆生墮三惡道;若生人中,得二種果報:一者、貧窮;二者、共財不得自在。邪婬之罪,亦令衆生墮三惡道;若生人中,得二種果報:一者、婦不貞潔;二者、得不隨意眷屬。妄語之罪,亦令衆生墮三惡道;若生人中,得二種果報:一者、多被誹謗;二者、爲人所誑。兩舌之罪,亦令衆生墮三惡道;若生人中,得二種果報:一者、得弊惡眷屬;二者、得不和眷屬。惡口之罪,亦令衆生墮三惡道;若生人中,得二種果報:一者、常聞惡音;二者、所可言説,恆有諍訟。無義語罪,亦令衆生墮三惡道;若生人中,得二種果報:一者、所有言語,人不信受;二者、有所言説不能明了。貪欲之罪,亦令衆生墮三惡道;若生人中,得二種果報:一者、多欲;二者、無有厭足。瞋惱之罪,亦令衆生墮三惡道;若生人中,得二種果報:一者、常爲一切求其長短;二者、常爲衆人之所惱害。邪見之罪,亦令衆生墮三惡道;若生人中,得二種果報:一者、生邪見家;二者、其心諂曲。諸佛子! 如是十不善道皆是衆苦大聚因緣。”(CBETA,T09,No. 278,p549,a26—b22)①

其中説到“罪”(惡業)有十種——殺生、劫盜、邪婬、妄語、兩舌、惡口、無義語、貪欲、瞋惱、邪見。衆生犯任何一種都會墮入三惡道,受到懲罰;如果再有機會生爲人,也會得到兩種果報。

如果要表達十惡業會有何種果報,根據語料調查,我們應該按照文中的用語,動詞用“得”,説“殺生得短命報,得多病報;劫盜得貧窮報,得共財不得自在報;邪婬得婦不貞潔報,得不隨意眷屬報;……”云云。“得”也可以换成“獲”或者“受”。

在這個時候,是不是也可以把“得”换成“是”呢? ——“殺生是短命報,是多病報;劫盜是貧窮報,是共財不得自在報;邪婬是婦不貞潔報,得不隨意眷屬報;妄語是多被誹謗報,是爲人所誑報;兩舌是得弊惡眷屬報,得不和眷屬報;惡口是常聞惡音報,是所可言説恆有諍訟報;無義語是所有言語人不信受報,是有所言説不能明了報;……”云云。相信根據多數人的語感,這樣説是沒有問題的。②

這豈不是説“飲酒是癡報”可以成立嗎? 問題當然沒有那麽簡單。有兩點需要特別注意。

其一,“多數人的語感”當然是今天的對現代漢語的語感。用今天的語感可以説,在古代未必。古代能不能這樣説,只能看在古代文獻裏有沒有這樣的用例。到目前爲止,我們在王梵志詩同期(晚唐五代)及之前的文獻裏,還沒有看到。

其二,今天即使可以説,也是有條件的。即不能單獨説。要説,至少也要兩個相同結構的句子并列在一起,如同“殺生是短命報,是多病報;劫盜是貧窮報,是共財不得自在報”等等。只有這樣,讀者才能了解其中任何一個句子的真實語義——它是用來回答諸如“殺生會得到什麽報應呀? 劫盜又會得到什麽報應呀?”這樣並列提出的問題的,而非用來回答“殺生的報應是什麽呀?”這樣單獨提出的問題的。作爲對比,不難看到,“殺生得短命報”云云就可

① 同樣的内容還見於西晉竺法護譯《漸備一切智德經》(T285)卷 1,姚秦鳩摩羅什譯《十住經》(T286),宋施護譯《佛爲娑羅龍王所説大乘經》(T601)等。

② 在第五屆佛教文獻與文學國際學術研討會上,即有學者表達了類似的看法。

以單説。爲什麼？因爲其在語義上可以自足，句子内各成分間的句法語義關係十分清晰。

研究表明，在現代漢語裏，“是”字句在表達某些語義類型時，必須兩個或兩個以上的句子并列才成立，否則不能説(鄭蔓威 2001：32)。比如以下句子[①]：

考試的時間定了，語文在明天，數學在後天。

他的兩個孩子都在外地，兒子在北京，女兒在上海。

如果將“數學在後天”“女兒在上海”省略，改爲：

考試的時間定了，語文在明天。

他的兩個孩子都在外地，兒子在北京。

句子仍然可以説。

這兩個句子中的“在”都可以改爲“是”，變成“是”字句：

考試的時間定了，語文是明天，數學是後天。

他的兩個孩子都在外地，兒子是北京，女兒是上海。

完全成立。

但是如果將“數學是後天”和“女兒是上海”省略，變成：

考試的時間定了，語文是明天。

他的兩個孩子都在外地，兒子是北京。

這樣的句子接受度就大爲降低。

同樣，下面的“是”字句一般也不能單説：

我們是小米加步槍，敵人是飛機加大炮。

新郎是西裝革履，新娘是拖地的連衣裙。

顯然，“飲酒是癡報”就是這一類特殊的“是”字句。即便它在王梵志的時代存在，相信使用也是有條件的。[②]

病句研究(類型和成因)是現代語言教學與研究的重要内容(參看周長秋 1990；孟建安 2000；陳一 2002；潘瑞春 2007 等)。相比之下，古代漢語的病句研究還沒有充分展開。從社會語言學的角度看，誤用是導致語言變異和變化的重要原因(朱慶之 2013)。在漢語歷史語言學蓬勃發展的今天，古代漢語病句研究的必要性漸漸凸顯。

我們很難想像古人不説病句，古代的文獻裏沒有病句。也很難否認，學者們有時費盡心力解釋的有些特殊的甚至奇怪的句子，有可能是一個病句。當然，説“對”易，説“誤”難。學者們不輕易説文獻中的某個特殊的甚至不合理的句子是古人的病句，一方面是嚴謹的表現，

---

① 以下現代漢語例句均引自或改編自鄭蔓威(2001)。

② 在南京師範大學“隨園漢語言文字學系列講座・漢文佛典語言研究專題”的討論環節，南京大學的研究生趙川瑩和戴佳文根據以上的分析，提出了如下的可能，王梵志這首詩的前一首是“吃肉多病報，知者不須餐。一朝無諫地，受罪始知難。”如果將兩首詩放在一起，“飲酒是癡報”或許就可以成立。可備一説。

另一方面也是條件的限制，缺乏足夠的語感來使用内省的手段判斷一種語言現象的合法和不合法，使古代漢語病句的研究有更多的困難。但這種困難不應成爲迴避相關研究的借口。通過努力，目前基本闕如的狀況至少可以得到改善。例如我們不了解古人運用“是”字句都會有哪些毛病，但是現代漢語的病句研究有不少成果，包括“是”字句。按照社會語言學的“一致性”原則和“用現在解釋過去”的研究方法，可以通過現代人在使用“是”字句時會出現的語病，來了解古人言語活動中的可能情形。當然，這個話題已超出本文的討論範圍和筆者的能力。記此以俟高明。

參考文獻

陳　一　2002　《現代漢語語誤》，哈爾濱：黑龍江人民出版社。

大正大學綜合佛教研究所梵語佛典研究會 2004　《梵藏漢对照〈維摩經〉》(*Vimalakīrtinirdeśa* Transliterated Sanskrit text Collated with Tibetan and Chinese translations)，東京：大正大學出版會。

駱鍾煉　2005　《病句、邏輯及語言規範化》，《修辭學習》第 6 期。

孟建安　2000　《漢語病句修辭》，北京：中國文聯出版社。

潘瑞春　2007　《現代漢語病句研究》，安徽大學碩士論文。

項　楚　1991　《王梵志詩校注》，上海：上海古籍出版社。

項　楚　2010　《王梵志詩校注》(增訂本)，上海：上海古籍出版社。

楊智厚　田宗昌　2011　《病句中的“是”字句類析》，《高中之友》9 月上半月刊。

張涌泉　2010　《漢語俗字研究》(增訂本)，北京：商務印書館。

鄭蔓威　2001　《現代漢語“是”字句》，黑龍江大學碩士學位論文。

朱慶之　2013　《試論與漢字相關的“言語錯誤”在漢語詞彙歷史演變中的作用》，《綜述古今鉤深取極》卷上，臺北：“中研院”語言研究所。

周長秋　主编　王冬雲等　編撰　1990　《現代漢語病句類釋》，济南：山东教育出版社。

Syntactic and Semantic Analysis of the Sentence"yin jiu shi chi bao"in the Poem Composed by Wang Fanzhi

ZHU Qingzhi

Abstract: The *Yin Jiu Shi Chi Bao* composed by Wang Fanzhi, a group of Buddhist monk poets in Tang Dynasty, is a vernacular philosophical poem which told us that drinking alcohol will get bad retribution(born to be dementia)in afterlife. The first sentence"Yin jiushi chi bao"is the basis of the whole poem, but from the perspective of syntactic and semantic analysis, the meaning of this sentence is opposed—born to be dementia is the reason of drinking. This paper indicates the problem and explains the reasons why the mistake was made.

Key words: poem composed by Wang Fanzhi, Buddhism, drinking, bad retribution, sentence with copular *shi*, syntactic and semantic analysis

(朱慶之　香港教育大學)

説古書中跟“波”“播”相關的幾個問題*

沈　培

提　要　本文在分析“釆”“番”“播”本義的基礎上，結合前人所指出“播”“波”同源的成説，分析了出土文獻和傳世文獻中幾處跟“波”“播”有關的字詞含義和用法，包括清華簡《越公其事》的“波往”、《莊子》中的“波臣”、《管子》中的“蟠滿”、《孔子家語》中的“下蟠於地”，還分析了幾種古書中“潘”訛爲“瀋”的用例。

關鍵詞　“波”和“播”　波臣　蟠滿　下蟠於地　“潘”訛爲“瀋”

一　從清華簡“波往”的釋讀談起

2017年4月出版的《清華大學藏戰國竹簡（柒）》收有《越公其事》一篇簡文，其簡48—49有下面的話：①

> 東夷、西夷、姑蔑、句吴四方之民乃皆聞越地之多食、政薄而好信，乃波往歸之，越地乃大多人。

整理者注曰：“波往，比喻之辭，喻其多。”②陳偉（2017a，又見2017b）首先表達了不同的看法：

> 古書未見“波往”一類説法。“波”恐當讀爲“頗”，皆、悉義。劉淇《助字辨略》卷三“頗”字條：“《漢書・田竇傳》：‘於是上使御史簿責嬰所言，灌夫頗不讐，劾繫都司空。’此頗字，猶云皆也。頗不讐者，言嬰爲夫白冤皆不實也。若略不實，不應遂囚繫嬰矣。如《趙充國傳》：‘將軍獨不計虜聞兵頗罷，且丁壯相聚攻擾田者，及道上屯兵復殺略人民，

---

*　本文是參加北京大學第一屆古典學國際學術研討會——中國古代語言、文學和文獻研究的古典學視野（北京大學人文學部主辦，北京大學中文系承辦，2017.11.18—19）提交的論文，一直沒有正式發表。今逢《歷史語言學研究》爲慶祝蔣紹愚先生八十壽辰徵稿，特此奉上，以表心意。

需要補充説明的是，當時在研討會宣讀時，本人還口頭作了一點補充，即準備在修訂本中增訂一部分内容，主要是證明《論語》“五穀不分”的“分”也當讀爲“播”。顔世鉉先生當場賜告，陳鴻森先生有文論證過這一問題。後來，我在會上遇見陳先生，又得到賜教。在此對兩位先生表示衷心的感謝。陳先生有兩篇文章涉及這一問題：《孟子“百畝之糞”・論語“五穀不分”會解》，載《書目季刊》第十五卷第三期，1981年；《孟子“百畝之糞”、“糞其田而不足”解》，載《中國經學》第11輯，廣西師範大學出版社，2013年。

又，本文成稿後，請鄔可晶兄、徐剛兄斧正，又請李寶珊、吴夏郎等同學校對，他們都幫助改正了數處錯字和疏漏，本人十分感謝。

①　參看李學勤主编（2017），圖版在第74—75頁，釋文在第137頁。本文所引釋文從整理者讀，採用寬式。

②　見李學勤主编（2017：139注[一九]）。

將何以止之。'《李廣傳》:'李蔡以丞相坐詔賜冢地陽陵,當得二十畝。蔡盗取三頃,頗賣得四十餘萬。'此頗字竝是盡悉之辭。頗本訓略,而略又有盡悉之義,故轉相通也。盡悉則是遂事之辭。故頗、叵又得爲遂也。"①以皆或盡悉之義解釋簡文,似無不合。

隨後,胡敕瑞(2017)發表了跟陳説不同的意見。他認爲"'波'古漢語有奔跑一義",並指出蔣禮鴻先生對"波"的這一詞義曾有討論,②接着還説了這樣的話:

表示奔跑義的"波"也許是一個古已有之的方言詞。蔣禮鴻先生以爲其本字爲"逋",項楚先生認爲"'波'是唐人口語(不限於唐人),跑的意思,並非'逋'的假借。"現在清華簡出現了"波"的奔跑義,一下子把源頭追溯到了上古,由此可見出土文獻對歷史詞彙研究的價值。

在武漢大學"簡帛"網站的"簡帛論壇"裏,網友"cbnd"也發表了意見:③

(簡 49)其中的"波"字疑讀作"播"。"播"有遷徙義。《後漢書·獻帝紀贊》:"獻生不辰,身播國屯。"李賢注:"播,遷也。""波(播)往歸之"是説東夷、西夷、姑蔑、句吴四方之民遷徙歸往越地。

把"波"與"播"聯繫,這顯然是正確的。二字在古書中有互爲異文的現象,④但到底如何理解這個動詞的含義,恐怕還需要討論。

清代王氏父子對古書中"波""播"的關係以及它們的動詞用法有過較多的闡釋。王引之《經義述聞》"波及晉國""楚鬬般字子揚""楚薳罷字子蕩"條,皆談到"波"與"播"的關係,對理解古書相關文句以及上面的簡文都很有幫助。例如王書在"波及晉國"條下説:⑤

其波及晉國者,君之餘也。波字,杜無注。家大人曰:波,讀爲播。鄭注《禹貢》云:播,散也。言散及晉國者也。波與播古字通。《禹貢》:熒波既豬,馬鄭王本並作熒播。《周官·職方氏》:其浸波溠,鄭注云:波,讀爲播。《管子·君臣篇》:夫水(句),波而上,盡其搖而復下。言水播蕩而上,盡其動搖而復下也。《莊子·人閒世篇》:言者,風波也。行者,實喪也。夫風波易以動,實喪易以危。風波與實喪對文,言風播則易以動,實喪則易以危也。《外物篇》:鮒魚對莊周曰:我東海之波臣也。司馬彪云:謂波蕩之臣。波蕩,即播蕩也。司馬相如《上林賦》:山陵爲之震動,川谷爲之蕩波。蕩波與震動對文。張衡

---

① 原注:劉淇:《助字辨略》,中華書局 1954 年版,第 161—162 頁。

② 原注:蔣禮鴻《敦煌變文字義通釋》(第四次增訂本)第 152、153 頁,上海古籍出版社,1981 年。

③ 參看 http://www.bsm.org.cn/bbs/read.php? tid=3456&page=16,158 樓,2017.5.6。

④ 參看高亨纂著、董治安整理(1989:223)。

⑤ 參看朱維錚主編(2012a:414—415,又參看 2012b:106"楚鬬般字子揚""楚薳罷字子蕩"兩條)。關於王氏對"楚薳罷字子蕩"的看法,有人不同意,例如清人胡元玉《駁春秋名字解詁》(清《皇清經解續編》本)"楚薳罷字子蕩"(襄二十七年三十年左傳)對王説駁議説:《公羊》作頗,此正字也。左氏、穀梁作罷,别本。《公羊》作跛,見《釋文》,皆同音通假字。《説文》:頗,頭偏也。《離騷經》王逸注:頗,傾也。《廣雅·釋詁二》:頗,衺也。偏、傾、衺,皆不平之謂,故昭二年《左傳》"君刑已頗"注云:頗,不平。《詩·南山傳》"蕩,平易也",《廣雅·釋訓》:蕩蕩,平也。名頗,字蕩,以相反爲義,改爲播蕩,迂回甚矣。

《西京賦》:河渭爲之波盪,吴嶽爲之陁堵。波盪與陁堵對文。蕩波即波盪,波盪猶播蕩耳。此皆古人借波爲播之證,學者失其讀久矣。

由此可見,早在東漢的鄭玄已經明確把"波"讀爲"播",經過王氏父子的説明,古書中動詞"波"的含義已大體清楚。①

在中古以後的漢語中,特别是樂府詩歌和敦煌變文中,"波"作動詞的用法非常常見,一般研究者都將之解釋爲"奔跑"。② 早期研究者對其語源曾發生過誤解,上引胡敕瑞文已經提到蔣禮鴻先生的意見,項楚先生認爲不確,但也没有指出其語源到底是什麽。後來,不少人都把這種所謂"奔跑"義的"波"跟"播"聯繫起來。③ 王力(1982:444—445)已經把"波""播""簸"列爲同源詞。張雁(2013:348—352)進一步指出"波""播"是同源通假。此文在同類的論著中論述最全面,值得稍微多花一些篇幅來介紹。

張文根據《説文》"波,水涌流也"的解釋,④認爲"波"的本義是水涌而流布,"從本義引申出傳播、散布義,進而引申爲逃散義,似乎是很自然的事情。"他認爲"播"的本義是布種、散布,並引戴侗《六書故》卷14的説法:⑤

> 播,散布也。布、播音義相鄰。播告猶言布告也,又引之爲奔播、逋播、播遷、播棄,言如播揚而散越也。《説文》曰:"種。一曰布也。𢿱,古文。"又:"譒,敷也。"引《書》"王譒告之"。按,凡種黍稷者必散布其種,故謂之播。播非種也,不當别立文。

認爲戴氏所言甚爲有理。張文還進一步推論説:

> "播"從散布義引申出逃亡義。"播"的本義布種義中含有摇的特徵,因此可引申爲摇義。而"波"的本義是水涌而流布,其中也有摇動的特徵,"波蕩"一詞可證。可見,"波""播"音近義通。王力(1982/1992:573)認爲二詞同源,證據確鑿。王先生在《同源字典》中指出:"既然同源,讀音相近乃至相同,就不免有通用的時候。"(王1992:49)"波""播"二字正是這樣的情況。⑥

---

① 持同樣看法的人大概在清儒中不會少有,比王引之稍晚的胡紹煐在爲《文選》所收張衡《西京賦》"河渭爲之波盪"作箋證時就説:

> 注薛綜曰:"波盪,摇動也。"按:"波盪"猶"播蕩"。"波"與"播"同,《尚書·禹貢》"滎波",《史記》作"播"。《周官·職》"其浸波溠",注"波讀爲播"。左襄二十五年傳"成公播蕩",杜注"播蕩,流移,即摇動之意"。水摇動謂之波盪,猶人震動謂之播蕩,倒言之,亦曰蕩波。本書《上林賦》"川谷爲之蕩波"文義與此同。善彼注引郭璞曰"波,浪起也",望文生訓,失之。(參看胡紹煐2004:63—64)

胡氏大概没有看到王氏父子已有類似的看法。

② 當然,對動詞"波"不解或誤解的各種説法也很常見,這裏不必一一列舉。大家翻查一下各種書籍對於南朝梁《企喻歌》"鷂子經天飛,群雀兩向波"裏面"波"的注釋即可知。

③ 比較早把中古漢語裏面表示所謂"奔跑"義的"波"跟"播"聯繫起來的學者,有余冠英(1953:107)、樊維綱(1980:461)等。

④ 王筠《説文句讀》説:"流而且涌,涌而仍流,是之謂波。"

⑤ 見張雁(2013:351)。張文引文和標點有錯誤,今已改正。

⑥ 見張雁(2013:351—352)。

通過以上徵引的材料，可知“播”“波”的動詞義，經過戴侗、王氏父子、張雁等人的討論，如果再加上學者們對中古以來的漢語，包括現代漢語方言中表示“奔跑”義的“波”的討論，①我們對這個詞自古以來的常用詞的書寫形式、詞義發展就有了比較清楚的認識。

但是，動詞義的“播”“波”詞義比較豐富，現在要問：上引清華簡“波往”的“波”到底應該怎麽解釋呢？胡文認爲是“奔跑”義，“cbnd”認爲是“遷徙”義，兩種看法還是有區别的，這應當如何看待呢？

二　古文字字形對了解“釆”“番”“播”的本義及其引申義的幫助

我們認爲，弄清跟“播”相關的字形及其造字本義，對於了解此詞的核心義和引申義有很大幫助。近年來古文字資料大量公布，也使得我們有了比較充分的條件解決過去不容易説清楚的問題。這裏就來簡單談談古文字材料對糾正《説文》關於“釆”“番”等字的誤解，以期對上面提出的問題有一個明確的答覆。

下面先列舉《説文》對“釆”“番”“播”的解説：

> 釆，辨别也。象獸指爪分别也。讀若辨。[illegible]，古文釆。
>
> 番，獸足謂之番。从釆，田象其掌。[illegible]，番或从足、从煩。[illegible]，古文番。［段注］獸足謂之番。从釆，田象其掌。（段注：下象掌，上象指爪，是爲象形。許意先有釆字，乃後从釆而象其形，則非獨體之象形，而爲合體之象形也。）附袁切。（十四部。）蹞，番或从足，从煩。（段注：此形聲也。）䢺，古文番。（段注：按《九歌》：䢺芳椒兮成堂。王注：布香椒於堂上也。䢺，一作播。丁度、洪興祖皆云：䢺，古播字。按播以番爲聲。此屈賦假番爲播也。）
>
> 播，種也。一曰：布也。从手、番聲。[illegible]，古文播。

應當説，很多學者早就認識到《説文》對“釆”“番”字形的解釋有問題，但由於資料不足，長期以來難以提出合理的解釋。

新發表的戰國竹書材料讓我們清楚地看到，《説文》所謂“釆”字可以單獨使用。② 李学勤主编(2012)收有一篇簡文《祝辭》，簡1曰：③

> 恐溺，乃執幣以祝曰：“有上茫茫，有下湯湯，司湍滂滂，句茲(使)某也發揚，乃予幣。”

---

① 不少學者認爲現代漢語方言中仍然有單用的“波”表示“奔跑”義，明代李翊《俗呼小録》就有記載：“跑謂之波，立謂之站。”現代吴方言仍有這種用法。

② 有的文字編收録了甲骨文、金文的“釆”字。例如李宗焜(2012:687)第2306號字頭是“釆”，劉釗等(2009:42)也有“釆”，字形跟李宗焜書不同。但劉釗主編(2014:438)已將此字改釋爲“朩”。董蓮池(2011:97)也收有“釆”。但甲骨、金文裏面的這些“釆”都缺乏相應的辭例，難以證明它們一定是“釆”，故本文對此不加討論。

③ 釋文已據石小力(2017b)修改。

其中讀爲“幣”的字字形如下：①

這個偏旁出現在不少字中：

郭・老乙・14

繫年 068

程寤 02

程寤 07

前兩個字形，李守奎(2003：483)、滕壬生編著(2008：727)、李學勤主編(2014：213)將之隸定爲“㡀”，是不正確的。此字當分析爲“從巾、釆聲”。學者們或將後二形等同於“敝”(李守奎2003：483、滕壬生編著2008：727、李守奎等2012：332、李學勤主編2014：213)，這也是不妥當的。② 關於這個字形，理論上存在多種分析，比如可以分析爲從巾、敉聲或從攴、希聲；還可以分析爲從㡀、釆聲或從釆、㡀聲，③按照後兩種分析，皆可視此字爲雙聲字。從這個字比較固定地用來記録“幣帛”之“幣”來看，也許分析爲“從巾、敉聲”是最簡便合理的。“敉”在西周金文中已經出現，一般認爲記録的是“播”這個詞。④

“釆”可單用，又常常做“幣”的聲旁，那麽，它是爲哪個字而造的呢？清華簡裏面還有這樣的字形：⑤

尹至 05

越公其事 04

越公其事 23

《上博一・緇衣》有(簡 15)字，顯然是上面字形的省形。⑥《説文》的古文番字形“”又是《緇衣》此字形的訛變。⑦ 從完整的字形看，該字當是從斗、從釆，可見“釆”可盛於“斗”中。結合“番”“播”等字，我們認爲所謂“釆”，應當表示東西播撒出來的樣子，大概就是爲“播撒”

① 參看李學勤主編(2014：28)。

② 這裏説的是楚地出土文字的情況，我們現在所使用的“敝”“幣”等字，應該是從秦系文字來的，參看裘錫圭(1988)。

③ 關於“㪔”，參看裘錫圭(2011)等文。

④ 參看董蓮池(2011：1612)的“播”。

⑤ 參看石小力(2017a)。

⑥ 上博《緇衣》的“播”的字形，中間所從之形，跟蔡侯尊“子孫蕃昌”的“蕃”所從的一樣。(參看董蓮池 2011：77)有人認爲中間是“米”，非是。

⑦ 另外，郭店簡《緇衣》簡 29 的，右上也當是“斗”形，戰國簡中已有多個從“斗”之字作此形。參看袁金平(2014：124)。古人所説之“斗”有兩種，一種是方升形，一種是勺子。“番”所從之“斗”當是勺子。

“播灑”的“播”而造的。被播撒的東西一般比較細小，所以其形跟“米”很像，但區别也很明顯。“米”的上下小點被中間的一横隔開，上下兩邊的中間兩點不會連爲一筆，而“釆”則連成一筆。不啻如此，這個連成一筆的筆畫還做上下彎曲的形狀，應該就是表示東西在被播撒出去之後呈迴旋的運動狀態。①

如果我們對所謂“釆”的造字本義理解不誤的話，“番”應該就是專爲“播種”的“播”而造的，其下從田，上面被播撒的東西顯然是種子。

至於“播”或“䥇”字，從古文字資料來看，後者出現較早，前者或是後者改换意符而成的。“䥇”的本義可能是“播撒”的“播”的異體字，也可能是專門爲“播棄”的“播”而造的分化字。

無論如何，以上各字形所表示的詞，後來只用“播”來表示，但“播”的各種意義都可以從“播撒東西”這個意義上找到根據。

“播”用於農田，是播種；用於播水、播物，則有“棄除”之義，故有“播棄”一詞。② 東西被播撒，往往呈現出分散的狀態，因此“播”有“散”的意思，故有“播散”的説法。東西播撒出去，所分散的地方往往比較大，因此“播”有“散布”的意思。③ 東西在播撒之前往往會搖動，在播撒過程中也會朝上下左右方向播撒，因此“播”有“搖動”的意思。東西在被播撒的過程中，彼此之間會有碰撞，故“播”有“播蕩”的意思。東西被播撒，呈現的狀態還會有上揚、下落的狀態，因此，“播”又有“播揚”的意思。揚米去糠叫做“簸”，古有“簸揚”一詞。東西被播撒之後，意味着離開自己，故“播”有逃離、逃散的意思，它跟一般表示“逃跑”義的動詞如“逋”“逃”“亡”的不同，可能就在於含有“逃散”的意思。由此可知，“播”的核心義應當是“分散”，其他各義都跟這個意義密不可分。

以上我們分析的“播”的各義都可以在故訓當中找到，只要把《故訓匯纂》“播”下所收訓釋按照上面的説法重新排列一下，就可以看得很清楚：④

> 播，種也。《楚辭・天問》“而禹播降”，王逸注
>
> 播，弃也。《楚辭・九歎・思古》“播規榘以背度兮”，王逸注
>
> 播，散也。《書・禹貢下》“又北播爲九河”，孫星衍今古文注疏引鄭康成曰
>
> 播者，布也。《書・盤庚》“王播告之”，孫星衍今古文注疏引《廣雅》
>
> 播，猶搖也。《論語・微子》“播鞀武入于漢”，何晏集解引孔安國曰

① 古文字的“子”多寫成、等形（參看董蓮池 2011：2144—2145），其手形作曲折形，正是表示嬰兒雙手好動的特點。可見古人可用曲折形表示物體的運動狀態。

② 上引兩例見於清華簡《越公其事》的從斗、從釆的字，就是跟“棄”一起連用的。表示棄除義的“播”後來寫作“拌”。《廣雅・釋詁一》“拌，棄也”。王念孫《疏證》：“播與拌古聲相近。《士虞禮》：尸飯，播餘于篚。古文播爲半。半即古拌字。謂棄餘飯于篚也。”現代方言裏面仍然有這個詞，比如筆者家鄉方言屬於江淮官話，就仍然使用此詞。

③ 有學者認爲“播”與“布”同源，甚至直接讀“播”爲“布”。我們認爲，二詞同源或有可能，但詞義還是有所區别的。“播”是分散式或散點式的分布，“布”則是平鋪式的分布。

④ 見宗福邦等主編（2003：934—935）。爲了簡便，各義下面書證只取第一個。

播,揚也。《左傳·昭公四年》"播於諸侯",杜預注

播,逋也。《資治通鑑·晉紀三十二》"吾亦以嗣帝播越",胡三省注

知道了"播"所表示的各項意義,再看"波",就可以很清楚知道把"波"和"播"看成是同源詞,無疑是十分正確的。"波"有"播"的各種特徵,最主要的就是分散、上下激蕩的特徵,顯然跟播撒的"播"很相似的。古漢語往往"名動相因",無論是"波"之形成還是形成之後的"水波",古人都稱之爲"波",就是這個原因。從現有的資料來看,"波"這個字最早出現在戰國時代,它很可能是爲了分化"播"的引申義"波浪"之"波"而專門造的字。① 在有了"波"字之後,古人又常常用"波"來表示"播"的詞義,張雁先生把它們看作"同源通假",也是十分正確的。後代二字大體是有明確的分工的,"波"專門表示名詞義,"播"表示動詞義。但是歷史上大概有相當一段時間,"波"和"播"在表義方面沒有明確的分工,今人用現在的觀念去理解"波""播"的用法,難免就會發生誤解。

有了以上認識,我們回頭來檢討一下本文開頭所提到的清華簡《越公其事》中"波往"的"波"到底應該如何理解。

胡敕瑞先生把"波"解釋爲"奔跑",大致可從。要注意的是,這種"播"的準確含義是"分散""離散""逃散"。簡文説"東夷、西夷、姑蔑、句吴四方之民……乃波往歸之",是指四面八方的人分散而逃往越國。② 胡文當中所引的敦煌變文等中古漢語材料,如"莫遣波逃星散去""遺氓波散""五百弟子奔波迸散"等都顯示"波"與"散"有密切關係。可見這個詞中古以後雖然可以理解爲"奔跑"義,但仍然保留着"分散"這個義素。

至於"cbnd"的説法,他把"波往"的"波"跟"播"聯繫起來,這很正確,但把它理解爲"遷徙",恐怕是不太準確的。"播遷"的"遷"當是"離散"的意思:

《國語·晉語四》:"成而不遷。"韋昭注:"離散也。"

《潛夫論·敘録》:"朋友之際,義存六紀,攝以威儀,講習王道,善其久要,貴賤不改。今民遷久,莫之能奉。"

汪繼培箋注曰:《論語》云:"民散久矣。"遷、散同義,《周語》云:"猶有散遷懈慢,而著在刑辟,流在裔土。"③

彭鐸按:"散"之爲"遷",猶"播散"之爲"播遷","槃散"之爲"蹣躚"矣。《志氏姓篇》作"今民散久"。

---

① 從"皮"之字多有"分開"義,跟"播"應該是同源詞,這個問題在此不論。

② 也許會有人把"波往"理解爲"像波浪一樣往",但這也是不確切的。前面我們已經講過,"波浪"之"波"是從"播"來的,之所以叫"波浪",跟"播"的上下激蕩、相撞分散相關。後來用"波"這個字專門表示名詞義的"波",但仍然還可以看到用"波"表示動詞的用法。只有當"波"固定表示名詞義時,"波往"才可以理解爲"像波浪一樣往"。先秦時代沒有必要這麽曲折去理解,就應當按照"波"的動詞義去理解。

③ 參看王符(1985:479),下引彭鐸按同。

由此可見,"播遷"的"播"也應該是"離散"的意思。

三　《莊子》中的鮒魚爲什麼自稱爲"波臣"?

《莊子·外物》裏面"涸轍之鮒"的故事家喻户曉,原文是這樣的:

> 莊周家貧,故往貸粟於監河侯。監河侯曰:"諾。我將得邑金,將貸子三百金,可乎?"莊周忿然作色曰:"周昨來,有中道而呼者。周顧視,車轍中有鮒魚焉。周問之曰:'鮒魚來,子何爲者邪?'對曰:'我,東海之波臣也。君豈有(斗升)〔升斗〕之水而活我哉?'周曰:'諾。我且南遊吴越之王,激西江之水而迎子,可乎?'鮒魚忿然作色曰:'吾失我常與,我無所處。吾得斗升之水然活耳,君乃言此,曾不如早索我於枯魚之肆!'"

陸德明《釋文》引司馬云:"波臣,謂波蕩之臣。"我們在前面已經引用過《經義述聞》,王引之用其父王念孫的説法,同意司馬彪的説法。在《經義述聞》"楚薳罷字子蕩"條,王引之還補充説:

> 波蕩,卽播蕩也,東海之播臣猶《齊策》云:大魚蕩而失水耳。①

王叔岷(2007:1048 注七)用司馬彪、王念孫説,並且指出:

> 按《御覽》六〇、《錦繡萬花谷前集》二四引"波臣"並作"波神",恐非其舊。②

可見後人由於不曉"波臣"的含義,在流傳過程中曾經發生過訛誤。

對"波臣"的含義發生誤解,發生得也比較早。

> 成玄英(1998:526):"波浪小臣,困於車轍,君頗有水,以相救乎?"
>
> 宋代林希逸(1997:418):"波臣,猶曰水官也。"

這兩種説法後代都有不少人跟從。還有人隨意加以没有根據的引申,例如:

> 龔延明(2006:454)"波臣"條:(歷代)漂泊之臣。指放逐、貶謫之臣。《全唐詩》卷七九駱賓王《春日離長安客中言懷》:"揶揄慚路鬼,憔悴切波臣。"明吴昭明等《五車霏玉》卷五《百官總稱》:"波臣:漂泊之臣。"
>
> 金平編選(1979:107 注 8):"波臣:隨波逐流的人。指小魚。"
>
> 方向東校注(2004:179 注 7):"波臣,管水波的小當差。"

---

① 其實《莊子》本書就有"碭而失水"的説法。《庚桑楚》:"吞舟之魚,碭而失水,則蟻能苦之。"關於"蕩"與"碭"的關係,王叔岷(2007:863 注九)説:

> 成《疏》:"吞舟之魚,波蕩失水。"《釋文》:"碭,徒浪反,謂碭溢而失水也。崔本作'去水陸居'也。苦,又作窮。"錢《纂箋》引王敔曰:'碭與蕩通。'按《疏》"波蕩失水,"蓋以蕩説碭。《古鈔卷子本》碭旁注蕩字。《文選·吴都賦》注、《史記·賈誼列傳·索隱》、《事類賦》二九《鱗介部》二《注》、《御覽》九三五及九四九、《記纂淵海》九九及一〇〇、《事文類聚後集》三四引此皆作蕩,《亢倉子》同。《韓非子·説林下篇》、《戰國策·齊策一》、《淮南子·人間篇》及《主術篇》、《韓詩外傳》八、《説苑·談叢篇》皆有類此之文,亦皆作蕩。

② 楊柳橋(2006:451 注 4)引司馬説,表示同意此説。但楊柳橋(2012:273 注 4)删去"司馬彪",變成解釋"波臣"爲"波蕩之臣"好像是楊氏自己的意見,不妥。

曹礎基(2007:320 注 9):“波臣,水界的臣子。東海之波臣,東海龍王的當差。”

這些説法顯然都不如司馬彪的。司馬彪説法最有價值的地方,是把“波”看成動詞。我們還可以爲此提出一個證據。《文選》卷四十牋收有謝玄暉《拜中軍記室辭隋王牋》,其中有下面兩句:

不悟滄溟未運,波臣自蕩;渤澥方春,旅翮先謝。

李善注:“滄溟、渤澥皆以喻王,波臣、旅翮皆自喻也。《解嘲》曰:若江湖之魚,渤海之鳥。”

此處顯然用的是《莊子》鮒魚之典,“波臣”與“旅翮”對舉,“波”和“旅”都是動詞。

但是,司馬彪説“波臣”是“波蕩之臣”到底應該怎麽理解,恐怕也不是沒有問題的。王引之説“東海之播臣猶《齊策》云:大魚蕩而失水耳”,仍然不容易理解,“波臣”一詞裏面畢竟沒有“蕩”。其實,讀爲“播臣”是正確的,應該把它跟《尚書·大誥》的“播臣”聯繫起來:

予得吉卜,予惟以爾庶邦,于伐殷逋播臣。

“逋播臣”中“逋播”連言,“逋”爲“逃”義,“播”古人訓爲“散”①,可見“逋播臣”就是“逃散的臣”的意思。《大誥》孔安國傳、孔穎達疏説“播謂播蕩逃亡之意”,顯然是不夠準確的。②

我們都知道,《史記》本傳載楚威王欲聘莊子爲相,莊子卻之。《外物》篇表面上説的是莊周與鮒魚的對話,其實很可能是莊周以鮒魚自況,暗喻自己像東海逃散的臣子,不與“滄溟”同運,而寧願獨來獨往。謝玄暉“不悟滄溟未運,波臣自蕩”之語,真可謂深得莊子之意。當然,結果總是不好的。鮒魚的最後處境,既反映了莊子對自身命運清醒的預見,也是一種無可奈何的自嘲。

四　關於古書中“下蟠於地”的理解

上博簡《凡物流形》簡 28+15 有這樣的話:③

百姓之所貴唯君,君之所貴唯心,心之所貴唯一。得而解之,上□於天,下番(播)於淵。

小疋指出最後兩句可以跟下面古書裏的説法對照:④

《十六經·三禁》亦曰:“番(播)於下土,施於九州。”(《馬王堆漢墓帛書(壹)》,北京:

---

① 參看宗福邦等主編(2003:934)義項第 12。

② 楊運庚(2009:117—118)對“逋”“逃”“播”三個詞的詞義有過辨析,但仍嫌不夠準確。又,在現代學者中,有人認識到“波”是動詞,並把爲解釋爲“奔跑”義,但“波臣”仍然沒有得到正確理解,還是由於對先秦的“波”的用法沒有完全理解。例如祝軍譯注(2007:658 注 7):“波:跑,奔波。波臣:奔波之臣,跑腿之臣。”

③ 簡文編聯和讀法採用復旦讀書會(2008)之説。原簡圖版參看馬承源主編(2008:105、92)。

④ 見復旦讀書會(2008)下面“學者評論”。

文物出版社,1980年,74頁。)

字又作蟠。《庄子·刻意》:上際於天,下蟠於地。(下蟠於地,又見《説苑·指武》《韓詩外傳》①)

《管子·内業》:道滿天下,普在民所,民不能知也。一言之解,上察於天,下極於地,蟠滿九州。

鄔可晶(2009)認爲簡文與上引《管子》的話妙合。他把我們釋文中用"□"表示的字釋爲"□"讀爲"賓",②並且補充了一些可以跟簡文相對照的文句,加以解釋:

《淮南子·原道》:"是故一之理,施四海;一之解,際天地。"《文子·原道》:"故一之理,施于四海;一之嘏,察於天地。"馬王堆帛書《十大經·成法》:"昔天地既成,正若有名,合若有刑(形),□以守一名,上拴之天,③下施之四海。""一之解,察於天地。一之理,施於四海。"也都與簡文的表述一致。馬王堆漢墓帛書整理小組指出《十大經·成法》和《管子·内業》的"察"似當讀爲"際",訓爲"至""接"。從《淮南子·原道》作"際天地"來看,其説可信。《淮南子·原道》"高不可際"高誘注:"際,至也。"上引這些"察"讀爲"際",與"極""施"對文近義,跟簡文"上賓於天"的"賓"同意。

徐在國(2013:3083)解釋上引的"蟠"爲"遍及;充滿"。

古人常常把這一類的"蟠"訓爲"委"。《管子·内業》"蟠滿九州",尹知章注就説:"蟠,委地也。"《禮記·樂記》也有"及夫禮樂之極乎天而蟠乎地",裴駰《集解》引鄭玄注:"蟠,猶委也。……言禮樂之道,上至於天,下委於地,則其間無所不之。"

其實,這些"蟠"都不能當"委"講。《孔子家語·致思》也有類似的話:

子路進曰:"由願得白羽若月,赤羽若日,鐘鼓之音,上震於天;旍旗繽紛,下蟠於地,由當一隊而敵之,必也攘地千里,搴旗執馘,唯由能之,使二子者從我焉。"

王肅注也説:"蟠,委。""委地""委於地"意同,《莊子·養生主》:"謋然已解,如土委地。"《漢語大詞典》解釋爲"蹉伏於地"。但是《孔子家語》説的是"旍(旌)旗",後面的"蟠"如當"蹉伏於地"講,實在是於理不通。

上博簡《凡物流形》的"下番於淵",復旦讀書會(2008)將"番"讀爲"播",顯然是正確

① 《韓詩外傳》:孔子與子貢子路顔淵游於戎山之上。孔子喟然歎曰:"二三子各言爾志,予將覽焉。由,爾何如?"對曰:"得白羽如月,赤羽如朱,擊鐘鼓者,上聞於天,下槊於地,使將而攻之,惟由爲能。"

沈按:上引文中的"槊"是個誤字,可能是由前引郭店簡《緇衣》讀爲"播"的"□"一類字形訛變而來的。

② 沈按:此字釋爲"賓",與字形不合,似不確。宋華强(2009)就不同意此説。從文義來説,把"賓"解釋爲"至",用在這裏也不合適。從古書多用"際"來看,這個詞當是"接""連""屬"之類的意思。到底是何字,待考,目前各家提出的説法似皆不可信。

③ 沈按:此"拴"當是"旌"之誤釋。"上旌之天"即"上表之於天"的意思。

的。[1] 同理,上面所引古書裏面的"蟠"也當讀爲"播"。前面我們討論"播"的詞義時已經指出,"播"有分散、散布義,顯然,以上"播於淵""播於地"的"播"都是此義。古書在説這種話的時候,確實是在强調被陳述的對象無所不在,充滿天地間;但"播"本身是没有"充滿,遍及"義的。[2]

上引《凡物流形》、馬王堆帛書《成法》、《淮南子·原道》説的都是"一"能充滿天地間。其中"一之解"的"解"需要略作考辨。高誘注《原道》時説:"解,達也。"這大概不準確。其實,這裏的"解"應該是"分析""解開""釋放"的意思。[3] 正因爲如此,我們才會看到《淮南子·原道》在"一之理,施四海;一之解,際天地"之後接着説:

> 其全也,純兮若樸;其散也,混兮若濁。濁而徐清,沖而徐盈,澹兮其若深淵,泛兮其若浮雲,若無而有,若亡而存。

其中的"其散也"正對應前面的"一之解",可見把"解"解釋爲"分析、解開、釋放"是合理的。《凡物流形》的"得而解之"的"解"顯然也當作此解。

《凡物流形》通篇都在强調"一"的重要性,這種觀念在傳世古書中同樣能看到,例如《莊子·刻意》:

> 一而不變,静之至也;無所於忤,虚之至也;不與物交,惔之至也;無所於逆,粹之至也。故曰:形勞而不休則弊,精用而不已則勞,勞則竭。水之性,不雜則清,莫動則平,鬱閉而不流,亦不能清,天德之象也。故曰:純粹而不雜,静一而不變,惔而無爲,動而以天行,此養神之道也。夫有干、越之劍者,柙而藏之,不敢用也,寶之至也。精神四達並流,無所不極,上際於天,下蟠於地,化育萬物,不可爲象,其名爲同帝。純素之道,唯神是守。守而勿失,與神爲一。一之精通,合于天倫。野語有之曰:"衆人重利,廉士重名,賢士尚志,聖人貴精。"故素也者,謂其無所與雜也;純也者,謂其不虧其神也。能體純素,謂之真人。

但是,在《管子·心術下》裏面,與"一之解"相當的話則被改成了"一言解之":

> 是故内聚以爲泉原,泉之不竭,表裏遂通。泉之不涸,四支堅固。能令用之,被服四固。是故聖人一言解之,上察於天,下察於地。

類似的話還出現在《管子·内業》當中:

---

① 馬承源(2008:251—252)釋爲"番",讀爲"審",混淆了二字的區别,鄔可晶(2009)已辨之。馬書注釋還引用到《莊子·應帝王》"鯢桓之審爲淵"等語,我們下文將要討論。

② 後代人在引用或化用"下蟠於地"的説法時,大概因爲不甚明了其義,有的就直接將"蟠"改爲"盤"字。例如:《全後魏文》卷五十一溫子升《寒陵山寺碑》:"鐘鼓嘈囋,上聞於天;旌旗繽紛,下盤於地。"

梁楊都建初寺釋僧祐撰《弘明集》卷第二晉宗炳《明佛論》:"夫精神四達,並流無極。上際于天,下盤於地。"

③ 《説文·釆部》:"釋,解也。从釆,釆取其分别物也;从睪聲。"我們既然知道了所謂"釆"就是"播撒"的"播"的初文,就可以知道"釋"從"釆"乃取其分散義,"解"是分散之,"釋"也是。按:鄔可晶兄提醒我,戰國文字裏"釋"似乎都從"米"(參看何琳儀 1998:556—557)。如果確實是從"米","釋"的構形則要作另外的解釋。但是,戰國文字裏面"播"的表意初文"釆"跟"米"已有混同,戰國文字"釋"所從的偏旁很可能還是"釆",而不是"米"。

一言得而天下服,一言定而天下聽,公之謂也。形不正,德不來。中不静,心不治。正形攝德,天仁地義,則淫然而自至。神明之極,照乎知萬物,中義守不忒。不以物亂官,不以官亂心,是謂中得,有神自在身,一往一來,莫之能思,失之必亂,得之必治。敬除其舍,精將自來。精想思之,寧念治之。嚴容畏敬,精將至定,得之而勿舍,耳目不淫,心無他圖。正心在中,萬物得度。道滿天下,普在民所,民不能知也。一言之解,上察於天,下極於地,蟠滿九州。何謂解之,在於心安。我心治,官乃治。我心安,官乃安。治之者心也,安之者心也;心以藏心,心之中又有心焉。彼心之心,音以先言,音然後形,形然後言。言然後使,使然後治。不治必亂,亂乃死。

以“一言”代“一”,反映了以《凡物流形》爲代表的那種重“一”的思想已經被誤解或改造了。“一之解”被改爲“一言之解”或“一言解之”後,其中的“解”就只能解釋爲“解釋”“闡釋”了。

五 古書中“潘”訛爲“瀋”之例

《莊子·應帝王》和《列子·黄帝》都講到“九淵”,我們先把二書的相關文字抄録於下:

《莊子·應帝王》:明日,又與之見壺子。出而謂列子曰:“子之先生不齊,吾无得而相焉。試齊,且復相之。”列子入,以告壺子。壺子曰:“(吾鄉)〔鄉吾〕示之以太沖莫勝。是殆見吾衡氣機也。鯢桓之審爲淵,止水之審爲淵,流水之審爲淵。淵有九名,此處三焉。嘗又與來。”

《列子·黄帝》:明日,又與之見壺子。出而謂列子曰:“子之先生坐不齋,吾无得而相焉。試齋,將且復相之。”列子入告壺子。壺子曰:“向吾示之以太沖莫眹,是殆見吾衡氣幾也。鯢旋之潘爲淵,止水之潘爲淵,流水之潘爲淵,濫水之潘爲淵,沃水之潘爲淵,氿水之潘爲淵,雍水之潘爲淵,汧水之潘爲淵,肥水之潘爲淵,是爲九淵焉。嘗又與來!”

《列子》將九淵之名全部列出,《莊子》只列出其中三淵之名。雖然如此,兩相對比,可以看出有“審”與“潘”之别。二字孰是孰非,古今人都有不同的意見。

對於《莊子》的“審”,有以“審”爲是者,例如:①

陸德明《釋文》:“之審,郭如字。”

今人注《莊子》者,有不少人取“審”爲説。劉武(1999:192—193)力主爲“審”爲是。陳鼓應注譯(2007:260 注 21):

“審”,瀋的省字,假爲“沈”,深意。(下引奚侗、李勉説,略)

孫雍長注譯(1998:107 注 31):審,通“沈”,指水深之處。

有認爲“審”當爲“蟠”者:

---

① 以下所引各家之説,皆見郭慶藩(1961:303—304),有的標點略作改動。

陸德明《釋文》引司馬云：審當爲蟠，蟠，聚也。

有認爲當作"潘"者：

陸德明《釋文》：崔本作潘，云：回流所鍾之域也。

郭嵩燾也認爲當作"潘"：

《釋文》引崔本審作潘，云回流所鍾之域也。《列子・黄帝》篇鯢旋之潘爲淵。字當作潘。《説文》：淵，回水也。《管子・度地》篇：水出地而不流，命曰淵。謂水迴旋而豬爲淵，有物伏孕其中而成淵者，有止而不流者，有流而中渟爲淵者，水之渟滀，因其自然之勢而或流或止，皆積之以成淵焉，故曰太沖莫朕。侵尋(汎)[泛]溢，非人力之所施也。"淵有九名"，《淮南子》云，有九旋之淵。許慎注云：至深也。

俞樾説：

審，司馬云當爲蟠，蟠，聚也；崔本作潘，云回流所鍾之域也。今以字義求之，則實當爲瀋。《説文・水部》：瀋，大波也，從水，旛聲。作潘者，字之省。司馬彪讀爲蟠，誤也。郭本作審，則失其字矣。

對於《列子》的"潘"，各家意見也頗爲分歧：①

有人認爲"潘"讀爲"蟠"：

殷敬順《釋文》説：潘音盤，本作蟠，水之盤洄之盤；今作蟠，恐寫之誤。鯢，大魚也。桓，盤桓也。蟠，洄流也。此言大魚盤桓，其水蟠洄，而成深泉。《南華真經》作審。梁簡文云：蟠，聚也。

有人認爲"潘"是"瀋"之誤：

奚侗曰："潘"當爲"瀋"，沈之叚字。沈正作湛。《説文》：湛，沒也。引伸之則有深意。沉湛古今字，今多用沈爲湛。淵，《説文》：回水也。從水，象形，左右岸也。中象水貌。《管子・度地》篇"水出地而不流者命曰淵"，是淵爲水所渟滀之處。渟滀則深，故淵亦訓深(見《詩・衛風》注)。沈爲淵者，尤言深爲淵耳。《禮記・檀弓》"爲榆沈故設撥"，是叚沈爲瀋也。而此則叚瀋爲沈。《莊子》作審。蓋瀋缺宀則爲潘，缺水則爲審，易滋訛誤，轍跡固可尋也。

有人則認爲作"潘"、作"蟠"，義各有據：

任大椿説："潘"，敬順《釋文》既云本作蟠，水之盤洄之盤，則是以蟠爲正字。又云今本作蟠，恐寫之誤，於義頗未順。其云今本作蟠之蟠，恐是潘之訛。然考《莊子・應帝王・釋文》鯢桓之審，司馬云，審當爲蟠，聚也，崔本作潘，云回流所鍾之域。《管子・五輔》篇："導水潦，利陂溝，決潘渚。"注云："潘，溢也。渚潘溢者，疏決之令通。潘音翻。"《補注》謂水之溢洄爲潘。《廣雅》："潘，(孚袁)瀾也。"然則作蟠作潘，義各有據，皆不誤也。

① 以下所引各家之説，皆見楊伯峻(1985:73—75)。

未知敬順《釋文》所云今本作蟠之蟠究爲何字之誤。又考《玉篇》“瀊，洄也”，敬順《釋文》瀊洄二字乃本於此。《管子·小問》篇作洀桓。

以上各家説解“窬”“潘”字形和字義，恐怕都有問題。章太炎在《膏蘭室札記》“滎波滎播解”中認爲“播、潘實一也”，他引録《列子》“九淵”的話以證明“播”作“潘”講：①

> 《莊子》崔《注》：潘，回流所鍾之域也。殷敬順《列子釋文》以潘爲蟠誤，非也。又引《南華真經》作審，此相傳之誤本。

這是以“潘”爲是、以“審”爲誤，顯然是正確的。不過我們認爲不是“播”讀爲“潘”，而是“潘”讀爲“播”，②《列子》“潘爲”當讀爲“播爲九河”的“播爲”。《尚書·禹貢》：

> 導河積石，至于龍門，南至于華陰，東至于厎柱，又東至于孟津；東過洛汭，至于大伾；北過降水，至于大陸；又北播爲九河，同爲逆河，入于海。

孫星衍《尚書今古文注疏》引鄭康成曰：“播，散也。”更多的人解釋爲“布也”，如《史記·夏本紀》“北播爲九河”，張守節《正義》《漢書·地理志》(上)“又北播爲九河”顏師古注。我們前面説過，“播”與“布”還是不同，前者是分散式或散點式的，後者是平鋪式的。因此，“播爲”的“播”還是理解爲“散”比較好。③ 古書“波”“潘”常常形成異文，《列子》的“潘”可以視爲“波”的異體字。俞樾認爲“潘”當讀爲“瀊”，其實不必，“瀊”應當是“波”的後起分化字。

至於《莊子》爲何寫爲“審”，奚侗説“蓋瀋缺宀則爲潘，缺水則爲審”，現在既知此字本不當作“瀋”，可知其説之非。《康熙字典》收“窬”字，下有兩個義項：

> 一、《六書索隱》普官切，音潘。窬，水洄也。通作潘。《莊子·應帝王》止水之窬爲淵。
>
> 二、《字彙補》與審不同。今本皆誤爲審。

由此可見，“審”很可能就是從“窬”訛變而來，“窬”則是“潘”“波”的異體字，其字從“穴”正表

---

① 參看章太炎(2014:43)。

② 《漢書·地理志》臨淮郡有“播旌”，《郡國志》作“潘旌”，參看王鳴盛(2013:212)。秦封泥也把“播旌”寫爲“潘旌”，參看周曉陸等(2005:121、125 圖 40)。

③ 《列子》“九淵”中，第一個是“鯢旋之播爲淵”，可以理解爲“鯢旋之而播爲淵”。其他八淵的形成，表達方式跟這一句不同，所謂“止水”“流水”“濫水”“沃水”“氿水”“雍水”“汧水”“肥水”等大概都是名詞，其所在的句子大概不能像“鯢旋之而播爲淵”那樣理解爲“某水而播爲淵”，二者語法結構不同，但表達效果是相同的。不過，像“流水”“濫水”“沃水”“氿水”“雍水”“肥水”這些“水”“播爲淵”，比較容易理解(相關詞語的解釋，可參看楊伯峻 1985:73—75)，而“止水”如何“播爲淵”就頗不容易理解。“汧水”，《釋文》説：“水不流行也”。因此，“汧水而播爲淵”也比較難以理解。不僅如此，如按這樣的解釋，“汧水”跟“止水”又有什麽區别呢？不過古人早就指出，所謂“九淵”之説大都本於《爾雅》。《列子》張湛注：“此九水名義見《爾雅》。”《爾雅·釋水》：“汧，出不流。”又説：“水決之澤爲汧，決復入爲汜。”郭璞注：“水泉潛出，便自停成汙池。”邢疏引《地理志》：“扶風汧縣。汧出西北入渭。以其初出不流，停成弦蒲澤，終則入渭也。”從水名爲“汧水”的得名來看，它是“初出不流”，“終則入渭”，可見所謂“水不流行”只是其中一個環節。也許“止水”也是類似的情況，有過一段較長時間停而不流的情況，最後還是“播爲淵”。不過，有人比對過《列子》的九淵與《爾雅》的九水，指出二者“不但次序不同，敘述文字亦異”。(參看嚴靈峰 1983:75)《爾雅》九水依次是：濫泉、沃泉、氿泉、流川、回川、灉、潬、□、肥。《列子》九淵則依次是：鯢旋、止水、流水、濫水、沃水、氿水、雍水、汧水、肥水。跟“止水”相對的似乎是“回水”。可見《列子》的“止水”也許有問題。

示水從穴來。①

上引任大椿説裹面提及尹知章注:"潘,溢也。渚潘溢者,疏決之令通。潘音翻。"從注音來看,尹氏很可能已不知"潘"和"播""波"的關係了。但是他用"渚潘溢者,疏決之令通"來解釋《管子·五輔》"決潘渚",還是可以看出他是把"潘渚"看作"決"的賓語的。《尚書·禹貢》"滎波既豬",除了有好幾種異文外,大家對"滎波"到底如何理解,一直存在爭議。其實,這個"波"就是指河水播撒出來的水,"滎波"就是其他河水在滎陽相匯、相撞播撒而出的水形成的水澤。《水經注·濟水》説:

> 《釋名》曰:濟,濟也,源出河北濟河而南也。《晉地道志》曰:濟自大伾入河,與河水鬬,南泆爲滎澤。《尚書》曰:滎波既瀦。孔安國曰:滎澤波水已成遏瀦。闞駰曰:滎播,澤名也。故吕忱云:播水在滎陽。謂是水也。昔大禹塞其淫水而于滎陽下引河,東南以通淮、泗,濟水分河東南流。

這是説"滎澤"是濟水和河水鬬而"泆"成的。宋代毛晃《禹貢指南》卷二説:

> 《水經注》亦曰滎播,又引《風俗通》曰:"河播也。"②謂沇水東流爲濟,入於河,溢爲滎,則滎波亦謂之滎播,可也。

這也是把"播"解釋爲"溢",不夠準確,③但河水奔騰散出的水,跟"水溢"還是有相似之處的。

以上我們對古書裹面跟"波""播"相關的幾個問題作了討論,由於這兩個字牽涉的字形繁多,所包含的詞義又比較細微難辨,與此相關的問題仍然還有不少沒有得到解決,但本人暫時沒有時間去討論,現在只是拋磚引玉,希望引起大家的注意,並請大家多多批評指正。

參考文獻

"簡帛"網"簡帛論壇·簡帛研讀·清華七《越公其事》初讀"主題帖,http://www.bsm.org.cn/bbs/read.php?tid=3456。

曹礎基 2007 《莊子淺注修訂重排本》,北京:中華書局。

陳鼓應 注譯 2007 《莊子今注今譯》(最新修訂版)(上册),北京:商務印書館。

陳 偉 2017a 《清華簡七〈越公其事〉校讀》,http://www.bsm.org.cn/show_article.php?id=2790,2017.4.27。

陳 偉 2017b 《〈越公其事〉校釋》,"出土文獻與傳世典籍的詮釋"國際學術研討會議程論文,復旦大學出土文獻與古文字研究中心主辦,2017.10.14—15。

董蓮池 2011 《新金文編》,北京:作家出版社。

---

① 還有一種可能,就是因爲"潘""瀋"形近,"潘"訛爲"瀋",再變爲"審",但這種可能性比較小。

② 沈按:《水經注·河水》相關原文爲:《尚書·禹貢》曰:北過降水,不遵其道曰降,亦曰潰,至于大陸,北播爲九河。《風俗通》曰河播也。播爲九河自此始也。

③ 上面提到的章太炎之説,似乎也是同意尹知章釋"潘"爲"溢"的意思,還補充説:"蓋水之溢出而回流鍾爲淵者,名爲潘。"(參看章太炎 2014:43)這也是不準確的。

郭象注　成玄英疏　1998　《南華真經注疏》下册，北京：中華書局。

董治安主編　王世舜　慕　君編著　1993　《老莊詞典》，濟南：山東教育出版社。

樊維綱　1980　《晉南北朝樂府民歌詞語釋》，《中國語文》第6期。

方向東　校注　2004　《莊子今解》，揚州：廣陵書社。

復旦讀書會　2008　復旦大學出土文獻與古文字研究中心研究生讀書會《〈上博（七）·凡物流形〉重編釋文》，http://www.gwz.fudan.edu.cn/Web/Show/581，2008.12.31。

高　亨纂著　董治安整理　1989　《古字通假會典》，濟南：齊魯書社。

龔延明　2006　《中國歷代職官别名大辭典》，上海：上海辭書出版社。

郭慶藩　1961　《莊子集釋》，王孝魚點校，北京：中華書局。

何琳儀　1998　《戰國古文字典》，北京：中華書局。

胡敕瑞　2017　《〈清華大學藏戰國竹簡（柒）·越公其事〉劄記三則》，http://www.tsinghua.edu.cn/publish/cetrp/6831/2017/20170429211651149325737/20170429211651149325737_.html，2017.4.29。

胡紹煐　2004　《文選箋證》，蔣立甫校點，合肥：黄山書社。

金　平　編選　1979　《文言短文選注》，蚌埠市教育局教研室自印。

李守奎　2003　《楚文字編》，上海：華東師範大學出版社。

李守奎　賈連翔　馬　楠　編著　2012　《包山楚墓文字全編》，上海：上海古籍出版社。

李學勤主編　清華大學出土文獻研究與保護中心編　2012　《清華大學藏戰國竹簡（三）》，上海：中西書局。

李學勤主編　沈建華　賈連翔編　2014　《清華大學藏戰國竹簡（壹—叁）文字編》，上海：中西書局。

李學勤主編　清華大學出土文獻研究與保護中心編　2017　《清華大學藏戰國竹簡（柒）》，上海：中西書局。

李宗焜　2012　《甲骨文字編》，北京：中華書局。

林希逸　1997　《莊子鬳齋口義校注》，北京：中華書局。

劉　武　1999　《莊子集解内篇補正》，北京：中華書局。

劉　釗等　2009　《新甲骨文編》，福州：福建人民出版社。

劉　釗　主編　2014　《新甲骨文編》（增訂本），福州：福建人民出版社。

馬承源　主編　2008　《上海博物館藏戰國楚竹書（七）》，上海：上海古籍出版社。

裘錫圭　1988　《説字小記》，《北京師院學報》第2期；又載《古文字論集》，北京：中華書局，1992年；又載《裘錫圭學術文化隨筆》（説"敝"），北京：中國青年出版社，1999年；又收入《裘錫圭學術文集》，上海：復旦大學出版社，2012年。

裘錫圭　2011　《説清華簡〈程寤〉篇的"敀"》，《出土文獻與古文字研究》第四輯，上海古籍出版社，2011年；又收入《裘錫圭學術文集》（簡牘帛書卷），上海：復旦大學出版社，2012年。

石小力　2017a　《據清華簡（柒）補證舊説四則》，http://www.tsinghua.edu.cn/publish/cetrp/6831/2017/20170423064545430510109/20170423064545430510109_.html，2017.4.23。

石小力　2017b　《上古漢語"兹"用爲"使"説》，第三届出土文獻與上古漢語研究研討會論文，中國社會科學院語言研究所主辦，2017.8.14—16。

宋華强　2009　《〈凡物流形〉"上干於天，下蟠於淵"試解》，http://www.bsm.org.cn/show_article.php?id=1111，2009.7.11。

孫雍長　注譯　1998　《莊子》，廣州：花城出版社。

滕壬生　編著　2008　《楚系簡帛文字編》（增訂本），武漢：湖北教育出版社。

王　符著　汪繼培箋　彭　鐸校正　1985　《潛夫論箋校正》，北京：中華書局。

王　愷　2011　《莊子還原注譯》，鄭州：河南文藝出版社。

王　力　1982　《同源字典》，北京：商務印書館。

王鳴盛　2013　《十七史商榷》，黄曙輝點校，上海：上海古籍出版社。

王叔岷 2007 《莊子校詮》,北京:中華書局。

鄔可晶 2009 《談〈上博(七)·凡物流形〉甲乙本編聯及相關問題》,http://www.gwz.fudan.edu.cn/Web/Show/636,2009.1.7。

徐在國 2013 《上博楚簡文字聲系(一—八)》,合肥:安徽大學出版社。

嚴靈峰 1983 《列子辯誣及其中心思想》,臺北:時報文化出版事業有限公司。

楊伯峻 1985 《列子集釋》,北京:中華書局。

楊柳橋 2006/2012 《莊子譯注》,上海:上海古籍出版社。

楊運庚 2009 《今文〈周書〉同義詞研究》,西安:西北大學出版社。

余冠英 選注 1953 《樂府詩選》,北京:人民文學出版社。

袁金平 2014 《從〈尹至〉篇"播"字的討論談文義對文字考釋的重要性》,載《出土文獻》第五輯,上海:中西書局。

張松輝 2011 《莊子譯注與解析》下,北京:中華書局。

張 雁 2013 《"波逃""相宜"考源》,《語言學論叢》第47輯,北京:商務印書館。

章太炎 2014 《章太炎全集 膏蘭室札記 詁經札記 七略别録佚文徵》,沈延國、湯志鈞點校,上海:上海人民出版社。

周曉陸 陳曉捷 湯超 李凱 2005 《於京新見秦封泥中的地理内容》,《西北大學學報》(哲學社會科學版)第4期。

朱維錚 主编 2012a 《中國經學史基本叢書》第6册《經義述聞》上;(清)王引之撰;錢文忠、虞萬里、楊蓉蓉整理;朱維錚審閱,上海:上海書店出版社。

朱維錚 主编 2012b 《中國經學史基本叢書》第6册《經義述聞》下;(清)王引之撰;錢文忠、虞萬里、楊蓉蓉整理;朱維錚審閱,上海:上海書店出版社。

祝 軍 譯注 2007 《莊子集成》(下册),南京:河海大學出版社。

宗福邦、陳世鐃、蕭海波 主编 2003 《故訓匯纂》,北京:商務印書館。

On Some Questions related to *Bo*(波) and *Bo*(播) in Ancient Books

SHEN Pei

Abstract: In the past, other scholars have pointed out that *Bo*(波) and *Bo*(播) are cognate words. We further analyzes the original meanings of *Bian*(釆), *Fan*(番), *Bo*(播), and reanalyses a few words related to *Bo*(波) and *Bo*(播) in the unearthed documents and the Ancient book. They include *Bowang*(波往) of Tsinghua's Bamboo Slips, *Bochen*(波臣) in *Zhuangzi*(莊子), *Panman*(蟠滿) in *Guanzi*(管子) and *Xiapanyudi*(下蟠於地) in *Kongzijiayu*(孔子家語). We also analyzes the use cases of *Pan*(潘) were mistakenly written as *Shen*(瀋) in several ancient books.

Key words: *Bo*(波) and *bo*(播), *Bochen*(波臣), *Panman*(蟠滿), *Xiapanyudi*(下蟠於地), *Pan*(潘) were mistakenly written as *Shen*(瀋)

(沈培 香港中文大學)

“弄”“美”“筭”“兵”的形誤[*]

胡敕瑞

提　要　本文根據出土文獻并結合傳世文獻的用字實例，校正了传世文献、出土文献中四組因字形相似而導致的錯誤。四組形誤的例子包括“弄”“美”的形誤、“美”“筭”的形誤、“兵”“弄”的形誤、“美”“兵”的形誤。四組形誤構成文章的四個部分。

關鍵詞　出土文獻　傳世文獻　训诂校勘　形誤

壹　“弄”“美”的形誤

《大戴禮記・保傅》：“天子居處出入不以禮，冠帶衣服不以制，御器在側不以度，縱上下雜采不以章，忿怒説喜不以義。”其中“縱上下雜采不以章”一句費解，且句式也與“居處出入不以禮”“冠帶衣服不以制”“御器在側不以度”“忿怒説喜不以義”不一致。戴震、孔廣森、汪喜孫等以爲“縱”字是衍文，當删①。删去“縱”字後，“上下雜采不以章”與上下文例倒是一致，但事實恐怕不是這麽簡單。賈誼《新書・傅職》有相似的内容，文作“天子居處出入不以禮，衣服冠帶不以制，御器在側不以度，雜綵從美不以章，忿怒説喜不以義。”其中“雜綵從美不以章”一句對應《大戴禮記・保傅》的“縱上下雜采不以章”，而《北堂書鈔》卷五十二“設官部”四引此句作“從弄雜采不以章”。

依據《新書・傅職》、《北堂書鈔》卷五十二的異文，可以推定《大戴禮記・保傅》原文當作“縱美雜采不以章”。《北堂書鈔》卷五十二“從弄雜采”中的“弄”當是“美”字形誤。“美”字異體或作“荓”“𢍁”諸形②，字形與“弄”相似易混。“弄”字俗體又作“卡”③，《大戴禮記・保傅》“縱上下雜采”的“上下”應是誤分“弄”的異體“卡”而成④。將《新書・傅職》的“雜綵從美”與

* 謹以此文慶賀業師蔣紹愚先生八十華誕。本文得到教育部人文社會科學重點研究基地重大項目“基於上古漢語語義知識庫的歷史語法與詞彙研究”(18JJD740002)的資助。

① 參黄懷信等《大戴禮記彙校集注》(上册)第385頁。

② “美”的兩個異體分别採自《隸辨》所録漢“陳寔殘碑”及“綏民校尉熊君碑”。

③ 參黄征《敦煌俗字典》第295頁。

④ 《世説新語・規箴》：“王緒、王國寶相爲脣齒，並上下權要。”徐震堮校箋：“‘上下’唐寫本作‘弄’，是。‘卡’爲‘弄’字異體，諸刊本誤分爲二字。”與此誤分爲二字同。

《大戴禮記・保傅》的"縱美雜采"作一比較,可知"從"用同"縱"、"采"用同"綵",兩本只是語序不同。戴震、孔廣森、汪喜孫等人删除"縱"字,殊爲不當①。

"弄"之異體作"卡",或加扌旁作"挊"②,在此基礎上又簡化作"抃"③。如後秦佛陀耶舍共竺佛念譯《長阿含經》卷 20:"一一蓮花有一百葉,一一花葉有七玉女,鼓樂絃歌,抃舞其上。"其中"抃"字宋本作"弄"。又如梁沙門僧旻、寶唱編《經律異相》卷 32:"即選良輔,武士翼從,各各還國,九國和寧,兆民抃舞。"其中"抃"字宫本亦作"弄"。慧琳《一切經音義》卷 34"大鼇"條引《神仙傳》云:"有列靈之龜,背負蓬萊山,而弄戲滄海之中也。"卷 77"斷鼇"條同引《列仙傳》云:"有巨靈之龜,背負蓬萊大山,而抃戲於滄海之中也。"一作"弄戲"、一作"抃戲",可見"抃"爲"弄"之俗體。漢譯佛經中的"抃舞"當讀作"弄舞"④。

值得注意的是,同一"抃"字又是"拚"的俗體。慧琳《一切經音義》卷 28"拊抃"條云:"拊,拍也。下又作'拚'同,皮變反。《説文》'拊手曰抃'也。"《説文・手部》:"拚,拊手也。從手、弁聲。"段玉裁注:"俗作抃。"⑤同一"抃"字既是"弄"的俗體,又是"拚"的俗體,是一個同形字。今人所編辭書多注明"抃"爲"拚"的異體,而未注明"抃"爲"弄"的異體,因此將"抃"的例句都放在"拚"字下,這顯然是不妥當的。有些"抃"字應是"弄"的異體,而不應視爲"拚"的異體。

《北京大學藏西漢竹書[叁]・周馴》簡 45—46:"置愛而不賢,是猶獨令三月之嬰兒處中野,而美之以夏后之璜也,剴(豈)能勿亡?"整理者注:"《左傳》定公四年敘述周公封建:'分魯公以大路、大旂、夏后氏之璜、封父之繁弱。'哀公十四年:'向魋出於衛地,公文氏攻之,求夏后氏之璜焉,與之他玉。'可見'夏后之璜'是周時有名的寶玉。"⑥"美之以夏后之璜"中的"美"簡文作"𢍏",應當隸定爲"弄"字,不當隸定爲"美"字⑦。"玩""弄"字形皆從玉,夏后之璜作爲寶玉,故可爲小兒玩弄⑧。整理者誤識"弄"字爲"美"字,不當。

---

① 王念孫、孫詒讓均指出"縱"字非衍,不當删。王念孫認爲"傳寫者以一'美'字訛作'上下'二字"。孫詒讓認爲"弄"字北朝俗書作"上下",傳寫誤分爲二字。參黄懷信等《大戴禮記彙校集注》(上册)第 385 頁。

② 參黄征《敦煌俗字典》第 295 頁。

③ 《高麗大藏經異體字字典》第 268 頁收有"弄"的異體"抃"。《山海經・大荒北經》:"黄帝生苗龍,苗龍生融吾,融吾生弄明。"其中"弄"字,郭璞注:"一作卞。""弄"之異體"卡"簡化作"卞",因此"挊"亦簡化作"抃"。

④ 不過古代典籍中的"抃舞"並非都應解釋爲"弄舞",有的可能應解釋爲兩手相擊以爲節奏而舞。具體文例需具體分析。

⑤ 《吕氏春秋・古樂》:"帝嚳乃令人抃。"高誘注:"兩手相擊曰抃。"《文選・左思〈吴都賦〉》:"翹關扛鼎,抃射壺博。""抃"一本作"拚",李善注引孟康曰:"手搏爲拚。"

⑥ 參《北京大學藏西漢竹書[叁]・周馴》第 126—127 頁。

⑦ 文章草成後,發現抱小《北大簡〈周馴〉校字一則》已有此説,參復旦大學出土文獻與古文字研究中心網站 http://www.gwz.fudan.edu.cn/Web/Show/2664。

⑧ 《説文・廾部》:"弄,玩也。從廾持玉。"又《玉部》:"玩,弄也。從玉、元聲。"《詩經・小雅・斯干》:"載弄之璋。"毛傳:"半珪曰璋。"鄭箋云:"玩以璋者,欲其比德焉。"《史記・張丞相列傳》:"高祖持御史大夫印弄之。"

貳 "美""筭"的形誤

《北京大學藏西漢竹書[壹]・蒼頡篇》簡18:"美數券契,筆研笶籌"。整理者把簡文隸定爲"美數券契,筆研筭籌",並加注釋:"美,《説文》'甘也。從羊,從大。'美有'讚美''稱讚'之義,如《戰國策・齊策一》:'吾妻之美我者,私我也。'……《漢書・高帝紀上》'漢王數羽曰',顔師古注:'數,責其罪也。'此字義與'美'訓'讚美'相誖。"①整理者把"筆研笶籌"中的"笶"隸定爲"筭"字是對的,但是把"美數券契"中的"美"隸定爲"美"是不對的②。整理者把"美"隸定爲"美",把"美數"分别解釋爲讚美、責數,認爲兩者是詞義相誖的反義詞,這種隸定和解釋顯然與上下文意不合。我們認爲"美"當隸定爲"弄",在簡文中用同"筭"。簡文中的"美"與"笶"的下部完全相同,後一字只是多了一個"竹"頭。同一篇(甚至同一簡)中的同一個字寫作兩種字形(如一個加"竹"頭作"筭"、一個不加竹頭作"弄"),這種情况在出土簡帛中並不罕見③。《蒼頡篇》作爲字書,當然是想盡量收羅諸種形體不同的字形,因此《蒼頡篇》簡文用字不避異體字、通假字與省體字,因爲這樣可以把更多的漢字字形包羅進來。"弄"之用同"筭",猶如"占"之用同"笘"、"侖"之用同"籥"、"觚"之用同"箛"④、"匧"之用同"篋"、"匡"之用同"筐"、"彗"之用同"篲"等⑤。北大簡本《蒼頡篇》中的"弄(筭)數券契"講的是算數、券契,與讚美、責數毫不相干。整理者誤識"弄(筭)"字爲"美"字,不當。

馬王堆帛書《春秋事語》58行:"亡者欲傳〈傳—專〉弄(寵),將以疑君。"其中的"弄"字帛書字形作"美",早期的整理者亦隸定爲"美"字。《長沙馬王堆漢墓簡帛集成》的整理者改釋爲"弄",并認爲帛書中的"傳弄"讀爲"專寵"⑥。今本《老子》十三章"寵辱若驚,貴大患若身"馬王堆帛書乙本《老子》作"弄辱若驚,貴大患若身","弄"正讀如"寵"。古籍中也見"專寵"的用法,例如《尹文子・大道下》:"内無專寵,外無近習。"《長沙馬王堆漢墓簡帛集成》的整理者將"傳弄"讀爲"專寵"的意見可從。

傳世古籍也有"弄"誤作"美"者。例如《史記・貨殖傳》:"丈夫相聚游戲,悲歌忼慨,起則相隨椎剽,休則掘塚作巧姦冶,多美物,爲倡優。"裴駰《集解》:"徐廣曰,美一作美。"根據徐廣

① 參《北京大學藏西漢竹書[壹]・蒼頡篇》第85—88頁。

② 《北京大學藏西漢竹書[貳]・儒家説叢》簡2"辟若秋蓬之美",《北京大學藏西漢竹書[貳]・陰陽家言》簡10"必食歲之所美",其中"美"字與此不同,均有上兩點。

③ 馬王堆帛書《老子》甲、乙本也有同一段話中的同一個字,既用"谷"又用"浴"的情况,與此處一用"弄"、一用"筭"的情況相似。

④ 《廣雅・釋器》:"籥、笘,箛也。"王念孫《疏證》:"'箛'通作'觚'。""籥""笘"之作"侖""占",參胡敕瑞(2015)。

⑤ 《説文・匚部》:"匧,藏也。從匚、夾聲。篋,匧或從竹。"又"匡,飲器筥也。從匚、王聲。筐,匡或從竹。"《又部》:"彗,掃竹也。從又持甡。篲,彗或從竹。"

⑥ 參《長沙馬王堆漢墓簡帛集成[叁]・春秋事語》第187頁注釋[二〇]。

的說法,《史記》“多美物”古本有作“多美物”者,大概抄手不認識“美”(即“弄”)字,因此誤將“美”字寫作“美”。《漢書·地理志》恰好有相似的内容,文作“丈夫相聚游戲,悲歌忼慨,起則椎剽掘塚,作姦巧,多弄物,爲倡優。”《史記》中的“多美物”在《漢書》中正作“多弄物”,作“多弄物”與上下文的“丈夫相聚游戲”“爲倡優”文義相合。今本《史記》作“多美物”,其中的“美”字顯然是“弄”字之誤。

傳世古籍中也有“筭”誤作“美”者。例如《吴越春秋·越王無余外傳第六》:“乃大會計治國之道,内美釜山州鎮之功,外演聖德以應天心。”其中“美”疑是“筭”字形誤,此處“内筭”與“外演”形成對文。

叁 “兵”“弄”的形誤

《説文·戈部》:“戲,三軍之偏也。一曰兵也。從戈、䖒聲。”段注“一曰兵也”云:“一説謂兵械之名也,引申之爲戲豫、爲戲謔,以兵杖可玩弄也、可相鬥也,故相狎亦曰戲謔。”王筠《説文句讀》云:“蓋謂兵器名也,未聞。”朱駿聲《説文通訓定聲》亦以爲兵器名,且認爲“其器失傳,無考”。

《太平御覽》卷四百六十六“人事部”之“嘲戲”引《説文》曰:“‘嘲,相調戲、相弄也。’又曰:‘戲,弄也。’”清代學者注意到了這則引文,但多未作出正確的解釋。王筠《説文句讀》云:“即作‘弄’,亦當指兵器而言,乃與從戈有合。至於‘戲弄’常語已見女部‘嬈’下,不當以爲正義也。”王筠認爲即便“戲”有“弄”訓,“弄”也當指兵器,而不是指戲弄。他認爲《説文》“嬈”下已有“戲弄”之訓,因此“戲”下不當再有此訓。沈濤《説文古本考》案“《御覽》卷四百六十六‘人事部’引‘戲,弄也。’蓋古本又有此一解,今奪。”沈濤承認古本《説文》“戲”有“弄”之訓,但他認爲今本《説文》“戲”下脱漏了此訓①。

其實今本《説文》“戲”下的訓釋并無脱漏,只是沈氏不明白“一曰兵也”乃“一曰弄也”之誤。“兵”应是“弄”的形誤。下面列舉“兵”“弄”的一些字例,以見兩字形體相似易誤:

“兵”形字例	居延簡 174.34	兵《隸辨》平聲十二	兵《古文四聲韻》卷二
“弄”形字例	肩水簡 73EJT10:131	弄《龍龕手鑒》卷四	弄《古文四聲韻》卷四

第一行“兵”的字形與“弄”相似,第二行“弄”的字形與“兵”相似。最後一列《古文四聲韻》卷二所收的“兵”形作“兵”,同書卷四所收的“弄”形作“弄”,兩字字形幾乎沒有區别。如果“弄”字寫成《古文四聲韻》卷四那樣的“弄”形,就很容易被誤認爲“兵”字。

① 以上諸家之説,參《説文解字詁林》第5684—5685頁。嚴可均《説文校議》云:“戲,當作‘一曰弄也。’《御覽》卷四百六十六引‘戲,相弄也’又引‘戲,弄也。’女部‘嬈,一曰擾戲弄也。’”嚴可均肯定“戲”有“弄”訓,他是對的。

根據《太平御覽》引文“戲”有“弄也”一訓、以及“兵”“弄”形體易混的事實，可以判定今本《說文》“戲”訓“一曰兵也”應是“一曰弄也”之誤。

“戲”之訓“弄”，除了《太平御覽》引文的直接證據外，我們還可列舉慧琳《一切經音義》、希麟《續一切經音義》中的一些間接證據。慧琳《一切經音義》卷10與卷14“戲論”條、卷31“象戲”條均引用了《考聲》“戲，弄也”一訓。希麟《續一切經音義》卷10“戲譚”、卷3“嬉戲”條均引用了《切韻》“戲，弄也”一訓。《考聲》《切韻》之訓淵源有自，很可能就源自《說文》。

“戲”可訓“弄”，“弄”亦可訓“戲”。《左傳・僖公九年》：“夷吾弱，不好弄。”杜預注：“弄，戲也。”因此“戲弄”“弄戲”可同義連文，如《國語・晉語二》：“夷吾之少也，不好弄戲。”《漢書・司馬遷傳》：“文史星曆近乎卜祝之間，固主上所戲弄。”根據《說文》訓釋的互訓條例，既然《说文》“戲”下有“弄也”之訓，《說文》“弄”下亦應有“戲也”一訓。今本《說文・廾部》：“弄，玩也。從廾、玉。”“弄”只有“玩也”一訓，并無“戲也”一訓。然而慧琳《一切經音義》卷16“戲弄”條：“上虚記反，《說文》從戈、䖒聲。䖒音許冝反，經從虚，非也。下祿慟反，《說文》：玩也、戲也。從廾、從玉。廾音拱。”根据慧琳所引《說文》“弄”有“玩也、戲也”兩訓，或可推想今本《說文》“弄”下似脱“戲也”一訓。

肆 “美”“兵”的形誤

今本《老子》三十一章首句作“夫佳兵者，不祥之器。”對於其中的“佳兵”，目前至少有三種不同的說法：

1）宋翔鳳以爲“佳兵”當是“作兵”之誤[①]；

2）王念孫以爲“佳”當是“隹”字之誤，“隹”古“唯”字[②]；

3）高明(1996)、饒宗頤(2013)、傅榮賢(2014)根據馬王堆帛書甲、乙本均無“佳”字，以爲“佳”字實爲衍文[③]。

郭店楚簡有與今本三十一章相關的內容，但沒有本章開頭的這段文字[④]。馬王堆帛書

---

① 參朱謙之《老子校釋》第124頁。

② 參王念孫《讀書雜志餘編・老子》第1010頁。又阮元序王引之《經傳釋詞》：“佳爲隹之訛，隹同惟，《老子》‘夫惟’兩字相連爲辭者甚多，若以爲佳，則當云不祥之事，不當云器。”

③ 高明(1996)認爲：“在此段文字中，‘兵者’二字前後出現幾次，下文云‘故兵者非君子之器，兵者不祥之器也。’所言皆指軍械而言，今本‘兵’前增‘佳’‘美’諸字，猶似指用兵言之，遠失《老子》原義，當從甲乙本爲是，今本皆非。”饒宗頤(2013)認爲：“今本作‘夫佳兵者’，佳字疑爲衍文。”傅榮賢(2014)認爲：“今本《老子》第三十一章‘夫佳兵者，不祥之器。’這裏，既是‘佳兵’，當含褒義，爲何又是含有貶義的‘不祥之器’呢？這在邏輯上顯然是矛盾的。證以馬王堆漢墓出土的帛書《老子》甲、乙本可知，原句當爲：‘夫兵者，不祥之器也。’(甲本行155—156，乙本行245下)顯見，傳世本《老子》的‘佳’實爲衍字。”

④ 裘錫圭認爲，郭店楚簡所無的這段文字應爲後人所加，但從帛書本已有其文來看，加入之時當亦頗早，參裘錫圭《郭店〈老子〉簡初探》，載《裘錫圭學術文集・簡牘帛書卷》第301頁。

甲、乙本與北京大學漢簡本均有這段文字,如下:

"夫兵者,不祥之器也。"(馬王堆帛書本)[1]

"夫觟(佳)美,不恙(祥)之器也。"(北大漢簡本)

傅奕本相傳是北齊武平五年(574 年)彭城人盜發項羽妾塚所得的古本,文作:

"夫美兵者,不祥之器。"(傅奕本)

《史記·扁鵲倉公列傳》引用了《老子》本章首句,文作"美好者,不祥之器"。根據西漢所見的文本,《老子》此章首句各不相同,或(如馬王堆帛書本)作"兵者"、或(如北大漢簡本)作"觟(佳)美"、或(如《史記·扁鵲倉公列傳》)作"美好"、或(如傅奕本)作"美兵"。

綜合以上所見西漢《老子》諸本的情況,我們推測當時至少有兩個不同的傳抄系統:一個本子(如馬王堆帛書本)文作"夫兵者,不祥之器",以"兵"爲話題主語;一個本子文作"夫美者,不祥之器"[2],以"美"爲話題主語。這兩個不同的傳抄系統,大概是由於"兵""美"形似而導致的[3]。顔世鉉(2016)認爲"'兵'和'美'的寫法並不相近,所以作爲形訛的條件並不充分。"[4]"兵"和"美"楷體的寫法的確形不相近,但是古隸"兵""美"兩字的寫法却很近似,請看出土漢簡中的字例:

"兵"隸書字例	 武威燕禮簡 44	 居延新簡 EPT52.399	 居延新簡 EPT48.141
"美"隸書字例	 武威醫簡 45	 居延簡 456.5A	 肩水簡 73EJT10.19

第一行的"兵"字很像"美"字,第二行的"美"字很像"兵"字[5]。此外,根據本文壹、貳兩節的討論,我們知道"美""弄"形似易誤;根據本文第叁節的討論,我們知道"弄""兵"形似易誤。因爲"兵""弄"形似難分,而"弄""美"又形似易混,因此"兵""美"相誤的可能性很大。

因爲"兵""美"形似,因此《老子》該章首句既有作"夫美者,不祥之器"者,又有作"夫兵者,不祥之器"者,更有(如傅奕本)糅合兩種不同文本的異文而作"夫美兵者,不祥之器"者[6]。這種糅合不同文本異文的例子并不少見,例如:

---

① 甲本無"也"字,據乙本補。

② 《史記·扁鵲倉公列傳》引文可能是意引,所以添"好"字而作"美好",北大漢簡本的"觟(佳)美"亦可能是在流傳中增添了"觟(佳)"字。

③ 北大漢簡本的整理者也提出過相似看法:"疑早期版本原有'兵者'與'觟(佳)美'兩個系統,傳世本'佳兵''美兵'乃糅合二本而成,'佳兵'之'兵'亦有可能爲'美'之訛。"參《北京大學藏西漢竹書(貳)》第 160 頁。

④ 顔世鉉(2016)認爲"佳兵"的"兵"讀爲"方","方"是滂母陽部,兵是幫母陽部,皆爲脣音陽部字,古音相近。"方"表示美、大的意義,他認爲這種解釋能和作"觟(佳)美""美好"的説法聯繫在一起。我們不太讚同顔先生的這一看法,詳見下文。

⑤ 他如《敦煌馬圈灣漢簡集釋》第 301 頁簡 793"兵"似"美",《額濟納漢簡》第 109 頁簡 99ES17SH1:1"兵"似"美"。

⑥ 這種雜糅多是注文闌入正文而成,即一種本子作"美",一種本子作"兵",或有於"美"後注"兵"者,而後世鈔手遂誤把注文鈔入正文。

"是以禹嘗據一饋而七十起。"(《鬻子·禹政》)

"(禹)當此之時一饋而十起。"(《淮南子·氾論》)

"是以禹嘗據一饋而七起。"(《群書治要》卷三十一)①

鍾肇鵬(2010:19)云:"蓋古本有作'七',有作'十'者,校者注於旁,而後人鈔書誤爲'七十'②。

《老子》書中正好也有這種雜糅誤合的例子。今本《老子》四十二章:"人之所教,亦我教之。"③這句話至少有三種不同的文本:

"人之所教,亦我而教人。"(北大漢簡本)

"是故(人之)所教,夕(亦)議(義)而教人。"(馬王堆帛書甲本)

"人之所教,亦我義教之。"(易玄、邢玄、磻溪、樓正、敦煌己、遂州、蘇、彭等諸本)④

"議"從"義"得聲,"義"從"我"得聲,"我""義"音近相通⑤。北大漢簡本作"我",馬王堆帛書甲本作"議(義)",易玄諸本則雜糅二本誤合爲"我義"。略有不同的是,易玄諸本是把不同本子的通假異文"我""議(義)"誤合爲"我義",而《老子》傅奕本是將不同本子的形似異文"美""兵"誤合爲"美兵"。

雜糅誤合的傅奕本寫作"美兵",顯然不是正確的原始文本。那麼正確的原始文本究竟是作"兵"呢,還是作"美"呢?我們認爲原文應作"兵",理由有以下三點:1)《老子》此章談論的主題是"兵""戰",而且同章下文又見"兵者,不祥之器"。2)目前該句最早見於馬王堆帛書本⑥,而馬王堆帛書本正作"兵者,不祥之器"。3)古籍中有不少有關《老子》此句的直接或間接引文,這些引文或可旁證《老子》原文應作"兵者,不祥之器"。例如:

"兵者,不祥之器。"(《文子·微明》)

"兵者,不祥之器。"(《三略》卷下)

"兵者,凶器也。"(《國語·越語下》)

"兵者,凶器也。"(《尉繚子·武議》)

"用兵者,其由不祥乎!"(《大戴禮記·用兵》)

"凡兵,天下之凶器也。"(《吕氏春秋·論威》)

---

① 《藝文類聚》卷十一引作"是以禹嘗據一饋而七起"。《太平御覽》卷八十二引作"是以禹嘗據一饋而七起"。《群書治要》卷三一、《藝文類聚》卷十一、《太平御覽》卷八十二所引均無"十"字,可證古本似當作"七"。

② 張勛燎(1988:40)也曾列舉"七""十"雜糅誤合例。

③ 此爲嚴遵本、司馬本。王弼本、河上公本作"人之所教,我亦教之"。

④ 轉引自高明(1996)第33頁。顧歡、邵若愚二本作"人之所教,我亦義教之"。宋吕知常《道德經講義》作"人之所教,而我義教之"。

⑤ 《北京大學藏西漢竹書[肆]·妄稽》簡12:"君不義(宜)聽,買妾,家室恐畔(叛)。"整理者於"義"後括注"宜",以爲"義"讀如"宜"。其實"義"讀如"我"亦通。郭店《语丛三》簡64—65:"亡意、亡古、亡義、亡必。"《论语·子罕》作"毋意、毋必、毋固、毋我。"其中"(亡)義"與"(毋)我"對應,"義"即讀如"我"。

⑥ 郭店本《老子》雖然有今本《老子》三十一章相關內容,但缺少與今本該章首句相應的文句。

"兵,凶器也。"(《韓非子・存韓》)

"兵者,凶器也。"(《淮南子・道應》)

"兵者,凶器也。"(《史記・越世家》)

"兵者,凶器也。"(《鹽鐵論・論菑》)

"兵者,凶事。"(《吴越春秋・闔閭内傳第四》)①

根據這三點理由以及以上的討論,《老子》該章首句應作"兵者,不祥之器"。《老子》"兵者,不祥之器"一句的諸本源流可以歸納如下:

話題爲"兵"者	話題爲"美"者	話題爲"美兵"者
・夫兵者,不祥之器【也】。(馬王堆帛書甲本) ・夫兵者,不祥之器也。(馬王堆帛書乙本)	*夫美者,不祥之器也。(虛擬古本) ・美好者,不祥之器。(《史記・扁鵲倉公列傳》引用本) ・夫觟(佳)美,不恙(祥)之器也。(北大西漢竹簡本)	・夫美兵者,不祥之器。(傅奕本) ・夫佳兵,不祥之器。(王弼本、河上公本) ・夫嘉兵者,不祥之器。(樓古碑)
話題爲"兵"者當是正確的原始文本。	"美好""觟(佳)美"應是在"美"的基礎上附麗而成文②。	"佳兵""嘉兵"應是"美兵"的同義替换。

参考文献

北京大學出土文獻研究所編　2015　《北京大學藏西漢竹書[壹]》,上海:上海古籍出版社。
北京大學出土文獻研究所編　2012　《北京大學藏西漢竹書[貳]》,上海:上海古籍出版社。
北京大學出土文獻研究所編　2015　《北京大學藏西漢竹書[叁]》,上海:上海古籍出版社。
北京大學出土文獻研究所編　2015　《北京大學藏西漢竹書[肆]》,上海:上海古籍出版社。
陳　偉　2012　《楚簡册概論》,武漢:湖北教育出版社。
單育辰　2014　《楚地戰國簡帛與傳世文獻對讀之研究》,北京:中華書局。
丁福保編　1988　《説文解字詁林》,北京:中華書局。
傅榮賢　2014　《出土簡帛與中國早期藏書研究》,北京:知識産權出版社。
高　明　1996　《帛書老子校注》,北京:中華書局。
顧藹吉　2003　《隸辨》,北京:中華書局。
郭忠恕　夏　竦　2010　《汗簡古文四聲韻》,北京:中華書局。
胡敕瑞　2017　《"筮占"與"占著"》,《漢語史學報》第十七輯,上海:上海教育出版社。
黄　征　2005　《敦煌俗字典》,上海:上海教育出版社。

① 這些引文的内容與《老子》三十一章首句的意思相似,可能皆源自《老子》。張覺《吴越春秋校注》(第72頁注釋①)即以爲"蓋源於《老子》"。

② "觟(佳)美"也有可能是"佳兵"的訛誤,即"美"爲"兵"字形誤。這樣的話,作"觟(佳)美"的北大西漢竹簡本就不但與作"佳兵"的王弼本、河上公本有關,也與作"美兵"的傅奕本、作"嘉兵"的樓古碑本有關。

黃懷信等 2005 《大戴禮記匯校集注》,西安:三秦出版社。
李圭甲 2000 《高麗大藏經異體字典》,The Research Institute of Tripitaka Koreana.
寧鎮疆 2006 《〈老子〉早期傳本結構及其流變研究》,上海:學林出版社。
裘錫圭 2012 《裘錫圭學術文集·簡牘帛書卷》,上海:復旦大學出版社。
裘錫圭 主編 2015 《長沙馬王堆漢墓簡帛集成[叁]》,北京:中華書局。
裘錫圭 主編 2015 《長沙馬王堆漢墓簡帛集成[肆]》,北京:中華書局。
饒宗頤 2013 《老子想爾注校證》,上海:上海古籍出版社。
史語所簡牘整理小組編 2015 《居延漢簡[貳]》,臺北:中研院歷史語言研究所出版。
釋行均 1985 《龍龕手鏡》,北京:中華書局。
釋慧琳 1986 《一切經音義》,上海:上海古籍出版社。
王念孫 1985 《讀書雜志》,南京:江蘇古籍出版社。
王念孫 1983 《廣雅疏證》,北京:中華書局。
王聘珍 1983 《大戴禮記解詁》,北京:中華書局。
王引之 1985 《經傳釋詞》,长沙:岳麓書社。
徐在國 2002 《隸定古文疏證》,合肥:安徽大學出版社。
徐震堮 1984 《世説新語校箋》,北京:中華書局。
徐中舒 主編 1985 《秦漢魏晉篆隸字形表》,成都:四川辭書出版社。
顏世鉉 2016 《以文獻異文來釋讀〈老子〉舉隅》(未刊稿)。
張 覺 2006 《吴越春秋校注》,长沙:岳麓書社。
張家山二四七號漢墓竹簡整理小組編 2001 《張家山漢墓竹簡》,北京:文物出版社。
張勛燎 1988 《"七""十"考》,载《古文獻論叢》,成都:巴蜀書社。
中國科學院考古研究所 甘肅省博物館編 1964 《武威漢簡》,北京:文物出版社。
鍾肇鵬 2010 《鬻子校理》,北京:中華書局。
朱謙之 1984 《老子校釋》,北京:中華書局。

An Collation about Four Groups of Literal Error

HU Chirui

Abstract: In this paper, we discuss and collate four groups of literal error, based on the use of words in unearthed documents and combining with the use of words in existing documents. The four groups of literal error include the form error between *Nong*(弄) and *Mei*(美), the form error between *Mei*(美) and *Suan*(筭), the form error between *Bing*(兵) and *Nong*(弄), and the form error between *Mei*(美) and *Bing*(兵). The four groups of literal error also constitute the four parts of this article.

Key words: unearthed documents, the ancient books, interpretation and collating, literal error

(胡敕瑞 北京大學中文系/中國語言學研究中心 100871)

出土文獻與傳世文獻互證漫議*

——讀《吐魯番出土文書》訓詁隨札

方一新

提　要　作爲太田辰夫《中國語歷史文法·跋》所説的"同時資料",敦煌吐魯番文書等出土文獻材料大多具有原始性、真實性、未經改動的特點,研究價值很高。本文認爲,無論對傳世文獻還是出土文獻的疑難字詞的考釋研究,都應該把兩種文獻材料結合起來,比較互證,推闡系聯。兹以《吐魯番出土文書》的牟用、嘿突、渠破水讁、偏並等4組詞爲例,略窺二者互證重要性之一斑。

關鍵詞　吐魯番文書　出土文獻　疑難字詞　訓詁考釋

引　言

從十九世紀末、二十世紀初以來,除了甲骨文的發現外,我國重要的出土文獻有兩大系列:一爲敦煌吐魯番文書,一爲戰國秦漢六朝的簡牘文獻。它們都非常珍貴,值得重視。作爲太田辰夫《中國語歷史文法·跋》所説的"同時資料",簡帛、寫本等出土文獻材料大多具有原始性、真實性、未經改動的特點,有很高的研究價值。裘錫圭先生等曾有多篇論文作過專門論述,值得參考。

筆者早些年曾讀文物出版社出版的《吐魯番出土文書》(8册),就其中部分詞語稍加留意,有所摘録,覺得可以用傳世文獻與之互證,遂摘取若干條略作考釋,約在2010年時,草成小文。近翻檢舊稿,略有補充,並核對圖文版《吐魯番出土文書》(4大册),訂正引文。筆者以爲:無論對傳世文獻還是出土文獻的疑難字詞的考釋研究,都應該把兩種文獻材料結合起來,比較互證,推闡系聯——即以出土文獻證傳世文獻,也可以傳世文獻證出土文獻,同時,在進行具體的考釋求證時,傳統訓詁學的方法,如郭在貽先生所總結的:"一曰據古訓,二曰破假借,三曰辨字形,四曰考異文,五曰通語法,六曰審文例,七曰因聲求義,八曰探求語源。"①仍然值得重視、學習。今以《吐魯番出土文書》的牟用、嘿突、渠破水讁、偏並4組詞語

---

* 本文係國家社科基金重大項目"漢語詞彙通史"(14ZDB093)的階段性研究成果。初稿曾蒙真大成、張文冠、邊田鋼、路方鴿、孫尊章、盧鷺、孟奕辰等多位友生指正,謹致謝忱。

① 參看郭在貽《訓詁學》(54頁)。

爲例，[①]略窺二者互證重要性之一斑。不當之處，達者正之。

壹

《吐魯番出土文書》中的詞語，未見更多用例，時賢雖有解釋，未見達詁；辭書亦未見收釋者。以"麁用"爲例。

1. 麁(麤、麄、麁、麓)用

(1)延昌卅四年甲寅歲六月三日，呂浮圖辭：圖家□□乏，麁(觕)用不周，於樊渠有蒲(葡)桃(萄)一園，逕(經)理不□。(高昌延昌三十四年(594)呂浮圖乞貿葡萄園辭，[②]2—142)[③]

"麁用不周"一句的"麁"，稍顯生澀，圖文版《吐魯番出土文書》[貳]注爲"觕"字。如何解釋，值得推敲。

王啟濤《吐魯番出土文書詞語考釋》(2005：184—185，下簡稱《考釋》)："麁，疑即'斛'的異體字。……按：唐長孺在'麁'旁注：'觕'。檢'觕'爲遭遇、遭受。'觸'的訛俗字。S388《正名要録》'正行者楷，脚注稍訛'：'觸(脚注：觕)。'《晉書・李流載記》：'蕩馳馬追擊，麁角倚矛被傷死。'何超音義：'麁，尺玉反，古文觸字。'……與吐魯番出土文書文意不合，故不取。"

按：麁，唐長孺旁注爲"觕"，是；上下結構與左右結構互换，是簡帛寫本習見之例。羣之與群、畧之與略、埶之與埶，皆是。"觕"既可同"觸"，亦同"粗"，異体作麤、麄、麁等形。[④]《公羊傳・莊公十年》："觕者曰侵，精者曰伐。"漢何休注："觕，麤也。"《吕氏春秋・孟夏》："食菽與雞，其器高以觕。"《禮記・月令》作"高以粗"。三國吴支謙譯《大明度經》卷五："囑累若，粗捔説耳。"(8/502c)五代可洪《新集藏經音義隨函録》卷二《大明度经》第三卷"麁捔"條："(麁)才古反。麁也，略也。正作觕、粗二形。"(高麗藏第34册/666c)

《考釋》謂"'觕'爲遭遇、遭受。'觸'的訛俗字"，則是把"麁"當作"觸"的俗寫了，不知此處實爲"粗"(麤)字。實則"觕用"不誤，無煩改爲詞義不明的"斛用"。

考"粗(麤、麁)用"在吐魯番文書中僅此1例，未能搜得更多用例。不妨將調查的範圍擴大，到傳世典籍中去找一找。果然，六朝文獻已見此詞；推考其例，大致有以下二義：

---

① 本文初稿完成於2009年，曾在研究生課上講過數輪；2010年3月，應邀攜該文赴吉林大學古籍研究所作學術交流，得到了朱紅林等先生的指正。

② "貿"，《吐魯番出土文書詞語考釋》録作"買"(184頁)，誤。

③ 本文所依據的吐魯番出土文獻，係唐長孺先生主編的四大册《吐魯番出土文書》。缺字、補字符號亦均據該書。"2—142"表示是第二册第142頁。下同。

④ 佛經中又可作"麈"：《楞伽阿跋多羅寶經註解》卷一："彼彼空者，是空最麈，汝當遠離。"(39/365b)麈[3]麈＝觕【甲】*，＝麈【CB】*。按："麈"應爲"麈"字形近之訛，CBETA校正是也。此例係友生盧鷺博士檢示，特致謝忱。

一爲略用,大致用。

(2)又仲尼聞韶,歎其一致,是以咨嗟。何必因聲以知虞舜之德,然後歎美耶?今麤用其一端,亦可思過半矣。"(三國魏嵇康《聲無哀樂論》)

(3)初二偏爲衆生。何故而然?以此行麁用教衆生,彼能起故。(隋慧遠撰《維摩義記》卷二,38/467c①)

二爲粗略使用,不作精細用途;也指家用,日常生活所用。

(4)然後削去四畔麤白無光潤者,别收之,以供麤用。麤粉,米皮所成,故無光潤。其中心圓如鉢形,酷似鴨子白光潤者,名曰'粉英'。英粉,米心所成,是以光潤也。(《齊民要術》卷五《種紅藍花梔子》)"麤"和"英"相對,當指粗劣、不精華的部分。

(5)第五毘那夜迦名爲可意,此人來時,令人悕望心成就,專行劫剝,廣求財物,將爲麁用。(唐菩提流志譯《佛心經》卷下,19/13a)將爲麁用,謂取作日常所用。

(6)雄附遠寄良荷,扶衰之意,茶五十餅,漫附回使,以供粗用。(宋朱熹撰《晦菴别集》卷三,《彭子壽》)以供粗用,亦謂(茶餅)可供日常起居飲用。

(7)純黑即黑毛。憍奢耶即蠶綿(有將爲一非也),氍即門户,六年不揲,得著者,上二細者,止得麁用,故不許著。②(宋釋元照撰《四分律行事鈔資持記》卷三,40/427b)

回過頭看,本例"麁用不周","麁(犓)用"指吕浮圖的家用,日常所用;不周,不足義;然則"麁用不周"正是指日常開銷、家裏生活資料不足(與上文"(吕浮)圖家□□乏"正相照應),故需要向人"乞貿葡萄園",以求獲得一個較爲穩定的生活來源。③

韓理洲輯校《全隋文補遺・吕浮圖乞貿葡萄園辭》即將"麁用不周"直接録作"粗用不周"(三秦出版社,2004年,第464頁),④甚是。

此條王啓濤《吐魯番出土文獻詞典》(下簡稱《詞典》)未收。⑤

貳

《吐魯番出土文書》中的詞語,用例不多,時賢雖有數種解釋,仍可商榷;關鍵是要以聲音

---

① 佛經用例,用日本《大正藏》本(必要時核對《中華藏》等版本),"38/467c"分别表示册、頁、欄,下同。

② 此例當是對唐・道宣《四分律删繁補闕行事鈔》的解説。道宣《四分律删繁補闕行事鈔》卷三:"二捨入僧用。謂五臥具迴僧物隨僧作何等用?其中純黑憍奢耶,僧不得著用,得作地敷及作氍㲣帳幔等。"(40/156b)"麁用"與"著"相對,指不用作衣服,而作爲地毯帳幔等物品,供僧人日常所用。

③ 唐以後佛典中,"粗(麤、麁)用"有指佛教術語三身(法身、報身、應身)中"化身"的意思,如:唐實叉難陀譯《大乘起信論》卷上:"又凡夫等所見是其麁用,隨六趣異種種差别,無有無邊功德樂相,名爲化身。"(32/588a)元普瑞集《華嚴懸談會玄記》卷一四:"謂報、化二隨機緣勝業,現麤細二用也。隨地上機現細用,即報身;隨地前機現麤用,即化身也。"(《卍新纂大日本續藏經》第8册/188c)是别一義。

④ 此例蒙張文冠博士檢示,特致謝忱。

⑤ 本文初稿完成時,《吐魯番出土文獻詞典》尚未出版。

通訓詁,不受字形約束。以“嘿(默)突”爲例。

2. 嘿突/默突

(8)若不上□,嘿突祀所,謫羊半口;若不詣祀所煮肉,謫羊一口。若上名不遇(過)祀者,謫酒二斗。(高昌永平元年(549)……爲知祀人上名及謫罰事。1—133)

(9)若不上名者,嘿突祀所,謫羊[　　　]煮肉,謫羊一口。若上名不過祀者,謫酒二□(斗)。(高昌永平元年(549)……爲明正一日知祀人上名及謫罰事。1—135)

關於“嘿突”,《考釋》(2005:183—184)釋云:“悄悄、暗中破壞。‘嘿’有‘悄悄’義,《晏子春秋·諫上十二》:‘臣聞之,近臣嘿。’‘突’有衝撞、襲擊義。《荀子·王霸》:‘汙漫突盜以先之。’楊倞注:‘突,陵突。’”“按:‘嘿突’或與‘隳突’有關。考柳宗元《捕蛇者説》:‘悍吏始來吾鄉,叫囂乎東西,隳突乎南北。’張永言先生《簡明古漢語字典》第 264 頁釋隳突:‘破壞、奔突、横衝直撞。’”

此後,王啟濤《吐魯番出土文書疑难詞語考辨》(2007:275,下簡稱《考辨》)又釋“嘿突”云:“暗闖。……‘嘿’同‘默’,有‘悄悄’義,《玉篇·口部》:‘嘿,與默同。’《史記·刺客列傳》:‘魯勾踐怒而叱之,荊軻默而逃去。’‘突’有‘衝撞’‘襲擊’義。《荀子·王霸》……更爲典型的一個佐證是:Dx. 18916《大曆十五年(780)杰謝鎮牒爲徵牛皮二張事》:‘因恐賊默來侵抄,辰宿至要鼓聲相應者。’(《俄藏敦煌文獻》第 17 册第 281 頁)此處的‘默來侵抄’正好與我們討論的‘嘿突’形成對照。”

按:此二説似均可商。

“嘿”,同“默”。《玉篇·口部》:“嘿,與默同。”《左傳·昭公十五年》:“王雖弗遂,宴樂以早。”晉杜預注:“言今雖不遂服,猶當靜嘿而便宴樂。”唐陸德明釋文:“嘿,本或作默,同。”

檢《吐魯番出土文書》,“嘿突”一詞除了(8)(9)外,未見他例。雖然從上下文看,已經能大致作出解釋——指犯禁(闖入)、擅入,但要使結論更可信,則需要更多的用例來支撑,這就需要到傳世文獻中去找。

考“默突”(嘿突)一詞中古傳世典籍已有用例:

(10)是女人得聞此語,獲得須陀洹道。以刀繫頸,往到王所,而白王言:“我今日犯王重法,願王以法治我。”王問言:“汝犯何事?”答言:“我破王禁制,至道人所。譬如渴牛,不避於死。我實渴於佛法,是以默突聽法。”(舊題西晉安法欽譯《阿育王傳》卷七,50/128c)

值得注意的是,這例“默突”有異文,日本《大正藏》參校的宋資福藏、元普甯藏、明徑山藏(嘉興藏)作“冒突”。

《法苑珠林》卷二四引同,亦作“默突”,未列異文。

(11)王問言:“汝犯何事?”答言:“我破王禁制,至道人所。譬如渴牛不避於死。我

實渴於佛法,是以默突聽法。"(唐道世《諸經要集》卷二,54/10b)

此例"默突"也有異文,元普甯藏、明徑山藏作"冒突"。

這兩例"默突聽法",從句意看,是指違反了國王(女人不得聞法)的規定,即"破王禁制","默突"當爲貿然、擅自(做某事)義。有意思的是,"默突"的異文又作"冒突",然則"冒突"何義,它與"默突"是什麼關係?當有必要再作進一步的考察。

中古史書有"冒突"用例:

(12)(劉)整、(鄭)像召募通使,越蹈重圍,冒突白刃,輕身守信。(《三國志·魏志·齊王芳傳》)

(13)於是裝直進樓船、冒突、露橈數千艘。唐李賢注:"(冒突、露橈)並船名……冒突,取其觸冒而唐突也。"(《後漢書·岑彭傳》)

是"冒突"本爲沖冒、直突在前義;由此引申,則有冒犯、唐突義。"冒突"後也爲古代戰船名,《後漢書·岑彭傳》例即是。按照李賢的解釋,戰船名也是從其沖冒、直突在前之本義引申而來的。

不僅中土典籍有"冒突",魏晉南北朝的翻譯佛經也見到用例,如:

(14)時諸宫人見此妓女干冒王法,心懷戰懼,恐同其罪。時此妓女見是事已,手自執刀,到於王前,五體投地,伏罪請死。復説偈言:

"王制極嚴峻,無敢違犯者,
我爲聽法故,冒犯分受死。
我今渴於法,冒突至僧所,
如春熱渴牛,求水不避杖。"(後秦鳩摩羅什譯《大莊嚴論經》卷五,4/285c)

"冒突至僧所",就是上文提到的"默突聽法",則"冒突""默突"義近,都是指擅闖禁區,冒犯(講法)重地。

(15)案《詩》云:"元戎十乘,以先啓行。"韓嬰章句曰:"元戎,大戎,謂兵車也。車有大戎十乘,謂車縵輪,馬被甲,衡扼之上,盡有劍戟,名曰陷軍之車,所以冒突,先啓敵家之行伍也。"(《史記·三王世家》"虚御府之藏,以賞元戎",南朝宋裴駰集解)

冒突,謂直突前沖也。唐宋以後,"冒突"也見沿用,如:

(16)或冒突超越,跛行令震疊;或粗見形勢,驅除令遠蹀。(宋王安石《用前韻戲贈葉致遠直講》詩)

(17)一切賓客及雲水道友至時,非執事人,亂言冒突者,中罰。(《雲棲法彙(選録)》卷二二,嘉興藏第33册/169b)

列舉了這樣一些用例後,大致可以作出判斷了:"嘿(默)突"實即"冒突"。"默(嘿)"本爲悄然、安靜義。《説文·犬部》:"默,犬暫逐人也。"《玉篇·犬部》:"默,犬暫逐也。亦爲嘿靜字。"唐慧琳《一切經音義》卷七八"默然"條:"《字書》:'默,靜也;不言也。'《古今正字》:'犬不

吠蹔逐人也。從犬黑聲。’經文作嘿,俗字也。”(54/816b)

但“默突”的“默”,則應讀作“冒”,不能就其字面作釋。考“冒”有兩讀,一爲《廣韻・號韻》“莫報切。覆也,涉也”;一爲《廣韻・德韻》“莫北切。干也”。就干犯、冒犯義位而言,“墨”“默”“冒”均在《廣韻・德韻》莫北切小韻下,也同在《集韻・德韻》密北切小韻下,讀音完全相同。《周禮・秋官・司寇》:“四者犯邦令。”漢鄭玄注:“干冒王教令者。”唐陸德明釋文:“冒,音墨。”《史記・匈奴列傳》:“單于有太子名冒頓。後有所愛閼氏,生少子,而單于欲廢冒頓而立少子,乃使冒頓質於月氏。”唐司馬貞索隱:“冒音墨。”《廣雅・釋詁》:“觸、冒、搪、敹、衝,揬也。”此數詞均與“唐突”有關。隋曹憲《博雅音》:“(冒)音墨。”①“默突”之“默”實即“冒”之同音借字。②

吐魯番文書中的這兩例“嘿(默)”,冒昧,魯莽之謂。“默突”者,謂冒犯、衝撞。文書中所説的“嘿突祀所”,指未經同意,擅闖祭祀禁地,違反了規定。

《詞典》(2012:718)“嘿突/嘿然”條云:“‘嘿突’即冒犯衝撞,未經同意而擅闖祭祀場所;‘嘿然’即不吱聲。……‘嘿’同‘默’,有‘悄悄’義,……後來‘默’,引申爲‘獨自’、‘莽撞’、‘冒失’、‘强行’。‘突’有衝撞、襲擊義。”雖較前二説爲優,但對“嘿(默)”仍按其字面作釋。其實“默”有静默、悄悄義,但引申不出莽撞、冒失、强行義,“默突”須讀作“冒突”,方得正解。③ 正如王引之所云:“至於經典古字,聲近而通,則有不限於無字之假借者,往往本字見存,而古本則不用本字,而用同聲之字,學者改本字讀之,則怡然理順,依借字解之,則以文害辭。”④

叁

《吐魯番出土文書》中的詞語,有一定數量的用例,時賢聚訟紛紜,莫衷一是;既有字形的問題,也涉及句子的内部結構及詞義理解。以“渠破水過(濄、謌)”爲例。

3. 渠破水過、渠破水濄、渠破水謌、渠破水讁、渠破水擿

(18)渠破水過,田主不知。(高昌延昌二十四年(584)道人智賈夏田券,2—250)

(19)若渠破水謌,仰[耕]田了。(高昌某人從寺主智演邊夏田券,2—252)

---

① 《周禮釋文》、曹憲《博雅音》兩條材料蒙邊田鋼副教授檢示,特致謝忱。

② “默”“冒”二字在“貪”義位上亦得通用。《孔子家語・正論》:“貪以敗官爲默。”王肅注:“默,猶冒,苟貪不畏罪。”《左傳・昭公十四年》作“貪以敗官爲墨”。《左傳・文公十八年》:“貪于飲食,冒于貨賄。”漢賈誼《新書・道術》:“厚人自薄謂之讓,反讓爲冒。”北魏酈道元《水經注・耒水》:“(横流溪)俗亦謂之貪泉,飲者輒冒於財賄。”此蒙盧鷺博士檢示,特致謝忱。

③ 本條交稿後,蒙張文冠博士告知,郜同麟《敦煌文獻語詞與漢語史研究》(《百年敦煌文獻整理研究國際學術討論會論文集》,2010 年 4 月 10 日—11 日於杭州,後載於《敦煌學輯刊》2012 年第 4 期)已指出《吐魯番出土文書》“嘿突祀所”之“‘嘿’應通‘冒’……‘嘿(冒)突’是同義連文,指冒犯”。特補記於此,並致謝忱。

④ 參看王引之《經義述聞》卷三二《通説下》“經文假借”條。

(20)若[渠]破水諣,仰治桃[人]□。(高昌夏某寺葡萄園券,1—283)

(21)渠破水渦(諣[①],仰秎(耕)田人了。(高昌道人真明夏床田券,1—354)

(22)若渠破水讁,仰秎(耕)田人了。(高昌某人夏鎮家麥田券,1—386)

(23)渠破水諣,仰秎(耕)田人承了。(唐貞觀十四年(640)張某夏田契,2—25)

(24)渠破水諣,仰□(唐貞觀十六年(642)二月某人夏田契,2—293)

(25)渠破水□,壹仰更(耕)田人承了。(唐永徽四年(653)四月傅阿歡夏田契,2—209)

(26)渠[租]諣水,訁□。(唐西州高昌縣張驢仁夏田契,3—89)

(27)渠破[水]□,□[仰](□)佃田人了。(唐張相□等佃田契,3—90)

關於此詞,研究者發表了不同的看法。

蔣禮鴻主編《敦煌文獻語言詞典》(1994:199)"了"條云:"渠□□(破水)讁(譎,'决'的同音通用字),仰傅自承了。"此處並非專釋"渠破水讁",只是在釋"了"時順便提及。

《考釋》(2005:581—583)"諣"條云:"通'過'。即'過'的繁化俗字,責備懲罰。""唐長孺先生主編圖録本《吐魯番出土文書》在不少地方將'諣'録爲'讁'。……以上諸例中的'讁'都應該是'諣'或'渦'的誤字。"

《考辨》(2007:274—275)"水諣、水擿、水讁"條云:"因水流失而遭受處罰。……'諣'字在古今字典辭書中未見收録。'諣'實即'過'。'過'有'責備'義,《廣雅·釋詁一》:'過,責也。'……可證'過''適'皆'責罰'義,至於加'言'旁,乃類化耳。而'擿'實有'指責'義。""'水諣''水擿''水讁'即因水流失而受到的處罰,包括勞役或經濟方面的處罰。"又引蔣禮鴻主編《敦煌文獻語言詞典》"了"(第199頁)條下言:"'渠破水讁(譎,'决'的同音通用字)。'恐誤。"

王啓濤(2010:198)釋"讁"爲責罰,云:"'渠破水讁'是吐魯番出土文書中的一個術語,意思是水渠損壞,因而導致水流失而遭致的處罰。吐魯番出土文書中又有'渠破水擿'、'渠破水諣''渠破水',其義均同'渠破水讁';又有'水罰',即因水流失而遭致的處罰。"

《詞典》(2012:827)"渠破水讁　渠破水擿　渠破水諣……"條所釋大同小異。

包朗、楊富學《〈吐魯番出土文書〉所見"諣"當爲"渦"字考——兼與王啟濤先生商榷》(下简称《商榷》,2015:97—101)云:"吐魯番出土文書中常見的'諣'字,關於其釋義和字形,歷來衆説不一。揆諸圖片,'諣'之左旁既可爲'言',也可爲'氵';結合文書上下文,'渠破水諣',如果將'諣'字解釋作'責備懲罰',文意不通。其實,'諣'的正字當爲'渦',意爲'水溢',即'漫溢'義。"

按:《考辨》《"渠破水讁"考》《詞典》等説,認爲"渠破水～"的"～"或作"諣(實即'過')",或作"讁""擿",乃責罰、處罰義;"水諣(讁、擿)"是"因水流失而遭受處罰"。這裏存疑的是,

① 圖文版作"諣",包朗、楊富學(2015:98)認爲:"此字漫漶不清,仔細辨認可見左邊爲'氵'旁或'言'旁,故可釐定爲'渦'或'諣'。"

就像包朗、楊富學《商榷》(2015:98)所指出的那樣:"'渠破水謫'是由兩個主謂結構的詞語(水利名詞+動詞)並列而形成的一個並列短語,'渠'後跟的是與其自身相伴而生的動作和狀態'破',緣何'水'後跟的動作却不是與水本身相伴而生的動作和狀態,反而是更换了主語,變成人的動作'責任'呢? 很難解釋得通。"

包、楊兩位的意見有道理。先看"過"或"謫"。"過"本義是經過、走過,引申則有過失、錯誤義,又有批評、指責義,《論語·季氏》:"求,無乃爾是過與?"但通常後面要帶賓語,引出受批評的對象("爾是過"即"過爾",用"是"複指提前的賓語"爾"),如《穀梁傳·成公七年》:"七年,春,王正月,鼷鼠食郊牛角。不言日,急辭也,過有司也。"《吕氏春秋·適威》:"煩爲教而過不識,數爲令而非不從。""有司""不識"就是"過"的對象。有時"過"後似無賓語,如《晏子春秋·問上二六》:"百官節適,關市省征,陂澤不禁,冤報者過,留獄者請焉。""冤報者過"就是"冤報者過(之)",賓語"之(指冤報者)"承上省了。未見"水過""水謫"這樣因爲渠水而導致(佃户、租田者)受罰的用例。

同理,"讁"(謫、擿)作指責、責罰解,亦其常義,但與"過"相同,通常後面要帶賓語,如《詩·邶風·北門》:"王事適我,政事一埤益我。我入自外,室人交徧讁我。"《國語·齊語》:"正月之朝,五屬大夫復事。桓公擇其寡功者而讁之。"即以《考釋》所舉吐魯番出土文書中的用例而言,有"讁銀錢""讁酒""讁白芀""讁所部隤明""(得水)讁麥"(735頁),等等,亦均有對象賓語。而未見將"水讁"解作"因爲水流失而招致處罰",既增字爲訓,語序又甚是奇怪的句式。

因此,筆者以爲,從詞句結構、句意看,《考辨》《"渠破水讁"考》《詞典》的解釋難以説通,當可商榷。

相較而言,《敦煌文獻語言詞典》校"讁"爲"譎",爲"'决'的同音通用字",雖然改字尚可推敲,但其思路是"渠破"與"水~"當爲同類結構,這個出發點是對的;同樣,包、楊兩位認爲"'謫'的正字當爲'過',意爲'水溢',即'漫溢'義",也是一樣的角度,二説都把"水~"與"渠破"看作同一結構關係——主謂關係。這是頗能給人啓發的。當然,釋"過""過"爲漫溢,無論是舊注故訓,還是古書用例,都未見他例佐證;[①]又認爲"渠破水~"包括了"渠破損"和"水漫溢"兩種情況,[②]都是不能不令人生疑之處。

循着這樣的思路,筆者亦提出愚見,以就正於方家。

按:吐魯番出土文書中"水過"的"過",當指(渠水)流失、流淌,非責罰之義。

① 《商榷》云:"同時,有文獻可證,'過'的意義可解釋爲'水溢'。《爾雅·釋水》:'水自河出爲灉,濟爲濋,汶爲瀾,洛爲波,漢爲潛,淮爲滸,江爲沱,過爲洵,潁爲沙,汝爲濆。'其注曰:'此十者皆大水分出,别爲小水之名也。'"按此説可商。"過爲洵"與"濟爲濋……"等句相同,郭璞注的意思很清楚,是説"過(水)"分出(支流),成爲洵水,正如"濟""汶"等不是"水溢"義一樣,"過"也不是"水溢"義,明矣。

② 一般會把"渠破"與"水過"理解爲因果關係,即因爲"渠破"了,所以才"水過"。現在《商榷》作者理解爲"渠破"與"水過"(水漫溢)兩種情況,則爲併列關係,當有待證明。

過,《説文・辵部》:"度也。"本義是走過,經過,由此引申,則有過頭、過失義,也有失度、失當義;進一步引申,則有失去義。《國語・周語上》:"夫天地之氣,不失其序;若過其序,民亂之也。"三國吴韋昭注:"過,失也。"

"水過""水諣"即"水過",指渠水流失;"濄"爲"過"的增旁俗寫,"諣"則爲"濄"的形近訛混。"渠破""水過(濄、諣)"是兩個並列式詞組,都是主謂結構。"水過"即指(因水渠破損而導致)渠水外淌、流失。

過,從本義出發,轉指江河、溪流的水經過,流淌,自魏晉以來,用例很多。

(28)華山對河東首陽山,黄河流於二山之間。古語云:此本一山,當河,河水過之而曲行。(三國吴薛綜注張衡《西京賦》云,《初學記》卷五引)

"過"與"流"對文同義。

(29)小國寡人民,終日寂無事;白水過庭激,[①]緑槐夾門植。(晉潘岳《懷縣詩》)

"過"即流淌、流過義,當由其經過義引申而來。

又,"水過"亦十分常見。如:

(30)逐狐東山,水過我前,深不可涉,失利後便。(《焦氏易林》卷一,《蒙之蠱》)

(31)(渭水)本導源北流,後秦始皇葬于山北,水過而曲行,東注北轉。(《水經注・渭水》)

(32)安世,京兆人也。漢中水過其前山,一名平元山。(《云笈七簽》卷二八)

(33)郡遭暴水,流漂居民,吏請徙民杞城。慶遠曰:"天降雨水,豈城之所知!吾聞江河長不過三日,斯亦何慮。"命築土而已。俄而水過,百姓服之。(《梁書・柳慶遠傳》)

(34)其藍田以東先有水磑者,仰磑主作節水斗門,使通水過。(敦煌遺書 P2507[②]《開元水部式殘卷》)

上揭自(30)至(33)各例"水過",即水流經過、水流淌過之義,主謂結構的短語。唯(34)例"水過"似是河道、水流通道義,與他例不同。雖然水流經過、淌過與渠水流失不同,但同是指水的流動、流淌,因此,從指(江河)水的流淌到指(渠)水的流失,其引申演變的路徑是很清楚明白的,也是很自然的。

因此,《吐魯番出土文書》中"渠破水～"的"～",原本應作"過",因爲是水的流失,故加"氵"作"濄","濄"乃"過"的增旁俗寫。而寫本文獻中,從氵從言(讠)之字極易訛混,故"濄"訛作"諣","諣"又讹作"讁",[③]"讁"又以形近訛作"擿",遂導致吐魯番文書中渠破水過、渠破

---

① 此句的屬讀關係是"白水/過庭/激"。過庭者,(白水)流過庭院之義。

② 即"伯(希和)2507"號卷子。

③ 古籍中"過""適"二字形近易訛,載籍異文甚夥,如《史記・漢興以來諸侯王年表》:"吴楚時,前後諸侯或以適削地。"唐司馬貞索隱:"適音宅,或作過。"又《甘茂列傳》:"秦楚爭彊,而公徐過楚以收韓,此利於秦。"南朝宋裴駰集解引徐廣曰:"過,一作適。"唐杜甫《歸來》詩:"客裏有所過,歸來知路難。"宋蔡夢弼《杜工部草堂詩箋》謂"過,一作適"。故"諣"误作"讁",當在情理之中。以上諸例蒙友生真大成副教授檢示,特致謝忱。

水過、渠破水諣、渠破水讁、渠破水擿等詞形共現，與“讁”（謫）、“擿”的字面責罰義無關。至於“渠破水”，則當爲“渠破水□［過］”，“過/諣”字誤脱耳。《考釋》對“諣”的釋義可商，但認爲“‘讁’都應該是‘諣’或‘過’的誤字”，則可從，惜此後的論著未能堅持此説。

肆

《吐魯番出土文書》中的詞語，有少量用例，但詞形較多，構詞理據不明，時賢雖有解釋，猶未達一間。以“偏並/編併”爲例。

4. 偏並/編併

(35)三家同籍别財，其地先來各自充分訖，不敢編併授田。（唐景龍三年（公元709年）……高昌縣處分田畝案卷，3—559）

(36)三家同籍别財，其地先來各均□分訖，不敢編併授田。（唐景龍三年（公元709年）……高昌縣處分田畝案卷，3—566）

蔣禮鴻《敦煌文獻語言詞典》“偏併”條釋爲：“偏袒、偏私。‘併’通‘比’。《敦煌資料・宋乾德二年（公元960年）史泛三立嗣文書》：‘所有□資地水活□（業）什物等，便共氾三子息，並及阿朵準亭，願壽各取壹分，不令偏併。’”按語中又舉《敦煌資料・分家遺囑樣文》“所懸城外莊田、城内屋舍、家活産業等畜牧什物，恐後或有不亭爭論漏併……”例，指出：“其中的‘漏’應是‘偏’的誤字。‘偏併’亦通‘偏比’。《續資治通鑒・宋寧宗慶元元年》：‘至於李祥，老在篤實，非有偏比，蓋衆聽所共孚者。’”（242—243頁）

《考釋》“偏並/編併”條釋云：“不平均，漏掉。……按：‘偏並’之釋，亦爲敦煌吐魯番學史和漢語史上之一大公案。該詞的相關形式還見於其他文書。P2507《開元水部式》殘卷：‘凡澆田，皆仰預知頃畝，依次取用，水遍即令閉塞。務使均普，不得偏並。’《敦煌資料・宋乾德二年史氾三嗣文書》：‘所有□資地水活（業）什物等，便共▭三子息，……不令偏並。’……又作‘偏坡’、‘偏黨’、‘偏波’。S4374《分書樣文》：‘始立分書，既無偏坡，將爲後驗。’又同文：‘右件家産，並以平量，更無偏黨私發之差殊。’……‘偏’之義，與‘並’、‘頗’等同義，均爲不公正、漏掉之義。……而‘並’‘頗’與‘坡’、‘陂’、‘波’又屬一音之轉。……‘編並’、‘偏併’等均爲‘漏掉’。”（21—22頁）

按：釋作“漏掉”，可商。此詞六朝典籍多見，如：

(37)是以酒酣奏琴，而歡感並用，此言偏並之情，先積於内，故懷歡者值哀音而發，内感者遇樂聲而感也。”（三國嵇康《嵇中散集》卷五《聲無哀樂論》）

(38)正一奉齋威儀齋官起供，依位行列，啓告陳請，各稱名位，不得交互；須依次第告知，勿使偏併不平。（南北朝佚名《正一威儀經》，明正統道藏本）

(39)或手足偏痛,諸節解,身體發癧瘡結,坐寢處久,不自移從,暴熱偏併,聚在一處。(《諸病源侯論》卷六《解散病諸侯》,191頁)

(40)四星在黄帝座南郎位,舊取端正,均配行列,今有偏並不均。(唐瞿曇悉達《唐開元占經》卷一〇七,星圖二)

(41)自立兩税,經今百年,或初定之時,已有偏併,或户口减耗,舊額猶存,輕重不均,流亡轉甚。(唐陸贄《翰苑集》卷二《冬至大禮大赦制》)

(42)其每户配錢之數多多少已差悉令折衷,仍委觀察使,更於當管所配錢數之内,均融處置,務盡事宜。就於一管之中輕重,不得偏併。雖或未盡齊一,決當不甚低昂。(唐陸贄《均節賦税恤百姓第一條》,《全唐文》卷四六五)

(43)"衛氣有所凝而不行故其肉有不仁也"一句唐王冰注:"若衛氣被風吹之,不得流轉,所在偏併,凝而不行,則肉有不仁之處也。"(《黄帝内經素問》卷十二《風論篇》)

(44)右十四味,並揀擇取州土堅實上者,刮削如法,然後秤大斤兩,各各别擣,以馬尾羅篩之,攪令匀調重篩,務令相入,不令偏並。(唐王燾《外臺秘要》卷三一《又代茶新飲方》)

(45)每縣中男多者,累載方始一差;中男少者,一周遂役數過。既緣偏併,豈可因循?自今已後,諸郡所差門夫宜于當郡諸縣通率準式,納課分配,令得均平。(宋宋敏求《唐大詔令集》卷一三〇,《令户口復業及均役制》)

出土文獻用例如:

(46)今聞吾惺吾(醒悟)之時,所有家産田莊、畜牧什物等,已上並已分配,當自腳下,謹録於後,右件分配,並已周訖。已後更不許論偏説剩……恐後或有人爭論偏並,或有無智説與(異)端。(敦煌遺書S.0343,《析産遺書樣文》)

按:由上述各例可知,"偏並"當爲偏頗不正、出差錯、不公平之義。究其得義之由,"偏"者,偏頗,不正,有偏差;"并(並、併)"者,由合併、平列引申爲靠近、親近。"偏並"當爲近義連用。"并"有合并、兼并義,也有聚合、比并義,《廣雅·釋言》:"并,兼也。"《戰國策·齊策六》"然而管子并三行之過",清黄丕烈注:"(并),《史記》作'兼'。"《漢書·藝文志》:"凡五十五章,并爲《蒼頡篇》。"唐顔師古注:"并,合也。"併、竝、並亦同。《説文·人部》:"併,竝也。"《説文·竝部》:"竝,併也。"《詩·齊風·還》:"並驅從兩肩兮。"漢鄭玄箋:"並,併也。"《荀子·儒效》:"俄而竝乎堯禹。"唐楊倞注:"竝,比也。"

"并"(並、併)由聚合、比并,引申爲靠近、親近之義。元魏吉迦夜共曇曜譯《雜寶藏經》卷一:"遥見鐵城,心生疑怪,……漸漸前進,並近於城,亦無玉女來迎之者。"(4/451b)"並近"似同義並列連用。此外,"骿"謂並脅,"駢"謂駕二馬,"姘"謂男女苟合,則從"并"得聲之字,常有連並、靠近或親近義,正可比照合觀。

因此,"偏并(並、併)"即偏私,猶言偏向、偏心,指分家或分割財産時存在着有偏心、不公平的情況，與“偏比”“偏毗”結構和意義相類。[①]《吐魯番出土文書》作“編併”者，“編”即“偏”之通假。

(47)唐劉恂《嶺表録異》卷上：“時有一假僧，不伏排位，太守王宏夫怪而問之，僧曰：‘役次未當，差遣編併——去歲已曾攝文宣王，今年又差作和尚。’見者莫不絕倒。”“編併”即“偏併”，謂不公正、不合理。

(48)《文苑英華》卷四三四《減放太原及沿邊州郡税錢德音》：“其太原管内忻、雲、汾、代、蔚、朔六州，振武、天德及河中、晉、絳、陜沿路州縣，今年秋税及地頭錢宜放免。河南府亦是供頓往來道路，比晉、絳、太原，即免編併。”“編併”谓偏袒、不公平。

據此，“偏併”“編併”應爲唐人常語，“編”即“偏”字之借。

蔣禮鴻《敦煌文獻語言詞典》“偏並”條釋爲“偏袒、偏私”，釋義大致可從。《考釋》謂“似不完善”，别作“不平均，漏掉”解；“不平均”是，至於“漏掉”云云，殆不可信。[②]

綜上，“編並”“編併”“偏並”“偏併”諸詞，並爲不公正、不公平，有偏頗之謂，詞形上，前語素以“偏”爲正，作“編”者，通假字耳。後語素則並、併均可。

另外，《吐魯番出土文書》又有“漏併”一詞：

(49)《唐城南營小水田家牒稿爲舉老人董思舉檢校取水事》：“非是三家五家，每欲澆溉之晨，漏併無準，只如家有三人、兩人者，重澆三迴。”(4—339)

(50)又：“即無漏併，長安穩，請處分。”

《考釋》已收“漏并”條，釋云：“遺漏。同義複詞連用。‘并’有‘漏掉’之義。”(308 頁)

《詞典》“編併　漏併”條云：“‘編併’即偏並，不平均、不公正，遺漏；‘漏併’意近偏並。”(60 頁)

按：從“並”的詞義系統看，引申不出“漏掉”義，“並(並、併)”應爲親近、靠近義，與“偏”近義並列。“漏並”“漏併”，義同“偏並”或“偏併”，實則“漏”字詞義晦澀，“漏”應爲“偏”字之誤，[③]《敦煌文獻語言詞典》引《敦煌資料・分家遺囑樣文》“恐後或有不亭爭論漏併”例後指出：“其中的‘漏’應是‘偏’的誤字。”所言甚是，可從。

上述 4 例詞語，都出自《吐魯番出土文書》，屬於出土文獻，時代跨度從六朝至唐宋。有

---

① 唯“偏比”“偏毗”二詞殆宋代始見，如：宋程頤《程氏經説》卷七《論語説》“周而不比”：“君子道弘，周及于物而不偏比；小人偏比，故不能周。”宋李綱《梁溪集》卷一五九《戒・貴和》：“夫獨陰不生，獨陽不成，陰陽偏毗，其在天地則爲災，其在人則成疾。”用例稍晚。

② 《吐魯番出土文書詞語考釋》云：“蔣禮鴻先生《敦煌文獻語言詞典》(杭州大學出版社 1994 年版)收録該詞，但釋義爲‘偏袒、偏私’，似不完善。愚以爲此詞的確切含義是指分配時不平等劃一，有漏掉或遺忘的現象，不一定全指偏袒。”(22—23 頁)

③ 偏、漏二字形近易訛，如西晉竺法護譯《佛説阿惟越致遮經》卷中：“講音無所偏，救度一切會。”(9/211c)偏，《大正藏》參校的宋資福藏、元普甯藏、明徑山藏(嘉興藏)以及日本宫内廳本均作“漏”。唐圓照撰《貞元新定釋教目録》卷一五：“貝葉之言永無漏略，金口所説更益詳明。”(55/884b)漏，聖語藏本作“偏”。此二例蒙友生盧鷺博士檢示，特致謝忱。

的有一定用例,有的單文孤證,使得歸納法無用武之地。好在出土文獻用例不多者,可以利用傳世文獻,反之亦然。此外,考釋這類疑難詞語,傳統訓詁學的方法並未過時,從乾嘉諸位大家,到近現代諸多詞義訓釋名家,下的都是扎扎實實的看似笨的功夫,正唯其如此,故他們考釋的結論大抵可信,值得我們借鑒和學習。

参考文獻

包 朗 楊富學 2015 《〈吐魯番出土文書〉所見"諟"當爲"過"字考——兼與王啟濤先生商榷》,《敦煌研究》第4期。

部同麟 2010 《敦煌文獻語詞與漢語史研究》,原載《百年敦煌文獻整理研究國際學術討論會論文集》,後刊於《敦煌學輯刊》2012年第4期。

郭在貽 2005 《訓詁學》,北京:中華書局。

蔣禮鴻 主編 1994 《敦煌文獻語言詞典》,杭州:杭州大學出版社。

唐長孺 1992 《吐魯番出土文書》,圖文版,1—4册,北京:文物出版社。

王啓濤 2005 《吐魯番出土文書詞語考釋》,成都:巴蜀書社。

王啓濤 2007 《吐魯番出土文書疑難詞語考辨》,《中國語文》第3期。

王啓濤 2010 《"渠破水諟"考》,《藝術百家》第4期。

王啓濤 2012 《吐魯番出土文獻詞典》,成都:巴蜀書社。

The Mutual Argumentation between Unearthed Texts and Handed-down Texts: Exegetical Notes in the *Turpan Unearthed Documents*(《吐魯番出土文書》)

FANG Yixin

Abstract: As'contemporaneous data'presented by Ōta Tatsuo in his postscript on *Chinese Historical Grammar*(《中國語歷史文法》),most of the documents and materials unearthed from the Turpan have the characteristics of originality,authenticity and unaltered,which are of great research value. In this paper,the author holds that the research on the knotty words in the handed down texts or in the unearthed texts should combine the two kinds of materials,compare and verify each other,and explain the relationship. Taking the four groups of words(*Cuyong*'麁用',*Motu*'嘿突',*Quposhuiguo*'渠破水諟',*Pianbing*'偏並')in the *Turpan Unearthed Documents* as examples,this paper gives a brief account of the importance of the mutual argumentation between unearthed texts and handed down texts.

Key words: Turpan documents,unearthed texts,knotty words,exegesis

(方一新 浙江大學漢語史研究中心 310028)

校注《入唐求法巡禮行記》隨劄

董志翹

提　要　近年爲日本高僧圓仁所撰《入唐求法巡禮行記》作新校注，參閲了日本足立喜六、鹽入良道、小野勝年的注本，同時也參閲了國内白化文先生校注本，發現多有商榷及補充之處，於是隨注隨録，日積案頭。現不揣淺陋，略舉數例，就正于方家云。

關鍵詞　入唐求法巡禮行記　校注　劄記

一　作手立禮/作平立禮

〔十一月〕十八日，相公入來寺里，禮閣上瑞像及檢校新作之像。少時，隨軍大夫沈弁走來云："相公屈和尚。"乍聞，共使往登閣上。相公及監軍並州郎中、郎官、判官等，皆椅子上吃茶。見僧等來，皆起立，作手立禮，唱："且坐。"即俱坐椅子啜茶。（圓仁《入唐求法巡禮行記》卷一，開成三年）

其中"作手立禮"一語，歷來没有確詁，小野勝年（1964：278）《入唐求法巡禮行記研究》第一册注云："手立禮という熟語は見當らない。あるいは拱手の禮などというのと同義であろうか。/'手立禮'這樣的熟語尚未見過，也許是與拱手禮大致相同的意思吧。"

東洋文庫《入唐求法巡禮行記》（一）鹽入良道（1970：94）補注："作手立禮：叉手合掌（兩掌を合わせ指をやや交える）して立ったままの礼か、あるいは拱手立禮か。/作手立禮：也許是一種站立著叉手合掌（兩掌相合五指交叉）的禮，也許就是拱手站立行禮。"

白化文（2007：68）《入唐求法巡禮行記校注》："作手立禮：小野認爲就是作拱手禮。拱手是古代兩手逻合以示敬意的禮節。"

揣摩小野、鹽入的意思，一是將此語分析爲"作/手立禮"，也就是動賓關係，"作"者，"行"，即"行站立拱手之禮"。一是將此語分析爲"作手/立禮"，"作手"等於"拱手"，也就是"站立拱手行禮"之意；其實幾家之説，均有望文生訓之嫌。因爲遍查中外文獻，無將"拱手"説成"作手"者，更無"手立禮"這樣的禮儀。細察目前所能見到的此書最原始的東寺寫本，確寫成"作手立禮"，但本人以爲：此"手"字原當爲"平"字，乃兼贏抄寫時形近而訛。

作平立禮：即行平立禮。所謂平立禮，即指僅平身站立的一種禮儀，此種禮節，比之面對對方端坐不動顯得有禮，而比之面對對方鞠躬拱手、彎腰跪拜顯得矜持，所以一般是地位高者對於地位低者、年長者對於年少者之禮。

下面分别論述之:

"行禮"可言"作禮",古書中多見。如:

(1)佛説如是。諸比丘聞莫不歡喜,作禮而去。"(西晉竺法護譯《佛説聖法印經》卷1,T2/500b)①

(2)比丘悉來,皆爲佛作禮。佛即在前,至講堂中,設座已,皆坐。(西晉白法祖譯《佛般泥洹經》卷1,T1/160c)

(3)佛説此經已,年少欝多羅歡喜隨喜,作禮而去。(劉宋求那跋陀羅譯《雜阿含經》卷4,T2/22c)

(4)太子即便下車作禮,因而問之:"夫出家者何所利益?"(唐地婆訶羅譯《方廣大莊嚴經》卷5,T3/571a)

而"平立"作爲一種姿態禮儀在佛典及中土文獻中亦常見。如:

(5)立能及天,手捫日月,欲身平立,至梵自在。(後漢竺大力共康孟詳譯《修行本起經》卷2,T3/471c)

(6)坐能及天手捫日月,其身平立能至梵天。(西晉竺法護譯《普曜經》卷6,T3/522a)

(7)如法淨物布施,不惱受者故,得平立手過膝相。(後秦鳩摩羅什譯《大智度論》卷29,T25/273c)

(8)仍於睡夢忽見一人云:"僕野客也。"容儀麁獷,進退不恆,逼前平立,謂余曰:"向來忽聞無情有性,仁所述耶。"余曰:"然。"(唐湛然述《金剛錍》卷1,T46/781a)

(9)若翹足舉望,則見城中寶樹華蓋。若平立,即無所見也。(唐道世撰《法苑珠林》卷16,T53/408a)

(10)修四威儀(一行威儀:攝身安祥,向前直進。二住威儀:平立斂手,隨便正向。三坐威儀:跏趺帖膝,直身低目。四臥威儀:右脅著地,累膝修身。)(古逸《四部律並論要用抄》卷2,T85/718b)

在古代,"平立"是與"跪拜作揖""降級"等禮儀相對而言的一種姿態,乃平身而站立。如果在某種場合,地位低下者面對地位高者不是跪拜作揖、降級,而是"平立",顯然爲不禮貌之舉,這在中土文獻中早有記載:

(11)武帝太康元年,楊皇后親蠶。儀注曰:皇后乘輦,羣臣皆拜安昌君(安昌君楊皇后父也),平立至壇,下輦後乃拜安昌君。及升壇,后乃爲安昌君設榻於其位。至還,后復拜。"(唐杜佑《通典》卷67"皇后敬父母")②

---

① 本文所引佛典文獻標註格式爲:"T"指《大正新修大藏經》([日]大正一切經刊行會1934年刊行。臺北:新文豐出版有限公司1983年影印版。),"/"前後的數字分别表示册數和頁數,a、b、c分别表示上、中、下欄。下同。

② 其他未注出处例句均出引自文淵閣《四庫全書》,上海:上海古籍出版社,2003年。

(12)開元中,遣使來朝,進馬及寶鈿帶等方物。其使謁見,唯平立不拜,憲司欲糾之。中書令張説奏曰:"大食殊俗,慕義遠來,不可寘罪。"上特許之。(《舊唐書·西戎列傳·大食》)

(13)真宗既於大行柩前即位,垂簾引見群臣,宰相吕端於殿下平立不拜。請捲簾,升殿審視,然後降級,率群臣拜呼萬歲。"(宋司馬光《涑水記聞》卷6)按:這是因爲真宗垂簾即位,宰相吕端在未見真宗真容以前,堅持平立不拜,待捲簾審視後才率群臣降級拜呼萬歲。

(14)丙戌,李自成自稱帝,即位於武英殿。僞磁侯劉宗敏扶創出,平立不拜,曰:"爾故我等夷也。"僞官皆拜,宗敏不得已,再拜而退。(谷應泰《明史紀事本末》卷78"李自成之亂")

而相反,地位高者面對地位低者的跪拜作揖,則可以"平立"爲回禮。

(15)富公爲人溫良寬厚,泛與人語,若無所異同者。及其臨大節,正色慷慨,莫之能屈。智識深遠,過人遠甚。而事無巨細,皆反復熟慮,必萬全無失,然後行之。宰相自唐以來謂之禮絶,百僚見者無長幼皆拜,宰相平立、少垂手扶之。送客,未嘗下階。坐稍久,則吏從旁唱:"宰相尊重!"客踧踖起退。及公爲相,雖微官及布衣謁見,皆與之抗禮,引坐語,從容送之及門,視其上馬乃還。自是群公稍稍效之,自公始也。"(《涑水記聞》卷15)

(16)古時隔品則拜。謂如八品見六品、六品見四品則拜。宰相禮絶,百僚則皆拜之。若存得此等舊禮亦好,卻有等殺。今著公令"從事郎以下庭參不拜",則以上者不庭參可知。豈有京朝官復降級之禮?今朝士見宰相只是客禮,見監司郡守如何卻降級?問:"若客司揖請降級,則如何?"曰:"平立不降可也。同官雖皆降級,吾獨不降可也。"(《朱子語類》卷91"禮八")

(17)歲時會於學,少者拜長者,長者平立。過市必冠帶,飲酒不踰三行。(明萬曆刻本《溫州府志》卷10"藝文志三")

(18)副將見本鎮總兵官,坐次,長官東北面,屬官西面。屬官揖,長官平立答揖。餘與見提督同。(《欽定大清會典》卷34"相見禮")

綜上所述,圓仁《入唐求法巡禮行記》"(十一月)十八日"條當校作:"相公入來寺裏,禮閣上瑞像及檢校新作之像。少時,隨軍大夫沈弁走來云:'相公屈和尚。'乍聞,共使往登閣上。相公及監軍並州郎中、郎官、判官等,皆椅子上吃茶。見僧等來,皆起立,作平立禮,唱:'且坐。'即俱坐椅子啜茶。"

二 掘港庭/掘港亭

〔六月〕廿八日,早朝,鷺鳥指西北雙飛。風猶不變,側帆指坤。巳時,至白水,其色如黄泥。人衆咸云:“若是揚州大江流水。”令人登桅子見,申云:“從戌亥會直流南方,其寬廿餘里。望見前路,水還淺緑。”暫行不久,終如所申。大使深怪海色還爲淺緑,新羅譯語金正南申云:“聞道揚州掘港難過,今既踰白水,疑踰掘港歟?”(圓仁《入唐求法巡禮行記》卷一,開成三年)

〔七月〕二日,儻逢賣蘆人,即問國鄉,答云:“此是大唐揚州海陵縣淮南鎮大江口。”即召其商人兩人上船,向淮南鎮。從水路而到半途,彼兩人未知鎮家,更指江口卻歸。日晚,於江口宿。二日晚,彼二人歸去。近側有鹽官,即差判官長岑宿禰高名、準録事高丘宿禰百興,令向鎮家,兼送文牒。即鹽官判官元行存乘小船來慰問。使等筆言國風,大使贈土物,亦更向淮南鎮去。從江口北行十五里許,既到鎮家,鎮軍等申云:“更可還向於掘港庭。”即將鎮軍兩人歸於江口。垂到江口,判官元行存在水路邊申云:“今日已晚,夜頭停宿。”隨言留居,勞問殊深,兼加引前之人。(同上)

〔七月〕三日丑時,潮生。知路之船引前而赴掘港庭。(同上)

《入唐求法巡禮行記》中凡有三則提及“揚州掘港”“掘港庭”。

掘港,即掘港鎮,東瀕黄海,現爲江蘇省南通市如東縣縣城。唐貞觀元年(公元627年)全國分爲十道,掘港地屬淮南道廣陵郡。揚州亦名廣陵,故稱揚州掘港。掘港爲淮南煎鹽場亭。至五代時掘港已成爲著名的鹽場,宋代逐步形成集市。明清以來,客籍商人紛至遝來,經商開店,市場繁榮。清代,掘港成爲鹽、棉、米、繭“四白”集散中心,一度有“小揚州”之美譽。是如東縣政治、經濟、文化的中心。

掘港庭,白化文(2007:10)採用鹽入良道補注及小野說:“《讀史方輿紀要》卷二十三“如皋縣”條:‘掘港,在縣東百三十里,西通運鹽河,東抵海,有掘港營堡。’”然未言何以稱“掘港庭”。實“掘港庭”當是“掘港亭”的音誤。唐代鹽的産集地名場,亦名亭。如:

(1)楚州淮陰郡:鹽城……有鹽亭百二十三,有監。(《新唐書·地理志》)

(2)其鬻鹽之地曰亭場,民曰亭户,或謂之灶户。(《宋史·食貨志下》)

(3)鹽場二十九所,每場司令一員,從七品;司丞一員,從八品;管勾一員,從九品。辨鹽各有差。吕四場,餘東場,餘中場,餘西場,西亭場,金沙場,石港場,掘港場,豐利場,馬塘場,拼茶場,角斜場,富安場,安豐場,梁垛場,東台場,河垛場,丁奚場,小海場,草堰場,白駒場,劉莊場,五佑場,新興場,廟灣場,莞瀆場,板浦場,臨洪場,徐瀆浦場。(《元史·百官志》)按:其中就有“西亭場、石港場、掘港場”。而“鹽場”亦可稱“鹽亭”。

(4)太平興國五年,詔配役者分隸鹽亭役使。先是,國初以來犯死罪獲貸者,多配隸登州沙門島、通州海島,皆屯兵使者領護。而通州島中凡兩處,豪强難制者隸崇明鎮,懦弱者隸東市州,兩處悉官煮鹽。是歲,始令配役者分隸鹽亭役使之,而沙門如故。(《文獻通考》卷168“刑考七”)

(5)王大受號易齋,樓鏞號月湖,俱知名士也。王以吴公琚三郊異姓恩補官,樓以科第進。樓爲越錢清之煎鹽，以大受非他士比，至輟俸售青布袍以衣鹽亭煎夫，迓之越於常人。（《四朝聞見録·戊集》"秘書曲水硯"）

（6）王汝金，字礪卿，號醉墨，錢塘人。監生，官掘港場鹽大使。有《味諫果齋詩集》。（清《晚晴簃詩匯》卷168）

故"掘港場"即"掘港亭"，掘港亭域有村市，名掘港鎮。正因爲是"掘港鹽亭"，故有"鹽官"駐紮，文中多次提及"鹽官""鹽官判官元行存"即爲明證。

且據2018年7月25日《南通日報》报道，掘港國清寺遺址考古勘探和發掘項目負責人、南京大學文化與自然遺産研究所所長賀雲翱教授介紹："此次考古發現與《入唐求法巡禮行記》《掘港鎮志》《如皋縣誌》等歷史文獻相互印證，解開了圓仁所述隋代開'掘溝'的歷史疑點。掘港自隋代開'掘溝'、唐代設'掘港亭'、天台高僧行滿建國清寺、遣唐使團從國清寺登船沿'掘溝'到達揚州……出土文物詳細串聯起了這一個個過程，佐證了歷史。"①

三　白水郎/泉郎

〔七月〕廿四日，辰時，西池寺講《起信論》座主謙並先後三綱等進來船上，慰問遠來兩僧，筆書通情。彼僧等暫住歸去。比至巳時，大使以下出寺駕船，同共發去。縣里官人等以無慰勤，差軍中等令相送。申時到宜陵館，此是侍供往還官客之人處。依準判官藤原貞敏卒爾下痢，諸船於此館前停宿。兩僧下船看問病者，登時歸船。聞第四舶判官不忍湯水，下船居白水郎宅。未舉國信物，舶悉破裂，但公私之物無異損。依無迎船，不得運上。（圓仁《入唐求法巡禮行記》卷一，開成三年）

"白水郎"一詞，辭書均未收録。

小野勝年（1964:151）注云："白水郎：《和名類聚抄》卷二漁獵類第二一に：白水郎，《弁色立成》云：'白水郎（和名阿萬）。'今案云：《日本後紀》云用漁人二字，一云用海人二字と見える。海邊の漁師のことで、《萬葉集》②をはじめ古典にしばしば用いられ、《東征傳》にも：'舟破，人並上岸，水米倶盡，飢渴三日，風停浪靜，白水郎將水米來相救'とある。/白水郎：《和名類聚抄》卷二"漁獵類"第二一中有：白水郎。《弁色立成》云：'白水郎（和名阿萬）。'今案：《日本後紀》中則作'漁人'、或作'海人'。乃指海邊的漁師。從《萬葉集》開始經常在古籍中使用。《唐大和尚東征傳》中有'舟破，人並上岸，水米倶盡，飢渴三日，風停浪靜，白水郎將水米來相救'的説法。"白化文《入唐求法巡禮行記校注》全據小野説。

① 2018年7月25日《南通日報》：《最新考古發現！如東這座千年古刹遺存，列入南通唯一"海絲"申遺點！》（全媒體記者楊新明）。

② 《萬葉集》：日本現存最早的和歌總集。現存版本乃經大伴家持編輯而成，成書於奈良時代末期，相當於公元8世紀後期。該書早期爲15卷本，與現代基本相同的20卷本大概産生於日本桓武天皇延曆元年至二年（公元782—783年）。

“白水郎”實指“居住海邊以打漁等爲業之人”。

(1)我是北人長北望,每嗟南雁更南飛。君今又作嶺南别,南雁北歸君未歸。洞主参承驚豸角,島夷安集慕霜威。黄家賊用鑹(音竄,小䂎短矛)。刀利,白水郎行旱地稀。蜃吐朝光樓隱隱,鼇吹細浪雨霏霏。毒龍蜕骨轟雷鼓,野象埋牙劚石磯。火布垢塵須火浣,木綿温軟當綿衣。桄榔面碜檳榔澀,海氣常昏海日微。蛟老變爲妖婦女,舶來多賣假珠璣。此中無限相憂事,請爲殷勤事事依。(唐元稹撰《元氏長慶集》卷十七“送嶺南崔侍御”詩)

(2)東海上有野人,名爲庚定子。舊説云:昔從徐福入海,逃避海濱,亡匿姓名,自號庚定子,土人謂之白水郎。脂澤悉用魚膏,衣服兼資絹布。(宋樂史撰《太平寰宇記》卷98“江南東道”)

(3)蜑户縣所管,生在江海,居於舟船,隨潮往來,捕魚爲業,若居平陸,死亡即多,似江東白水郎也。(《太平寰宇記》卷157“嶺南道”)

(4)震澤中洞庭山南有洞穴,深百尺餘。……東穴蓋東海龍王第七女掌龍王珠藏,小龍千數衛護此珠。龍畏蠟愛美玉,及空青而嗜燕。若遣使通信,可得寶珠。帝聞大喜,乃詔有能使者厚賞之。有會稽郡鄮縣白水郎庚毗羅請行,傑公曰:“汝五世祖燒殺鄮縣東海潭之龍百餘頭,還爲龍所害。汝門龍之仇也,可無行乎?”(明陸楫編《古今説海》卷32“震澤龍女傳”)

“白水”豎書相合即成“泉”,“泉”豎書相離即成“白水”。故“白水郎”亦即古代的“泉郎”。“泉郎”即海人。古代稱海人爲“泉客”:

(5)南海外有鮫人,水居如魚,不廢織積,其眼能泣珠。從水出,寓人家,積日賣絹。將去,從主人索一器,泣而成珠滿盤,以與主人。(晉張華《博物志》卷9)

(6)蛟人,即泉先也,又名泉客。(南朝梁任《述異記》)

後因以“泉客珠”指珍珠。

(7)客從南溟來,遺我泉客珠。(唐杜甫《客從》詩)

因此“白水郎”之來源或許與此有關。

(8)泉郎即州之夷户,亦曰遊艇子,即盧循之餘。晉末盧循寇暴,爲劉裕所滅。遺種逃叛,散居山海,至今種類尚繁。唐武德八年,都督王義童遣使招撫,得其首領周造、麥細陵等,並受騎都尉,令相統攝,不爲寇盗。貞觀十年,始輸半課。其居止常在船上,兼結廬海畔,隨時移徙不常。厥所船頭尾尖高、當中平闊,沖波逆浪,都無畏懼,名曰了鳥船。(《太平寰宇記》卷102“泉州”)

今本《唐大和上東征傳》有“白水郎將水米來救”句,檢《大正藏》則作:

(9)更修理舟。下至大阪山泊舟不得,即至下嶼山,住一月,待好風發。欲到桑石山。風急浪高,舟無著岸,無計可量。纔離崄岸,還落石上。舟破,人並舟上岸。水米俱盡，飢渴三日。風停浪靜，泉郎將水米來相救。（新羅慧超、唐圓照等撰《游方記抄》卷1所録《唐大和上東征傳》，T51/989b）《大正藏》校勘記云："泉郎＝白水郎？"，可爲簡接佐證。

四　牛牽船/轆

〔七月〕十八日早朝，公私財物運舫船。巳時，録事已下水手已上，從水路向州去。水牛二頭以繫卅餘舫，或編三艘爲一船，或編二只爲一船，以纜續之。前後之程，難聞相喚，其征稍疾。掘溝寬二丈餘，直流無曲，是即隋煬帝所掘矣。雨下辛苦，流行卅餘里。申時到郭補村停宿。（《入唐求法巡禮行記》卷一，開成三年）

〔七月〕十九日寅時，水牛前牽進發，暗雲無雨。卯時，聽鷄聲，始有吴竹林及生粟、小角豆等。巳時，大使牒到來。案牒狀稱："其漂損舶隨便檢校於所由守捉司；其守舶水手等依數令上向，不得缺留者。"登時，差準船師矢侯系丸等還遣泊舶之處。午時，到臨河倉鋪。竟夜進行。（同上）

〔七月〕廿日，卯畢，到赤岸村。問土人，答云："從此間行百廿里有如皋鎮。"暫行有堰，掘開堅壕，發去。進堰有如皋院。專知官未詳所由船行太遲，仍停水牛。更編三船以爲一番，每番分水手七人，令曳舫而去。暫行人疲，更亦長續繫牛曳去。左右失謀，疲上益疲。多人難曳，繫牛疾征。爰人皆云："一牛之力即當百人矣！"（同上）

〔七月〕廿一日卯時，大使以下共發去。水路左右，富貴家相連，專無阻隙。暫行未幾，人家漸疏，先是鎮家四圍矣。大使相送三四里許，歸向本鎮。從鎮家向縣二百廿里。巳時，放卻水牛，各分一船，指棹進行，絕無人家。（同上）

〔七月〕廿二日，平明，諸船繫水牛牽去。（同上）

圓仁於唐開成三年（公元838年）搭乘日本國第十三次遣唐使船來華，七月二日從揚州海陵縣白潮鎮桑田鄉東梁豐村登陸，《入唐求法巡禮行記》中説到的牛牽船的情景，均爲圓仁初登唐土沿運河西往揚州途中的記載。從這些記載中可以看到，當時人們將貨船首尾相連，組成一個船隊，二三十船組成船隊以長繩繫兩頭水牛拉拽而進，因爲"一牛之力即當百人矣"。

宋代來華求法巡禮的日僧成尋所撰之《參天台五臺山記》①中，還記載了當時船隻遇堰壩，用水牛拉轆轤將船牽曳過堰的情況：

卯時越堰，左右各有轆轤五，以水牛十六頭，左右各八頭。（延久四年九月九日）

至派州堰，申時，左右轆轤牛各五頭曳越云云。（延久五年五月六日）

午時越堰，左右轆轤牛合十六頭。（同上，五月八日）

① 〔日〕平林文雄著《參天台五臺山記 校注並に研究》，日本東京：風間書房1978。

偶尔翻阅清人俞樾的《春在堂随笔》,其卷四云:

先大夫言:"小車俗名二把手,遇順風,有以布爲帆者。曩於山東道上見之,口占一絕云:'車行如駛不須推,陸海茫茫妙想開。偷得船家使風法,布帆三尺樹陰來。'及自通州坐船進京,船皆以驢曳縴,他處未有也。乃歎天下事,無獨而必有其對,因復成一絕句云:'舟行忽與坐車同,妙法偏宜六閘中。邪許不勞喧兩岸,一繩驢背去匆匆。'"右見《印雪軒隨筆》卷一。余咸豐中奉使中州,行河陝間,山路崎嶇,輿行必以縴夫挽之,與舟行無異,乃作《縴夫行》一篇,其首四句云:"頑青鈍碧起迎面,高可千盤寬一線。輿丁欲上愁遷延,乃仿船家例用縴。"此與先大夫所見,可云三異矣。至於輪船入中國,而船亦用輪,此又事之愈出愈奇者也。①

俞樾所記三事分别爲:車張帆、驢牽船和人拽車。

行船爲借助風力,於是有了"帆",至於"車張帆"之事,筆者孤陋寡聞,尚未見到其他文獻中記載。不過前一時期電視中播放建國初期大興水利的紀録片,還看到水利工地上民工手推獨輪車運載土方的場景,小車上赫然張著布帆以借風勢,説明這一方法直到現代還在沿用。

而以牲口牽船之類却由來甚久,俞樾説到的"驢曳縴",可見於元明清文獻記載:

(1)前望同舟遠不分,打頭風急御河渾。蹇驢無力牽船纜,行到楊村日已昏。(元馬臻《霞外詩集》卷4"舟次楊村"詩)

(2)北地凡百可以代人力者,皆用騾驢。余嘗欲以驢牽舩,然世未有見者。偶閱元《宋正獻公集》有"驢牽舩賦",則在濁漳,非北地也。正獻,廣陽人,名本,字誠夫。(明張萱撰《疑耀》卷7"驢牽舩")按:《驢牽舩賦》未能找到,但"驢牽船"至遲已行於元代。

(3)昨日下淮河船,河流混混不見天。逆風一日行十里,黄牛黑驢牽不前。今日過韓信城,城邊草荒田不耕。人傳韓信此寄跡,至今城留韓信名。當時乞食向漂母,母哀王孫心獨苦。一朝富貴報千金,不記淮陰少年侮。我來不吊韓將軍,悲歌獨吊漂母墳。英雄貧賤少知己,不在男兒在女子。(明曹學佺編《石倉歷代詩選》卷337,唐肅"過漂母墓")

(4)淛淮南諸路相通,因徐州吕梁百步兩洪,湍淺險惡,多壞舟楫。水手牛驢牽户盤剝人等,邀阻百端,商賈不行。《南河全考》(清傅澤洪撰《行水金鑒》卷106"運河水")

(5)客喧船重風力微,北地操舟踰畀蕩。長繩並逐青驢牽,短篙漫憶黄頭唱。(清田雯撰《古歡堂集》卷5)

而與之相類似的"牛拽縴牽船"則更早行於漢代。

(6)䑣,牛牽船。(東漢服虔《通俗文》)

(7)䑣,牛牽舟謂之䑣。(《集韻·模韻》)

"䑣"音"當孤切"。漢時竟爲"牛牽船"事專造"䑣"這樣一個漢字來記録,可見風氣之盛。

① 〔清〕俞樾著《春在堂隨筆》,江蘇人民出版社1984。

所以晚唐圓仁所著的《入唐求法巡禮行記》中，記載的皆爲“牛牽船”的情景。而這類做法，在唐前、唐後的文獻中亦處處可見，如：

(8)時東海王奕求海鹽，錢塘以水牛牽埭稅取錢直。帝初從之，嚴諫乃止。(《晉書·孔愉傳(附孔嚴傳)》)

(9)大船音貂，吴船也。小船名雖共，鹽船鹵船各適用。鹵船淺淺構作艙，鹽船實實裝其舸音洞，《博雅》：“舟名”，灰鹵附舸便且輕，鹽艖到倉遠而重。也無橈槳與風帆，篾纜牛牽運防送。(元陳椿《熬波圖》卷下“鹵船鹽船”)

(10)捧運鹵船至灰場邊河内泊住，工丁用浣料將井内淋到鹵水用竹管引流放入船，用牛牽運至團。(同上“打鹵入船”)

(11)每春夏，雨水漲滿側近，百姓引溉田苗，官河水乾淺，又得湖水灌注。租庸轉運及商旅往來，免用牛牽。若霖雨泛溢，即開瀆泄水入江。(明張國維《吴中水利全書》卷13“劉晏停免修築練湖狀”)

(12)自今秋後不雨，河道乾枯。累放湖水灌注，使商旅舟船往來，免役牛牽。(同上“吕延貞浚治練湖狀”)

(13)漠漠長堤起暮煙，煙深茅屋數家連。燈前人賣當壚酒，月下牛牽上水船。官柳蕭條霜落後，鄉山迢遞雁歸先。明朝應候鑾輿近，五色龍光動九天。(明王紱《王舍人詩集》卷4“長蘆道中晚眺聞明日駕至德州”詩)

(14)扁舟泛泛過房村，滾滾河流勢欲奔。疏鑿尚傳神禹績，往來偏荷聖君恩。上洪舟楫牛牽纜，賣酒人家瓦作樽。才具濟川俄頃事，晚來沉醉傲詩魂。(明曹學佺編《石倉歷代詩選》卷390，謝孟安“過吕梁”詩)

參考文獻

白化文、李鼎霞、許德楠　2007　《入唐求法巡禮行記校注》，石家莊：花山文藝出版社。

〔日〕小野勝年　1964　《入唐求法巡禮行記の研究》(第一册)，日本京都：法藏館。

〔日〕足立喜六譯注　鹽入良道補注　1970　《入唐求法巡禮行記》(第一册)，日本東京：平凡社。

附記：《入唐求法巡禮行記》四卷，乃日本高僧圓仁於唐文宗開成三年(公元838年)至唐宣宗大中元年(公元847年)入唐求法巡禮十年間，沿途用漢文所寫日記，原書早已亡佚，僅存日本正應四年(公元1291年)京都東山長樂寺僧兼胤抄本藏於東寺，明治十六年(公元1883年)始被發現，明治三十一年(公元1898年)被指定爲日本“國寶”。蔣紹愚先生是國内關注《入唐求法巡禮行記》語言價值的第一人，早在1990年，和劉堅先生共同主編《近代漢語語法資料彙編》(唐五代卷)時,就慧眼識金,選入了《入唐求法巡禮行記》的部分片段。嗣後,又發表了《〈入唐求法巡禮行記〉中的口語詞》(原載《近代漢語研究》,商務印書館,1992)一文,對該書中24個口語詞進行了詳細詮釋。我當時正在日本,讀了先生的論著方知此書價值,遂從京都大學求得兼胤抄本之複印本,自此踵步先生開始了《入唐求法巡禮行記》的語言研究。後來我的博士學位論文即以《〈入唐求法巡禮行記〉詞彙研究》爲題,論文出版時,蔣先生又撥冗賜序,多所褒獎。因此,蔣先生實爲我學術道路上的引路人。值此先生八十華誕之際,無以爲賀,謹撰小文一篇,爲先生壽!

董志翹

丙寅春於秦淮河畔、石頭城下

Timely Notes on Collating and Annotating YuanRen:
***Rutang Qiufa Xunli Xingji* (《入唐求法巡禮行記》)**

DONG Zhiqiao

Abstract: In recent years, I try to complete a new collation and annotation of *Ennin's Diary*: *The Record of a Pilgrimage to China in Search of the Law* which is written by a Japanese monk named Ennin. In this process, I read the annotations written by ADACHI Kiroku , SHIOIRI Riōdō and ONO Katsutoshi who are all Japanese scholars ,I also read the annotation written by BAI Huawen who is a domestic scholar . There are many things remain to be corrected or supplied. So I keep a note when I annotate, now there are many notes on my table. Although my opinion maybe shallow, I still try to give some examples and I look forward to receiving comments from scholars.

Key word: Ennin's Diary: The Record of a Pilgrimage to China in Search of the Law; Collation and Annotation; Timely Notes

(董志翹　南京師範大學文學院　210023)

日本早期佛經音義特色考察*

——以醍醐寺藏《孔雀經音義》二古寫本爲例

梁曉虹

提　要　日本醍醐寺藏有兩種《孔雀經音義》古寫本(天永二年本(1111)、平安中期寫本)。其原本雖不存,但作爲古寫本,特色鮮明,可爲日本早期佛經音義之代表。本文將其與漢傳佛經音義加以比較,展開研究,以考察佛經音義在日本早期發展中所呈現出的一些特色。
關鍵詞　《孔雀經》　《孔雀經音義》　佛經音義　日本佛經音義

○　引言

日本平安時代,"平安二宗"(天臺、真言)開創并流行,尤受皇室、貴族之崇信,故以"鎮護國家""積福消災"爲目的的祈禱、讀誦及秘密修法等活動得到高度重視。而這一切的基礎就是密教經典的廣爲流傳,其中又以不空所譯《佛母大金耀孔雀明王經》(三卷,以下簡稱"《孔雀經》")爲代表。爲能使僧俗正確誦讀此經,日本學問僧亦積極爲其撰述音義書,《孔雀經音義》多有問世,并傳抄流傳,有些古寫本甚至留存至今。如醍醐寺就藏有兩種寫本:天永二年本與平安中期寫本。前者還有藏存他處的寫本共約十種,後者則爲孤本。醍醐寺的兩種古寫本從體式上看,差異明顯,但若從音注、義注考察,可發現其間又互有關聯。日本學者對這兩種古寫本頗爲關注,在音義體式,特别是音注方面已多有研究。

本文參考日本學者研究的成果,對兩種古寫本《孔雀經音義》展開探討,并與慧琳、希麟兩位音義大家爲《孔雀經》所撰音義加以比較研究,目的是考察佛經音義這種本源於中國傳統"小學"著作的特有體式隨佛教東傳,進入日本後,作爲"治經"的工具,爲適應佛教在日本發展(特别是"平安二宗"興盛)的趨勢而出現的變化與發展,并由此所呈現出的某些特點,爲中日辭書音義史研究提供一些綫索。

---

*　本文爲日本學術振興會(JSPS)科學研究費基盤研究(C)"日本中世における異体字の研究—無窮会系本『大般若経音義』三種を中心にして"(2019 年度;課題號:19K00635)以及 2019 年度南山大學パッヘ研究獎勵金 I-A-2 成果之一。

一 關於醍醐寺所藏《孔雀經音義》的兩種古寫本

如前述及,日本平安時代開始已有學僧爲《孔雀經》撰著音義,且廣爲流傳,據築島裕(1983)考察,現存就有以下三類:

第一類:《孔雀經音義》三卷 傳觀靜撰

第二類:《孔雀經音義》一卷 撰者未詳

第三類:《孔雀經單字》一卷 撰者未詳

三類音義現存各種寫本也有十三種。另據石塚晴通(1988)《唐招提寺本孔雀經音義》考證,還有《唐招提寺本孔雀經音義》可視爲第四類,但實際是"孔雀經音"。由此不難看出日本歷史上《孔雀經音義》曾廣爲流行的實況。本文主要以第一類和第二類爲考察對象。第一類以醍醐寺本(天永本)爲資料,第二類爲孤本,也爲醍醐寺所藏,故如題稱"醍醐寺藏《孔雀經音義》二古寫本"①。

第一類原本的撰著時間,一般認爲是日本天曆十年(956)。原本雖已不見,但卻有多種寫本現存。根據築島裕(1983)所考,共有十種寫本現存②。其中寫於享保八年(1723)的"高野山釋迦文院藏本"被《大正新修大藏經》第六十一册收録,但最古寫本卻是"醍醐寺藏本"。因收藏於醍醐寺三寶院③,寫於天永二年,故多稱"醍醐三寶院本""醍醐寺本"或"天永本"④。

第一類原本撰者,一般認爲是"觀靜",但似乎并非定論。據築島裕(1983)考證:這是因大覺寺本(1137 年寫)在卷上、卷中和卷下内題之下皆記有"日本東山坐禪沙門觀靜記"字樣。另外,《密宗學報》第八十四號(大正九年(1920)6 月 1 日發行)作爲附録而被收録的《孔雀經音義序》之卷首,也有同樣記載。但是其他古寫本,包括被認爲是最古寫本的"醍醐寺本",在卷上、卷中和卷下内題之下所記卻爲"日本東山坐禪沙門□□記",本應寫人名之處卻有約兩個字的間距的空白,故築島裕認爲難以確定撰者一定就是觀靜。

醍醐寺三寶院還藏有另一種《孔雀經音義》,這是築島裕所分析的第二類。此音義儘管不是"國寶",而且僅有 23 枚,屬小册子本(小林明美 1983),但與第一類《孔雀經音義》有十餘種藏本相比較,此本卻是天下唯一的"孤本"。因此本卷末所附日語五十音圖爲現存最古寫本,故深受學界重視。築島裕(1983)根據寫本的紙質和字體考察,認爲可以考慮其書寫時代是平安中期(十世紀)⑤,因其能顯示出十世紀寫本常見的特徵。

---

① 兩種古寫本收録於由汲古書院(1983 年)出版的《古辭書音義集成》第十卷和第十一卷。其中"天永本"《孔雀經音義》的上下兩卷被收於第十卷,下卷與"平安中期寫本"《孔雀經音義》被收於第十一卷。

② 十種寫本之間的關係可參考築島裕(1983)和小林明美(1985)。

③ "三寶院"由醍醐寺第十四世座主(住持僧)勝覺僧正(1057—1129)創建,從此成爲醍醐寺本坊,歷代座主居住之處。

④ 此本已於大正十一年(1922)被指定爲"舊國寶",即現在的"重要文化財(重要文物)"。又因本文加以比較研究的兩種《孔雀經音義》均由醍醐寺所藏,爲易區别,稱此本爲"天永本"。

⑤ 因 1983 年出版時以"平安中期寫本"標注,故本文論述時亦簡稱"平安中期寫本"。

二　醍醐寺藏《孔雀經音義》二古寫本之同異

醍醐寺藏二古寫本《孔雀經音義》各自原本雖已不存，但第一類根據上卷“日本東山坐禪沙門”所撰序文末尾所記，“天永本”等之原本應撰於“天曆十年”。而後者既然寫於“平安中期”，其原本當然應早於此，或爲同時期。因此，兩種《孔雀經音義》的撰著時間基本可認爲都是平安中期，這與前所述及的平安時代“平安二宗”（天臺、真言）興盛，《孔雀經》廣傳的時代背景相合。

兩種音義之對象雖同爲不空所譯《孔雀經》，但編纂目的、體例内容，乃至篇幅大小皆有明顯區别。

（一）“天永本”《孔雀經音義》

根據醍醐寺藏“天永本”跋語，可知此本之祖本爲承保三年（1076）寫本，其原撰本（天曆十年）則應是草稿本。

“天永本”《孔雀經音義》上、中、下三卷是日本佛經音義中的“長篇”，屬卷音義，即與原經文卷次對應，逐卷摘出字、詞、短語，對其施以注解。也有部分空有辭目，其後并無任何音義内容。全卷用漢文記録，萬葉假名之注，僅有卷上一處（築島裕 1983）。書寫格式與其他音義多在辭目下施以雙行小字的行間注的形式不同，而是辭目與注文皆用大小相同的字形表示。但也有少數條目，釋義部分用行間小注的形式標出。有時有個别辭目前後順序不一的情形。也有一些内容重複之處。所以，看起來似乎還衹是尚未完全謄清的草稿階段。

上卷有前述“日本東山坐禪沙門”之序文，可謂《孔雀經》之解説。先是總説，初述以大意，其次解釋題目，後記入文判釋。本文則從經題文字開始，辭目爲：

讀誦 佛母 大孔雀 明王 經 前 啓 請 法

其下爲音注和義注。如：

讀誦：讀，同谷反。目對文而自[①]唱。又抽也。頌，松用反。諷也。背文曰誦。

前：昨先在田二反。導也。先也。進也。又音子摯反。梵云阿誐囉也。

正文辭目有字，也有詞和語。而從整體來看，以詞，尤其以複音詞語居多。而所謂“複音詞語”，包括複音詞和詞組，還包括一些如“之處”“如是”“未久”“新受”“爲衆”之類的短語，甚至還有如“如是我聞”“爲衆破薪營澡浴事”等一類的文句。故築島裕（1983）認爲其辭目，與其説是以“字”不如説是以“語”爲主。

作爲密教的重要經典，《孔雀經》中有大量的音譯佛家名詞術語，所以此音義的辭目，除了漢語字、詞和“語”外，還有相當的音譯詞部分。如正文起首就有“南謨”“佛陁野”“僧伽野”

---

① 下半部有殘，或爲“白”字。

“菩薩摩訶薩”,等等。

辭目詮釋,一般先用反切爲漢字注音,也有少量直音注。其後詮釋字義或詞義。若是多音節者,則分釋各字字音和字義,有時還引用文獻加以詮釋,或對與語詞相關聯的一些事項加以記敘。如:

攬迷:攬,盧敢反。迷,莫奚反。(上卷/176①)

案:此爲音譯詞,故僅標注發音。也有糾正發音以及字形的内容。如:

捨羅腩:腩音女感反,不合梵字,借音南。(上卷/179)

咸起:起,墟紀反。興也,作也,立也,發也。咸,音洽掐反。皆也。又胡讒反,皆也。借音函。周礼:尹耆氏掌國之大祭礼,共其杖咸。咸讀函也。老臣雖杖於朝,事鬼神尚敞,去之,有司以此函藏之也。(上卷/158)

以上關於“咸”借用通作“函”,出自《周禮·秋官·尹耆氏》。又如:

施設:施,音舒移反。施猶賦也,行也,尸也。式豉反。廣邪:施,与也,布施也,恩惠也。易曰:雲行雨施也。餘豉反。毛詩:葛之簞兮,施于中谷。施,移也。切韻:以豉反。延也。設,識列反。陳也,含也。(上卷/163)

以上釋義引用“廣邪(雅)”“易”“毛詩”“切韻”等古籍爲證。辭目詮釋篇幅則長短不一,精粗有别。短的衹有幾個字,長的頗爲詳細,引用大段文獻,詳密考辨。如:

南謨:南,奴含反,火方也。謨,莫胡反,謀也。又作謩。又云曩莫、南无,此云稽首、皈命、捒依、礼拜、恭敬、渴仰,皆是皈向三寶也。下同。(上卷/67)

僧伽野:唐略云:僧又云和合衆。僧音蘓曾反,西域音也。伽,去迦反,西域音也②。是僧寶也。是有三種:一者第一義僧,所謂諸佛聖僧,如法而住,不可覩見,不可捉持,不可破壞,无能燒害、不可思議。一切衆生良祐福田。雖爲福田,无所受取,諸功德法常不變易。如是名爲第一義僧。第二聖僧,所謂須陀洹向、須陀洹果,斯陀含向、斯陀含果,阿那含向、阿那含果,阿羅漢向、阿羅漢果,辟支佛向③、辟支佛果,八大人覺三賢十聖也。第三福田僧,所謂苾蒭、苾蒭尼等。受持禁戒多聞智慧,猶天意樹能蔭衆生。又如曠野磧中渴乏須水,遇天甘雨霈然洪霔應時充足。又如大海,一切衆寶皆出其中。福田僧寶亦復如是,能與有情安隱快樂。又此僧寶清淨无染,能滅衆生貪瞋癡闇,如十五日夜滿月光明,一切有情无不瞻仰;亦如摩尼寶珠,能滿有情一切善願。如是名爲第三僧寶。具如六波羅密經説。仁王經陀羅尼釋云皈依僧伽者,即得色究竟天、五淨居天等并諸眷屬皆來加護也。(上卷/76—79)

---

① 此爲汲古書院1983年刊印時頁數,下同,不另注。
② 此句用小字寫於右下側,似爲後所添加。
③ 此四字用小字寫於“辟支佛果”右旁,似爲後所添加。

以上“南謨”較短，與一般意義上的音義詮釋相仿，而“僧伽野”則屬於較長者，除了開始的音義部分，後面關於三種“僧寶”的部分在音義中已經指出“具如六波羅密經説”，出自唐般若所譯《大乘理趣六波羅密多經》卷一。而其後的部分則出自唐不空所譯《仁王護國般若波羅蜜多經陀羅尼念誦儀軌》卷一。

“天永本”《孔雀經音義》爲學界所關注的一個重要方面，就是其中含有豐富的引用文獻，多達百餘種。主要是“内典”佛書類，既包括翻譯佛經，也含有詮釋注疏，以密教系爲主。另外，還有的部分衹是舉出人名，以人名代替作品，如“慈恩”“罽賓三藏”“曾諮三藏”“義淨三藏”“真諦三藏”“菀師”“大廣智三藏和尚”“玄應”等，這也是平安時代日本僧人引證據典所常用的方法。除“内典”外，此音義也多引“外典”文獻，其中又以多引古代字書和音義類著作爲特色。這一點應該引起漢語史，特別是漢字學研究者的注意。還需指出的是，作爲日本人撰著的音義書，除了廣引一般意義上的漢文典籍外，還有部分日本撰述。特别是有相當一部分屬珍稀古籍，中日皆已失逸，故作爲資料尤爲珍貴。

（二）“平安中期寫本”《孔雀經音義》

“平安中期寫本”《孔雀經音義》也是卷音義，卻是按卷次順序衹摘出《孔雀經》中單字，共有394個辭目字[①]（不包含異體字）。詮釋方法是先標出其字的平上去入“四聲”，再用反切或直音標出音注，其後有簡單釋義，但不標出典。所以，應該稱之爲“單字音義”。此本書寫方式與“天永本”不同，辭目字用大字，其下用雙行小字的行間注形式標出詮釋部分。

音義本文也從經題文字開始。以下爲經題的末尾二字：

> 王：平。雨方反。君也。又去。于放反。借音勝也。（上卷/665）
>
> 經：平。古霊反。常也。巡也。又去。古定反。經縷也。（同上）

正文也同樣：

> 腩：上。又醯感反。五味和煮也。（上卷/668）
>
> 鈿：平。徒賢反。釜華也。婦人首錦也。（同上）
>
> 囚：平。似由反。繫禁罪人也。（同上）
>
> 戹：入。焉革反。灾。正作厄。（同上）
>
> 會：去。乎外反。對也。取也。集也。又古外，又胡佩反。（同上）

以上是筆者在第668頁摘取的五例，五字相連，特色極爲鮮明：標音釋義，簡明扼要，具有字書的性質。

此音義辭目并非全是單字，也有雙音辭目，如：

> 毬針：平。之正反。所以縫衣物名者也。（上卷/680）

① 此爲沖森卓也(1980)統計。

惑幻:去。胡辨反。惑眩乱目也。化也。相詐。(下卷/700)

然而,這樣的例子極少,全書衹有四例。另外,我們發現這四例的音義對象其實衹是其中一字,且皆爲下字。不知是巧合,還是撰者有意,但至少能説明撰者的着眼點,皆以釋"字"爲目的。

此外,此本還有一個特色就是辭目并收異體字,共 11 例。如:

底庢:上。伎礼反。下也。止也。滞也。止居也。(上卷/670)

駈驅:平。去娯反。又去。區遇反。逐遣之也。驟馬也。馳奔也。(上卷/670—671)

除了在辭目并收異體字外,此音義在釋文中也多標出異體字并加以辨析,共 13 例。如:

啓:又启𢼄啟,開。上。溪礼反,發也,下通書於尊者。启同音。(上卷/666)

盃:平。佩回反。又作杯𨦫㮎𤯐。(下卷/701)

除了辭目和釋文標出異體外,此本還重視正俗字體的辨析,用"正作""正"或"俗作""俗"來表示撰者所認爲的"正字"或"俗字",共 13 例。如:

髀髀:上。蒳米反。股外也。俗作髀,非。(上卷/678—679)

侘:平。勑加反。傺失志皃。俗𧿧。(中卷/688)

筆者曾從漢字研究的角度,對此本漢字進行過研究(梁曉虹 2018),認爲"平安中期寫本"《孔雀經音義》作爲日本早期"單經單字"音義古寫本之一種,篇幅雖不長,但卻有著較爲豐富的漢字研究資料,無論是從俗字還是從異體字的角度,都值得引起重視。

(三) 醍醐寺藏《孔雀經音義》二古寫本之同異

從以上簡述,我們不難看出,醍醐寺所藏兩種古寫本《孔雀經音義》,儘管音義對象相同,但卻分屬不同系類,編纂目的、體例內容,包括篇幅大小皆差異明顯。如果説"平安中期寫本"是一本小型的《孔雀經》的"專經字書",那麽以"天永本"爲代表的觀靜撰《孔雀經音義》則更像是《孔雀經》的長篇"注釋書"。前者作爲"字書"整體風格比較統一,但後者作爲"音義書",卻有各"語"詮釋的精粗之别,長短不一,有些長的條目已超出一般音義的概念,儼然已是專題考釋。築島裕(1983)指出:此音義所引文獻中,有以《十住心論》爲首的《悉曇字母釋義》《秘藏寶鑰》等空海所撰著作,故能反映出本書撰者是在傳授真言宗系的教學之事。又多有《大日經》《金剛頂經》《蘇磨呼童子經》《蘇悉地經》《千手陀羅尼經》等經典,呈現密教系要素。另外,還多見《智度論》《瑜伽師地論》《俱舍論》《西域記》《慈恩傳》等,又被認爲具有南都法相宗系教學要素。筆者順此思路,推測撰者觀靜應是學問僧,或許是其在研習講解《孔雀經》的基礎上,而後再按照音義體例編纂而成的。當然,這衹是筆者推測,并無足夠證據,有待進一步考察。

儘管如此,若將兩類音義加以比較考察,我們還是能發現有一些關聯之處。沖森卓也(1980)將"平安中期寫本"與第一類的高山寺本①做過比較考證,指出"平安中期寫本"的 394 個

① 高山寺本(上、中、下三卷)寫於建久二年(1191),被認爲與醍醐寺藏"天永本"同是"承保三年(1076)"寫本的轉抄本,但高山寺本有明顯的書寫訛誤之處(築島裕 1983)。

辭目字中有 210 個與高山寺(513 個)相同。而“平安中期寫本”的反切注有 485 個,與高山寺本全同的有 95 個,與《篆隸萬象名義》和《切韻》一致的有 213 例,占 43.9%。故而,“平安中期寫本”應與“觀静原撰本”無關,屬於單獨撰述而成,但卻是以“觀静原撰本”爲樣本在選擇取捨辭目字和反切注的同時,重新參照《玉篇》(《篆隸萬象名義》)和《切韻》以及其他辭書、韻書、音義等編纂而成。

築島裕(1983)也指出:“平安中期寫本”的辭目字有不少能在第一類“天永本”的辭目中找到。“天永本”的辭目以“語句”爲主,而“平安中期寫本”是“單字”音義。故而,“平安中期寫本”原撰本有將第一類“觀静原撰本”的辭目分割爲辭目字的傾向。當然,也有第一類不見的字。而在注文方面,有二者相合的部分,也有不一致之處。另外,還有一點值得注意。沖森卓也(1980)指出:高山寺本中的反切共有 739 條,其中與《玉篇》、《切韻》系韻書、《玄應音義》、《慧苑音義》、《慧琳音義》①的反切全同的有 437 條,占 59.1%,其中與《切韻》系韻書一致的有 349 條,占 47.2%,故《孔雀經音義》的字音可被認爲是漢音資料。而“平安中期寫本”的反切也有很多與《切韻》、古本《玉篇》一致,也可證當時所傳的《孔雀經》是用漢音誦讀的。被估計是觀静的撰者是如何擁有這些漢字音知識的不太清楚,但可以想象其書桌上應擺放著辭書、韻書、音義,編纂時應該是參照使用了這些資料。

筆者在考察“平安中期寫本”《孔雀經音義》漢字時,也發現有些辭目字與“天永本”相同(梁曉虹 2019)。如:

囙:平。似由反。繫禁罪人也。(上卷/668)

獄囙:獄音虞揭反。卿日行國曰獄。囚音似由反,禁罪人也,留也。(上卷/182)②

案:以上例子中,二辭目字“囚”同爲俗形,此俗似不見漢傳文獻,但卻是奈良寫經到平安時代頗爲常見的字形。這有兩種可能:一是當時所傳《孔雀經》中“囚”作此俗形,故兩種《孔雀經音義》皆取此俗字;二是“平安中期寫本”原撰本在參考第一類音義時,選用此俗字。

不僅從辭目字字形,從釋義中的字形辨析方面,也可獲此信息。如:

厄:入。焉革反。灾。正作戹。(上卷/668)

厄難:厄音乙革反,災難也。正作戹難。……(上卷/180)

案:上例中的“戹”,乍看很像“尼”俗字,但與音義不合。實際是“戹”字訛寫,如“天永本”之字例。《説文・户部》:“戹,隘也。从户乙聲。於革切。”而“厄”字在《説文・卩部》中之本義是“科厄,木節也”。後被用作與“戹”同,表示災難,而且成了通行字。《五經文字・户部》就指出:“戹厄,上説文,下經典相承。”

以上,我們主要是在兩種古寫本不同的前提下尋求的相同之點。當然,二者(指兩種寫本的原撰本)到底存在何種關係,還有待進一步的調查。但從《孔雀經音義》的這兩種寫本我

①　儘管此音義未受《慧琳音義》影響,但有可能參考了相同的典籍。

②　上爲“平安中期寫本”,下爲“天永本”。下同,不另注。

們至少可以看出,平安時代,日本佛經音義的編纂雖剛起步不久,尚屬早期,但卻已呈現出多種形態,初顯"和風化"。而這一點,通過與漢傳佛經音義的比較,則更爲清晰。

三　與中國傳統佛經音義相比較

在中國,爲不空所譯《佛母大金耀孔雀明王經》做音義的有慧琳,收於其《一切經音義》卷第三十八,但僅有辭目 42 個。另外,希麟在《續一切經音義》卷六也曾"續音佛母大孔雀明王經三卷",辭目也衹有 22 個。而且《希麟音義》原書雖未署撰時,但被認爲"實撰於統和五年(987)"(陳士强 1992:1019),而醍醐寺所藏兩種《孔雀經音義》的原撰本,如前述及,基本可認爲是寫於平安中期,所以從時間上來看,這兩種音義應均未受慧琳和希麟的影響,而即使從體例與内容上看,也同樣可證兩種《孔雀經音義》皆爲日本學僧所撰。

因爲是日僧獨立爲《孔雀經》所撰音義,倒正可用來與漢傳佛經音義作比較,以體現其各自不同的特色。

(一)"衆經音義"與"單經音義"之有別

中國僧人所撰佛經音義,儘管也有單經音義,如慧苑爲八十卷《新譯華嚴經》撰著的《新譯大方廣佛華嚴經音義》、窺基所撰《法華經音訓》、雲公所撰《大涅槃經音義》等,但總體來說,多爲"眾經音義"或"一切經音義"。現存就有如玄應的《眾經音義》、慧琳的《一切經音義》、可洪的《新集藏經音義隨函録》、希麟的《續一切經音義》等。而從佛經音義的傳承來看,單經音義大多或遺失,或被慧琳詳訂後收入其《一切經音義》,如窺基的《法華經音訓》、雲公的《大涅槃經音義》,以及慧苑的《新譯大方廣佛華嚴經音義》等。單經音義中唯有《慧苑音義》以單刻本而入藏,從而得以流傳至今。其他大多散佚不存。

與此相對應的是,日本僧人所撰基本爲"單經音義",特別是對日本佛教影響較大的佛經,如《法華經》《大般若經》《淨土三部經》《華嚴經》等,在日本歷史上,皆成爲日本學僧競相編撰音義的對象。

出現這種現象的原因,筆者認爲,除了因已有中國僧人,如玄應等人《一切經音義》的"珠玉"在前,難以超越外,最主要的還是日本僧人編寫佛經音義的實用目的性很强。如上述及,主要是爲各大"宗經"編纂音義,如華嚴宗的《華嚴經》,律宗宗經《四分律》,淨土宗的"三經(《無量壽經》、《觀無量壽經》和《阿彌陀經》)"等,或是對日本佛教産生較大影響的佛經,如《大般若經》《法華經》,等等。故而佛經音義的編纂也能反映出佛教在日本的發展軌跡。如奈良時代儘管有"南都六宗"①之不同派別,但華嚴宗影響最大,所以日僧爲《華嚴經》所撰音

① 亦稱"奈良六宗",指創立於奈良時代的六個佛教宗派:三論宗、成實宗、法相宗、俱舍宗、華嚴宗和律宗。

義也最多,至今尚存以下兩種:

《新華嚴經音義》,作者不詳,現存大治本和金剛寺本。

《新譯花嚴經音義私記》,作者不詳,現存小川家藏本。

平安時代,日本佛教的傳承與發展以"平安二宗"的創建與興盛爲代表,故而《法華經》和密教經典廣爲流傳,學僧們也競相爲其撰著音義。當然,"《法華經》音義"數量最多,堪爲日本佛經音義之首。除此就當屬《孔雀經音義》了。如僅被認爲撰者是觀靜的《孔雀經音義》,古寫本也有十種(梁曉虹 2018),其中又以本文研究對象,醍醐寺所藏兩種古寫本爲代表。

因爲是"衆經音義",所以每部"經音義"的篇幅不會太長,即使像《大般若經》這樣皇皇六百卷的容量,在《慧琳音義》中也衹有八卷的篇幅,這已是其中的"長篇"。但是日僧所撰單經音義卻不受此局限,有的很短,有的卻頗長。而醍醐寺兩種《孔雀經音義》,即使是"平安中期寫本",衹收釋單字,但也有 394 條。筆者未對"天永本"的辭目進行調查,但可參考沖森卓也(1980)調查的高山寺本,爲 513 條,分上、中、下三帖,其中有些條目長達幾頁,所以整部音義堪稱日本佛經音義中的"長篇"。

(二) 收辭立目的原則不同

慧琳《一切經音義》與希麟《續一切經音義》的辭目多以詞爲主,而且多爲複音節詞,"既包括經文中難讀難解的語詞,也包括一些有名的經序中的語詞",(陳士强 1992:1015),既有漢語詞,也有音譯詞。醍醐寺藏二古寫本,其原撰本收辭立目的原則卻因編纂目的的不同而與慧琳和希麟有較大差異。

以下是慧琳在《一切經音義》卷第三十八爲《孔雀經》撰著音義時收録的辭目,共 42 個(徐時儀 2012:1162,1163):

饑饉　痰癊　蛇蠍　枷鎖(佛母大孔雀明王經前啓請法)[①]

絮斯　挽底　羯玭　蘖踏婆　屼頭　一腋　布喇拏　瑟侘　膩攞　擿迦

捺羅　巘拏　矩韈囉　食髓　涕唾　食次　食洟　惡跳　惡蕎　痰癊

麌嚕　歙人精氣　憾彌(中卷)

毛緂　爍底　囚普　疙囉　嚩摋　瘿病　禰禱　伺斷　鳌彼　拇指　蛇蠍

毘鉢尸　尸棄　毗金浮　拘留孫(下卷)

可見皆爲複音詞,其中有音譯詞 22 個,占 50%以上。漢語詞,除了"食人精氣"屬"語",基本都算是雙音詞。其中"痰癊"出現兩次,一次在"啓請法"中,一次在中卷。第一次解釋較爲詳細,第二次出現則稍顯簡單。

以下是希麟在《續一切經音義》卷第六爲《孔雀經》撰著音義時收録的辭目,共 22 個(徐

---

① 實際上,還包括上卷的内容,四條中衹有"飢饉"是"經前啓請法"中出現的詞,後三條爲《孔雀經》卷上的内容。

時儀 2012:2278,2279,2280):

羯諾迦牟尼 迦攝波 釋迦牟尼 喬荅摩 陂池 坎窟(上卷)

羯沘 苗稼 祠祀 涎洟 疥癩 痔漏 癰疽 瘡癬 踰繕那(中卷)

微鉢尸 羯句忖那 琰魔 索訶世界 鑠底 脂膏 吠陜(下卷)

其中共有音譯詞 10 個,也接近 50%。希麟因爲是"續音",所以不重複慧琳的内容。

從以上二位大家所收録的辭目來看,慧琳所收更傾向於"難"詞,有漢語難詞,也有音譯難詞。而希麟所收似乎簡單一些。如"釋迦牟尼",這應是漢文佛典中極普通的一個音譯詞。但可能正因爲常見而被忽略。《玄應音義》和《慧琳音義》均未收録,衹有慧苑在其《華嚴經音義》中收録兩次,一次在音義《華嚴經》經卷第十二《如來名號品》,一次在經卷第四十五《壽量品》。蓋因如此,希麟才收録了該詞。

至於醍醐寺二古寫本,我們先看"天永本"。與慧琳與希麟相比較,此音義要詳盡得多。起首爲《孔雀經》解説,先是總説,初述以大意,其次解釋題目,後記入文判釋。本文則從經題文字開始,辭目爲:

讀誦 佛母 大孔雀 明王 經 前 啓 請 法

可謂逐字收録。而僅不足千字的"啓請法",收録的辭目就有 82 個[①]。以下衹是"請起法"的第一段,底下標有橫綫者爲辭目。

南謨母馱野[②] 南謨達磨野 南謨僧伽野 南謨七佛正遍知者

南謨慈氏菩薩等一切菩薩摩訶薩,南無獨覺聲聞,四向四果,我皆敬禮如是等聖衆。我今讀誦《摩訶摩瑜利佛母明王經》,我所求請願皆如意。所有一切諸天靈祇,或居地上,或處虚空,或住於水,異類鬼神,所謂:諸天及龍、阿蘇羅、摩嚕多、蘖嚕拏、彥達嚩、緊那羅、摩護囉誐、藥叉、囉刹娑、畢嚟多、比舍遮、矩畔拏、步多、布單那、羯吒布單那、塞建那、嗢摩那、車耶、阿鉢娑麼囉、塢娑怛囉迦,及餘所有一切鬼神,及諸蠱魅、人非人等,諸惡毒害,一切不祥,一切惡病,一切鬼神,一切使者,一切怨敵,一切恐怖,一切諸毒,及諸呪術,一切厭禱,伺斷他命,起毒害心,行不饒益者,皆來聽我讀誦《佛母大孔雀明王經》,捨除暴惡,咸起慈心,於佛法僧生清淨信。我今施設香花飲食,願生歡喜,咸聽我言。[③]

以上一段共不足 400 字,卻共收 47 個辭目,以佛教名詞爲主,有音譯詞,也有意譯詞,還有部分漢語詞,甚至還有一些短語性的結構,如"他命""皆來""聽我"等。慧琳也爲"啓請法"音義,但如前所示,實際衹有一個"飢饉",且爲一般漢語詞。而希麟所作"續音","啓請法"中的詞語一個都沒收。

① 此爲筆者手工統計,不一定準確。

② 底下標有雙橫綫者,表示另一辭目,爲避免與前一辭目重合難辨。

③ 本文所録《孔雀經》及其他佛典,皆出自 CBETA 電子佛典 2016,但句讀部分有所改動。以下同,不另注。

再看“平安中期寫本”《孔雀經音義》。此本屬“單字”音義，衹收釋單字，是爲“字書”。實際不需比較，其差異就極爲清晰，但我們還是加以比較考察。此音義開始也是逐字音義經題，而且也收録“啓請法”中的字，如下：

祇　蠱　魅　厭　禱　伺　暴　迦　餉　膩[①]娜　巘　砌　捺　�櫗　都　喃

鈿　鍵　囚　厄　會　飲

以上 23 個字，有的是漢語詞中的詞素，有的爲音譯詞的部分。如本文“膩”字下注，儘管是按照經文順序，但也有不一致的地方，如最後的四個字，若照“啓請法”之序，應是“會”“飲”“厄”“丘”。[②] 之所以出現這種情況，筆者認爲，可能是撰者完成了一個字後，又覺得其前之字也應收釋，從而有此顛倒。

不難看出，儘管醍醐寺藏兩種《孔雀經音義》古寫本所收辭目自身差異很大，但從數量上看皆遠多於慧琳和希麟的《孔雀經音義》。這首先當然還是因“一切經音義”和“單經音義”的不同特性所決定的。

佛經音義收詞的特點是“收詞範圍的有定性”(徐時儀等 2009:93)。實際上慧琳、希麟的音義與醍醐寺藏二古寫本也都能體現這一特點，但前者的“有定”範圍是“一切經”。就算音義的對象衹是如《孔雀經》這樣的一部經，但編纂者會從整體考慮，相同的語詞、陀羅尼、難字等，若在音義其他佛經時已經收釋，一般就不會重複。《希麟音義》又是“續”慧琳之作，一般也不與前重合。所以，從某種意義上看，在這個大的“有定範圍内”，實際還存在著撰者自定的某種“有定性”。但醍醐寺藏二古寫本原撰本的“有定”範圍衹是《孔雀經》。範圍雖小，卻不受限制，凡此經文中所出，衹要編者認爲讀者有可能不懂，需要解釋的，就會全部摘出作爲辭目。這就體現出在《孔雀經》這個有定範圍内的無定性。

當然，筆者認爲還必須意識到一點，那就是漢傳佛經音義的撰者和讀者都是用母語文字來編著和閱讀的。而日本佛經音義的編纂者則是用外語來進行這一工作的。儘管平安時代日本人的閲讀和書寫都是用漢字的漢文，但畢竟説的是日語，寫的是漢語，完全分屬兩套不同的語言體系。就算是編纂的學僧作爲當時的知識階層，具有較高的漢語水平，但一般僧人或信衆所受教育，所掌握的漢語知識參差不齊。撰者在撰寫佛經音義時，一定會考慮這一點，所以盡可能多地選列辭目就成爲手段之一。

（三） 釋文體例有異

漢傳佛經音義的幾位大家如玄應、慧琳、希麟等，作爲專爲“一切經”編著音義的文字訓詁大家，皆自有一定的編纂原則，故而在收辭立目和標音釋義方面不受宗派局限，故釋文體例相對來説較爲統一。但日本佛經音義的編纂者一般是各派僧人，編纂對象局限於本宗宗

---

① 按照經文，此字與前“餉”順序不對，“餉”字應在後。

② 這一點，築島裕(1983)也已經指出。

經,漢語水平與知識能力也高低不齊之别,所以釋文體例各有特點,很難統一。不過這倒正體現出日本佛經音義的多樣性。僅以本文所研究的兩種古寫本來看,也能呈現此特色。

1. "天永本"《孔雀經音義》

佛經音義中的詞條一般由詞目、注音、釋義、書證、正形、案語六項組成。雖然每條後五項的内容不一定俱全,順序也往往不一,或前或後,如正形有時放在注音前,有時又在注音後,但基本格調尚能保持一致(徐時儀等 2009:96—97)。根據沖森卓也(1980)調查高山寺本,指出"觀静原撰本"的字音注并非觀静獨自撰著而成,而是參考了辭書、韻書、音義等傳統訓詁小學著作。故而從釋文體例來看,基本上也同漢傳佛經音義,一般會有爲所選辭目標注讀音,詮釋字義或詞義,引用文獻作爲書證,辨析漢字,添加案語説明等程序步驟。但明顯的是,一般多分而爲之,不會五項俱全。如:

劫賊:劫,居業反。强奪取也。賊,作則反。盗也。(上卷/277)

支那國:或羯陵伽國。探玄記云:真旦或震旦或支那,是此漢國名也。(中卷/353)

遍虫:虫音許緯反。鱗總名也。蟲也。又肝鬼反。山海經云:補翼之山多蝮虫,今亦作蟲字也。(中卷/469)

花鬘:仁王經陀羅尼釋云:案梵本云摩羅。此翻在額上者是之也。(中卷/460)

以上與漢傳佛經音義大致相同。但有撰者"案語"處甚少,有也或爲引用文獻中輾轉出現之"案",如上"花鬘"條。

當然,需要引起我們注意的是不同之處。"觀静原撰本"有兩處明顯與漢傳佛經音義有别。

(1)用梵語音譯詞詮釋漢語詞

一般來説,佛經音義多用漢語詮釋梵語音譯辭目,但此音義卻還常出現用梵語音譯詞詮釋漢語詞或"語"的現象。以下爲築島裕(1983)舉出的三例:

大善現:梵云摩修陀里沙那。(中卷/468)

王怖:囉惹婆耶,此王難也。(中卷/475)

帝釋大仙:梵因陀羅。(下卷/608)①

至於其理由,築島裕認爲未詳。

這確實是"天永本"《孔雀經音義》的明顯特色。以上三例,上下皆爲翻譯佛經中的專有名詞,將其對應的梵文音譯詞舉出,尚可理解。但中間一例,卻是主謂結構短語。筆者也做了一些調查,發現還有更爲複雜的情況。如:

恐怖:恐,音去鞏反,懼也。怖,音普故反,怕也。恐,梵云婆野。怖,梵云舍尾多。(上卷/154)

案:以上先用漢語分釋辭目"恐怖"二字,然後在其後又分别用梵語音譯分釋"恐怖"二

① 以上例參考築島裕《醍醐寺藏〈孔雀經音義〉二種解題》,但筆者重新核對調查過。

字。此類例不少見。

皆來：皆，梵云娑摩曩。來，音力談反。來，至也，歸也。來，猶也。又力戴反，勒也。梵云阿(長)誐者，又云阿伊誐。(卷上/156)

案：以上用梵語音譯詞釋"皆"字。後"來"字則既有漢語音注、義注，還有梵文音譯詞的對譯。《梵語雜名》："來：阿誐車。又阿誐哆。"《唐梵兩語雙對集》："來：阿誐車。"

解脱：解，音佳買反，曉悟也，脱也。又佳賣反，除也。又古隘反，除也。又加買反，胡懈反，曲也。脱，音徒活反，免解脱也。解脱，梵云耶羅羅，又云本叉，剃頭著染衣，當於生死疾得解脱也。(上卷/183—184)

案：以上先分釋"解脱"二字，頗爲詳細，後用梵文音譯詞解釋"解脱"一詞。此説見於《賢愚經》卷十三："仙人于時，具爲大王解説其義：耶羅羅，其義唯剃頭著染衣，當於生死疾得解脱。婆奢沙，云剃頭著染衣者，皆是賢聖之相，近於涅槃。娑呵，云剃頭著染衣者，當爲一切諸天世人所見敬仰。"

蠱魅：蠱，音古鼓反，毒害人腹中也。公户反，孤牙反，毒蟲食人腹中血厭也。疾也。魅，眉秘反。山澤怪老物精，人身黑首也。蠱，梵云波羅(二合)拏迦。(上卷/152)

案：以上用漢語分釋"蠱魅"，但最後用梵文音譯解釋"蠱"字。"蠱"字卻并不是辭目字，屬於釋語中的詞。《梵語千字文》卷一："鉢羅(二合)(引)拏迦　蠱。"

牙齒：牙，梵云戰地利。齒，云舍地曩。大佛頂云：難多輸藍，齒痛也。灌頂經云：神主沙薦婆提敷，字心安祥。此神女護人牙齒。若爲虫所齧者，呼其名七遍，虫即消亡。牙，音雅加反，居前爲齒，兩邊爲牙。齒，音蚩裏反，骨也，年齒也。(上卷/250—251)

案：以上不僅用梵文音譯詞分釋"牙"與"齒"，還引《大佛頂經》與《灌頂經》引出"齒痛"和護人牙齒之神之梵名。

以下"痰癊"一詞正好慧琳的《孔雀經音義》也收釋，而且兩次，可作比較。

痰癊：上淡甘反。考聲云痰鬲中水病也。下邑禁反。案：癊者，痰病之類大同而小異。韻詮云亦痰病也。諸字書並無此二字也。(《慧琳音義》卷三十八"佛母大孔雀明王經前啓請法")(徐時儀 2012：1162)

還有一次出現在《慧琳音義》卷三十八"佛母大孔雀明王經中卷"，因前已釋，故相對簡單。

痰癊：大佛頂云始隸參彌迦，此云痰癊。痰，音啖甘反，胸上水病。癊，音於禁，胸上水病。(上卷/247)

案："痰癊"是佛經中頻頻出現的一種病名。《慧琳音義》中多次作爲辭目，《希麟音義》也收録了一次，《可洪音義》中則更爲多見。除"痰癊"外，還可作"淡陰""澹陰""淡飲""痰飲"等。

值得注意的是"痰飲"一詞。作爲中醫病名術語，早在東漢張仲景《金匱要略・痰飲咳嗽病脈証並治》中就已出現："其人素盛今瘦，水走腸間，瀝瀝有聲，謂之痰飲。"但此"痰飲"與翻譯佛經中的"痰癊"在詞義、病位概念上都有一些區别。李曌華(2018：489)指出：秦漢時期中醫中的"飲"是疾病的上位概念,"痰飲"是飲病的一種,是水液停留在腸間的一種病証,屬於下位概念。漢譯佛經藉鑒中醫上"痰飲"的説法,新造"痰癊"一詞,用於指佛教醫學理論四大中的水大不調而出現的疾病因素,爲水液停留在胸腑,其中"痰"是疾病的上位概念,"癊"是疾病的一種,屬於下位概念。

從以上所引《慧琳音義》之例,可見慧琳雖非醫家,但解釋得還是相當到位的。慧琳在卷二十九爲《金光明最勝王經》卷九音義時則説明得更清楚:

> 痰癊:上音談,下陰禁反。案:痰癊,字無定體,胷鬲中氣病也。津液因氣疑結不散,如筋膠引挽不斷,名爲痰癊。四病根本之中,此一能生百病,皆上焦之疾也。(徐時儀2012:1021)

希麟在《續一切經音義》卷六爲《佛説除一切疾病陀羅尼經一卷》作音義時也特意收釋了"痰癊"條。《佛説除一切疾病陀羅尼經》一卷的譯者也是不空,很短。講的是釋迦牟尼爲弟子阿難講説能除世間一切疾病的"陀羅尼",其中疾病之一正是"痰癊"。

儘管"痰飲"一詞漢語早有,"痰癊"卻是翻譯佛經新造,當然應該有梵文原文。慧琳與希麟皆未言及,這因其釋文體例而定。"天永本"《孔雀經音義》指出"大佛頂云始隸參彌迦"。查檢《大佛頂如來密因修證了義諸菩薩萬行首楞嚴經》卷第七有"室禮瑟彌迦(痰飲)(三百八十)",這應該就是出處。

以上筆者也衹是做了部分調查,尚未展開進一步考察。但不難看出這一特點是很明顯的。之所以會有這種特色出現,筆者認爲小林明美(1985:4)"文獻學的國風化"的説法很值得參考。他指出:九世紀末,天臺宗和真言宗皆確定了教義,教團組織也趨於安定。而至彼時,也能充分地注意到咒文的正確音價了。但當時梵語音的傳承已絕,而遣唐使制度又被廢止,去中國學了回來已不再可能。所以,印度咒文的音價研究衹能靠國内獨立進行。從某種程度上來説,無意中倒造成了較前代能更正確地復原咒文的結果。他還舉圓珍弟子空惠909年爲《蘇悉地羯羅經》施以訓點,真言宗的真寂編纂了梵語辭書《梵漢語説集》《梵漢相對抄》,以及觀靜的《孔雀經音義》和覺勝的《宿曜經音義》等爲例,説明當時日本的梵漢對堪研究頗爲興盛。

這就爲梵漢研究者提出了課題,即除了中國古代僧人所撰的《梵唐千字文》《梵語雜文》《翻梵語》外,我們還應注意到古代日本學僧的梵漢研究資料。筆者在研究信瑞所撰著的《淨土三經音義》(梁曉虹 2017)中也發現他引用了多種梵漢對刊工具書,如《翻譯名義集》《梵唐千字文》《梵語勘文》《梵語雜名》《唐梵兩語雙對集》《翻梵語》《梵漢相對集》等。有的傳自中國,有的則是日本人所撰,如《梵漢相對集》二十卷,有可能是真寂法親王[①]的著作。此書與

---

① 真寂法親王(886—927年),爲日本平安時代中期皇族及法親王。其生父母是堀河天皇及橘義子,出家前名齊世親王,出家後法號真寂。

真寂法親王的另一部著作《梵漢語説集》一百卷皆早已亡逸，僅能從古書逸文中見其片影，堪爲滄海遺珠。（佐賀東周 1920）《梵語勘文》的作者也是日本人。此書應是"集梵唐千字文、梵語雜名、梵漢相對集、翻梵語等大成者"，在日本梵語學史上有重要地位。

（2）部分釋文已超出音義範疇

"天永本"《孔雀經音義》在釋文體例方面的另一特點是：辭目詮釋長短不一，有些釋文過長，已經超出音義詞條的概念，而更像專題考釋小論文。

漢傳佛經音義儘管也有些因爲引文而顯得釋文過長，但總體來看，此類例不多。但是"天永本"《孔雀經音義》中有些詞條卻很長，如本文開始舉出的"僧伽野條"，就有近約五百字。有的更長，有的甚至多達兩千餘字。限於篇幅，我們不再舉例。之所以長，當然是因爲多引多舉文獻之故。但這樣的長條，一般多爲佛教名詞術語。筆者前曾述及，此音義有可能是撰者在教學講義的基礎上改編而成，或許可爲其理由。

2. "平安中期寫本"《孔雀經音義》

此音義是單字音義，基本體例前已述及。其中值得注意的如辭目并收異體字，在釋文中也多標出異體字并加以辨析，説明撰者非常重視當時寫本中出現的一字多形的現象。另外，此音義還重視正俗字體的辨析。這些特點我們不再重複，這裏還想再説一點：因《孔雀經》中有大量外來音譯詞，特别是有一些密教專用的咒語，"平安中期寫本"當然也收録了部分，有的是衹標出讀音：

餉：去，式尚反。又平，式章反。（上卷/667）

案："餉"爲《孔雀經》"啓請法"中"餉棄頞"中字。音譯詞與字義無關，所以一般衹標讀音，這是一般音義字書的做法。但此音義更多的似并非衹標讀音，而是還詮釋字義，字義一般是其本義或常用義。如：

腩：上。又醎感反。五味和煮也。（上卷/668）

案：以上"腩"本是"啓請法"中音譯咒語中"舍囉腩"中之字。"天永本"收録的是完整的"舍囉腩"，釋曰："腩音女感反，不合梵字，借音南。"但"平安中期寫本"之詮釋明顯與音譯咒語無關。

"腩"字不見於《説文》，《龍龕手鑒》《玉篇》《廣韻》等皆有收釋，意爲"煮肉"，并不見有"五味和煮"之義。但《集韻》平聲和上聲均有"腩，臛"之釋。《説文・肉部》："臛，肉羹也。"段玉裁注曰："鬻，五味盉羹也。从䰜，从羔。""盉"後用作"和"，"羹"有煮義。故"五味和煮"也還有出處。

鈿：平。徒賢反。金華也。婦人首錦也。（上卷/668）

案：以上"鈿"也是"啓請法"中音譯咒語中"悉鈿覩"中之字。此音譯詞在《孔雀經》中出現兩次。但"天永本"中未收，《慧琳音義》也未收。《慧琳音義》卷十七有"間鈿：音田，或去聲亦通。桂苑珠叢云金花寶鈿也。文字集略云金鈿婦人首飾也"之條，此并非音譯，而是"鈿"

字本義。

不難看出,此本收釋辭目,好像不僅爲實際誦讀經文所用,更像一本小型字書,可用於任何場合。

以單字爲辭目的“單經單字音義”是日本佛經音義的特色之一。(梁曉虹 2018)古有空海的《金剛頂經一字頂輪王儀軌音義》可覓其蹤跡,平安中期仲算的《妙法蓮華經釋文》中也多有其例。特别是藤原公任的《大般若經字抄》出現後,單字音義更是占據日本佛經音義的主要位置,承曆本《金光明最勝王經音義》、《法華經單字》、無窮會本系《大般若經音義》、小川氏本《孔雀經單字》等相繼問世,就是明證。其中多種音義皆重視辨析異體字,如《金光明最勝王經音義》與無窮會本系的《大般若經音義》等作爲單字音義,均在辭目字下,標出了若干異體,有些還有簡單辨析。這與“平安中期寫本”《孔雀經音義》相似。(築島裕 1983)指出:“平安中期寫本”應該是這些“單字音義”中較古的一種。而注文中不標出典名,也被認爲是音義“和風化”的特徵之一,從這一點看來,此本作爲日本“單字音義”應該比《妙法蓮華經釋文》等還要進一步日本化。筆者認爲作爲單字音義較古的一種,雖然較之《妙法蓮華經釋文》要更爲彰顯“和風”,但與承曆本《金光明最勝王經音義》《法華經單字》等相比較,此音義皆用漢字標音釋義,尚屬佛經音義日本化進程中的早期一環。無論如何,這些單字音義都是研究日本古代用字、漢字在日本傳播發展的珍貴資料。

四　結論

筆者以上對醍醐寺藏《孔雀經音義》二古寫本進行了一些初步考察,因爲這兩種音義作爲日本早期佛經音義的早期代表有其一定的特色。

一是日本平安時代“密教國風化”的間接呈現。平安時代,密教盛行,作爲密教經典代表的《孔雀經》自也廣汎流傳,這與當時日本學僧積極撰著《孔雀經音義》分不開。現存《孔雀經音義》四類十三種也能説明當時學僧研習撰著《孔雀經音義》之風的興盛。而醍醐寺所藏的兩種古寫本又可爲其代表:“天永本”的觀靜原撰本似爲密教學僧研習《孔雀經》而專門撰著的學術之風頗濃的長篇音義,“平安中期寫本”卻是專爲詮釋單字而編的小型字書。

二是醍醐寺所藏兩種《孔雀經音義》古寫本各自具有明顯特徵。作爲第一類代表的“天永本”不僅收辭量多,且大部分語詞詮釋詳細,有些甚至每篇都是獨立的考證論文。其中用梵語音譯詞詮釋漢語詞,爲此音義特色之一,值得注意。儘管具體理由尚難以明確,但應與日本平安時代日本學僧熱心研習印度咒文音價的歷史背景有關。雖然當時日僧所編纂的一些梵漢對勘工具書,如《梵漢相對集》《梵漢語説集》《梵語勘文》等皆已亡佚,但在當時撰著的文獻,如佛經音義書中還不時能見蹤影,儘管衹是片鱗半爪,卻是極爲珍貴的資料。這也提醒梵漢文字研究者不能忽略這部分材料。

“平安中期寫本”作爲“單字音義”中較古的一種，不僅在辭目中標出異體，在釋文中也能突出這一點。重視異體字，是日本單字音義特色之一，能反映出當時古寫經中漢字使用的實況。另外，此音義還重視辨析字形、辨别正俗等，儘管篇幅不大，衹能算是一本小型《孔雀經》字書，但也是研究當時日本《孔雀經》用字的珍貴資料。

三是醍醐寺藏《孔雀經音義》二古寫本作爲平安時代日本佛經音義的代表，與慧琳和希麟兩位音義大家的《孔雀經音義》相比較，則更明顯地呈現日本早期佛經音義的特色。

其一，編纂體式相對自由，形式多樣。儘管皆爲《孔雀經》編纂音義，但“天永本”與“平安中期寫本”各自特色鮮明，完全不同。雖同名《孔雀經音義》，但前者更多地體現出《孔雀經》注釋書的特性，後者當然呈現字書性質。

其二，日本佛經音義多爲各派僧人所撰，故更强調實用性。從醍醐寺二古寫本也可以看出此點。中國佛經音義的編纂者，如玄應、慧琳等雖也是僧人，也各應有所派，如玄應曾拜玄奘爲師，應是法相宗僧人，而慧琳是不空的學生，當屬密宗，但因其音義對象是“一切經”，是“衆經”，更多地是從文字訓詁學家的角度來進行這一工程。而日本佛經音義的編撰者更多地是爲本派僧俗讀懂宗經這一目的，衹爲一部經，故而在體例内容上當然有很大不同。我們還要特别强調一下，古代日本僧侣是知識階層的代表，各大宗派的祖庭本山都呈現出濃厚的學問研究氣氛，這也是具有不同特色的佛經音義多有問世的緣故之一。

參考文獻

陳士强　1992　《佛典精解》，上海：上海古籍出版社。

李曌華　2018　《佛教醫學影響與“痰飲”詞義、病位的轉移》，《中華中醫藥雜志》，2018 年 2 月第 33 卷第 2 期。

梁曉虹　2017　《信瑞〈淨土三部經音義集〉的語料價值研究——以日本資料爲例》，南山大學《アカデミア》（文學・語學編）101 號。

梁曉虹　2018　《日本漢字資料研究——日本佛經音義》，北京：中國社會科學出版社。

梁曉虹　2019　《醍醐寺藏〈孔雀經音義〉（平安中期寫本）漢字研究》，南山大學《アカデミア》（文學・語學編）105 號。

徐時儀　梁曉虹　陳五雲 2009　《佛經音義研究通論》，南京：鳳凰出版社。

徐時儀　2012　《一切經音義三種校本合刊》（修訂本），上海：上海古籍出版社。

沖森卓也　1980　《孔雀經音義について》，《高山寺典籍文書の研究》，東京：東京大學出版會。

石塚晴通　1988　《唐招提寺本孔雀經音義》，北海道大學文學部國語講座所編《北大國語學講座二十周年記念論輯 辭書・音義》，東京：汲古書院。

小林明美　1983　《醍醐寺三寶院にわたる小册子本〈孔雀經音義の周辺〉－五十音図史研究の準備のために－》，《密教文化》144 號，高野山大學出版社。

小林明美　1985　《3 册本〈孔雀經音義〉の写本系譜》，《大阪外國語大學學報》69《文化編》。

築島裕　1983　《醍醐寺藏〈孔雀經音義〉二種解題》，古典研究會《古辭書音義集成》第十一卷，東京：汲古書院。

佐賀東周 1920 《松室釋文と信瑞音義》,真宗大谷大學佛教研究會編《佛教研究》第壹卷,第叁號,1920年10月31日。

A Study of Some Special Characteristics in the Sounds and Meanings as Recorded in the Buddhist Scriptures in Early Japan: Two Old Manuscripts of the *Sounds and Glosses to Kujakukyō* Housed inDaigoji Temple

LIANG Xiaohong

Abstract: Daigoji Temple in Kyoto, Japan, has two kinds of old ms.: the *Sounds and Glosses to Kujakukyō* (mid-Heian period, the 2nd year of Ten'ei, 1111 AD). Although the original ms. is no longer extant, the Ten'eims. displays lucid characteristics and can be regarded as representative pieces of the Buddhist scriptures in early Japan. This paper compares these two old ms. with the sounds and glosses to the traditional Buddhist scriptures in China, bringing to light a few characteristics that developed in the evolution of the sounds and glosses to the Buddhist scriptures in early Japan.

Key words: *Kujakukyō*(Peacock Sutra, Mahāmāyūrī), *Sounds and Glosses to Kujakukyō*, Sounds and Glosses to the Buddhist Scriptures, Sounds and Glosses to the Buddhist Scriptures in Japan

(梁曉虹 日本南山大學)

評人文版《水滸傳》的注釋

朱冠明

提　要　人文版《水滸傳》是一部流傳面廣、各方面質量較高的文學名著，但它的注釋還存在一些問題。本文回顧人文社各版本《水滸傳》的注釋情況，指出最新版在注釋上存在的具體問題，包括出注條目過少、注釋體例不統一、注解錯誤或不夠準確等，並嘗試提出改進方案。

關鍵詞　《水滸傳》　人民文學出版社　注釋

○　引言

作爲四大古典名著之一的《水滸傳》，市面上各家出版社印行的各種版本不計其數，其中當以人民文學出版社（後稱"人文社"）出版、列入"中國古典文學讀本叢書"的《水滸傳》最爲流行。筆者手頭有人文社 1997 年第 2 版、2017 年 11 月第 50 次印刷的《水滸傳》（後文用"《水》"指稱這一版次），上下兩册，版權頁注明該書的印數多達 137 萬 8 千餘套。另外因爲此書入選教育部《義務教育語文課程標準》推薦書目（初中部分），人文社還將它納入"新課標必讀叢書"印行出版，影響不可謂不大。

《水》是以容與堂本爲底本的百回本，人文社 1975 年出版第 1 版，1997 年出版第 2 版。據朱一玄先生爲第 2 版所寫的《前言》："（此書）在社會上和學術界都產生了很好的影響。今次出版，又重新校訂一遍，並增加了注釋，使整理工作更臻完善，可謂精益求精。"的確，總體來看，《水》在底本選擇、文字校勘、斷句標點，乃至排版裝幀等方面，都有較高的水準，稱得上"精益求精"。比如選擇以容與堂本爲底本，就優於該社 1950 年代出版、後多次再版重印的金聖歎批改 71 回本（即貫華堂本），因爲容與堂本更貼近小説"較原始的面貌"（章培恒 1988：前言第 1 頁），且故事較完整。另外，1997 年第 2 版的《水》又增加了注釋，對一些不易理解的詞句進行了注解，較之 1975 年無注釋的第 1 版，這是一個大的進步。不過整體讀下來，我們覺得《水》的注釋還不能很好地幫助讀者扫除閱讀時文字理解上的障礙，注釋條目的數量和釋文質量都還有較大的提升空間，尤其是與同爲人文版、注釋做得較好的《紅樓夢》（中國藝術研究院紅樓夢研究所校注，2008 年第 3 版）和《金瓶梅詞話》（陶慕寧校注，2000 年第 1 版）等書相比，更顯出《水》在注釋上還存在不少問題和缺憾。

人文社 1952 年出版的注釋本《水滸》，是我國第一次嘗試爲白話文學作品作注釋（詳見下文所引舒蕪先生的介紹),開創之功不可沒。本文回顧人文版《水滸傳》的注釋情況,指出《水》在注釋上存在的具體問題,並嘗試提出改進方案。

一　人文版《水滸傳》的注釋情況

人文社出版過三種版本的《水滸傳》,即 1952 年初版的以金聖歎批改本爲底本的 71 回本《水滸》,1954 年出版的以天都外臣序本爲底本加以"平王慶、田虎"故事的 120 回《水滸全傳》,以及 1975 年初版的以容與堂本爲底本的百回本《水滸傳》。另外還在 1965 年印行過一個僅 6 回、供徵求意見用的《評注本水滸》。因 1954 年的《水滸全傳》並無注釋,此處只介紹其他幾個版本。

1.1　三版 71 回本《水滸》的註釋

1952 年 10 月出版的《水滸》在書前《關於本書的版本》一文中,對注釋情況作了簡單的介紹:"書中有些用語,主要的是屬於方言隱語方面的,現在的一般讀者恐怕不容易理解了。因此,我們在可以注解的地方作了一些注解。很顯然,作的太少,需要注的,遠不止此。但是爲了慎重,暫時只好這樣。……今後我們還需要很大的努力。"本書出版後,宋元小說戲曲研究專家許政揚先生(1953)專門撰文評價它的注釋部分:"這次編者所加的注解,一共不過一百餘條,從數量上來看,自然會覺得太少。然而不好大喜功地單純追求數量,也正是對人民負責精神的一種表現。……這種慎重的態度,也可以從那些注解的文字中得到證明。從注解中,我們可以看得出,作注解的人曾經搜集過許多具體的材料,比較分析,然後再予以解釋的。因爲大部分的注解,都是前人記録具在,十分可靠的。……然而因爲《水滸》語言的豐富和複雜,牽涉到的方面的廣泛,注解中自然難免也有疏忽的地方,如第七回的'樊樓'就是一例。"[①]可以看出,在注釋方面,本書的自我介紹和許先生的評價基本一致:一是注釋條目數量少,我們統計僅 113 條;二是注文較爲慎重可靠;三是難免有疏忽的地方。

1953 年 12 月,人文社以"作家出版社"的名義,出版了《水滸》第 2 版。[②] 同樣,這一版在《出版説明》文末對注釋情況作了更詳細的説明,包括注解的要求和方法:"爲了幫助閲讀的便利,我們就盡可能地把那些需要注解的語言加以注解。我們對於注解的要求,是準確、解決問題。進行工作的方法:首先,是在前人的著作文字——主要是宋、元、明人的著作文字——中去找材料,發現最早的語源;其次,是搜集現時仍然存在在個别地區的語言;再其

---

① 除"樊樓"外,許文還糾正了《水滸》對"蟲蟻""行院""孤老""塔墩"等詞語注解的錯誤。

② 這一版在後來的印刷(如 1973 年 11 月北京第 11 次印刷)中也直接標注爲"人民文學出版社出版"。關於人民文學出版社與作家出版社的關係,見宋强(2016);另可參看人文社網頁介紹:"在歷史發展過程中,除用人民文學出版社之名出版了大量圖書外,還先後使用過作家出版社(1953—1958,1960—1969)……等副牌或分社名義出版過各類文藝圖書。"網址:http://www.rw-cn.com/index.php/category?cid=5。

次，是把前人平話、小説、雜劇中的語彙排一排隊，尋繹揣摩，做成結論。雖有材料但不能解決問題的則不注。如‘三寸丁穀樹皮’、‘刷子’、‘嘍囉’等。由於文字材料既不夠多，各地方言搜集得也極貧乏，很顯然，作的太少。需要注的，還不止此，但是爲了慎重，暫只好這樣。今後我們還需要很大的努力。”對比此版和初版，可見在注解上同樣還是很慎重，“作的太少”，雖然實際出注的條目較初版已大大增加。全書的注解，據統計已有 447 條。以第 2 回爲例，1952 年初版出注僅 9 條，1953 年第 2 版則增加至 34 條。

《水滸》這兩個版本的相關説明都署名“編輯部”，並没有標明注釋者。相關材料顯示，1952 年初版的注釋者應爲聶紺弩先生，1953 年第 2 版的注釋者則主要是張友鸞先生。聶紺弩在《中國古典小説論集·自序》中寫道：“全國解放後，一下子我成爲人民文學出版社副總編輯兼古典部主任了。第一件工作就是整理《水滸》。……羞於説我把《水滸》‘整理’得怎樣……《人民日報》（按，當爲《光明日報》）發表過許政揚同志對我的關於《水滸》注解的錯誤的批評。”（聶紺弩，1981）張鈺（1987）較詳細地記載了其父親張友鸞被聶紺弩從南京調至北京，接手《水滸》重新整理工作的事：“父親把全部精力放在了《水滸》上，1954 年底（按，應爲 1953 年），重新校訂並詳盡注釋的七十一回本《水滸》，以作家出版社的名義出版了。”“爲了爭取早日出書，父親在校注的最後階段，請聶伯伯執筆寫‘前言’，聶伯伯欣然命筆，倆人不分彼此，協力完成了這部書的最後工作。我還想説的是，這部《水滸》，不論注釋，不論前言，不論封底封面，都找不到聶伯伯和父親的名字。”①

第 2 版《水滸》在校注上全面吸收了初版的成果，也做了較大的改進。以注釋而論，仍以第 2 回爲例，初版的 9 條在第 2 版中保留了 7 條，删去“當村”“蒍惱”2 條，一條“見”的出注位置從回尾的“俺家見當里正”移至回首的“哲宗皇帝禦弟，見掌東駕”。所保留的條目，既有全盤吸收的，如“隔澇”“廝”等條；也有改動較大的，如初版“瓦舍”條釋爲：“一種妓院和遊戲場混合的遊樂場所。”（15 頁）第 2 版出注條目改爲“三瓦兩舍”，以符合原文，注文也改爲：“瓦舍是宋時遊戲場和妓院、茶樓、酒館、賭博場等等集中的場所。‘三瓦兩舍’，漫指一些瓦舍。”（29 頁）如此看來，應該把第 2 版的校釋，看作聶紺弩和張友鸞二位先生的共同成果。以二人之力，篳路藍縷，在較短的時間内能達到這樣較高的水準，是相當不容易的。舒蕪（1993）介紹，注釋《水滸》是爲中國古代白話小説作注釋的頭一次嘗試：“中國注釋之學，源遠流長。……惟獨稗官小説，特别是白話小説，一向不登大雅之堂，沒有人去注。……新中國成立以後，出現了完全不同的青年讀者階層。古典白話小説中的古代名物制度之類，對於他們固然是陌生，便是元明清傳下來的古之白話文，他們也不是一讀就能懂。面對着這樣的讀者，國家文學出版社不能不把整理出版中國古典小説的水準提高一步，不止於標點，不止於考證，還要加上注釋了。第一部要整理出版的，理所當然地仍是《水滸》，被委派在這部名著

① 張友鸞（1957）也詳細介紹了他本人在注解《水滸》過程中考證詞義的方法。

上爲新的注釋之學安放第一塊基石的,便是張友鸞同志。”同時,舒蕪對《水滸》的注釋工作給了相當高的評價:“張友鸞同志的《水滸》注,不僅僅是乾嘉之學的繼承,還有新的發展。……這些新的特點仍然體現在簡約質樸、客觀冷靜的注文注例之中,不是縱横議論,氾濫無歸;注釋重在幫助讀者的理解,同研究文章重在成一家之言也不一樣:這又是乾嘉以來注釋之學的好傳統,是當時人民文學出版社社長兼總編輯馮雪峰同志經常倡導的,張友鸞同志的《水滸》注第一個作了實際的探索。”舒蕪對《水滸》註釋的評價是中肯的,但遺憾的是他未提及聶紺弩爲《水滸》初版注釋所做的工作,有欠允當。

1975 年 9 月,人文社出版了 71 回本《水滸》第 3 版,將前兩版的豎排改爲横排。第 3 版的注釋完全取用第 2 版,只在極個别地方做了調整,如第 2 回共出注 33 條,僅删去“落草”一條,注文内容也全同第 2 版。

1.2 《評注本水滸》的註釋

人文社 1965 年印行了供徵求意見的《評注本水滸》,共 6 回,相當於 71 回本的第 2—7 回,未刊録 71 回本的第 1 回。此書在正文和回末加注了不少評語,另外還加了注釋,“評語和注釋力求通俗、簡要,希望做到使工農兵當中具有初中文化程度的、愛好文學的讀者也能夠讀得懂”①。相比 71 回本第 2 版,此書注釋增加了不少條目,如第 1 回(相當於 71 回本第 2 回)共出注 51 條,删去原有的“見”和“兩個段子”2 條,新增“東京”“人事”“盤纏”“慚愧”“打火”等 19 條(新增條目中部分已見於 71 回本第 1 回,如“東京”“慚愧”等)。相同條目的注文大體採用第 2 版,偶爾略有修改,如“相腳頭”一條,第 2 版注爲:“相,是仔仔細細地看。相腳頭,指窺探别人的一切。是宋時江湖上的隱語。”(31 頁)此書改爲:“爲了偷盜財物,事先窺察對方的形勢、路徑。”(15 頁)總的説來,本書所增加的條目大都是普通讀者不太容易理解的詞語,修改後的注文也更加簡練和準確,雖然只有 6 回,但仍然有其價值。

1.3 百回本《水滸傳》的註釋

1975 年 10 月,人文社出版以容與堂本爲底本的百回本《水滸傳》,沒有注釋。1997 年 1 月出版百回本第 2 版(即《水》),增加了注釋,全書共有注釋 605 條。根據我們的比對,《水》前 71 回的注釋主要取自 1953 年的 71 回本《水滸》第 2 版,但增加了一些條目。仍以第 2 回爲例,《水》共出注 46 條,新增“將士”“幹人”“安置”“袱駝”“巴”“打火”“村”“嘍囉”“褥惱”“囉唣”“搭膊”“趕人不要趕上”等 12 條。兩書共有條目的注文多數相同,少量略有修改,如“落草”條,《水滸》第 2 版釋爲:“古時稱强盜爲草寇,草是指潛伏在草澤山林裏的意思,因此稱入夥做强盜叫落草。”(31 頁)而《水》釋爲:“舊時把逃往山林爲盜稱做落草。”(35 頁)《水》新增

① 人民文學出版社 1965 年印行的《評注本水滸》,封面注明爲“一至六回評注樣稿,僅供提意見時參考”,無版權頁;書的正文前有一封以“人民文學出版社古典文學編輯部”名義發出的徵求意見信,此處引文見於此信。

條目的注文,據筆者比對,主要取自《漢語大詞典》(以下簡稱"《大詞典》"),僅略有小異。如"將士"條,《水》釋爲:"'士'應爲'仕'。將仕本是將仕郎(官名)的簡稱,後用來稱呼那些沒有官職的富豪。"(18 頁)《大詞典》有"將士"條,其義項②指出"同'將仕'";另有"將仕"條,釋爲:"官名。'將仕郎'的簡稱。後也用以稱無官職的富豪。"可見《水》的注文是綜合了《大詞典》"將士"和"將仕"這兩條的釋文。又如"搭膊"條,《水》釋爲:"一種束衣的腰巾。多由布或其他織物製成,呈袋狀,中間開口,束在腰間,可裝錢物。"(32 頁)《大詞典》"搭膊"條列有兩個義項:"①一種布製的長方形口袋。中間開口,兩頭各有一袋,可以搭在肩上,故名。②一種用較寬的綢、布做成的束衣腰巾,有的中間有小口袋,可以裹系錢物。"《水》因小説原文爲"腰系皮搭膊",故取用《大詞典》義項②的釋文,羼入義項①的"中間開口"等語;但《大詞典》的釋義很容易看出此物稱爲"搭膊"的得名之由,而《水》僅取其義項②,則把其命名理據完全淹沒了。《水》的第 72—100 回所有注釋條目均爲此版新增,共 60 條,條目的注文大體上也都出自《大詞典》。

至於《水》的注釋者,書中同樣沒有説明,但朱一玄先生爲此書所作的《前言》有"今次出版,又重新校訂,並增加了注釋,使整理工作更臻完善,可謂精益求精。校注蕆事,編輯部命余撰作'前言'"等語,據此我們推測朱一玄或許是此版《水》校注的負責人或主要參與者。朱先生是中國古典小説史料學的大家,對《水滸傳》有精深的研究,主編過《水滸傳資料彙編》,[①]即便他完全沒有參與《水》的校注工作,他所給出的"精益求精"的評價,我們認爲也是恰如其分的。不過正如前文所言,此書在注釋方面,儘管已經吸收了人文社此前幾個《水滸》版本的注釋成果,但仍然還有較大的提升空間。下文我們將具體指出《水》注釋中存在的一些問題。

二　《水》注釋的問題

作爲古典文學名著的普及性讀本,《水》的主要讀者對象應是中等文化程度以上的讀者,注釋的目的也應該是幫助這樣的讀者群體解決他們閱讀時文字理解上的困難。針對這一目的,在通讀《水》全文及其注釋後,我們認爲《水》的注釋存在下面一些問題。

2.1　出注條目過少

全書出注條目太少,仍有不少難解詞語未加注釋。前文已説到,第 2 版《水滸》71 回共有注釋 447 條,該書"出版説明"明確表示"很顯然,作的太少。需要注的,還不止此";《水》相同部分(引首——第 71 回)雖然增加了近百條(545 條),但仍然很不夠。這一點如與前文提

---

① 朱一玄、劉毓忱編《〈水滸傳〉資料彙編》,百花文藝出版社 1981 年。此書是朱一玄先生系列古典小説名著資料彙編中最早的一種,後由南開大學出版社 2002 年、2012 年兩次再版。

及的《金瓶梅詞話》(簡稱"《金》")和《紅樓夢》(簡稱"《紅》")的注釋相比,就表現得十分清楚。

《水》有一段"武松打虎、潘金蓮害夫、武松報仇"的故事,《金》幾乎全盤襲用,情節和文字表達上二者非常相近。具體説來,這段故事出現在《水》的第23—26回,第291—355頁,共65頁;出現在《金》第1—6回和第9回部分,第4—62頁以及第93—99頁,共66頁。同樣一段故事,篇幅相近,《金》出注250條,《水》僅有57條,相差甚遠。當然,這段故事處於《金》的書首幾回,逢難解詞即需出注,而在《水》中已處於稍後部分,有些難解詞在前文可能已經出注,因此會導致《水》的出注條目減少。① 排除這一原因,仍有大量《金》出注而《水》未出注的詞條,如描寫武松酒後打虎那一段(《水》第294—299頁,《金》第5—8頁),即有"雲生從龍、風生從虎""卞莊""存孝""大剌剌""兜轎""合具虎床""給散"7個詞條,《金》注而《水》未注。另可取一段篇幅和位置大致相同的《紅》的文字相比,如《紅》第23—27回,第307—372頁,共66頁,出注93條,也遠多於《水》。

此外《水》第72—100回共29回,即第937—1309頁共373頁,僅僅出注60條,平均差不多每回僅2條。這一方面與這一部分位於本書的後部,不少生僻詞語在前文已出注有關,另一方面大概也是因爲這29回不像前面的71回,在注釋上有71回本《水滸》可借鑒。然而這一部分仍有大量的疑難詞語需要出注,隨便舉兩例,如第98回的回首詩:"手握貔貅號令新,睦州談笑定妖塵。全師大勝勢無敵,背水調兵真有神。殄滅渠魁如拉朽,解令僞國便稱臣。班班青史分明看,忠義公明志已伸。"(1259頁)其中"貔貅""殄滅""渠魁""拉朽""解""班班"等詞,恐怕都要出注,否則一般讀者難以理解。試釋如下:

貔貅(píxiū):古書中的兩種猛獸,連用多比喻勇猛的軍隊。已見於前文第23回、第41回等。

殄(tiǎn)**滅**:殄,滅絕。殄滅即消滅。已見於前文第63回。

渠魁:大頭目,首領。

拉朽:拉,折斷。拉朽義爲摧折朽木,比喻毫不費力氣。成語有"摧枯拉朽"。已見於前文第57回、第92回。

解:能夠,會。已見於前文第54回、55回等。

班班:明顯、顯著的樣子。

又如第100回,盧俊義墜河而死一段:"其夜因醉,要立在船頭上消遣,不想水銀墜下腰胯並骨髓裏去,册立不牢,亦且酒後失腳,落于淮河深處而死。可憐河北玉麒麟,屈作水中冤抑鬼!"(第1299頁)其中"消遣""册立""冤抑"等詞也應出注,試釋如下:

消遣:消閑解悶。已見於前文第2回、第39回等。

---

① 如"大蟲"一詞,在《金》第4頁出注,此處對應的《水》第293頁也有"大蟲"一詞,未出注,原因在於此詞在《水》第1回第9頁已出注。

册立:即站立。又作“策立”,見前文第 34 回、第 55 回等。

冤抑:即冤屈。

對於哪些語詞應予注釋,應有統一的原則,後文(3.1)將會談到。

2.2　注釋體例不統一

同一本書的注釋體例前後應該大體一致,《水》在這方面還存在一些問題。

2.2.1　出注的位置

同一個詞語在書中出現多次,如果要給它加注釋的話,應該在它第一次出現的時候加注。《水》多數詞語能在第一次出現時加注,但也有不少詞語的注釋滯後。如“起居”一詞,現在一般指“日常生活狀況”,在《水》中作動詞用,義爲“請安、問好”,此義不常見,應加注釋。《水》在第 53 回“公孫勝向前行禮起居”(710 頁)才出注,但此詞在第 1 回便已出現:“拜罷起居,奏曰:……”(5 頁),應在此處出注。又如“親”在《水》中有“真切、準確”的意思,本書在第 90 回“射的親,是你的能處”(1158 頁)出注,但此詞在本書中多次出現,最早出現是在第 13 回“覷的楊志較親”(116 頁),應在此處出注。其他如“就裏”(112 頁注②)、“伴當”(226 頁注②)、“出尖”(482 頁注①)、“行食”(541 頁注③)、“周回”(754 頁注①)、“會垓”(1194 頁注①)、“取”(1249 頁注①)等等,都屬出注滯後。

2.2.2　注文的詳略

注文的詳略,也應前後大體一致,不宜有的詞語注文不厭其煩,而有的又語焉不詳。《水》的注釋總體上詳略是得當的,但也有少量詞語的注文過繁或過簡。如第 2 回 23 頁注②(未出詞條,應爲“老种經略”),對种世衡及其子孫的職務、戰績、功勳等作了詳細介紹,注文長達 129 字,但“老种經略”並非本書的重要人物,只是作爲背景人物提及,從未正面出場,注文無需如此繁瑣;而此處“經略”一詞卻沒有給任何解釋,應予補充如下:“官名,宋時設置經略安撫使,掌一路民兵之事,簡稱‘經略’。”又如“圍魏救趙之計”(845 頁注①),這個詞條並不生僻,但注文用 127 字詳述這一歷史事件的前因後果,大可不必。這是過繁的例子。過簡的例子如“太平車子”(198 頁注②)注:“可以載重幾十石、用四五匹到十多匹牲口拉的大車。”這個注釋忽略了“太平車子”的一些較重要特徵,也看不出其得名之由。參考徐震堮(1979)所引《邵氏聞見録》及《東京夢華録》對太平車的描寫,似可釋爲:“古代一種搬運載重的大車,車上有箱無蓋,前有多頭牲畜牽引,可日夜行駛,緩慢但安穩。”又如“鬧鵝兒”(873 頁注①)注:“婦女插在頭上的一種彩花。”此注也過於簡略,參考古人記載,我們完全可知道這件飾物的更多細節。根據王利器(2008:2569,注[30])及《大詞典》釋義,此詞可釋爲:“以烏金紙剪爲蛾兒、蜂、蝶等形,彩色點染,元宵節婦女冶游時插於髮鬢,稱爲鬧蛾兒,也寫作鬧鵝兒。”

2.2.3　典故出注與否

書中典故出注與否,前後不一,沒有標準。《水》中使用了大量典故,尤其是其中的詩歌和描寫各種場景的賦體文字等,用典更多。這些典故既有事典,也有語典,《水》只給其中很少部分作了注釋,而看不出選擇出注的標準。如第 84 回"正是:護國謀成欺吕望,順天功就賽張良",此處給後一句"張良"加了注釋(1095 頁注②),但對前一句的"吕望"卻未出注,殊無道理。[①] 又如第 70 回"此人善能相馬……真有伯樂之才",爲"伯樂"出注(920 頁注②),而與"伯樂"類同的詞語如第 52 回"扁鵲"(691 頁)、第 90 回"華陀"(1163 頁)等,則不出注,也無理可言。再看第 67 回的回首詩:"申喻莊公臂斷截,靈輒車輪亦能折。專諸魚腸數寸鋒,姬光座上流將血。路傍手發千鈞錘,秦王副車煙塵飛。春秋壯士何可比,泰山一死如毛羽。豫讓酬恩荊軻烈,分屍碎骨如何說。吴國要離刺慶忌,赤心赴刃亦何醜。得人小恩施大義,剜心刎頭那回首。丈夫取義能舍生,豈學兒曹誇大口。"(878 頁)此詩共 8 句,前 6 句句句用典("泰山一死如毛羽"爲語典,其他爲事典),《水》均未出注;一般讀者要讀懂這些詩句,恐怕每句話都需加注。

2.2.4　其他問題

還有其他一些問題,比如個别注釋未寫出詞目,如前文提到第 2 回 23 頁注②應加上詞目"老種經略",第 4 回 58 頁注①也應加上詞目"度牒",其實在 6 回本《評注本水滸》中已爲這兩條註釋分别增加了這兩個詞目(7 頁注⑥和 43 頁注②),應從。再如個别詞條重出,即在書中兩處出注而注文卻不統一,如第 21 回"上行首"條注爲:"又稱上廳行首,上等妓女。行首,就是班頭、花魁的意思。"(261 頁注②)第 72 回"上廳行首"條又注:"官妓,入樂籍的妓女。上廳,指官衙。唐宋時,官場上有應酬會宴,官妓要隨時應召侍候。"(942 頁注②)又如一些現代漢語中仍常見慣用的詞語,如第 9 回"忒"(127 頁注①)、第 14 回"蹺蹊"(177 頁注①)、第 36 回"青樓"(477 頁注①)、第 47 回"細作"(635 頁注①)、第 70 回"番人"(920 頁注③),等等,算不上疑難詞語,似不必出注。

2.3　注解錯誤或不夠準確

《水》現有的注釋總體來講是慎重而且可靠的,但是在注音和釋義上還是存在一些錯誤和不夠準確的地方。

注釋中給一些生僻疑難詞注音,以方便讀者識讀,這是可取的。《水》注音的條目並不多,總共只有 48 條,其問題在於,其一,是否注音很隨意,有不少生僻詞未予注音,隨手舉例,如"酸醎"的"醎"(93 頁)、"松腠"的"腠"(402 頁)、"熝豆腐"的"熝"(520 頁)、"鞝鞋"的"鞝"(585 頁)、"鸂鶒"(823 頁)、"臂韝"的"韝"(1069 頁)、"愬孤"的"愬"(1150 頁)、"方垕"的"垕"(1265 頁)等,都較生僻,應予注音;其二,注音錯誤,這裏將我們發現的所有注音有誤的條目(共 8 條)羅列如下,並依照《現代漢語詞典》(第 7 版)和《漢語大字典》(第 2 版)給出正確注

---

① 《水》在第 24 回給"武成王"作了注釋:"姜尚(後名吕尚),就是歷史傳説中的姜子牙……"(318 頁)但並沒有説明姜尚就是吕尚,也就是吕望,故此處仍需出注。

音（"→"後）："恁（rén）地"（8 頁注①）→nèn；"掇（duó）"（9 頁注②）→duō；"撧（juē）"（70 頁注②）→jué；"抻（chēn）"（484 頁注①）→tiǎn；"的（dì）當"（522 頁注①）→dí；"衹（qí）受"（559 頁注①）→zhī；"搨（tà）"（791 頁注①）→dá；"掙攢（cuán）"（1034 頁注①）→zǎn。

釋義有誤或欠準確的條目也有不少，這裏略舉 10 例，"→"之前是《水》原注，之後是我們給出的參考注釋，"‖"之後是簡單説明的理由。

兀自（9 頁注①）：徑自、公然的意思。→尚且，還。‖"兀自"在近代白話作品中常見，表示"尚且、還、仍然"的意思。可與"尚""猶"連用，"尚兀自"的用例見此處原文；"猶兀自"如"那老者猶兀自氣忿忿的道：……"（明・淩蒙初《拍案驚奇》卷 12，上海古籍出版社 1982 年，第 205 頁）

將（13 頁注⑥）：這裏是取、拿的意思。後文第七回"將娘子下樓"的"將"字，是陪同的意思。→取、拿。‖第 7 回"將娘子下樓"（106 頁）的"將"别是一義，可在該回另外出注。該"將"是"帶領、引領"的意思，而非"陪同"，《水》中有多例，如："豈不聞古人之言：一不將，二不帶。只因宋江千不合，萬不合，帶這張三來他家裏吃酒，以此看上了他。"（262 頁）"原來這位國舅……將著兩員侍郎，守住霸州。"（1104 頁）"將"還同"引""帶"等詞構成同義複合詞"將引""將帶"，《水》中也有多例。

不當穩便（14 頁注①）：這裏的"不當"是"不大很"的變音。不當穩便，就是不太妥當。→不妥當、不合適。"不當"即不，"當"是詞綴，不表義。‖原注説"不當"是"不大很"的變音無依據，宋元以前未見"不大很＋形容詞"這樣的説法。據許政揚（2015：104），"不當，在此就是'不'、'不算'的意思"。"當"在元明時期經常作爲詞綴用於動詞、名詞、形容詞、副詞之後，不表示具體的語義（參見宋開玉 2008：313—318；褚福俠 2014：101—105）。

案酒（38 頁注①）：原是用菜肴下酒的意思，通常指下酒的菜肴。有時也寫作"按酒"。→下酒的菜肴，多指肉食。有時也寫作"按酒"。‖"案酒/按酒"在《水》中出現多次，如："酒保一面鋪下酒盞，菜蔬果品案酒都搬來擺了一桌。"（115 頁）"武松正要吃酒，見他只把按酒添來相勸，心中不快意。……武松問道：'你家小管營今日如何只將肉食出來請我，卻不多將些酒出來與我吃，是甚意故？'"（378 頁）"三個坐定，便叫酒保鋪下菜蔬果品海鮮按酒之類。"（499 頁）"案酒/按酒"常與菜蔬、果品、海鮮並列出現，可見是與三者不同類的食物，而中間一例可爲其是肉食的明證。① 不過"案酒/按酒"在近代漢語中也有泛指菜肴而非專指肉食的用例，如："看那按酒的，乃是鹿脯、鵝鮓、火肉、臘鵝、青梅、綠筍、瓜子、蓮心。共是八碟。"（明・天然癡叟《石點頭》卷 9，上海古籍出版社 1985 年新 1 版，第 217 頁）②

---

① 周志鋒（2014：206）釋"按酒"一詞："古人用來下酒的，常有果子、蔬菜、葷菜等，而當'下酒物'講的'按酒'，其狹義多指葷菜，所以常常與'果品''菜蔬'等並舉。"

② 此例中"按酒"是個動詞，即"用菜肴下酒"的意思，能清楚地看出下酒之物的品種既包括菜蔬，又包括肉食。感謝真大成先生提醒。

旋酒(75 頁注④):燙酒。→用旋子(即鏇子,溫酒器)盛酒在熱水中加熱。‖原注過於簡略。原文"那莊客旋了一壺酒",《水》中另有一段話正好清楚地描寫了如何"旋一壺酒":"取酒傾在盆裏,舀半旋子,在鍋裏盪熱了,傾在酒壺裏。"(265 頁)①

不道得(206 頁注①):豈不是的意思。有時也作不至於、不見得、豈肯、難道解釋。又寫作"不道的"。→不至於。一般寫作"不到得/不到的"。‖原文:"這七個客人道:'你這鳥漢子也不曉事,我們須不曾説你。你左右將到村裏去賣,一般還你錢,便賣些與我們,打甚麽不緊。看你不道得舍施了茶湯,便又救了我們熱渴。'"(206 頁)販棗客人勸挑酒漢子賣酒給他們喝,如賣了,則不必舍施茶湯即可救了他們熱渴,言下之意是不費成本便做了一件善事。如釋"不道得"爲"豈不是",則"你豈不是舍施了茶湯"於義不通。"茶湯"就是"茶水",不是他們要買的酒,挑酒漢並沒有茶湯用來舍施。《水》中有多例"不道得/不到得/不到的",都當"不至於"講(參見周志鋒 2014:190)。

咬蟲(266 頁注①):養漢的女人。老咬蟲,就指虔婆一類的女人。→古時鳥類也稱蟲,"老咬蟲"即"老咬鳥",猶今日之駡語"老屄"。‖此處取《金》49 頁注③的解釋。《水》第 51 回:"那婆婆那裏有好氣,便指著駡道:'你這千人騎、萬人壓、亂人入的賤母狗!做甚麽倒駡我!'白秀英聽得,柳眉倒豎,星眼圓睜,大駡道:'老咬蟲,吃貧婆!賤人怎敢駡我!'"(681 頁)白秀英駡雷橫之母爲"老咬蟲",可見與"養漢""虔婆"等無關。

瞧科(267 頁注①):科,"科分"的省詞;指戲劇裏面的動作和表情,也指做作出來含有戲劇性的動作和表情。瞧科,是看到而又理解了這種做作出來的動作和表情。→原指戲劇裏人物做出的看的動作,這裏是"領會、明白"的意思,有時也單説"瞧"。‖原注既不簡潔,也不準確。《水》中的例子:"唐牛兒是個乖的人,便瞧科。"(267 頁)"石秀道:'緣來恁地!'自肚裏已有些瞧科。"(599 頁)"那胡道便念起佛來。裏面這婦人聽得了,已自瞧科。"(607 頁)"石秀是個乖覺的人,早瞧了八分,冷地思量道:……"(609 頁)從這幾例即可看出,"瞧科"是個心理動詞,不必真正用眼睛看到,且可單説成"瞧"。

影射(316 頁注①):這裏指姘識的男女。→言語暗地嘲弄。‖原文:"西門慶道:'乾娘相陪我吃個茶。'王婆哈哈笑道:'我又不是影射的。'"(316 頁)這段話在《金》中相應的文字是:"西門慶道:'乾娘相陪我吃了茶。'王婆哈哈笑道:'我又不是你影射的,緣何陪着你吃茶!'"(《金》29 頁,注釋爲"形體投射成影,形影不離。暗喻相好、姘頭。")"姘頭"與"吃茶"並無直接關係,爲何西門慶請王婆吃個茶,她就能説出"我不是你的姘頭,不能陪你吃茶"的話?況且王婆自言"老身也活了六七十歲",而西門慶只有二十八歲,即便王婆裝瘋賣傻,也不可想象她能把自己同西門慶的"姘頭"聯繫起來。《水》中另有兩例與此句式相似:"牛二道:'你將來我看。'楊志道:'你只顧沒了當!酒家又不是你撩撥的。'"(159 頁)"(劉高)大駡道:

---

① 參見龍仁《也説"旋"、"鏇子"》、謝質彬《與蔣説商榷》二文,刊于《中國語文》1995 年第 2 期,第 155—157 頁。

‘……這賊已招是鄆城縣張三，你卻如何寫道是劉丈？俺須不是你侮弄的！’”（433 頁）從這兩例很容易看出“我又不是你××的”這一句式應作何理解：楊志是説“我可不是任由你撩撥的人”，即“你可別撩撥我”；劉高是説“你可別侮弄我”。所以王婆的話應當理解爲：“你可別話中暗地嘲弄我，我（這樣的老婆子）怎麼能陪你吃茶呢？只有間壁的人（潘金蓮）才適合陪你吃茶。”《金》中另有 4 例“我又不是你影射的”，同樣應如此理解，而不能解釋爲“姘頭”。此外“影射”在近代漢語中另有兩個義項，一是“遮蔽”：“那天山勇在馬上把了事環帶住，趲馬出陣，教兩個副將在前面影射著。三騎馬悄悄直趲至陣前。”（《水》1087 頁）二是“欺瞞”：“官司差人點視，便糴些穀支持，上下得錢便罷，不問倉實倉虛，假饒清官廉吏，被我影射片時。”（元・高明《琵琶記》第 17 出“義倉賑濟”，明・毛晉編《六十種曲》第 1 册，中華書局 1958 年，70 頁）這樣，“影射”的三個義項“遮蔽”、“欺瞞”和“言語暗地嘲弄”相互之間的語義關聯和引申關係很清楚；但如解釋爲“姘頭”，則找不出任何根據，不知義從何出。

蟲蟻（808 頁注⑤）：這裏指小的鳥雀。→指體形不大的飛禽走獸。‖原文：“（燕青）拿著一張川弩，只用三枝短箭，郊外落生，並不放空，箭到物落，晚間入城，少殺也有百十個蟲蟻。”（808 頁）這裏看不出燕青獵捕到的“蟲蟻”是單指小的鳥雀。據許政揚（1953）考察，在宋代，凡一切小動物，包括飛禽走獸鱗介等，都可稱“蟲蟻”。

三　《水》注釋的改進方案

前文指出《水》注釋的主要問題，一是出注釋條目過少，二是部分注釋有誤或不夠準確。要改進《水》的注釋質量，須很好地解決這兩個問題。

3.1　關於註釋條目過少

對於“注釋條目過少”，我們認爲主要是因爲《水》沒有明確的出注原則，因而漏注了不少語詞。注釋質量相對較高的《金》和《紅》，都在書前説明了注釋的基本原則，可資借鑒。《金・前言》：“本書注釋側重於俗語、方言、隱語、歇後語及江湖切語的詮釋，典章制度與一般故事從略。注釋不務繁瑣引證，但求簡明扼要。”（8 頁）《紅・校注凡例》：“一、本書注釋大體上以具有中等文化水準的讀者爲對象。二、本書注釋條目選取的範圍大體上包括書中涉及的典章故實、職官名稱、服飾陳設、古代建築、琴棋書畫、釋道信仰、醫藥占卜、方言俗語以及較生僻的字、詞等。三、本書的詩、詞、曲、賦、偈語、燈謎、酒令等均加注釋……”（正文前第 3 頁）相比之下，《水》的語言不像《金》一樣有那麼多的俗語、方言、隱語和切語，語詞的書面化、規範化程度比《金》更高一些。從這方面看，《水》和《紅》的語言特點更接近，因此在注釋條目的選擇上更宜以《紅》爲參照對象。具體説來，以下幾類語詞均應納入出注範圍。

3.1.1　疑難詞或生僻詞

主要是兩類：字面生澀而義晦、字面普通而義別。前者指一些不太常見、一般讀者不易理解的語詞,包括一些方言俗語詞,如“三家村”(629 頁)、“做光”(646 頁)、“驢筋頭”(679 頁)、“罨畫”(707 頁)、“剁床”(562 頁)、“拂楮”(1053 頁)等等;後者指字面上不陌生、但意義與其常見義有别的一些語詞,如“天使”(6 頁)、“告訴”(46 頁)、“時刻”(835 頁)、“規模”(843 頁)、“贊成”(1191 頁)等等。

3.1.2 特殊的虚詞

指一些與常見用法不同的虚詞。如“和交椅都打碎了”(=“連”,217 頁)、“從他去投别主”(=“隨”,230 頁)、“就血泊裏拽過頭把交椅來”(=“在”,247 頁)、“卻好和宋江打個胸廝撞”(=“恰”,274 頁)、“我們三個一處死休”(=“吧”,486 頁)等等。這些虚詞在《水》中出現多次,用法特殊,應予注釋。

3.1.3 有專門文化内涵的語詞

即上引《紅》所謂的“典章故實、職官名稱、服飾陳設、古代建築、琴棋書畫、釋道信仰、醫藥占卜”之類。如“宣武軍”(17 頁)中“軍”是宋代的行政區劃名、“泥書”(771 頁)涉及古代書緘的形制、“阮”(1048 頁)是一種撥絃樂器、“廂官”(1075 頁)與宋代京城外設置的管理機構有關、“封樹”(1304 頁)則涉及古代的葬禮等。這類詞語一般也都需要加以注釋,簡要説明其文化内涵。

3.1.4 典故

《水》中使用了大量典故,除非人盡皆知,如“休言死去見閻王”(160 頁)、“謀略敢欺諸葛亮”(180 頁)等之類可不注,其他一律都應該加注,否則會成爲閱讀的障礙。[①]

3.2 關於註釋有誤或不夠準確

第二個問題是“注釋有誤或不夠準確”。對這方面的改進,不僅指要修正原有注釋中的錯漏,同時對擬新增條目的注釋也要做到準確可靠。我們認爲除要求注釋者功底深厚外,還可從兩個方面著手:一是全面掌握和充分利用現有的研究成果;二是利用大型電子語料庫。

3.2.1 對現有研究成果的掌握和利用

《水》的注釋是 1997 年完成的,且其主要參考的藍本是 1953 年的《水滸》第 2 版。這麼多年過去,學界對《水》的語詞研究或與《水》密切相關的近代漢語詞彙的研究,已經取得了突飛猛進的豐碩成果,非當年可同日而語。要做好《水》的注釋,首先必須充分瞭解這些成果,借鑒和吸收其中的合理部分。可資借鑒的成果主要包括這樣幾類:

1)詞典,含《水滸傳》專書詞典和與之相關的一些詞典。《水滸傳》專書詞典目前所見有 4 部:胡竹安編著(1989)《水滸詞典》(漢語大詞典出版社),李法白、劉鏡芙編著(1989)《水滸語詞詞典》(上海辭書出版社)、沙先貴主編(2006)《水滸辭典》(崇文書局)、沙先貴編著

① 王利器(1996)指出:“實則《水滸》之難讀,尤在於所用之通用典故,太半文獻無徵,此誠爲程氏(程穆衡)所謂‘茫如望洋’者也。”

(2010)《水滸傳語典》(重慶出版社)。與之相關的詞典較多,尤爲重要的是《漢語大詞典》及白維國主編(2015)《近代漢語詞典》(上海教育出版社),其他如張季皋主編(1992)《明清小説辭典》(花山文藝出版社)、吴士勳、王東明主編(1992)《宋元明清百部小説語詞大辭典》(陝西人民教育出版社)等,也值得參考。

2)其他《水滸傳》校注本。最重要的是王利器(2008)《水滸全傳校注》(河北教育出版社),此書以鄭振鐸、王利器1954年整理出版的120回本《水滸全傳》爲底本,遍考群書,旁徵博引,對《水滸傳》中的各類語詞進行了詳細的考證。王利器先生以其精深學養和半個多世紀的積累,在晚年撰成的這部校注,學術價值極高;①不過此書針對的對象是專業人士,考證過於繁瑣,其注釋文字總共多達130餘萬字,顯然不太適合普通讀者閱讀。但假如重新爲《水》作注釋,則此書必須參考。其他如李泉、張永鑫校注(1986)《水滸全傳(新校注本)》(四川文藝出版社)、李靈年、陳敏傑校點(1989)《水滸傳(新校注本)》(江蘇古籍出版社)、《水滸傳(注評本)》(上海古籍出版社2015年)等,其注釋或多或少也有參考價值。

3)有關《水滸傳》語詞研究的論著。重要的論文如:許政揚(1953)《評新出〈水滸〉的注解》、(2015)《〈水滸傳〉簡注(第一、二回)》;王綸(1957)《〈水滸〉難解詞語注釋》(一至六);何心(1985:285—366)《水滸傳中的方言俗語》;②盧甲文(1998)《〈水滸傳〉詞語釋義》;曲家源(1995:296—322)《〈水滸傳〉稱謂考證》等。專著如:清・程穆衡《水滸傳注略》(載於朱一玄,2012:376—431);〔日〕香阪順一(1992)《水滸詞彙研究(虚詞部分)》(植田均譯,文津出版社)等。

4)其他與《水滸傳》語詞研究相關的論著。這類論著比較多,大凡研究近代漢語詞彙的,都可能對《水滸傳》詞彙研究有所助益,這裏舉例性地羅列幾種:董遵章(1985)《元明清白話著作中山東方言例釋》(山東教育出版社);〔日〕長澤規矩也編(1989)《明清俗語辭書集成》(上海古籍出版社);〔日〕香阪順一(1997)《白話語彙研究》(中華書局);許寶華、〔日〕宫田一郎主編(1999)《漢語方言大詞典》(中華書局);王學奇、王靜竹(2002)《宋金元明清曲辭通釋》(語文出版社);石汝傑、〔日〕宫田一郎主編(2003)《明清吴語詞典》(上海辭書出版社);曾良(2017)《明清小説俗字研究》(商務印書館),等等。

利用現有的幾種索引可幫助我們大致瞭解相關的研究成果。直接爲《水滸傳》語言研究編制的索引有:〔日〕鈴木誠(1993)《水滸傳語彙・語法研究文獻目録稿(中文1949—1990)》(載日本麗澤大學《中國研究》一號,第87—92頁);張玉萍編(2009)《近代漢語研究索引

---

① 周紹良(2005:808)寫道:"我的朋友中可以稱爲'美食家'的,除了王暢安兄外,另外一位當屬王利器同志,他是一位飽學之士……遂于盛年搞如《水滸傳》注、笑話集、有關《紅樓夢》李煦資料等。實則這些俱屬淺易之學,指導晚輩爲之即可,何必自己動手,這樣將會更有時間寫作有價值的作品問世。他計不出此,仍以大部精力幹之。"這些研究是否"俱屬淺易之學"暫且不論,從作爲朋友的周紹良的敘述中可以看出的是,王利器在《水滸傳》的注釋上的確花了大量精力。

② 何心即陸澹安,在上海文藝出版社1954年出版的《水滸研究》中,此文這一部分内容標題爲"水滸傳中的土話諺語"。

(1987—2007)》第八章“專題專書研究·水滸傳”(巴蜀書社,第295—302頁);郭作飛編(2011)《20世紀漢語專書詞彙研究論著索引》下編“論文篇(下)·水滸傳”(四川辭書出版社,第303—306頁);〔日〕竹越孝、〔日〕遠藤光曉(2016)《元明漢語文獻目録》“詞彙語法·小說·《水滸傳》”(中西書局,第273—304頁)等。與《水滸傳》語言研究相關的索引有袁賓等編著(2001)《二十世紀的近代漢語研究》第六編“20世紀近代漢語研究重要論著編年目録”(書海出版社,第971—1180頁),湖北省文學學會《水滸》研究會、武漢師範學院中文系資料室編(1981)《〈水滸〉研究論著目録索引(1903—1981)》(無出版社)等。

3.2.2 對大型電子語料庫的使用

20世紀90年代以前,電子語料庫的建設剛剛起步,遠不如今天這麼豐富、包羅萬象,當初對詞語的考釋主要還靠手工翻檢例句,效率低且疏漏多;現在大量古代文獻都已電子化,從而實現了全文檢索,查找例句極爲方便。如能很好地利用這一科技手段帶來的便利,對於《水》中一些難解詞,因爲有更多的例句支撑,會大大提高釋義的準確性,從而提高全書注釋的質量。比如前文對“影射”一詞的解釋,我們即對大量近代文獻進行了檢索(除檢索“影射”這個詞外,還檢索了“又不是你××的”這一句式),找出相關例句進行比對,以確定此詞的準確意義。白維國、江藍生《近代漢語詞典·序言》曾説:“幸運的是,在編寫過程中,幾個可供檢索的大型漢語歷史文獻語料庫,如《四庫全書電子文本》《國學寶典》《中國基本古籍庫》等陸續建成,如果對這些超過十億字次的歷史語料電子文本加以利用,將使編寫中的《近代漢語詞典》在資料基礎上遠比前人完備豐富,從而爲提高詞典的質量提供更加可靠的保證。”(“序言”第2頁)這段話對《水》的注釋工作同樣適用。

参考文獻

褚福俠 2014 《元曲詞綴研究》,青島:中國海洋大學出版社。

何 心 1985 《水滸傳中的方言俗語》,《水滸研究》,上海:上海古籍出版社。

盧甲文 1998 《〈水滸傳〉詞語釋義》,《周口師專學報》第1期。

聶紺弩 1981 《中國古典小説論集》,上海:上海古籍出版社。

曲家源 1995 《〈水滸傳〉稱謂考證》,《水滸傳新論》,北京:中國和平出版社。

舒 蕪 1993 《新注釋學的開拓者》,《書城雜誌》創刊號;又見於《張友鸞紀念文集》,上海:文匯出版社,2000年。

宋 强 2016 《人民文學出版社副牌、分社的歷史沿革》,屠岸等編《朝内166號記憶》,北京:人民文學出版社。

宋開玉 2008 《明清山東方言詞綴研究》,濟南:齊魯書社。

王 綸 1957 《〈水滸〉難解詞語注釋》(一至六),《語文知識》3月、4月、5月、6月、8月、9月。

王利器 1996 《〈水滸全傳〉若干詞語釋義訓解》,《文學遺産》第2期。

王利器 2008 《水滸全傳校注》,石家莊:河北教育出版社。

徐震堮 1979 《讀〈水滸傳〉劄記》,《上海師範大學學報》第 3 期。
許政揚 1953 《評新出〈水滸〉的注解》,《光明日報》1953 年 6 月 3 日;又見於《許政揚文存》(增訂本),北京:中華書局,2015 年。
許政揚 2015 《〈水滸傳〉簡注》,《許政揚文存》(增訂本),北京:中華書局。
章培恆 1988 《容與堂本水滸傳·前言》,《容與堂本水滸傳》,上海:上海古籍出版社。
張 鈺 1987 《沒字碑尋白雪篇》,《隨筆》第 5 期;又見於《張友鸞紀念文集》,上海:文匯出版社,2000 年。
張友鸞 1957 《"決撒"解——"水滸"注解的一個舉例》,《水滸研究論文集》,北京:作家出版社。
周紹良 2005 《餕餘雜記·談"美食家"》,《紹良文集》中册,北京:北京古籍出版社。
周志鋒 2014 《訓詁探索與應用》,杭州:浙江大學出版社。
朱一玄 2012 《〈水滸傳〉資料彙編》五"注釋編",天津:南開大學出版社。

Reviewing the Annotations of the PLPH's *Water Margin*

ZHU Guanming

Abstract: The People's Literature Publishing House's *Water Margin* is one of the most widely-spread classics in China, and this version is of high quality in many respects. Nevertheless, there are some errors and problems in its annotations. This paper reviews the annotations of all editions of *Water Margin* published by PLPH, and points out the three questions of the latest edition, i. e. the scarcity of annotation items, the inconsistence of annotation style, and the errors and imprecision of the annotation contents. In the end, the suggestions for revision are presented.

Key words: *Water Margin*, the People's Literature Publishing House, annotation

(朱冠明 中國人民大學文學院 100872)

從常用詞的分布看《紅樓夢》的作者問題*

魏培泉

提　要　本文主要利用常用詞的比較來探討《紅樓夢》前八十回與後四十回作者的異同問題。我們的研究步驟是:首先,將《紅樓夢》全書分割成六組;其次,選取一些有比較價值的常用詞來統計並比較各組使用上的異同。比較的方法又分成兩種:(1)計算各組間使用這些常用詞的相關係數;(2)比較各組間同義詞的使用頻率。我們得到的結果是《紅樓夢》前八十回與後四十回的語言有很明顯的差異,因此可以初步推斷這兩個部分並非出自一手。

關鍵詞　《紅樓夢》　常用詞　同義詞　相關係數　詞彙

一　緒論

《紅樓夢》前八十回與後四十回是否同一個作者的問題在 20 世紀中吸引了不少人的關注,也有不少學者做過相關的研究。由於辨別作者異同所涉及的因素頗爲複雜,加上《紅樓夢》版本的問題也相當棘手,因此至今還是無法達到一個最後的共識。雖然現有的研究對該書的切入角度各式各樣,但其中最令我們感興趣的還是以該書的語言作爲論証基礎的。其中也頗有根據電子語料來整理分析的,只是目前所看到的少有在詞類分辨上特別著意的,大概所根據的語料不是沒有詞類標注,就是有標注而尚未善加利用。因此其中雖然也不乏説服力頗强的佳作,但是其據以論証的或者是以字頻的統計爲主,或者只是利用爲數不多的詞項來進行比較,我們總覺得還有一些可以再進一步補充或加强的。2001 年年中,當我們的標注版《紅樓夢》就要上網供人查詢的一刻,本文作者不禁想到何不利用這個標注成果來重

---

* 本文曾在 2002 年的美國華盛頓大學舉辦的李方桂百年紀念研討會發表過,後來一直沒有正式投稿到期刊,主要是因爲本文有關統計的基本構想和規劃雖然是出自作者,但是統計程式的選取和計算都是仰賴他人的,作者自己對於這部分的解釋是否妥當也無自信,本想等學好統計學再投給期刊,無奈這麼多年下來在這門學問上毫無長進。這回會把這舊作拿出來正式發表,一來是因爲這麼多年來《紅樓夢》的語言研究雖然非無新出之佳作,但尚未見到像本文這種研究法的;二來本文的發現也還頗有他文尚未指出的,作者想在退休之前就正於方家。這個文稿大體上還是維持原來的內容而沒有追補新知,主要的理由是作者認爲這樣比較能顯示利用標記語料庫所能完成的與無所利用的異同所在。本文沒有曾慧馨在語料自動處理上的協助與配合是無法邁開第一步的,沒有張麗麗及其令妹的協助也不會有那些統計報表,沒有巫雪如以及她帶領的助理們在《紅樓夢》標注上投注的心力,作者也不會夢及寫這樣的一篇論文,作者要在此對她們一併誌謝。

新審視該書的作者問題,同時也可以藉此檢驗這個工作的成效及其可應用性。

本文所根據的本子爲《紅樓夢校注》,[①]也就是我們據以標注的版本。這個版本前八十回是以庚辰本爲底本,後四十回則以程甲本爲底本。其中64、67兩回庚辰本本缺,據程甲本補配。爲避免扭曲前八十回作者的用詞實際,當我們拿前部(前八十回)和後部(後四十回)相互比較時就把64、67兩回抽離,不算在前部中,因此前部實際上納入統計的只有七十八回。[②]詩詞的語言一般與當時語言之實際頗有一段差距,所以多數是被抽離出來而不予標注的,自然也不可能納入統計的。[③]去掉這些未標注的部分,有標注的實際上爲718,899字;如果不包括64、67兩回,則爲703,049字,也是我們進行内部比較時實際上用來統計的字數。

本文與前人的研究最大的不同點主要有兩方面:第一,語料的取樣及比較方式;第二,比較項的内容。

先説語料的取樣及比較方式。過去的取樣方式有的是就全書考察,有的則只是抽樣調查。其中有的是逐回統計,有的則是把選取的語料分成兩組或三組來互作比較。以下我們要討論其中的問題以及我們採取的方式。

抽樣調查是隨意抽取該書的一些部分,其問題是所用的樣本可能不具代表性,因爲同一個作者的語言也有可能隨其使用的文體而有分别,要是被抽取出來比較的語料彼此在文體上恰好有相當大的出入,結果就很容易導出不大確實的結論。[④]逐回考察是以回爲單位,優點是每個分割出來的部分都小,比較没有預設哪些組是什麽作者的問題,也比較没有隨意取樣及分割的問題。缺點是各組的語料量都太小,各個用來比較的詞項普遍出現在多數的章回中的可能性不高。總的看來,我們認爲較好的選擇是:宜以全書爲考察對象,並且把它分割爲適度大小的幾組來互作比較。

但實際上在分割《紅樓夢》時,其方式也是見仁見智、難拘一格。比較典型的有兩種做法:一、直接拿前八十回和後四十回作比較;二、把該書分成前、中、後三組,每一組各四十回。直接拿前八十回和後四十回來考較是比較古典的做法。這個做法的問題是:無論是否把後四十回和前八十回的作者看作同一,在前提上已先認定前八十回是一體;再者前八十回的字數約爲後四十回的一倍,樣本字數差距也未免太大。後來就有人把前八十回對分爲兩個部分,這樣就有三組,而每組就各是四十回了(如果把64回及67回抽出,有的組所分配到的就不足四十回了)。這樣做的好處是可以同時檢驗前八十回内部的一致性,方法是科學多了。雖然如此,我們覺得這其中還有美中不足之處,因爲這等於還是已先假定後四十回只有一個作者。

我們的做法是把《紅樓夢》分割爲六組,分别以A1、A2、A3、A4、B1、B2稱之。其所代表之回數及字數如下:A1爲1至20回,有107,171字;A2爲21回至40回,有115,673字;A3

---

① 馮其庸校注,臺灣里仁書局出版,1984年。

② 爲便於敘述,以下稱前八十回爲前部,不包括64回及67回的稱爲A部;後四十回就稱爲後部或B部。

③ 因爲有小部分未標注,因此比較與統計的詞數和實際上會有少許的落差。文中有必要釐清時會另作説明。

④ 陳大康(1987:294—295)已指出這個問題。

爲41回至60回,有125,665字;A4爲61回至80回(不含64、67兩回),有121,901字;B1爲81回至100回,有115,135字;B2爲101至120回,有117,504字。其中除了A4只有十八回,其他每組各二十回。各組文字量並不算小,且彼此間字數差距也不太大。這種分法最大的特色是並不預設後四十回就是同一個作者所爲,各組間的相關性完全得靠比較才能決定。

過去進行《紅樓夢》内部比較的,主要是採取如下三種方式:一、利用字頻的統計;二、計算句長;三、考察單詞或套語的有無或多寡。這三個方式彼此不相衝突,因此也有混合使用的。①這三種方式各有優缺點。首先説字頻的比較。我們認爲這個方法的好處是可以完全委由計算機來進行統計,且其中幾乎不涉有人爲的主觀因素。這個方法的先設是每個作者的用字都有一定的傾向,但是其先設是否可靠尚待証明,而且要以什麽樣的憑準來判别作者的異同也是個問題。

其次説句長的憑準。句長可以很容易利用計算機統計出來,但是比較組間的文體是否相應就是一個先得解決的問題,而且句長要差異到多少才能算是有意義的往往也見仁見智。

以單詞或套語互作比較是比較廣爲使用的,但是很容易流於主觀,有些人僅憑幾個低頻詞就斷定一種文獻是出自什麽作者或什麽方言。如果以分布較廣並且有比較價值的詞爲証,這樣的主觀性就可以減少。如果這樣的詞項多取一些,並且利用比較科學客觀的方法,説服力就會更强。這方面前人已作出一些成績,我們想在此基礎上作進一步的擴展。進行這方面的研究,我們認爲應儘可能避免使用低頻詞,不是説這種詞完全不能用作証據,而是它們很難作較爲科學的處理。就算是出自一手的作品,也不能要求它們的低頻詞分布得很均匀,不出現的地方很有可能就是因爲不需要用到,其出現與否很難排除是因爲機率的問題。用高頻詞作爲証據自然也有相應的問題,但困難點與此不同。我們基於這個想法,就以常用詞(含常用的套語及句式)作爲主要的研究對象。

二　本論

2.1　詞頻比較

有人認爲每個作者在使用字詞上總是有一定的習慣,因此設想可以用字詞的分布來區别作者,過去確實也有人依此做出成績的。但無論這個假定是否可以接受,這個方法應用在中國的傳統典籍上卻又有些困難的地方。以傳統的章回小説爲例,不同的文體相互間雜、文白彼此交錯是常有的事。這裏頭文言成分的高低隨着作者及情境而有所分别,有時敘事部分與對話部分的用詞又有所分别,②情況不一而足,比起現代小説複雜多了。無論如何,我

---

① 如陳大康(1987)。

② 把敘事部分與對話部分區别開來研究是更科學的方法,過去已有研究的先例,也是我們未來應該努力的方向。劉鈞杰(1986)就因此發現《紅樓夢》"給""與"的分布和文體的相關性;Hanan(1973)利用短篇小説中敘事部分所用的承轉套語而獲得很有意思的研究成果。

們還是可以從實際出發，拿《紅樓夢》作爲實例，來看看字詞的比較是否可以利用以及能利用到什麼程度。

比較《紅樓夢》各組詞彙的使用異同可以從兩方面入手：一是看常用詞詞彙的異同，二是從各詞的詞頻多寡來看彼此的相關性。

我們先看利用常用詞詞彙的異同是否可能看出各組間的分歧所在。不同的方言或不同的作者間總會有用詞的異同，只是程度大小之别而已。那麽這種異同在《紅樓夢》的各組間究竟如何呢？是否可能從用詞的總數上看出來呢？將《紅樓夢》中一些顯然受制於語境的詞先篩除，[①]然後在剩下的詞中選取詞頻在 30 次（含）以上的詞。其詞數總共爲 1614 個，其中 A1 使用的有 1,581 個、A2 有 1,573 個、A3 有 1,590 個、A4 有 1,576 個、B1 有 1,576 個、B2 有 1,566 個，即使最少的 B2 也只有 48 個詞沒有使用，且各組間的用詞數目差距很小（差異最大的也只有 24 個）。就算把實際用詞之異同考慮在内，恐怕用詞的差異也還是不明顯。因此，如果只是以詞的有無爲準，要証明各組間風格的異同大概是行不通的。要比較異同，可能詞頻的統計還是較可依賴。以下就敘述我們利用詞頻的統計所得到的結果。

2.1.1 用文言虚詞來斷定作者的問題

過去有一些學者選取《紅樓夢》中的一些虚字來進行統計，並以其分布作爲判定作者異同的依據。虚詞是常見的，是有條件作量化研究的；而且作者在運用虚詞上不免會有一些習慣，或有可能造成特定的分布。不過假如在考定作者誰屬的問題上把文言虚詞納入統計，往往會對結果的可信度造成不利的影響。因爲近代漢語的白話語料也經常穿插一些較文言化的片段，是否使用及何時使用端視作者的喜好及布局的需求而定，未必有一定的規律或傾向；再者，文言虚詞畢竟並非當時的語言，我們在考慮作者時沒有必要把它包括在内。因此如果要進行統計，宜將文言虚詞抽離出來。以《紅樓夢》的文言虚詞分布爲例，就可以看出用它來証明作者爲誰是頗成問題的。

根據表一的統計，[②]我們可以看到一個明顯的對比。A2、A3、B1、B2 四者的各項文言虚詞的數值大致來説都比 A1 及 A4 低得多，[③]各項的數值加總起來也可以見到 A1、A4 及其

---

① 本文選用的常用詞主要是白話虚詞和常用的動詞；名詞類除了代詞、定詞保留外，一般不予計入（尤其是專名）。文言虚詞不取的理由參考下文。至於名詞大皆不取，主要是因爲它們的出現與否一般是受場合所限制的。此外，作爲其他詞中的一個語素就不會再重複計算，如計算“得”時並不包括“得很”的“得”。

② 雖説我們分割出來的各組彼此字數相距不大，但要作精確的比較是不能依賴未經標準化的數據的。本文有的表分成甲、乙兩表，甲表的數據是實際出現的次數，乙表的數據則指每十萬字所出現的次數，也就是經過標準化的數值。本文的各項比較及推論都是根據後者。

③ A1 和 A4 在各項中數值之高幾乎都分居一、二位，其中當然也免不了有些個别例外。有兩處顯得比較特别，那就是“俱”“即”字在口語化程度最高的 B 部中竟然出現得不少。

他四者的明顯差距。[①]這是否意謂著是作者不同所致呢? 我們認爲不然,一般人大概也都不會同意。A1 及 A4 中有一些部分顯然有較高的文言成分,這應是作者根據情境的需要所作的安排。我們不能只因兩個樣本間文言虛詞的多寡有較大的差別,就説彼此的作者有别。頂多只能説 A1 及 A4 的語言因文體的緣故而使得口語程度不如其他四者,而不能認爲是作者的不同所致,也有可能是同一作者使用不同文體所造成的。

2.1.2 白話虛詞的詞頻

文言虛詞的分布受文體的影響很大,那麽白話虛詞呢? 白話虛詞在明清時代的通俗著作中自然是普遍使用的,是很適合作量化研究的,而且也是相當能反映當時的語言的。至於能不能用作考定《紅樓夢》作者的依據以及哪些詞可資利用,那又是另外的問題了。

先説第一個問題。一般而言,一部作品中文言虛詞的多寡應與白話虛詞成反比。如上述,《紅樓夢》中文言虛詞的分布並不均衡,A1、A4 兩組的文言虛詞明顯高過其他四組。以此推之,這兩組的白話虛詞應當比較少,衡諸事實也大致是如此。我們在詞頻 120 次以上的詞中粗略地選了一些白話虛詞,如表二。根據該表,A1、A4 的白話虛詞總詞頻低於其他四組,其中 A4 和别組之間相距還不甚遠,但 A1 顯然就低得多了。接下來再討論哪些詞可以用作憑據的問題。低頻詞的出現與否很可能只是機率的問題,而且因爲例少也難以看出它在各組中的分布,不好利用作判定作者的依據。高頻詞也不是沒有問題的。以"的"這種超高頻詞爲例,除非特殊情況,只要語法要求就該使用,恐怕涉及的個人或方言因素不大。我們覺得在研究作者問題時很難拿來作依據,而且一旦與别的詞合併以爲証,説不定反而會削弱整體的証據力。因此如果《紅樓夢》各組的文字量足夠,那麽詞頻不高不低的或許才是比較理想的選擇,只是理想的詞頻上下限爲何還沒有一個客觀的依據。

表二所選的白話虛詞主要是用來和表一相比較的常見虛詞,因爲有多數詞是清代小説家習用的,用來分别作者恐怕還不足用,因此我們把比較的詞再放寬一些,也包括其他的一些常用詞,其方法及結果如 2.1.3 節所示。

2.1.3 常用詞詞頻

文言虛詞及白話虛詞用作証據的效力在上文已經有所説明,其中白話虛詞已多少可以告訴我們一些事實。現在再進一步,把包括白話虛詞的白話常用詞作爲考察對象,[②]看看可否作爲判定該書内部一致性的証據。用這批詞作証據是否沒有問題呢? 我們先説可能的問題。原則上,一個作者若以不同的文體來寫作,其作品的用詞就有可能依文體而别;同方言

---

① 表一(乙)各項數值的加總分别爲:A1 爲 3507.49,A2 爲 1326.20,A3 爲 1596.34,A4 爲 2466.74,B1 爲 1075.31,B2 爲 1109.69。顯然 A1、A4 遠遠超過其他四者,其中 A1 又比 A4 高出不少。A2、A3 雖比 B1、B2 稍高一些,但和 A1、A4 仍遠不能相比。

② 常用詞的篩選也經過如 111 頁注①所説的一番過濾。

的不同作者如果以同樣的文體寫相似的內容，在用詞上也可能極相近。此外，詞彙的使用依情境的需要而定，因此一部作品中如果有一些詞項分布不平均，也是可以預期的。即使是常用詞，這種分布的不平均恐怕也免不了。因此假如要利用某一批詞來研究一個作者用詞的趨向，如果其中多數的詞項在分布上有固定的趨向，只有少數不然，我們或許應暫時忽略這少數的現象。但是話説回來，利用常用詞至少可避免利用低頻詞的那種困難。常用詞的數目較高，即使其中少許地方會因版本不同而有出入，對整體的影響也不大。以常用詞的分布來衡量《紅樓夢》的作者問題，可以讓偶然成分以及涉及校改的部分對統計結果的影響降至最低。只是如果所憑依的詞數目不多，總還是有些令人不滿意。第一，可以質疑那是爲了服從立論者的需要而特别挑選出來的，也許有些反例被立論者故意忽略了；第二，一個作家未必在所有的詞的使用上維持前後一貫，少數幾個詞集中在局部地方恐怕也是難免的。因此我們認爲比較理想的做法是對用詞作較全面的比較。

我們現在就來看利用詞頻統計所得到的相關值能告訴我們些什麼。以《紅樓夢》詞頻在60次（含）以上的詞爲對象（總詞數爲591個）來計算各組間用詞的相關性，得到的結果如表A。[①]如果以詞頻在120次（含）以上的詞爲對象（詞數共349個），則所得到的結果如表B。

表 A：相關（詞頻 60 以上）

		A1	A2	A3	A4	B1	B2
A1	Pearson 相關	1.000	.981**	.982**	.988**	.973**	.969**
A2	Pearson 相關	.981**	1.000	.988**	.977**	.974**	.959**
A3	Pearson 相關	.982**	.988**	1.000	.990**	.966**	.956**
A4	Pearson 相關	.988**	.977**	.990**	1.000	.968**	.968**
B1	Pearson 相關	.973**	.974**	.966**	.968**	1.000	.987**
B2	Pearson 相關	.969**	.959**	.956**	.968**	.987**	1.000

n＝591　＊＊：P 值小於 .01。

表 B：相關（詞頻 120 以上）

		A1	A2	A3	A4	B1	B2
A1	Pearson 相關	1.000	.980**	.981**	.988**	.972**	.968**
A2	Pearson 相關	.980**	1.000	.988**	.976**	.973**	.956**
A3	Pearson 相關	.981**	.988**	1.000	.990**	.964**	.954**
A4	Pearson 相關	.988**	.976**	.990**	1.000	.966**	.967**
B1	Pearson 相關	.972**	.973**	.964**	.966**	1.000	.986**
B2	Pearson 相關	.968**	.956**	.954**	.967**	.986**	1.000

n＝349　＊＊：P 值小於 .01。

表 A 和表 B 所得到的數值很接近，也就是説兩個測試的結果差不多。我們可以看出此

① 有少數詞因爲在斷詞或標類上有較複雜的情況，就沒列入。如搭配趨向動詞的“來”“去”。

二表中各組間是顯著相關的,從這一點上很難説這幾組的語言並非出自一手。雖然如此,相較於A部或B部内部各組間的相關值,A部和B部間的相關值還是要低一些,其中B2和A部各組間的相關值又低於B1和A部各組間的相關值。因此雖説各組間的相關值都很高,但A部和B部間還是略有些距離。各組間沒有明顯差異雖多少讓人覺得有些意外,但細加審究又覺得不無道理。各組間的共同詞彙非常多,絕大多數詞的詞頻相去也未見懸殊。即使仍有不少詞的詞頻在不同組間差距明顯,但這些詞和全部的詞相較仍屬少數,其差異性是很容易被整體給掩蓋住的。因此要看各組間的異同最好還是另尋他途。我們採取的對策是以分布明顯不均衡的詞作爲考察對象。這類詞是怎麽篩選出來的呢,所依據的憑準是什麽呢?我們的方式是以詞頻在60次(含)以上的詞爲範圍,如果其中有任何一詞的數值分布是“在六組中有任一組之數值大於平均數之一倍或小於平均數之一半”的話,就是我們要選取的詞。根據這個辦法,所得到的各組間的“相關值”如表C。

表C:相關(詞頻60以上,篩選組)

		A1	A2	A3	A4	B1	B2
A1	Pearson 相關	1.000	.851**	.877**	.915**	.559**	.386**
A2	Pearson 相關	.851**	1.000	.956**	.921**	.703**	.484**
A3	Pearson 相關	.877**	.956**	1.000	.964**	.626**	.402**
A4	Pearson 相關	.915**	.921**	.964**	1.000	.592**	.398**
B1	Pearson 相關	.559**	.703**	.626**	.592**	1.000	.881**
B2	Pearson 相關	.386**	.484**	.402**	.398**	.881**	1.000

n=276　**:P值小於.01。

我們如果以詞頻在120次(含)以上的詞爲範圍,再以這種方式測試,則得到的相關值如表D。

表D:相關(詞頻120以上,篩選組)

		A1	A2	A3	A4	B1	B2
A1	Pearson 相關	1.000	.846**	.875**	.916**	.495**	.293**
A2	Pearson 相關	.846**	1.000	.956**	.921**	.671**	.419**
A3	Pearson 相關	.875**	.956**	1.000	.967**	.582**	.327**
A4	Pearson 相關	.916**	.921**	.967**	1.000	.538**	.313**
B1	Pearson 相關	.495**	.671**	.582**	.538**	1.000	.877**
B2	Pearson 相關	.293**	.419**	.327**	.313**	.877**	1.000

n=119　**:P值小於.01。

表C和表D數值的分布曲線是一致的。根據其中的相關數值,A部和B部明顯分成兩群。A部或B部内部各組間的相關係數顯然比A部和B部間的相關係數要高出許多。在A部的各組中A1又比較特殊些,該組和A2、A3的相關值比起A2、A3、A4間的相關值要低一些,和B部二組間的相關係數更低,其中與B2的相關係數更是最低的。在B部中,B2

和 A 部各組間的相關係數又比 B1 和 A 部各組間的相關係數要低不少。《紅樓夢》各組間的關係可以由此大略劃分如下：A 部和 B 部各爲一群；在 B 部中 B1 又介乎 B2 和 A 部各組間。

以上表 C 和表 D 的結果幾乎無以區别，因此二表各組間的相對關係幾乎是如出一轍。這種結果能説明什麽嗎？假如我們以此作爲評定作者之據，那麽 A 部各組除了 A1 稍有疑義外，可視爲一手所出，如一般人對前八十回的看法。假如 A2、A3、A4 間的相關數值可視爲作者同一之証，那麽 B 部二組和 A 部這三組的相關水準若遠低於此，這兩部應該就很難視爲一手所出。據表 C 和表 D，B2 和 A 部各組間的相關係數都很低，暫時可説二者非出自一手。B2 和 B1 的相關數值雖然很高，但和 A 部的距離又比 B1 低得多了。過去有人認爲《紅樓夢》後四十回中的前部存有曹雪芹的殘稿，這一點或許能作爲一個佐証。

以上是暫時的推斷，因爲還有其他的問題有待探討：其一，以分布明顯不均衡的詞之相關值作爲論証的根據是否可靠，所根據的詞項究竟是否可信以及充分？雖然我們選用的詞項還不算少，但是仍可能受到如下的質疑：你們選取的各項本就是不均衡的，結果當然可以預期是不均衡的。這種質疑固然有理，但我們在挑選分布不均衡的詞項時並無預設的目標，所設定的條件並非爲哪些個組量身製作的。其所顯示的差異能否証明作者誰屬雖尚可根究，但卻是依據一個客觀憑準而得到的。其二，這個研究缺少對照組，怎麽証明這種差異只是作者不同造成的？怎麽能斷定絕無其他因素摻雜在内？怎麽知道作者的用詞習慣不會因時而易，程乙本對程甲本的用詞不是也有所改變嗎？我們承認這個問題確是本文的困難所在。因爲要説這裏的相關值可以用來判别作者之異同，其先決條件應是先有一個既經實驗証實的數據作爲依據。如對幾種語料已先完成測試，作者的異同可以用一個客觀的數據來加以評斷。這一點是我們未來努力的目標。

2.2　同義詞比較

以詞頻的統計爲據，我們得到上述的相關值，這些數值已多少可以顯示出各組間用詞的大略傾向。但我們認爲，要看用詞的異同，最具體的還是要看同義詞運用上的異同(這裏的同義詞所指的是語義和功能的對當)。我們都知道，要研判兩個詞是否同義或同功能是相當困難的工作，看似同義或同功能的兩個詞或許在某個義面或在詞彙的搭配關係上有所出入。這已是夠困難了，更何況研究者是否有足夠的歷史語言知識也還是個問題。雖然如此，我們仍然覺得這個工作值得試著去做。在 2.2.1 節中所列的各項，就是我們認爲是同義或同功能但在分布上不怎麽均衡的幾組詞，可以作爲研判作者異同的參考。①原則上，我們判定二

① 語料庫詞的分詞與詞類標注的標準或作業難免會在詞的計量和比較上造成問題，例如我們的語料庫"發燒"是合標爲詞，"發熱"則分標爲"發"和"熱"兩個詞，結果只根據語料庫的自動處理顯示不出有"發熱"這個詞，自然也不會有詞項與數據可以和"發燒"比較。本文作者在看了汪維輝(2010)中"發燒"和"發熱"的比較之後，想説本文舊稿爲何沒有列這對詞，查詢語料庫才知原委。與此同時作者也回頭去看當年的未定稿，看到還列有好幾對以後的稿子沒有放進去的對比詞，其中也包括"發燒"和"發熱"這對詞，這對詞想是個人當年研究時以自動處理以外的方式發現的，可能因此沒有放到 2002 年的會議稿中。爲體現本文方法的一貫性與語料庫標注可能造成的問題，本文不作詞項的追加，而只以附記的方式來説明爲何不作增補。

詞是否同義的憑準是看該二詞在相同的語境下是否可以替換。至於2.2.2節中的對比詞,雖看似同義,但音節有别,不能排除在詞彙搭配上會有所分歧,因此僅供參考。2.2.3節中的對比詞應只是同詞異寫,不能排除是抄工的習慣所致,也只是列作參考。

爲什麽我們重視同義詞的對比而不以分布異常的個别詞爲據呢?這種詞不難找到。如“頭裏”在A部較少(8次),在B部較多(60次);[①]“懂得(的)”在A部很少用(9次),而且多爲否定句(8次),在B部卻是常見的(57次)。過去以此爲論據的作品並不算少,對《紅樓夢》的作者問題研究也確實起了啟發的作用。一個詞的出現與否以及頻率的高低,固然有可能是作者不同的緣故,和情境的需要與否也息息相關,也因此我們對這一部分的處理只是把它們合起來作整體的計量(如2.1節所示),而不個别地一一檢視。其實詞的有無也不見得完全不能依據,“嗎”和“麽”的使用與否即是一例。“嗎”只見於B部,在A部完全不用;[②]“麽”雖也用於A部(37次),但頻數遠不如B部(270次)。這顯示A部的作者不喜歡用疑問助詞,我們可以把它視爲疑問助詞與零形式疑問詞的對比,也是一種同義詞的對立。這類的對比本文暫且不作處理。

2.2.1 音節數相同的同義詞

2.2.1.1 以下列出的對比詞,選的主要是頻數較高或詞頻的高下對比明顯的。其詞頻的數據可參考表三。

(1)“一面”“一頭”“一行”“一面”“一邊”:這一組主要講的是如“(一面)……一面”的這種用法。其中最常用的是“一面”,其他四個詞例子較少。在各組中,B1、B2的“一面”雖然用得最少,但其他的詞也幾乎不用,只有B1還用了6個“一頭”。如果比較“一面”在各詞中的比例,[③]那麽B1和A部各組相差不會很明顯,但B2則不然,因爲只用“一面”。

(2)“L面”“L頭”“L邊”:這裏的L指的是“前”“後”“上”“下”“裏”“外”等六個方位詞,可以以“面”“頭”“邊”爲詞尾。爲了簡化描述,我們把它們合併起來,觀察和“面”“頭”“邊”的搭配狀況。其中比較凸顯的是:A1“L面”用得特别多,B1、B2“L頭”用得較多。若比較各組内部這三種詞的使用比例,也是B1、B2“L頭”的使用比例遠比其他兩種爲高,而且A1是“L面”最多。

(3)“時候(兒)”“時節”:這一組中的“時候(兒)”“時節”都是時間名詞,意義和現代的“時候”相當。B部兩組常用“時候(兒)”而不用“時節”,是很顯著的特色。

(4)“各人”“各自”:《紅樓夢》中二者的用法很難區别,功能相當,也都可作狀語和定語。

---

① 《紅樓夢校注》本的“頭裏”還有據他本補的,如36回“頭裏的事”從夢稿本補。

② 關於“嗎”的研究可參考劉鈞杰(1986)。

③ 《紅樓夢校注》本的75回有一個“一面”是據他本增。

各組中只有A2"各人"是比"各自"多的,其餘都是"各自"較多,但相對而言,B部兩組"各自"用得尤其多。

(5)"才剛""剛才":這兩個詞在語料庫中標爲時間名詞,用法都和現代的"剛才"相當。"剛才"在B部中顯著增多,而且也只有在B部中用例高於"才剛"。①

(6)"丫頭(子)""丫鬟":這一組詞都是指婢女,其中"丫頭"有時稱"丫頭子"。很明顯的對比是A部各組"丫頭(子)"和"丫鬟"都很常用,但B部兩組雖常用"丫頭(子)",卻幾乎不用"丫鬟"。

(7)"不料""不想":這一組是表示"意想不到"的動詞。除了B2,各組都是"不想"比"不料"多。但B1的"不想"也只比"不料"多1次,相對於A部各組,B1的"不料"用得較多,這點就比較接近B2了。另外,"不期""不意"也是意義相當的,各有4次和6次,但可能只是書面語,所以不列入表三中。

(8)"好似""好像":這一組詞並非常用,《紅樓夢》有些組根本不用或只用其中一個。比較特殊的是"好像"幾乎都集中在B部兩組。

(9)"找""尋":"尋"在現代看起來像文言詞,但在近代漢語還是常見的,因此我們仍把它視爲當時的常用詞。B部的"找"明顯超過"尋"許多,其中B1更是顯著。A部各組中只有A3的"找"用例尚可和B2相比,A2雖次之而已不能相較;至於A1和A4,"找"和"尋"只在伯仲之間。

(10)"記掛""惦記":二詞是同義的動詞。視其分布,較明顯的對比是B部兩組主要用"惦記","記掛"只有2次,而A部各組只用"記掛"。此二部另外還有搭配"著"的"惦"6次,其中5次見於B部,而A部各組總共只有這麼一個"惦"。②此外還有"記念"2次(只見於A部各組),例少不列入表三。

(11)"叫(教)""使""喚""著""命""令":這一組的各詞都是使令動詞,其中"命""喚"比起他詞用法較有限制,暫可不論。我們只看"叫(教)""使""著""令"間的相對關係。這一組的"令"像是書面語,但是用例不少,因此也拿來比較。A部和B部有一個明顯區別的地方,就是B部"叫(教)"用得特別多,其次爲"著","令""使"只是個位數;A部各組雖然也是以"叫(教)"爲主,但"著""令""使"三個詞在各組的分布相差不會很明顯,而且"著"的用例也比B部少得多。

(12)"可巧""恰好":這一組是相當於"恰巧"的副詞。A部各組和B部兩組有一個明顯的對比:A部各組絕大多數用"可巧",而B部兩組幾乎只用"恰好"。

---

① 陳大康(1987:298—300)指出庚辰本7個"剛才"中有5個在別的脂本中作"才剛",因此推斷前部的"剛才"是誤抄。至於後40回主要是用"剛才"而少用"才剛",因此推斷這一部分的"才剛"來自曹雪芹遺留下的殘稿。

② 劉寶霞(2012:132—133)的表3中雖然在庚辰本的欄中列了"惦記"1次、"惦(掂)著"3次,但文中也說明其中3次是見於由他本補入的67回的。

(13)“向來”“素來”“自來”“從來”:這一組是相當於現代漢語“從來”的副詞。A 部各組幾乎不用“向來”“素來”,主要是用“從來”,其次爲“自來”。有趣的是“自”和“從”也剛好是同義介詞。B 部主要是用“向來”和“素來”,“從來”較少,而“自來”根本不用。

(14)“偏生”“偏偏(兒)”:二詞是用法相當的情態副詞。A 部各組主要用“偏生”,很少用“偏偏(兒)”;B 部兩組反之。①

(15)“不要”“别”“休”②:這一組是禁誡副詞,其中最明顯可見的是 B1、B2 完全不用“休”。③此外,拿“不要”和它的合音形式“别”相比,使用“不要”的比例 B1、B2 是各組中最高的。

(16)“到(倒)底”“究竟”:這一組的二詞功能約略相當。各組“到(倒)底”都比“究竟”常用,如果把各組的二詞加總起來計算“到(倒)底”所占的百分比,B1 和 B2 在各組中分别占據第一、二位。

(17)“幸而”“幸喜”“幸虧”:這一組詞都用如現代的“幸虧”。其中 B 部兩組不用“幸而”是個特色;另一個特色是這兩組用了 11 個“幸喜”,A 部只有 A3 有一個。

(18)“索性”“越性”:這一組是功能相當於“乾脆”的情態副詞。在用詞上 A 部各組和 B 部兩組的對比相當清楚,A 部各組主要用“越性”而罕用“索性”,而 B 部兩組只用“索性”不用“越性”。④

(19)“皆”“俱”:這一組都是相當於“都”的全量副詞。《紅樓夢》自然是以用“都”爲主,我們只比較“皆”“俱”,是因爲二者都是文言詞,和“都”所使用的語境不同,不宜一起作比較。其他意義相當的還有“盡”,但這個詞在上古漢語的功能與“皆”“俱”即有區别,可以不論。A 部各組常用“皆”較少用“俱”,B 部兩組主要用“俱”,而少用“皆”。

(20)“便”“就”:這一組是功能相當的關連副詞。按“便”“就”的相對比例而言,各組間的差異並非懸遠,但 B2 和 B1“便”的比例稍高一些,分居一、二位。

(21)“更加”“越發”:這一組是功能相當的程度副詞。A 部各組不大用“更加”,B 部兩組則二詞都不少,其中 B2“更加”超過“越發”,B1 則“更加”不如“越發”多。⑤

(22)“難道”“沒的”“不成”:這一組的“難道”“沒的”是功能相當的反詰副詞,而“不成”是用於句末但功能相當的助詞。B 部兩組三詞所用的量都明顯不如 A 部各組。就各組内三詞的相對比例看,A 部各組中除了 A2,其他各組“難道”都不超過“不成”;

① 陳大康(1987:300—301)以 A 部的“偏偏”少見且其他脂本也有作“偏生”之例而判斷 A 部的“偏偏”是誤抄。

② “别”是“不要”的拼合,我們沒放在 2.2.2 節而選擇放在此節中。

③ 120 回有一個“休”是在一首詩中的,語料庫對詩詞不作標注,此例也因此不計在内。

④ 陳大康(1987:297—298)以 A 部“索性”少見且其他脂本也有作“越性”之例而判斷 A 部中的的“索性”是誤抄。

⑤ 陳大康(1987:301—302)根據這二詞的分布而認定 B 部非曹雪芹作。

B部兩組“難道”約爲“不成”的一倍,A2稍近之。

(23)“給”“與”:這一組是義爲“給與”的動詞或用於“V給”“V與”中的詞。很明顯,A部各組“給”和“與”的差距還不算大;但B1的“給”就占壓倒性的多數,而B2更顯著,“與”在B部的詞頻真是微不足道。如果只看“V給”“V與”的分布,情況也大致相如。“V給”總共200次,在A部114次,在B部86次;“V與”總共286次,在A部261次,在B部25次。如“送與他”只見於A部(3次),“送給他”5次有4次見於B部。A部各組“V給”不及“V與”的一半,而B部“V給”是“V與”的三倍半。[①]

(24)介詞“給”“與”“替”:這一組是引介受益者或行爲所向的介詞。其中“替”沒有引介行爲所向的用法,因此只要看“給”和“與”的對比就可以了,“替”可以只作爲參考用。在各組中,“給”都比“與”用得多,但是就“給”和“與”的相對比例而言,B1、B2用“給”的比例比起A部各組高出許多。[②]

(25)“所以”“因此”:這一組是引導結論的連詞。B部兩組“因此”偏低,主要用“所以”。A1和A2的“所以”還不如“因此”多;A3和A4的“所以”雖遠多於“因此”,但和“因此”的相對比例仍不足以和B部兩組相抗衡。其他功能相同的還有“故”和“因而”(後者較少),可能只是書面語。

(26)“雖然”“雖說”:這一組是功能相當的連詞。“雖說”除了在B2中遠超過“雖然”,在其餘各部皆不如“雖然”。

(27)“不曾”“沒有”:這一組詞是句末疑問助詞,此時二者的用法都和現代的疑問助詞“沒有”相當。“不曾”在B部兩組中完全不用,而“沒有”的頻數又遠超A部各組,顯然“不曾”的地位至此已完全讓給“沒有”了。

據上述,絕大多數同義詞的相關數值在A部各組和B部兩組間有很明顯的對比,但兩部内部各組間的相關數值又很接近,各組顯現與同部他組有明顯差距的不經見,比較可以説的大概是B2稍爲顯出一些有異於B1之處。A部各組和B部兩組間用詞有明顯差異的有這麼多,很難説是偶然,應該是作者的用詞習慣使然。其中有若干詞項已被前人用來証明A部和B部的作者不是同一個人,我們也認爲根據本文的証據來推斷,説這兩部是不同的作者是比較容易接受的,因爲若説這兩部的差異只是一個作者的習慣改變所致,是很難解釋分歧爲什麼會那麼顯著。

2.2.1.2　以上這些詞語都列入表三,但除了表三所列,還有一些可以參考的詞項。以

---

① 劉鈞杰(1986:174—175)的“給$_1$”“與$_1$”和我們這一條的“給”“與”相當,他利用曲線圖顯示A部和B部二詞分布有顯著差異。此外,他還指出A部的敘事語言多用“與”,而對話語言多用“給”。

② 劉鈞杰(1986:176)的“給$_2$”“與$_2$”和我們這一條的“給”“與”相當,他利用曲線圖顯示A部和B部二詞分布的顯著差異。此外,他還指出A部的敘事語言多用“與”,而對話語言多用“給”。

下就是其中一些例子,主要是總詞頻不高以及對比詞是否同義尚有疑義的。由於此處各項僅供參酌,因此只進行A部與B部間的比較。

(1)“答言”“答話”:二者用法接近,“答言”最常見於B部(“答言”37次,“答話”2次),A部“答言”“答話”參半(“答言”8次,“答話”7次)。

(2)“呆子”“傻子”:“呆子”基本上見於A部(共15次,另有“石呆子”見於B部,不計),“傻子”則不限前後(A部9次,B部7次)。

(3)“狠狠的”“狠命(的)”:作爲副詞的“狠狠的”只見於B部(7次,但A部及B部另各有一次“氣狠狠的”),A部只用“狠命(的)”(A部及B部各5次)。

(4)“想要”“欲要”:A部只用“想要”(4次),B部用“欲要”(12次)和“想要”(15次)。

(5)“任”“憑”:在A部用爲“任憑”義的“憑”比“任”用得多,在B部“憑”與“任”都不多。另外“任憑”全書10次,9次在A部,B部只有1例,但是是用在“任憑弱水三千”中,因此基本上只有A部使用。

(6)“痴”“傻”“呆”“憨”:這幾個詞的語義關係有些錯綜,我們還不大能確定哪兩個詞是真正可替换的。在將各處的語義或用法分别清楚之前,暫時不拿來作爲辨别作者的憑証。這裹只大略指出其中較凸顯的部分:“憨”和“傻”語義有重疊之處,可比較“裝憨”和“裝傻”(後者見於B部)。“憨”或含“憨”語素的詞只見於A部(總共15次)。“傻”A部31次,B部44次,可見B部較常用。

(7)“狐疑”“疑惑”“猶豫”:“狐疑”“疑惑”義相近。按見頻,其中B部的“狐疑”較A部常用(A部2次,B部8次),“疑惑”在二部間的差距則沒有“狐疑”大(A部28次,B部9次)。合併來看,兩部的用詞是各有所好的。另有“猶豫”一詞,A部6次,B部2次。

(8)“展眼”“轉眼”:全書“展眼”15次,“轉眼”5次。[①] B部只有“轉眼”2次,無“展眼”。近代漢語相當於“轉眼”的“展眼”另外只見於《兒女英雄傳》1次,其他地方所見的“展眼”都是與“舒(開)眉”作對比的。

(9)“將”“把”:二者雖然是功能相當的介詞,但在清代“將”的使用環境中可能較有限制,因此僅列作參考。我們看各組“將”及“把”的分布,A3、A4、B2中二詞的使用相差不大,A2的“把”將近“將”一倍,而A1則反之。B1比較特殊,“把”占絕對多數。

(10)“舒服”“爽快”:“舒服”10次,只見於B部,表示生理或心理的暢快,其中9次爲“不舒服”。“爽快”9次,A部7次,都是表示生理或心理的暢快;B部只有2次,其例爲“誰輸了喝一杯,豈不爽快。”和“你原是個爽快人”,在后者中相當於“乾脆”。[②]

---

① 這裹的統計數字包括了未標注的詩詞部分。

② “爽快”的意義在A部和B部有所不同,汪維輝(2010:36)已經指出。《紅樓夢》還有“受用”一詞,也用於表示生理或心理的舒服,可能比較偏於外因引起,也可用爲“享受”之義。A部22次,B部26次,B部頻率明顯高於A部。

(11)“誇”“贊(讚)”[①]:表示“稱贊”有用“誇”或“贊”的,但“誇”似乎比“贊”還口語些。“誇”在A部有7次,在B部有9次,B部的使用比例明顯高得多。動詞“贊”以及其構成的複合詞A部和B部合計65次,其中B部只有5次。“贊”的複合詞有“稱贊”(13次)、“誇贊”(4次)、“賞贊”(2次)、“評贊”(1次)、“獎贊”(1次)、“贊嘆”(4次)、“贊賞”(2次)、“贊稱”(1次);此外,動詞“誇”的複合詞另有“誇獎”(2次)、“誇説”(1次)。B部的複合詞有“誇贊”2次,“稱贊”“贊嘆”“誇獎”各1次,也就是B部的“贊”多見於複合詞中。[②]

2.2.2 音節單雙有別的同義詞

以上所述的對比詞音節大抵相同,我們也見到一些用法大約相同而音節數有異的對比,其分布也有明顯不均衡者。一般而言,音節數是單是雙會影響到它能搭配什麼樣的詞,因此這種音節有别的對比未必能視爲同功能詞的對比。雖然如此,還是有一些對比相當有趣,值得拿出來供作參考。例如:(詞頻參表四)

(1)“能”“能夠”:這一組爲同義的助動詞。各組雖然都常用“能”而較少用“能夠”,但B部兩組的“能夠”的使用比例顯然比A部各組高出許多。

(2)“忙”和雙音詞“連忙”“急(疾,即)忙”“趕忙”等:這一組各詞都是意義相當的副詞。很明顯的,雖然A、B兩部在個别的副詞上有時會互有上下,但整體而言B部兩組都是很常用雙音節詞而少用單音節詞的;A部各組則與B部相反。其中如“急(疾,即)忙”“趕忙”在A部各組都是很少見的,A部各組主要是用單音節的“忙”,只有“連忙”的詞頻和B2在伯仲間,但和B1又遠不能相比。[③]

(3)“略”“略略”:這一組是義爲“略微”的副詞。A部各組基本上不用“略略”,B部兩組“略略”的用例顯然高出A部許多。

(4)“已”“已竟”“已經”:這一組是表已然的時間副詞。就“已經(竟)”對“已”的相對比值而言,B部兩組的比值顯然比A部各組高出相當多。

(5)“正”“正在”“正自”“正然”:這一組是表行爲進行的副詞。“正然”很少,可不論。各組的“正”的詞數沒有明顯的差别,但B部兩組的“正在”比起A部各組高出太多。至於“正自”,A2比别組高出不少。

(6)“好好”“好好兒”:“好好兒”在A部各組幾乎不用,就集中在B部兩組中。事實上狀態動詞“AA兒”多見於B部兩組,總共有38次;A部各組只出現6次。

---

① 我們所用的版本字作“贊”的比作“讚”的多,以下敘述以“贊”包“讚”。

② B部還有1次見於“謬贊”,語料庫把“謬贊”斷爲“謬”“贊”二詞。如果把“謬贊”分析爲一詞,那麼B部的“贊”只見於複合詞中。

③ 嚴安政(1991)也發現前80回多用“忙”而少用複音詞“連忙”“急忙”“趕忙”等,但後40回多用複音詞“連忙”“急忙”“趕忙”而少用“忙”。不过他這個結論是只從《紅樓夢》前80回和後40回各抽出15回而取得的。嚴安政(2009)又依據這一項對比來檢驗64、67兩回,也發現這些詞的使用比例近於後40回而與前80回相遠。

(7)“現”和“現在”:A 部各組的“現”都遠比“現在”多,但 B 部兩組“現”都不如“現在”多,而且 B2 的“現在”還是“現”的 4.1 倍。

(8)“況”“何況”“況且”“況自”:“況自”僅 1 次,可不論。其他三詞中,“況且”最常見,其中 B 部用“況且”比例較 A 部稍高一些。A 部中就屬 A4 較特殊,“何況”用得特別多。

(9)“但”“但是”:這一組是轉折連詞,其中最明顯的對比是雙音節的“但是”幾乎集中在 B 部兩組。另外,功能相當的還有“但只”“但只是”。其中“但只是”少見,可不論。“但只”B 部兩組用得比 A 部各組多,但不特別明顯。

(10)“沒”“沒有”:這一組詞有否定動詞及副詞兩種用法,這裏合併來看。A 部各組都多用“沒”而少用“沒有”,B 部兩組則反之。

(11)“或”“或者”:這一組是表估量的情態副詞。A 部各組都多用“或”而少用“或者”,B 部兩組則反之。

(12)“怪不得”“怪道”:這一組爲相當於“難怪”的副詞。A 部各組都是“怪道”的用例比“怪不得”多,B 部兩組則反之(但 B2“怪不得”也只有 1 例)。

總的來說,在 A 部各組使用單音節詞的地方,B 部兩組往往以同義或同功能的雙音節詞取代。這種情形還不止表四所列。以疊音詞爲例,有些疊音詞在 B 部中比在 A 部中常用。如表示“趕快”的副詞可以用“快”或“快快”。但 A 部常用“快”,很少用疊音的“快快”(僅 6 次);B 部雖也常用“快”,但疊音形式遠較 A 部常用(“快快(的)”22 次,“快快兒的”2 次)。

2.2.3　同詞異寫

《紅樓夢》中有一些詞寫成兩種字形,而且使用頻率都很高,但是在分布上各有所偏。例如:(詞頻見表五)

(1)“罷了”“罷咧”:二者應爲同詞,且“了”和“咧”應爲同音。只是“罷咧”全用在 B 部兩組,而不用於 A 部各組。

(2)“嗎”“麽”:二者應爲同詞。A 部各組只用“麽”不用“嗎”;B 部“嗎”“麽”兩用,其中“嗎”雖不如“麽”多,但也不在少數。

(3)“媽媽(子)”“嬷嬷”:這一組也應爲同詞異寫。和上一組平行的,不但是字形偏旁爲“馬”“麽”的對立,而且“媽媽(子)”也只用於 B 部兩組。有可能是 B 部的作者或者抄録 B 部的抄工正處於用偏旁“馬”來替换“麽”的時代。

(4)“姐姐”“姊姊”:這兩個詞對比最明顯的地方是在 A1,因爲全書“姊姊”40 次,就有 38 次見於 A1。

(5)“委曲”“委屈”:這一組也應是同詞異字。二詞的分布不見得有特別偏於哪一部的,稍爲可説的,是 A 部各組寫作“委曲”比寫作“委屈”多,而 B 部兩組一樣多。

(6)“作”“做”:這一組也是同詞異字。明顯可見 A 部各組“作”遠多於“做”,B 部兩組卻是"做"多於"作"。

(7)"的""得":"得"是引介補語的助詞,明清時代寫作"的"很常見。顯然,A 部各組寫作"的"較常見,但 B 部兩組寫作"得"的甚至比寫作"的"的還要多。[①]

以上諸詞的對比恐怕不能用來証明是不同作者所爲,因爲很可能只是不同的抄工造成的。這裏只是把它們列出來供讀者參考。

2.3　其他

A 部和 B 部用詞有異之處,在 2.2 節中已經指出不少。如果從詞的搭配關係或套語的使用傾向上,也不難看到 A、B 兩部間的分歧之處。例如:

(1)"不在話下""不提(題)":這一組是話語中的敘事承轉語。[②]分布的特色是 A 部各組"不在話下"常用(共 63 次),"不提(題)"用得比較少(15 次);但 B 部兩組則反之,"不在話下"B1 和 B2 各 2 次,"不提(題)"B1 有 23 次,B2 有 20 次。

(2)"比""較""如""似":這一組也就是差比句式的對比。其中"比""較"是一類,是在動詞前引介基準的介詞,[③]"如""似"是另一類,是在動詞後引介基準的介詞(如"一天大似一天的")。[④]"比"字式 A 部四組使用都比 B 部二組多(六組的頻數爲 55:54:76:67:35:37);"較"字式 9 次也都只見於 A 部。"如"字式雖然還是 A 部多(A 部 4 次,B 部 1 次),但"似"字式的比例是 B 部較高(A 部 11 次,B 部 12 次)。相對而言,B 部的"似"字式比例較 A 部爲高。

(3)"V 下淚來":全書"滴下淚來"有 19 次,"流下淚來"14 次,"滾下淚來"14 次,"落下淚來"4 次,"掉下淚來"13 次,"墮下淚來"1 次。"掉下淚來"仅見於 B 部,A 部只用其他的格式。[⑤]全書各式總計 65 次,B 部有 27 次,但"掉下淚來"就有 13 次,大約占了 B 部的一半。

(4)"嚷""叫"與"亂"的搭配:"嚷"在 B 部比例較高(A 部 34 次,B 部 68 次)。全書"亂嚷"有 24 次(不含"亂嚷亂叫"中的 4 次),A 部 7 次,B 部 17 次。也有"亂叫"(13 次,不含"亂嚷亂叫"),12 次見於 A 部,B 部只有 1 次。"亂嚷道"(3 次)、"亂嚷説"(5 次),都只見於 B 部。也有"亂叫説"1 次(不含"亂嚷亂叫説"2 次),見於 A 部。

---

① 表中的數據並不包括"得(的)很"的"得(的)"。

② 陳大康(1987:302—303)也舉了這個對比,只是數據和本文有些出入。

③ 形容詞在我們的標記中是動詞的一個小類。

④ 黄曉惠(1996)研究《紅樓夢》的這兩類差比句,也指出 B 部較常使用舊句式(即基準在動詞後的)。該文似未論及"較"字式,但該文的"比"字式不計入"我這個方子比別的不同"的這種例句是比本文更爲精細之處;本文未列該文所舉的動詞後比較標記"過",那是因爲我們是把"聰明過人"這類句子的"過"分析爲主要動詞的。

⑤ B 部"滴下淚來"6 次,"流下淚來"5 次,"滾下淚來"1 次,"落下淚來"2 次。

(5)“叫”“喚”與“名”的搭配:有“名喚”“名叫”後接人名的(也有“名”後直接人名的),其中“名叫”11 例,A 部和 B 部都有(B 部 4 次)。“名喚”更多(32 例),只見於 A 部。

(6)“飛紅”的及物性:“飛紅”用如及物動詞一般只見於 B 部,在 B 部有“把臉飛紅(了)”之例(6 次,含“把臉又飛紅了”1 次)。[①]另外“飛紅了臉”3 次也只見於 B 部。A 部的“飛紅”用在如下句中“未語先飛紅的臉”“秦、香二人急的飛紅的臉”“羞的臉飛紅”“臉面燒的飛紅”“自己倒羞的耳面飛紅”等,都只是不及物用法。另外,B 部又有“把臉一紅”“把臉紅了”“把臉紅著”,A 部則有“把臉羞紅了”“把臉紅漲了”各 1 例,在“把”字式中兩部用詞有些分别。

(7)“模糊”“恍惚”和“聽見”的搭配:“模糊”只見於 B 部,而且主要用“模糊”修飾“聽見”(3 次),A 部用“恍惚”修飾“聽見”(A 部 4 次,B 部 1 次)。

(8)“值什麽”“算什麽”:用爲否定句或反問句之謂語的“值什麽”和“算什麽”功能相當。其中“值什麽”只見於 A 部(12 次);“算什麽”A、B 兩部都有,A 部 7 次,B 部 4 次。

(9)“V 死”“V 殺”:“V 死”有 155 次,[②] A、B 兩部都用(A 部 88 次);“V 殺”只見於 B 部(7 次)。

(10)“這麽著”:A 部 31 次,B 部 39 次,B 部比例偏高。

(11)“既這麽 X”與形義相當的格式:“既這麽 X”A 部 26 次,B 部 17 次;“既這樣 X”A 部 37 次,B 部 4 次;“既如此 X”A 部 24 次,B 部 3 次。A 部各式都常用,而 B 部主要用“既這麽 X”。

(12)選擇問連詞:選擇問“還是……還是”A 部 9 次,B 部 2 次;“是……還是”A 部 4 次,B 部 5 次;“ø……還是”A 部 7 次,B 部 3 次。就相對比例言,B 部較少用“還是……還是”。

(13)修飾“哭”的程度副詞:“痛哭”A 部只有 6 次,B 部卻有 21 次。另外,“大哭”A 部只有 22 次,B 部有 36 次,也是後者多。

(14)“奈”:除了用在“無可奈何”和“無奈何”這種套式之中,還有其他動詞用法。[③]用作動詞的“奈”在 A 部的用法較多樣化。A 部的“奈”用如“怎奈”的有 9 次,另外還用在如下的格式中:“怎奈”4 次;“爭奈”6 次;“奈 NP 何”2 次;“無奈”接句賓 36 次,不接句賓 7 次。B 部“奈”用法較有限。“奈”單用且義如“怎奈”2 次;“怎奈”9 次;“爭奈”“奈 NP 何”0 次;“無奈”接句賓 15 次,不接句賓 10 次。另外 A 部及 B 部都各有用作動詞的“奈何”2 次,但 A 部是及物用法而 B 部是不及物用法。

---

① 這裏暫且把用在“把”字式的動詞視爲帶及物性。

② 不含“V 不死”式。

③ 上古漢語“奈”要搭配“何”使用,近代漢語“奈”可脱離“何”而獨自用爲動詞。此外“奈”還有用爲“耐”的,不論。

(15)“忙”搭配言述之詞:“忙説”“忙道”“忙説道”(後接引言)多見於 A 部(145 次),B 部只有 4 次(含“著忙道”“急忙道”各 1 次)。“忙笑説”“忙笑道”也幾乎只見於 A 部。

(16)思維動詞與言説動詞的搭配:“想道”A 部只有 26 次,B 部有 41 次,B 部比例偏高。另有“自思道”6 個,只見於 A 部。“自思”後直接思想内容之例也幾乎都在 A 部。

(17)“自爲”用如“自認爲”:“自爲”相當“自認爲”有 30 餘次,但 B 部僅 1 次。①

(18)“吃”“喝”“飲”的賓語爲流體食物:食用流體食物時,動詞用“吃”A 部 562 次,B 部 50 次;動詞用“喝”A 部 74 次,B 部 133 次;動詞用“飲”A 部 69 次,B 部 5 次。②顯見 A 部傾向於使用“吃”,比較少用“喝”或“飲”;B 部則多用“喝”少用“吃”,而“飲”近於廢置。

(19)B 部有“失魂落魄”3 次,“失魂喪魄”1 次;A 部皆無。

(20)A 部有 6 個“興興頭頭”,B 部未見。

(21)“比”字比較句的基準項在 B 部有“先前”3 次,不見於 A 部;A 部常用“先”(約 20 例,B 部只 1 例),也用“先時”(A 部 3 次,B 部無例)。③

三　結論

本文將《紅樓夢》分割成 A1、A2、A3、A4、B1、B2 等六組(A1、A2、A3、A4 屬前八十回,B1、B2 屬後四十回),並藉著用詞的相關性以及同義詞的比較來考察各組間語言的異同,目的是希望可以依此判定《紅樓夢》前八十回與後四十回作者的異同。

我們分别以詞頻 60 次(含)以上以及 120 次(含)以上的詞爲範圍,計算各組間用詞的相關性,結果是各組間顯著相關,但 A 部和 B 部間的相關數值要比兩部内各組間的相關數值要小一些。再通過一個篩選方法從以上兩個範圍中挑選出分布較不均衡的詞,並計算各組間的相關值,結果是 A 部和 B 部間的相關係數比起兩部内部各組間的相關係數要低了許多,其中 B2 和 A 部各組的相關係數又頗低於 B1 和 A 部各組的相關係數。假定一個作家的用詞在主題相當的不同作品中大致是恆定的,那麼依據上述,《紅樓夢》的 A 部和 B 部如果是同一個作者,就不應有如此大的分歧,因此初步的結論是二者的作者非屬一人。此外,B1 和 B2 雖然密切相關,但 B2 和 A 部各組間的相關係數又頗低於 B1 和 A 部各組間的相關係數,這或許説明,如部分學者的推測,後四十回的前部留有曹雪芹的殘稿。

再比較同義詞在 A、B 兩部中的分布,也發現與上述研究大致平行的狀況,即 A、B 兩部

① 另有意義相當的“自謂”4 次(語料庫並沒有標作一詞),A 部和 B 部各 2 次。A 部中的一例是見於詩中,另一例是在議論帖子上的文字時説的,也就是口語性都較低。

② 劉鈞杰(1986)已對“吃”“喝”和流體食物的搭配關係做了一個示範,只是他在前八十回只選了四十回。

③ 沒有主要動詞的不列入,例如“自然不比先前了”“不比先時的光景”等。

可以明確區别，而B2在用詞上又有一些超出其他各組的特異之處。

以上這兩個方法都可以証明A部和B部的語言有很明顯的差異，因此初步的推斷二者並非出自一手。但是要証明其確非同一作者，我們所做的應當還是不夠的。要合乎科學的研究，我們需要有一個既經証實的數據作爲評判的標準，也就是要對文體及主題都相當的若干章回小説用同樣的標準測試過，得出一個判别作者異同的準據，然後再用來評量《紅樓夢》，依據這樣的程序所得到的結果也會比較可信。只是目前要這麽做的條件尚未成熟，要達到這個目標尚待未來的努力。

參考文獻

陳大康　1987　《從數理語言學看後四十回的作者——與陳炳藻先生商榷》，《紅樓夢學刊》第1期。

黄曉惠　1996　《〈紅樓夢〉中差比句式的運用——兼論前80回和后40回的差異》，《安徽師大學報》第1期。

劉寶霞　2012　《程高本〈紅樓夢〉異文與詞彙研究》，《紅樓夢學刊》第3期。

劉鈞杰　1986　《〈紅樓夢〉前八十回與後四十回言語差異考察》，《語言研究》第1期。

汪維輝　2010　《〈紅樓夢〉前80回和後40回的詞彙差異》，《古漢語研究》第3期。

嚴安政　1991　《從"忙"和"連忙"看後四十回作者問題》，《紅樓夢學刊》第2期。

嚴安政　2009　《〈紅樓夢〉64、67兩回可能非原作之一証》，《咸陽師範學院學報》第3期。

Hanan, Patrick　1973　*The Chinese Short Story: Studies in Dating, Authorship, and Composition*. Cambridge: Harvard University Press.

Identifying the Authors of "*Dream of the Red Chamber*"
Based on the Distribution of Common Words

WEI Pei-chuan

Abstract: The main purpose of this paper is to identify the authors of the "*Dream of the Red Chamber*" by means of comparison of the common words between the first 80 chapters and the last 40 of this book. Our research steps are as follows: firstly, the 120 chapters of the "*Dream of the Red Chamber*" were divided into six groups; secondly, some common words with comparable value were selected to compare between the six groups. The two methods of comparison we adopted are as follows: (1) calculating the correlation coefficient of the common words between the six groups; (2) comparing the frequency of synonyms between the six groups. The result is that there are obvious differences between the first 80 chapters and the last 40 of the "*Dream of the Red Chamber*", and the preliminary conclusion is that these two parts of this book are not written by the same person.

Key words: *Dream of the Red Chamber*, common words, synonyms, correlation coefficient, lexicon

（魏培泉　臺北"中研院"語言學研究所　11529）

附録:

表一(甲)①

詞項	詞類	合計	A1	A2	A3	A4	B1	B2	64,67
乃	Dl	151	84	9	10	36	4	7	1
凡	Neqa	111	23	11	27	41	5	3	1
也	T	60	41	1	2	8	4	4	0
已	Dd	709	152	58	125	158	92	101	23
之	DE	1715	604	175	248	436	100	124	28
之	Nh	96	40	12	13	19	4	8	0
云	VE	90	48	17	3	12	7	3	0
及	Caa	46	12	1	12	10	5	2	4
方	Dl	657	165	115	140	162	30	26	19
曰	VE	28	15	5	1	5	0	2	0
且	Dd	535	69	72	96	151	68	72	7
以	Cbb,P	224	82	20	32	46	23	16	5
未	Dc	520	127	68	65	99	75	72	14
亦	Dl	346	148	29	56	70	9	18	16
因	Dl	1634	326	232	277	403	230	120	46
如	VG	255	72	35	38	53	26	29	2
如何	Dj,VH	288	54	44	66	69	27	16	12
此	Nh	684	227	68	66	129	82	88	24
而已	T	51	20	3	3	15	5	1	4
自	Dh	548	105	89	84	131	71	62	6
自	P	106	36	9	5	19	13	16	8
何	Nh	260	87	30	27	40	29	36	11
即	Dl	132	44	9	4	15	23	34	3
矣	T	46	26	7	1	8	3	1	0
其	Nh	271	130	23	28	57	15	12	6
彼	Nh	51	28	7	4	8	1	2	1
所	T8	318	92	47	35	55	22	61	6
於(于)	P	270	99	40	46	52	7	20	6
果	Dbb	85	14	10	28	19	4	9	1
者	T8	269	106	29	39	58	10	26	1
非	Dc	129	51	15	6	20	14	19	4
則	Dl	129	67	16	9	18	8	11	0
故	Cbb	152	50	20	27	40	6	9	0
皆	Dab	371	109	30	96	122	6	6	2
若	VG	37	20	1	3	7	2	4	0

① 表一至表四,A1 爲 1—20 回,A2 爲 21—40 回,A3 爲 41—60 回,A4 爲 61—63,65—66,68—80 回,B1 爲 81—100 回,B2 爲 101—120。

续表

詞項	詞類	合計	A1	A2	A3	A4	B1	B2	64,67
俱	Dab	136	33	10	17	12	24	36	4
豈	Dbb	330	63	49	56	78	28	52	4
惟(唯)	Daa	94	11	14	9	15	25	19	1
復	Dd	108	18	7	17	20	13	30	3
曾	Dd	111	33	12	11	30	12	12	1
然	Cbb	54	18	6	7	19	2	2	0
猶	Dd	85	18	14	14	23	4	10	2
遂	Dl	211	79	14	11	67	14	8	18
縱	Cbb	48	8	3	14	22	1	0	0
雖	Cbb	596	105	48	128	130	85	95	5
總計		13147	3759	1534	2006	3007	1238	1304	299

表一(乙)

詞項	詞類	A1	A2	A3	A4	B1	B2
乃	Dl	78.379①	7.781	7.958	29.532	3.474	5.957
凡	Neqa	21.461	9.51	21.49	33.634	4.343	2.553
也	T	38.257	0.865	1.592	6.5627	3.474	3.404
已	Dd	141.83	50.14	99.47	129.61	79.91	85.95
之	DE	563.59	151.3	197.4	357.67	86.85	105.5
之	Nh	37.324	10.37	10.34	15.586	3.474	6.808
云	VE	44.788	14.7	2.387	9.8441	6.08	2.553
及	Caa	11.197	0.865	9.549	8.2034	4.343	1.702
方	Dl	153.96	99.42	111.4	132.89	26.06	22.13
曰	VE	13.996	4.323	0.796	4.1017	0	1.702
且	Dd	64.383	62.24	76.39	123.87	59.06	61.27
以	Cbb,P	76.513	17.29	25.46	37.736	19.98	13.62
未	Dc	118.5	58.79	51.72	81.213	65.14	61.27
亦	Dl	138.1	25.07	44.56	57.424	7.817	15.32
因	Dl	304.19	200.6	220.4	330.6	199.8	102.1
如	VG	67.182	30.26	30.24	43.478	22.58	24.68
如何	Dj,VH	50.387	38.04	52.52	56.603	23.45	13.62
此	Nh	211.81	58.79	52.52	105.82	71.22	74.89
而已	T	18.662	2.594	2.387	12.305	4.343	0.851
自	Dh	97.974	76.94	66.84	107.46	61.67	52.76
自	P	33.591	7.781	3.979	15.586	11.29	13.62
何	Nh	81.179	25.94	21.49	32.814	25.19	30.64
即	Dl	41.056	7.781	3.183	12.305	19.98	28.94
矣	T	24.26	6.052	0.796	6.5627	2.606	0.851
其	Nh	121.3	19.88	22.28	46.759	13.03	10.21

① 表一(乙)、表二(乙)、表三、表四中各詞的各項數值是每十萬字中該詞的使用頻率。

续表

詞項	詞類	A1	A2	A3	A4	B1	B2
彼	Nh	26.126	6.052	3.183	6.5627	0.869	1.702
所	T8	85.844	40.63	27.85	45.119	19.11	51.91
於(于)	P	92.376	34.58	36.61	42.658	6.08	17.02
果	Dbb	13.063	8.645	22.28	15.586	3.474	7.659
者	T8	98.907	25.07	31.03	47.58	8.685	22.13
非	Dc	47.588	12.97	4.775	16.407	12.16	16.17
則	Dl	62.517	13.83	7.162	14.766	6.948	9.361
故	Cbb	46.654	17.29	21.49	32.814	5.211	7.659
皆	Dab	101.71	25.94	76.39	100.08	5.211	5.106
若	VG	18.662	0.865	2.387	5.7424	1.737	3.404
俱	Dab	30.792	8.645	13.53	9.8441	20.85	30.64
豈	Dbb	58.785	42.36	44.56	63.986	24.32	44.25
惟(唯)	Daa	10.264	12.1	7.162	12.305	21.71	16.17
復	Dd	16.796	6.052	13.53	16.407	11.29	25.53
曾	Dd	30.792	10.37	8.753	24.61	10.42	10.21
然	Cbb	16.796	5.187	5.57	15.586	1.737	1.702
猶	Dd	16.796	12.1	11.14	18.868	3.474	8.51
遂	Dl	73.714	12.1	8.753	54.963	12.16	6.808
縱	Cbb	7.4647	2.594	11.14	18.047	0.869	0
雖	Cbb	97.974	41.5	101.9	106.64	73.83	80.85
總計		3507.4897	1326.202	1596.342	2466.7408	1075.309	1109.692

表二(甲)

詞項	詞類	合計	A1	A2	A3	A4	B1	B2	64,67
了	Di,T	20617	2499	3507	3921	3461	3356	3414	459
了	T	10903	1337	1965	2065	1749	1766	1813	208
又	Dl	5177	735	834	1057	992	745	684	130
也	Dl	6020	645	1019	1221	1002	1021	997	115
已經	Dd	208	10	18	37	22	70	45	6
才	Dl	1195	139	171	205	203	253	186	38
不成	T	177	27	34	57	40	8	9	2
什麼	Nh	1675	188	332	259	234	311	310	41
比	P	330	55	54	76	67	35	37	6
只	Daa	4057	556	689	675	718	637	698	84
同	Caa,P	276	41	55	29	35	63	43	10
多少	Neqa	147	12	20	42	24	22	24	3
似的	T4	122	10	19	25	16	30	19	3
别	Nes	271	49	44	48	64	35	25	6
把	P	1014	64	215	170	133	234	171	27
沒	Dc	552	45	98	148	76	87	81	17

续表

詞項	詞類	合計	A1	A2	A3	A4	B1	B2	64,67
沒有	Dc	222	7	19	14	19	69	88	6
那	Nh	2880	410	535	451	335	491	602	56
那裏	Dj	457	43	75	88	44	98	88	21
到底	Dbb	247	20	34	33	37	59	60	4
呢	T	1820	236	357	255	177	398	321	76
所以	Cbb	468	40	34	76	103	100	104	11
的	DE	12212	1507	1820	2230	2056	2026	2351	222
的	T3	1222	187	278	245	224	153	116	19
便	Dl	3786	441	653	669	577	598	796	52
卻	Dl	701	112	94	91	113	189	77	25
咱們	Nh	610	67	63	124	127	102	114	13
很	Dfa	188	13	22	24	22	52	49	6
怎麽	Dj,Dfa,Dh,VH	810	68	160	106	105	187	166	18
爲什麽	Dj,VH	153	5	28	17	11	49	39	4
要	Cbb	137	12	49	21	7	30	14	4
們	T6	1133	162	168	235	224	145	174	25
將	P	869	116	114	161	169	96	182	31
得	T3	530	50	22	51	48	177	173	9
這	Nh	4768	648	831	988	920	684	604	93
這麽	Dfa,Dh,VH	412	40	95	67	19	107	75	9
這樣	Dh,Dfa,VH	656	65	100	100	146	105	127	4
連	Cbb	393	48	76	86	97	40	37	9
都	Dab	2599	293	489	546	458	375	394	44
給	P2,P1	361	27	35	57	37	114	63	28
著	Di	5401	615	945	952	705	1148	888	148
過	Di	354	56	43	59	67	64	63	2
麽	T	319	16	11	5	5	114	156	12
罷	T	922	93	168	149	114	215	159	24
罷了	T	154	27	22	36	39	9	18	3
還	Dd	2238	225	423	399	352	391	410	38
雖然	Cbb	121	12	26	21	34	12	14	2
難道	Dbb	192	27	62	37	31	16	16	3
總計		89173	10763	14960	16363	14509	15320	15281	1968

表二(乙)

詞項	詞類	A1	A2	A3	A4	B1	B2
了	Di,T	2331.79	3031.82	3120.20	2839.19	2914.84	2946.91
又	Dl	685.82	721.00	841.13	813.78	647.07	590.42
也	Dl	601.84	880.93	971.63	821.98	886.79	860.60
已經	Dd	9.33	15.56	29.44	18.05	60.80	38.84

续表

詞項	詞類	A1	A2	A3	A4	B1	B2
才	Dl	129.70	147.83	163.13	166.53	219.74	160.55
不成	T	25.19	29.39	45.36	32.81	6.95	7.77
什麼	Nh	175.42	287.02	206.10	191.96	270.12	267.59
比	P	51.32	46.68	60.48	54.96	30.40	31.94
只	Daa	518.80	595.64	537.14	589.00	553.26	602.50
同	Caa,P	38.26	47.55	23.08	28.71	54.72	37.12
多少	Neqa	11.20	17.29	33.42	19.69	19.11	20.72
似的	T4	9.33	16.43	19.89	13.13	26.06	16.40
别	Nes	45.72	38.04	38.20	52.50	30.40	21.58
把	P	59.72	185.87	135.28	109.10	203.24	147.60
沒	Dc	41.99	84.72	117.77	62.35	75.56	69.92
沒有	Dc	6.53	16.43	11.14	15.59	59.93	75.96
那	Nh	382.57	462.51	358.89	274.81	426.46	519.64
那裏	Dj	40.12	64.84	70.03	36.09	85.12	75.96
到底	Dbb	18.66	29.39	26.26	30.35	51.24	51.79
呢	T	220.21	308.63	202.92	145.20	345.68	277.08
所以	Cbb	37.32	29.39	60.48	84.49	86.85	89.77
的	DE	1406.16	1573.40	1774.56	1686.61	1759.67	2029.35
的	T3	174.49	240.33	194.96	183.76	132.89	100.13
便	Dl	411.49	564.52	532.37	473.33	519.39	687.10
卻	Dl	104.51	81.26	72.41	92.70	164.16	66.47
咱們	Nh	62.52	54.46	98.68	104.18	88.59	98.40
很	Dfa	12.13	19.02	19.10	18.05	45.16	42.30
怎麼	Dj,Dfa,Dh,VH	63.45	138.32	84.35	86.14	162.42	143.29
爲什麼	Dj,VH	4.67	24.21	13.53	9.02	42.56	33.66
要	Cbb	11.20	42.36	16.71	5.74	26.06	12.08
們	T6	151.16	145.24	187.01	183.76	125.94	150.19
將	P	108.24	98.55	128.12	138.64	83.38	157.10
得	T3	46.65	19.02	40.58	39.38	153.73	149.33
這	Nh	604.64	718.40	786.22	754.71	594.09	521.36
這麼	Dfa,Dh,VH	37.32	82.13	53.32	15.59	92.93	64.74
這樣	Dh,Dfa,VH	60.65	86.45	79.58	119.77	91.20	109.62
連	Cbb	44.79	65.70	68.44	79.57	34.74	31.94
都	Dab	273.39	422.74	434.49	375.71	325.70	340.09
給	P2,P1	25.19	30.26	45.36	30.35	99.01	54.38
著	Di	573.85	816.96	757.57	578.34	997.09	766.51
過	Di	52.25	37.17	46.95	54.96	55.59	54.38
麽	T	14.93	9.51	3.98	4.10	99.01	134.66
罷	T	86.78	145.24	118.57	93.52	186.74	137.25
罷了	T	25.19	19.02	28.65	31.99	7.82	15.54
還	Dd	209.94	365.69	317.51	288.76	339.60	353.91
雖然	Cbb	11.20	22.48	16.71	27.89	10.42	12.08

续表

詞項	詞類	A1	A2	A3	A4	B1	B2
難道	Dbb	25.19	53.60	29.44	25.43	13.90	13.81
總計		10042.83	12933.01	13021.13	11902.28	13306.12	13190.33

表三

詞項	詞類	A1	A2	A3	A4	B1	B2
一行	Dh	0.00	7.78	11.14	4.92	0.00	0.00
一面	Dh	105.44	198.84	147.22	86.96	67.75	63.01
一壁	Dh	1.87	0.00	0.80	8.20	0.00	0.00
一頭	Dh	1.87	3.46	3.98	9.84	5.21	0.00
一邊	Dh	0.00	6.05	3.18	0.00	0.00	0.00
L 面	Ng	102.64	58.79	50.93	48.40	59.93	43.16
L 頭	Ng	22.39	68.30	107.43	73.83	138.10	197.67
L 邊	Ng	7.46	6.92	14.32	8.20	9.55	5.18
時候(兒)	Nd	15.86	9.51	1.59	6.56	59.06	52.65
時節	Nd	4.67	4.32	3.98	4.92	0.00	0.00
各人	Nh	1.87	15.56	9.55	6.56	6.95	6.04
各自	Nh	6.53	12.10	10.34	9.02	26.06	35.39
才剛	Nd	2.80	6.92	1.59	5.74	9.55	1.73
剛才	Nd	1.87	2.59	0.80	1.64	35.61	10.36
丫頭(子)	Na	64.38	170.31	124.14	158.33	179.79	105.31
丫鬟	Na	60.65	29.39	49.34	47.58	4.34	0.86
不料	Dbb	4.67	0.86	0.00	1.64	5.21	12.08
不想	Dbb	11.20	26.80	5.57	6.56	6.08	6.04
好似	VG	0.00	3.46	0.80	2.46	0.87	1.73
好像	VG	0.00	0.86	0.00	0.00	8.69	8.63
找	VC	25.19	51.01	72.41	54.96	78.17	66.47
尋	VC	25.19	27.66	20.69	41.02	7.82	13.81
記掛	VK	6.53	12.10	4.77	3.28	0.00	1.73
惦記	VK	0.00	0.00	0.00	0.00	8.69	6.91
叫(教)	VF,VL	125.03	263.67	218.84	146.84	435.14	391.89
使	VF,VL	30.79	21.61	19.10	38.56	7.82	4.32
喚	VF	6.53	13.83	11.94	14.77	6.08	3.45
著	VL,VF	14.00	13.83	15.12	22.15	34.74	56.11
命	VF	111.97	74.35	143.24	141.92	20.85	37.98
令	VF,VL	34.52	39.77	15.12	22.97	5.21	9.50
可巧	Dbb	19.59	19.88	16.71	17.23	0.87	0.00
恰好	Daa	0.93	0.00	1.59	4.92	6.08	7.77
向來	Dd	0.00	0.00	0.00	0.82	12.16	2.59
素來	Dd	0.00	0.00	0.00	0.00	3.47	8.63
自來	Dd	2.80	0.00	0.80	3.28	0.00	0.00

续表

詞項	詞類	A1	A2	A3	A4	B1	B2
從來	Dd	5.60	12.10	2.39	3.28	2.61	3.45
偏生	Dbb	5.60	19.02	2.39	4.10	0.87	1.73
偏偏(兒)	Dbb	2.80	0.86	0.00	0.82	4.34	6.04

表三(續)

詞項	詞類	A1	A2	A3	A4	B1	B2
不要①		17.73	12.97	7.16	9.02	22.58	26.76
别	Dc	73.71	99.42	116.98	93.52	73.83	46.61
休	Dc	5.60	3.46	3.18	9.02	0.00	0.00
到(倒)底	Dbb	18.66	29.39	26.26	30.35	51.24	53.52
究竟	Dbb	2.80	8.65	7.96	15.59	1.74	12.08
幸而	Dbb	8.40	9.51	6.37	8.20	0.00	0.00
幸喜	Dbb	0.00	0.00	0.80	0.00	2.61	6.91
幸虧	Dbb	2.80	1.73	8.75	1.64	8.69	8.63
索性	Dbb	1.87	0.86	0.00	0.00	21.71	14.67
越性	Dbb	3.73	6.92	9.55	9.02	0.00	0.00
皆	Dab	101.71	25.94	76.39	100.08	5.21	5.18
俱	Dab	30.79	8.65	13.53	9.84	20.85	31.07
便	Dl	411.49	564.52	532.37	473.33	519.39	687.10
就	Dl	403.09	510.06	479.85	434.78	393.45	436.77
更加	Dfa	2.80	0.86	0.00	1.64	9.55	21.58
越發	Dfa	27.06	41.50	37.40	29.53	16.50	13.81
難道	Dbb	25.19	53.60	29.44	25.43	13.90	13.81
沒的	Dbb	5.60	4.32	5.57	7.38	2.61	1.73
不成	T	25.19	29.39	45.36	32.81	6.95	7.77
替	P1	29.86	78.67	49.34	24.61	19.98	26.76
給$_1$	VD	58.78	120.17	120.16	92.70	79.04	96.68
與$_1$	VD	79.31	76.08	98.68	82.03	21.71	6.91
給$_2$	P2,P1	25.19	30.26	45.36	30.35	99.01	54.38
與$_2$	P1,P2	21.46	13.83	27.06	22.15	6.95	5.18
因此	Cbb	50.39	30.26	16.71	35.27	9.55	2.59
所以	Cbb	37.32	29.39	60.48	84.49	86.85	89.77
雖然	Cbb	11.20	22.48	16.71	27.89	10.42	12.08
雖説	Cbb	2.80	6.05	3.18	2.46	4.34	25.90
不曾	T	3.73	6.92	3.98	3.28	0.00	0.00
沒有	T	10.26	6.92	7.16	4.92	37.35	19.85

① 本表的“不要”没有詞類標示是因爲在語料庫中“不”和“要”是切分爲二詞的。表四的“怪不得”也是同樣的情況。

表四

詞項	詞類	A1	A2	A3	A4	B1	B2
能	VL	107.31	52.73	61.27	93.52	84.25	113.94
能夠	VL	4.67	3.46	1.59	1.64	12.16	12.08
忙	VH,Dh	215.54	208.35	344.57	246.92	42.56	25.90
忙忙	VH	12.13	8.65	7.16	7.38	3.47	3.45
即忙	Dd	0.93	0.00	0.00	0.82	6.95	13.81
急忙	Dh	4.67	0.86	0.80	0.82	11.29	18.99
疾忙	Dh	0.00	0.86	0.00	0.00	0.00	6.91
連忙	Dh	27.06	30.26	11.14	14.77	76.43	21.58
慌忙	VH	0.00	0.86	1.59	0.00	0.00	3.45
趕忙	Dh	0.00	0.86	1.59	1.64	18.24	10.36
略	Dh	35.46	11.24	15.12	23.79	39.95	28.49
略略	Dh	0.93	0.86	0.80	0.00	4.34	6.04
已	Dd	141.83	50.14	99.47	129.61	79.91	87.18
已竟	Dd	0.00	0.00	0.00	2.46	0.00	0.00
已經	Dd	9.33	15.56	29.44	18.05	60.80	38.84
正	Dd	133.43	136.59	141.65	120.59	123.33	120.85
正在	Dd	1.87	0.00	1.59	0.00	11.29	21.58
正自	Dd	2.80	10.37	2.39	0.82	2.61	5.18
正然	Dd	0.00	0.00	0.80	0.00	0.00	0.86
好好	VH	6.53	24.21	5.57	11.48	6.08	13.81
好好兒	VH	0.00	0.00	0.80	0.00	6.08	4.32
現	Nd	34.52	13.83	11.14	27.89	6.08	8.63
現在	Nd	4.67	2.59	3.98	4.10	10.42	35.39
況	Cbb	11.20	7.78	3.18	13.95	5.21	12.08
何況	Cbb	3.73	1.73	5.57	11.48	3.47	0.00
況且	Cbb	18.66	12.10	19.10	38.56	33.87	31.07
況自	Cbb	0.93	0.00	0.00	0.00	0.00	0.00
但	Cbb	34.52	11.24	8.75	31.17	16.50	26.76
但是	Cbb	4.67	0.00	0.00	0.00	17.37	31.94
但只	Cbb	3.73	4.32	3.98	3.28	11.29	7.77
但只是	Cbb	2.80	4.32	0.00	1.64	1.74	0.86
沒	Dc	41.99	84.72	117.77	62.35	75.56	69.92
沒	VJ	83.98	137.46	148.01	142.74	97.28	88.91
沒有	Dc	6.53	16.43	11.14	15.59	59.93	75.96
沒有	VJ	39.19	36.31	58.89	47.58	103.36	93.22
或	Dba	9.33	2.59	9.55	9.02	3.47	5.18
或者	Dba	3.73	3.46	2.39	1.64	12.16	12.08
怪不得		0.93	0.86	2.39	3.28	6.08	0.86
怪道	Dbb	4.67	12.10	12.73	5.74	0.87	0.00

表五

詞項	詞類	A1	A2	A3	A4	B1	B2
罷了	T	25.19	19.02	28.65	31.99	7.82	15.54
罷咧	T	0.00	0.00	0.00	0.00	9.55	12.08
嗎	T	0.00	0.00	0.00	0.00	25.19	39.71
麼	T	14.93	9.51	3.98	4.10	99.01	134.66
媽媽(子)	Na	14.93	4.32	19.10	17.23	35.61	10.36
嬷嬷	Na	55.05	19.02	33.42	17.23	0.00	0.00
姐姐	Na	14.00	76.94	56.50	130.43	77.30	61.29
姊姊	Na	35.46	0.86	0.00	0.00	0.00	0.86
委曲	Na,VHC	7.46	7.78	14.32	6.56	6.95	4.32
委屈	Na,VHC	2.80	0.00	7.96	4.10	6.95	4.32
作	VC,VG	152.09	183.28	177.46	195.24	92.93	83.73
做	VC,VG	17.73	79.53	50.93	52.50	123.33	103.58
的	T3	174.49	240.33	194.96	183.76	132.89	100.13
得	T3	46.65	19.02	40.58	39.38	153.73	149.33

表六

近代漢語詞類標記	近代漢語詞類標記中文說明
A	非謂形容詞
Caa	對等連接詞,如:和、跟
Cbb	關聯連接詞
Daa	數量副詞,可直接修飾名詞組
Dab	數量副詞,不可直接修飾名詞組
Dba	法相副詞
Dbb	評價副詞
Dc	否定副詞
Dd	時間副詞
DE	的,之
Dfa	動作前程度副詞
Dfb	動作後程度副詞
Dg	地方副詞
Dh	方式副詞
Di	時態標記
Dj	疑問副詞
Dk	句副詞
Dl	關連副詞
FW	外文標記
I	感歎詞
Na	普通名詞
Nb	專有名稱
Nc	地方詞
Nd	時間詞
Neqa	數量定詞
Nes	特指定詞
Neu	數詞定詞
Nf	量詞
Ng	後置詞
Nh	代名詞
P	介詞
SHI	是
T	語助詞
T3	結構助詞
T4	位於描繪情狀的詞語之後的依附詞
T5	從句後的依附詞
T6	表複數的依附詞
T7	表約數或餘數的依附詞
T8	代詞性附屬詞
U	待分析詞句
V_2	有
VA	動作不及物動詞
VAC	動作使動動詞
VB	動作類及物動詞

续表

近代漢語詞類標記	近代漢語詞類標記中文説明
VC	動作及物動詞
VCL	動作接地方賓語動詞
VD	雙賓動詞
VE	動作句賓動詞
VF	動作謂賓動詞
VG	分類動詞
VH	狀態不及物動詞
VHC	狀態使動動詞
VI	狀態類及物動詞
VJ	狀態及物動詞
VK	狀態句賓動詞
VL	狀態謂賓動詞

《京本通俗小説》係僞書的語言學證據*

汪維輝

提　要　《京本通俗小説》是不是一部僞書？80多年來學術界爭論激烈，訖無定論。爭論雙方都舉出了很多證據，但是從語言學角度加以論證者很少。語言具有時代性，可以爲解決疑案提供關鍵性證據。本文首先對研究史做了簡要的梳理，認爲《京本》是僞書；然後通過分析《京本》獨有的異文提出新證。這種異文共有81條，大致可以分成三類：一類是《京本》改錯的（56條），一類是改對的（5條），還有一類是可以兩通的（20條）。這些異文涉及一批詞語在宋元明清時期的時代差異，爲《京本》是一部僞書的結論提供了新的證據。《京本》所收的7篇作品就是從三桂堂本《警世通言》（6篇）和衍慶堂本《醒世恆言》（1篇）中抄出來的，只是略加改動而已。這部僞書給文學史和漢語史、俗字史的研究以及辭書編纂等平添了許多無謂的紛亂，應該正本清源，徹底把它摒棄了。

關鍵詞　《京本通俗小説》　僞書　三言　近代漢語　詞彙

○　引言

《京本通俗小説》（以下通稱“《京本》”）刊布已有104年，關於其書真僞的爭論也有82年了，然而至今仍然没有定論。① 爭論雙方都舉出了很多證據，但是從語言學角度加以論證者很少。② 語言具有時代性，如果是僞作，那麽再高明的作僞者也不可能做到天衣無縫、滴水不

---

* 謹以此文慶賀蔣紹愚先生八十華誕。祝願先生健康長壽，學術之樹常青。文章撰寫過程中承好友竹越孝教授和友生徐多懿、邵珠君、許峻瑋、姚偉嘉、胡波、張海媚、楊奉聯等提供資料，姚偉嘉和邵珠君幫助翻譯日文文獻，好友周志鋒教授、楊琳教授和友生徐多懿、趙川瑩、戴佳文、趙鐵鋅、史文磊、真大成等對初稿提出過很好的意見。2018年3月15日晚上，同門學術沙龍“漢語詞彙史讀書會”討論過本文，與會同學也提供了有價值的意見和材料。文章在國際中國語言學學會第26届年會（IACL26，2018年5月4—6日，美國威斯康星大學麥迪遜分校）分組會上報告過，朱慶之教授等與會學者有所討論。文章曾經投稿給《文史》，承蒙匿名審稿專家提出不少有價值的意見，修改時有所吸收。謹此統致謝忱。文中如有錯誤，概由作者負責。

① 如《中國通俗小説總目提要》“京本通俗小説（殘）”條説：“看來此書不一定是僞書，但也不會是‘影元人寫本’，可能是明代中後期出現的一部話本小説集。”（蕭欣橋撰稿）《中國古代小説總目・白話卷》“京本通俗小説殘卷十卷”條也只是客觀地介紹各家説法而未下斷語。（王國良撰稿）徐朔方（1997）説：“馬氏論文（引者按：指馬幼垣、馬泰來1965）對《京本通俗小説》的真僞問題提出大膽的懷疑，而又言之成理，持之有故，它有利於研究的深入，但簡單地斥之爲‘僞書’，未免論證不足，言之過早。”這些看法有一定的代表性。另可參看楊洪昇（2008：361注①）及網上文章《〈京本〉刊行百年來真僞問題討論歷程簡述》（作者不詳），http://bbs.gxsd.com.cn/forum.php?mod=viewthread&tid=1010916。

② 劉堅先生撰有《從語言文字的角度看〈京本通俗小説〉的真僞》一文，係提交給中國語言學會第二届年會（1983年5月，安徽合肥）的論文（參看方一新《中古近代漢語詞彙學》上册第134頁，商務印書館2010年），筆者遍覓未得，十分遺憾。

漏,一定會露出破綻,而這些破綻就可以成爲解決疑案的關鍵性證據。本文打算在前人研究的基礎上從語言方面提出《京本》係僞書的新證據,希望有助於問題的最終解決。敬祈方家指正。

一　研究史回顧

《京本通俗小説》,繆荃孫於1915年影刻出版,包括7篇話本(卷十至卷十六),編入《煙畫東堂小品》。繆氏《跋》云:

> 宋人平話,即章回小説。《夢梁[①]録》云:"説話有四家,以小説家爲最。"此事盛行於南北宋,特藏書家不甚重之,坊賈又改頭换面,輕易名目,遂致傳本寥寥天壤。前只士禮居重刻《宣和遺事》,近則曹君直重刻《五代史平話》,爲天壤不易見之書。余避難滬上,索居無俚,聞親串粧奩中有舊鈔本書,類乎平話,假而得之,雜庋於《天雨花》《鳳雙飛》之中,搜得四册,破爛磨滅,的是影元人寫本。首行"京本通俗小説第幾卷",通體皆減筆小寫,閲之令人失笑。三册尚有錢遵王圖書,蓋即也是園中物。《錯斬崔寧》《馮玉梅團圓》二回見於書目,而"宋人詞話"標題,"詞"字乃"評"字之訛耳。[②] 所引詩詞,皆出宋人,雅韻欲流。并有可考者,如《碾玉觀音》一段,"三鎮節度延安郡王"指韓蘄王[③],"秦州雄武軍劉兩府"是劉錡,"楊和王"是楊沂中,官銜均不錯。尚有《定州三怪》一回,破碎太甚;《金主亮荒淫》兩卷,過于穢褻,未敢傳摹。與也是園有合有不合,亦不知其故。歲在旃蒙單閼,江東老蟫跋。

對於繆氏"的是影元人寫本"這句話,人們始而信之,繼而疑之、否之,最終發展到懷疑整部書的7篇作品都是繆荃孫從《警世通言》和《醒世恆言》中抄出來的,只是略加改動,所謂"《京本通俗小説》"實際上是一部僞書。先後參與討論的論著頗多,意見也很分歧,梳理研究史本身也是一件饒有趣味的事,但是限於篇幅,這裏無法細述,只能略舉其梗概,以便讀者瞭解主要觀點的來龍去脈。沒有確鑿證據的推測之説概置而不論。

對於《京本》一書的産生年代及其真僞的討論,大致可以分爲三個階段:[④]

1.1　信其爲真(1915—1930)

《京本》1915年刊布後,引起學界重視,一些著名學者如王國維(1922/1940)[⑤]、魯迅(1923,及《中國小説史略》)、馬廉(1926)、胡適(1929)、黎劭西(1929)等都視爲真本,加以介

---

① 按,當作"粱"。

② 按,繆説非是。"詞話"不誤。話本稱"詩話"(如《大唐三藏取經詩話》)或"詞話"(如《金瓶梅詞話》),是因爲其中常常穿插一些詩詞。參看孫楷第《詞話考》(收入其《滄州集》,中華書局1965年,97—108頁)。由此可見繆氏對話本的瞭解是有限的。

③ 這句話透露出繆荃孫改"三陣節度使"爲"三鎮節度使"的得意之情。詳下。

④ 雷威(1974/1979:111)把一些著名文學史專家的不同意見畫成一張圖表,可以參看。

⑤ 王國維《兩浙古刊本考》定其爲元本,見李家瑞(1935)。

紹或討論，基本未提出過疑問。[①]

1.2 否定其爲“影元人寫本”(1931—1936)

1931年，鄭振鐸發表《明清二代的平話集》一文，第一次論證了《京本》未刊的“金主亮荒淫”一篇應該是明代隆、萬以後的作品，並根據平話叢刻的進化史跡推論，《京本》不可能是元代的東西，而“當是明代隆、萬間的產物”：

> 最早的話本集，即集合許多篇薄帙單行的話本而彙刻之者，據今所知，當爲明代嘉靖中洪楩所編印的《清平山堂話本集》。……且嘉靖本的《清平山堂話本集》，其所收的内容是甚雜的，有的且不是“話本”而也被收入。又其話本，每篇各自起訖，並無編制，似爲隨得隨刊之書。這明是最原始的一個話本集子的式樣，“京本通俗小説”則不然。彼已很整齊劃一的分了卷數，且所收的話本，性質也極純粹，似無可懷疑其爲出於嘉靖之前[②]之刊物。(936頁)
>
> 這樣的看來，《京本通俗小説》的編輯時代似乎也要有些變動了。若《金主亮荒淫》果爲明人之作，則《京本通俗小説》當決不會如繆氏云云的“的是影元人寫本”。就平話的叢刻的進化史跡看來，元代而會產生那末篇幅至少會有十餘卷以上的内容純粹且又編次井然的《京本通俗小説》實是不可能的事。……像《京本通俗小説》那末編次井然，以第〇卷第〇卷爲次第的“話本集”，又像《京本通俗小説》那末内容純粹，不雜傳奇文的(就殘存的十卷看來，可知其實爲一部純粹的話本集)，在明嘉靖以前，似乎決不會產生；更不必説是在元代了。所以繆氏的“影元鈔本”云云，只不過是一個想當然的猜想，決不是一個定論。
>
> 我個人以爲，《京本通俗小説》當是明代隆、萬間的產物；其出現當在《清平山堂所刻話本》後，而在馮夢龍的《三言》前。(942頁)

之後李家瑞(1935)從俗字的演變上證明《京本》不是元鈔本，認爲：“通俗小説必是明人鈔寫的，最早還不能過宣德年間[③]。”

此外，捷克普實克(Jaroslav Prusek，又譯普魯雪克)與孫楷第(1951/1965：76—77)先後發現其中《馮玉梅團圓》一篇，開頭引明瞿佑(1341—1427)“簾捲水西樓”詞(見明田汝成《西湖遊覽志餘》卷二十五)，認爲“《京本通俗小説》至多是元末明初編的”。

這是研究的第一階段，證明了繆荃孫所謂“的是影元人寫本”的話並不可靠，而認爲應該是明代的鈔本。

1.3 真僞之爭(1937—現在)

這一階段圍繞《京本》的真僞問題展開了激烈的爭論，至今沒有達成共識。下面按發表

---

① 黎劭西(1929)“附注”説：“馬君和我談及：明人選刻宋元話本，也許有修飾的地方。繆刻本雖不少減筆字，惟太精整不類其他影元本；葉刻一種，可疑之點更多，大約是取之通言而僞託宋人原本者。俟證據充足時，馬君尚有專文論之。”馬君指著名小説史專家馬廉，可見他對《京本》是否“影元本”是有所懷疑的。

② 原文如此。馬幼垣、馬泰來(1965/1980：31)所引“之前”改作“以後”，當是。

③ 引者按：宣德爲1426—1435年。

時間先後列出雙方的主要論著,然後擇要介紹:

A. 持僞書説者:長澤規矩也(1937),太田辰夫(1958、1964),馬幼垣、馬泰來(1965),雷威(1974/1979),胡萬川(1977、1985),蘇興(1978、1979、1983),張志合(1988),石麟(1997),傅承州(2004)等。

B. 反對僞書説者:樂蘅軍(1969),聶恩彦(1982a、1982b、1986a、1986b),那宗訓(1984a、1984b),沈津(1994/2006),徐朔方(1997)等。

最早對《京本》提出疑問的其實是長澤規矩也(1928),但意見並不堅定,最終的結論還是此書"不是明末以後的僞作"。他説:

> 但是《京本通俗小説》果是宋代的著作不是呢?因爲原本的由來不能明瞭,所以若欲決定,對於其内容之仔細考證,實爲必要。尤其因爲繆荃孫在其跋中,沒有説明是影宋鈔本及元人鈔本,故若論定爲影元人鈔本,則更有慎重考較的必要。……但是於此有一個疑點,即前述明末短篇小説集的《三言》《二拍》,關於唐宋事跡,雖然很多,然除前所舉之例外,其注有宋本云云或宋人小説云云者實一篇也沒有。換句話,即除《京本通俗小説》所含之篇章外,實沒有明記依據宋人之所作者。此外只有一名某某,或舊名某某等模糊不明的記述。因此,由這彼此的符合,於是相信《通俗小説》,以明末之短篇小説集爲即宋人小説之變形的證據,但在同時從可疑方面説,則我們亦可以爲此書是反由明代短篇小説集而作成的一證。時代的名稱所以能夠改得很相當,這在僞作的人自然是很容易的事。……所以我的意見,以爲《京本通俗小説》即近此初期的書物,語物之不能如初時樣傳於後世,這是因爲文字等等逐漸變化,至鈔本的原本,則或即爲宋末元初之坊刻本亦未可知。(東生譯本,972—978頁)

受到鄭振鐸(1931)的啓發,長澤規矩也(1937)①的看法就不同了,明確提出《京本》是繆荃孫的僞作:

> 我曾對這本書有疑問,但不曾大膽公之於眾,和《清平山堂話本》相比較,勉强肯定了該書。如今卻想大膽地否定。在鄭先生的基礎上進一步推進,理由基於以上的懷疑,我認爲這恐怕是根據通行的"三言"(説是三言,其實《通言》和《恆言》就足夠了)僞作的古書。再次將理由列舉如下:一、僞作的内容僅限於通行的《通言》和《恆言》,沒有其他内容;二、相比較古本,文本内容更接近於通行的本子;三、繆氏對底本的説明不足;四、其中一篇殘破到略去不摹刻的程度,而其他幾篇卻幾乎連缺字都沒有;五、作爲繆氏藏書,蹤跡應很清楚,該書底本卻不知所蹤。如果認真想想,俗字的字體、"京本"的稱呼、相比元代俗本更接近明代俗本這幾點,就能看出繆氏僞作的破綻。比清平山堂所刻的話本體裁更規整,也是理所當然的了。……反復考慮後,我們倒不如認爲此書是繆氏僞作的,假設繆氏得到了某個本子,他就成了那個寫本的"作者",特意將其改成宋人作品的

① 這是首倡"僞書説"的一篇重要文章,可是沒有見到中譯本(可能是戰爭的緣故),所以中國學者鮮有提及。

樣子。因爲在《新編五代史平話》之後才出，本書説不定就是由好事老人繆先生仿前者戲作的。所以，博識如他，在跋中竟然對本書與《通言》《恆言》的關係一句未提。這番“真僞論”，並不是説《京本通俗小説》的內容全都不是宋人所作。它的內容來自“三言”，其中隱約能看到沒有變化的宋元話本面貌。只是，以前那樣用“三言”對比宋元作品的做法應該充分考慮。（邵珠君、姚偉嘉譯）

太田辰夫先生在 1958 年出版的《中國語歷史文法・跋》裏説：“至於《京本通俗小説》，可以想象，是繆荃孫從《警世通言》、《醒世恆言》中抽出來編成的僞書。”太田辰夫（1964 前言）①又説：“《京本通俗小説》本來就是所有篇目都選自《警世通言》和《醒世恆言》而虛構成的書。《京本通俗小説》中的簡體字和異體字極多。這是繆荃孫吩咐刻工陶子彝所爲，他（陶子彝）利用翻刻元刊本古今雜劇的經驗，②將《通言》《恆言》的字體改爲給人更古舊感覺的字體，在學術上是沒有價值的。”（姚偉嘉譯）

事實上，長澤規矩也和太田辰夫的上述看法在日本漢學界早已成爲共識，只是在中國，沒有得到海峽兩岸學術界的普遍認同，或者根本不知道有這些看法。

接下來最重要的論文是馬幼垣、馬泰來（1965），胡萬川（1977、1985）和蘇興（1978）。

馬幼垣、馬泰來（1965/1980）③對繆荃孫《跋》中所説的九篇話本（包括未刊的兩篇）的年代一一做了考訂，指出其中有幾篇是明人作品，因此《京本》不可能是“元人寫本”，而“如以‘京本通俗小説’和‘警世通言’、‘醒世恆言’互爲比勘，很容易發現巧合的地方，實在多至難以入信”。因此文章認爲：

> 綜合以上各點，“京本通俗小説”毫無疑問是從“警世通言”和“醒世恆言”抽選出來的，編集年代自然也後於三言。至於編輯的動機，更是明顯，只是企圖僞託一本足以吸引大家注意力的所謂宋人話本集，所以盡將原文“故宋”一類字句，改爲“我宋”等語，以附合宋人語氣。幸而各篇小説中不無可供考究年代的線索，加上善本“警世通言”、“醒世恆言”的比勘，僞託的真面便無復蔽飾。……“京本通俗小説”是最先由繆荃孫公之於世的，編者也很可能就是繆氏。……可是改動太多，破漏隨之，正留給後人探究真目的線索，則未必是編者所能預料的。（31—37 頁）

全文的結論是：

> 根據以上的考釋，“京本通俗小説”只是一部僞書，所收的話本全是從馮夢龍編著的

---

① 感謝好友竹越孝教授惠告並寄贈這一重要資料。

② 據友生趙鐵鋅博士查證，羅振玉和王國維是 1911 年去的日本。此間不知何時得到《元刊雜劇三十種》。狩野直喜教授以羅振玉藏本爲底本，邀請湖北著名刻書人陶子麟覆刻該書，並作爲《京都帝國大學文科大學叢書》第二種於日曆大正甲寅年（即民國三年，1914 年）出版。書前附狩野直喜所撰序文。（私人通信）太田先生所指當即此事。

③ 馬幼垣“補記”云：“屬稿時，我是香港大學的二年級學生，泰來還在唸中學，談不上寫學術文章的經驗。”（馬幼垣《中國小説史集稿》41 頁）

"警世通言"和"醒世恆言"抽選出來,略略改動某些辭句,企圖使讀者以爲是一部前所未聞的早期宋人話本集;而葉德輝的單刊本更是僞本之僞。這雙重的作僞完全支配近數十年來宋代通俗小説的探討,研究者以爲"京本通俗小説"在版本上較三言更接近原來面目,這種觀念實在有修正的必要。"京本通俗小説"既源自"警世通言"和"醒世恆言",且加上作僞性的改動,就是在文字比勘上,是否有若干價值,亦甚有問題。此書雖爲僞本,但所録的各篇,除"拗相公"是元人話本,"馮玉梅團圓"和"金主亮荒淫"二種是明人作品,其餘都是宋人遺篇,這是需要特爲説明的。(34—35頁)

最早採用文本逐句對照的方法來研究《京本》和《警世通言》之間關係的是吉川幸次郎(1941),他對照了《志誠張主管》一篇,認爲該篇是襲自《警世通言》,因此《京本》應當是出版於1625年以後(《通言》初版於1624年)。可惜他沒有運用更多相關的版本,將其他各篇一一加以對照。順着這個路子繼續往前走並取得重要突破的是胡萬川(1977)。他首先論證了兼善堂本《警世通言》是最早的善本,而三桂堂本《警世通言》則是後來翻刻的劣本,臺灣中央圖書館所藏的四十卷足本《警世通言》就是三桂堂本。然後將三本對校,舉出文字異同36條,認爲:"從這些異同來説,已經很明顯地可以看出三者的遞嬗之跡是:兼善堂本《通言》→三桂堂本《通言》→《京本通俗小説》。"胡萬川後來設法得到了衍慶堂本《醒世恆言》,跟最早的葉敬池本《醒世恆言》和《京本通俗小説》對校,也舉出字句異同26條,證明《京本》的《錯斬崔寧》一篇"仍然是根據《恆言》的翻刻本(引者按:即衍慶堂本)而來,而絕不可能是馮夢龍編《三言》的時候採用了《京本小説》當作底本的"。(見文後的"編者按")也就是説,三者的遞嬗之跡是:葉敬池本《恆言》→衍慶堂本《恆言》→《京本通俗小説》。

蘇興(1978)是在沒有看到馬幼垣、馬泰來(1965)和胡萬川(1977)兩文的情況下獨立研究的結果,①是1949年以後内地學者研究《京本》最重要的一篇論文。他説:

我則不僅懷疑此書不但不都是宋人作品(這是近今學術界有過的懷疑),而且進一步懷疑在繆荃孫刊印這部書之前,世間就沒有過《京本通俗小説》這麽一部書;直率的説,我認爲這部書是繆荃孫僞造的:話本不假,話本彙集爲此書是假。

反對僞書説者,以那宗訓(1984a、1984b)爲最力。這裏先介紹他1984a的長文,1984b留待下面再談。

那宗訓(1984a)認爲,僞書説者提出的《京本》抄自《通言》《恆言》的證據,反過來看,也可以視爲《通言》《恆言》抄自《京本》的證據。他把之前學者們否定《京本》的理由歸納爲八條,然後即從"時代問題、人名問題、銜頭問題、引用詞的問題、書目等問題、三桂堂本警世通言不

① 蘇興(1979)的附記部分第一次向内地學者介紹了這兩篇文章的主要内容,並説:"綜合馬、胡和我的論證,謂《京本通俗小説》是贋造之書,源出'三言'中的《通言》和《恆言》,應該説是不刊之論了;説僞造者是繆荃孫則接近不刊之論,還不能結論。"

是京本底本、衍慶堂本醒世恆言不是京本底本、俗字問題”這八個方面一一予以反駁，最後得出的三者關係與胡萬川(1977)正好相反:《京本通俗小説》→三桂堂本《警世通言》→兼善堂本《警世通言》;《京本通俗小説》→衍慶堂本《醒世恆言》→葉敬池本《醒世恆言》。結論是:“總之,《京本通俗小説》是一本獨立存在的小説，絕對不是從三言中抽出來的僞造品。在三言印行以前，早就有的。”

胡萬川(1985)對那宗訓(1984a)的反駁意見做了全面回應，一一予以駁正，我認爲具有足夠的説服力，之後也沒有見到那宗訓再作回應。筆者相信《京本》是僞書，因爲各家所舉證據很多且很堅確。這是下文論證的基本前提。

二 《京本》係僞書的新證據

如上所述,《京本》非“影元人寫本”已是不爭的事實，也得到了大部分學者的認可;現在問題的焦點就集中到它究竟是不是僞書，是《京本》抄“三言”還是“三言”抄《京本》。

胡萬川(1977、1985)已經充分論證了《京本》是直接抄自三桂堂本《警世通言》(6 篇)和衍慶堂本《醒世恆言》(1 篇)，而不可能是《通言》《恆言》抄《京本》，但是還可以補正。下面通過分析《京本》獨有的異文提出我的新證。

胡萬川(1977)所做的文本對勘具有很强的説服力，但是他所列的異文並不全，那宗訓(1984a)又有所補充，但是仍不完備，且有錯誤。筆者依據各書的影印本或掃描本，①逐句比對，把 7 篇作品中的所有異文(不包括一般的異體字)製作成“《京本通俗小説》異文表”，詳見本文附録一。爲便於稱述，用 A 代表《京本》，B 分别代表三桂堂本《通言》和衍慶堂本《恆言》②，C 分别代表兼善堂本《通言》和葉敬池本《恆言》③。在這些異文中，有 A＝B 的、B＝C 的，但絕沒有 A＝C 的，④可見《京本》跟三桂堂本《通言》和衍慶堂本《恆言》有直接相承關

---

① 可參閲本文附録二“書影”。

② 這是《京本》文字的直接來源。

③ 這是《通言》和《恆言》最早的善本,《京本》的僞造者沒有看到過。

④ 那宗訓(1984a)説:“可是現在出現了不少個例子，京本與三桂堂本不合，反而跟兼善堂本相合。”這個説法是不符合實際的，那氏舉出的這種例子其實只有一個，不知道所謂“不少個”是依據什麽(這一點胡萬川(1985)已經指出)，而且這個例子是錯誤的:他説三桂堂本《崔待詔生死冤家》第四葉上第一行有一句話是“甚色日人工是”，兼善堂本和京本都是“甚色目人正是”，其實東京大學東洋文化研究所藏的三桂堂本也是“甚色目人正是”，字跡清清楚楚，大概那氏所據版本有誤。《錯斬崔寧》一篇，那氏也舉出了《京本》同於葉敬池本而不同於衍慶堂本的四條異文，第二條是二上九行“休得”衍慶堂本作“不得”，第三條是五上一行“憐念”衍慶堂本作“看顧”，第四條是十一上六行“蹺蹊”衍慶堂本作“蹊蹺”，其實也都是錯誤的，東京大學東洋文化研究所藏的衍慶堂本也是作“休得”“憐念”(字跡有點模糊，但還是可以看出來是“憐念”而非“看顧”)和“蹺蹊”，這些都是那氏所據的顧學頡校注本《醒世恆言》的誤改或誤録，正如胡萬川(1985)所説:“這種不誠實的‘校注本’有時真會害死人。”只有第一條一下七行“早早”葉敬池本和京本同，而衍慶堂本作“蚤蚤”，是一個例外，但是這只是異體字的差别，不屬於真正的異文。胡萬川(1985)對這些問題都已論及，不過他所看到的衍慶堂本“休得”和“憐念”兩處都是闕文，看來亦非善本。事實是，A＝C 的例子的確一個也沒有，詳見本文附録一。

係,常常連錯也錯得一樣;但是從邏輯上説,這種相承關係,既有可能是《京本》抄後者(胡萬川説),也有可能是後者抄《京本》(那宗訓説),雖然後一種可能性實際上得不到版本傳承上的支持。(胡萬川 1977、1985)所以,想要從異文的角度確證《京本》爲僞作,還必須分析 A 不同於 B、C 的異文,因爲這部分屬於《京本》所改。下面就把這種異文全部列表舉出,並抽取一部分來討論。這種異文共有 81 條,大致可以分成三類,一類是《京本》改錯的,一類是改對的,還有一類是可以兩通的。

2.1　《京本》錯誤

在 A 不同於 B、C 的異文中,絕大部分屬於《京本》誤改,有無意的錯漏,也有有意改動而改錯了的,詳見下表(有些比較簡單的無意的錯漏隨文加注說明)[①]。

附表一　《京本》誤改的異文表

一	A. 京本(卷十)	B.《通言》三桂堂本[②]	C.《通言》兼善堂本[③]	序號
碾玉觀音	春宵何事老[④]芳叢(2 下)	春宵何事惱芳叢(2 下)	春宵何事惱芳叢(2 下/534[⑤])	1
	叫帮揔虞候道(3 下)	叫幫牕虞候道(3 下)	叫幫牕虞候道(3 下/536)	2
	初如萤火,次若灯火[⑥]。(6 上)	初如萤火,次若燈光。(6 上)	初如螢火,次若燈光。(6 上/541)	3
	低声唱个喏(6 下)	低身唱個喏(6 下)	低身唱個喏(6 下/542)	4
	青白行纏扎着褲子口(9 上)	青白行纏找着褲子口(9 上)	青白行纏找着褲子口(9 上/547)	5
	碾玉觀音[下](9 上)	這漢子畢竟是何人? 且聽下回分解。(9 上)	這漢子畢竟是何人? 且聽下回分解。(9 上/547)	6
	從順昌入[⑦]戰之後(9 下)	從順昌八戰之後(9 下)	從順昌八戰之後(9 下/548)	7
	送一項錢与刘两府(9 下)	送一項錢與這[⑧]劉兩府(9 下)	送一項錢與這劉兩府(9 下/548)	8
	今遇着你们(10 上)	今日[⑨]遇着你們(10 上)	今日遇着你們(10 上/549)	9
	看〻[⑩]郡王道(10 下)	看着郡王道(10 上)	看着郡王道(10 上/549)	10
	要共逃走。崔寧不得已,与它同走。(11 下)	要共崔寧逃走。崔寧不得已,只得與他同走。(11 下)	要共崔寧逃走。崔寧不得已,只得與他同走。(11 下/552)	11
	發遣[⑪]建康府居住(11 下)	發遺建康府居住(11 下)	發還建康府居住(11 下/552)	12

① 各本多用簡體字和俗字,《京本》尤甚,本文照原様過録,不做改動。

② 第八卷《崔待詔生死冤家》。

③ 同上。

④ 這首所謂的"曾兩府"詩,未能找到原出處,因此無法核對原詩。從詩意看,作"惱"應是,"惱芳叢"就是"惱於芳叢",對芳叢心生愁惱。作"老"則不可通。

⑤ 這是《古本小説叢刊》(第三二輯)所收《警世通言》的頁碼,下同。

⑥ 作"火"顯誤,與上句犯複。

⑦ "入"顯然是形誤。"順昌八戰"即著名的"順昌之戰",由著名抗金將領劉錡(即小説中所説的"劉兩府")率兵於 1140 年在順昌(今安徽阜陽)擊敗金兵,以少勝多,威震敵膽。

⑧ 有"這"字表意更準確,《京本》當是誤脱。

⑨ 《京本》誤脱"日"字,致文意不順。

⑩ 作"看着"是,"看看"不合情理,是《京本》誤認"着"字爲"看"字所致。下面第 21 條同。

⑪ 《京本》據 B 而改,文意雖然改得不錯,但並非原文。C 作"發還"完全正確,因爲小説前面明確交代了崔寧"是昇州建康府人",所以他犯了罪要把他"發還"原籍去居住。B 將"還"形誤成了"遺",《京本》作僞者覺得"遺"不可通,就想當然地把它改成了形近而又可通的"遣"字,殊不知這並不符合原意。順便指出,《漢語大詞典》"發遣"條"遣送;流放"義下首引《京本通俗小説》本例,這條書證是不可靠的。

续表

	郡王鈞旨,教命取你。(15下)	郡王鈞旨,教來取你。(15下)	郡王鈞旨,教來取你。(15下/560)	13
	四肢倒地(17上)	匹肰倒地(17上)	匹然倒地(17上/563)	14
二	A.京本(卷十一)	B.《通言》三桂堂本①	C.《通言》兼善堂本②	
菩薩蠻	筭看本身造化(1上)	筭看本身造物(1上)	筭看本身造物(1上/509)	15
	出口便清奇(4下)	一此泛清奇(4下)	一曲泛清奇(4下/516)	16
	新荷告道:原說:你若無事退回,我自養你一家老小。(9下)	新荷告道:錢③原說:你若無事退回,我自養你一家老小。(9下)	新荷告道:錢原說:你若無事退回,我自養你一家老小。(9下/526)	17
三	A.京本(卷十二)	B.《通言》三桂堂本④	C.《通言》兼善堂本⑤	
西山一窟鬼	老媳婦夫馬之年七十有五(5下)	老媳婦犬⑥馬之年七十有五(6上)	老媳婦犬馬之年七十有五(6上/775)	18
	攄我媳婦愚見(6上)	攄老媳婦愚見(6上)	攄老媳婦愚見(6上/775)	19
	真人面前饒不得假話(7下)	真人面前説不得假話(7下)	真人面前説不得假話(7下/778)	20
	看⺄吴教授道(14下)	看着吴教授道(14下)	看着吴教授道(14下/792)	21
四	A.京本(卷十三)	B.《通言》三桂堂本⑦	C.《通言》兼善堂本⑧	
志誠張主管	当初怕成短命鬼(1下)	當初怕□短命鬼(1下)	當初怕作短命鬼(1下/858)	22
	不愁小的忒小,还愁⑨老的忒老(3下)	不愁小的忒小,還嫌老的忒老(3下)	不愁小的忒小,還嫌老的忒老(3下/862)	23
	明日是个相合日(3下)	明日是個和合日(3下)	明日是個和合日(3下/862)	24
	話休紧⑩煩(4上)	話休絮煩(4上)	話休絮煩(4上/863)	25
	雖有這⑪面熟(10下)	雖有些面熟(10下)	雖有□□⑫熟(10下/876)	26
	王招宣贖⑬免張士廉罪犯(14上)	王招宣續免張士廉罪犯(14上)	王招宣續免張士廉罪犯(14上/883)	27
五	A.京本(卷十四)	B.《通言》三桂堂本⑭	C.《通言》兼善堂本⑮	
拗相公	却不是完全名节⑯一个賢宰相(2下)	却不是完名全節一個賢宰相(2下)	却不是完名全節一個賢宰相(2下/404)	28
	舉朝以爲臯陶復出(3下)	舉朝以爲臯夔復出(3下)	舉朝以爲臯夔復出(3下/406)	29

---

① 第七卷《陳可常端陽仙化》。

② 同上。

③ "錢原"是人名,《京本》誤删或誤脱"錢"字,致使句意不同。

④ 第十四卷《一窟鬼癩道人除怪》。

⑤ 同上。

⑥ 原文因他頁滲透,"犬"很像"夫"字,《京本》很可能就是因此而誤作"夫"了。

⑦ 第十六卷《張主管志誠脱奇禍》。

⑧ 第十六卷《小夫人金錢贈年少》。按:此標題與第十五卷"金令史美婢酬秀童"對仗,三桂堂本改作"張主管志誠脱奇禍",就不對了。

⑨ B、C均作"嫌",是。改作"愁"不僅犯複,而且意思也不準確,可能是涉上句而誤。參看那宗訓(1984a)。

⑩ "紧"顯然是"絮"字之誤刻。

⑪ "這"顯然是"些"字之誤,蓋涉"這些"一詞而偶誤。

⑫ 二字漫漶不清。

⑬ B、C均作"續",是,"續"是"隨即;又"的意思,作"贖"不可通,當是涉上句"將錢取贖訖"而誤。

⑭ 第四卷《拗相公飲恨半山堂》。

⑮ 同上。

⑯ "完名全節"是兩個並列的動賓結構或偏正結構,改作"完全名節"就不通了。

续表

	我宋以來,宰相解位(5下)	故宋時,凡宰相解位(5下)	故宋時,凡宰相解位(5下/410)	30
	四子何爲俱妖①(11上)	四子何爲俱殀(11上)	四子何爲俱殀(11上/421)	31
	吞声啼泣(14上)	吞声暗泣(14上)	吞聲暗泣(14上/427)	32
	至今世间人家多有呼猪爲拗相公者(17上)	至今山間人家尚有呼猪爲拗相公者(17上)	至今山間人家尚有呼猪爲拗相公者(17上/433)	33
	后人論我宋(17上)	後人論宋朝(17上)	後人論宋朝(17上/433)	34
六	A.京本(卷十五)	B.《恆言》衍慶堂本②	C.《恆言》葉敬池本③	
錯斬崔寧	我朝元豐年间(1下)	却説故宋朝中(1上)	却説故宋朝中(1下/2004④)	35
	榜上一甲第九名,除授京職到差(1下)	除授一甲第二名、榜眼及第,在京(1下)	除授一甲第二名、榜眼及第,在京(1下/2004)	36
	魏進士(2下)	魏榜眼(2上)	魏榜眼(2上/2005)	37
	高宗時(3下)	南宋時(3上)	南宋時(3下/2008)	38
	姐丈⑤且將這些錢去(5上)	姐夫且將這些錢去(4上)	姐夫且將這些錢去(5上/2011)	39
	這頂⑥錢(6上)	這項錢(5上)	這項錢(6上/2013)	40
	不尽⑦道理(8上)	不近道理(6下)	不近道理(8上/2017)	41
	索命番身入房(8下)	索性翻身入房(6下)	索性翻身入房(8下/2018)	42
	見了女婿屍身(12下)	見了女婿身屍(9下)	見了女婿身屍(12下/2026)	43
	同行同宿⑧(16下)	同行共宿(12下)	同行共宿(16上/2033)	44
	這叫做人急計生(21上)	這叫做人極計生(15下)	這叫做人極計生(20下/2042)	45
	祭献亡夫并小娘了⑨及崔寧(22上)	祭獻亡夫并小娘子及崔寧(16下)	祭獻亡夫并小娘子及崔寧(21下—22上/2044—2045)	46
七	A.京本(卷十六)	B.《通言》三桂堂本⑩	C.《通言》兼善堂本⑪	
馮玉梅團圓	此歌出自我宋建炎年间(1上)	此歌出自南宋建炎年間(1上)	此歌出自南宋建炎年間(1上/703)	47
	虞城失妻(4下)	虞城失散(4上)	虞城失散(4上/709)	48
	刘俊卿(4下)	列俊卿(4下)	列俊卿(4下/710)	49
	高宗建炎四年(5下)	南宋建炎四年(5下)	南宋建炎四年(5下/712)	50
	姓馮名忠翊(5下)	姓吕名忠翊(5下)	姓吕名忠翊(5下/712)	51
	小名玉梅(7上)	小名順哥(7上)	小名順哥(7上/715)	52
	乃是官⑫家之女(7下)	乃是宦家之女(7上)	乃是宦家之女(7上/715)	53

① B、C均作“殀”,是。“妖”應是形誤。“妖”雖偶見通“夭”的用法,如《大詞典》所引《聊齋志異》例,但此處顯然是“殀”的形近之誤。

② 第三十三卷《十五貫戲言成巧禍》。

③ 同上。

④ 這是《古本小説叢刊》(第三十輯)所收《醒世恆言》的頁碼,下同。

⑤ “丈”是“夫”字形近而誤,他處作“姐夫”不誤。岳父稱女婿爲“姐夫”是一種客氣的稱呼,至今湖南平江話仍有這一稱呼。

⑥ “頂”是“項”字形近而誤。

⑦ “尽”是“近”字音近而誤。

⑧ B、C均作“同行共宿”,是,“同”“共”同義,變文以避複,改作“同行同宿”就顯得笨拙了,可能是涉上一“同”字而誤。

⑨ “了”恐是涉上行“决了”之“了”而誤。

⑩ 第十二卷《范鰍兒雙鏡重圓》。

⑪ 同上。

⑫ “官”是“宦”形近之誤,他處作“宦”不誤。

续表

	只得允許(7下)	只得許允(7下)	只得許允(7下/716)	54
	此身乃君之身也(8下)	此身乃君之身矣(8下)	此身乃君之身矣(8下/718)	55
	這是紹興元年冬十二月内説的話(9下)	這是紹興元年冬十二月内的説話(9上)	這是紹興元年冬十二月内的説話(9上/719)	56

以上56條中,屬無意錯漏的如1、3、7、8、9、10、17、18、21、23、25、26、28、31、39、40、41、46、53諸條。有意改動而改錯了的,下面詳細討論,前人已有論述的則從略。

第2條:叫帮揔虞候道,B、C均作"幫𦡞"。

按:"幫𦡞"未見於他書,程毅中先生解釋爲"或即傍窗之意"①,唐松波先生釋"幫𦡞虞候"爲"在轎子窗旁行走伺應的虞候"②,大概是對的。《漢語大詞典》和《漢語大字典》"幫"有"靠攏,挨近,依傍"的義項,石汝傑、宮田一郎主編的《明清吴語詞典》"幫"條也釋作"靠近,挨着。參見'傍'"。所引的例子如:

(1)梢子,將俺的船略挪上前,幫在那空船一搭裏者。(元無名氏《馮玉蘭》第三折)

(2)杜遷、宋萬、朱貴本待要向前來勸,被這幾個緊緊幫着,那裏敢動。(《水滸傳》第七四回)

(3)只見兩船幫近,顧三郎悄悄問道:"那話兒歇在那裏?"(《古今小説》卷二十一)

(4)爹爹,何不教水手移去幫在這隻船上,到也安穩。(《醒世恆言》卷二十八)

又如:

(5)婆子心下有些害怕,欲待不去,兩個力士左右的夾幫著,不由你不走。(《平妖傳》第六回)

(6)縣令吩咐陸茂:"好生替先生引路。"陸押司領了縣主相公之命,緊緊幫著同走。一個眼錯,忽然不見了先生。(《平妖傳》第十七回)

從這些例子來看,"幫窗"解釋爲"傍窗"是可以通的。《京本》臆改爲"幫揔"反而不通。③《金瓶梅詞話》第七十八回:"潘姥姥道:'幫年逼節,丢著個孩子在家,我來,家中沒人,所以就不曾來。'"④"幫年"也就是"傍年",亦可爲證。

第4條:低声唱个喏,B、C均作"低身"。

按:原文是"崔寧認得是秀秀養娘,倒退兩步,低身唱個喏","低身"緊承"倒退兩步",表示恭敬,改作"低声"則不近情理:"唱喏"應該是要高聲的。"低身"以表恭敬的用例如:

(1)每遙見黑雲飛烏群豕,但是黑之物,必低身恭敬。(《太平廣記》卷一三九"惠炤

① 程毅中輯注《宋元小説家話本集》,齊魯書社,2000年,200頁。

② 唐松波校注《警世通言》,金盾出版社,2004年,94頁。

③ 以上爲友生趙川瑩説。"𦡞"改爲"揔"的原因難以懸揣,尚需研究。友生真大成云:疑"揔"爲"𦡞"之訛,"𦡞"即"𦡞"。來源文獻作"𦡞",改動者録作"𦡞",刊刻時誤作"揔"。(私人通信)可備一説。

④ 此例係友生張堯提供,謹謝。

師",出《廣古今五行記》)

(2)那雪娥見是春梅,不免低身進見,望上倒身下拜,磕了四個頭。(《金瓶梅詞話》第九十回)

古人唱喏必須躬身,例如:

(3)當時變卻老人之身,卻復鬼神之體,來至山神殿前,鞠躬唱喏。(敦煌變文《廬山遠公話》)

(4)古人禮儀,都是自少理會了,只如今人低躬唱喏,自然習慣。①(《朱子語類》卷一百二十)

(5)王進聽罷,只得捱著病來,進得殿帥府前,參見太尉,拜了四拜,躬身唱個喏,起來立在一邊。(《水滸傳》第二回)

第5條:青白行纏扎着褲子口,B、C均作"找"。

按:作"找"是,《京本》因不明"找"的古義而改成了今天通行的同義詞"扎"。

"找"有"扎;束;縛;綁"義,字又寫作"爪""抓",通行於宋元明時期,見於江淮官話和吴語區的作品,《漢語大字典》和《漢語大詞典》"找""爪"條均失收。同樣的語境,寫作"找"的目前僅見《通言》本例,但是寫成"抓""爪"的則有其例,如:

(1)下面青白間道行纏抓著褲子口,獐皮襪,帶毛牛膀靴。(《水滸傳》第十一回)

(2)頭戴范陽遮塵氈笠,拳來大小撒髮紅纓,斜紋緞子布衫,查開五指梅紅線絛,青白行纏抓住襪口,軟絹襪襯多耳麻鞋。(《水滸傳》第六十一回)

(3)正坐之間,只聽得車子碌碌剌剌地響,見一個客人,頭帶范陽氈笠,身上着領打路布衫,手巾縛腰,行纏爪着袴子,腳穿八搭麻鞋。(《三遂平妖傳》第二十四回)

這些打扮都是指用"行纏"(相當於後世的綁腿)把膝蓋以下的褲管及襪子扎住,以便於行走。行纏多爲一道青的、一道白的相間着(即所謂"青白間道行纏")纏在小腿上(通常一直纏到腳底),所以説"青白行纏找着褲子口"。明代以前,表示用行纏扎住褲子或襪子這個動作,可以用"爪/抓/找"(音 zhǎo,詳下),如上引諸例;也可以用"扎"(音 zā),但不多,最早的例子見於南宋徐夢莘(1126—1207)編的《三朝北盟會編》:

(4)悉用行纏扎②腿,以青紅帶繫定,着新布衫,如市井間做場弄棒人。(卷一四一"炎興下帙四十一",1028頁下欄)

此外在明末的《金瓶梅詞話》裏有兩個類似的例子:

(5)看見他穿著兩雙紅鞋在腳上,用紗綠線帶兒扎著褲腿。(第二十三回)

(6)正説着,被一陣風過來把他裙子刮起,裏邊露見大紅潞紬褲兒,扎着臟頭紗綠褲腿兒。(第二十五回)

---

① 由此可見,宋人"唱喏"是必須同時"低身"的。

② 袁祖安本作"札",是"扎"的異體字。

以上三例都出現在北方背景的文獻中，讓我們推測在表示“扎束（褲子/襪子）”義上，“爪/抓/找”和“扎”有可能是一對方言同義詞——北方説“扎”，跟今天的通語一致；南方説“爪/抓/找”，清代以後大概逐漸消失了，只是在同義連文的雙音詞中偶爾還有保留，如下文的例(12)(13)。① 具體細節還有待進一步研究。

《漢語大詞典》和白維國主編《近代漢語詞典》“抓”字條都收有“束；繫；綁”義，舉的例子有：

(7)且取一個大篾籮，把索子抓了，接長索頭，扎起一個架子，把索抓在上面。(《西遊記》第五四回)

此例既有“抓”，又有“扎”，顯然是不同的兩個詞，用法有別。

(8)燕清便叫那女子上了馬，將金銀包了，和人頭抓了，拴在一匹馬上。(《水滸傳》第七三回)

這是正確的(《漢語大字典》失收此義)，②但是這個義項都放在 zhuā 音下，則不妥。表示“扎；束；縛；綁”義的“爪”“抓”“找”都應該音 zhǎo。“抓”字《廣韻》有側交切、側絞切和側教切三個讀音，今音 zhǎo 就來自側絞切，“抓住”的“抓”(zhuā)的音義則另有來源，跟《廣韻》的三個反切都對不上，是同形字。

在近代漢語俗文獻中，“爪”“抓”“找”三個字常常通用，除了表示“扎束”義外，表示“尋找”義也是如此，③均音 zhǎo。這種“爪”和“抓”都是同形字：

附表二　“爪”“抓”的音義關係

形	音	義	今作
爪	zhǎo/zhuǎ	爪子	爪
	zhǎo	①尋找	找
		②扎束	?
抓	zhǎo/zhuǎ	爪子	爪
	zhǎo	①尋找	找
		②扎束	?
	zhuā	抓住	抓

① 友生許峻瑋爲我提供了一條材料：《漢語方言大詞典》“抓”條：“⑫〈動〉捆扎。粵語。廣東廣州[ʧau[35]]呢張凳嘟嘟貢，搵啲鐵線嚟～住佢先穩陣這把椅子搖搖晃晃的，拿點鐵絲把它捆着才平穩”。(2555 頁)友生陳怡君告知：麥耘、譚步雲編《實用廣州話分類詞典》“找(抓)”條：“tsau[2](用鐵絲等)捆扎：～好個圍欄。(把圍欄捆扎好。)”(世界圖書出版廣東有限公司，2016 年，162 頁)表達這一類意思，粵語有一組同義詞，“綁”的範圍最大，幾乎沒有什麼限制條件；“綯”是用軟的繩索來綁，如尼龍繩、布帶等；“找”是用硬的東西來綁，如鐵絲、竹篾等；“扎”，《實用廣州話分類詞典》沒有收録，在我的語感裏，應該是用於小件物體上，如“扎住個袋口”。(私人通信)粵語裏的“抓/找”有可能就是歷史上南方方言詞“抓/爪/找”的遺留，不過用法已經有所變化。

② 這個詞寫作“抓”，友生徐多懿檢示俄藏敦煌本《雜集時用要字・諸匠部弟七》(Дx. 2822)一例：“銀匠。鞍匠。花匠。甲匠。石匠。桶匠。木匠。塑匠。索匠。紙匠。金薄。銀條。鐵匠。針匠。油漆。鞘鞦。鞦轡。傘蓋。赤白。弓箭。銷金。撚塑。砌壘。扎抓。鑄鎢。結瓦。生鐵。”(張涌泉主編、審訂《敦煌經部文獻合集》第八册，中華書局，2008 年，4223 頁)其中的“扎抓”，整理者(張涌泉)無注，很可能就是下文例(9)“爪札”的逆序形式，指扎束彩樓、鰲山之類。

③ 參看汪維輝《縱橫結合研究漢語詞彙》，載《21 世紀的中國語言學》(二)，商務印書館，2006 年。

“爪”“抓”“找”除單用外，還可以“爪札”“抓扎”“找扎”連用，不過對象不是“褲子/襪子”，如：

(9)巷陌爪札[①]，歡門掛燈，南至龍山，北至北新橋，四十里燈光不絕。(宋《西湖老人繁勝録》)

(10)王慶當夜越出陝州城，抓扎起衣服，從城壕淺處，去過對岸。(《水滸傳》第一〇三回)

(11)[任珪]起來抓扎身體急捷，將刀插在腰間，摸到廚下，輕輕開了門，靠在後牆。(《古今小説》卷三十八)

(12)忙將長衣脱去，束一束腰帶，找扎起來，緊緊立在對面照墻之下。(《畫圖緣》第四回)

(13)咳！我爲尋父母，不要説過此溪，就是龍宫海藏也説不得了！不免把衣服找扎起來。(《綴白裘》第六集第一卷)[②]

可見“爪/抓/找”跟“扎”是同義詞，而不是同一個詞的不同寫法，兩者讀音不同，意義大同中也有小異，可能曾經是一對方言同義詞。

由上所論可見，《通言》兩本均用“找”，符合明代或更早時期南方的用詞習慣；《京本》改作“扎”，是不明“找”的古義而臆改，意思雖然不差，但已非原貌。

第11條：要共崔寧逃走。崔寧不得已，只得與他同走。《京本》誤脱或誤删“崔寧”“只得”，有損崔寧爲自己辯解時所欲表達的可憐語氣。

第13條：教命取你，B、C均作“來”，是，“教來取你”就是“教(我)來取你”，兼語“我”省略。“教”已經是“命”的意思，何必重複？

第14條：四肢倒地，B、C均作“匹然”，只不過三桂堂本“然”寫作古字“肰”，《京本》就誤認或臆改作了“四肢”兩字，殊不知“四肢倒地”是説不通的，再也找不出第二例。《大詞典》“匹然”條釋作“猶突然，猛然”，引了兩例：《京本通俗小説·西山一窟鬼》：“教授看見，大叫一聲，匹然倒地。”[③]《警世通言·崔待詔生死冤家》：“[秀秀]道罷起身，雙手揪住崔寧，叫得一聲，匹然倒地。”(此即本例)此外，在馮夢龍所編撰的作品中還見到三例：唬得迎兒大叫一聲，匹然倒地。(《警世通言·三現身包龍圖斷冤》)你道好巧！去那女孩兒太陽上打著，大叫一聲，匹然倒地。(《醒世恆言·鬧樊樓多情周勝仙》)那媽媽大叫一聲，匹然倒地。(《三遂平妖傳》第一回)[④]實際上，“匹然倒地”是近代漢語白話作品中的一句常語，小説之外也見於元雜

---

① 這個“札”同“扎”，《近代漢語詞典》注音爲zhá，非是，袁賓、段曉華、徐時儀、曹澂明編著《宋語言詞典》“爪札”條注音爲“zhuǎ zhá”(354頁)，兩音皆誤。正確的讀音是zhǎo zā。“巷陌爪札”是説巷子裏都扎起了彩樓鰲山之類。

② 以上請參看《漢語大詞典》、《宋語言詞典》、《明清吴語詞典》和白維國主編《近代漢語詞典》相關各條。

③ 此例因爲三桂堂本《通言》清楚地寫作“匹然”，所以《京本》照録不誤。

④ 此例見白維國主編《近代漢語詞典》引(1491頁)，感謝周志鋒教授告知。

劇，“匹然”又寫作“僻然”“辟然”“劈然”“撇然”等，都是同詞異寫，可參看《漢語大詞典》相關各條。① 寫作“匹然”的似乎僅見於馮夢龍作品，不過他偶爾也寫作“劈然”，如：“劈然倒地，命歸泉世。”（《警世通言・計押番金鰻産禍》）

第15條：算看本身造化，B、C作“造物”。

“造物”是“運氣”的意思，僞造《京本》者不懂此詞的古義，臆改作“造化”，似是而非。此義的“造物”是宋元明時期的常語，元曲中多見，又見於《張協狀元》《水滸傳》等通俗作品，朱居易《元劇俗語方言例釋》早已有正確的解釋：“運氣。造物，等於現代語的造化。”引元曲五例、《水滸傳》一例。（商務印書館1956年，231頁）《漢語大詞典》“造物”條也收列了此義：“②運氣；福份。元無名氏《劉弘嫁婢》第一折：‘姑父無了子嗣，各人的造物，你可怎麼埋怨我，干我什麼事！’《警世通言・俞仲舉題詩遇上皇》：‘解元好個造物！即目三日之内，有分遇大貴人發跡，貴不可言。’嚴敦易注：‘命運，福氣。’”《京本》正是用今天仍然常用的“造化”一詞去改換了今人已經不懂的古詞“造物”。據友生徐多懿調查，“造物”在元明口語資料中有“運氣、福分”的意思，但到了清代就只有“造物者”“命運”之義了，用法已經與明代不同。（私人通信）雖然“造化”是元明以來表示“運氣、福分”義的通用詞，例子常見，在馮夢龍所編纂和創作的作品中用例數量也超過“造物”（此據友生戴佳文調查），但是就本例而言，應該認定爲作僞者不懂“造物”的古義而誤改，因爲《通言》的兩種版本都作“造物”，這不可能是《通言》把《京本》的“造化”改成“造物”，而只能是相反。

第16條：出口便清奇，B、C均作“一曲泛”，只是B訛作“一此泛”。作僞者覺得“一此泛”不可通，遂臆改爲“出口便”。胡萬川（1977）已論及，只是最後一句中“兼本”應作“京本”。

第19條：據我媳婦愚見，B、C均作“老”。《京本》顯誤，此故事中王婆自稱都是“老媳婦”。作“我媳婦”不通。

第20條：真人面前饒不得假話，B、C均作“説”。此係《京本》誤改，“饒不得假話”不通。

第22條：当初怕成短命鬼，B此字缺，C作“作”。可見“成”是《京本》作僞者所臆補，意思雖然不差，但並非原文。

第24條：明日是个相合日，B、C均作“和”。《京本》作僞者蓋不知“和合日”爲何物。和合，兩相好合。“和合日”指可配對成雙的好日子。② 又如明高明《琵琶記》第十九齣：“稟相公告廟：維大漢太平年，團圓月，和合日，吉利時，嗣孫牛某，有女及笄，奉聖旨招贅新狀元蔡邕爲壻。”

第29條：舉朝以爲皋陶復出，B、C均作“夔”。作“皋夔”是，“皋夔復出”與下句“伊周再

① 此承周志鋒教授惠告，謹謝。周志鋒《訓詁探索與應用》對此詞有討論（浙江大學出版社，2014年，254頁），請參看。

② 參看臺北：“教育部”《重編國語辭典修訂本》“和合日”條。

生”對,“皋”指皋陶,“夔”指樂正夔,“伊”指伊尹,“周”指周公。蓋《京本》作僞者只知有“皋陶”,而不知有“皋夔”並舉者,故誤改。

第 32 條:吞声啼泣,B、C 均作“暗”。“暗泣”是,“是夜荊公長吁短嘆,和衣偃臥,不能成寐,吞聲暗泣,兩袖皆沾濕了”,王安石在那樣的環境裏不可能是“啼泣”,怕被人聽見,只能是“吞聲暗泣”。《京本》誤改。

第 33 條:B、C 均作“至今山間人家尚有呼猪爲拗相公者”,《京本》改“山間”爲“世間”、“尚有”爲“多有”,意思就不同了,不如《通言》準確。

第 36 條:“榜上一甲第九名,除授京職到差”,B、C 均作“除授一甲第二名、榜眼及第,在京”。這也是《京本》臆改,於是只好把下文的“魏榜眼”也相應地改爲“魏進士”。

第 42 條:索命番身入房,B、C 均作“索性”。“索性”是“乾脆”之意,改作“索命”意思就完全不同了,在上下文中根本講不通。可能是涉“性命”一詞而偶誤。

第 43 條:見了女婿屍身,B、C 均作“身屍”。大概《京本》作僞者只知有“屍身”,而不知還有“身屍”一詞,以致誤改。《漢語大詞典》“身屍”條:“屍體。《古今小説・新橋市韓五賣春情》:‘孩兒死後,將身屍丟在水中。’《醒世恆言・十五貫戲言成巧禍》:‘只見王老員外和女兒一步一攧走回家來,見了女壻身屍,哭了一場。’”第二例即本例。“身屍”一詞,在《水滸傳》《三國演義》《西遊記》《型世言》《金瓶梅詞話》《醒世姻緣傳》《天豹圖》《雪月梅傳》等明清白話小説中均可見到,現代漢語則已經不再使用;而“屍身”則是元明以來的通用詞,今天仍説。把“身屍”改成“屍身”,跟上文第 15 條把“造物”改成“造化”情形類似,大概都是作僞者不懂古詞而把它們改成了當時(包括今天)仍然通行的同義詞。

第 45 條:這叫做人急計生,B、C 均作“極”,是。

“急”“極”兩字雖然意思相近,但是在吴語裏聲母有清濁之别,“急”是清聲母[tɕ],“極”是濁聲母[dʑ],兩者並非同一個詞。上文也有一處“人極計生”,《京本》照録作“極”不誤,這裏顯屬《京本》臆改,因爲作“急”更容易懂。作僞者大概不知道“極”有“窘迫;窘急”之義,並非“急”的借字。在北部吴語裏這是個常用的口語詞,“三言”“兩拍”中這種“極”字很常見,王古魯先生在“兩拍”注中已經多處提到,今天吴語(如上海話等)仍説,如“急死了”叫“極煞了”,著急的樣子叫“極吼吼”,[①]雖然也可以説“急”,但是“極”乃是吴語的底層詞,在“負極”一詞中“極”還没有被“急”替换。《漢語大詞典》“極”條“着急”義下引了四條書證,除《淮南子・精神訓》和《京本通俗小説・錯斬崔寧》[②]外,另兩例是:明徐渭《雌木蘭》第一齣:“正爲此沒個法兒,你的爺極得要上吊。”茅盾《煙雲》:“可不是,黄先生從來不曾那樣極。”都是北部吴語作品。“人極計生”在《警世通言》卷二十《計押番金鰻産禍》中也有一例,此外又見於明無名氏

① 參看汪維輝《〈兩拍〉詞語札記》“負極”條,《語言研究》1993 年第 1 期。

② 即上文不誤的那一例。

的《精忠記》戲文及《型世言》(2 見),都是吴語背景的作品。

當然,“極”的使用地域並不限於吴語,至少清代的山東話也説,如《聊齋俚曲集》中有“拿極”的説法,[①]同時,明代的吴語作品中“極”“急”兩個詞都用,馮夢龍編撰的“三言”雖然未見“人急計生”,只有“人極計生”,但在他的其他作品裏卻有,如《智囊補》卷十一(明積秀堂刻本):“人急計生,信夫!”《新列國志》第九十回(明葉敬池梓本):“正是人急計生,且答應過去,另作區處,乃故作安閒之態。”元明清時期的其他俗文獻中“人急計生”也常見,但是本條只能是《京本》抄《恆言》而誤改,因爲《恆言》兩處都作“極”,内部是一致的。[②]

第 48 條:虞城失妻,B、C 均作“失散”,是,下文也有“虞城失散”之語。

第 54 條:只得允許,B、C 均作“許允”。此顯屬誤改。“允許”和“許允”意思有别,“允許”是“許可”義,“許允”則是“應允;答應”義,乃宋元明時期的常用語,現代漢語已經基本不用。《漢語大詞典》“許允”條:“允許;答應。宋岳飛《申省條畫合行事件札子》:‘伏望詳酌,將上件兩縣依舊隸屬本州,所貴軍民通便。如蒙許允,乞作特旨行下。’元王曄《桃花女》第三折:‘隨後着媒婆去説親,要求他桃花女做媳婦,喜的他已許允了。’《警世通言·范鰍兒雙鏡重圓》:‘順哥本不願相從,落在其中,出於無奈,只得許允。’”最後一例即本例。這些例子中的“許允”都不能改成“允許”,《漢語大詞典》釋義中的“答應”是對的,“允許”則不夠準確。

第 55 條:此身乃君之身也,B、C 均作“矣”。作“也”語氣就不對了,亦顯屬誤改。

第 56 條:這是紹興元年冬十二月内説的話,B、C 均作“的説話”。這也是誤改,“説話”即“話”,今天吴語仍説,是名詞而非動賓短語,這裏引伸爲“事情”一類的意思,改作“説的話”意思就完全不同了。

上述第 2、4、5、14、15、24、29、42、43、45、54、56 諸條,尤可確證是《京本》抄“三言”而誤改,而絕不可能是“三言”抄《京本》。從異文所透露的語音消息來看,《京本》的摹寫者很可能是江淮官話區人,[③]比如:惱→老(n、l 不分),人極計生→人急計生(清濁不分)。摹寫者可能也不懂“説話”(=話)這個吴語詞。繆荃孫是吴語區的江蘇江陰人,大概不至於發生“n、l 不分”“清濁不分”一類的錯誤;至於他的方言裏是否有“説話”(=話)這個詞,則不易斷定。[④]從這個細節來看,《京本》雖然繆荃孫曾經親自校改過,但他的校改可能並未遍及全書,其中很多誤改應該是出自摹寫者。

2.2 《京本》正確

也有少量異文是 B、C 都錯了而《京本》改得正確的,一共有如下 5 條。

---

① 參看劉敬林《金瓶梅方俗難詞辨釋》“拿極”條,綫裝書局,2008 年,135 頁。

② 本條承南京大學碩士生戴佳文同學提供寶貴意見和相關材料,雖然我們的看法並不一致,但是得以糾正初稿的疏漏,謹致謝忱。

③ 據楊洪昇(2008:354),幫陶子麟寫樣的饒星舫(心舫)就是他的同鄉,湖北黄岡人。黄岡話屬於江淮官話黄孝片。

④ 此承盛益民先生提醒,謹謝。

附表三　《京本》改對的異文表

一	A. 京本(卷十)	B.《通言》三桂堂本	C.《通言》兼善堂本	序號
	三鎮節度使(3 下)	三陣節度使(3 下)	三陣節度使(3 下/536)	1
	麥穗兩歧(15 下)	麥穗兩岐(15 下)	麥穗兩岐(15 下/560)	2
三	A. 京本(卷十二)	B.《通言》三桂堂本	C.《通言》兼善堂本	
	淚滴斑斑金缕衣(3 下)	淚滴斑金縷衣(4 上)	淚滴斑金縷衣(4 上/771)	3
五	A. 京本(卷十四)	B.《通言》三桂堂本	C.《通言》兼善堂本	
	饔飧不飽(7 上)	饔餐不飽(7 上)	饔餐不飽(7 上/413)	4
七	A. 京本(卷十六)	B.《通言》三桂堂本	C.《通言》兼善堂本	
	名將張所、岳飛、張俊、張浚、吴玠、吴璘等(8 上)	名將張浚、岳飛、張俊、張浚、吴玠、吴璘等(8 上)	名將張浚、岳飛、張俊、張滎、吴玠、吴璘等(8 上/717)	5

第 1 條,“三陣節度使”顯誤,繆氏改“陣”爲“鎮”,完全正確,所以他在《跋》中特意提到此事,説是官銜不錯,試圖以此來證明《警世通言》是抄《京本》而抄錯了。其實改正這樣的錯誤並不難,稍有歷史常識的人都做得到,這一點前人多已論及,不贅。

第 2 條,“歧”“岐”兩字古書常互混,《京本》改作“歧”是對的,但這樣的改動並無難度,而且原文作“岐”也不能算是錯誤。

第 3 條,《京本》所改是,此爲宋人康與之(即小説中所説的“康伯可”)的《減字木蘭花》詞,原文即作“淚滴斑斑金縷衣”。《通言》偶脱一“斑”字,句子顯然不通,康詞俱在,只要一查即可改正,難度也不大。

第 4 條,“饔餐”不通,而“饔飧”則是常見的文言詞,指早飯和晚飯,稍有古漢語常識的人都能改正。再者,古書中“餐”也常用作“飧”(參看《漢語大字典》和《漢語大詞典》“餐”條),所以原文作“饔餐”其實也不能算錯。

第 5 條,《通言》兩本均有誤,《京本》所改符合史實,前賢已辨,兹不贅述。

2.3　兩通

也有一些異文是可以兩通的,如:

附表四　可以兩通的異文表

一	A. 京本(卷十)	B.《通言》三桂堂本	C.《通言》兼善堂本	序號
	道:“這塊玉堪做甚麽?”(5 下)	問:“這塊玉堪做甚麽?”(5 下)	間①:“這塊玉堪做甚麽?”(5 下/540)	1
二	A. 京本(卷十一)	B.《通言》三桂堂本	C.《通言》兼善堂本	
	將新荷送交府中五夫人勘問(5 下)	將新荷送盡府中五夫人勘問(5 下)	將新荷送盡府中五夫人勘問(5 下/518)	2
	皆②有賞新荷之句(5 下)	都有賞新荷之句(5 下)	都有賞新荷之句(5 下/518)	3

①　“間”顯係“問”形近之誤。

②　《京本》臆改。“都”是口語詞,“皆”則是文言詞。

续表

	滿寺僧眾教長老休得安着可常在寺中(7下)	滿寺僧眾教長老休要安着可常在寺中(7下)	滿寺僧眾教長老休要安着可常在寺中(7下/522)	4
	却説這般①鬼話(8下)	却説恁般鬼話(8下)	却説恁般鬼話(8下/524)	5
三	A.京本(卷十二)	B.《通言》三桂堂本	C.《通言》兼善堂本	
	教授青年多少(5下)	教授青春多少(6上)	教授青春多少(6上/775)	6
四	A.京本(卷十三)	B.《通言》三桂堂本	C.《通言》兼善堂本	
	暗暗的叫苦(4下)	暗暗地叫苦(4下)	暗暗地叫苦(4下/864)	7
	日往月来②(8上)	日來月往(8上)	日來月往(8上/871)	8
	怎恁的説(13下)	怎恁地説(13下)	怎恁地説(13下/882)	9
五	A.京本(卷十四)	B.《通言》三桂堂本	C.《通言》兼善堂本	
	轉任揚州僉判(3上)	轉在揚州僉判(3上)	轉在揚州僉判(3上/405)	10
	保甲法　均輸法(4上)	**均輸法　保甲法**(4上)	**均輸法　保甲法**(4上/407)	11
	歎曰③(8下)	歎道(8下)	歎道(8下/416)	12
	兼以氣隔,不能飲食(16上)	兼以氣膈,不能飲食(16上)	兼以氣膈,不能飲食(16上/431)	13
六	A.京本(卷十五)	B.《恆言》衍慶堂本	C.《恆言》葉敬池本	
	权做个得勝頭迴(1下)	權做個德勝頭迴(1上)	權做個德勝頭迴(1下/2004)	14
	平安家信④(2上)	平安家書(2上)	平安家書(2上/2005)	15
	留在客房裏歇宿(4下)	留在客房裏宿歇(3下)	留在客房裏宿歇(4下/2010)	16
	不恁的时(20上)	不恁地時(15下)	不恁地時(20上/2041)	17
	只因戲語釀災危(22上)	只因戲語釀殃危(17上)	只因戲語釀殃危(22上/2045)	18
	劝君出語須誠实(22下)	勸君出話須誠實(17上)	勸君出話須誠信(22上/2045)	19
七	A.京本(卷十六)	B.《通言》三桂堂本	C.《通言》兼善堂本	
	乃是借用吴歌成語(1上)	乃借用吴歌成語(1上)	乃借用吴歌成語(1上/703)	20

以上20條,雖然都可兩通,但其實除了第2條,都沒有必要改,而且改得也未必正確,比如第4條,把"休要"改作"休得",雖然意思可通,"休得"也有用於勸誡語氣的,但更常見的是用於命令語氣,而"休要"則一般只用於勸誡語氣。這裏是滿寺僧眾勸説長老不要把可常安着在寺中,用"休要"更符合一般的習慣。又如第9條,涉及"地""的"兩字的寫法差異。初步檢索語料庫,宋代只有"恁地説",元代開始有"恁的説",但是數量遠不如"恁地説"多。值得注意的是,馮夢龍編的"三言"只有"恁地説"而沒有"恁的説"。第17條情況類似。

第2條"送盡"的確不可通,"盡"有可能是"進"之音誤,《京本》改成"交",意思是通的,但未必符合原意。暫且存疑。第14條"德勝頭迴"改作"得勝頭迴",雖然寫作本字"得"似乎更合適,但是古本用借字"德"也未嘗不可,曲牌名"得勝令"有時也寫作"德勝令",可作旁證。

上述兩類,5條正確的加上20條兩通的,一共是25條,跟上文第一類所列舉的56條誤

① B、C均作"恁般"。"恁般"和"這般"意思相同,但存在語體差異,"恁般"帶有方言色彩。

② B、C均作"日來月往"。意思雖然差不多,但是顯係《京本》所臆改。

③ 《京本》臆改。"道"是口語詞,"曰"則是文言詞。

④ B、C均作"書"。今語"家信","三言"一律叫"家書",無一例"家信",《京本》亦顯屬臆改。

改相比,數量相差一倍多,我們當然不可能據此得出“三言”抄《京本》的結論,而是相反,只能是《京本》抄“三言”。

三　結論和餘論

本文在前人研究的基礎上,從《京本通俗小説》獨有的異文這一角度提出新證據,進一步證明《京本》是一部僞書,7 篇作品是從三桂堂本《警世通言》(6 篇)和衍慶堂本《醒世恆言》(1 篇)中抄出來的,只是略加改動而已。正如雷威(1974/1979:121)所説:“我們確信,京本通俗小説在文學史上,或在任何有關文章的時代的推論中,皆將毫無地位可言。”這部僞書給文學史和漢語史、俗字史的研究以及辭書編纂等平添了許多無謂的紛亂,應該正本清源,徹底把它摒棄了。

那宗訓(1984a)的論證看上去很有説服力,筆者曾經認爲,在幾乎一邊倒的“僞書”説聲浪中,那氏的意見是值得重視的。《京本通俗小説》雖然不可能是“影元人寫本”,但是刻於“三言”之前的看法是有充分證據的。(汪維輝 2016)等到把 7 篇話本對勘完畢,我的看法完全改變了,因爲其中的語言差異提供了作僞的鐵證。這説明語言學方法在鑒定僞書方面確有其獨特的價值。

關於《京本》的真僞,還有一個重要的問題本文暫未涉及,這就是俗字。

那宗訓(1984b)説:“在討論京本是否僞作的過程中,俗字並未受到重視。”此言甚是。迄今所見討論《京本》俗字的只有李家瑞(1935)和那宗訓(1984b)兩篇文章,前者根據一些俗字演變的歷史論證《京本》不可能是元鈔本,而應該是明代宣德以後的鈔本,後者則從俗字的角度論證《京本》非僞作:“從俗字來看,三桂堂本警世通言跟《京本》是沒有任何關係的。”“結論:就俗字來看,《京本通俗小説》跟元明兩代通俗讀物是一致的。有不少俗字,都是元明兩代才有的,跟後來並不相同。未免沒有理由説它是一本民初的僞作。一本僞作把俗字寫到這個地步是不可能的。我們必須相信《京本通俗小説》是一本明代就有的書,遠在‘三言’出版以前就存在。馮夢龍把它收在他所編的‘三言’之中。”那宗訓(1984a)的“結論”部分也説:“此外,更重要一點,《京本》有大量俗字,這些俗字更能表現出《京本》和明代流傳寫法一致,並不是後來的人所能模仿的。”其實李家瑞(1935)和那宗訓(1984b)兩篇文章都只是舉例性地討論了《京本》中的一小部分俗字,論證既不全面,也不深入,結論並不可靠。《京本》的俗字問題絕非如此簡單,全面研究尚需時日,這裏先説一下我的基本看法。

《京本》的俗字的確模仿得相當高明,以致騙過了許多名家,都信以爲真,從這一點説,那宗訓始終堅信其書非僞,是情有可原的。要是像葉德輝僞造“京本通俗小説第二十一卷,金虜海陵王荒淫”那樣通篇只用正字、沒有俗字,也就早已被人識破了,不至於聚訟紛紜至今。筆者開始時也不相信這樣的書會是民國初年的人所能僞造(參見文末附録二的書影),但是仔細推敲,就發現俗字方面問題也很多,特别是讀了太田辰夫和蘇興先生的相關論述,更是有撥雲見日之感:

《京本通俗小説》中的簡體字和異體字極多。這是繆荃孫吩咐刻工陶子犇所爲,他(陶子犇)利用翻刻元刊本古今雜劇的經驗,將《通言》《恆言》的字體改爲給人更古舊感覺的字體,在學術上是沒有價值的。(太田辰夫 1964・前言,姚偉嘉譯)

繆荃孫刊版原式的"通體皆減筆小寫",來表明《京本通俗小説》確是"影元寫本",非後人所能假造。實際倒反襯它確是僞造。按煙畫東堂小品本的字體和書版樣式,確實很像是影寫的元人刻本,是元人刻戲曲、小説時的字體、樣式。但是這不過證明了作僞技巧的高明,最終還是心勞日拙的。繆荃孫的作僞是有幫手的。清末民初的饒心舫(香舫)其人工于摹寫古本書,他先爲武昌陶子麟刻書處任書寫工作,後來爲繆荃孫寫書三年,繆荃孫又把他介紹給劉承幹摹寫宋本前四史。今煙畫東堂小品本《京本通俗小説》書頁上有"陶子犇栞"字樣,可見這正是饒心舫摹寫、陶子麟刻書處刻印出版的。繆荃孫是造假書的主謀,饒心舫合謀(受雇性的合謀),於是一部所謂"通體皆減筆小寫"、"影元寫本"的《京本通俗小説》便出籠行世了。(蘇興 1978)

太田先生對於《京本》簡體字和異體字的定性可謂一語中的,實爲不刊之論,[①]可惜除雷威(1974/1979)曾提及外,並沒有引起大家的注意。蘇興先生更是具體指出了《京本》"是饒心舫摹寫、陶子麟刻書處刻印出版的"。[②] 有兩位先生的正確論斷在先,本來這個問題已經沒有必要再討論了,但是由於該書俗字的迷惑性實在太大,以致很多人至今仍然堅信"一本僞作把俗字寫到這個地步是不可能的",所以今後仍有深入考辨的必要,而且這項工作對於俗字史尤其是異體字史和簡體字史的研究本身也是很有意義的。筆者已經初步整理出《京本》中暫時未見於明代以前的俗字 20 多個,不過還需要進一步驗證。即使這些俗字最終都被證明明代以前即已存在,也不能據此認定《京本》是一個明代的鈔本或刻本,因爲此書的俗字其實是大雜燴,跟真正的明代鈔本或刻本(如《明成化説唱詞話叢刊》等)性質是不同的,而且俗字的造假比語言造假來得容易。

引書版本

《京本通俗小説》,繆荃孫影刻《煙畫東堂小品》(1915 年),《古本小説集成》影印本,上海:上海古籍出版社,1994 年。

《警世通言》,影印金陵兼善堂刻本,劉世德、陳慶浩、石昌渝主編《古本小説叢刊》第 32 輯第 1—4 册,北京:中華書局,1991 年。

① 令人費解的是,既然已經認定《京本》是僞書,而且其中的簡體字和異體字也沒有學術價值,爲什麼太田先生還要爲它編製語彙索引呢?

② 關於這一點,楊洪昇(2008:354)有詳細的介紹:"湖北黄岡陶子麟則是當時最負盛名的刻覆宋體字的刻書工匠,……凡繆荃孫所主持的影刻本率出於陶氏之手。和陶氏相搭伙的寫手是其同鄉饒星舫,擅長臨摹各類字體,尤以善仿寫宋體字聞名,難刻的珍版宋本則交其寫樣。他和喻春峰、夏丙泉、丁紹裘曾長年爲繆荃孫抄書、寫樣。"

《警世通言》,三桂堂刻本,東京大學東洋文化研究所藏。

《醒世恆言》,影印金閶葉敬池刻本,劉世德、陳慶浩、石昌渝主編《古本小説叢刊》第 30 輯第 1—5 册,北京:中華書局,1991 年。

《醒世恆言》,衍慶堂刻本,東京大學東洋文化研究所藏。

《新平妖傳》,(臺灣)政治大學古典小説研究中心主編《明清善本小説叢刊初編》第四輯　靈怪小説,(臺灣)天一出版社,1985 年。

《明成化説唱詞話叢刊(十六種附白兔記傳奇一種)》,上海市文物保管委員會、上海博物館影印本,綫裝 12 册,1973 年。

参考文獻

白維國主編　2015　《近代漢語詞典》,上海:上海教育出版社。

傅承洲　2004　《宋元小説話本志疑》,《雲南民族大學學報》(哲社版)第 5 期。

賀延寧　2012　《〈京本通俗小説〉的語言對比研究》,南開大學碩士論文。

胡　適　1929　《〈宋人話本八種〉序》,上海亞東圖書館。又收入《胡適文存》三集卷六。

胡萬川　1977　《〈京本通俗小説〉的新發現》,《中華文化復興月刊》第 10 卷第 10 期。收入其《話本與才子佳人小説之研究》,大安出版社,1994 年,改題爲《有關京本通俗小説問題的新發現》。

胡萬川　1985　《再談〈京本通俗小説〉——那宗訓先生〈京本通俗小説的新評價〉一文讀後》,《中華文化復興月刊》第 18 卷第 9 期。收入其《話本與才子佳人小説之研究》,大安出版社,1994 年。

江蘇省社會科學院明清小説研究中心、文學研究所編　1990　《中國通俗小説總目提要》,北京:中國文聯出版公司。

黎劭西　1929　《京本通俗小説考評》,《努力學報》第 1 期。

李家瑞　1935　《從俗字的演變上證明京本通俗小説不是元鈔本》,《大公報圖書副刊》第 86 期。又《圖書季刊》第 2 卷第 2 期(1936 年)。

李樂毅　1996　《簡化字源》,北京:華語教學出版社。

李田意　1957　《日本所見中國短篇小説略記》,《清華學報》新 1 卷 2 期,69—70 頁。

劉　復　李家瑞編　1930　《宋元以來俗字譜》,中研院歷史語言研究所單刊。

魯　迅　1923　《宋民間之所謂小説及其後來》,北京《晨報五周年紀念增刊》,收入《墳》,《魯迅全集》第一卷,北京:人民文學出版社,2005 年。

馬　廉　1926　《關於白話短篇小説"三言""二拍"》,《語絲》第 111 期(12 月)。

馬幼垣　馬泰來　1965　《京本通俗小説各篇的年代及其真僞問題》,《清華學報》新 5 卷 1 期,14—29 頁。收入馬幼垣《中國小説史集稿》,臺北:臺北時報出版公司,1980 年,19—44 頁。

那宗訓　1984a　《京本通俗小説的新評價》,《中華文化復興月刊》第 17 卷第 11 期。收入其《京本通俗小説新論及其他》(文史哲學集成 116),臺北:文史哲出版社,1985 年,改題爲《京本通俗小説新論》。

那宗訓　1984b　《從俗字看〈京本通俗小説〉是否僞作》,《大陸雜誌》第 69 卷第 6 期,43—46 頁。收入北京圖書館文獻信息服務中心剪輯《中國古典小説論談——臺港及海外中文報刊資料專輯》(特輯),北京:書目文獻出版社,1987 年。

聶恩彦　1982a　《〈京本通俗小説〉探考》,《山西師大學報》(社會科學版)第 1 期。

聶恩彦　1982b　《〈京本通俗小説〉再探考》,《山西師大學報》(社會科學版)第 4 期。

聶恩彦　1986a　《再考〈京本通俗小説〉》,《山西師大學報》(社會科學版)第 4 期。

聶恩彦　1986b　《再考〈京本通俗小説〉——兼與蘇興同志商榷》,《社會科學戰線》第 3 期。

浦江清　1942　《談京本通俗小説》,《國文月刊》第十六期,上海:開明書店。

沈　津　1994　《論新發現的孤本小説〈出像批評海陵佚史〉及其他》,收入其《書韻悠悠一脈香:沈津書目文獻論集》,桂林:廣西師範大學出版社,2006 年。

石昌渝主編　2004　《中國古代小説總目·白話卷》,太原:山西教育出版社。

石　麟　1997　《論馮夢龍對舊話本小説的改造——兼談〈京本通俗小説〉的成書時間》,《湖北師範學院學報》(哲學社會科學版)第 1 期。

蘇　興　1978　《〈京本通俗小説〉辨疑》,《文物》第 3 期。

蘇　興　1979　《〈京本通俗小説〉外志》,《東北師大學報》(哲學社會科學版)第 4 期。

蘇　興　1983　《再談〈京本通俗小説〉的問題》,《社會科學戰線》第 4 期。

孫楷第　1951　《中國短篇白話小説的發展》,《文藝報》第四卷第三期,又收入其《滄州集》,北京:中華書局,1965 年。

汪維輝　2016　《説"脖子"》,載《漢語歷史語言學的傳承與發展——張永言先生從教 65 周年紀念文集》,上海:復旦大學出版社。

王國維　1922　《兩浙古刊本考》,《王靜安先生遺書》第二集,趙萬里、王國華合編,北京:商務印書館,1940 年。

徐朔方　1997　《關於〈京本通俗小説〉》,《文學遺產》第 4 期。

徐在國　1999　《讀〈簡化字溯源〉瑣記》,《語文建設》第 1 期。

楊洪昇　2007　《繆荃孫代人編撰著作考》,《中國典籍與文化》第 4 期。

楊洪昇　2008　《繆荃孫研究》,上海:上海古籍出版社。

易熙吾　1955　《簡體字原》,北京:中華書局。

樂蘅軍　1969　《宋代話本研究》,臺灣大學文學院。136—139 頁。

張書岩、王鐵昆、李青梅、安　寧　1996　《簡化字溯源》,北京:語文出版社。

張志合　1988　《也談〈京本通俗小説〉——敬質聶恩彦同志》,《商丘師專學報》第 1 期。

鄭振鐸　1931　《明清二代的平話集》,《小説月報》第 22 卷第 7、8 期。

鄭振鐸　1957　《插圖本中國文學史》,北京:人民文學出版社。

周志鋒　1998　《〈大字典〉論稿》,杭州:浙江教育出版社。

周志鋒　2006　《明清小説俗字俗語研究》,北京:中國社會科學出版社。

〔日〕長澤規矩也　1928　《京本通俗小説と清平山堂》,《東洋學報》第 17 卷第 2 期,253—281 頁。東生譯文《京本通俗小説與清平山堂》載《小説月報》第 20 卷第 6 期(1929 年 6 月)。馬廉譯文載孔德學校《AC 月刊》1930 年 1—3 期。汪乃剛譯文收入《宋人話本七種》附録,亞東圖書館,1935 年。

〔日〕長澤規矩也　1937　《京本通俗小説の真僞》,《安井先生頌壽記念書誌學論考》,東京:松雲堂書店。

〔日〕稻畑耕一郎　2010　《〈宋元書景〉考——兼論百年前古籍書影事業》,《中國典籍與文化》第 4 期。

〔日〕吉川幸次郎　1941/1949　《〈志誠張主管〉評》,《中國散文論》,東京:弘文堂。

〔日〕太田辰夫　1958/1987/2003　《中國語歷史文法》,〔日〕江南書院/北京大學出版社(中譯本)/北京大學出版社(修訂譯本),蔣紹愚、徐昌華譯。

〔日〕太田辰夫　1964　《京本通俗小説·清平山堂話本語彙索引》"前言",《清末文學言語研究會會報》單刊 5,明清文學言語研究會發行。

〔日〕鹽谷溫　1930　《論明之小説〈三言〉及其他》,附録於其《中國文學概論講話》,上海:開明書店。

〔日〕竹越孝、遠藤光曉主編　2016　《元明漢語文獻目録》,上海:中西書局。

〔法〕雷　威(André Lévy)　1974　《京本通俗小説真僞考》,吴圳義譯①,《中國古典小説研究專集》一期,1979 年 8 月,109—121 頁。

① 此文翻譯得很糟糕,而且譯者似乎缺乏必要的背景知識,如把《拗相公》譯作"頑固尚書"(119 頁)。

附録一

《京本通俗小説》異文表①

一	A. 京本(卷十)	B.《通言》三桂堂本②	C.《通言》兼善堂本③
碾玉觀音	春宵何事老芳叢(2 下)	春宵何事惱芳叢(2 下)	春宵何事惱芳叢(2 下/534)
	物边啼血尚犹存(2 下)	物邊啼血尚犹存(2 下)	吻邊啼血尚犹存(2 下/534)
	*蘇小妹道(3 上)	蘇小妹道(2 下)	蘇小小道(2 下/534)
	怨風怨雨雨俱非(3 上)	怨風怨雨雨俱非(3 上)	怨風怨雨兩俱非(3 上/535)
	*三鎮節度使(3 下)	三陣節度使(3 下)	三陣節度使(3 下/536)
	*只听得(3 下)	只聽得(3 下)	則聽得(3 下/536)
	叫帮揔虞候道(3 下)	叫幫摠虞候道(3 下)	叫幫摠虞候道(3 下/536)
	金針刺繡群芳樣斜枝嫩葉包開蕊(5 上)	金針刺繡群芳樣斜枝嫩葉包開蕊(5 上)	金針刺繡群芳　斜枝嫩葉包開蕊(5 上/539)
	*一條繡裹④肚(5 上)	一條繡裹肚(5 上)	一條繡裹肚(5 上/539)
	道:"這塊玉堪做甚麽?"(5 下)	問:"這塊玉堪做甚麽?"(5 下)	問:"這塊玉堪做甚麽?"(5 下/540)
	上尖下园⑤(5 下)	上尖下圓(5 下)	上尖下圓(5 下/540)
	初如萤火,次若灯火。(6 上)	初如螢火,次若燈光。(6 上)	初如螢火,次若燈光。(6 上/541)
	低声唱个喏(6 下)	低身唱個喏(6 下)	低身唱個喏(6 下/542)
	二千余里(8 上)	二千餘里(8 上)	二千餘里(8 上/545)
	青白行纏扎着裤子口(9 上)⑥	青白行纏找着褲子口(9 上)	青白行纏找着褲子口(9 上/547)
	*碾玉觀音下(9 上)	這漢子畢竟是何人? 且聽下回分解。(9 上)	這漢子畢竟是何人? 且聽下回分解。(9 上/547)
	從順昌人戰之後(9 下)	從順昌八戰之後(9 下)	從順昌八戰之後(9 下/548)
	送一項錢与刘两府(9 下)	送一項錢與這劉兩府(9 下)	送一項錢與這劉兩府(9 下/548)
	今遇着你们(10 上)	今日遇着你們(10 上)	今日遇着你們(10 上/549)
	看〻郡王道(10 下)	看着郡王道(10 上)	看着郡王道(10 上/549)
	在屏風背后⑦(11 上)	在屏風背後(11 上)	在屏風背後(11 上/551)
	*要共逃走。崔寧不得已,与它同走。(11 下)	要共崔寧逃走。崔寧不得已,只得與他同走。(11 下)	要共崔寧逃走。崔寧不得已,只得與他同走。(11 下/552)
	*發遣建康府居住(11 下)	發遣建康府居住(11 下)	發還建康府居住(11 下/552)
	麥穗兩歧(15 下)	麥穗兩岐(15 下)	麥穗兩岐(15 下/560)
	郡王鈞旨,教命取你。(15 下)	郡王鈞旨,教來取你。(15 下)	郡王鈞旨,教來取你。(15 下/560)
	*四肢倒地(17 上)	匹肰倒地(17 上)	匹然倒地(17 上/563)

① 各本多用簡體字和俗字,《京本》尤甚,本表照原樣過録,不做改動。凡是前賢已經論及的異文前加*號表示。

② 第八卷《崔待詔生死冤家》。

③ 同上。

④ 此係承三桂堂本之誤,"繡裹肚"即有刺繡的裹肚,三桂堂本誤認"裹"字爲"裏"字,又寫作了異體字"裹"。"裏"字《京本》他處均作"裏"。

⑤ 下文隔數行作"圓"。

⑥ 此條異文初稿遺漏,承博士生徐多懿惠告補入,謹謝。

⑦ 《京本》"後"多作"后"。

续表

二	A. 京本(卷十一)	B.《通言》三桂堂本①	C.《通言》兼善堂本②
菩薩蠻	筭看本身造化(1 上)	筭看本身造物(1 上)	筭看本身造物(1 上/509)
	鳴鐘擂鼓(2 上)	鳴鍾擂鼓(2 上)	鳴鑼擂鼓(2 上/511)
	郡王间步廊下(2 上)	郡王閒步廊下(2 上)	郡王閒步廊下(2 上/511)
	＊見两个夫人(4 上)	見两个夫人(4 上)	見兩國夫人(4 上/515)
	＊出口便清奇(4 下)	一此泛清奇(4 下)	一曲泛清奇(4 下/516)
	＊將新荷送交府中五夫人勘問(5 下)	將新荷送盡府中五夫人勘問(5 下)	將新荷送盡府中五夫人勘問(5 下/518)
	＊皆有賞新荷之句(5 下)	都有賞新荷之句(5 下)	都有賞新荷之句(5 下/518)
	滿寺僧眾教長老休得安着可常在寺中(7 下)	滿寺僧眾教長老休要安着可常在寺中(7 下)	滿寺僧眾教長老休要安着可常在寺中(7 下/522)
	与个窮和尚通好(8 上)	與個窮和尚通好(8 上)	與個窮和尚通奸(8 上/523)
	却説這般鬼話(8 下)	却説恁般鬼話(8 下)	却説恁般鬼話(8 下/524)
	＊新荷告道:原説:你若無事退回,我自養你一家老小。(9 下)	新荷告道:錢原説:你若無事退回,我自養你一家老小。(9 下)	新荷告道:錢原説:你若無事退回,我自養你一家老小。(9 下/526)
	＊從今剪断缘絲索(11 上)	從今剪断緣絲索(11 上)	從今剪斷緣絲索(11 上/529)
三	A. 京本(卷十二)	B.《通言》三桂堂本③	C.《通言》兼善堂本④
西山一窟鬼	＊閒倚闌干(3 上)	閒倚闌午(3 下)	閒倚闌午(3 下/770)
	＊泪滴斑斑金缕衣(3 下)	淚滴斑金縷衣(4 上)	淚滴斑金縷衣(4 上/771)
	＊簾幕東風寒斜峭(4 下)	簾幕東風寒料峭(4 下)	簾幕東風寒料峭(4 下/772)
	＊十年前(5 下)	十年前(5 下)	半年前(5 下/774)
	老媳婦夫馬之年七十有五(5 下)	老媳婦犬⑤馬之年七十有五(6 上)	老媳婦犬馬之年七十有五(6 上/775)
	＊教授青年多少(5 下)	教授青春多少(6 上)	教授青春多少(6 上/775)
	＊據我媳婦愚見(6 上)	據老媳婦愚見(6 上)	據老媳婦愚見(6 上/775)
	好教授得知(6 上)	好教授⑥得知(6 下)	好教教授得知(6 下/776)
	＊真人面前饒不得假話(7 下)	真人面前説不得假話(7 下)	真人面前説不得假話(7 下/778)
	看了一回(9 上)	看了一回(9 下)	看了一會(9 下/782)
	＊漁父賣魚歸竹院(10 下)	漁父賣魚歸竹院(10 下)	漁父賣魚歸竹徑(10 下/784)
	一年有余了(14 下)	一年有餘了(14 下)	一年有餘了(14 下/792)
	看〻吴教授道(14 下)	看着吴教授道(14 下)	看着吴教授道(14 下/792)
	＊是秦太師府三通判小娘子(15 下)	是秦太師府三通判小娘子(15 下)	是秦太師府三通判位樂娘(15 下/794)
	遊人乘鶴而去(16 上)	遊人乘鶴而去(16 上)	道人乘鶴而去(16 上/795)

① 第七卷《陳可常端陽仙化》。
② 同上。
③ 第十四卷《一窟鬼癩道人除怪》。
④ 同上。
⑤ 原文因他頁滲透,很像"夫"字。
⑥ "好教"和"得知"之間原有空缺,"授"字是後補上去的。

续表

四	A.京本(卷十三)	B.《通言》三桂堂本①	C.《通言》兼善堂本②
志誠張主管	当初怕成短命鬼(1下)	當初怕　短命鬼(1下)	當初怕作短命鬼(1下/858)
	*不愁小的忒小,还愁老的忒老(3下)	不愁小的忒小,還嫌老的忒老(3下)	不愁小的忒小,還嫌老的忒老(3下/862)
	明日是个相合日(3下)	明日是個和合日(3下)	明日是個和合日(3下/862)
	話休紧③煩(4上)	話休絮煩(4上)	話休絮煩(4上/863)
	暗暗的叫苦(4下)	暗暗地叫苦(4下)	暗暗地叫苦(4下/864)
	*張員外心下喜歡,小夫人心中不樂。(4下)	張員外心下喜歡,小夫人心中不樂。(4下)	張員外心下喜歡,小夫人心下不樂。(4下/864)
	*小夫人勉强应道(5上)	小夫人勉强應道(5上)	小夫人只得應道(5上/865)
	*却嫁一个白須老兒,好不生煩惱。(5上)	却嫁一個白須老兒,好不生煩惱。(5上)	却嫁一個白須老子,心下正煩惱。(5上/865)
	今日何不门外看〻消遣(5上)	今日何不門外看看消遣(5上)	今日何不門首看街④消遣(5上/865)
	*当中一个紫絹沿边簾子(5上)	當中一個紫絹沿邊簾子(5上)	當中一片紫絹沿邊簾子(5上/865)
	教張勝惹伤煩惱(5下)	教張勝惹傷煩惱(5下)	教張勝惹場煩惱(5下/866)
	*李慶在此三十余年(5下)	李慶在此三十餘年(5下)	李慶在此二十餘年(5下/866)
	两个主管各自出门前去持買賣(6上)	兩個主管各自出門前去持買賣(6上)	兩個主管各自出門前支持買賣(6上/867)
	李主管不知張主管得的是金錢(6上)	李主管不知張主管得的是金錢(6上)	李主管也不知張主管得的是金錢(6上/867)
	原来两个主管各輪一个在店中当直(6下)	原來兩個主管各輪一個在店中當直(6下)	原來兩個主管各輪一日在舖中當直(6下/868)
	*门外是一间小房(6下)	門外是一間小房(6下)	門外面一間小房(6下/868)
	*安排歇宿(6下)	安排歇宿(6下)	安排歇息(6下/868)
	*忽听得有人来敲门(6下)	忽聽得有人來敲門(6下)	則聽得有人來敲門(6下/868)
	*你快開門(6下)	你快開門(6下)	你則開門(6下/868)
	張主管開房门(6下)	張主管開房門(6下)	張主管開了房門(6下/868)
	*闪身已在灯光背后(6下)	閃身已在燈光背後(6下)	閄身已在燈光背後(6下/868)
	*張主管見了一驚(6下)	張主管見了一驚(6下)	張主管喫了一驚(6下/868)
	日往月来(8上)	日來月往(8上)	日來月往(8上/871)
	*如何措置(8上)	如何措置(8上)	如何指置(8上/871)
	罔知所措(9下)	罔知所措(10上)	罔知所措(10上/874)
	*元自不知道因甚罪(9下)	元自不知道因甚罪(9下)	兀自不知道因甚罪(10上/874)
	雖有這面熟(10下)	雖有些面熟(10下)	雖有　　⑤熟(10下/876)
	怎恁的說(13下)	怎恁地說(13下)	怎恁地說(13下/882)

① 第十六卷《張主管志誠脱奇禍》。

② 第十六卷《小夫人金錢贈年少》。按:此標題與第十五卷“金令史美婢酬秀童”對仗,三桂堂本改作“張主管志誠脱奇禍”,就不對了。

③ “紧”顯然是“絮”字之誤刻。

④ 此字原文作衔,有點模糊,但應該是“街”字而不是“看”字,下文多次出現“看街”,如:“二人見放下簾子,問道:‘爲甚麽?’養娘道:‘夫人出來看街。’”

⑤ 二字漫漶不清。

续表

	＊王招宣贖免張士廉罪犯(14 上)	王招宣續免張士廉罪犯(14 上)	王招宣續免張士廉罪犯(14 上/883)
五	A. 京本(卷十四)	B.《通言》三桂堂本①	C.《通言》兼善堂本②
拗相公	閒話已畢,未入正文。(1 上)	閒話已畢,未入正文。(1 上)	閒話已畢,未入正文。(1 上/401)
	却不是完全名节一个賢宰相(2 下)	却不是完名全節一個賢宰相(2 下)	却不是完名全節一個賢宰相(2 下/404)
	书穹万卷(3 上)	書窮萬卷(3 上)	書窮萬卷(3 上/405)
	＊轉任揚州僉判(3 上)	轉在揚州僉判(3 上)	轉在揚州僉判(3 上/405)
	舉朝以爲皋陶復出(3 下)	舉朝以爲皋夔復出(3 下)	舉朝以爲皋夔復出(3 下/406)
	保甲法　均輸法(4 上)	均輸法　保甲法(4 上)	均輸法　保甲法(4 上/407)
	＊我宋以來,宰相解位(5 下)	故宋時,凡宰相解位(5 下)	故宋時,凡宰相解位(5 下/410)
	縣馹③(7 上)	縣驛(6 下)	縣驛(6 下/412)
	饔飧不飽(7 上)	饔餐不飽(7 上)	饔餐不飽(7 上/413)
	歎曰(8 下)	歎道(8 下)	歎道(8 下/416)
	四子何爲俱妖(11 上)	四子何爲俱殀(11 上)	四子何爲俱殀(11 上/421)
	＊從人跟隨(12 下)	從人跟隨(12 下)	從者跟隨(12 下/424)
	吞声啼泣(14 上)	吞声暗泣(14 上)	吞聲暗泣(14 上/427)
	看經念佛(16 上)	看經念佛(16 上)	看經佞佛(16 上/431)
	兼以氣隔不能飲食(16 上)	兼以氣膈不能飲食(16 上)	兼以氣膈不能飲食(16 上/431)
	疾重發譫語(17 上)	疾重發譫語(17 上)	疾革發譫語(17 上/433)
	至今世间人家多有呼猪爲拗相公者(17 上)	至今山間人家尚有呼猪爲拗相公者(17 上)	至今山間人家尚有呼猪爲拗相公者(17 上/433)
	＊后人論我宋(17 上)	後人論宋朝(17 上)	後人論宋朝(17 上/433)
六	A. 京本(卷十五)	B.《恆言》衍慶堂本④	C.《恆言》葉敬池本⑤
錯斬崔寧	权做个得勝頭迴(1 下)	權做個德勝頭迴(1 上)	權做個德勝頭迴(1 下/2004)
	＊早早回来(1 下)	蚤蚤回來(1 下)	早早回來(1 下/2004)
	＊我朝元豐年间(1 下)	却説故宋朝中(1 上)	却説故宋朝中(1 下/2004)
	＊榜上一甲第九名,除授京職到差(1 下)	除授一甲第二名、榜眼及第,在京(1 下)	除授一甲第二名、榜眼及第,在京(1 下/2004)
	＊收拾書程(2 上)	收拾書程(1 下)	收了書程(2 上/2005)
	平安家信(2 上)	平安家書(2 上)	平安家書(2 上/2005)
	魏進士(2 下)	魏榜眼(2 上)	魏榜眼(2 上/2005)
	偶番桌上書帖(2 下)	偶翻桌上書帖(2 上)	偶翻卓上書帖(2 下/2006)
	＊這是沒理的事(2 下)	這是沒理的事(2 下)	這是沒理的話(2 下/2006)
	＊堂堂七尺之軀(3 上)	堂堂七尺之軀(2 下)	堂堂六尺之軀(3 上/2007)
	＊高宗時(3 下)	南宋時(3 上)	南宋時(3 下/2008)
	定時有个亨通的日子(4 上)	定時有個亨通的日子(3 上)	定須有个亨通的日子(4 上/2009)
	＊留在客房裏歇宿(4 下)	留在客房裏宿歇(3 下)	留在客房裏宿歇(4 下/2010)

① 第四卷《拗相公飲恨半山堂》。

② 同上。

③ 按:《京本》"驛"均作"馹"。

④ 第三十三卷《十五貫戲言成巧禍》。

⑤ 同上。

续表

錯斬崔寧	直到天明(4下)	直到天明(3下)	直至天明(4下/2010)
	不是這等筭計(4下)	不是這等筭計(3下)	不是這般筭計(4下/2010)
	姐丈且將這些錢去(5上)	姐夫且將這些錢去(4上)	姐夫且將這些錢去(5上/2011)
	*這項錢(6上)	這項錢(5上)	這項錢(6上/2013)
	*尋道我家(7上)	尋道我家(5下)	尋到我家(67上/2015)
	*説知就理(7下)	説知就理(6上)	説知就裹(7下/2016)
	*不尽道理(8上)	不近道理(6下)	不近道理(8上/2017)
	*索命番身入房(8下)	索性翻身入房(6下)	索性翻身入房(8下/2018)
	今日径自去了(10上)	今日徑自去了(7下)	今早徑自去了(9下/2020)
	*衣服拽開(11上)	衣服拽開(8下)	衣襟敞開(11上/2023)
	小娘子与那后生看見趕得蹺蹊(11上)	小娘子與那後生看見趕得蹺蹊(8下)	小娘子和那後生看見趕得蹺蹊(11上/2023)
	趕到跟前(11上)	趕到跟前(8下)	趕到根前(11上/2023)
	却又古怪(11下)	却又古怪(9上)	却也作怪(11下/2024)
	*偶然伴它行一程,路途上有甚皂丝麻線(12上)	偶然伴他行一程,路途上有甚皂絲麻線(9上)	偶然伴他行一程路兒,却有甚皂絲麻線(11下/2024)
	*当下怎容小娘子和那后生做主(12上)	當下怎容小娘子和那後生做主(9上)	當下不容小娘子和那後生做主(12上/2025)
	眾人都和鬧着(12下)	眾人都和鬧着(9下)	眾人都和鬨着(12上/2025)
	見了女婿屍身(12下)	見了女婿身屍(9下)	見了女婿身屍(12下/2026)
	*趁夜深了(12下)	趁夜深了(9下)	趁他睡了(12下/2026)
	*到朱三老家住了一宵(13上)	到朱三老家住了一宵(10上)	借朱三老家住了一宵(12下/2026)
	*我去之时(13上)	我去之時(10上)	臨去之時(12下/2026)
	*既然有了主兒,便同到我爹娘家裹來交割。(13上)	既然有了主兒,便同到我爹娘家裹來交割。(10上)	既然有了主顧,可同到我爹娘家裹來交割。① (12下/2026)
	*即便陞堂(14上)	即便陞堂②(10下)	即便陞廳(14上/2029)
	*住了一夜(14上)	住了一夜(11上)	過了一夜(14上/2029)
	虽是个小老婆(14下)	雖是個小老婆(11上)	雖是做小老婆(14下/2030)
	眼見的沒巴臂的説話了(15上)	眼見的沒巴臂的説話了(11下)	眼見得沒巴臂的説話了(15上/2031)
	*通同謀杀(16上)	通同謀殺(12上)	通同作奸(15下/2032)
	*就唤那后生上来(16上)	就喚那後生上來(12上)	便喚那後生上來(15下/2032)
	*杀死它亲夫(16上)	殺死他親夫(12上)	殺死了③親夫(16上/2033)
	*同行同宿(16下)	同行共宿(12下)	同行共宿(16上/2033)
	猪羊走屠宰之家(18上)	猪羊走屠宰之家(13下)	猪羊入屠宰之家(18上/2037)
	走入林子裹去(18上)	走入林子裹去(14上)	走入林子裹來(18上/2037)
	念佛赴齋(20上)	念佛赴齋(15上)	念佛持齋(19下/2040)
	*一向不大順溜(20上)	一向不大順溜(15上)	一向買賣順溜(19下/2040)

① 下文三本均作"既然賣我有了主顧,可到我爹媽家裹來交割"。

② 此書"陞堂"僅此一處,葉敬池本都作"陞廳",猶存早期版本之舊,"陞堂"應是衍慶堂本誤改。

③ "了"字略有漫漶,作[illegible],但肯定不是"他"字。

续表

	＊正會枉杀了一个人(20 上)	正會枉殺了一個人(15 上)①	止曾枉殺了兩個人(19 下/2040)
	＊做些功德(20 上)	做些功德(15 上)	做些功果(19 下/2040)
	＊一向不曾对你説知(20 上)	一向不曾對你説知(15 上)	一向未②曾對你説知(19 下/2040)
	不恁的时(20 上)	不恁地時(15 下)	不恁地時(20 上/2041)
	＊這叫做人急計生(21 上)	這叫做人極計生(15 下)	這叫做人極計生(20 下/2042)
	＊冤枉了它謀財害命(21 上)	冤枉了他謀財害命(16 上)	説他兩人謀財害命(20 下/2042)
	＊無辜受戮(21 上)	無辜受戮(16 上)	無辜被戮(21 上/2043)
	＊做弄它两人償命(21 上)	做弄他兩人償命(16 上)	執證他兩人償命(21 上/2043)
	＊並無它説(21 下)	並無他説(16 上)	並無他話(21 上/2043)
	祭献亡夫并小娘了③及崔寧(22 上)	祭獻亡夫并小娘子及崔寧(16 下)	祭獻亡夫并小娘子及崔寧(21 下—22 上/2044—2045)
	＊百年而終(22 上)	百年而終(17 上)	百年而絶(22 上/2045)
	＊只因戲語釀災危(22 上)	只因戲語釀殃危(17 上)	只因戲語釀殃危(22 上/2045)
	＊劝君出語須誠实(22 下)	勸君出話須誠實(17 上)	勸君出話須誠信(22 上/2045)
七	A. 京本(卷十六)	B.《通言》三桂堂本④	C.《通言》兼善堂本⑤
馮玉梅團圓	乃是借用吴歌成語(1 上)	乃借用吴歌成語(1 上)	乃借用吴歌成語(1 上/703)
	＊此歌出自我宋建炎年间(1 上)	此歌出自南宋建炎年間(1 上)	此歌出自南宋建炎年間(1 上/703)
	＊吃了些飲食(3 上)	吃了些飲食(3 上)	喫了些飯食(3 上/707)
	＊建炎二年(3 下)	建炎二年(3 下)	建炎三年(3 下/708)
	＊忍氣尚未息(4 上)	忍氣尚未息(3 下)	忿氣尚未息(3 下/708)
	虞城失妻(4 下)	虞城失散(4 上)	虞城失散(4 上/709)
	＊刘俊卿(4 下)	列俊卿(4 下)	列俊卿(4 下/710)
	＊原來俊卿之妻却是徐信的渾家崔氏(5 上)	原來俊卿之妻却是徐信的渾家崔氏(5 上)	原來俊卿之庸不足徐信的渾家崔氏(5 上/711)
	＊双鏡重园(5 下)	雙鏡重圓(5 下)	雙鏡重之(5 下/712)
	＊高宗建炎四年(5 下)	南宋建炎四年(5 下)	南宋建炎四年(5 下/712)
	＊姓馮名忠翊(5 下)	姓吕名忠翊(5 下)	姓吕名忠翊(5 下/712)
	＊也就見个荒年(6 上)	也就見个荒年(6 上)	也就遇個荒年(6 上/713)
	＊小名玉梅(7 上)	小名順哥(7 上)	小名順哥(7 上/715)
	追得三零四散(7 上)	追得三零四散(7 上)	赶得三零四散(7 上/715)
	＊乃是宜家之女(7 下)	乃是宦家之女(7 上)	乃是宦家之女(7 上/715)
	＊只得允許(7 下)	只得許允(7 下)	只得許允(7 下/716)
	＊名將張所岳飛張俊張浚吴玠吴璘等(8 上)	名將張浚岳飛張俊張浚吴玠吴璘等(8 上)	名將張浚岳飛張俊張榮吴玠吴璘等(8 上/717)
	此身乃君之身也(8 下)	此身乃君之身矣(8 下)	此身乃君之身矣(8 下/718)
	＊豈無鄉面之情(9 上)	豈無鄉面之情(9 上)	豈無鄉曲之情(9 上/719)

① 作"正會枉殺了一個人"顯然是錯的,下文:"大娘子便道:'如何是枉殺了兩個人?'"是其明證。"正會"是"止曾"的形誤。

② 原文作未,應是"未"而非"不"。

③ "了"恐是涉上行"决了"之"了"而誤。

④ 第十二卷《范鰍兒雙鏡重圓》。

⑤ 同上。

续表

	＊妾倘有再生之日，妾誓不再嫁。(9 上)	妾倘有再生之日，妾誓不再嫁。(9 上)	若果有再生之日，妾誓不再嫁。(9 上/719)
	這是紹興元年冬十二月内説的話(9 下)	這是紹興元年冬十二月内的説話(9 上)	這是紹興元年冬十二月内的説話(9 上/719)
	＊賊兵打劫(10 上)	賊兵打劫(9 下)	賊兵擄劫(9 下/720)
	向臨安面君奏凱(10 上)	向臨安面君奏凱(10 上)	回臨安面君奏凱(10 上/721)
	馮公又道(10 上)	吕公又道(10 上)	吕公罵道(10 上/721)

附録二

書影

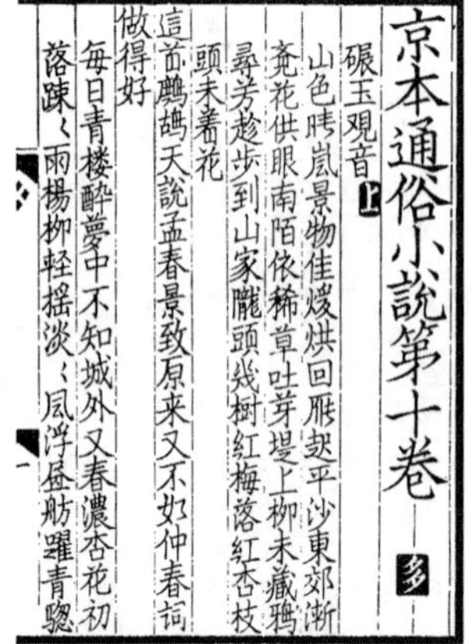

京本通俗小説第十卷
碾玉观音 上
山色晴嵐景物佳煖烘回雁起平沙東郊漸
覺花供眼南陌依稀草吐芽堤上柳未藏鴉
尋芳趁步到山家隴頭幾樹紅梅落紅杏枝
頭未着花
這首鷓鴣天説孟春景致原来又不如仲春詞
做得好
每日青楼醉夢中不知城外又春濃杏花初
落踈〻雨楊柳軽揺淡〻風浮畫舫躍青驄

京本通俗小説

三桂堂本《警世通言》

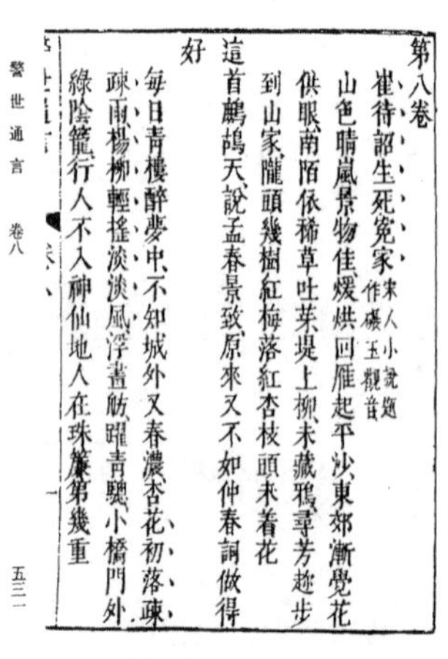

第八卷
崔待詔生死冤家 宋人小説題作碾玉觀音
山色晴嵐景物佳煖烘回雁起平沙東郊漸覺花
供眼南陌依稀草吐芽堤上柳未藏鴉尋芳趁步
到山家隴頭幾樹紅梅落紅杏枝頭未着花
這首鷓鴣天説孟春景致原來又不如仲春詞做得
好
每日青樓醉夢中不知城外又春濃杏花初落踈
踈雨楊柳輕搖淡淡風浮畫舫躍青驄小橋門外
綠陰籠行人不入神仙地人在珠簾第幾重

警世通言　卷八

兼善堂本《警世通言》

京本通俗小説第十五卷
錯斬崔寧
聰明伶俐自天生　懵懂痴呆未必真
嫉妬每因眉睫淺　戈矛時起笑談深
九曲黄河心較險　十重鉄甲面堪憎
时因酒色亡家国　幾見诗书误好人
這首诗单表為人難處只因世路窄狹人心叵
測大道既遠人情万端熙〻攘〻都為利来蚩
蚩蠢〻皆納禍去持身保家万千反覆所以古
人云顰有為顰笑有為笑顰笑之间最宜謹慎

京本通俗小説

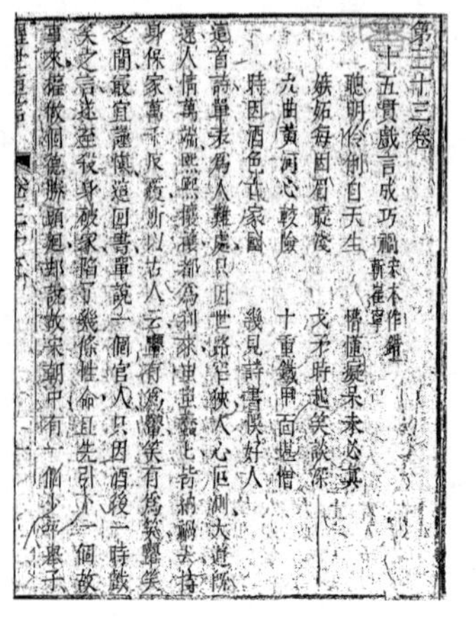

衍慶堂本《醒世恆言》

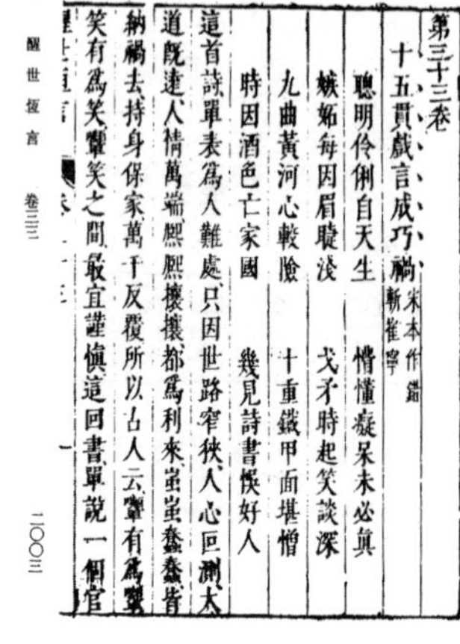

第三十三卷
十五貫戲言成巧禍 宋本作錯斬崔寧
聰明伶俐自天生　懵懂癡呆未必眞
嫉妬每因眉睫淺　戈矛時起笑談深
九曲黃河心較險　十重鐵甲面堪憎
時因酒色亡家國　幾見詩書悞好人
這首詩單表爲人難處只因世路窄狹人心叵測大
道既遠人情萬端熙熙攘攘都爲利來蚩蚩蠢蠢皆
納禍去持身保家萬千反覆所以古人云顰有爲顰
笑有爲笑顰笑之間最宜謹慎這回書單説一個官

醒世恆言　卷三十三

葉敬池本《醒世恆言》

The Linguistic Evidence of *Jingben Popular Novels* (《京本通俗小説》) Being a Pseudograph

WANG Weihui

Abstract: Is *Jingben Popular Novels* (《京本通俗小説》) a pseudograph? The academic debate in this field has been fierce for more than 80 years, yet still with no conclusion so far. There is a lot of evidence on both sides of the argument, but few arguments come from the linguistic point of view. Language is synchronic and can provide critical evidence for solving suspense. Firstly, this article briefly reviews the research history and considers that *Jingben Popular Novels* is a pseudograph; and then it proposes new evidence by analyzing the variant written forms uniquely in *Jingben Popular Novels*. There are a total of 81 such variant written forms, which can be roughly divided into three types: the first one includes the wrong modifications in *Jingben Popular Novels* (56), the second type is correct (5), and the last type can be used correctly either way (20). These variant written forms relate to the era differences of a group of words in the Song, Yuan, Ming and Qing Dynasties, providing new evidence for the conclusion that *Jingben Popular Novels* is a pseudograph. Seven stories collected by *Jingben Popular Novels* were copied both from the version of Sanguitang *Jingshi Tongyan* (《警世通言》) (6) and Yanqingtang *Xingshi Hengyan* (《醒世恆言》) (1), with only minor changes. This pseudograph makes a lot of unnecessary troubles to the history of literature, the history of Chinese language, the history of popular characters, and the lexicography. It should be abandoned completely.

Key words: *Jingben Popular Novels* (《京本通俗小説》), pseudograph, *Sanyan* (三言), Neoteric Chinese, lexicon

(汪維輝　浙江大學中文系/漢語史研究中心　310028)

關於漢語詞類系統演變的思考

楊榮祥

提　要　漢語不同時期的詞類系統是什麽樣子？如何對不同歷史時期的漢語進行詞類劃分？這是研究漢語語法史面對的一個非常困難而又不能不認真探討的問題。不同歷史時期，漢語的詞類系統不完全一樣，不僅有大類的增加，還有大類之下次類的變化，特别是類與類的結合關係，不同時期差别更大。關於如何給漢語劃分詞類，學界進行了多次成規模的討論，劃分詞類的觀念也在不斷變化，也取得了不少共識。但因爲漢語詞類沒有形態標記，詞類與句法成分之間不存在整齊對應關係，導致確定劃分詞類的標準困難，這一困擾自古而然。要認識不同時期漢語的詞類系統，必須結合不同歷史時期漢語語法系統的特點，探尋各類詞的分布特征，探尋詞與詞的各種不同組合規則，從而確定不同歷史時期劃分詞類的有效的標準。

關鍵詞　詞類　詞類系統　語法系統

對任何事物進行研究，都必須先作分類，開始所作的分類可能會隨著研究的深入而加以調整，但不作分類，研究是不可能進行的，因爲沒有分類，就無法説明事物内部的種種關係。語法是講句子的構造規則，講構造就得先講構造的部件，不把部件的類别搞清楚，就無法説明構造規則。誰都説句子是由詞或詞組構成的，既然如此，對詞的分類就是語法研究所必須的。但是，給漢語的詞分類，並不是一件簡單的事情，就是現代漢語，究竟如何分類、分多少類，至今也沒有一致的意見。漢語不同時期的詞類系統是什麽樣子？如何對不同歷史時期的漢語進行詞類劃分？很少有人正面提出這樣的問題，然而這卻是我們講漢語語法史面對的一個非常困難而又不能不認真探討的問題。

首先，我們相信漢語是有詞類的，現代漢語有，上古漢語、遠古漢語也有。其次，我們相信不同時代的詞類系統可能不完全一樣。限於目前的研究進展，我們研究各歷史時期的詞類系統還不得不以現代漢語的詞類體系作爲參照，這樣做的好處是可以通過對比分析異同，不好的是容易犯先入爲主的錯誤。嚴格地説，研究某一歷史時期的漢語，應該像研究一門獨立的語言那樣，用獨立的描寫方法整理它的系統。對於詞類來説，就是要調查一個一個斷代平面所使用的所有的詞，分析出每個詞的語法功能，然後根據一定的分類標準各歸其類，但這項工作難度很大。

不同時期，漢語的詞類系統當然不會一樣，但不一樣表現在哪些地方呢？我們應該如何分析不同歷史時期的差異？本文無意對不同歷史時期漢語的詞類系統進行全面描寫，也不打算對如何給不同歷史時期的漢語進行詞類劃分確定標準,僅就如何看待漢語不同歷史時期詞類系統的演變提出一些不成熟的看法,以就教於方家。

一 《馬氏文通》的詞類劃分與漢語劃分詞類的觀念變化

現代漢語的詞類體系源自《馬氏文通》(以下簡稱《文通》),雖然馬氏之前的外國人寫的漢語語法著作裏也有詞類劃分,但那基本上是比照印歐語作的分類。馬氏的分類當然也帶有模仿印歐語的痕跡,但首先他確實發現了漢語詞類的一些特點,如"助字"一類就是"華文所獨",又如把"數字"歸入"靜字",這都是很有見地的。其次是他畢竟第一次給漢語建立了一個完整的詞類(馬氏叫"字類")體系,做到詞各有類,雖然有些歸類不一定正確,又有所謂"假借"之說。此後的詞類劃分,基本上就是在《文通》的基礎上修改增補。所以講漢語的詞類劃分,是不能忘記《文通》的。

1.1 《馬氏文通》的詞類劃分

《文通》將漢語的詞(字)分爲九類:名、代、動、靜、狀、介、連、助、嘆。前五類是實字,後四類是虛字。吕叔湘、王海棻的《馬氏文通讀本》評價説:"這九類字的劃分大體上是合理的,發展到現在,除把'字'改爲'詞',也還沒有什麽大變化。"

類下再分次類。名字下分公名、本名、群名、通名。動字下以不同的標準分出"内動—外動",這是動詞的基本分類,又分"受動",又有"同動字""助動字""無屬動字""坐動""散動"等從不同角度給動詞作的分類。靜字分象靜(大致相當於通常所説的形容詞,包括部分狀態形容詞)、滋靜(數詞)。代詞的範圍有點亂,與今天的通行看法差别較大;狀字的劃分也存在比較大的問題(楊榮祥,1996)。

就名、動、靜三類的下屬分類來看,《文通》還沒有找到很好的劃類標準。公名、本名之類,顯然完全是從邏輯概念意義出發來劃分的;内動、外動是根據能不能帶受事賓語這個標準分出來的。"受動"並不是動詞的一個下屬類,它是根據句子中動詞與主語的語義關係給具體動詞的命名。"同動字""助動字""無屬動字"是動詞中的一些特殊的成員,"坐動""散動"則是根據謂語動詞與主語的關係來命名的①。靜字的兩個下屬類的差别比較清楚,但主要也是根據意義來劃分的。

由於《文通》深受印歐語語法的影響,而漢語與印歐語卻有很大的差别,尤其是漢語缺乏嚴格意義的形態,所以在劃分詞類時,馬氏遇到了很大的困難。漢語中的一個詞應該歸屬何類,形式上是看不出來的,所以他不得不主要根據意義。可是根據意義又會遇到麻煩:意義

---

① 《馬氏文通》的"散動",大約是對應印歐語的"不定式",不僅有"承坐動之行者",還有其他功用。參見《馬氏文通讀本》P356 注②。

上是名詞,但在句子中卻又出現在動詞該出現的位置,意義上是動詞,在句子中卻又出現在名詞該出現的位置。對此,馬氏只好用"名字假借""動字假借"來解釋,這種解釋,實際上就是後來陳承澤詞類活用説的濫觴,也是黎錦熙"依句辨品,離句無品"説的濫觴。由於馬氏沒有規定一個劃分字類的標準和依據,所以他在確定詞類(字類)時,總是顯得搖擺不定,並且存在明顯的矛盾。如他一方面講字類假借,一方面又説"字無定類":"故字類者,亦類其義焉耳。""義不同而其類亦別焉。"(《马氏文通》23 頁)"字無定義,故無定類。"(同上,24 頁)"夫字無定類,是惟作文者有以驅譴之耳。"(同上,112 頁)他的這種自相矛盾,受到了後人的批評,何容(1942)一針見血地指出:"字既然有其'本爲'之類,還不就是'字有定類'嗎?既説是字無定類,又按有定類來講,這就是自相矛盾了。"(同上,31 頁)

《文通》的"字類假借"講得很亂,除了助字、嘆字不牽涉到假借外,其他各類都有假借或被假借。這樣一來,類與類之間到底如何劃界,具體到各個詞到底歸入何類,最終都很難落實了。

1.2 劃分詞類的觀念變化

但《文通》畢竟第一次給出了一個漢語的詞類體系。此後的語法書都要講詞類,在對馬氏的體系進行修改的同時,劃分詞類的觀念也不斷發生變化。

馬氏雖然也講到詞的句法位置,如主次、賓次、語詞、表詞之類,但他的詞類劃分主要是根據意義。後來黎錦熙(1924)提出"依句辨品,離句無品",但他的心中實際上是先有一個"品"的判斷標準的,這個標準就是意義,這從他給幾個實體詞類下的定義可以看出:"名詞,是事物的名稱,用來表示觀念中的實體的。""動詞,是用來敘述事物之動作或變化的。""形容詞,是用來區别事物之形態、性質、數量、地位的,所以必附加於名詞之上。"(這完全是比照英語的形容詞,無視漢語的形容詞可以充當謂語的事實。)再看他用附注的形式舉的一個例子:"譬如一個'人'字,一望而知其爲名詞,但若多找出句子來作例,就可證明用法無限制,因爲有時它也作述語用,如古文中之'人其人'(韓愈《原道》)是;有時又可作形附來用,如普通語詞裏的'人熊''人参''人魚'都是;有時更可作副附用,如古文中'豕人立而啼'(《左傳》)是。'人'在所表觀念的性質上,是一個純粹確定的名詞,已經沒有疑義,就且能夠如此活用,而活用的時候,成分雖改,形體仍舊,並不像西洋文字都有詞頭(prefix)或詞尾(suffix)種種形態變化的表示;這就不必跟他們一樣地都説爲詞類轉變,只須從句法成分上辨别出它的'用法'來,名詞就始終是名詞,只把他區别爲幾個'位'就行。"(17 頁注⑦)"依句辨品",最後必然得出"離句無品"的結論。所以黎氏雖然分了詞類,實質上跟不分詞類沒有什麼差别。

《文通》後很長時間的語法著作的詞類劃分基本上都是以意義爲標準,所分類别與《文通》沒有什麼本質差别。二十世紀四十年代,王力(1944)、吕叔湘(1944)的著作採用葉斯柏森的"三品説",通過"品"來調和詞類與句子成分之間不一一對應的關係,但詞類的劃分仍然主要根據意義。王力分九類:名詞、數詞、形容詞、動詞(包括助動詞),此四類爲實詞;副詞,屬半實詞;代詞、係詞爲半虛詞;聯結詞、語氣詞爲虛詞;另加"記號"一類。吕叔湘分七類:1.名詞、2.動詞、3.形容詞、4.限制詞(副詞)(包括時間詞;處所詞;動態動相限制——來、去、上、下、起、住、已、方、將、著、了等;判斷限制——能、得、會、可、必、足等)、5.指稱詞(稱代詞,包括數詞、量詞)、6.關係詞、7.語氣詞。

50年代,漢語語法學界發生了一次漢語有無詞類的爭論。以高名凱爲代表的一方認爲漢語不存在詞類,王力、吕叔湘、朱德熙等人認爲有詞類。爭論的起因是(參見郭鋭51頁以下):蘇聯學者康拉德《論漢語》(1952)認爲:蘇聯的馬爾和西方語言學家馬伯樂、高本漢等人關於漢語是原始語言的看法不對,指出漢語詞彙豐富,表現力强,是世界上最發達的語言之一,馬伯樂等人認爲漢語沒有語法範疇和詞類的觀點是錯誤的。漢語有豐富的形態,因而漢語有詞類分別。康拉德證明漢語有詞類的依據就是漢語有豐富的形態。對此,高名凱提出反駁,支持馬伯樂等人漢語無詞類的觀點。高氏是這樣證明的:

大前提:詞類分別根據的是詞的形態;

小前提:漢語實詞沒有形態(或沒有足以分詞類的形態);

結論:所以漢語實詞沒有詞類的分別。

高氏的這個邏輯推斷沒有問題,但他的小前提和大前提受到了學者們的普遍質疑。開始很多人都是質疑其小前提,即認爲漢語實詞是有形態的,這種質疑不足以駁倒高氏。後來吕叔湘(1954)指出:"如果有一種或幾種東西,能用來給詞分類,即使不能叫做形態,那又有什麼關係呢?换句話説,可以把高先生的小前提暫時放在一邊,把他的大前提動搖一下試試看。"

漢語缺乏形態,所以不能根據形態劃分詞類,那麼根據什麼來劃分詞類呢?朱德熙(1960)指出:"根據形態劃分詞類只是一種方法,一種手段,這種方法和手段之所以成爲可能是因爲它仍然建立在詞的句法功能基礎上。"不同的詞有不同的句法功能,表現在不同的句法位置允許進入的詞是不同的,這説明不同類的詞受到不同的句法位置的選擇限制。據此,許多學者運用結構主義語言學的觀點,根據分布來劃分詞類。

朱德熙(1982)是极力主張根據分布來劃分詞類的。所謂分布,即一個詞所出現的句法位置的總和。但漢語裏到底有多少個句法位置?恐怕誰也説不出來。所以,講根據分布劃分詞類的人,實際上都是採用部分分布來劃分詞類。這就出現了新的問題——用哪些分布?朱德熙等人主要是根據句法成分和鑒定字(測試槽)。可是,爲什麼要用這些分布作爲根據而不用别的分布作爲根據呢?根據不同的分布劃類,結果是很不一樣的。爲什麼只用一部分分布而不用全部的分布呢?根據全部分布劃類,將會得出幾乎一個詞一個類的結果,因爲幾乎不存在分布完全相同的詞。對此,郭鋭(2002)提出了質疑,認爲分布不是詞類的本質,分布本質論是一個悖論。

根據分布劃分詞類,忽略了一個應該交代清楚的問題:分布只能作爲劃類的標準,但不是依據,分布仍然只是詞類的外在表現。所以郭鋭(2002)提出,詞類的本質是詞的表述功能的差異。"詞類實際上是以詞的詞彙層面的表述功能爲内在依據進行的分類。詞的詞類性質的差異先於詞的分布的差異,詞的詞類性質是詞固有的,而不是在使用中臨時産生的,詞類是初始概念(陳保亞 1985)。"(郭鋭 2002:92)

20 世紀 50 年代的漢語詞類問題大討論之後,詞類問題一直是漢語語法學界非常重視的問題,不斷有學者發表相關研究成果。原因很簡單,不分清詞類,無法講語法。1988 年 5 月,第五次現代漢語語法學術討論會在北京舉行,會議的主題就是討論漢語的詞類問題(見《語法研究和探索》(五)後記),會後編輯出版的《語法研究和探索》(五)(中國語文雜誌社編,語文出版社,1991 年)集中收録了朱德熙等學者的十多篇討論漢語詞類的文章。2009 年,《語言學論叢》編輯部發起"新視野下的漢語詞類問題"系列討論,從第四十輯(2009)開始至第五十七輯(2018)陸續發表了約二十篇討論漢語詞類問題的文章。這次討論大概與沈家煊發表《漢語里的名詞和動詞》,提出漢語的名、動、形三大實詞類是"包含模式"(名詞包含動詞、動詞包含形容詞)的觀點有些關係。爲了論證"包含模式",沈家煊發表了一系列的文章(見《漢語"名動包含"説》附録),并出版了專著《名詞和動詞》,與此同時,《英漢對比與翻譯》第二輯設立"沈家煊詞類觀討論專欄",集中發表了十篇討論漢語詞類的文章。最近的這次討論,不僅對漢語詞類的性質、劃分策略、區分詞類的標準等問題作了許多有益的探索,而且對過去不同學者提出的劃分漢語詞類的觀點進行了比較客觀的回顧評述。比如馬建忠、黎錦熙等人主要依據意義給實詞分類,曾一度多受訾議,但這次討論也有學者認爲,就漢語的特點來看,根據意義判斷實詞類別的觀點也有其合理的一面(參見陸儉明 2014、史有爲 2014)。又如郭鋭(2012)認爲,一直是受到批判的高名凱先生的詞類觀,其實也包含了不少有價值的理論探索。

綜觀歷年來關於漢語詞類問題的討論,雖然達成了不少共識,比如大家都認識到,漢語劃分詞類必須依據漢語自身的特點確定標準,但究竟怎麽分類、分哪些類,其實至今仍未能達成一致意見。沈家煊的"名動包含"説確實能夠解釋過去漢語詞類劃分中難以解釋的一些疑難問題(見《漢語"名動包含"説》一文之 13—18 節),但是最終也還是難以論證名、動、形之間的絶對界限,且理論上是否完全自洽,也還有待進一步論證,所以不少人對其觀點提出了質疑(參見袁毓林 2010a、2010b,陸儉明 2014,史有爲 2014,陸丙甫 2014,楊炎華 2018 等)我們比較傾向朱德熙、郭鋭的觀點,但不否認分布是劃分漢語詞類的最主要的根據。首先,詞的表述功能固然是詞類的本質屬性,但表述功能是詞固有的、内在的屬性,我們對它的認識只有通過它的外在表現才能總結出來。它的外在表現無非是它在系統中所處的位置,而這種位置只有通過其實現的功能才能確認,其實現的功能就是它的分布。其次,説某類詞的表述功能是指稱、陳述、修飾、輔助,實際上還是根據它的分布總結出來的。再次,是根據全部分布劃分詞類還是根據部分分布劃分詞類,這是很多人質疑的問題,其實這完全取决於劃類的目的。根據全部分布劃類,即使最終結果是一個詞一個類,從方法上講也沒有什麼錯,世界上本來就沒有兩顆完全一樣的露珠。任何分類的終極點就是將一個個的個體區别開來。只是終極類應該根據一定的標準進行再歸併,歸併的類再逐層歸併,直至歸併到最利於認識整個系統爲止。趙元任曾提出過“詞類的細分和總括”,説:“對於某種分類要不要再分小類或總括成大類,總的原則是問,關於這樣建立起來的單位是不是能作有意義的説明。”(吕譯本,P231)所以,如果根據全部分布劃類,應該補充的一項工作是,將不同的分布區分出不同的層次來。根據部分分布劃分詞類,只要能夠將不同詞類的本質特點區分開,就是可行的,而且所用分布應該越少越好。這樣做最需要解決好的就是選擇那些對分類最有效的分布。

1.3 現代漢語的詞類劃分

現代漢語的詞類劃分至今意見不統一,以《文通》爲代表的根據意義分類,各家差别不是很大,根據功能分布分類的各家,所分出的類有比較大的差别,這種差别實際上就是由於採用不同分布爲根據帶來的。

丁聲樹等(1961)“按照性質和用法”分 10 類:名詞、代詞、數詞、量詞、動詞(附助動詞、次動詞(介詞))、形容詞、副詞、連詞、語助詞(啊、吧、嗎、嘍、呢、了、的)和象聲詞。

趙元任(1968)首先分爲體詞、動詞和别的詞類兩大類。體詞包括:名詞、專有名詞、處所詞、時間詞、D-M 複合詞(如三磅、這回)、區别詞(三、每)、量詞、方位詞(裏、上)、代名詞 9 類;動詞和别的詞類包括:動詞(包括形容詞)、介詞、副詞、連詞、助詞、嘆詞 6 類。趙元任的分類標準基本上是部分分布,這些分布沒有明確地都列舉出來,並且提出了“詞類的細分和總括”原則,同時申明:“是否有足夠的差别值得據以劃分小類,是否有足夠的共同性質值得據以建立大類,有時候是個大有選擇餘地的問題。”(吕譯本 P232)。

朱德熙(1982:40)明確指出:“漢語的詞分類不能根據形態,只能根據詞的語法功能。”“一個詞的語法功能指的是這個詞在句法結構裏所能佔據的語法位置。”根據這個標準,他將漢語分出 17 個詞類:

<table>
<tr><td rowspan="11">實詞</td><td rowspan="8">體詞</td><td>1.名詞:水 樹 道德 戰爭</td></tr>
<tr><td>2.處所詞:北京 圖書館 郵局</td></tr>
<tr><td>3.方位詞:裏 上 裏頭 東邊</td></tr>
<tr><td>4.時間詞:今天 現在 從前 星期一</td></tr>
<tr><td>5.區别詞:男 女 金 銀 新式 高級</td></tr>
<tr><td>6.數詞:一 二 十 百 千 萬</td></tr>
<tr><td>7.量詞:個 只 塊 條</td></tr>
<tr><td>8.代詞(體詞性):我 誰 這 那 什麼</td></tr>
<tr><td rowspan="3">謂詞</td><td>代詞(謂詞性):這麼 那麼樣 怎麼</td></tr>
<tr><td>9.動詞:來 寫 買 研究</td></tr>
<tr><td>10.形容詞:紅 大 乾淨 多</td></tr>
</table>

续表

虛詞	11.副詞:很 也 已經 再
	12.介詞:把 被 從 連
	13.連詞:可是 如果 即使 和
	14.助詞:的 所 得 似的
	15.語氣詞:啊 嗎 呢 吧
	16.擬聲詞:啪 嘩啦 叮叮噹當 嘰裹咕嚕
	17.感嘆詞:哦 哎呀 喏

郭鋭(2002)認爲:"劃分詞類實際上就是根據可觀察的外在特徵推斷詞内在的語法性質(表述功能)。所以,嚴格説,分類實質上是去發現類,識别類。"(P96)"分類標準不一定是類的本質特徵,形態不是詞類的本質,我們可以拿它來作爲劃類的標準;同樣,分布也不是詞類的本質,我們只是拿它作爲劃類的標準。"(P96)"詞性是先於語言學家的劃分存在的,是語言本身的組織構造的一部分。以詞性爲基礎的詞類不是分布類,分布只是詞性的外在表現。……我們根據分布劃分詞類,實質是通過分布來推斷導致分布差異的詞本身的性質差異。這種性質就是詞性的本質。"(P97)"分布差異只是表述功能的外在表現,我們要從分布異同中求得表述功能的異同,這樣我們並不是簡單地根據分布異同定類,而是忽略一些分布上的差異(如能受'沒'修飾還是能受'不'修飾的差異),也忽略一些分布上的共性(如名、動、形都能作主語),通過分布相容度的分析找出制約分布的表述功能,使一定的分布與一定的表述功能相聯繫。"(P98)郭鋭比以前的研究前進了一步:區分詞類的本質和劃分詞類的標準。詞類的本質是表述功能,劃類的標準是語法功能(就是分布)。

郭鋭按層級劃分詞類,基本詞類共 20 個:其中 19 類是根據語法功能劃出的,只有代詞是特殊類。這 20 類是:動詞、形容詞、狀態詞、名詞、量詞、方位詞、時間詞、處所詞、區别詞、數詞、數量詞、指示詞、副詞、擬聲詞、介詞、連詞、語氣詞、助詞、嘆詞和代詞。(P29)這是目前我們見到的數目最多的漢語詞類體系。其中有些類是否可以歸併,當然還有討論的餘地,比如擬聲詞和嘆詞(朱德熙也分屬不同類),邢福義(2004)就認爲應歸併爲一個類。

上面之所以要介紹現代漢語詞類的劃分情況,是因爲古代漢語、漢語史研究中幾乎無人獨立地對古代某一時期的漢語作過詞類劃分,基本上都是套用現代漢語的詞類劃分體系,而且主要是套用自《文通》以來按語義分出的詞類體系。然而,事實上,漢語不同時代的詞類體系是否就是如此,卻還是很值得研究的。

二 漢語史的詞類劃分

王力(1958)講了名詞、單位詞、數詞、人稱代詞、指示代詞、疑問代詞、動詞、形容詞、介詞和連詞、語氣詞的發展;後來在《漢語語法史》中增添了副詞,如果將三種代詞合併,所講詞類是十個。太田辰夫(1958)先講現代漢語的詞類,分名詞、代名詞、數詞、量詞、動詞、形容詞、介詞、副詞、連詞、助詞、嘆詞 11 類(有些類下又分小類或附類),講歷史發展時也就按這 11 類講。其他講語法史的著作如向熹的《簡明漢語史》的詞類大體與王力相似。這些論著基本上沒有講各個詞類是如何劃分出來的。李佐豐的《文言實詞》(1995)分動詞、形容詞、名詞、時間詞、方位詞、數詞、量詞、代詞 8 類,分類的標準雖然强調功能,但大體上還是從意義出發,與現代漢語的詞類劃分差别不大。殷國光的《吕氏春秋詞類研究》(1997)分名詞、形容詞、動詞、數詞、量詞、代詞、副詞、介詞、連詞、助詞、嘆詞 11 類,與通行的現代漢語教科書的詞類劃分幾乎沒有什麼不同,類數和名稱與太田辰夫完全一樣。姚振武《上古漢語語法史》(2015)分名詞、動詞、形容詞、數詞、量詞、代詞、副詞、介詞、連詞、結構助詞、語助詞、語氣詞 12 類,如果按照多數人的做法,將結構助詞和語助詞合併,也就和太田辰夫所分的 11 類一樣了。最近出版的周生亞的《漢語詞類史稿》(2018)也是分 10 個類,與王力(1958)基本相同,只是將語氣詞、"所""者""的、地、得"等都歸入"助詞"一類。其他一些斷代語法或專書語法的著作,詞類劃分也都基本上是這個樣子[①]。這種對不同歷史時期漢語詞類的劃分當然不是不可以,只要能夠把語言事實講清楚就行。問題是:第一,至今沒有人對任何一個歷史時期的漢語的詞語作過窮盡的歸類,都是舉典型的例子。第二,沒有人討論過不同歷史時期漢語劃分詞類的標準和依據的問題。第三,沒有人從系統出發討論過漢語詞類的發展問題。第四,可以說,大多數人都是心中有一個現代漢語的詞類名目,然後去看古代不同時期的詞語可以放到哪一個類中,這樣給人的感覺就是漢語的詞類是沒有變化的,變化的只是每個詞類中的成員而已。

我們認爲,漢語的不同時期,詞類系統是有變化的,雖然類目的變化不大。其次,即使我們使用現代漢語的詞類名目來給不同時期的漢語詞類命名,也應該知道,雖然同樣叫名詞、動詞、形容詞,其功能古今是有差異的,比如上古漢語的名詞能夠比較自由地充當謂語、狀語。當然,不同時期的詞類系統、不同語言的詞類系統肯定存在著許多共性,這是因爲人類語言是有共性的。就詞類系統來説,任何一種語言都有名詞(表示事物名稱)、動詞(表示動作行爲)和形容詞(表示性質狀態)。"語言是現實的編碼體系。現實爲編碼提供的客觀基礎大體上可以分爲空間、時間和性狀三大類。名物佔有一定的空間,表現出事物的大小、高低、寬窄、厚薄、聚散、離合等特點,大多是一些離散的、有形的現實現象;和空間的表現形式不

① 倒是有些外國學者對漢語史上的詞類提出了一些獨特的看法,如蒲立本《古漢語語法綱要》,沒有分詞類討論問題,但是提出了一些很值得注意的觀點,如:"就其本性而言,動詞是要求另有一個或幾個名詞或名詞性短語以足其義的詞……名詞以及名詞短語(參看第七章)就其意義而言是獨立的;如果它們要充任謂語,就需要有特殊結構,比如有句末小品詞'也'或特殊否定詞'非'的結構(參看第三章)。"(P12)"在漢語中,形容詞只是動詞的一個次類。不過……形容詞的一些特質使得它又有點兒像是名詞。數詞或表示量的結構從句法上看類似於動詞。相當於英語介詞的詞在古漢語中是動詞的一個特殊的類型,即次動詞。"(P12—13)

同,時間是無形的,它只有通過名物的運動變化才能表現出自己的存在;性狀也是無形的,它存在於不同的名物及其運動的狀態中。空間、時間、性狀是語言對現實進行編碼的客觀基礎,不同語言都需要將這三類不同的現象編成'碼'。"(徐通鏘 1997:334)這就是説,任何語言都會有名詞、動詞、形容詞,只是編碼方式可能有差别。不同語言,三類之間的差異可能不同。我們還没有見到哪種語言不能區分名、動、形三類實詞的報道。任何語言都有稱代表示法,那就是代詞,有數的表示,那就是數詞。所以,先用現代漢語的詞類觀點來觀察歷代漢語的詞類,並非不可,但要進一步通過比較來考察不同時代漢語的詞類系統的特點。

2.1　不同時代的詞類系統①

2.1.1　遠古漢語的詞類

援用現代漢語詞類名稱,遠古漢語有名詞、時間詞、動詞、形容詞、代詞、數詞、副詞、介詞、連詞、語氣詞 10 個詞類。如果用郭鋭給現代漢語分出的 20 類比較,遠古漢語没有狀態詞、量詞、方位詞(注意,遠古漢語有"東、西、南、北、中、上、下、左、右"等詞,但它們的功能與普通名詞的差别遠不如現代漢語,所以可以歸併到名詞一類)、處所詞(性質與方位詞同)、區别詞、數量詞、指示詞(有"茲、之"兩個詞,但不容易與其他代詞區分,所以不宜獨立成類)、擬聲詞、助詞、嘆詞(西周金文中有幾個詞可能應看作嘆詞)這 10 個詞類。

各詞類包含的小類與後代也有很大的差别。如動詞裏邊,有没有"助動詞"? 有人説甲骨文中有"克",義同上古漢語的"克",這個字過去釋爲"骨",徐寶貴釋爲"肩",訓"克",裘錫圭表示贊同(見張玉金 2001:1)。但僅一個詞,似乎不宜定爲一個小類。甲骨文裏可能也没有謂賓動詞。又如形容詞,甲骨文中不存在性質形容詞和狀態形容詞的差别,而且整個甲骨文中形容詞就極少,楊逢彬(2001)更認爲甲骨文只有 11 個形容詞。代詞與後代的差别更大,人稱代詞只有"我、余、朕"和"女、乃"(或説還有"爾"),指示代詞只有"茲、之",没有疑問代詞,指示代詞也不像後來有遠近之分。語氣詞到底有没有還有不同的看法,即便有,甲骨文中也只有裘錫圭(1988)論證過的"抑、執"二詞,②而且在西周金文中不再能見到。西周金文中有用在句尾的"哉(作"才""戋"),但用例很少(管燮初 1981:170—171)。張玉金(2004)認爲西周漢語還有許多其他句尾語氣詞,但依據的材料是《尚書》和《詩經》之雅頌篇什,是否就是西周漢語的真實面貌,很難説。另外,數、副、介、連各類,詞的數量不多,下級分類也都很簡單。

2.1.2　上古漢語的詞類

上古漢語有 12 個詞類,和遠古漢語比,增加了一類量詞,一類擬聲詞。

---

① 我們把漢語史粗略地分爲五個時期:殷代盤庚遷殷至西周爲遠古漢語,東周至西漢爲上古漢語,東漢到隋朝爲中古漢語,唐至清初爲近代漢語,清初以後爲現代漢語。

② 甲骨文中是否有句尾語氣詞? 郭沫若、陳夢家認爲有"乎""才(哉)""目"(相當於先秦時期的"矣"),李學勤提出有"㞢""執",裘錫圭(1988)認爲只有"㞢""執"可以看作語氣詞,而郭錫良(1988)認爲"㞢""執"也不是語氣詞。

有人認爲甲骨文中就已經有量詞了,不大可信。西周金文中的“匹”“两(辆)”已经用于计量,但搭配对象固定,可看作量词的萌芽状态。如“王易兮甲马四匹”(兮甲盘)、“孚车十两”(小盂鼎)。上古漢語已經産生了天然量詞,如“一匹雛”[①](《孟子》)。到上古後期,秦漢簡帛中量詞使用頻率增高,常用量詞如“枚”,在《史記》和漢簡中都大量使用(張萬起 1998),《史記》中還有“箇”“發(矢)”“頭(牲畜)”等,《睡虎地秦墓竹簡》中有“乘(车)、封(书信)、两(车、履)、匹(马)、束(成捆的东西)”等(見張顯成、李建平 2017)。

擬聲詞《詩經》裏很多,如“呦呦”“關關”等。應該説,這個類不是根據語法功能劃分出來的,而是根據詞源特征設立的,即這類詞是對現實世界中聲音的模擬。西周金文中有“嗚呼(哀哉)”,先秦文獻中有“嗟”“咄”,比照現代漢語,應該叫做感嘆詞,我們將其歸入擬聲詞,因爲感嘆詞也是對現實世界聲音的模擬,只是一般都單獨使用,不能進入句子結構。

動詞類中已經形成了助動詞小類,如“克、能、得、足、足以;可、可以、宜、當、欲”等(參見李明 2016),另外有一類動詞,不帶賓語時像不及物動詞,帶賓語時像及物動詞,應該獨立爲動詞的一個小類,有人稱之爲“作格動詞”,我們叫“結果自足動詞”。這類動詞可以出現在如下三種格式中(參見楊榮祥 2017):

“NP1____NP2”:壬戌,公敗宋師於菅。(《左傳·隱公十年》)

“NP____”:秦師輕而無禮,必敗。(《左傳僖公·三十三年》)

“NP1+V1____NP2”:兄弟甥舅,侵敗王略,王命伐之,告事而已,不獻其功……(《左傳·成公二年》)

遠古漢語中似乎沒有這類動詞,中古時期這類動詞就逐漸衰落了(參見楊榮祥 2011)。

數詞也有很大的發展。甲骨文中只有基數詞,上古漢語産生了分數、約數。如:

先王之制,大都不过参国之一,中五之一,小九之一。(《左傳·隐公元年》)

出门,使以三分之一行;半道,使以二乘。(《左傳·哀公八年》)

纣有亿兆夷人,亦有离德;余有乱臣十人,同心同德。(《左傳·昭公二十四年》)

冠者五六人,童子六七人,浴乎沂,风乎舞雩,咏而归。(《论语·先进》)

遠古漢語的數詞能夠充當定語(直接加於名詞前),如“十羌”“十有五羌”;充當謂語,如“羌五”“鼎簋一”(函皇父盤),上古漢語裏,數詞單獨充當謂語逐漸減少,但增加了充當狀語的用法,如“三戰,子常知不可,欲奔”(《左傳·定公四年》)。

形容詞從語義上可分爲性質形容詞和狀態形容詞兩類。但又不像後代兩類存在明顯的功能差異,還不能獨立分出兩個不同的大類(參見楊建國 1979)。

---

① 王力(1958:34):“(先秦时代)表示天然单位的单位词还是很少的。据我们所知,只有‘匹’、‘乘’、‘两’(指车和屦)、‘张’(指幄幕)、‘个’(指矢)等极少数的几个字。我们可以说,表示天然单位的单位词在先秦已经萌芽了,但真正的发达还在汉代以后。”貝羅貝(1998)认为真正的量词最早出现于公元前 2 世纪,王力先生举出的那些词都可以作不同的解释。

代詞系統變得十分繁複,新産生了疑問代詞,指示代詞又可以分爲好幾類,還有一些特殊的代詞。第一人稱代詞有“我、余、予、吾、朕、卬、台”,其中“我”“吾”兩個最常用的存在分布上的對立,可能還有單複數的差異。第二人稱代詞有“尔、女(汝)、乃、而、若、戎”,它們之間有什麽差異,還不是很清楚(參見周生亚 1980)。指示代詞更加複雜,郭锡良(1989)討論了上古漢語的 13 個指示代詞,分爲五組:(1)泛指和特指“之、兹、其”;(2)近指和中指“此、斯、是”;(3)远指“彼、夫”;(4)无定“他、莫”;(5)谓词性指代“尔、若、然”。他認爲五組指示代詞不僅指代功能有别,語音上還存在系統對立。此外,上古漢語中具有指代功能的詞還有“或”“所”“者”,都各有特殊的指代功能。甲骨文中沒有疑問代詞,西周金文中也沒有,張玉金(2004)認爲西周漢語裏已經産生疑問代詞,但是所舉用例都是《詩經》《尚書》等傳世文獻中的,所以不能十分肯定西周就有疑問代詞了。上古漢語出現了一套疑問代詞,有多種形式,根據語音關係可以分爲三組(參見王力 1958;周法高 1959)①:

禪母:誰、孰

匣母:何、奚、胡、曷(害)、盍(蓋、闔)

影母:安、惡、焉

三組疑問代詞在指代功能和句法分布上都具有一些明顯的差異。

語氣詞形成了一個既不同於遠古漢語,也與後代不同的體系,而且使用頻率非常高。

2.1.3　中古漢語的詞類

和上古漢語相比,中古漢語增加了一個大類:方所詞。這樣,中古漢語應分爲 13 類。郭鋭對現代漢語的詞類劃分區别方位詞和處所詞,但漢語歷史上這兩類恐怕是劃不清楚的,所以我們合起來叫方所詞。方位詞是上古後期開始陸續産生的,它的産生與漢語的語序演變、介詞的發展都有很大的關係(參見李崇興 1992)。由於方位詞的産生,表處所的名詞的功能與普通名詞的區别變得明顯。中古漢語中,方所詞的分布與普通名詞是很不一樣的,最突出的分布差異是與介詞的結合。另外,方所詞和名詞對應的指代詞也從中古開始逐漸形成對立(參見李崇興 1992)。

持續態的助詞“著(着)”已經萌芽,但是不是要獨立出“助詞”一個大類,還值得考慮。狀態形容詞是否應該獨立爲一個大類,還有待研究。

其他變化也是很大的,表現在:(1)動量詞産生,名量詞也大量增加,這樣,中古漢語的量詞就應該分爲兩個小類了。(2)上古漢語繁複的代詞體系到中古變得簡潔,内部的系統性發生了很大變化:第一人稱代詞基本上用“我”,第二人稱代詞主要用“汝”和“爾”,“爾”的替代形式“你”在中古後期已經出現,出現了真正的第三人稱代詞“渠”和“伊”,但“他”作第三人稱代詞還沒見到確切用例,疑問代詞基本上歸併爲“誰”“何”兩個,指示代詞只有遠指和近指兩

① 見王力《漢語史稿》(中)286 頁。周法高《中國古代語法·稱代編》分四組,多喻(以)組“台”“以”,166 頁。

類。(3)動詞類中的"結果自足動詞"小類已經分化並趨於消失。(4)如果狀態形容詞不獨立爲大類,至少也應該在形容詞這個類中獨立爲小類,與性質形容詞分開。(5)語氣詞的內部體系發生了很大的變化。

2.1.4　近代漢語的詞類

近代漢語的詞類由中古的 13 類增加到至少 15 類,增加的詞類是:

(1)狀態詞——由形容詞類分出,特别是宋元以後,狀態詞的分布與性質形容詞有明顯的差别。其分布特點,就句法功能來説,主要是作謂語和狀語;就與别的詞的組合能力看,不能受程度副詞修飾,一般不能直接充當名詞性結構的修飾語。

(2)助詞——助詞已經形成體系,包括結構助詞"的、地、得",時態助詞"卻、了、著(着)、過",事態助詞"了、來、去"等(參見曹廣順 1995)。

(3)區别詞在近代漢語中似乎還很難從形容詞中分出來。

(4)指示詞是否要獨立,有待研究。

如果不算(3)(4)兩項,近代漢語可分爲 15 個詞類。和郭鋭的 20 類比,沒有數量詞、區别詞、指示詞,合併方位詞和處所詞,合併嘆詞和擬聲詞。

2.1.5　小結

從遠古到近代,漢語的詞類是有變化的,基本上是在增加。雖然有些類是否應該獨立爲一個大類,還可以討論,比如説"時間詞""方所詞"是否也可以歸爲名詞的下屬類?上古的擬聲詞是否可以將部分歸爲形容詞的下屬類中的表狀態義的形容詞,部分歸到語氣詞裹?這就涉及到上文提到的趙元任先生提出的分類原則的問題,到底是"細分"還是"總括"。但是"量詞"這個類肯定是上古漢語開始形成的,"助詞"這個類是近代漢語開始形成的,這一點學界的意見應該比較一致,還有一些大類的下屬類的變化更是很明顯。由此看來,討論漢語史上的詞類問題,如果簡單地用現代漢語的分類去套,顯然是不合適的。

至於説爲什麽漢語在演變過程中會産生一些新的詞類,這當然是與漢語的整個語法系統發生變化有關,有關具體細節,則需要進一步深入研究。

2.2　"類"與功能的對應關係

2.2.1　詞類功能的變化

雖然我們給不同時期的漢語詞類採用相同的命名,但我們必須明確,命名相同的類,不同時期的功能(分布)並不是完全相同的。到底有哪些不同,這需要通過詳細的斷代描寫來確定,下面僅列舉一些比較明顯的差異。

甲骨文中沒有典型的名詞謂語句,也就是説普通名詞是不能直接充當謂語的;金文中開始出現名詞謂語句,表示判斷;上古漢語普通名詞在判斷句中充當謂語則十分常見。中古開始,普通名詞逐漸不能自由地充當謂語了,判斷句要使用系動詞"是"。上古漢語的普通名詞可以充當狀語,到中古,名詞的這項功能逐漸消失(蘇穎 2011)。

遠古、上古漢語的數詞可以直接修飾名詞,上古漢語數詞還可以直接修飾動詞,反過來,遠古、上古漢語的名詞以及上古漢語的動詞都可以直接受數詞的修飾,到了中古,名量詞、動量詞普遍使用,數詞、名詞、動詞的分布功能就都有了一項非常明顯的變化——數詞需先與量詞結合,才能與名詞、動詞發生結構關係。

上古漢語的名詞、形容詞都有一部分用在述語位置帶賓語,過去都説這是詞類活用。到底是活用,還是它們自有的功能?就算是活用,爲什麽上古能"活用",到中古就不能"活用"了?其中的條件和機制是什麽?這些問題還值得研究(參見楊榮祥 2013)。

上古漢語的數詞可以直接充當謂語,大約到中古後期,數詞的這種功能消失。

上古漢語的代詞作定語,除了"余、誰",有時候用"之"與中心語連接,其他都是直接加於中心語之前,現代漢語代詞作定語,如果與中心語在語義上是不可轉讓關係,可以不用結構助詞"的",如果是可轉讓關係,就得後加結構助詞,這種變化大概發生於近代漢語。

中古以前,單個動詞、形容詞充當謂語(或述語)而句子可以獨立(完句),現代漢語則多數情況下需附帶完句成分句子才能獨立,或曰在形式上需要"有界化",這種變化也是在近代漢語階段開始的。

上面説的各項,都是實詞在不同時代其分布有所不同。虚詞的分布古今也不是完全一樣。比如上古的代表性介詞"於(于)"引介處所,其典型分布是"V+於(于)L",後代的代表性介詞"在"的典型分布則是"在L+V"。上古漢語有一個專門連接陳述性成分的連詞"而","以"也有類似的功能,中古時期這種連詞衰落,而且漢語裏沒再産生與其功能類似的連詞。上古漢語出現的一套語氣詞,中古逐漸衰落,到近代漢語中,發展出一套新的語氣詞,而近代漢語中新産生的語氣詞,與上古漢語的語氣詞幾乎沒有淵源關係。

爲什麽不同時代功能(分布)不同的詞我們要命名爲相同的詞類呢?過去講詞類就是分布類,對這個問題無法回答。不同語言、同一語言的不同時代,分布並不完全相同的詞,我們都看作相同的詞類,比如英語的形容詞和漢語的形容詞,分布是不完全相同的,上古漢語的動詞、形容詞、名詞與後代的分布也不是完全相同的,之所以都叫做名詞、動詞、形容詞,是因爲詞類的本質不是分布或句法功能,而是另有一種本質屬性。這種本質屬性,根據郭鋭(2002:92),就是詞的表述功能。雖然上古漢語的名詞的分布與後代不同,但其表述功能都是指稱;雖然不同時代動詞的分布不同,但其表述功能都是陳述;形容詞的表述功能都是"陳述/修飾",介詞、連詞的功能都是"輔助"。

2.2.2　名、動、形的劃界問題

詞的表述功能是詞類的本質的、内在的屬性,是不容易觀察到的,所以就漢語來説,我們不可能直接根據詞的表述功能給詞分類,只能根據詞的表述功能的外在表現——功能分布來給詞劃類。這樣,我們要給不同時期的漢語劃分詞類,就得對不同時期的漢語的詞的分布功能作充分的調查分析。可是目前這項工作還做得很不夠,而且從現有研究看,這項工作困難是很大的，僅語言的基本詞類名、動、形的劃分，就不是件簡單的事情。

我們直接觀察到的一個事實是遠古漢語的形容詞非常少，上古漢語有很大的增加，上古以後仍然在不斷地增加。爲什麽形容詞會由少變多？徐通鏘(1997:338)認爲:“性狀作爲一種獨立的編碼對象在漢語的早期還沒有分離出來。它寄託於名物，在編碼的時候大體上都是通過某一類名物的摹寫來襯托某種特定的性狀。”徐先生用《爾雅》《説文》所收詞爲證，其實遠古漢語就有這樣的詞，如“羊—羔”“豕—豚”“木—林—森”，這是通過對事物的分類，把事物的性狀包含在名物之中了。這與人們對客觀世界的認識有關，與人們選擇現實世界的哪些東西形成概念有關(參見蔣紹愚 1999)，不過遠古漢語中能夠明確指出包含了特定性狀的名物詞並不是太多。我們認爲，一個時代的語言，就是那個時代的現實的編碼體系。遠古時代，人們的交際中可能並不需要很多關於性狀的説明，可能因爲現實生活中對許多事物的性質狀態沒必要辨别、認識或者根本就不認識，所以這一類概念就沒有投射到語言中，所以出現的形容詞就很少。

楊逢彬認爲甲骨文中的形容詞非常少，而管燮初、張玉金等人認定的形容詞要多得多，這是爲什麽？這不僅是對詞的定類標準問題、對詞在不同時代的功能的判斷問題，還是個是否認識到詞類系統也是發展變化的觀念的問題。我們不能根據今天對詞義的理解判斷去確定歷史上一個詞的歸類。遠古漢語的名、動、形的界限未必與今天名、動、形的界限相同，即便是上古漢語，名、動、形的界限也不如現代漢語清晰，所以我們在給歷史漢語劃分詞類的時候是不能完全採用現代漢語劃分詞類的標準的。

我們過去講詞類活用，主要是名詞、形容詞“活用”爲動詞。從某個角度講，所謂“詞類活用”，正是名、動、形的界限不清晰的一種表現，這種現象會給我們根據分布來劃分遠古、上古漢語的詞類帶來麻煩。楊榮祥(2013)認爲，上古漢語多“詞類活用”與上古漢語存在一批綜合性動詞有關。其實，上面引的“羊—羔”等例子，也可以説“羔”這樣的名詞是“綜合性”名詞，即在表示事物的同時還表示了性狀(既有空間性的意義，也有性狀意義)。楊榮祥(2013)説“聚”“启”“牧”這樣的動詞表示的是“動作＋對象”，是“對象自足動詞”，也就是動詞的詞義中還包含“事物”的意義。也有一些公認的名詞，如“衣”“冠”，上古漢語中大量用作動詞，這樣的詞是否本來就是將“事物”和“動作”綜合在一起了呢？陳承澤(1922:18—19)在講“活用”時説:“如名字，主要爲表物之字。然物大抵有其象，而象字所形容者，往往不過其一部分；欲形容其全象或渾漠之象，必即以該名字爲象，如用‘君君’‘臣臣’第二之‘君’字‘臣’字，指具有君或臣所應具之德言，即象用也。物又有其動(最廣義)，而動字所表出，往往不過其一部分；欲表出其全動或其特有之動，必即以該名字爲動用，如‘天雨’之‘雨’，即自動用也。此全部分之動或其特有之動，其本身及物時，或人假之以及物時，則爲他動用。如‘夏雨雨人’之第二‘雨’字，‘鋤而去之’之‘鋤’字是也。……”可見，“詞類活用”對我們劃分上古漢語名、動、形三大類實體詞會形成很大的干擾。

還有一個音變構詞的問題。這個問題非常複雜,它牽涉到上古漢語、遠古漢語有無形態變化的問題,目前説有説無都還很難證實或證僞。如果上古或遠古一個“字形”既表指稱又表陳述不是構詞問題,而是句法問題,那就會給我們劃分名、動、形增加更大的困難。比如“魚—魚(漁)”(甲骨文已經有寫作“漁”的)、“田—田(畋)”“子—子(養育孩子)”。如果這是屬於構詞問題,那麽就是兩個不同的詞,根據不同的分布來推斷它們的表述功能就可以了。如果看作同一個詞,我們就得對其分布作出解釋。這幾個“字”從字形上看,似乎是用於表示實體名物的,但也有一些字,字形顯示的是動作,如“伐(殺伐)—伐(被殺者)”“孚(俘獲)—孚(俘虜)”。還有“雨”這樣的詞,有人説作動詞是活用,有人説是兼類,有人説是兩個不同的詞項。從字形上,我們很難判斷它表示的是實體還是過程。這些現象,是同一個漢字記録了兩個詞,還是一個詞的“活用”,還是一個詞的不同分布?如果是兩個詞,是否有形態變化?如果是一個詞的不同分布,那麽我們就需要尋找新的劃類標準。

就名、動、形的句法功能來看,我們認爲至少上古時期動詞和形容詞的界限是不清楚的,如在句法結構中動詞與動詞之間用連詞“而”連接,形容詞與形容詞之間也用“而”連接;動詞作謂語後面帶語氣詞“矣”,形容詞也帶“矣”;動詞作定語後面可以帶也可以不帶“之”,形容詞作定語也是後面可帶可不帶“之”,特别是形容詞作謂語還可以帶賓語(所謂活用、使動用法、意動用法)。僅就句法功能而言,動詞能充當的句法成分,形容詞也都能充當,不過是比例有所不同而已。所以有不少人在講上古漢語語法時,不嚴格區分動詞和形容詞,有人就籠統稱爲謂詞①。動詞與名詞的界限也並不是十分清楚,如名詞可以“活用”爲動詞作謂語,帶賓語,動詞形容詞可以作主、賓語。名詞充當判斷句的謂語,動詞、形容詞帶語氣詞“也”也可以充當判斷句的謂語。名詞可以充當狀語,動詞、形容詞也可以充當狀語。

既然上古漢語名、動、形的界限如此不清楚,爲什麽我們還是叫做“名詞”“動詞”“形容詞”呢?第一是爲了表述的方便,第二是我們相信名、動、形是有界限的,只是我們需要重新考慮劃分這三大詞類的標準問題,不能套用現代漢語的分類標準,應該明白不同時代這三大類實詞的分布規律是不一樣的。

2.3　以發展的觀點看漢語詞類的演變

用發展的觀點看漢語詞類的演變,主要應該强調兩點:一是不同時代,詞類的多少有别;二是不同時代,詞類的本質屬性是一樣的,但外在表現則不盡相同。因此,確定劃類標準就必須根據不同時代語法系統的特點來確定。我們現在講歷史漢語的詞類,基本上是先從意義上作出判别,然後借鑒現代漢語劃分詞類的標準去看從意義出發所作的判别是否説得過去。這樣,我們的判斷往往是見仁見智。特别是在大的詞類中的次類判别方面,分歧更是嚴

① 統稱爲謂詞當然是沒有問題的,但是與謂詞相對的是體詞,這是更概括的類,朱德熙、郭鋭的分類都是分層級的,謂詞、體詞不是我們講語法時使用的基本類。

重,尤其是對動詞次類的劃分,如對及物動詞和不及物動詞的劃分。

今後我們對歷史漢語的詞類研究,首先要做的工作是充分描寫所有詞的分布特點,再確定利用哪些分布來作分類的標準——這需要對各種分布在劃分詞類的價值方面進行研究(不是每種分布對劃分都有價值,而且,不同的分布,價值還有大小之分)。這種標準是不能從現代漢語借鑒的,各個時代的標準不可能一樣。

三 "類"與"類"結合關係的變化

3.1 名、動、形的結合關係

上古漢語裏,當一個謂詞(動詞、形容詞)在句法上用於指稱時,其前可以通過"之"加上名詞性的修飾限定語,到中古,這種"之"消失了,名詞修飾限定謂詞的組合規則也就發生了變化。

早期漢語裏名詞可以直接修飾名詞形成"定・中"關係,如"王師"(《甲骨文合集》36443)、"王事"(《甲骨文合集》5454)、"民心"(《左傳》)、"戎行"、(《左傳》)、"狄難"(《左傳》,指滅狄之戰事)、"農功"(《左傳》)、"邊垂"(《左傳》)等。現代漢語的單音節名詞加單音節名詞給人的感覺都是雙音節詞,而雙音節名詞加雙音節名詞一般不能直接形成"定・中"關係,要中間加入"的"來確定語法關係①。

遠古、上古漢語中,動詞可以直接修飾名詞形成"定・中"關係,如"降禍"(《甲骨文合集》7852)、"鳴鳥"(《甲骨文合集》17366B)、"圍戎"(《甲骨文合集》20449,指被圍之戎)、"懸貆"(《詩經》)、"蔓草"(《左傳》)等。現代漢語的單音節動詞一般都不能直接作定語,但雙音節動詞可以,如"工作時間、學習資料、游泳健將"等。據郭鋭(2002),現代漢語中,31%的動詞可以直接作定語,但多爲雙音節動詞。

歷史上有多少名詞可以直接加於另一個名詞前作限定語,有多少動詞能夠直接加於名詞作定語? 哪些名詞可以直接做定語,哪些動詞經常直接作定語? 這需要詳細的調查分析。

上古漢語名詞可以直接修飾動詞形成"狀・中"關係,如"蛇行、人立、橐載、虜使、師事、瓦解……"這種現象在上古漢語中十分常見,中古逐漸少見,到近代基本消失。

3.2 實詞與虚詞的結合關係

上古漢語兩項謂詞性成分可以通過"而"組織在一個句子中,兩項謂詞性成分表達的事件或性質狀態可以有時間先後順序,也可以沒有。前者從語義關係上講,一般爲順承關係、條件關係等,後者爲並列關係、轉折關係等。所以,在上古漢語中謂詞性成分有一項分布特

① 類似"木頭桌子"這種結構,郭鋭(2002)認爲"木頭"具有區別詞的性質。

徵——前後兩項可以用"而"連接。到中古漢語,"而"已經衰落,這項分布特徵便失去了效力。上古漢語也有名詞通過"而"與謂詞性成分連接的,這時的名詞一定在句法層面上具有陳述功能。有人認爲上古漢語的名詞具有陳述功能,這個説法不準確。名詞的表述功能是指稱,只是在句法層面上有時具有陳述功能(楊榮祥 2010)。

上古漢語常用"矣"加於由謂詞充當的謂語之後,除了表達一定的語氣外,還具有表達實現或完成的時間意義。中古"矣"已經衰亡,這項分布也就沒有了。但中古有在謂語後加"已、訖、畢、竟"等的句式,這種句式從時間意義上説與加"矣"的句式接近,但二者的分布很不一樣,形容詞謂語句後一般不能加"已"等。二者的功能也不同,"矣"是語氣詞,"已"等是動詞,在句子中充當謂語。

近代漢語中產生了動態助詞"了、著(着)、過",但早期並不是很多動詞都可以帶"了、著、過"的,後來才逐漸增多(郭鋭 2002:現代漢語中 85%的動詞可以帶"了、著、過"),爲什麼會發生這樣的變化?現代漢語中,72%的形容詞可以帶"了"或"過、著"(帶"著"的比較少),但在近代漢語中,能夠帶"了、著、過"的形容詞是不多的,爲什麼後來就增多了呢?能否帶"了、著、過"是現代漢語中區分體詞和謂詞(動詞、形容詞)的重要標誌,但是在"了、著、過"產生后的早期近代漢語中,能夠後接"了、著、過"的動詞、形容詞卻不多,所以即使在近代漢語階段,也很難以能否帶"了、著、過"作爲確定動詞、形容詞的標準之一。

在現代漢語詞類劃分時,程度副詞"很"是很重要的區分動詞和形容詞的"鑒定詞"(見朱德熙 1982:55),形容詞可以受"很"修飾,動詞除了表心理活動的動詞,別的動詞不能夠受"很"的修飾。可是在近代漢語中,程度副詞卻可以修飾動詞和多種動詞性結構①。如《朱子語類》中有"孟子最發明此處""他最説打坐不是""極説道學恁地不好""其實甚奪人志""極説得性、情、心好""……則明日決不分外飲食",《水滸傳》《金瓶梅》裏也能夠見到類似的用法(參見楊榮祥 1998)。這説明,近代漢語中,程度副詞不僅可以與形容詞組合,還可以與動作動詞(或動詞性結構)組合。那麼,通過"很"或別的程度副詞來測試近代漢語動詞和形容詞的區別就不是十分有效。此外,現代漢語中,狀態形容詞、動詞或動詞性結構做定語,一般需要後接"的"才行,但近代漢語並不全是這樣,如"當是民生日用最要緊事耳""極白好麵""然而其德本是至明事物""只孫從之是朝中煞好人""方好用微微火養教成就""愛飲酒人""不會記性人""才不足人"(以上見《朱子語類》);"煞大國土""甚好事""甚小事"(以上見《三朝北盟會編》);"最好性格""最高亭子"(以上見《金瓶梅》)"極好刀筆"(以上見《水滸傳》)等。可見,和現代漢語相比,近代漢語中狀態詞(狀態形容詞)、動詞與結構助詞"的"的結合關係也是不完全一樣的。

---

① 程度副詞"很"產生得比較晚,元代有作"哏"的用例,但很少見,"很"到清代才普遍使用開。所以我們只能用別的程度副詞來説明問題。

四 結語

漢語的詞組也好、句子也好,都是有組織規則的,它們都是由構成成分構成的,構成成分各有其位,各有身份,各有功能,那麽當然就可以歸類。詞類是客觀存在的,但不同語言,劃分出來的詞類可能不同;按照郭鋭(2002)的説法,我們今天給漢語劃分詞類,實際上是去發現類。如何去發現并總結?就需要找出不同類之間的差異,差異越明顯,分類越容易。印歐語因爲不同的類有身份標記,容易區分,漢語的詞沒有身份標記,就需要想别的區分辦法。用充當句法成分的差異也不容易區分,因爲漢語的詞類和句法成分不是一一對應的。所以説,漢語詞類劃分困難,關鍵原因就是這兩點:一是詞形沒有形式標記,二是詞類與句法成分不是一一對應的關係。沈家煊(2007)提出"名動包含",可以更好地解釋詞類與句法成分一對多的問題,但是如何確定不同類之間的界限,仍然需要尋找并總結劃類的標準。

詞形沒有形式標記,詞類與句法成分不一一對應,漢語自古而然。因此,給現代漢語劃分詞類需要尋找别的劃類標準,給漢語不同歷史時期劃分詞類,同樣需要尋找别的劃類標準。我們認爲,這個標準大概就是詞與詞的組合規則,也就是不同時期各個詞類的分布特點。什麽詞能與什麽詞結合,哪些類别的詞不能與哪些别類的詞結合,某類詞共有哪些與别類詞的組合?把這些問題搞清楚,或許能夠看清不同時期詞類的大致面貌。

不同時代的漢語,語法系統是不一樣的,詞與詞的組合規則當然就不一樣。所以,給不同歷史時期的漢語劃分詞類,必須依據不同時期漢語語法系統的特點。研究漢語詞類的歷史演變,歷史的觀點、發展的觀點、系統的觀點尤其重要。

參考文獻

貝羅貝 1998 《上古、中古漢語量詞的歷史發展》,《語言學論叢》第二十一輯。
曹廣順 1995 《近代漢語助詞》,北京:語文出版社。
陳保亞 1985 《論句法結構》,《西南師範學院學報》第2期。
陳承澤 1922 《國文法草創》,北京:商務印書館,1982年。
丁聲樹等 1961 《現代漢語語法講話》,北京:商務印書館。
高名凱 1955 《三論漢語的詞類分别》,《中國語文》第1期。
管燮初 1953 《殷墟甲骨刻辭的語法研究》,北京:中國科學院出版社。
管燮初 1981 《西周金文語法研究》,北京:商務印書館。
郭 鋭 2002 《現代漢語詞類研究》,北京:商務印書館。
郭 鋭 2012 《高名凱先生的漢語詞類研究》,《語言學論叢》第四十六輯。
郭錫良 1988 《先秦語氣詞新探》,《古漢語研究》創刊號,1989年第1期。
郭錫良 1989 《試論上古漢語指示代詞的體系》,《語言文字學術論文集》,北京:知識出版社。

郭錫良 2000 《先秦漢語名詞、動詞、形容詞的發展》,《中國語文》第3期。
何 容 1942 《中國文法論》,北京:商務印書館,1985年。
蔣紹愚 1999 《兩次分類——再談詞彙系統及其變化》,《中國語文》第5期。
黎錦熙 1924 《新著國語文法》,北京:商務印書館,1982年。
李崇興 1992 《處所詞發展歷史的初步考察》,載《近代漢語研究》,北京:商務印書館。
李 明 2016 《漢語助動詞的歷史演變研究》,北京:商務印書館。
李佐豐 1995 《文言實詞》,北京:語文出版社。
陸丙甫 2014 《沈家煊"名動包含"理論正反説》,《英漢對比與翻譯》第二輯,上海:上海外語教育出版社。
陸儉明 2014 《怎麼認識漢語在詞類上的特點——評述黎錦熙、高名凱、朱德熙、沈家煊諸位的詞類觀》,《英漢對比與翻譯》第二輯,上海:上海外語教育出版社。
吕叔湘 1944 《中國文法要略》,北京:商務印書館,1982年。
吕叔湘 1954 《關於漢語詞類的一些原則性問題》,《中國語文》第9期;又見《漢語語法論文集》,北京:商務印書館,1984年。
吕叔湘、王海棻 1986 《馬氏文通讀本》,上海:上海教育出版社。
馬建忠 1898 《馬氏文通》,北京:商務印書館,1983年。
蒲立本(Edwin G. Pulleyblank) 1995 《古漢語語法綱要》(*Outline of Classical Chinese Grammar*),孫景濤譯,語文出版社,2006年。
裘錫圭 1988 《關於殷墟卜辭的命辭是否問句的考察》,《中國語文》第1期。
沈家煊 2007 《漢語裏的名詞和動詞》,《漢藏語學報》第1期。
沈家煊 2014 《漢語"名動包含"説》,《英漢對比與翻譯》第二輯,上海:上海外語教育出版社。
沈家煊 2016 《名詞和動詞》,北京:商務印書館。
史有爲 2014 《第一設置與漢語的實詞》,《英漢對比與翻譯》第二輯,上海:上海外語教育出版社。
蘇 穎 2011 《漢語名詞作狀語現象的衰微》,《語文研究》第4期。
〔日〕太田辰夫 1958 《中國語歷史文法》(修訂譯本),東京:江南書院;蔣紹愚、徐昌華譯,北京大學出版社,2003年。
王 力 1944 《中國現代語法》,北京:商務印書館,1985年。
王 力 1955 《關於漢語有無詞類問題》,《北京大學學報》第2期。
王 力 1958 《漢語史稿》,北京:科學出版社;中華書局,1980年。
王 力 1989 《漢語語法史》,北京:商務印書館。
向 熹 2010 《簡明語法史》(修訂本),北京:商務印書館。
邢福義 2004 《擬音詞内部的一致性》,《中國語文》第5期。
徐通鏘 1997 《語言論》,長春:東北師範大學出版社。
楊逢彬 2001 《關於殷墟甲骨刻辭的形容詞》,《古漢語研究》第1期。
楊建國 1979 《先秦漢語的狀態形容詞》,《中國語文》第6期。
楊榮祥 1998 《〈朱子語類〉中程度副詞組合功能試析》,載《語苑擷英——慶祝唐作藩教授七十壽辰學術論文集》,北京:北京語言文化大學出版社。
楊榮祥 2010 《"兩度陳述"標記:論上古漢語"而"的基本功能》,《歷史語言學研究》第三輯。
楊榮祥 2011 《上古漢語連動共賓結構的衰落》,《中國語言學》第五輯。
楊榮祥 2013 《論"詞類活用"與上古漢語"綜合性動詞"之關係》,《歷史語言學研究》第六輯。
楊榮祥 2017 《上古漢語結果自足動詞的語義句法特徵》,《語文研究》第1期。

楊炎華 2018 《從漢語的詞類問題看漢語》,《語言學論叢》第五十七輯。

姚振武 2015 《上古漢語語法史》,上海:上海古籍出版社。

殷國光 1997 《吕氏春秋詞類研究》,北京:華夏出版社。

袁毓林 2010a 《漢語和英語在語法範疇的實現關係上的平行性——也談漢語裏的名詞/動詞與指稱/陳述、主語與話題、句子與話段》,《漢藏語學報》第5期。

袁毓林 2010b 《漢語不能承受的翻譯之輕——從去範疇化角度看漢語動詞和名詞的關係》,《語言學論叢》第四十一輯。

張萬起 1998 《量詞"枚"的產生及其歷史演變》,《中國語文》第3期。

張顯成 李建平 2017 《簡帛量詞研究》,北京:中華書局。

張玉金 2001 《甲骨文語法學》,上海:學林出版社。

張玉金 2004 《西周漢語語法研究》,北京:商務印書館。

趙元任 1968 《漢語口語語法》,吕叔湘譯,北京:商務印書館,1979年。

中國語文雜誌社 1991 《語法研究和探索》(五),北京:語文出版社。

周法高 1959 《中國古代語法・稱代編》,臺北:"中研院"历史语言研究所。

周生亞 1980 《論上古漢語人稱代詞繁複的原因》,《中國語文》第2期。

周生亞 2018 《漢語詞類史稿》,北京:中國人民大學出版社。

朱德熙 1960 《關於劃分詞類的根據》,《語言學論叢》第四輯,北京:商務印書館。

朱德熙 1982 《語法講義》,北京:商務印書館。

朱德熙 1983 《自指和轉指——漢語名詞化標記"的、者、所、之"的語法功能和語義功能》,《方言》第3期。

朱德熙 1988 《關於先秦漢語裏名詞的動詞性問題》,《中國語文》第2期。

朱德熙 1990 《關於先秦漢語名詞和動詞區分的一則劄記》,《漢語論叢》,上海:華東師範大學出版社。

Some thoughts on the Word Class Systems of Chinese

YANG Rongxiang

Abstract: What the word class systems of Chinese are like during different historical periods? How to classify the words of Chinese in different periods? These are difficult but important issues which have to be dealt with in the studying of historical Chinese syntax. The word class systems of Chinese are not exactly the same during different periods of times, as new classes may emerge and subclasses under certain old classes may change, and the syntagmatic relations of words differs even more greatly. The academics has discussed in scale for several times over the classification of words in Chinese. As the conceptions of classification change over time, the academics managed to reach consensus over some issues. But since Chinese words are not morphologically marked, and its word classes do not correspond strictly with the syntactic components, it is difficult to establish a standard of word classification, and this has long been a trouble. To know more about the word class systems of Chinese during different periods of times, we must establish effective standards of word classification for each period by examining the distributional features of each word classes and exploring the syntagmatic rules of them with consideration of the characteristics of syntactic system of that period.

Key words: word class, word class system, syntactic syntem

(楊榮祥 北京大學中文系 100871)

論漢語複音詞的同步構詞

王雲路

提　要　漢語複音詞有同步構詞的規律,主要有簡單同步構詞和複雜同步構詞兩種。同步構詞產生的主要原因是這些語素具有共同的核心義,因而可以按照同樣的方式組合成詞。本文主要討論了以下詞語:"散黛"等塗抹化妝類詞語,"無苦""無事""無足"等否定性詞語,"翹想""企想""竦想"等思念類詞語,證明同步構詞普遍存在,在詞語研究中具有重要的價值。

關鍵詞　同步構詞　核心義　散黛　無事　翹想

漢語有詞義的同步引申規律,即如果兩個(或多個)詞同義,那麽它們往往引申出同樣的含義。如:"翹"本義是尾巴高舉,泛指一切高舉;"企"(或"跂")有踮腳義,即抬高腳跟使人變高。二者共同的核心義是"高",這是二者同義的根據。"翹"有思念義,"企"也有思念義,這是二者詞義的同步引申。

與之同理,漢語詞彙產生大量的雙音詞,一個重要原因是同步構詞。所謂"同步構詞",就是兩個或多個同義詞,用同樣的構詞方式,創造了一系列同義詞。還以"翹"和"企"爲例,它們可以產生同步構詞:"翹想""企想",都是思念、盼望的意思,這就是同詞義、同結構的"同步構詞"。下面具體討論同步構詞的類型、功用和產生根源等。

一　同步構詞的類型

同步構詞現象普遍存在,其類型主要有以下兩種:

第一種,簡單同步構詞:單語素與一組同義語素分别構詞

一個單音節詞,與一組同義詞構成同類型(同結構)、同意義的雙音詞。若甲、乙、丙、丁在某種情況下有相同的含義,則可以構成甲A、乙A、丙A、丁A(或A甲、A乙、A丙、A丁)等,即置换前語素或後語素,形成同義同構的雙音詞。下面舉動賓式、並列式、疑問式等方式構詞。此類同步構詞的特點比較鮮明,有一個語素相同,因而判斷起來比較簡單,所以稱爲"簡單同步構詞"或者"狹義同步構詞"。

例一,"寄～"類(寄言、寄語、寄聲、寄音)

《梁詩》卷二十三庾肩吾《賦得嵇叔夜》:"寄言山吏部,無以助庖人。"

《宋詩》卷七鮑照《代少年時至衰老行》:“寄語後生子,作樂當及春。”

《魏詩》卷四魏文帝曹丕《燕歌行》:“郁陶思君未敢言,寄聲浮雲往不還。”

《梁詩》卷十七劉緩《遊仙》:“寄音青鳥翼,謝爾碧海流。”

“言、語、聲、音”同義,分別與“寄”組合,形成動賓式雙音詞,含義都是告訴、問候、詢問等。這是動賓式的例子。

例二,“～切”類(淒切、感切、痛切、悲切、慘切)

《梁詩》卷八何遜《日夕望江山贈魚司馬》:“管聲已流悦,弦聲復淒切。”

《晉詩》卷二棗據《雜詩》:“顧瞻情感切,惻愴心哀傷。”

晉陸雲《與楊彦明書》:“存想其人,痛切肝懷。”

晉袁宏《後漢紀·和帝紀下》:“憑上書……辭甚悲切。上惻然感寤。”

《梁詩》卷四江淹《效阮公詩》:“仲冬正慘切,日月少精華。”

“淒切”“感切”“痛切”“悲切”“慘切”是同義並列雙音詞,猶言憂傷、悲痛。因爲“切”爲入聲字,所以排在後一個語素位置上,符合“平上去入”的調序原則。

考“切”本指以刀切物。刀在人身上切割是很是痛苦的,在漢魏六朝文獻中,常用“切”喻指極度憂傷、悲痛。如《漢詩》卷十二《古詩·李陵録别詩》:“愴恨切中懷,不覺淚沾裳。”以下是詩歌的例子,用同義或反義對文的句式證明“切”有憂傷義:

《宋詩》卷四謝惠連《夜集歎乖》:“誠哉曩日歡,展矣今夕切。”(“歡”與“切”義相反)

《宋詩》卷八鮑照《還都道中》:“物哀心交横,聲切思紛紜。”

《宋詩》卷九鮑照《園中秋散》:“既悲月户清,復切夜蟲酸。”

《梁詩》卷六沈約《贈劉南郡季連》:“情勞伊爾,念切紛吾。”

《陳詩》卷八江總《明慶寺》:“市朝沾草露,淮海作桑田。何言望鐘嶺,更復切秦川。”①

以上“切”均與“哀”“悲”“勞”“望”等表示悲傷的詞語相對應,含義亦同。

再以“淒切”同義並列爲例。如《陳詩》卷七江總《梅花落》:“梅花色白雪中明,横笛短簫淒復切。”這是“淒”與“切”用“復”並列起來。唐長孫佐輔《横吹曲辭關山月》:“淒淒還切切,戍客多離别。”這是“淒淒”“切切”疊音連言者。又有“淒淒切切”。唐吴融《李周彈箏歌》:“始似五更殘月裏,淒淒切切清露蟬。”可以進一步證明“切”的悲傷義。

所以,“淒切”“感切”“痛切”“悲切”“慘切”均屬於同義並列式雙音詞,同義且同構。

第二種,複雜同步構詞:一組同義語素與另一組同義語素分别構詞

一組類義相同的語素可以與另一組同義語素以同樣的方式分别構成同類雙音詞。此類同步構詞的特點是同義、同構,但語素不同。上一類則有一個語素是相同的。因此,我們稱之爲“複雜同步構詞”或“廣義同步構詞”。

---

① “望”有悲傷義,詳見本文“例七”下注。

例三,我們以一組描寫女性美貌或妝扮的中古詩歌詞語爲例。塗飾化妝類雙音詞通常是動賓結構的雙音詞,當是由動賓式詞組逐漸凝固而成。此類描寫在六朝時期有些還沒有完全成詞,唐詩中則固定成詞。

(1)散黛、散黄、散麝

《梁詩》卷二十二梁簡文帝蕭綱《美人晨妝》:"散黛隨眉廣,燕脂逐臉生。"唐王維《扶南曲歌詞》:"朝日照綺窗,佳人坐臨鏡。散黛恨猶輕,插釵嫌未正。""散"爲塗抹、塗飾義。《梁詩》卷二十七費昶《詠照鏡》:"晨暉照杏梁,飛燕起朝妝。留心散廣黛,輕手約花黄。""黛"是女子用以畫眉的青黑色顔料。"散黛"即畫眉,在眉毛上塗抹黛色顔料,這是女子化妝的重要内容。劉勰《文心雕龍・情采》:"夫鉛黛所以飾容,而盼倩生於淑姿。"是其證。

《梁詩》卷九王訓《奉和率爾有詠》:"散黄分黛色,薰衣雜棗香。"

《陳詩》卷二張正見《豔歌行》:"縈環聊向牖,拂鏡且調妝。裁金作小靨,散麝起微黄。"

"散黛""散黄""散麝"爲置换同類語素(黛、黄、麝,化妝用的粉末狀顔料[①])的同步構詞。《説文》中有"㪚"字,應當是"散"早期的寫法。許慎解釋爲"雜肉"。林義光《文源》認爲是"雜","本義當爲分散之散……經傳皆用散字"。[②] "散"有分散、散布、灑水等義,後來也寫作"撒",直接表示動作。如果表示狀態,則是粉末狀物。可以指藥物。《後漢書・方術傳下・華佗》:"佗以爲腸癰,與散兩錢服之,即吐二升膿血,於此漸愈。"《南史・宋紀上・武帝》:"我王爲劉寄奴所射,合散傅之。"寒食散即其義。也可以指塗抹化妝的胭脂等。因之,把散末狀胭脂等塗抹到臉上也稱爲"散"。"散黛""散黄""散麝"的"散"即是塗抹義。《漢語大詞典》無此義,當補。

(2)拂黛

《北魏詩》卷二周南《晚妝》:"拂黛雙蛾飛,調脂豔桃發。"

"拂"是塗飾義,常用於化妝的描寫,在中古詩歌中習見。如《齊詩》卷四謝朓《雜詠・鏡臺》:"照粉拂紅妝,插花理雲髮。"《梁詩》卷二十一梁簡文帝蕭綱《戲贈麗人》:"麗姐與妖嫱,共拂可憐妝。"《梁詩》卷二十八劉氏《贈夫》:"妝鉛點黛拂輕紅,鳴環動佩出房櫳。"《陳詩》卷四陳後主叔寶《梅花落》:"拂妝疑粉散,逐溜似萍開。"《陳詩》卷五徐陵《奉和詠舞》:"低鬟向綺席,舉袖拂花黄。"

---

① 麝香是一種香料,粉末多呈暗褐色。

② 《説文》相關的解釋。如《説文》:"糂糝,散之也。"段注:"糂者衍字……糝本謂散米,引伸之凡放散皆曰糝。"段注中涉及對"散"的解釋還有很多。如《説文》:"布,枲織也。"段注:"引伸之凡散之曰布,取義于可卷舒也。"《説文》:"灑,汛也。"段注:"凡埽者先灑。《弟子職》云:實水於盤,攘臂袂及肘,堂上則播灑,室中握手是也。引伸爲凡散之稱。"《説文》:"汛,灑也。"段注:"卂,疾飛也。水之散如飛,此以形聲包會意也。"《説文》:"靡,柀靡也。"段注:"柀靡,分散下垂之皃。《易・中孚》九二曰:吾與爾靡之。孟、王皆曰:散也。凡物分散則微細。"

“拂黛”同“散黛”。《漢語大詞典》釋“拂”爲“裝飾打扮”,似未確切。“拂”是由“擦拭”“掠過”義演變出塗抹義,而非廣義的裝飾打扮義。唐孟浩然《美人分香》:“髻鬟垂欲解,眉黛拂能輕。”亦其例①。

與“拂”義同而音近的是“傅”。《梁詩》卷二十梁簡文帝蕭綱《豔歌篇十八韻》:“分妝間淺靨,繞臉傅斜紅。”又《獨處怨》:“彈棋鏡奩上,傅粉高樓中。”《陳詩》卷五徐陵《烏棲曲》:“風流荀令好兒郎,偏能傅粉復薰香。”

(3)點黛

《梁詩》卷二十八劉氏《贈夫》:“妝鉛點黛拂輕紅,鳴環動佩出房櫳。”

《陳詩》卷八江總《新入姬人應令》:“數錢拾翠爭佳麗,拂紅點黛何相似。”

《隋詩》卷八《雜曲歌辭·黄門倡歌》:“點黛方初月,縫裙學石榴。”

“點”有塗抹、妝飾義,詩中習見。《北周詩》卷二庾信《舞媚娘》:“眉心濃黛直點,額角輕黄細安。”《陳詩》卷四陳後主叔寶《三婦豔詞》:“小婦初妝點,回眉對月鉤。”又《採蓮曲》:“隨宜巧注口,薄落點花黄。”皆其義。

“點”本義是小黑點,塗抹上小黑點也是“點”,所以引申有“塗飾”義。三國魏何晏《景福殿賦》:“點以銀黄,爍以琅玕。”唐陳子昂《彩樹歌》:“狀瑶台之微月,點巫山之朝雲。”宋楊萬里《過寶應縣新開湖十首》之七:“半濃黛汁點遙林,微淡鉛膏抹暮雲。”以上諸例“點”是用於繪畫,表示“塗抹,點綴”。女子在臉上妝點與之類似。

“點黛”與“散黛”“拂黛”同義,即用青黑色的顏料畫眉。也屬於同構同義。這是動詞“點、散、拂”的同義替换。

“點黛”還用於書寫、繪畫的場合,因爲寫字、繪畫也用黛色顏料。《全後漢文》卷九十三魏繁欽《硯贊》:“方如地象,圓似天常,班彩散色,漚染毫芒,點黛文字,曜明典章。”

《水經注·滄水》:“青崖若點黛,素湍如委練,望之極爲奇觀矣。”《水經注·濟水二》:“青崖翠發,望同點黛。”此二例形容山色像水墨畫一樣美。

(4)點星

《梁詩》卷二十六徐君蒨《别義陽郡》:“飾面亭,妝成更點星。頰上紅疑淺,眉心黛不青。”

“點星”是臉頰塗上星形的圖案,這也是女子妝扮的一個内容。北周庾信《鏡賦》:“靨上星稀,黄中月落。”唐褚亮《詠花燭》:“靨星臨夜燭,眉月隱輕紗。”以上“星”都是女子化妝的圖案。

當然,也可以是貼上星形的飾品。《梁詩》卷二十梁簡文帝蕭綱《美女篇》:“約黄能效月,裁金巧作星。”是“星”常用金箔裁剪而成。

① “拂”還有掠過、拂動義。也是距離的靠近。《晉詩》卷十二庾闡《登楚山》:“拂駕升西嶺,寓目臨浚波。”唐李白《陌上贈美人》:“駿馬驕行踏落花,垂鞭直拂五雲車。”“拂”皆是馬鞭揮動在馬身上掠過的意思。

(5)約黄

《梁詩》卷二十梁簡文帝蕭綱《美女篇》:"佳麗盡關情,風流最有名。約黄能效月,裁金巧作星。"

"約黄"就是在額頭上塗抹黄色的顔料。《北周詩》卷二庾信《舞媚娘》:"眉心濃黛直點,額角輕黄細安。"唐梁鍠《美人春臥》詩:"落釵仍掛鬢,微汗欲消黄。"宋王安石《與微之同賦梅花得香字》之一:"漢宫嬌額半塗黄,粉色淩寒透薄裝。"可以爲證。

"約"字本義是纏繞、束縛義。《漢詩》卷三繁欽《定情詩》:"何以致殷勤,約指一雙銀。"《晉詩》卷一傅玄《豔歌行有女篇》:"頭安金步搖,耳繫明月璫。珠環約素腕,翠羽垂鮮光。"是其例。其核心義是動作的"靠近",故有沿、依、繞之義。還可以引申爲吹拂義,由與表面相接觸的依、沿義産生。再引申,則有塗貼義,均是空間距離靠近的動作。

與"約"同義的還有"散",故也稱"散黄"。例見前。

"黄"又稱"花黄"。可以比照的是《梁詩》卷二十七費旭《詠照鏡》:"留心散廣黛,輕手約花黄。""約花黄"也稱爲"貼花黄",《梁詩》卷二十九《横吹曲辭·木蘭詩》:"當窗理雲鬢,對鏡帖花黄。"唐崔液《蹋歌詞》之一:"鴛鴦裁錦袖,翡翠貼花黄。"①

還稱"拂花黄"。《陳詩》卷五徐陵《奉和詠舞》:"低鬟向綺席,舉袖拂花黄。"蓋拂過與輕貼動作相似。

也稱"點花黄"。《陳詩》卷四陳後主叔寶《採蓮曲》:"隨宜巧注口,薄落點花黄。"

"約花黄""貼花黄""拂花黄""點花黄",屬於三音节同步構詞。以上例子證明:不僅雙音詞有同步構詞的規律,多音節詞和詞組同樣有同步結構的普遍趨勢,這是一種語言上的認知類推。

另外,作爲"花黄"的顔料大約與"麝香"有關係。前引《陳詩》卷二張正見《豔歌行》"縈環聊向牖,拂鏡且調妝。裁金作小靨,散麝起微黄"可供參考。

以上雙音節詞都是化妝義的動詞,其特點是:由動作義引申出塗抹義的一類動詞("散""拂""點""約"等)與化妝物品("星""黄""紅""黛"等)結合,從而構成動賓式雙音詞。"散""拂""點""約"等本義相差甚遠,但爲什麼都能夠與"星""黄""紅""黛"等表示胭脂等的語素結合,從而表示塗抹義呢? 因爲這些單音詞共同的核心義是空間上靠近、貼近,而塗抹正是一種靠近、貼近。所以,許多詞同義,本質是核心義的相近、相同。

下面一例則有所不同。

(6)注口

《晉詩》卷十九《清商曲辭·子夜四時歌·春歌》:"畫眉忘注口,游步散春情。"《梁

① 貼花黄"也許與"點星"相似,即"花黄"可以是一種可以剪出來的面飾,因而用"貼"。未能確定,存疑。也許"貼"是距離無限的靠近,因而與"點""拂""約"等同義,都可用於塗飾義。

詩》卷二十九《西曲歌·攀楊枝》:“自從别君來,不復著綾羅。畫眉不注口,施朱當奈何。”《陳詩》卷四陳後主叔寶《採蓮曲》:“隨宜巧注口,薄落點花黄。”

以上“注口”是塗抹口唇義,爲動賓結構。《漢語大詞典》引唐、明二例,釋爲“指婦女塗了口脂的嘴”,是偏正結構。缺此義,當補。

“注”的本義是水灌注,也表示傾倒義,口紅塗到唇上,也用“注”字。

前三例“散黛”“拂黛”“點黛”大約用於眉毛的化妝,“點星”大約用於臉頰的化妝,“約黄”“散黄”等大約用於額頭的化妝,“注口”用於嘴唇的化妝。看來古代女子的化妝是全方位的,也有比較複雜的程式。

“散黛”“拂黛”“點黛”屬於前語素的同類置换,“約黄”“散黄”也屬於前語素的同類置换;“點黛”“點星”屬於後語素的同類置换。這些小類都是簡單同步構詞。而“散黛”類,“約黄”類,“點星”類合爲一組,就是相對複雜的同步構詞了。它們都是動賓式,即動作+顏料,故構詞方式相同;含義大致相同,表示塗飾化妝,因而屬於同步構詞。“注口”則有所不同,是動作+对象,雖前後語素全部同類置换,也是同步構詞。

二　研究同步構詞規律的意義

研究同步構詞規律有什麽意義?一些語言現象的來源、結構尚不清楚,但是根據同步構詞的規律就可以有初步的判斷。同步構詞是一種十分能產的構詞類型,形成一個個詞群。我們發現了這些詞群,就發現了它們的共性,發現了它們成詞的來源和規律,也解釋出了詞語的確切含義。因而,同步構詞有助於看清詞彙的整體系統,具有較强的解釋力。我們以三組主要表示否定意思的雙音詞爲例。

例四,《諸病源候論》卷六《解散病諸候·寒食散發候》:“熱多則弦駃,有癖則洪實,急痛則斷絶。凡寒食藥率如是。無苦,非死候也。”《諸病源候論校注》曰:“無苦,猶言無害,指對人體並無危害。苦,患也。”

這個解釋不準確。“無苦”與“無害”同義,二者都是“無妨”的意思,猶言“不要緊”。文義是説這個病症不要緊,不是死的症候。

我們先看“無苦”的例子:

《搜神記》卷五“丁姑祠”:“須臾,有一老翁乘船載葦,嫗從索渡。翁曰:‘船上無裝,豈可露渡,恐不中載耳。’嫗言:‘無苦。’翁因出葦半許,安處著船中,徑渡之至南岸。”《齊民要術》卷八《作魚鮓》:“作長沙蒲鮓法……四五宿,洗去鹽,炊白飯,漬清水中。鹽飯釀,多飯無苦。”以上“無苦”都是“無妨”的意思。

與之相似的有“何苦”。

《三國志·魏志·曹仁傳》:“長史陳矯俱在城上,望見金等垂没,左右皆失色。仁意氣奮怒甚,謂左右取馬來,矯等共援持之,謂仁曰:'賊衆盛,不可當也。假使棄數百人何苦,而將軍以身赴之!'"意思是即使拋棄數百人也不要緊。《梁書·陳伯之傳》:"(陳伯之)候伺鄰里稻熟,輒偷刈之。嘗爲田主所見,呵之云:'楚子莫動!'伯之謂田主曰:'君稻幸多,一擔何苦?'"①"何苦"本義是沒有什麽痛苦,引申即何妨。

再看"無害"。

《荀子·儒效》:"不知,無害爲君子;知之,無損爲小人。"《後漢書·賈逵傳》:"其餘同《公羊》者什有七八,或文簡小異,無害大體。"《齊民要術》卷一《種穀》:"良田宜種晚,薄田種早。良地非獨宜晚,早亦無害;薄地宜早,晚必不成實也。"

還有"不害"。

《漢書·董仲舒傳》:"賢材雖未久,不害爲輔佐。"顔師古注:"害,猶妨也。"這個解釋注意到了"害"在虚化抽象後的含義。

還有"何害"。

《舊唐書·柳亨傳》:"臣恐因循,流近致遠,積小爲大,累微起高。勿謂何傷,其禍將長;勿謂何害,其禍將大。"此以"何傷"與"何害"對文,都是何妨的意思。

"害"有傷害義,《説文》:"害,傷也。"抽象含義是妨害,故"何害"即何妨,"無害"即無妨,"不害"即不妨。《晉詩》卷二十楊苕華《贈竺度》:"羅紈可飾軀,華冠可耀首。安事自剪削,耽空以害有。""害"即妨礙義。現代方言口語還有"不害事"的説法。

《左傳·僖公二十八年》:"若其不捷,表裏山河,必無害也。"這裏的"無害"似可以理解爲無危害,含義較爲具體實在,引申則可以虚化指抽象的妨礙。

我們還可以根據同步構詞規律,驗證以上説法。與"苦""害"義近的有"傷""妨""廢""損"等,都有傷害、損害義,可以與"無苦""無害"一樣同步構詞,表示抽象的無妨、不要緊。

(1)何傷、無傷

"何傷"常連言,表示沒有關係,沒有妨礙,相當於現代漢語的"何妨""不要緊"。"何傷"表示何妨的意思,來源很早。

《論語·先進》:"子曰:'何傷乎?亦各言其志也。'"《墨子·耕柱》:"子墨子曰:'去之苟道,受狂何傷!'"是其較早用例。屈原《九章·涉江》:"朝發枉陼兮,夕宿辰陽。苟余心其端直兮,雖僻遠之何傷!"意思是假如我心意正直,地處偏遠又何妨。

中古時期,"何傷"繼續沿用,典籍習見,如:

《晉詩》卷二十支遁《詠懷詩》:"廓矣千載事,消液歸空無。無矣復何傷?萬殊歸一塗。"《三國志·蜀志·秦宓傳》:"蓋《河》《洛》由文興,六經由文起,君子懿文德,采藻其

---

① "何苦"還有"何必"義。《世説新語·方正》51:"有相識小人貽其餐,肴案甚盛,真長辭焉。仲祖曰:'聊以充虚,何苦辭?'真長曰:'小人都不可與作緣。'"即其例。現代漢語中"何苦"多爲此種用法,含有"何必自討苦吃"的意味。

何傷!”《南齊書·崔慧景傳》:“古人有力扛周鼎,而有立錐之歎,以此言死,亦復何傷!”“傷”的本義是傷害,引申有妨礙的意思,“何傷”即何妨。此用法延續至今。

直接否定的説法就是“無傷”。《孟子·梁惠王上》是其較早用例:“王答曰:‘是誠何心哉?我非愛其財而易之以羊也,宜乎百姓之謂我愛也。’曰:‘無傷也。是乃仁術也,見牛未見羊也。’”成語“無傷大雅”也是謂對大雅無妨,即不要緊。

(2)何損、無損

《荀子·儒效》:“不知,無害爲君子;知之,無損爲小人。”“無損”與“無害”對文,都是“無妨”的意思。漢董仲舒《春秋繁露·山川頌》:“且積土成山,無損也;成其高,無害也。”北齊顔之推《顔氏家訓·養生》:“《抱朴子》牢齒之法……今恆持之;此輩小術,無損於事,亦可修也。”唐淨顯《題廣愛寺楞伽山》:“爲經巢賊應無損,縱使秦驅也謾勞。”

還有“何損”。

《後漢書·文苑傳·趙壹》:“今壹自譴而已,豈敢有猜!仁君忽一匹夫,于德何損?而遠辱手筆,追路相尋,誠足愧也。”

(3)何妨、無妨

“無妨”出現較早。

《戰國策·燕策》:“且臣之使秦,無妨于趙之伐燕也。”《抱朴子内篇·釋滯》:“若聖人誠有所不能,則無恠於不得仙,不得仙亦無妨于爲聖人,爲聖人偶所不閑,何足以爲攻難之主哉?”《宋詩》卷九鮑照《詠白雪》:“無妨玉顔媚,不奪素繒鮮。”

“何妨”的出現似乎稍晚。

三國吴支謙譯《須摩提女經》:“滿財語邠池言:‘卿家所事别自供養,我家所事别自供養,雖復所事不同,何妨人自私好?’”東晉佛陀跋陀羅共法顯譯《摩訶僧祇律》卷第十四:“佛言:‘比丘汝何不語彼,縱令迦盧比丘非是梵行,何妨我修梵行。’”《魏書·禮志三》:“高祖曰:‘卌旨速除之意,慮廣及百官,久曠衆務。豈於朕一人,獨有違奪?今既依次降除,各不廢王政,復何妨於事,而猶奪期年之心。’”

(4)何廢、不廢

《魏詩》卷二王粲《從軍》詩:“晝日處大朝,日暮薄言歸。外參時明政,内不廢家私。”謂内不妨礙幹家中私事。《北周詩》卷三庾信《傷王司徒褒》:“静亭空繫馬,閑峰直起煙。不廢披書案,無妨坐釣船。”此以“不廢”與“無妨”同義對文。

蓋“傷”“害”“廢”“損”等皆表示傷害、損害,都是較具體的含義,“苦”由味觉感官的苦楚,转指心灵的伤痛。詞語根據具體的搭配對象又有不同的具體釋義。“損害、傷害”是對身體而言,轉而用於其他抽象事物就是“妨礙”義。

這些詞古文中多用於否定句或反問句,如“無傷、無害、無苦、無損、無廢”和“不傷、不害、不苦、不損”等表示否定義,“何傷、何害、何苦、何損、何廢”等用於疑問句。

從詞義發展的角度看,是"傷""害""苦""廢""損"等詞的同步引申;從構詞的角度看,屬於同步構詞,即有"不廢",就有"不傷""不害"等。以上都是與"無苦""無害"同類同義的構詞,爲偏正結構。值得注意的是:"傷""害""苦""廢""損"這些詞如果單獨使用,大多只能是動詞,而一般不作副詞用。只有與疑問语素、否定語素結合時,才是副詞。

例五,《晉詩》卷十六陶淵明《和劉柴桑》:"山澤久見招,**胡事**乃躊躇。直爲親舊故,未忍言索居。"從句意看,"胡事"猶言"何必"。這個解釋是否正確,結構關係如何?我們可以從同步構詞的角度進行分析和判斷。

中古時期,以疑問代詞或否定副詞與語素"事"構成的雙音詞例很多,猶言"何必""不必"。茲舉例如下:

(1)**"安事"**

猶言何必;爲何。"安"表示疑問。

《晉詩》卷七張載《招隱》:"去來捐時俗,超然辭世僞。得意在丘中,**安事**愚與智?"

《晉詩》卷十一郭璞《遊仙》:"靈谿可潛盤,**安事**登雲梯?"

《梁詩》卷六沈約《休沐寄懷》:"雖云萬重嶺,所玩終一丘。階墀幸且足,**安事**遠遨遊?"

(2)**"何事"**

即何必;爲何。表示疑問,用於疑問句的句首。

《晉詩》卷十五張奴歌:"**何事**迷昏子,縱惑自招殃?"

《宋詩》卷十吴邁遠《長相思》:"閨陰欲早霜,**何事**空盤桓?"

《齊詩》卷二王融《王孫遊》:"春草行已歇,**何事**久佳期?"

所以"胡事"與"何事""安事"同爲疑問語素與"事"構成的否定副詞。還有直接用否定語素與"事"組合的雙音副詞。

(3)**"空事"**

猶言不必。"空"與"無""不"含義相因。

《宋詩》卷九鮑照《擬青青陵上柏》:"浮生旅昭世,**空事**歎華年。"

《隋詩》卷七大義公主《書屏風》:"富貴今何在,**空事**寫丹青。"

(4)**"無事"**

"無事"與"空事"同,謂不必。

《梁詩》卷七沈約《初春》:"**無事**逐梅花,空教信楊柳。"

《梁詩》卷十吴均《發湘州贈親故别》:"古來非一日,**無事**更勞心。"

(5)**"毋事"**

後代還有"毋事",猶無須。

明胡應麟《詩藪·近體下》:"以少陵之才,攻絕句即不能爲李,詎謂不若摩詰,彼自有不可磨滅者,**毋事**更屑屑也。"

從這樣多的構詞類型和使用頻率來看,“胡事”與“安事”“何事”“空事”“無事”“毋事”同義同構,是副詞,爲偏正結構。“事”常用作名詞,單獨使用沒有“必要”的意思,但是在與疑問詞或否定詞組合後,就表示了“不必、何必”的意思,成爲中古詩歌常用詞,而詞典中通常沒有收録這些雙音節副詞。

例六,晉陶淵明《桃花源記》:“不足爲外人道也。”俗語有“區區小事,何足掛齒”。“足”是值得的意思,但是通常只用於否定式或疑問式中,作爲語素出現,“不足”“何足”即其例。我們從其同步構詞的詞群中可以證明這一點。

(1)“安足”

猶言哪裏值得,用疑問詞表示否定的意思,即不值得。

《魏詩》卷八阮侃《答嵇康》:“晉楚安足慕? 屢空守以貞。”

《魏詩》卷九嵇康《述志》:“沖静得自然,榮華安足爲?”

《晉詩》卷八潘尼《贈汲郡太守李茂彦》:“河朔貴相忘,歧路安足悲?”

(2)“焉足”

《魏詩》卷三徐幹《雜詩》:“時不可再得,何爲自愁惱,每誦昔鴻恩,賤軀焉足保?”

《魏詩》卷十阮籍《詠懷詩八十二首》:“榮名非己寶,聲色焉足娱?”

《晉詩》卷五陸機《君子行》:“掇蜂滅天道,拾塵惑孔顔,逐臣尚何有,棄友焉足歎?”

(3)“豈足”

《魏詩》卷十阮籍《詠懷詩八十二首》:“去置世上事,豈足愁我腸?”

《宋詩》卷三謝靈運《初去郡》:“彭薛裁知恥,貢公未遺榮,或可優貪競,豈足稱達生?”

(4)“何足”

《魏詩》卷九嵇康《答二郭》:“功名何足殉? 乃欲列簡書。所好亮若兹,楊氏歎交衢。”

《宋詩》卷十一《清商曲辭・華山畿》:“聞歡大養蠶,定得幾許絲? 所得何足言,奈何黑瘦爲?”“何足言”就是“何足掛齒”的意思。

以上四組用疑問詞“安”“豈”“何”“焉”與“足”組合成副詞,表達了“不值得”的意思,後常常接謂語動詞。

(5)“不足”

《魏詩》卷六陳思王曹植《五遊》:“九州不足步,願得湊雲翔。逍遥八弦外,遊目歷遐荒。”

《宋詩》卷三謝靈運《還舊園作見顔范二中書》:“流沫不足險,石林豈爲艱。”

《抱朴子内篇・遐覽》:“凡七種之,則用其實合之,亦可以移形易貌,飛沈在意,與《墨子》及《玉女隱微》略同,過此不足論也。”

“不足”謂不值得。這是否定的表達方式,也是副詞。

“足”有充足的意思,“不足”“未足”往往表示不夠、不充足,作動詞謂語。如:《漢詩》卷六秦嘉《贈婦》:“既得結大義,歡樂苦不足。”《北周詩》卷四庾信《詠畫屏風》:“定知歡未足,横琴坐石根。”

如果“不足”等後接主要動詞或形容詞,則“不足”就是副詞,修飾謂語,謂不值得。但是單用“足”通常不作副詞用。

“～事”“～足”兩組同步構詞,可以清晰地展現出此類副詞的特點:用於否定句(或用疑問的形式表達的依然是否定);若除去否定語素,則“事”“足”不作爲副詞使用。“無苦”組稍有不同,可以作動詞,可以作副詞;但多用於否定句。這個現象提供的信息是:此類雙音詞不是語素相加完成的,而是詞組緊縮或固化産生的。但是又不可能都是詞組固化産生的,很大程度上來源於語言的類推機制。

詞語研究中,利用同步構詞規律,可以給我們比較充足的信息,發現比較特殊的語言現象,從而作出比較妥當的判斷。

以上同步引申或同步構詞,都使同義詞和雙音節詞數量大大增加,這是漢語詞彙量增加的一個原因。當然,在現代漢語中,這些詞絕大部分消失了,原因在於不符合語言經濟性的原則。

三　如何利用同步構詞的規律

同步構詞的主要原因是認知類推。古人同類推演、同類仿照,就産生了同義、同構的雙音詞。對於今天的研究者來説,利用同步構詞的規律,就可以解釋許多語言現象。數學王子高斯説過:“數學中的一些美麗定理具有這樣的特性:它們極易從事實中歸納出來,但證明卻隱藏得極深。”其實,語言也同樣如此,甚至從事實中歸納出來也未必輕而易舉。比如上文舉到的“約黄”,就不僅與“散黄”“點黄”“拂黄”相聯繫,還應當與“散黛”“點黛”“拂黛”相比勘,甚至與“點星”“注口”相類比,這就需要利用同步構詞的規律,從前後語素分别推演,從相同構式中找出聯繫,從同類詞中找出系聯的依據。所以,不僅僅需要歸納,還需要演繹,需要推導。

例七,我們利用同步構詞規律,搜尋關於企盼類動賓式雙音詞詞群,看看呈現什麽樣的構詞分布,意義的發展走向是否有共性。我们分析“翹”“企”“竦”三組。

(1)“翹～”類

我們先看以“翹”構成的雙音詞。考《説文・羽部》:“翹,尾毛長也。”段注:“按尾長毛必高舉,故凡高舉曰翹。《詩》曰:‘翹翹錯薪。’高則危。《詩》曰:‘予室翹翹。’”魏曹植《鬥雞》詩:“群雄正翕赫,雙翹自飛揚。”是“翹”的核心義是高舉。盼望見某人則“翹首以待”,即伸長脖子遠望,引申指對人的仰慕、懸想、思念。所以“翹”與相關的詞組合就産生了一系列雙音詞,分别屬於同步構詞:

第一組是“翹＋对象”,形成動賓式。

三國魏阮籍《奏記詣蔣公》:“群英翹首,俊賢抗足。”

漢陳琳《檄吳將校部曲文》:"是以立功之士,莫不翹足引領,望風響應。"

南朝梁沈約《賀齊明帝登祚章》:"日月以冀,遐邇翹心。"

《南齊書·王融傳》:"北地殘氓,東都遺老,莫不茹泣吞悲,傾耳戴目,翹心仁政,延首王風。""心"本來是名詞,也是中國人觀念中能夠思考的器官,故可以歸入賓語類①,但似乎歸入心理動詞類也可以。

第二組是"翹+心理動詞",形成並列式。

《文選·曹植〈雜詩〉之一》:"過庭長哀吟,翹思慕遠人。"李善注:"翹,猶懸也。"

南朝陳徐陵《與李那書》:"脱惠箋繒,慰其翹想。"

宋無名氏《賀聖朝預賞元宵》:"萬民翹望彩都門,龍燈鳳燭相照。"②

第三組是"翹+表敬之詞",形成並列式。

如"翹誠""翹敬""翹慕"等,例略。

第四組是"翹+'翹'的同義詞",形成並列式。

《後漢書·袁譚傳》:"翹企延頸,待望讎敵,委慈親於虎狼之牙,以逞一朝之志,豈不痛哉!"宋王令《寄王正叔》:"得報速是宜,翹企不容坐。""翹企",是踮起腳跟,形容盼望殷切,屬於同義並列雙音詞③。

南朝梁陶弘景《周氏冥通記》卷二:"有緣自然會,不待心翹翹。""翹翹"重疊當是最純粹明確的同義連言了。

以上都屬於狹義的同步構詞。其中"翹首"類爲一組同步構詞,屬於動賓式;其他三組爲一類同步構詞,屬於並列式。但"翹首"類與另外三組不是同步構詞,雖然它們同義,但不同構。

(2)"企~"類

"企"與"翹"義近,都是動詞,"翹"是鳥尾上翹,"企"是人足踮起。《説文·人部》:"企,舉踵也。"《漢書·高帝紀》:"吏卒皆山東之人,日夜企而望歸。"顔師古注:"企謂舉足而竦身。"

"企"與"翹"可以有同類的構詞方式。

第一組是"企+對象",形成動賓式。

有"企踵""企腳""企足"等。

《漢書·蕭望之傳》:"是以天下之士,延頸企踵,爭願自効,以輔高明。"

南朝宋劉義慶《世説新語·容止》:"諸君莫輕道仁祖,企腳北窗下彈琵琶,故自有天

① 相關的詞語有"懸心",猶言"心都提起來了"。

② "望"不是單純的視覺動詞,而是有强烈的心理活動在其中。考《説文·亡部》:"望,出亡在外望其還也。""望其還"而未還,就自然産生憂傷惆悵之感。六朝詩歌中,出遊觀賞時多用"眺""觀""覽""視"等詞,少用"望",也説明了"望"字所蘊含的特殊含義。《魏詩》卷三繁欽《定情》:"日中兮不來,飄風吹我裳。逍遥莫誰睹,望君愁我腸。""日暮兮不來,淒風吹我襟。望君不能坐,悲苦愁我心。"《梁詩》卷三江淹《感春冰遥和謝中書》:"暮意歌上春,悵哉望佳人。"以上諸例"望"都有企盼、思念和惆悵之義,正與《説文》所説含義相符。

③ "企"的含義詳下。

際真人想。”

唐韓愈《送窮文》:“企足以待,寘我讎冤。”

第二組是“企+心理動詞”,形成並列式。

有“企望”“企想”“企懷”“企盼”等。

《吕氏春秋·順説》:“天下丈夫女子,莫不延頸舉踵而願安利之。”高誘注:“延頸,引領也。舉踵,企望之也,願其尊高安而利也。”《後漢書·袁紹傳》:“橋瑁乃詐作三公移書,傳驛州郡,説董卓罪惡,天子危逼,企望義兵,以釋國難。”

晉潘岳《射雉賦》:“甘疲心於企想,分倦目以寓視。”

晉王羲之《荀侯帖》:“荀侯佳不? 未果就卿,深企懷耳。”

第三組是“企+表敬之詞”,形成並列式。

如“企誠”“企敬”“企慕”“企仰”“企羨”等。

漢崔寔《政論》:“富者不足僭差,貧而無所企慕。”

《陳書·宣帝紀》:“朕企仰前聖,思求訟平,正道多違,澆風靡乂。”

明陸采《懷香記·飛報捷音》:“書生俊傑真天縱,出人頭地建奇功,鍾彝鏤忠勇,流芳企崇。”

《北史·陽休之傳》:“休之始爲行臺郎,便坦然投分,文酒會同,相得甚款,鄉曲人士,莫不企羨焉。”

第四組是“企+‘企’的同義詞”,形成並列式。

有“企佇”“企立”“企竦”等。

《晉詩》卷五陸機《與弟清河雲》:“企佇朔路,言歡爾歸。心存言宴,目想容輝。”

“企佇”是踮腳佇立,也是形容企盼。《文選·陸機〈歎逝賦〉》:“望湯穀以企予,惜此景之屢戢。”李善注:“《毛詩》曰:‘誰謂宋遠,跂予望之。’鄭玄曰:‘跂足則可望見之。’企與跂同。”

《文選·曹植〈求自試表〉》:“夫臨博而企竦,聞樂而竊抃者,或有賞音而識道也。”李善注:“《説文》曰:‘博,局戲也,六箸十二棊。’又曰:‘企,舉踵也。’‘竦,猶立也。’”

“企踵”類與“翹首”類,屬於同步構詞,其含義都是表示思念、企盼或恭敬。它們在動賓式、並列式兩種組合中,構詞方式完全相同①。

---

① 另外还有“企+處所名詞”,可以看作動補式。“企石”(又作“跂石”)謂腳踏在石頭上並腳跟踮起,這是遠望期盼的一個典型動作,因而也直接表示期盼義。如:《宋詩》卷二謝靈運《從斤竹澗越嶺溪行》:“企石挹飛泉,攀林摘葉卷。想見山阿人,薜蘿若在眼。”《北周詩》卷四庾信《詠畫屏風》:“面紅新著酒,風晚細吹衣。跂石多時望,蓮船始復歸。”“跂”有提起腳後跟義。《荀子·勸學》:“吾嘗終日而思矣,不如須臾之所學也;吾嘗跂而望矣,不如登高之博見也。”即其證。故“跂石”謂提起腳跟在石上站立。《北周詩》卷四庾信《衛王贈桑落酒奉答》:“愁人坐狹斜,喜得送流霞。跂窗催酒熟,停杯待菊花。”“跂窗”謂在窗邊踮起腳(向外看)。《太平廣記》卷三六四引《集異記》:“(女子)容貌殊麗,友章于齋中遙見,心甚悦之。一日,女子復汲,友章躡屣企户而調之曰:‘誰家麗人,頻此汲耶?’”这一组是“翹首”類所不具備的。

(3)"竦～"類

"竦"是挺直身體義。《説文·立部》:"竦,敬也。从立,从束。束,自申束也。"段注:"敬者,肅也。……奴下曰:竦手。謂手容之恭上其手也。《周南》毛傳曰:喬,上竦也。"《廣雅·釋詁一》:"竦,上也。"《漢書·韓信傳》:"士卒皆山東人,竦而望歸。"顔師古注:"竦,謂引領舉足也。"可知這裏"竦"包括了翹首和企足。《後漢書·張衡傳》載張衡《思玄賦》:"竦余身而順止兮,遵繩墨而不跌。"李賢注:"竦,企立也。"身體挺直,必然高起來。所以,"竦"的核心義也是"高"。

因此,踮足是高,鳥翹起尾巴是高,人挺直身體也是高。這個共同的核心義導致三個動詞具有了同樣的詞義引申途徑,同樣的構詞組合。也就是説,"企""翹""竦"有詞義上的同步引申:由動作到心理。許慎沒有用挺身義來解釋"竦",而是指出動作所代表的心理狀態,即恭敬、肅敬、盼望。王念孫《讀書雜志·餘編》:"竦,敬也。言敬余身而循禮也。"正好説明"竦"既可表示身體動作,又可表示心理狀態。

根據這個特點,"竦"也有類似的同步構詞。

第一組是"竦+对象",形成動賓式。

有"竦心""竦身""竦耳""竦首"等。

《韓非子·説疑》:"此十五人者,爲其臣也,皆夙興夜寐,卑身賤體,竦心白意,明刑辟,治官職,以事其君。"

《漢書·禮樂志》:"聽者無不虚己竦神,説而承流。"

《文選·東方朔〈非有先生論〉》:"吴王曰:'可以談矣,寡人將竦意而覽焉。'"張銑注:"竦,正也。"《北史·崔宏傳》:"天師寇謙之每與浩言,聞其論古興亡之跡,常自夜達旦;竦意斂容,深美之。""竦神""竦意"都指集中精神,猶言"注意",全神貫注。

三國魏楊修《答臨淄侯箋》:"觀者駭視而拭目,聽者傾首而竦耳。"

宋司馬光《與薛子立秀才書》:"光是用矍然喜於今之世而復見古之士,且竦首傾耳,以俟朝廷之得人而賀之也。"

第二組是"竦+心理動詞",形成並列式。

有"竦望""企想""竦懷""企盼"等。

唐陸贄《奉天論擬與翰林學士改轉狀》:"承命竦恧,顧慚非宜,進退彷徨,不知所措。"

《續資治通鑒·宋哲宗元祐六年》:"太皇太后諭旨:'天意不順,宜罷宴。'眾皆竦服。"明張居正《答應天巡撫孫小溪書》:"辱手翰。以忠耿自誓,無任竦服。"

《隋書·音樂志中》:"百靈竦聽,萬國咸仰。"

第三組是"竦+表敬之詞",形成並列式。

如"竦敬""竦慕""竦仰"等。

《舊唐書·憲宗紀下》:"憲宗嗣位之初,讀列聖實録,見貞觀、開元故事,竦慕不能釋卷。"

唐康駢《劇談録·説方士》:"趙歸真探賾元機,善制鉛汞,氣貌清爽,見者無不竦敬。"

第四組是"竦+'竦'的同義詞",形成並列式。

有"竦佇""竦立""竦企""竦踊"等。

唐張九齡《荔枝賦》:"聞者歎而竦企,見者訝而驚佗。"

宋秦觀《越州請立程給事祠堂狀》:"越人無不踊躍竦企,願見公之所爲。"

三國魏曹丕《彈棋賦》:"于時觀者,莫不虛心竦踊,咸側息而延佇。"南朝宋謝靈運《七夕詠牛女》:"徒倚西北庭,竦踊東南觀。""竦踊"不是典型的同義並列,但是動作相近。

以上三組同步構詞的例子,至少可以給我們如下啟示:

一是有些行爲動詞可以轉化爲心理動詞,以上"翹""企""竦"其共同的核心義是"高",所以可以表示恭敬義,這是對高人的仰慕;可以表示企盼、思念義,就是"翹首以待",這是人們盼望時的典型動作。

二是三組詞都有完全相同的同步構詞,如"翹想""企想""竦想","翹心""企心""竦心","翹慕""企慕""竦慕"等,而整個"翹""企""竦"三組都有同類的構詞。

三是核心義在同步構詞研究中佔據重要地位。這三組詞中的每一小類都是簡單的同步構詞,而這三組詞之間的詞語系統是更大範圍的同步構詞,它們的構詞如此相似,是因爲它們都是類似的行爲動詞,並從類似的行爲動詞轉化爲心理動詞,它們具有共同的核心義"高"。所以,相同的核心義、同類詞詞義抽象化是同步構詞形成的原因。

當我們對個別生疏詞語無解時,循着同步構詞的線索,就可以找出脈絡軌跡了。根據這個規律,尋找同步構詞的大大小小詞群,這樣詞義之間的聯繫和分別理清了,詞義系統就可以清晰呈現。這是研究同步構詞規律的價值。

參考文獻

〔清〕段玉裁　《説文解字注》,上海:上海古籍出版社,1981年。

〔清〕王念孫　《讀書雜志》,南京:江蘇古籍出版社,2000年。

林義光　《文源》,見丁福保《説文解字詁林》第5册,北京:中華書局,1988年。

王雲路　2013　《試論複音詞的結構關係與成詞理據》,《古漢語研究》第4期。

王雲路　2014　《中古詩歌語言研究》,北京:世界圖書出版社。

王雲路　2016　《簡論反義並列式複音詞的分類及其詞義的抽象化》,《漢語歷史語言學的傳承與發展:張永言先生從教六十五周年紀念文集》,上海:復旦大學出版社。

王雲路　王　誠　2014　《漢語詞彙核心義研究》,北京:北京大學出版社。

On Homogenous Word-formation of Chinese Polysyllabic Words

WANG Yunlu

Abstract: Homogenous word-formation, a rule governing the formation of Chinese polysyllabic words, takes two forms: a simple one and a complex one. The main reason for its existence is that, when the morphemes which form the words share the same core meanings, they could be combined in the same way. This paper mainly discusses the following words: words for putting on make-up, such as "*sǎndài*"(draw eyebrows); words for negative expression, such as "*wúkǔ*"(never mind)"*wúshì*"(do not have to do something)"*wúzú*"(not worthy); words for missing someone, such as "*qiàoxiǎng*", "*qǐxiǎng*" and "*sǒngxiǎng*"(look forward to), which proves the prevalence of homogenous word-formation, and its important value in the study of Chinese words.

Key words: Homogenous word-formation, Core Meaning, *sǎndài*, *wúshì*, *qiàoxiǎng*

（王雲路　浙江大學古籍研究所　310028）

常用詞演變研究中詞的外在書寫形式及其相關問題

張美蘭

提　要　近代漢語常用詞的研究首先要認字探源。常用詞演變研究中我們比較重視的是詞的新與舊、古與今之間的替換關係，但很多常用詞的書寫形式即用字問題比較複雜，兩個或兩個以上的形體很多見。常用詞的書寫形式與常用詞溯源、常用詞書寫形式與常用詞歷史演變，漢語常用詞的書寫形式與漢語常用詞興替都有密切關係。用字問題涉及古典文獻的文獻版本問題、文獻時代特徵問題、文獻的地域特徵問題。這些對研究常用詞的歷史和歷時變化有直接的依據作用。

關鍵詞　常用詞　歷史演變　詞的書寫形式　用字　溯源

○　引言

關于常用詞的外在書寫形式即用字問題，學界已有關注。如：汪維輝(2000)在專著中就指出了“抄(鈔)、挂(絓)、快(駃)、叫(嘋、嘂、叫)、硬(鞕)”等詞的用字現象；他者如楊榮賢(2017)“蹋(踏、躢、蹹)、踩(采/跐/躧/蹝/蹮/蹀/踹)、擔/擔(儋、簷、檐)”等；張美蘭(1998)“蛋(彈、鴠)”等；張美蘭(2010)“稍(捎、梢)”等。而對這個問題關注得比較深入的有劉君敬(2011a)，該文討論了20個詞的用字現象，其中涉及常用詞新舊古今歷時演變的新詞有9個：臥—躺、舐—舔(餂)、尋—找、口—嘴(觜)。這些論文都比較清晰地説明了常用詞産生的源流及發展變化情況。的確，詞的書寫形式的變化同詞的語音變化一樣，是我們進行詞彙歷時演變過程中的重要綫索。因此，我們不能拘泥于字形，一定要找到詞的最初形式。如張慶慶(2007)指出：“現代漢語常用的‘找’在明代文獻中開始出現。”該結論就是忽略了尋找義“找”之早期“爪”“抓”的形體，因而斷定詞的出現年代稍晚了。這樣的現象在我們閱讀的很多論文中都有發現，必須引起注意。本文專門就常用詞研究中的書寫形式問題進行討論。

1　詞的書寫形式與常用詞的溯源

某一概念使用的年代，以某詞出現使用的年代計算，即某一概念在典籍文獻中的年代應爲其對應“古字”詞義出現的年代。這裏的“古字”是泛義的，更是相對的。

1.1　某"詞"古已有之，只是書寫字形不一而已

王力(1947)在《新訓詁學》一文中曾論及語義與字形的關係，他指出："研究語義的産生及其演變，應該不受字形的束縛。……有些字，形雖不古，而其意義則甚古，我們斷定它們出生的時代，應該以意義爲准。例如'糖'字出世雖晚，'餳'字則至少漢代就有，于是我們可以斷定"糖"的語義是頗古的。"(引自《王力文集》第19卷，1990：176)王力先生這裏所説的用字問題，對我們考察常用詞演變過程中的用字問題非常重要。這一點在常用詞探源方面給了我們很好的啓示。

就以表示進食流體概念爲例，核心主導詞上古到唐代一直爲"飲"，唐到清代中期主要是"吃"，明清開始有"喝"①。那麽，"喝"有沒有前身，如果有，"喝"的前身是什麽？明代朝鮮漢語教材表示"喝飲"義，偶爾用"欱"。如：你來欱②汁熱著，零碎和生薑、料物、葱、蒜、醋、鹽都將來。咱各自盡飽吃。(《朴通事諺解》)明治時期日本人福島九成依據英國人威妥瑪《語言自邇集》(1867)中《談論篇》100章的中文内容改編而成的一本專門供日本人學習漢語口語的會話型教材《參訂漢語問答篇國字解》，也叫《參訂漢語問答篇日語解》(1880)，共103章。在中文句子下，逐句用日文作了注解。福島九成長期在中國南方，參加過在南方的調查旅行(包括臺灣)，並長期在厦門任領事。他編撰該書，正是在厦門任領事期間，教日本在華人士學習中國通語。爲適應學習者的需要，添加了日文注解，對部分北京話口語詞彙，他以通語或南方詞彙進行了同義替换。這也可能是福島九成參照《談論篇》編寫教材的過程中，受到了南方話的干擾。用字方面，表示"吃喝"之"喝"，不用原文的"喝"字，一律改用"欱"字，有68次之多。兹將兩本書③中的"喝"義用例略舉幾例。如：

(1)a. 我知道了，想是怕我來喝喜酒啊。b. 我知道了，你是怕我來欱喜酒啊。

(2)a. 今兒是在那兒喝了酒了。b. 今天在那兒欱了酒來。

(3)a. 喝了盅茶的空兒，忽然打了個霹雷，這雨就傾盆似的下來了。

b. 欱鐘茶，等一會，忽然的打了一個霹靂，下起傾盆的大雨來咯。

(4)a. 來了空空的，連茶也沒喝。b. 來了空空的，連茶也沒欱。

(5)a. 等喝了茶，我再稱給你。b. 請欱了茶，我再稱給倆。

而今，閩南話讀音爲ha，字寫作"欱"④。可以想見福島九成選用了閩南話的用字。清代蔡奭《官話彙解便覽》卷一："食茶，正欱茶。啜湯，正欱湯。"清代石成金《笑得好》："我這僕，

---

① "吃"在《世説新語》中已出現，如："友聞白羊肉美，一生未曾吃得。"(《任誕》)"喝"在《西遊記》中有少數用例，如："將椰酒滿斟一石碗奉上，大聖喝了一口。"(第五回，轉引自蔣紹愚 2017：365)

② 《朴通事諺解》大量使用"吃"字表示飲用流汁。

③ 按：a爲《語言自邇集・談論篇》，b爲《參訂漢語問答篇國字解》。

④ 閩南話表示"喝茶"多用"飲茶"，也用"食茶"和"欱茶"。(參見黄敬安 1977：160)

因幼時曾遇著神仙，傳他一個欱風屙烟的法子，所以終日不餓。”[①]可見這個“欱”在當時有一定的使用範圍。《説文》中已有“欱”字，值得注意。《説文》:“欱，歠也。從欠合聲。”《説文》:“歙，歠也。從欠畲聲。……汆，古文歙從今水。飮，古文歙，從今、食。”“歠”，即“飲”。欱：飲，吸吮。語義頗古。班固《東都賦》:“欱野歕山。”李善注:“欱，啜也。”蔣紹愚(2017:365)[②]贊成《古今字音對照手册》把“欱”作爲“喝(喝酒)”异體的看法，並引用了慧琳《一切經音義》加以説明。慧琳《一切經音義》卷37《陀羅尼集》第一卷:“〔欱取〕上呼恰反。張衡《西京賦》,‘欱灃吐滈’也。《説文》云:‘欱，啜也。’……經文從口作‘哈’。”卷58《僧祇律》第三十五卷:“〔欱烟〕呼匝反。欱猶飲取也。”卷62《根本毗耶雜事律》第三十四卷:“〔欱粥〕上呵合反。《考聲》云:‘大歠也。’或作‘哈’，俗字也。”高天霞(2013)指出：敦煌寫本《俗務要名林·聚會部》“欱”“歠”都指進食流質食物，“欱”與“歠”亦有程度大小上的細微差别:“欱，辱(唇)呼(吸)，呼甲反[③]。歠，細欱也，昌説反。”《廣韵·合韵》:“欱，大歠也。呼合切。”《儀禮·喪服》:“歠粥，朝一溢米，夕一溢米。”段成式《酉陽雜俎·前集·怪術》:“(術士)欱水再三噀壁上，成維摩問疾變相。”唐宋文獻間或出現用例。姚永銘(2003)也有相關的論述，足以證明“欱”是“喝”的前身。

“欱”字，有文獻作“哈”者。《王梵志詩·童子得出家》:“平明哈稀粥，食手調羹臛。”項楚《王梵志詩校注》:“哈稀粥：喝稀粥。哈即喝、飲啜。《雲麓漫鈔》卷一載許翁翁詩:‘世味審知嚼素蠟，人情全似哈清茶。’按：此‘哈’字同‘欱’。……‘哈’‘欱’二字即今日語‘喝’。”(引自高天霞2013)“哈”字表“喝”義在朝鮮時代漢語教科書[④]裏常用。主要是“哈”，少數亦用“嗑”。如：韓國順天大學圖書館藏本《中華正音》中“哈”有22例。韓國學中央研究院本《中華正音》“哈”15例，日本東京大學綜合圖書館《中華正音》有2例，《騎著一匹》有13例，《關話略抄》有3例，而《漢談官話》有5例，都注音爲ho：哈[⑤]一鐘。《華音撮要》有1例“哈”，有“嗑”5例。如：

(6)嗑[⑥]幾種(鐘)酒去罷。

(7)你呢給我倒一石完(碗)熱水来嗑[⑦]。

---

① 例句引自陳如江、徐侗纂集《明清通俗笑話集》，上海人民出版社，1996年，115頁。

② 王力(1990)認爲“喝”的前身是“呷”。“呷”是入聲字，宋元以後，北方話入聲消失，音變爲“喝”。(引自蔣紹愚2017:365)。

③ 《俗務要名林》曰:“欱，唇呼，呼甲反。”“唇呼”乃“吹”的動作，顯然與表示吸食的“欱”“歠”義不相屬，故疑“唇呼”當爲“唇吸”之訛。致誤原因與“呼吸”常常連言以及受注音“呼甲反”之“呼”的影響有關。(引自高天霞2013)

④ 《朝鮮時代漢語教科書叢刊續編》收入新見朝鮮時代漢語教科書6種共9個文本，其中《騎著一匹》有3個文本：中華正音(韓國順天大學圖書館藏本)、中華正音(韓國學中央研究院藏書閣藏本)、中華正音(日本駒澤大學濯足文庫藏本)，華音撮要、中華正音(日本東京大學綜合圖書館阿川文庫藏本)、象院題語、關話略抄、漢談官話。

⑤ 注音爲ho。

⑥ 阿川本作“哈”。

⑦ 阿川本作“喝”。

吕傳峰(2006)曾引用宋元明清文獻説明“喝”另有寫作“哈”“呵”“磕”等字形。這與清末域外漢語教教科書中用字現象有相同的地方。由此可見,“欱”和“飲”“歠”“啜”同義。“欱”“哈”“喝”同音,“欱”(哈)爲前身。孙玉文(2018)也指出:“就‘喝’和‘欱’的關係來説,‘喝’只是‘欱’的音變以後的一種寫法,本來是同一個詞。”因此,我們在討論常用詞“喝”時必須注意該詞的用字歷史。

表達“踩踏”這一概念,其主導詞經歷了“履(上古)—蹈(東漢至三國)—踏(北魏至明中葉)—踩(明中葉至今)”三次更替。而“踩”字,在明清時期實際用例很少。楊榮賢(2017:215)指出:歷代字書、韵書對表此義的“踩”基本未見著録。到了民國編撰的《中華大字典》仍未見著録表踩踏義的“踩”。也就是説,表“脚底接觸地面或物體”義的“踩”(cǎi)字形體的最終確定相當晚。記載“踩”字 cǎi 音一讀的,見于 19 世紀 40 年代的韵書《音韵逢源》,但未見釋義。其實,“踩”這個詞的出現時間是較早的,其所選用的字形歷史上曾有過“跐、踹、采、躧、蹝、跴、蹀、采、踩”等多種形體的漫長演變,其中新舊繁簡並存。我們在《清文指要》及其改編本《語言自邇集·談論篇》中看到的也是“跴”和“跐”字。如:

(8)a. 闔家頭頂脚跴的,都是托著主子的恩典得的。(《清文指要》三槐堂重刻本第 21 章)

b. 一家子頭頂著脚跐著,都是主子的。(《語言自邇集·談論篇》第 100 篇)

威妥瑪《語言自邇集》注:“脚跐 chiao tz‘ǔ³ 或 ch‘ai³,脚下踩的東西,即自己的脚。”楊榮賢(2017:126—132)“跐”,20 世紀 30 年代《國音常用字彙》注爲 cai³,列爲“踩”之异體字。最終“踩”字以表義、示音的功能優勢戰勝了衆多异形字而得以確認。

又如,表人身體器官的常用詞“腿”,曾良(2009)認爲上古亦有“腿”這個詞,只是字面不一様而已,“腿”最初寫作“腨”“踹”“肫”或“膞”等,後因詞義擴大加之語音變化,中古時寫作“骽”,後世寫作“腿”,今“腨”反而不用。

在表示不會説話這一概念時,用詞經歷了從“瘖”“瘂”到“啞”的變化。劉君敬(2011b)指出:“瘖”在先秦西漢時期常見。中古至唐五代以“瘂”常見。“啞”由别字變成了俗字,取代“瘂”這一過程的完成時期約爲五代北宋之際。

劉君敬(2011a)指出:表人身體器官的常用詞“嘴”,按照時間順序,用字有“觜”“策”“嶲”“咮”“嘴”“咀”等。名詞“嘴”是産生于東漢的一個新詞,用字的歷時考察,大致進程是:漢末至隋兼用用“觜”“策”“嶲”。唐代以後,“嶲”漸漸消失,“觜”“策”成爲主流用字。五代以後,“觜”成爲習用字。明末開始,“嘴”取代“觜”成爲習用字,直至今天。“嘴”還偶爾用俗體“咀”,如:“蚊子叮鐵牛,無渠下咀處。”(《寒山詩校注》)“第八左右曉衛各六十七人,各執金銅裝儀刀,綠咀。”(《新唐史·志第十三上》)這也是在統計“嘴”的用字時應該考慮到的。

類似的用例,“爬”的書寫形式先後有“爬”“扒”“巴”等;“喂”有“餧”“餵”“喂”等用字。這是我們在進行常用詞研究時必須注意的現象。

1.2 某"詞"古已有之,有初字與分化字之分,後起分化字流行

如果常用詞有初文與後起字,那麼,某"古字"在典籍文獻中的年代應爲其對應"今字"詞義出現的年代。很多詞古已有之,因語義分化引起字形分化。從中我們斷定某一概念的得名之由,如:"卓[①]—桌""倚—椅"。這些對瞭解一個概念的歷史也至關重要。

"搬""運"是具有新舊替换關係的一組詞,我們討論"搬"時,必須將"般"(古字)和"搬"(今字)這對古今字的關係統計在内。"搬運"之初字"般"是隋唐五代新出現的詞。"般""搬"古今字。《玉篇·舟部》:"般,運也。"《廣韵·桓韵》:"般,般運。"在唐宋時期"搬運"之"搬"一般寫作"般",宋以後才寫作"搬",因此對唐代常用詞"搬"的統計數據一定要統計"般",否則就會有唐代無用例之偏誤。如在《入唐求法巡禮行記》中表示擔移之"般(搬)"有3例,如:

(9)〔十月〕敕令兩軍于内裏築仙台,高百五十尺。十月起首,每日使左右神策軍健三千人般土築造。皇帝意切,欲得早成,每日有敕催築。兩軍都虞候把棒檢校。皇帝因行見,問内長官云:"把棒者何人?"長官奏曰:"護軍都虞候勾當築台。"皇帝宣曰:"不要你把棒勾當。須自擔土。"便交般土。後時又駕築台所,皇帝自索弓,無故射殺虞候一人。無道之極也!(卷四)

(10)皇帝宣云:"般土之坑極深,令人恐畏不安。朕欲得填之。事須祭台之日,假道設齋慶台,總追兩街僧尼集左軍裏,斬其頭,用填坑者。"(卷四)

有研究論文沒有關注到這一點,統計該詞在《入唐求法巡禮行記》中是零次。在《祖堂集》中搬運義也是用"般"的。有研究論文以"搬"爲依據,統計該義的數據就是零,其實《祖堂集》有,例如:

(11)因雪峯般柴次,師問:"重多少?"對云:"盡大地人提不起。"師云:"爭得到這裏?"雪峰無對。(《祖堂集》卷六《洞山和尚》)

按:此"般柴"的"般",中華本録作"搬",校記:"搬:原作'般'。"(304 頁)其實沒必要出此校記,此爲沒有理解這個詞的歷時産生的歷史而擅自删改的。這段禪宗公案在《洞山語録》及《五燈會元》卷一三、《五燈嚴統》卷一三《良價悟本禪師》章,均作"般柴"。又敦煌本《佛説阿彌陀經講經文》(二):"如似積柴過北斗,車牛般載定應遲。"《維摩詰經講經文》(六):"莫不亂堆金玉,剩積綾羅,要者隨意令將,乞者一任般取。"亦用"般"。唐代偶用"搬",宋元"般""搬"並用。《東京夢華録》一書有豐富的同義詞。表示"運載"義有"擔、肩、載、運、般擔、般挽、般載"等詞。到明代才普遍用"搬"。

同理,表示"移挪"義,"移""遷""挪"也是具有新舊替换關係的一組詞,我們討論"挪"時,

---

① 宋代黄士毅編,徐時儀、楊艷彙校的《朱子語類彙校》所引成化本作"卓"字。而中華書局版《朱子語類》用"桌"字,同是依據成化本,中華書局版 487 頁中的四個"桌"字和《朱子語類彙校》,都作"卓"字。

必須將"那"(古字)和"挪"(今字)這對古今字的關係統計在内。該語義場中,"那"是宋代出現的新成員,在宋元白話小説中"那"的比重仍挺大,明代以後才多見"挪"。表示位移的一個常用詞指挪動、轉移。"挪",出現較晚,它最初寫作"那"。據劉君敬(2011a:28—30)的研究,北宋前期(11世紀初),文獻中已經有相當用例。在官方文書、文人文集、資料彙編性質的書都有用例,也常與其他位移動詞複合使用。進入元代,"那"依舊常用,《吏學指南》3例均寫爲"那"。並出現了"脚步輕微移動"的意義。"那"是"挪"的古字。新字"挪"在15世紀前期的字書中已有字書記載,但"那"依然多用。入清以後,新字"挪"得到了廣泛使用。通俗文獻中已經基本接受了"挪",《儒林外史》《紅樓夢》《兒女英雄傳》等基本如此。但是一些研究論文,該詞在文獻中的統計數據,忽略了早期版本中表移動義"那"的出現,因而版本統計數據不正確,忽視了"那"(挪)的字形特點。

表放置義之"擱"是今天北方口語中的常用詞。"擱"是"閣"的後起字。"閣"本義是放置食物的橱櫃。閣,《説文解字》:"所以止扉也。從門各聲。古洛切。"徐鍇系傳:"所以止扉,即今云門頰,扇所附著也。"段玉裁《説文解字注·門部》:"閣本訓直橛,所以扞格者。引申之,橫者可以庋物亦曰閣。"《禮記·内則》:"大夫七十而有閣。"鄭玄注:"閣,以板爲之,庋食物也。""閣"的橱櫃義再引申爲樓閣、藏書樓。又引申出"擱置,停輟"。《辭海·卯集》:"擱,與閣同。閣起閣淺之類,凡用爲動字者,俗多作擱。"《新字典·拾遺》:"擱,閣俗字,如高擱、延擱等字,俗皆作擱。"(參見宋小磊2013)"閣"與"擱",初文與分化字,"擱"由"閣"分化而來,專表"放、放置"義。歷時文獻有少數用例,如:

(12)天禄、石渠並閣名,在未央宫北,以閣秘書。(《後漢書·班彪列傳》)

(13)精意覃思,亦不能加也。(《三國志·魏志·王粲傳》)裴松之注:"鍾繇、王朗等雖各爲魏卿相,至于朝廷奏議,皆閣筆不能措手。"

(14)若氈多無人臥上者,預收柞柴、桑薪灰,入五月中,羅灰遍著氈上,厚五寸許,卷束,于風凉之處閣置,蟲亦不生。如其不爾,無不蟲出。(《齊民要術·養羊》)

(15)舊詩數百首悉焚去,擱筆不復論詩。(畢仲游《回範十七承奉書》)(此4例引自宋小磊2013)

再如,挖掘義常用核心動詞"掘(堀)""刨(掊)""挖(空)"間有歷時興替關係。"掘(堀)"是上古到清代中期的主導詞,"刨(掊)"從南北朝開始帶有北方特徵的詞,"挖(空)"在唐代出現,宋元明文獻使用頻率仍不高,明清時期從南方方言中逐漸進入通語體系,清代中期之後至今,成爲通語主導詞。董玉芝(2011)、孫淑娟(2015)分别論述了漢語"挖掘"義動詞的歷時演變及其相關問題,没有涉及這組詞的异寫形式。但是,這組詞的各自异寫形式還是有必要進行深入探討。"掘"來源于"堀"(窟穴)。名詞"堀"也引申出動詞用法,如:

(16)夫魚鱉黿鼉猶以淵爲淺,而堀其中,鷹鳶猶以山爲卑,而增巢其上。(《荀子·法行》)

(17)堀地財,取水利,編蒲葦,結罘網。(《呂氏春秋·慎人》,引自任鵬波 2017)

"刨"有"掊""捊""垉""抱""鉋""棓""跑""爮(瓟)""培"等异寫。例如明代《訓世評話》全書寫作"垉"(另有一處寫作"跑")。《廣韵·黠韵》:"穵,手穵爲穴。"《集韵》:"穵(烏八切),穿也。""穵、穵",音義相同,是挖掘義"穵"在字形上的不同形式。

(18)共穵地埋之。[①](《酉陽雜俎》)

(19)求其自古迄今,盡是填坑穵窟。(元賢和尚重編《無明慧經禪師語録》卷一)

從文字層面講,加了"扌"旁的"挖"出現很晚,《字彙》和《正字通》都未見"挖"。(參見任鵬波 2017)

1.3　某"詞"古已有之,初字與專用字有語音語源聯繫,後專用字流行

這些用字現象對我們斷定某一概念的産生時代是很好的綫索。殷曉杰、張家合(2011:80—81)指出:"尋找"的"找",就現在所知,最初寫作"爪",見于元雜劇;又寫作"抓",見于《京本通俗小説》、元雜劇、明清小説等。寫作"找"的,明·沈榜《宛署雜記·民風二·方言》:"尋取曰找。"並推測"找"(zhǎo)很可能是新造的俗字,偶然與"找"(huǎ)同形而已。因此在數據的統計中,該文將"找"(爪、抓)放在一起統計的。因此也透露了這樣的信息:"尋找"的"找"之初文"爪、抓",在元代已有用例。

表"理髮梳頭的工具"這一意義,存在著"櫛""梳""篦"之歷時興替,先秦用"櫛",後來用"梳""篦"。郭曉妮(2009:464)指出:"梳""篦"兩個字出現的年代都比較晚,早期文獻中則用"疏""比"(西漢東漢)、"枇"(東漢)、"笓"(東漢)或"蓖"等音同或音近字來替代,"梳"和"篦"來源于"疏"和"比",這些古今字出現的年代就應該是"梳"、"篦"這兩個詞在典籍文獻中出現的年代。

在表示"賠償"這個語義上,"賠"是明代才出現的形體,"陪""倍"是隋唐多見的形體,"備"是東漢已用的形體,最早的字形是"負"。劉君敬(2013)根據前人觀點,結合傳世文獻,推論出"賠"這個漢字是經過"負"輾轉變化爲"備"的。同時,亦演化爲"陪""倍",而後形成"賠"。先秦至唐,"負"輾轉變化爲兩個系列:一是東漢時期出現"備",使用至唐,後漸漸消失;一是東漢時期出現"陪",唐朝亦用"倍",明代演變爲"賠"。明代"賠"出現,嘉靖前期"賠"不再僅作爲俗字,逐漸被整個社會接受。明代刊刻《皇明詔令》時改"陪"爲"賠"即是明證。語音方面,"負""備""倍"音近義通。實際上,通假也是造成一詞多形的重要因素。

1.4　某"詞",因其語音或因人而發,書寫形式則同音异寫

由于方言詞語本無定字,因而有些方言詞語往往有不同的寫法。如金元人稱"身體"有

---

① 按:此例依四部叢刊初编子部《酉陽杂俎》157 頁;《太平廣記》引《酉陽杂俎》也作"穵",依人民文學出版社 1959 年版《太平廣記》卷 441,3604 頁。

"身起、身奇、身巳、身己、身肌"等寫法;體操技藝之一的"翻跟頭"之"跟頭"有"筋斗、筋陡、筋斗、筋陡、金門、斤斗"等寫法。同樣,表"脖子"語義,先後有:脖(䳊、孛、頖、膊、胈),一詞多形。

1.5　某"詞",因其有正與俗,書寫形式往往在俗典中出現

我們在討論常用詞"撓"與"攪"之歷時興替時,眼光只在"撓"字上,在傳世文獻與漢譯佛經中找到了少數用例。雖然我們力證,但是還是顯得薄弱。其實,"撓"還有一個俗體"抙"(náo)。而《大正藏》异文也證明了"撓"與"抙"之間的正俗體關係。如姚秦佛陀耶舍共竺佛念等譯《四分律》卷33:"若彼食時,有酪漿、煎漿、苦酒、鹽、大麥、漿菜茹授與之,若熱抙令冷。"(抙=撓【宋】【元】【明】【宮】)元魏婆羅門瞿曇般若流支譯《正法念處經》卷3《生死品2》:"譬如世間善巧金師若其弟子,以生色金置於火中,以筒吹之,以手執鉗並抙並吹,極令善調。"隋闍那崛多等譯《起世經》卷2《轉輪聖王品3》:"爾時,藏臣受王勑已,偏袒右臂,右膝著船,手抙大水,指如蟹螯,撮聚金銀。"(抙=撓【宋】【元】【明】)而很多字书中直接加以解释,認爲"抙"同"撓"。如《龍龕手鑑·手部》:"抙,俗;撓,正。撓,攪也。"抙,即攪動。唐玄應《一切經音義》卷二:"撓大:許高反。《説文》:'撓,擾也。'經文作抙,俗字也。"唐慧琳《一切經音義》卷23:"抙動:抙,呼高反。攪也。"《一切經音義》卷26:"撓大海:呼高反。《説文》:'撓,擾也。'經文作抙,俗字也。"《一切經音義》卷69:"撓攪:上好高反。《廣雅》云:'撓,亂也。'《説文》'攪也。從手堯聲。'亦作嬈。論作抙,非也。下交巧反。《毛詩》傳云:'攪,亂也。'《字書》'撓也',《説文》從手從覺聲。"遼希麟《續一切經音義》卷2:"抙動:上音呼高反,俗字也,正作撓。《切韻》:'攪也,亦動也。'撓音奴巧反,今此不取。"[①]這些記載更有力證明了"撓(抙)""攪"之間的語義關係,實爲難得。

2　詞的書寫形式與常用詞的表義特徵

"叫嚷"義動詞,有"叫、喚、嚷"動詞的歷時演變。涉及"嚷"字的研究,必須關注"嚷"義動詞的相關字形。"嚷"有"吵鬧"之"嚷$_1$"和"叫喊"之"嚷$_2$"。作爲"嚷"的字形,是在近代漢語中才出現的。《清平山堂話本·快嘴李翠蓮記》:"爹休嚷,娘休嚷,哥哥嫂嫂也休嚷。"但"鬧攘"的"攘"字較早産生了。曾良(2011)指出:近代漢語和現代漢語中的"嚷"表示"雜亂""吵鬧""叫喊"(或叫喊聲),這些義項更早應該跟"熙熙攘攘""鬧攘"的"攘"有語義關係,或作"壤""穰"等。因而表喧鬧義的"嚷",字或寫作"攘""穰",常用在"紛攘""喧攘""勞嚷"等複合詞中。如:

(20)《全元戲曲》張國賓《相國寺公孫合汗衫》第一折:"俺在這看街樓上,看那街市

① 以上用例皆爲四川大學譚偉教授提供。

上往來的那人紛紛攘攘。""攘攘"二字,《元曲選》作"嚷嚷"。

(21)《山左戲曲集成》岳伯川《羅公遠夢斷楊貴妃》:"高力士絮絮叨叨,陳玄禮憔憔焦焦,太真妃煩煩惱惱,唐天子穰穰勞勞。""穰穰"二字,《北詞廣正譜》本作"攘攘"。

(22)《元曲選》岳伯川《吕洞賓度鐵拐李》第四折:"有德行的吾師恰到來,我這裏掂脚舒腰拜,好著我慌慌亂亂,勞勞嚷嚷,怨怨哀哀。"

(23)《山左戲曲集成》葉承宗《狗咬吕洞賓》第四折:"綰金章拖紫綬爭爭炒炒,吃堂食飲禦酒攘攘勞勞。"(以上4例引自曾良2011)

明末張雲龍《廣社·上聲十》:"嚷,喧吵閧鬧。"明確指出了"嚷"有"吵鬧"義。明代中後期刊刻的小説和戲曲中,用"嚷"已經很常見了,如:

(24)正在那裏鬧動,早有童樞密帶來的大將王禀、趙譚,入洞助戰。聽得三軍鬧嚷,只説拿得方臘,徑來爭功。(《水滸傳》第九十九回)

(25)等住回,嚷的你主子來,沒這壺,管情一家一頓。(《金瓶梅詞話》第三十一回)

(26)當時衆聖把大聖攢在一處,却不能近身,亂嚷亂鬥,早驚動玉帝。(《西遊記》第七回)

(27)那智能兒百般的扎挣不起來又不好嚷。(《紅樓夢》程乙本第十五回)

"嚷"本爲俗字,至明代之後取得了正字的地位,並在北方盛行。《龍龕手鑒·口部》:"嚷,俗,如障反。"《中華大字典》:"嚷,讀如壤,大聲也。北人稱喧鬧爲嚷。""嚷"的言語行爲,從外在書寫形式上得到了顯現。

再如,表示筷子義,有"筯(箸)"與"筷(快)"的歷時興替。明代之前沒有"筷"字,明代開始使用的"筷"一般是用其初文"快"。如:

(28)阿哥們就著吃些。你這樣盛設了麼,我們自然吃,不飽也不放快子。要那樣有什麼説的?疼了兄弟了。(《老乞大諺解》)

(29)姐兒生來身小骨頭輕,吃郎君拈住像個快兒能。"(馮夢龍輯《山歌·咏物四句·箸》)

(30)先是有丐者以快擊碗。(清·徐鼒《小腆紀年》)

(31)你這樣盛設了麼,我們自然吃,不飽也不放快子。(《清文指要》)

(32)哄的衆人都知道了,忙又罰了一杯,恨的湘雲拿筷子敲黛玉的手。(《紅樓夢》第六十二回,引自王琪2008)

清·趙翼《陔餘叢考·呼箸爲快》卷43:"俗呼箸爲快子。"可見寫作"筷"是晚清以後的事。該語義"快"和"筷"是一對古今字。"筷"之流行,與其原材料密切相關。

再如,表示"抄寫"義動詞,在魏晉南北朝時期常用一個"鈔"字,兩晉時期出現了"鈔"的另一種書寫形式"抄",從至唐宋逐漸替代了"鈔"的詞義。宋代"鈔"成爲指代紙幣的專有名詞。現代漢語"鈔"主要指錢幣,而"抄"多表書寫、搶掠等動詞義。潘牧天(2014:103)指出,

“鈔”表“誊寫”義，與古人的書寫器具、習慣有關。《釋名·釋書契》：“書稱刺，書以筆刺紙簡之上也。”古人稱“書”爲“刺”，是因爲書寫器具和材料的原因。“鈔”由“用以叉取的金屬器具”引申出書寫義，《三國志·吴書·潘浚陸凱傳》：“虚實難明，故不著于篇，然愛其指擿晧事，足爲後戒，故鈔列于《凱傳》左云。”魏晉時“抄”作爲“鈔”的另一種書寫形式出現，魏晉至唐，“鈔”和“抄”的詞義基本重合。“抄”出現之後，其動詞性義位的使用上大量替代了“鈔”，其使用頻率一直高于“鈔”。《朱子語類》只用動詞“抄”，而“鈔”是紙幣的專稱。“抄”與“鈔”之間用字的分工，也許與人們的認知心理有關：“抄”從“手”，表行爲動作，使得“抄”更多地承擔動詞義。“鈔”從“金”，成爲表示經濟等方面的事物名詞，紙幣的産生使其成了表示其的專有名詞。《官話指南》及其滬語、粵語方言譯本對這組用字的使用情況如下（見《〈官話指南〉匯校與語言研究》），如：

(33)a. 趕我修飾得了，是叫誰謄呢？我打算雇人抄寫。（北京官話《官話指南》）

b. 等我修飾好了，是叫那個謄呢？我打算請人抄寫。（南方官話《官話指南》）

c. 我修飾好之，啥人謄呢？我打算教一個人來抄寫。（滬語《土話指南》）

d. 等我改好之，是叫啥人謄呢？我打算請人謄。（《滬語指南》）

e. 等到我修飾好，叫乜誰鈔呢？我想請人鈔呀。（《粵音指南》）

f. 我謄正後，邊個共你鈔呢？我立意請人鈔。（《訂正粵音指南》）

《官話指南》粵語 e、f 版本用中古時期的常用詞“鈔”，滬語 d 版用“謄”，官話 a、b 版和滬語 c 版都用“抄寫”或“謄寫”，可見粵語用字存古。

3　詞的書寫形式與常用詞的時代特徵

表示“相遇、相逢”這一義位的“碰”出現相對較晚，大約在清乾隆年間。代表“碰$_1$撞”和“碰$_2$見”義的“碰”字形有“硼/磞/掽/碰”等。劉寶霞(2012)對《紅樓夢》庚辰本、程甲本、程乙本“碰”(硼/磞/掽)、“撞”的使用情況進行調查，發現在程乙本中，“碰”的使用比例略有了增加，“碰$_{1、2}$”逐漸取代“撞$_{1、2}$”，這個數據是將“碰”的各種异寫“硼/磞/掽——碰”都檢索過，在這個數據基礎上，分析出了這種變化趨勢。任連明、孫祥愉(2013)通過對“碰”字使用情況的調查，發現《古本水滸傳》有 5 例“碰”，從使用時代看不協調，指出《古本水滸傳》可能是後人僞作。

表“丟失”義的“丟”在元代北方話材料中才多見，也寫作“颩”。元曲常用，《訓世評話》通篇都寫作“颩”。如：

(34)這媽媽也不知自影照鏡，又惱懆，颩了那鏡子。（第 44 則）

(35)祖娘惱他，把那孫子背綁颩在雪中樹下。（第 34 則）

《朴通事諺解》(约 1483 年)有 4 例“颩”，如：

(36)該管的外郎也受了些錢財，把我的文卷來颩在櫃子閣落裏，不肯家啓禀，知他是幾時的勾當?

《朴通事新釋諺解》(1765 年)將《朴通事諺解》中的“颩”一律改爲“丟”。因此,在進行元明時期“丟”字的歷史演變研究中,千萬不要忽略“颩”這個形體。

再如,表“掉落”義的“掉”,《漢語大字典》首引明康海《滿庭芳·晴望》:“園林一帶青如掉,山色周遭。”明代有用例。有時寫作“吊”“弔”。《朴通事諺解》中有 6 例“吊”,《朴通事諺解新釋》有沿用“吊”,也有改作“弔”的。如:

(37)a. 一托來長短,停柱來粗細的,油紅畫金棒子,放在他脚心上轉,脚背上轉,指頭上轉,吊下來踢上去,弄的只是眼花了。

b. 拿一個一托長、碗口大的紅油畫金棒子,放在他脚心上轉,脚背上轉,脚指頭上轉,弔下來踢上去,弄的人眼都看花了。

(38)a. 把那葉兒摘了,著針綫串上,吊在一壁厢,一冬裏熬吃好。

b. 把那葉兒摘了,把針綫串了,弔在一壁厢,一冬好煎湯吃。

(39)a. 拿將管馬的來吊著! b. 拿這管馬的弔起來打!

(40)《老乞大集覽》:“又物自雕落曰‘弔了’。”

(41)講與他的書,印板般刻在心裏;讀過的書,牢牢的,挖也挖不吊的。(《醒世姻緣傳》第 23 回)

在明清俗文學中有些作品會有類似用字現象,所以我們發統計同義詞“掉”時,記住有“弔”“吊”。

再如,明清表“捎帶”義的“捎(稍、梢)”,早期多用“稍”,偶爾有“梢”。《朴通事諺解》5 例、《朴通事諺解新釋》4 例都寫作“稍”。如:

(42)醬麯今年沒尋處,一發稍將些醬麯來最好。(《朴通事諺解》)

(43)a. 我家裏書信有麽? 稍將來了。(《朴通事諺解》)

b. 我家有書信帶來麽? 有書稍來。(《朴通事諺解新釋》)

《金瓶梅詞話》有 70 個“稍”(包括 4 個“稍帶”),僅 1 個“捎”。如:

(44)要送一擔禮物,稍封書去問安。(第 2 回)

(45)你大哥兒到邊上去做了長官,四五年,他信兒也不捎一個來家。(第 57 回)

所以,研究“捎”義,一定要檢索明清文獻中“捎(稍、梢)”字形。

再如,“帳”,早見于“賬”;到了清代,才從“帳”中分化出“賬”字來,用于“帳簿、帳目、債務”等義。《正字通·巾部》:“今俗會計事物之數曰帳。”又由帳目義引申出“債務、債權”義,如“放帳、欠帳、還帳”。清人翟灝《通俗編·貨財》:“今市井或造賬字用之,諸字書中皆未見。”(參見蘇培成 1997)

《官話指南》及其滬語、粵語方言譯本對這組用字的使用情況如下:

(46)a. 是爲銀錢帳目的事情麽? 不是銀錢帳目。(北京官話《官話指南》)

b. 是爲銀錢賬目的事情麽？不是銀錢賬目。（南方官話《官話指南》）

c. 還是爲銅錢賬目個事體呢啥？勿是銅錢賬目。（滬語《土話指南》）

d. 是爲之銀錢帳目個事體否？勿是銀錢帳目。（《滬語指南》）

e. 係爲錢銀賬目嘅事幹嗎？唔係。（《粵音指南》）

f. 係關于錢銀賬目嗎？唔係。（《訂正粵音指南》）

在六個版本中，“帳、賬”均用。所以，尤其對清代文獻，既不要忽視新的“賬”字，更不要忘了曾經一直使用的“帳”字。

4 詞的書寫形式之正俗與文獻的版本個性特徵

不同時期，反映在字形上（含正字之俗寫），不同文獻有其個性特點。

“妨礙”義動詞的歷時興替，“礙”不可忽視。“礙”字在佛典中多俗寫，《祖堂集》中偶有繁寫爲“礙”字的，多爲沒有偏旁“石”（碍）的“㝵”，而“㝵”又小變爲“㝵”。爲了區别，徑録前者爲“礙”字，後者爲“碍”字。《正字通·石部》：“碍，俗礙字。”

呼喊義動詞“喊”是一個具有興替關係的動詞，在文獻中，“喊”有俗寫爲“㘎”的。如《韓擒虎話本》：“撤旗大㘎。”《封氏聞見記》卷五：“有人齊聲㘎叫。”《張協狀元》第五齣：“（淨白）㘎叫副末底過來.……（末）未做得事，先，自㘎將來，只莫管他便了。”錢南揚注：“㘎，啖的别體，這裏解作‘得’字用，呼喚奴僕之聲。”胡竹安《〈永樂大典戲文三種校注〉、〈元本琵琶記校注〉斟補》云：“《廣韵》‘㘎’爲陡感切，但《字寶碎金》有‘㘎，呼陷反’。與‘喊’同音，是‘喊’的俗字。”均可證。“㘎”作爲“喊”的俗寫體，一定要深入下文中，這樣才能體味到文獻中詞的書寫形式存在差异所表达之真正意義。

“站”在《訓世評話》中一律寫作“㚃”，是會意字，這是《訓世評話》的特點；在《元語言詞典》415 頁有“跕”；清代五雲堂刻本《清文指要》（收于道光十年 1830 年《三合語録》），共用了 5 例“跕”。如：

（47）今日早晨叫他們背書，一個比一個生，哼啊哼的張著嘴，張著嘴瞪著跕著。

（48）烘嚷開了，那時候你才跕在難處呢！

（49）每喝動，只管喝的稀爛醉，跕不住的時候才住。

張美蘭、戰浩（2018）對《金瓶梅》詞話本與崇禎本、《水滸傳》三種版本中容與堂本、天啓刻本與貫華堂本等常用詞“吃”“喫”“乞”的用字問題進行了調查，發現版本間的用字差异，反映的正是正與俗區别。例如表示“吃食”“遭受”“被動”“原因”義，詞話本《金瓶梅》用“吃”與“乞”，而崇禎本《金瓶梅》只用“吃”，崇禎本趨雅；《水滸傳》容與堂本、天啓刻本中表示“吃食”“遭受”“被動”“原因”義，“乞”與“吃”混用，貫華堂本都只用繁體之“喫”字。貫華堂本趨雅。崇禎本、貫華堂本不傾向于“乞”字，采用“吃”或“喫”字就是取向雅正，即推崇明代的用字“規範”,用所謂的“正字”,确定“正字”地位。如此,常用詞用字雅與俗的差异,可以體現某類(部)作品的個體風格,也可以爲某種文獻版本的特徵論證提供一定的參考依據。

5　結語

研究常用詞首先必須涉及詞的用字問題,這有利于探討詞的來源。今天的常用詞表達某個概念所使用的形體,在歷時大致表現出多種情況:

(一)該概念使用的字是相對于古字的分化字,有最初的古字,如“那—挪”“般—搬”“閣—擱”“穵—挖”“觜—嘴”等。

(二)該概念在歷時不同階段使用的是不同的形體,存在詞書寫形式上的通行與淘汰選擇。如:欱/哈/嗑—喝;硼/磞/摚—碰;掊/捊/垉/抱/鉋/棓/跑/爬/培—刨。

(三)該概念使用的字有方言字與通語用字之分,如:快兒—筷子。

(四)該概念使用的字有正體與俗體之分,如:掘—堀、垉—刨、跕/踸—站。

總之,用字問題是研究常用詞及詞義必須關注的問題,馬虎不得。利用語料庫進行文獻檢索,虽然給研究者迅速找尋語料提供了一個快捷的手段,但是我們决不能完全依賴語料庫。首先是文獻的版本問題,可靠的版本是調查的第一步,第二要分清版本中詞的不同用字問題。語料庫檢索的結果一定要與原始材料核對。如果檢索的常用詞有多種書寫形式(含异體、俗寫、通假),一定要分別輸入檢索。否則,檢索結果會影響研究和分析的準確性。同時也要求我們對于檢索的常用詞,事先要有一定的瞭解。常用詞的個案研究必須綜合運用文獻學、訓詁學、版本學等知識,才能深入進行下去。

參考文獻

董玉芝　2011　《漢語“挖掘”義動詞的歷時演變》,《燕山大學學報》第3期。
高天霞　2013　《敦煌寫本〈俗務要名林〉語言研究》,四川大學博士學位論文。
郭曉妮　2009　《“梳”“篦”對“櫛”的歷時替换考》,《海南大學學報》第4期。
黄敬安　1977　《閩南話考證——證説文解字舉例》,臺北:文史哲出版社。
蔣紹愚　2017　《近代漢語研究概要》,北京:北京大學出版社。
劉寶霞　2012　《從〈紅樓夢〉异文看八組常用詞的歷時演變及其共時分布》,清華大學博士學位論文。
劉君敬　2011a　《唐以後俗語詞用字研究》,南京大學博士學位論文。
劉君敬　2011b　《“瘂”/“啞”用字變异研究》,《漢語史學報》第十一輯。
劉君敬　2013　《“賠”用字的歷史變遷》,《中國文字研究》第十七輯。
吕傳峰　2006　《漢語六組“涉口”基本詞演變》,南京大學博士學位論文。
潘牧天　2014　《“鈔”和“抄”詞義演變考》,《杭州師範大學學報》第3期。
任連明　孫祥愉　2013　《常用詞“逢、遇、碰”的歷時演變考察》,《渭南師範學院學報》第11期。

任鵬波 2017 《挖掘義動詞"掘、刨、挖"之歷時演變與南北地域分布》,《澳門語言學刊》第二輯。
宋小磊 2013 《〈小額〉注釋本校釋及詞彙研究》,浙江師大碩士學位論文。
蘇培成 1997 《"帳"與"賬"》,《中國語文》第3期。
孫淑娟 2015 《"挖""掘"的歷時替换及其相關問題》,《南昌大學學報》第1期。
孫玉文 2018 《同形字舉例》,《文獻語言學》第五輯,北京:中華書局。
楊榮賢 2017 《漢語肢體動詞發展史研究——以六組基本詞爲中心》,上海:中西書局。
姚永銘 2003 《慧琳〈一切經音義〉研究》,南京:江蘇古籍出版社。
殷曉杰 張家合 2011 《"找""尋"的歷時替换及相關問題》,《漢語學報》第3期。
〔日〕圓 仁 1986 《入唐求法巡禮行記》,上海:上海古籍出版社。
曾 良 2009 《明清通俗小説語彙研究》,南昌:江西教育出版社。
曾 良 2017 《俗寫與歷時詞彙探討舉隅》,《語言研究》第1期。
汪維輝 2000 《東漢——隋常用詞演變研究》,南京:南京大學出版社。
汪維輝 遠藤光曉 朴在淵 竹越孝編 2011 《朝鮮時代漢語教科書叢刊續編》,北京:中華書局。
王 力 1990 《王力文集》(第19卷),济南:山东教育出版社。
王 琪 2008 《從"箸"演變到"筷子"的再探討》,《古漢語研究》第1期。
張美蘭 1998 《〈訓世評話〉詞語考釋》,《南京師大學報》第3期。
張美蘭 2010 《清末域外漢語官話資料中的同義詞及其地域分布》,《漢語史學報》第十輯,上海:上海教育出版社。
張美蘭 2017 《〈官話指南〉匯校與語言研究》,上海教育出版社。
張美蘭 戰 浩 2018 《從〈金瓶梅〉崇禎本對詞話本的改訂看被動標記"吃(乞)"的來源》,《閱江學刊》第4期。
張慶慶 2007 《近代漢語"尋找"義動詞更替考》,《蘇州大學學報》第3期。

Extrinsic writings of character on the evolvement research of common words and its related problems

ZHANG Meilan

Abstract: Recognizing and eliminating the barrier from diverse written forms is primary to the study of common words in Modern Chinese and should be emphasized. The complex written forms is inextricably bound up with the study of etymology, substitution of common words, and with the study of versions of ancient documents with different historical and regional features. All are of great importance to the diachronic study of common words.

Key words: common words, diachronic development, diverse written forms of words, tracing to the origin

(張美蘭 香港浸會大學中文系)

關於漢語給予結構歷時演變的新見解

——兼論漢語方言中的區別性與格標記

貝羅貝　呂珊珊

提　要　給予結構(dative construction)通常被認爲是最典型的三論元結構,包含一個動詞,一個施事(agent)論元(A),一個主題(theme)論元(T)以及一個類接受者(recipient)論元(R)。本文首先將介紹漢語中的六種給予結構。這六種結構可分爲兩大類:第一類爲論元不帶顯著標記的中性排列結構(neutral alignment);第二類是R論元帶顯著標記的間接排列結構(indirective alignment)。

其次,本文將梳理漢語中這些結構以及這種區別性與格標記(differential dative marking)的現象在上古漢語、中古漢語乃至近代漢語中的演變。我們發現這種不平衡的編碼形式主要取決於動詞的次類以及給予結構中論元的語義角色。

本文的最後一部分還將討論粵語中著名的"倒置雙賓結構"(V+T+R)。但除了粵語,該結構也存在於其他很多南方方言以及一些官話方言中,例如,江淮官話以及西南官話。我們認爲,倒置雙賓結構僅適用於給予義動詞,並且該結構並不是從中性排列結構(V+R+T)發展而來,而是通過刪除R論元標記(即與格介詞)從間接排列結構(V+T+Marker+R)發展而來的。

關鍵詞　給予結構　漢語方言　歷時演變　區別性與格標記

一　前言

蔣紹愚先生一直認爲歷時句法的研究也可爲共時描寫服務。歷時研究不僅可以對現代漢語、方言中的一些不規則或獨特的句法現象作出解釋,同時也能爲描寫步驟提供思路。在這一點上,蔣先生和前輩吕叔湘、王力先生的立場一致。蔣紹愚先生在漢語歷時研究方面作出了很大的貢獻。特別是從20世紀80年代末開始(蔣紹愚1989),他大范围地将歷史語法和歷史語義學結合起來,並將中國傳統的訓詁學融入其中(见蔣紹愚2000,2005,2012)。這些研究其實是認知語言學的一部分。認知語言學在著眼於各語言中的句法、语义演變的同時,還致力於理解人類思維的運作法則。認知過程是語法演變主要的動因之一。毫無疑問,蔣紹愚是首位將該假設理論化的中國語言學家,並因此不懈地去尋找語法演變的規律。這些規律可以證明語法的演變並不是偶然發生的,但同時也是遵循認知制約的。而這些制約利於我們统一自己的感知和意识。

Postal(1968:283)曾聲稱:"語言的變化無異於外套上的扣子,今年是三顆,明年是兩顯。”這種無視語言演變的時代已經遠去了。語言的演變源於運動,源於進程;語言在衡量中演變,在循環往復中演變。各语言的共時特徵通常是歷時演變的結果。我們把這些演變過程視爲進行中的歷時過程。

然而,歷時研究的道路上存在一個很大的障礙。我們所依賴的數據往往在數量和可靠度上都不夠充分,儘管漢語在文獻方面在所有語言中算得上首屈一指。雖然近十五年來隨著大型數據庫的建立,可供查閱的文獻材料在數量上大幅度增長,但這些數據的可參考價值並沒有隨著數量的增長而增長。這些數據中有一定比例的重複,有些未經核實,也存在相互矛盾的地方,甚至還混雜著一些人爲篡改過的數據。

在這種情況下,篩選出有效數據則成爲至關重要的問題。經濟學家稱之爲“一般均衡理論”(general equilibrium theory),也就是對市場資訊完全流通的追求,資訊的完全流通可以促成市場運作的最優化。蔣紹愚先生在篩選數據方面也是標杆性的人物,值得同行們學習。他非常謹慎地按照語域(書面語、半書面語、口語等)以及歷史時代對數據進行區分,這使得他的研究成果具有極高的可靠性和參考價值。

學界針對給予結構(dative constructions)已有不少的研究,囊括了句法語義的方方面面。然而,在一些關鍵問題上還存在一些爭論。爲了向蔣紹愚先生致敬,拙文將重新討論有關給予結構的一些問題。

二　背景綜述

自 20 世紀 80 年代以來,給予結構作爲典型的三論元結構,跟“把字句”(也稱作“處置式”,近年來又稱作“區別性賓語标记結構”[Differential object marking,DOM])和處所結構(或爲“區別性處所标记結構”[Differential placing marking,DPM])一樣,①也成为學界熱衷討論的話題之一,相關研究既涉及了給予結構的句法,也涉及了該結構的語義。

一個給予結構包含一個動詞和三個論元:一個施事論元(Agent[A]),一個主題論元(Theme[T]),以及一個接受者論元(Recipient[R])或來源論元(Source[S])。我們給出的定義跟 Malchukov et al. (2007)和 Haspelmath(2015)的類似,只是他們使用的術語爲“雙及物結構”(Ditransitive constructions)。Malchukov et al. (2010:2)指出雙及物結構中“包含一個(雙及物)動詞、一個施事論元(A)、一個類接受者論元(R),以及一個主題論元(T)”。我們認爲,給予結構可以進一步分爲“雙及物/雙賓結構”(ditransitive/double-object)和“間接給予結構”(indirective dative)(見第 220 頁腳註①)。“論元”是動詞配價框架下的一個術

① 見 Peyraube & Wiebusch(2019)關於漢語的區別性賓語标记結構及 Haspelmath(即刊 a)關於區別性賓語標記及區別性處所標記的討論。

語,指的是受謂語動詞所支配的名詞、名詞短語,是句子的參與者。當然,需要注意的是,無論是“配價框架”還是其他替代性概念,都不是無懈可擊的(也見 Heine & König 2010)。

漢語(包括漢語方言)中用來表示給予關係的結構有六種,其中兩種结构通常也存在于其他語言中。給予結構中,間接賓語通常是或帶標記或不帶標記的“接受者”(Recipient 或 receiver 或 goal 或 indirect object[IO],即 R)。以英語爲例,我們既可以説 John has offered Mary a book,也可以説 John has offered a book to Mary。其中,Mary 是 R;book 是直接賓語,即主題(Theme 或 direct object[DO],即 T)。①

下面,我們將簡單介紹漢語中的六種給予結構。

2.1　漢語中的六種給予結構

A. V+R/S+T

A 結構中,根據動詞不同的語義,間接賓語可能爲接受者 R,也可能爲來源 S。例如,(1a)中的間接賓語“我”爲接受者 R;而(1b)中的間接賓語“我”爲來源 S。

(1a)她送了我一本詞典。

(1b)她偷了我一块手表。

B. V+T+給+R

B 結構中,R 被標記“給”標記。這裏的“給”通常被視爲給予介詞。

(2)她送了一本詞典給我。

C. V+給+R+T

C 結構中,R 也同樣被“給”標記。

(3)她送給我一本詞典。

D. 給+R/B+V+T

D 結構是一個有歧義的結構。例(4)中的“我”可以視爲 R,也可以視爲受益者(Beneficiary[B])。詳見後文的討論。

(4)他給我寫了一封信。

E. 把+T+V(+給)+R

E 結構中主題 T 被前及物標記(pretransitive marker)或介詞“把”標記。

(5)她把詞典送(給)我了。

---

①　本文中的“雙及物結構”等同於“雙賓結構”(或“中性排列結構”),也就是[V+$IO_{間接賓語}$+$DO_{直接賓語}$]這一結構。該結構中,間接賓語和直接賓語均是動詞的賓語。我們把[V+DO+給+IO]或[V+給+IO+DO]結構稱爲間接給予結構,該結構中間接賓語不再是動詞的賓語,而是介詞“給”的賓語。見 Malchukov et al.(2010)對“雙及物”的不同詮釋;張敏(2011)也對“雙及物”和“雙賓語”這兩個術語進行了區分。

F. V＋T＋R

F 結構和 A 結構類似，都是雙賓/雙及物給予結構（見第 220 頁腳註①），但該結構中 T 緊隨動詞，R 則在 T 之後。這種結構也叫作“倒置双宾语结构”（inverted double-object construction），在普通話中並不存在，僅見於漢語方言中，特別是南方方言中。後文我們會談到這種結構在古漢語、中古漢語中也存在，只是數量有限。下例爲粵語。①

(6)我畀一本書你。

漢語方言中，北方官話更傾向於把 R、S 或 B 論元置於 T 論元之前。事實上，A 結構是最常用的一個結構。C 結構比 B 結構更普遍。Chin（2009：171—172）統計了王朔小説中的給予結構，發現 A 結構[V＋R/S＋T]爲 305 例，D 結構[給＋R/B＋V＋T]爲 233 例，C 結構[V＋給＋R＋T]爲 28 例，B 結構[V＋T＋給＋R]僅有 8 例。

這六種結構事實上可重新歸爲兩個大類：一種是無標記類，即兩個論元均不被介詞標記（如 A、F）；另一種是有標記類，即論元 R 被標記（偶爾也存在論元 T 被標記的情況）。第一種屬於中性排列（neutral alignment）；第二種屬於間接排列（indirective alignment）。②

中性排列結構（[V＋R/S＋T]）中，傳遞路徑，即物體從給予者轉移至接受者，暗含在動詞中；而間接排列結構中的傳遞路徑則是通過介詞“給”來實現的。中性排列結構通常用來表達致使義的所屬，而間接排列結構通常用來表達致使義的位移。

我們可以套用“區別性與格標記”（differential dative marking[DDM]）這一術語來歸納上述不對稱的編碼差異。與格論元之所以區別標記可能取決於論元的次類（特別是 R 論元）；更可能的一種情況是，取決於這些結構中動詞的次類。區別性與格標記的情況和區別性賓語標記（DOM）或時下兴起的區別性處所標記（DPM）十分類似。Haspelmath（即刊 a）指出區別性處所標記“和區別性賓語標記類似，和使用頻率、預期性，以及編碼有效性都息息相關”。

2.2 給予結構中動詞的次類及相關論元

2.2.1 給予結構中動詞的次類

典型的雙及物動詞通常在語義上涉及物體的物理轉移，例如，give“給”，send“寄”，sell“賣”，borrow“借”，bring“帶”等，或涉及抽象概念的轉移，例如，say“説”，teach“教”，show“展示”或 explain“解釋”（Heine & König 2010）。

在 Leclère（1978）的分類基礎上，貝羅貝（1986）以及 Peyraube（1988）把給予結構中的

---

① 關於粵語中的給予結構，詳見 Peyraube（1981）。

② “論元的形態句法排列”這一概念很少用於漢語語言學。它是語言在不同句型中編碼論元的手段，根據形態句法排列的不同，世界上的語言大體可分爲賓格型（accusative）、作/奪格型（ergative），以及中性型（neutral）。這一概念通常用於及物結構中。最近開始有學者試探性地將這一概念應用於雙及物結構中。見 Haspelmath（2011）。

動詞分爲兩類:詞彙給予(lexical dative)和擴展給予(extended dative)。① 詞彙給予類動詞自帶隱含 R 論元或 S 論元;而擴展給予動詞,從詞彙義上來説,並不帶間接賓語。詞彙給予類動詞可進一步分爲:給予類(見例[1a]、[2]、[3])跟獲取/剝奪類(例[1b])。詳見表 1。

表 1 給予結構中動詞的類

詞彙給予		擴展給予
給予類	獲取/剝奪類	
送、賣、傳、遞、交、付、留、賜、教等	受、買、偷、收、搶、娶、騙等	做、開、打等

朱德熙(1979)也做過類似的分類。他把我們提到的"給予類"歸爲"V_a給予動詞",把"獲取/剝奪類"歸爲"V_b取得動詞",並且指出"租""借""换"這類動詞既是 V_a類動詞也是 V_b類動詞。至於擴展給予類動詞,朱德熙(1979)並未命名該類動詞,僅把它們歸爲"V_c"類動詞,指出這些"動詞表示'製作'某種東西的手段或方式"。例如:

(7)我打了一件毛衣給他。

(8)你沏杯茶給客人。

2.2.2 間接賓語的語義角色

上述例句中,雖然間接賓語多爲接受者(R),但也有間接賓語充任其他語義角色的情況。比如,例(1b)和例(9)中的間接賓語"我"爲來源(S);而例(10)中的間接賓語"我"爲受益者(B)。

(9)他搶了我一百塊錢。

(10)他給我帶來了一本書。

事实上,例(10)既可以分析成給予結構也可以分析成受益結構。很多語言中,二者往往有非常緊密的聯繫,有時甚至難分彼此。比如説,普通話中的"給"既可以是標記接受者,也可以标记受益者。英語中雖然有兩個標記 for 和 to,分别用來標記接受者和受益者,但也有無法有效區分這兩種語義的情況。② 正如例(11)所示,我們很難區分這三句話意

① 貝羅貝(1986)使用"本意與格動詞"表示 lexical dative,用"延伸與格動詞"表示 extended dative。鑒於"格"這一概念對應的是漢語語法體系中的介詞這一詞類,爲避免概念上的衝突,我們將"本意與格動詞"替換爲"詞彙給予",將"延伸與格動詞"替换爲"擴展給予"。也見 Chin(2009:5—8)關於 double-object"雙賓語"、ditransitive"雙及物",以及 dative"與格"這幾個術語的討論。

② 法語中,介詞 à(英語的 to)用來表示與格;用來表示受益的介詞爲 pour(英語的 for)。儘管如此,也很難在語義上區分 Il a apporté un livre à Marie 以及 Il a apporté un livre pour Marie"他帶了本書給瑪莉"這兩句話。需要注意法語中如果 R 是名詞那麼不用介詞標記的中性線型排列不符合語法規則,例如,* Il a apporté Marie un livre"他給瑪莉帶了一本書"在法語中是不被接受的。這種中性線型排列僅適用於 R 是代詞的情況,例如,Il m'a apporté un livre"他給我帶了一本書"。

義上的不同。

(11) He brought me a book.

He brought a book to me.

He brought a book for me.

然而,我們承認受益結構並不是給予結構的一個次類。這一點在歷時分析中可以得到證實。[①]例(10)中的"給"还有第三种解釋,就是解釋成"替"。法語中使用 bénéfactive 這個術語來表示這種替代型受益。需要指出的是,替代型受益並不在本文的討論範圍内。[②]

總而言之,不考慮非典型的例外情況以及普通話中不存在的倒置雙賓結構(更多討論見後文),普通話中的五種給予結構和不同類别動詞的搭配情況以及間接賓語的語義角色可總結爲表 2。值得注意的是,朱德熙(1979)觀察到給予結構中動詞的類和句法結構間存在一些聯繫,不同類型的動詞在給予結構中呈現出互補的分布情况。例如,能進入 D 結構([給+R/B+V+T])的給予類動詞只有極少數,且不能進入 A 結構([V+R/S+T]);而大多數能進入 A 結構的給予類動詞不能進入 D 結構。

表 2　現代漢語中給予結構的句法結構與動詞的搭配情況

結構		動詞的類	間接賓語的語義角色
A	V+R/S+T	給予類,獲取類	R,S
B	V+T+給+R	給予類,獲取類,擴展給予	R,B
C	V+給+R+T	給予類	R
D	給+R/B+V+T	給予類,獲取類,擴展給予	R,B
E	把+T+V(+給)+R	給予類	R

下文我們將梳理給予結構的歷時發展,其中包括中性排列的雙賓結構和有介詞標記的間接排列結構。上文提到間接賓語的語義角色取決於給予結構中動詞的次類(2.2.1)或 R 論元的次類(2.2.2)。在接下來的討論中,我們從區别性與格標記的角度出發(DDM),重點關注 R 論元不同語義角色的編碼手段。此外,我們還會考察普通話中沒有的 F 型給予結構在漢語南方方言中的情況。

三　上古漢語(公元前 12 世紀—前 3 世紀)

3.1　前上古漢語時期(Pre-Archaic,公元前 12 世紀—前 11 世紀)

且不討論各個結構的使用頻率以及不同給予結構(雙賓/中性排列或間接排列結構)中

---

① 關於接受者(Recipient)和受益者(Beneficiary)的具體差異,見 Kittilä(2005)。

② 英語中 benefactive 這一術語通常作爲法語 bénéficiaire 的同義詞在使用。法語中的 Bénéfactive 特指替代型受益,指的是施事者替代某人做某事,而不是施事者爲了某人做某事,語義上區别於 bénéficiaire。

動詞的性質,[V+R+T]和[V+T+于+R]這兩種結構在前上古漢語時期,也就是甲骨文時期,已經廣泛存在了,基本上所有的給予結構都可以用"獻X給Y"的模式來解釋。例如:

(12)伐邛方帝受我又(受=授,引自陳夢家1956:96)

(13)燎五牛于河(殷墟文字丙編312r,引自Chin 2010)

除了上述兩種結構外,還有三種結構:(i)[V+于+R+T],見例(14);(ii)[于+R+V+T],見例(15);(iii)[V+T+R],見例(16)。其中,(i)和(ii)兩種結構在之後很長一段時間内都沒有再出現過,這種情況一直持續到中古漢語時期;最後一種結構和例(12)一樣,同爲雙賓/雙及物結構,但R論元和T論元的位置有所不同。

(14)尞于河五牛(引自陳夢家1956:123)

(15)于大甲告邛方出(引自陳夢家1956:131)

(16)勿用五羊祖丁(引自Serruys 1981:321)

從上述的幾種句型結構來看,給予結構構成要素的語序在前上古漢語時期相對自由。因此,我們也無法推測每種結構的使用條件。除非有使用某特定結構的傾向,即便是甲骨文,一個給予結構也可有多種釋義方法。根據甲骨文材料,我們可以從中提煉的是不同給予結構的使用頻率。在大約400個給予結構例句中,[V+T+于+R]這一結構占整體的40%,[V+R+T]占30%,其餘幾個結構每種所占比例基本不超過10%。也參考Peyraube(1988:61—62)在相對有限的基數上提供的數據分析。

3.2　上古漢語(Archaic,公元前11世紀—前3世紀)

上古漢語早期(Early Archaic)以及後期(Late Archaic)中,常見的給予結構只有三種:

i. 中性排列結構 V+R+T

ii. 間接賓語標記結構 V+T+於/于+R

iii. 直接賓語標記結構以+T+V+R 或 V+R+以+T

其中,只有給予義動詞([+give])可以在前两種結構(i)、(iii)中使用,而獲取義動詞([+receive])或擴展給予類動詞([+extended])只能在結構(ii)中使用。

i. [V+R+T]:V[+給予]

(17)公賜之食(《左傳·隱一》)

(18)与之粟九百,辞(《论语·雍也》)

部分學者,特别是張文(2013),認爲獲取義動詞也可進入結構(i),在這種情況下,緊跟動詞的論元的語義角色就不再是接收者(R),而是來源(S)。例如:

[V+S+T]:V[+獲取](張文2013:21)

(19)奪伯氏駢邑三百(《論語·憲問》)

(20)慫勇者賈余餘勇(《左傳·成公二年》)

然而,使用獲取義動詞時,該結構存在一個問題。來源(S)在這一結構中既可以分析成主題(T)的領格形式,也可以分析成間接賓語。這個問題和[動＋之＋名]結構面臨的問題一樣。“之”究竟分析成間接賓語代詞,相當於現代漢語中的“他”,還是分析成領格,相當於現代漢語中的“他的”,還沒有一個定論。直到20世紀90年代末期,這一問題一直引起學者們的廣泛討論(見貝羅貝1998),見例(21)。

(21)奪之牛(《左傳・宣公12年》)

a.向他奪牛

b.奪他的牛

鑒於獲取義動詞在結構(i)中出現的頻率極低,我們更傾向於將T論元前的成分處理成領格形式([21]中的釋義b),而該結構也因此是一個單及物結構(也見Phua[2007]的不同見解)。因此,如果排除[動＋之＋名]這樣的歧義結構,我們可以合理地認爲由獲取義動詞構成的[V＋S＋T]並不屬於上古漢語中的給予結構系統。張文(2013:25—26)指出,先秦文獻中的中性排列/雙賓結構,[V＋R＋T]有297例,而[V＋S＋T]僅有16例。就數量而言,這些反例並不足以推翻我們的結論。

ii.上古漢語中的第二種基本給予結構不存在任何爭議。無論是給予義動詞、獲取/剝奪義動詞,還是擴展給予動詞均可進入該結構。這一點和普通話中的B結構類似。

[V＋T＋於/于＋R]:V[＋給予]

(22)堯讓天下於許由(《莊子・逍遙遊》)

(23)初戎朝于周發幣于公卿(《左傳・陰7》)

[V＋T＋於/于＋S]:V[＋獲取/剝奪]

(24)今買諸商人(《左傳・昭16》)[诸:之 ＋ 於]

(25)子之不得受燕於子噲(《孟子・公孙丑下》)

[V＋T＋於/于＋R]:V[＋擴展給予]

(26)吾亦欲無加諸人(《論語・公冶長》)[诸:之＋於]

上面幾例中引導R論元或S論元的標記(或介詞)“於/于”很可能來源於同一個趨向動詞表示“去”的意思(Pulleyblank 1986:4,郭錫良1997)。Chin(2010)認爲漢語方言間接排列結構中的兩種標記可歸納爲:(i)“給”型,以北方官話中的“給”爲代表,但吴語中的“撥”、湘語中的“把”、客家話中的“分”、閩語中的“互”“乞”以及粵語中的“畀”均屬於這個類型;(ii)“去”型,例如一些閩語中的“去”或“度”、吴語中的“拉”或“勒”,還有粵語中的“過”。“給”型編碼的是所有物的位移,也就是給予者的所有物轉移到接受者;而“去”型編碼的僅僅是一般物體從給予者到接受者的轉移(也見上文的相關描述)。現代漢語中存在致使型位移和致使型所屬在結構上的對立:致使型位移通常用間接排列結構來表達,而致使型所有通常使用中性排列結構來表達。

我們認爲間接賓語標記“於/于”可能經歷了以下語法化過程:

[位移動詞“於/于”]>

[處所介詞“於/于”:所從(ablative)或所向(allative)]>

[與格介詞“於/于”]

事實上,“於/于”用作向格或從格標記在上古漢語中是非常常見的現象。然而,我們無法確定的是兩種格標記功能出現的先後順序。假設與格介詞功能直接從“於/于”的動詞形式直接演變而來就不合常理,而另一條路徑“位移動詞>與格介詞 >處所介詞”更違背常理。上面我們提出的語法化路徑是相對而言比較合理的路徑。

此外,我們還觀察到有些給予結構中有 T 論元缺失的情況,即[V+於/于+R],見例(27)。我們認爲這種結構應該從[V+T+於/于+R]一結構發展而來,其中 T 論元被删除了。在上古漢語中,一句話中如果包含介詞“於/于”構成的短語,那麼位於“於/于”短語前的動詞賓語經常被删除,特别是該賓語爲代詞時(通常爲“之”),被删除的機率更大,見 Peyraube(1987)。①

(27)薄責於人(《論語·衛靈公》)

iii. 上古漢語的第三種給予結構中,T 論元被“以”標記。和結構(i)一樣,這一結構中只能使用給予義動詞充當謂語。例如:

[以+T+V+R]:V[+給予]

(28)孔子以其兄之子妻之(《論語·先進》)

(29)堯以天下與舜(《孟子·萬章上》)

在該結構的基礎上,同時期還衍生出其他幾種結構,但數量上非常有限。這些結構一共有四種,見例(30)—(33)。

[V+R+以+T],“以”引導的短語位於 R 論元之後。② 注意,例(30)中的“告”應理解爲一個給予動詞。

(30)吾告之以至人之德(《庄子·达生》)

[以+V+R]這一結構是一個 T 論元被删除的結構。當 T 論元爲代詞(通常是“之”的情況下),T 論元經常被删除。

(31)時子因陳子而以告孟子(《孟子·公孫醜下》)

[以+T+V]則是一個 R 論元被删除的結構。

(32)孟子居鄒,季任爲任處守,以幣交,受之而不報(《孟子·告子下》)

---

① Phua(2008,2010)持有不同的觀點。他認爲[V+於/于+R]和[V+T+於/于+R]這兩個結構在語義上相互區别,並且第一種結構並不是從第二個結構發展來的。

② Leslie(1964)認爲[以+T+V+R]是從[V+R+以+T]發展而來的。我們的觀點與之相反,更傾向於[以+T+V+R]>[V+R+以+T]這一演變方向。這是因爲[以+T+V+R]結構(70%)不僅在數量上遠遠超過[V+R+以+T]結構(30%),並且[V+R+以+T]多是在 R 論元爲代詞的情況下使用,相對受限。

在[以＋V]這一結構中，R 論元和 T 論元均被删除。

(33)子路行以告(《論語・微子》)

上面三例中"以"的使用意味著我們實際上在處理三個含有給予動詞的給予結構。雖然都存在論元删除的情況，但缺失的論元(T、R)均可被重新構拟回來。

最後，除了上述三種結構以外，還有一種出現頻率較低的結構，即[V＋T＋R]或[V＋T＋S]，這是中性排列結構的一種。潘秋平(2007)和張文(2013)將這種結構也納入了上古漢語的給予結構系統中。如例(34)和(35)所示(引自張文 2013:21)。

(34)夫至乎誅諫者必傳之舜(《韓非子・外儲説右上》)

(35)何事乃敢乞飲長者(《韓非子・内儲説下》)

例(34)中使用的是一個給予義動詞"傳"，而例句(35)則涉及的是一個獲取/剝奪義動詞"乞"。我們並不把這一結構納入上古漢語的給予結構系統，原因在於這類結構在數量上微乎其微，不足以讓這種結構自成一類。從張文(2013:25)的統計來看，[V＋R＋T]结构有 297 例，而[V＋T＋R]結構僅有 16 例。如果這兩種結構都算作中性排列結構，[V＋T＋R]所占比例僅略微超過 5％(16/313)。我們在後文漢語方言的部分會討論這一結構。上古漢語中的[V＋T＋R]結構很可能是通過删除"於/于"從間接賓語標記結構[V＋T＋於/于＋R]發展而來。正如王力(1979:77)或楊伯峻(1956:118)所指出的，介詞"於/于"的賓語不能省略，但"於/于"本身可以删除，並且位於"於/于"前的動詞賓語也不一定必須是代詞。這一點，"於/于"和"以"有所不同。

總而言之，詞彙給予動詞不僅在三種基本給予結構中可以使用，即中性排列結構[V＋R＋T]、間接賓語標記結構[V＋T＋於/于＋R]和直接賓語標記結構[以＋T＋V＋R]，在各派生結構中也可以使用。獲取/剝奪義或擴展給予動詞不適用於中性排列結構。换言之，只有間接賓語標記結構對動詞的類沒有限制，無論是詞彙給予、獲取/剝奪義動詞，或者擴展給予動詞，均可在該結構中使用。這便可以解釋"於/于"構成的間接賓語標記結構出現頻率高的原因，例如《孟子》中間接賓語標記結構的使用頻率是中性排列結構和直接賓語標記結構的兩倍，而《論語》中更达五倍之多。① 再者，和中性排列結構類似，"以"構成的直接賓語標記結構似乎僅適用於詞彙給予類動詞。

我們再來看 R 和 T 兩個論元的性質。我們發現这兩個論元的形式和給予結構的句法形式也可能存在密切的關係。在中性排列結構[V＋R＋T]中，R 論元通常爲代詞，但也有名詞或名詞短語充當 R 論元的情況；而 T 論元幾乎總是名詞或名詞短語，我們很少觀察到代詞作 T 論元的情況(《孟子》和《論語》中完全沒有)。相反，在間接賓語標記結構[V＋T＋

① 見 Peyraube(1987)。Dobson(1959:59)和 Shadick(1968:800)的統計顯示，間接賓語標記結構[V＋T＋於/于＋R]出現的頻率並沒有中性結構[V＋R＋T]的頻率高。但我們認爲他們的統計需要修正。

於/于＋R]中，R 論元幾乎總是專有名詞；但 T 論元的形式沒有特別的傾向，名詞或代詞皆可。最後，在直接賓語標記結構[以＋T＋V＋R]中，代詞充當 T 論元的唯一情況是 T 論元被提到"以"之前時，否則，T 論元基本不能是代詞；[①]而 R 論元可以是名詞，也可以是代詞(《論語》中代詞 R 論元更常見，但《孟子》中名詞 R 論元更常見)。總體看來，只有間接賓語標記結構沒有什麽限制；但另兩個結構，中性排列結構和直接賓語標記結構均受到動詞的類或論元性質的限制。

以上便是上古漢語或文言文中給予結構的基本情況。接下來的章節中我們會分析給予結構在之后幾個階段中的發展和演變。

四 中古漢語(公元前 2 世紀—13 世紀)

4.1 前中古漢語時期(Pre-Medieval，公元前 2 世紀—2 世紀)

上古漢語使用的三個基本給予結構到前中古漢語的西漢時期仍在使用(見 Peyraube 1988:133—144)。然而，有意思的是，一種新的結構在前中古漢語時期出現了：[V_1＋V_2＋R＋T]，我們稱之爲"連動給予結構(I)"。這一結構中 V_1 位置上的動詞爲相對廣義的給予義動詞，給予義往往跟其他語義合併在一起，例如"分、賜、傳、賣、獻"等。V_2 位置上的動詞則僅限於三個單純給予義動詞：與、予、遺。這一複雜的動詞結構在語義上呈現出冗余重複的情況，因爲 V_2 重複了蘊含在中 V_1 的給予義。這可能和"信息量的强化"(strengthening of informativeness)有關(Traugott 1988)。例如：

(36)……爾厚分與其女財與男等同(《史記》，3047 頁)[②]

(37)分予文君僮百人(《史記》，3001 頁)

同時，我們也觀察到一些 T 論元或 R 論元在適當語境下被删除的情況。例如：

[V_1＋V_2＋T]：

(38)假予産業(《史記》，1425 頁)

[V_1＋V_2＋R]：

(39)竊假與之(《史記》，2357 頁)

(40)給遺匈奴(《史記》，2904 頁)

連動給予結構(I)[V_1＋V_2＋R＋T]是突然在漢代早期(公元前 2 世紀—1 世紀)出現的。誠然，在上古漢語時期，特别是在《韓非子》中，這樣的結構有幾例，但數量太少，學者們

---

① 當 T 論元前置(即[T＋以＋V＋R])時，確實有代詞充當 T 論元的情況，特别是在否定句中。雖然非常少見，但這種情況符合古漢語的語法規則，即否定句中的代詞通常位於動詞前。

② 我們參考的《史記》爲中華書局 1973 年出版的第 13 版(第一版於 1959 年出版)。

對此也有爭議。然而,該結構不是憑空出現的。這一結構上的改變屬於漢語一個重大改變的一部分,即雙音節動詞特别是[動詞+結果補語(動詞或形容詞)]結構的産生。此外,我們猜測新的給予結構的形成,即連動給予結構(I),可能是依照[動詞+結果補語]的形成模式而類推出來的産物。

很顯然,該結構是從上古漢語的中性排列結構[V+R+T]發展出來的,因爲這兩個結構中的動詞均限於給予類動詞,並且間接賓語必須是接受者(R)。當然,間接賓語在這一連動式中同時充當 V_1 和 V_2 的接受者。

漢代晚期(公元前 1 世紀—1 世紀)這一新起的結構得以廣泛應用。在後漢時期的佛經譯本(150—220)以及趙岐(? —201)所著的《孟子註疏》中均有很多這樣的例句。我們發現趙岐在《孟子註疏》中有時會把原來的中性排列結構[V+R+T]轉换爲連動給予結構(I)[V_1+V_2+R+T]。例如:

(41)是故以天下與人易(《孟子·滕文公上》)>[赵岐]:故言以天下傳與人尚爲易也

連動給予結構(I)更是大量出現在後漢時期的佛經譯本中,從而進一步證實了該結構在這一時期的廣泛應用。尤其常見的是,T 論元被"以"標記位於[V_1+V_2]之前。

(42)以女賢意施與菩薩(《大正新脩大藏經·修行本起經》184:461 頁)

(43)比丘即以密餅授與人(《大正新脩大藏經·阿闍世王經》626:394 頁)

從東漢時期開始,V_2位置上的動詞發生了詞彙整合(lexical unification)的現象。"與"在競爭中取得絶對優勢,取代了"予"和"遺":

{與,予,遺}>{與}

通過對比《史記》(公元前 1 世紀)和《漢書》(公元 1 世紀),這一結論便可得到充分證實。從下面兩例可以看出《史記》中的"予"在《漢書》中被"與"所取代。

(44)分予文君童百人(《史記》,3001 頁)

(45)分與文君僮百人(《漢書》,2531 頁)

同樣值得注意的是東漢時期,特别是在佛經譯本中,在連動給予結構(I)V_1 的位置上,極個别的獲取/剝奪義動詞和擴展給予動詞出現了。上文提到,西漢時期連動給予結構中的 V_1 和 V_2 在語義上重複累贅,但當位置上的動詞爲獲取或擴展給予動詞時,V_1 和 V_2 則表達了兩個不同的行爲動作,V_2 上的"與"也因此在語義上不再冗余。例(46)可以理解爲"拿"的動作在"給"的動作前發生。

(46)持與其女(《大正新脩大藏經·中本起經》196:159 頁)

這一結構在隨後的幾個时期也同樣存在,我們在後文還會進一步討論。

4.2 中古漢語早期(Early Medieval,3 世紀—6 世紀)

前中古漢語時期,獲取/剝奪義動詞已經有了可以在中性排列結構[V+R+T/S]中出現的跡象。發展到中古漢語早期,雖然沒有大規模出現,但已經得到證實。如例(47)所示,其中的動詞“問”應該被處理成一個獲取義動詞。

(47)倪問輅雨期(《三国志·魏29》)

連動給予結構(I)[V_1+V_2+R+T]在中古漢語早期更加普遍。V_2位置上的動詞幾乎都是“與”。我們認爲“與”在這裏仍然是個動詞。原因在於詞彙整合在這一階段還沒有完全結束,而語法化通常在詞彙整合完成後發生。通常T論元或缺失或位於[V_1+V_2]前,見例(48)—(49)。當然,在极個別的情況下,還是能在V_2的位置上觀察到“與”以外的動詞,例如“遺”。見例(50)。這也是我們認爲詞彙整合沒有結束的原因。

(48)脱身衣服送與其夫(《大正·賢愚經》202:383)

(49)將一大牛肥盛有力賣與此城中人(《大正·生經》154:98頁)

(50)餽遺之物(《大正·生經》154:87頁)

這一時期,我們在連動給予結構V_1的位置上觀察到越來越多的獲取/剝奪義或擴展給予動詞,並且T論元也常常缺失。這種情況下,R論元僅僅是V_2的接受者。V_1和V_2涉及兩個不同的行爲動作。例如:

(51)還吐與二兒(《世説新語·德行》)

然而,最重要的是在中古漢語早期這一階段,又産生了一種結構:[V_1+T+V_2+R]。這一結構中V_2位置上的動詞通常是“與”。這一結構也是連動式,但和前中古漢語時期的連動給予結構不同的是,該結構中T論元發生了位移,緊隨V_1。我們稱之爲“連動給予結構(Ⅱ)”。

(52)時跋跋提國送獅子兒兩頭與乾陀羅王(《洛陽伽藍記·城北》)

(53)讓國與叔(《大正·大安般守意經》602:163頁)

(54)阮家既嫁醜女與卿(《世説新語·賢媛》)

由於V_1位置上的動詞爲給予義動詞,間接賓語既是V_1的接受者,也是V_2的接受者。當然,我們仍然可以觀察到V_1是獲取/剝奪義動詞的情況。如此一來,間接賓語不再是短語[V_1+DO]這一行爲的接受者,而是該行爲動作的受益者,見例(55)—(56)。注意,這裏的“把”是動詞,表示“拿”的意思。

(55)把粟與雞呼朱朱(《洛陽伽藍記·城西》)

(56)帝令取鼓與之(《世説新語·豪爽》)

針對中古漢語早期这一新結構的産生,學者們作出了不同的假設。我們認爲連動給予結構(Ⅱ)[$V_1+T+V_{2\sim 與}+R$]是從前中古漢語時期的連動給予結構(I)(見3.1)發展出來的:

$$V_1+V_{2\sim 與}+R+T>V_1+T+V_{2\sim 與}+R$$

胡竹安(1960)和我們的看法相反,他認爲[$V_1+T+V_{2\sim 與}+R$]這一結構通過省略直接賓語進而得到[$V_1+V_{2\sim 與}+R$],即:

$$V_1+T+V_{2\sim 與}+R>V_1+V_{2\sim 與}+R$$

然而,這一結論是站不住腳的,因爲該結論並不是從歷時角度出發的。雖然我們在前中古漢語時期就已經能觀察到連動給予結構(Ⅱ)[V_1 ＋T＋V_2 ＋R]，但該結構在數量上遠不能和連動給予結構(I)[V_1 ＋V_2 ＋R＋T]相提並論，並且連動給予結構在歷史上早於連動給予結構(Ⅱ)。顯然，一個後起的結構 B 無法是一個先起結構 A 的來源。

然而，我們並不認爲連動給予結構(I)[V_1 ＋V_2 ＋R＋T]到連動給予結構(Ⅱ)[V_1 ＋T＋V_2 ＋R]的演變涉及非給予動詞([如例(55)—(56)中的动词]。4.1 中提到連動給予結構(I)在産生初期 V_1位置上的動詞均爲給予義動詞；連動給予結構(Ⅱ)同時期，V_1位置上開始有越來越多的非給予義動詞。我們認爲連動給予結構(Ⅱ)是從使用給予義動詞的連動結構産生的。隨著連動給予結構(Ⅱ)[V_1 ＋T＋V_2 ＋R]的發展，語義得以擴展，使得非給予義動詞可以進入到該結構中。在類推機制的作用下，非給予義動詞最終也得以進入連動給予結構(I)V_1的位置上。也就是説，非給予義動詞在連動給予結構(I)中的使用是一個反向的發展。

導致 T 論元移動的動因是什麽？我們可以用類推的假設來解釋。上文提到，連動給予結構(I)[V_1 ＋V_2 ＋R＋T]很可能是在類推的機制下依照[動詞＋結果補語]的模式發展而來，我們也就可以認爲連動給予結構(Ⅱ)[V_1 ＋T＋$V_{2\sim 與}$ ＋R]也是由[動詞＋賓語＋結果補語]的句法結構類推而來。這種結果補語後置于賓語的結構在兩漢時期的前中古漢語就産生了，並在中古漢語早期廣泛使用(見潘允中 1982:229—243)。

4.3 中古漢語晚期(Late Medieval，7 世紀—13 世紀)

中性排列結構 V＋R＋T 在中古漢語晚期也一直存在，並持續到現代漢語。從這一階段起，雖然在數量上有限，獲取/剝奪義動詞，甚至是擴展給予動詞均可進入這一結構。

(57)得人兩食(《敦煌變文集・伍子胥》，23 頁)①

上文提到，詞彙整合現象始於漢代晚期。兩個連動給予結構中的詞彙整合在中古漢語晚期正式完結。在這一階段，無論是連動給予結構(I)[V_1 ＋V_2 ＋R＋T]還是動給予結構(Ⅱ)[V_1 ＋T＋V_2 ＋R]，“與”均是 V_2位置唯一的可能性。這兩種結構中動詞的性質和中古漢語早期的情況一致。連動給予結構(I)中 V_1位置上的動詞大多數爲給予義動詞，但也能觀察到一些擴展給予動詞，獲取/剝奪義動詞非常罕見；而結構(Ⅱ)中的 V_1多爲獲取/剝奪義或擴展給予動詞。例如：

(58)你若輸則買餬餅與老僧老僧若輸則老僧買餬餅與你兒子(《祖堂集》18，336 頁)②

此後，“與”作爲給予動詞的用法便不再那麽頻繁了。很多情況下，“與”可以視爲一個與格介詞，相當於英語的“to”。基本可以認定例(59)中的“與”已經語法化爲一個介詞，其給予義在這種情況下已經完全消失。

---

① 所參考的《敦煌變文集》爲 1977 年由臺北世界書局出版的版本，是 1958 年北京人民出版社版本的再版。變文成文期可追溯到 9 世紀末到 11 世紀初。

② 《祖堂集》可追溯到公元 952 年。本文引用的版本爲臺北廣文書局 1979 年刊行的版本。

(59)某因説與他道(《朱子語類 11・学五》,306 頁)①

無論是在哪個連動給予結構中,給予動詞“與”從 V_2 的位置上發展爲介詞,這一語法化始於和 V_1 位置上給予義動詞的搭配。原因在於 V_1 上爲給予義動詞時 R 論元同是 V_1 和 V_2(即“與”)的接受者,V_1 和 V_2 共同表達一個行爲動作。但當 V_1 上的動詞爲非給予動詞時,也就是獲取/剝奪義及擴展給予動詞,R 論元僅僅是 V_2“與”的接受者。在這種情況下,V_1 和 V_2 表達的是兩個不同的行爲動作。這種句法結構和其他的非給予連動式無異,V_2 上的“與”也就可以處理成動詞。因此,也就不涉及语法化。

我們認爲,動詞“與”到介詞“與”的語法化發生在 8—9 世紀前後。原因在於 1)語法化的開始不可能早於詞彙整合的完結;2)只有“與”語法化完成後,以“與”爲 R 論元標記的新結構才能産生,即介詞“與”給予結構[與+R+V+T]。短語[與+R]位於動詞前的結構正是始於 8—9 世紀前後,也就是中古漢語晚期。儘管還沒有被廣泛使用,但該結構已經出現在這個時期的不同文獻中。這種結構在普通話中也存在,但在南方方言中卻不存在。例(60)是一個完整的介詞“與”給予結構;例(61)和(62)中的 T 論元均被删除。

[與+R+V+T]:

(60)與老僧過淨瓶水(《祖堂集》2,58 頁)

(61)其與朋友書言(《朱子語類 123・陳君舉》,4741 頁)

(62)與誰人食之(《敦煌變文集・前漢劉家太子傳》,162 頁)

和普通話面臨的情況一樣(例[10]),介詞“與”結構中“與”引導的間接賓語也存在語義角不明確的情況,具體地説,就是接受者(R)和受益者(B)界線模糊。下例中間接賓語應視爲受益者 B。

(63)使人與淨能傳語陛下(《敦煌變文集・葉淨能詩》,227 頁)

介詞“與”給予結構[與+R+V+T]很可能從連動給予結構(Ⅱ)[V+T+與+R]發展而來。原因在於無論是給予義動詞、獲取/剝奪類動詞,還是擴展給予類動詞,都可以在這兩種結構中使用。這一點和現代漢語中“給”的結構類似,其中“與”被“給”替换。然而,在連動給予結構(Ⅰ)[V+與+R+T]中,只能觀察到給予類動詞。

中古漢語晚期,大約在 9 世紀,②又出現了一個新結構,該結構使用“將”或“把”爲標記,句法結構可表現爲[將/把+T+V(+與)+R]。我們不得不承認,確實在有些情況下很難判斷“將”或“把”的性質,也就是無法明確地判定它們是語法標記(即介詞),還是表示“持、拿”的動詞。但在沒有歧義的句法環境下,也就是“將”或“把”已經語法化爲介詞標記 T 論

① 《朱子語類》可追溯到公元 12 世紀末。本文引用的爲 1962 年臺北正中書局刊行的版本。

② 我们在 6 世纪(約公元 596 年)的文獻《佛本行集經・五十卷》提取到一例以“將”爲標記的結構:“時諸比丘將此白佛。”在這句話中,T 論元“此”由“將”標記。R 論元“佛”緊隨言説動詞“白”之後,但其中並沒有出現“與”。我們認爲該句中的“將”已經是一個語法標記,其詞彙意已經消失。

元的情況下,這樣的疑慮也就消除了。下面兩例正是這樣的情況。需要指出的是,如(65)所示,與格標記"與"在該結構中可以省略,也對比例(64)。

[將/把+T+V(+與)+R]:

(64)我如將一法如微塵許與汝(《祖堂集》13,247頁)

(65)將錢金付張支信(《入唐求法巡禮記》4,111頁)①

上述以"將/把"爲標記的給予結構讓人想到上古漢語中以"以"爲標記的直接賓語標記結構。然而,我們並不認爲這兩種結構間存在什麼聯繫。二者之間存在一些差異。我們同意劉子瑜(2002:58)的觀點:"'以'結構不是處置式。"也見 Peyraube & Wiebusch(即刊)。

五 近代漢語時期(1250—1800)

5.1 前近代漢語時期(Pre-Modern,1250—1400)

前近代漢語時期,介詞"與"給予結構[與+R+V+T]已經被廣泛使用。與此同時,現代漢語中的五種基本給予結構也已產生:[V+R/S+T];[V+T+Prep.+R];[V+Prep.+R+T];[Prep.+R+V+T];[Prep.+T+V+R]。其中,最後一個結構是一個區別性賓語標記結構(即處置式),引導直接賓語的介詞爲"把"或"將",位於動詞前,和現代漢語的情況一致。引導間接賓語的介詞爲"與"。下面對這些結構分別舉例。

A.[V+R/S+T]:和現代漢語一樣,該結構中既可以使用給予義動詞,也可以使用獲取/剝奪義動詞。我們可以觀察到,從上古漢語發展至這一階段,每個階段響應的結構對動詞的限制呈現出遞減的趨勢。上古漢語中該結構僅限於給予義動詞,中古漢語中這一限制已經減弱,到前近代漢語時期,這種限制已經消失了。例(66)中的"把"表示"給"的意思;(67)中的"騙"是一個獲取/剝奪義動詞。

(66)把我錢(《張協狀元》,144頁)②

(67)騙了我三文(《張協狀元》,144頁)

B.[V+T+Prep.~與+R]:在這一階段可以接受給予義動詞、獲取/剝奪義動詞,以及擴展義動詞。和例(66)一樣,例(68)中的"把"也應解釋爲"給"。

(68)也把一碗與娘(《張協狀元》,63頁)

(69)我討酒與你吃(《張協狀元》,87頁)

從例(68)(69)兩例可以看到,"與"並不是標記來源,可以理解爲標記受益者。和中古漢語時期相比,"與"已經語法化爲介詞,不再是個動詞,並且有了標記受益者的功能,相當於英語中

---

① 《入唐求法巡禮記》1976年臺北文海出版社出版。該文獻的成文時間可追溯到公元9世紀。

② 《永樂大典戲文三種》,錢南揚編,中華書局出版,1979年。該文獻可追溯到公元13世紀。

的"for"和法語中的"pour"。

C. [V＋Prep. ～與＋R＋T]通常只和給予義動詞搭配使用。例(71)中的"寫"可視爲給予義動詞,其中"我"既可以是 R 論元,也可以是 B 論元。

(70)你教與我這好法兒(《朴通事諺解》,30 頁)[①]

(71)你寫與我房契(《朴通事諺解》,214 頁)

D. [Prep. ～與＋R＋V＋T]這一結構在中古漢語晚期出現,但在中古漢語時期通常和給予義動詞搭配使用。到前近代漢語時期,這一結構流行開來,並且獲取/剝奪義動詞和擴展給予義動詞也開始在該結構中使用。和現代漢語中的情況類似,這一結構中的間接賓語或爲 R 論元或爲 B 論元。

(72)有好姻緣與你選一個(《張協狀元》,196 頁)

(73)就與我買去(《老乞大諺解》,274 頁)[②]

E. [Prep. ～将/把＋T＋V(＋與)＋R]。

(74)我不把女孩兒嫁與它(《張協狀元》,136 頁)

(75)我不把女孩兒嫁它(《張協狀元》,136 頁)

最後,我們發現,在這一時期,"與"和"饋"的詞彙替换開始了。《老乞大諺解》和《朴通事諺解》中都有不少例句使用"饋"來標記 R、B 或 S 論元,特别是《朴通事諺解》。從下面幾例可以看到"饋"和"與"的功能用法完全一致。例(76)中"饋"是一個給予義動詞;而例(77)—(79)分别是"饋"作爲介詞在 B、C、D 三種結構中的用法。這一改變完全影響了"與"的命運。

(76)你則饋我一様的好銀子(《老乞大諺解》,347 頁)

(77)貼六個錢饋我(《老乞大諺解》,308 頁)

(78)你借饋我包指麻(《朴通事諺解》,101 頁)

(79)你饋我買將草布蚊帳來(《朴通事諺解》,253 頁)

太田辰夫(1957,1958:236—237,256)指出,早在《五代史平話》(宋朝末期)中就出現了"與"以外的與格標記"歸"。例如:

(80)咱這劍也不賣歸你(《五代史平話・周上》)

(81)卻討個生活歸您做(《五代史平話・周上》)

此外,我們還在這一時期的文獻中發現不少"與"用作致使及被動標記的案例。當然,這些與格功能以外的用法已超出文章的討論範圍。Chappell 和 Peyraube(2006),以及曹茜蕾、貝羅貝(2007)爲給予動詞的演化構拟了兩條路徑:(i)給予動詞＞與格標記;(ii)給予動詞＞使役＞被動。也見 Lien(2003),以及 Chin(2011)。

---

① 《朴通事諺解》臺北聯經出版社出版,1978 年。該文獻可追溯到公元 1350 年。

② 《老乞大諺解》臺北聯經出版社出版,1978 年。該文獻可追溯到公元 1350 年。

5.2 近代漢語(Modern,15 世紀—18 世紀)

近代漢語中,中性排列結構[V+R/S+T]依然非常普遍,無論是給予義動詞還是獲取/剝奪義動詞,均可在該結構中使用。同樣,以"與"爲標記的間接排列結構也很普遍。例(82)爲中性排列結構,所使用動詞分別爲獲取/剝奪義動詞"受"和給予動詞"與"。例(83)—(85)爲以"與"爲標記的間接排列結構,所使用的動詞均爲給予義動詞。注意,例(83)這種結構中只能使用給予義動詞;例(84)和(85)這兩種結構既可以使用給予義動詞,也可以使用獲取/剝奪義以及擴展給予動詞。

(82)如何敢受大官人銀兩(《金瓶梅詞話》6,2 頁)①

(83)用舌尖遞送與婦人(《金瓶梅詞話》4,5 頁)

(84)送了那兩尾好鮮魚與我(《金瓶梅詞話》34,5 頁)

(85)與我主張一個(《金瓶梅詞話》2,8 頁)

總體看來,近代漢語時期和前近代漢語的情況相差無幾,只是上文提到的"饋"和"歸"這一時期仍然非常少見並且在 18 世紀末期被替換成"給",而"給"的使用一直延續到今天使用的普通話。和上面的例(83)一樣,例(86)這種結構也只能和給予義動詞搭配使用;而例(87)和(88)中,則可以使用給予、獲取/剝奪,以及擴展給予類動詞。

(86)賞給他幾兩銀子(《紅樓夢》95,1230 頁)②

(87)另日再挑個好媳婦給你(《紅樓夢》44,543 頁)

(88)每年連頭也不給我們磕一個(《紅樓夢》62,785 頁)

與其簡單地説"與"被替換成"給",我們更傾向於説"給"參考了"與"的發展軌跡。動詞"給"替換了動詞"與"之後,緊接著語法化成介詞"給"。

近代漢語中所有給予結構都延續到現代漢語中。對比下面的表 3 和上文的表 2 就能發現,近代漢語和現代漢語在給予結構上的差異微乎其微,只是近代漢語中發生了詞彙替換的情況。

表 3 近代漢語中給予結構的句法結構與動詞的搭配情況

結構		動詞的類	間接賓語的語義角色
A	V+R/S+T	給予類,獲取類	R,S
B	V+T+與/給+R	給予類,獲取類,擴展給予	R,B
C	V+與/給+R+T	給予類	R
D	與/給+R/B+V+T	給予類,獲取類,擴展給予	R,B
E	把+T+V(+與/給)+R	給予類	R

① 《金瓶梅詞話》臺北祥生出版社,1975 年。該文獻可追溯到 1617 年。

② 《紅樓夢》香港中華書局,1979 年。該作品的成書時間在十八世紀。

現在,我們回到區别性與格標記(DDM)和給予結構交替的問題上。給予結構的交替指的是雙賓/雙及物結構和間接排列結構交替表達給予概念。Haspelmath(2018,即刊 b)認爲採用一個功能適用型(functional-adaptive)的手段來解釋這一現象比從標記性(markedness)上找線索更合適,因爲後者可能不能爲該現象提供任何解釋。Haspelmath(即刊 b)指出:"編碼效率的功能適用力是導致編碼不平衡普遍存在的原因。論元的編碼和信息的可预测性有关。可預測性越强的信息越傾向於零編碼。"這顯然是給予義動詞的情況。换言之,正如我們所論述的那樣,對給予結構的選擇完全取決於動詞的類。Haspelmath 還指出,高頻結構傾向於零標記,而低頻結構傾向於顯著標記。

然而,Haspelmath(即刊 b)的結論在一定程度上還存在爭議。我們發現,無論從漢語史還是從漢語方言看,都是間接排列結構(即顯著標記結構)比中性排列結構(即零標記結構)的使用頻率更高。Haspelmath(即刊 b)結論也許適用於漢語中的區别性賓語標記結構(即處置式),但並不適合解釋在給予結構的選擇上存在的差異,也就是在區别性與格標記和雙賓語/雙及物結構之間的選擇。

此外,Haspelmath(2018)指出,如果給予結構有顯著標記,那么 R 論元是被標記的唯一論元。這也許是英語中的情況,但絕不是漢語中的情況。漢語中確實存在 T 論元被標記的情況,即現代漢語普通話中(§ 2.1)的 E 結構[把+T+V+(給)+R]。這一結構大概在 9 世紀的時候就在漢語中出現了。

表 3 僅僅體現了標準官話中的給予結構在近代漢語時期的一個基本情況,但不能反應在方言中,特别是南方方言中給予結構的真實情況。接下來,我們將討論方言中,特别是粵語中的 F 給予結構,即倒置雙賓結構[V+T+R](Inverted double-object construction)。以粵語爲案例研究的主要原因在於粵語的文獻材料相對豐富,最早的文獻材料可追溯到 18 世紀,這便使得針對粵語的歷時研究成爲可能。此外,需要指出的是,R 論元和 T 論元在中性排列結構中的語序是南方方言區别於北方方言的重要特徵之一。

六　給予結構在方言中的多樣性

雖然南方方言中的很多與格標記通常和普通話中的不同,但從來源上看,大多數都和普通話中的來源一樣,即從給予義動詞發展而來。很多方言中給予義動詞和與格介詞同型,例如,梅縣客家話中的 pun[44]"分"、雷州閩語中的 k'i[55]"乞"、長沙湘語中的 pa[42]"把"、上海吴語中的 pəʔ[55]"撥",等等(Chin 2009:285—289,2010)。見下例。

(89)分一本書分佴(梅縣客家話,引自李如龍、張雙慶 1992:451)

(90)我乞本書乞伊(雷州閩語,引自林倫倫 2006:232)

(91)你不把牛個工錢把我(長沙湘語,引自李永明 1991:533)

(92)撥張紙頭撥我(上海吴語,引自許寶華、湯珍珠 1988:480)

當然,也有其他來源的與格標記。① 上文(§ 3.2)提到 Chin(2010)將與格標記分爲兩類:(i)"給"類和(ii)"去"類。使用位移動詞爲來源的與格標記,也就是 Chin 指出的"去"類,不侷限于甲骨文和上古汉语。我們在前近代以及近代時期的漢語方言中也觀察到了類似的現象,例如吴語、閩語還有粵語。錢乃榮(2003)指出約 150 年前的上海吴語主要使用來源於位移動詞"來"的"拉"(也寫作"辣"或"勒")爲與格標記;這一標記在 20 世紀 30 年代被來源於給予動詞"撥"所替代。此外,錢乃榮還發現了"撥""拉"共現充當與格標記的情況,認爲這是從"拉/辣/勒"過渡到"撥"的一個中間階段。例如:

(93)借隻犁拉我(錢乃榮 2003:305)

(94)我無得銅錢借撥拉伊(錢乃榮 2003:309)

Lien(2002),Chappell & Peyraube(2007)均發現"度"在早期閩南話中同时用作給予動詞(例(95)和(96))和與格標記(例(97)和(98))。

(95)只個卜度我買酒食(《荔鏡記》,引自 Lien 2002:186)②

(96)汝有錢一個度我(Arte 1620:12,引自 Chappell & Peyraube 2007)③

(97)恁亞娘甲你送花度我(《荔鏡記·順治》19.137)

(98)我送度汝(Doctrina Christiana 24a 177 頁,引自 Chappell & Peyraube 2007)④

郭必之(2008)認爲泉州方言中的給予動詞"度"從早期的經過義發展而來,並指出"度"作爲給予動詞和與格標記,也見於現代的晉江和泉州方言。此外,他主張邵武話中的"度"也有"過"的意思,表示"經過"。也見吕曉玲(2016)、Chin(2009:149)有關位移動詞 hu[55]"去"在海南文昌話中給予動詞和與格標記的用法。

Takashima 和 Yue(2000)指出在早期粵語(19 世紀)中與格標記是"過"而不是現在的"畀";"畀"取代"過"成爲與格標記時間大約是在 20 世紀 40 年代。下面兩例中"畀"爲給予動詞"過",爲與格標記。⑤

(99)渠畀信過你(Chin 2010,引自 Fulton 1888:95)

(100)我畀個部書過你個兄弟

個部書我畀過你個兄弟(兩句均引自 Leblanc 1910:175)

正如 Chin(2009:96—98)所推測的那樣,很可能早期粵語中的"過"和"畀"有分工上的

① 詳見 Chin(2009:285—327)提供的與格標記來源清單,以及涉及粵語、客家話、閩語、贛語、湘語、吴語、軍話、舊時正話、樂昌土話,以及湖南土話的大量例句。

② 《荔鏡記》是混合了潮州話和泉州話的早期閩南方言戲文,可追溯到 1566 年。

③ 《漳州話語法》(*Arte de la lengua Chiō Chiu*)17 世紀(1620 年或 1621 年)由傳教士編寫,現藏於巴塞羅納大學圖書館。

④ 《天主正教真傳實録》(*Doctrina Christiana en letra y lengua china*),現藏於梵蒂岡圖書館,該文獻可追溯到 1607 年。

⑤ Chin(2009:149)指出,"過"在現在的從化街口粵方言中仍然是與格標記。

差異:"過"用作與格標記,而"畀"用作受益者標記。

現在我們來看很多南方方言中使用的倒置雙賓結構,例如[V+T+R]。當然,這一結構並不僅存在於南方方言中,也存在於一些官話方言中,例如江淮官話以及西南官話。倒置雙賓結構被認爲是粵語中的固有雙及物結構,常常作爲典型的粵語類性學特徵和普通話進行比較。之所以被認爲是粵語中的固有結構,是因爲在前近代時期,粵語中倒置雙賓結構[V+T+R]的使用頻率明顯高於雙賓結構[V+R+T],這兩種結構的使用頻率比爲 6.5∶1 (Chin 2009:181)。見下例(Peyraube 1981)。

(101)我送一本書你

(102)我畀咗兩萬一千五百蚊佢

(103)我寄一份禮物佢

Peyraube(1981)指出,粵語中的倒置雙賓結構和普通話中的雙賓/雙及物結構一樣,既可以接受給予義動詞,也可以接受獲取/剝奪義動詞。然而,我們認爲需要修正這一結論。目前看來,粵語中的倒置雙賓結構還是限於給予義動詞。①

關於倒置雙賓結構的來源,學者們各自持有不同的觀點。有學者提出通過前置雙賓/雙及物結構 V+R+T 的 T 論元從而得到了倒置雙賓結構,這一觀點涉及了 T 論元的位移。Xu & Peyraube(1997)則認爲倒置雙賓結構是通過刪除與格標記"畀"從間接排列結構[V+T+畀+R]發展而來的。Tang(1998)也提出類似的觀點,並認爲粵語中介詞給予結構發展爲倒置雙賓結構的條件限制是使用給予義動詞。和論元位移的假設相比,我們更認同 Xu & Peyraube 的觀點,即間接排列結構中的與格標記刪除後形成倒置雙賓結構。

還有一種觀點也值得更深入的研究和探討。林素娥(2008)觀察到在一些漢語方言中倒置雙賓結構只表示給予義,並且賦予進入該結構的給予動詞給予的意義,這些方言中 V+R+T 中的獲取/剝奪義動詞進入倒置雙賓結構 V+T+R 後受結構的制約轉而表達給予義。她認爲倒置雙賓結構是南方方言中固有的基本結構。

七 結語

本文首先簡單介紹了現代漢語普通話中的六種給予結構,並指出根據這兩種結構的標記形式普通話的六種給予結構可分爲兩大類:(i)中性排列結構,也就是零標記結構;(ii)間接排列結構,即有標記結構。其次,詳細介紹了給予結構從上古漢語到近代漢語在漢語中的演變和發展;還分析了造成給予結構標記不平衡,以及給予結構交替使用的原因,指出這種

① Peyraube(1981)提出倒置雙賓結構可以接受獲取/剝奪義動詞,主要基於"我攞咗一本書你"和"佢偷咗一份文件我"類型的例句。然而,對這類型例句的接受度目前還存在爭議。

不平衡的標記,以及給予結構的交替取決於給予結構中使用的動詞的類和論元的語義角色。

此外,我們還討論了南方漢語方言中,特別是粵語中,倒置雙賓結構[V+T+R]的來源和發展。我們認爲倒置雙賓結構是通過省略與格標記從間接排列結構[V+T+Marker+R]發展而來(marker=與格標記),而不是從中性排列結構[V+R+T]發展來的。

英語縮寫列表

B=Beneficiary 受益者

DDM=Differential dative marking 區别性與格標記

DO=Direct object 直接賓語

DOM=Differential object marking 區别性賓語標記結構

DPM=Differential placing marking 區别性處所標記結構

IO=Indirect object 間接賓語

R=Recipient 接受者,或 IO 間接賓語

S=Source 來源

T=Theme 主題,或 DO 直接賓語

參考文獻

貝羅貝(Peyraube) 1986 《雙賓語結構——從漢代至唐代的歷史發展》,《中國語文》5:204—217。

貝羅貝(Peyraube) 1998 《古代漢語"動之名"結構》,郭錫良主編《古漢語語法論文集》,北京:語文出版社。

曹茜蕾(Chappell)& 貝羅貝 2007 《近代早期閩南話分析型致使的歷史討論》,《方言》1:52—59。

陳夢家 1956 《殷墟卜辭綜述》,北京:科學出版社。

郭必之 2008 《邵武話動態助詞"度"的來源——兼論邵武話和閩語的關係》,《中國語文》2:140—146。

郭錫良 1997 《介詞"于"的起源與發展》,《中國語文》2:131—138。

胡竹安 1960 《動詞後的"給"的詞性和雙賓語問題》,《中國語文》5:222—224。

蔣紹愚 1989 《古代漢語詞彙綱要》,北京:北京大學出版社。

蔣紹愚 2000 《漢語詞彙語法史論文集》,北京:商務印書館。

蔣紹愚 2005 《近代漢語研究概要》,北京:北京大學出版社。

蔣紹愚 2012 《漢語詞彙語法史論文集續集》,北京:商務印書館。

李永明 1991 《長沙方言》,长沙:湖南出版社。

李如龍 張雙慶 1992 《客贛方言調查報告》,廈門:廈門大學出版社。

林倫倫 2006 《粵西閩語雷州話研究》,北京:中華書局。

林素娥 2008 《漢語南方方言倒置雙賓語結構初探》,《語言科學》7.3:308—319。

劉子瑜 2002 《再談唐宋處置式的來源》,宋紹年編《漢語史論文集》,武漢:武漢大學出版社,139—168。

吕曉玲 2016 《近代泉州、廈門方言給予義動詞讀音的演變——兼談漳州方言的給予義動詞"互"》,《中國語文》5:576—584。

潘秋平 2007 《粵方言給予義雙賓結構的來源》,《第十國際粵方言研討會論文集》,北京:中國社會科學

出版社 214—229。

潘秋平 2010 《上古漢語雙及物結構再探》,《歷史語言學研究》3:74—94。

潘秋平 2011 《從語義地圖看上古漢語的雙及物結構》,《歷史語言學研究》4:129—159。

潘允中 1982 《漢語語法史概要》,河南:中州書畫社。

錢乃榮 2003 《上海語言發展史》,上海:上海人民出版社。

太田辰夫 1957 《説給》,《語法論集》,上海:中華書局,127—143。

太田辰夫 1958 《中國語歷史文法》,東京:江南書院。

王 力 1979 《古代漢語常識》,北京:人民教育出版社。

許寶華 湯珍珠 1988 《上海市區方言志》,上海:上海教育出版社。

楊伯峻 1956 《文言語法法》,北京:北京出版社。

張 敏 2011 《漢語方言雙及物結構南北差異的成因:類型學研究引發的新問題》,《中国语言学季刊》(*Bulletin of Chinese Linguistics*)4—2:87—270。

張 文 2013 《漢語雙賓句歷時演變及相關結構問題研究》,北京大學博士論文。

朱德熙 1979 《與動詞"給"相關的句法問題》,《方言》2:81—87。

Chappell, Hilary, Alain Peyraube 2006 The diachronic syntax of causative structures in Early Modern Southern Min. In D. Ho(ed.), *Festschrift for Ting Pang-Hsin*. Taipei: Academia Sinica. 973 - 1011.

Chappell, Hilary, Alain Peyraube 2007 The diachronic syntax of ditransitive constructions from Archaic Chinese to early Southern Min(Sinitic), Conference on Ditransitive Constructions. Department of Linguistics, Max Planck Institute, Leipzig, 22 - 24 November 2007.

Chin, Andy(錢志安) 2009 *The Verb Give and the Double-object Construction in Cantonese in Synchronic, Diachronic and Typological Perspectives*. PhD dissertation: University of Washington.

Chin, Andy 2010 Two Types of Indirect Object Markers in Chinese: Their Typological Significance and Development, *Journal of Chinese Linguistics* 38 - 1:1 - 25.

Chin, Andy 2011 Grammaticalization of the Cantonese double-object verb[pei35]畀 in typological and areal perspectives, *Language and Linguistics* 12 - 3:529 - 563.

Dobson, W. A. C. H 1959 *Late Archaic Chinese*, Toronto: University of Toronto Press.

Fulton, Albert 1888 *Progressive and Idiomatic Sentences in Cantonese Colloquial*. Hong Kong: China Mail Office.

Haspelmath, Martin 2011 On S, A, P, T, and R as comparative concepts for alignment typology, *Linguistic Typology* 15 - 3:535 - 567.

Haspelmath, Martin 2015 Ditransitive constructions, *Annual Review of Linguistics* 1:19 - 41.

Haspelmath, Martin 2018 How passives and dative alternations are related to Differential object marking, Paper presented at the 8th Syntax of World's languages Forum, Paris, September 3 - 5.

Haspelmath, Martin Forthcoming a Differential place marking and differential object marking. To appear in *STUF-Language Typology and Universal*. Berlin: de Gruyter.

Haspelmath, Martin Forthcoming b Explaining grammatical coding asymmetries: Form-frequency correspondences and predictability. To appear in *Glossa*.

Heine, Bernd & Christa König 2010 On the linear order of ditransitive objects, *Language Sciences* 32:87 - 131.

Kittilä, Seppo 2005 Recipient-prominence vs. beneficiary-prominence, *Linguistic Typology* 9. 2:269 -

297.

Leblanc, Charles 1910 *Cours de langue chinoise parlée, dialecte cantonais*. Hanoi: Imprimerie d'Extrême-Orient.

Leclère, Christian 1978 Sur une classe de verbes datifs, *Langue française* 39: 66 – 75.

Leslie, Donald 1964 Fusion equations for *zhu* in the *Analects* and *Mencius*, *T'oung Pao* LI – 2 – 3: 146 – 216.

Lien, Chinfa 2002 Grammatical function words 乞,度,共,甲,将 and 力 in *Li4 Jing4 Ji4* 荔镜记 and their development in Southern Min. In Ho Dah-an(ed.), *Papers from the Third International Conference on Sinology: Linguistics section. Dialect variations in Chinese*. Taipei: Institute of Linguistics, Preparatory Office, Academia Sinica, 179 – 216.

Lien, Chinfa 2003 Coding causatives and putatives in a diachronic perspective, *Taiwan Journal of Linguistics* 1: 1 – 28.

Malchukov, Andrey, Martin Haspelmath & Bernard Comrie 2007 A preliminary verson of Malchukov, Haspelmath & Comrie 2010 Accessible on http://pdfs. semanticscholar. org/6868/ed03eb4c111c-28c18b1392ddcdfb329567c8. pdf.

Malchukov, Andrey, Martin Haspelmath & Bernard Comrie 2010 *Studies in Ditransitive Constructions-A Comparative Handbook*. Berlin: De Gruyter Mouton.

Peyraube, Alain 1981 The dative construction in Cantonese. *Computational Analyses of Asian & African Languages* 16, 29 – 66.

Peyraube, Alain 1987 The double-object construction in *Lunyu* and *Mengzi*. In The Chinese Language Society of Hong Kong(ed.), *Wang Li Memorial Volumes*. Hong Kong: Joint Publishing C°. 331 – 358.

Peyraube, Alain 1988 *Syntaxe diachronique du chinois: évolution des constructions datives du 14e siècle av. J.-C. au 18e siècle*, Paris: Collège de France, Institut des Hautes Etudes Chinoises.

Peyraube, Alain & Thekla Wiebusch 2019 (Forthcoming) New insights on the historical evolution of differential object marking(DOM) in Chinese. In J. X. Xing(ed.), *Typological Regularity of Semantic Change in Grammaticalization and Lexicalization*. Berlin: de Gruyter Mouton.

Phua, Chiew Pheng(潘秋平) 2007 The Double-object Construction in Archaic Chinese: A Preliminary Proposal from the Construction Perspective, *Bulletin of Chinese Linguistics* 1. 2: 59 – 98.

Phua, Chiew Pheng 2008 Direct and Indirect Objects in Archaic Chinese: A Cognitive Linguistics Perspective, *Language and Linguistics* 9 – 3: 547 – 584.

Phua, Chiew Pheng 2009 The *yu*-dative Construction "V + *yu* + IO" in Archaic Chinese: A Cognitive Typological Perspective, *Language and Linguistics* 10 – 4: 765 – 818.

Postal, Paul 1968 *Aspects of phonological theory*, New York: Harper and Row.

Pulleyblank, Edwin G. 1986 The locative particles *yu* 于, *yu* 於 and *hu* 乎, *Journal of the American Oriental Society* 106: 1 – 12.

Serruys, Paul L. M. 1981 Towards a Grammar of the Language of the Shang Bone Inscriptions "中央"研究院国际汉学会议论文集, 臺北: "中研院". 313 – 364.

Shadick, Harold 1968 *A First Course in Literary Chinese*, Ithaca, NY: Cornell University Press.

Takashima, Ken-ichi & Anne Yue 2000 Evidence of possible dialect mixture in oracle-bone inscriptions. In A. Yue and P. Ting(eds). *In Memory of Li Fang-kuei: Essays on Linguistic Change and the Chi-*

nese Dialects. Seattle and Taipei: University of Washington and Institute of Linguistics, Academia Sinica. 1 - 52.

Tang, Sze-wing 1998 On the'inverted'double-object construction. In S. Matthews(ed.). *Studies in Cantonese Linguistics*. Hong Kong: Linguistic Society of Hong Kong. 35 - 52.

Traugott, Elizabeth 1988 Pragmatic strengthening and grammaticalization. P*roceedings of the Fourteenth Annual Meeting of the Berkeley Linguistics Society*. 406 - 416.

Xu Liejiong & Peyraube 1997 On the double object construction and the oblique construction in Cantonese. *Studies in Language* 21: 105 - 127.

New Insights on the history of the dative constructions and on the differential dative marking in Mandarin and in some Chinese dialects

Alain Peyraube Lü Shanshan

Abstract: Dative constructions are usually known to be the most typical three-argument constructions consisting of a verb, an agent argument(A), a theme argument(T) and a recipient-like argument(R). This article first gives an overview of *the six dative constructions used in today's standard Mandarin*. The different structures can be divided into two main categories: (i) a first category labelled neutral alignment construction that groups patterns in which the sentences'arguments are not coded by a marker; (ii) a second one(indirective alignment construction), where a marker codes the R-argument.

The paper also traces the historical evolution of these patterns and of this differential dative marking phenomena from the Archaic period to the Modern times through the different stages of the Medieval Chinese. It is shown that these asymmetric coding differences depend mainly on subclasses of verbs and on the semantic roles of the arguments involved in the dative alternation.

A last section discusses what is called the'inverted'ditransitive construction in Cantonese, i. e. the'V+T+R'pattern that is also found in many other Southern dialects, but also in some Mandarin dialects of the Jianghuai or Southwesternen sub-groups. It is argued that the inverted ditransitive construction is only possible with giving verbs and that it is not derived from the neutral alignment construction V+R+T, but is derived from the indirective construction V+T+marker+R via the deletion of the R marker which is a dative preposition.

Key words: dative construction, Chinese dialects, historical evolution, differential dative marking

(貝羅貝　法國科學院　法國高等社會科學研究學校;
呂珊珊　法國高等社會科學研究學校-東亞語言研究所)

漢語"綜合⇆分析"雙向演變的韻律機制

馮勝利　劉麗媛

提　要　關於漢語歷時句法演變的類型歸屬是"綜合→分析"還是"分析→綜合",已有研究呈現三種觀點,一是上古漢語從"綜合型句法"演變爲後代的"分析型句法";二是漢語的綜合性與分析性隨時代(遠古、前古、上古、中古與近代、現代)呈循環性演變;三是漢語中同時存在綜合與分析的雙向演變,古今的合成程度差别不大。基於"綜合性"與"分析性"是語言演變的結果這一觀點,本文重新審視"綜合"與"分析"兩個概念,提出:漢語中同時並存"綜合化"與"分析化"這兩類互逆的語法演變現象,而造成這兩類演變的一個内在動因是韻律,多種韻律規則(如 Nuclear Stress Rule,Foot Structure,Syllabication,Focus Stress,Sentential Intonation 等)在句法的歷時演變與共時運作中發揮著促發或抑制的作用,韻律句法理論是解釋漢語"綜合⇆分析"雙向演變現象的一種不可或缺的理論模型。

關鍵詞　句法演變　綜合　分析　韻律

1　引言

人類語言中,分析和綜合兩種類型的不同早在十九世紀初就受到了學者的關注。Schlegel(1818)提出:屈折語可以進一步細分爲綜合與分析兩種類型。① 二十世紀初,Sapir 在《語言》(*Language*,1921)一書的第六章"語言的結構類型"(VI. Types of Linguistic Structure)中,進一步討論了施萊格爾的術語,並且採用新創造的概念"多重綜合型"(polysynthetic)將分析型語言與綜合型語言之間的對比進一步規範化。如:形態複雜的詞包含了多個語素,在這種情況下,一個詞的功能相當於一整個句子。②

在形式句法學中,句法的移位可以派生出相對複雜的句法關係和句法成分,因此移位結構比非移位結構更具綜合性。具言之,一個句法位置上的"詞(+綴)"具有或代表兩個(以上)句法位置上的意義,則爲綜合性結構。譬如:

(1)a. 匠人斫而小之。(孟子·梁惠王下)　　小 = 使…小

b. 罪我者其春秋乎。(孟子·滕文公下)　　罪 = 以某爲有罪

---

① Inflectional language can be further subdivided into synthetic and analytic types.

② Schlegel's terminology and standardized the contrast between analytic and synthetic types of languages with newly coined concept'polysynthetic',i. e. ,complex words consisting of several morphemes,in which a single word may function as a whole sentence.

根據這一理論,黄正德(Huang 2005、2006、2009、2010、2015、2017)提出:上古名詞短語的合成性强於中古及現代漢語(或者説後者的分析性多於前者),因爲上古的方位詞是一個輕名詞(light noun)或零形式(null localizer),零詞項的結構要通過移位而衍生出綜合性結構,因此(比不需移位的實音詞結構)更具合成性。馮勝利(2005、2014;Feng 2012、2015a、b)也提出:上古漢語中的輕動詞是一個零形式(如致使、目的、結果、名謂化,等等),因此"極具合成性"(Feng 2012)。含零輕動詞的謂語與"介—謂"結構相比,前者是合成性結構,而後者是分析性結構(馮勝利 2014:255)。在這種形式句法的分析基礎之上,黄正德更進一步提出上古漢語到中古漢語的發展經歷了一個"從綜合到分析"的演變過程。這一演化過程的提出,激發了漢語歷時句法演變研究的新方向和内動機;其影響所致,幾乎凡談歷時演變者,無不以"分析—綜合"爲理據。

然而,就在大家開始認同"從綜合到分析"這一演化途徑時,貝羅貝(2014)發人深省地提出:漢語的合成性與分析性呈循環性演變(Peyraube 2014:62)。亦即:

合成性語言(遠古)→向分析性演變(前古、上古早期)→向合成性演變(上古中晚期)→向分析性演變(中古、近代)→向合成性演變(現代)

其實,此前及此後,楊榮祥(2013)、何元建(2014,2017)等也開始對這一演變類型提出質疑:"漢語是否存在合成性(或分析性)導向的類型學轉變?"何元建(2017)更具體地提出:"漢語從合成性到分析性的演變"的理論没有考慮到古今複合詞"由分析到綜合"的相反變化,也没有考慮到"使役句"和"感歎句"古今差别不大的情況,於是他提出"古今語法的合成程度各有千秋"的看法,認爲"從綜合到分析"與"從分析到綜合"是同時存在的兩種不同方向的變化。

就已有研究而言,一個不可否認的事實是:漢語的歷時演變中確實存在"綜合⇆分析"的雙向演變。"綜合"與"分析"這對概念的内涵及其所帶來的理論價值、問題解釋能力,需要重新思考。

我们看到:Schwegler 在 *Analyticity and Syntheticity:A diachronic perspective with special reference to Romance languages*(1990)一書中,提出的觀點直接涉及我們關注的問題。他認爲"分析和綜合只是語言演變的結果(而不是原因)","將分析或綜合視爲一種結果而不是語言變化的原因……没有一個單一的起因對這些過程負責。"①

這裡最明確、也最重要的結論是:分析和綜合是語言演變的結果而不是原因。這就是説,某種語言具有較强的分析屬性,不能作爲該語言中句法結構向分析性發展的原因,也

① Analysis and synthesis are simply a consequence(rather than a cause)of language change. (Schwegler 1990:xvi) Viewing analysis and/or synthesis as a consequence rather than a cause of language change... there is no single causal factor responsible for these processes. (Schwegler 1990:195)

不能推導出它後來發展的句法結構如 B、C、D 都是分析性的。Huang(2017)指出“並不存在叫做[＋分析性]與[＋綜合性]的參數名稱,[＋分析性]與[＋綜合性]只能作爲一種描寫性的、觀察性的概括”,“宏觀參數的(比如:類型)概括通常僅僅被視爲‘壓倒性的趨勢’”①。正如我們所知道的,“概括”、“趨勢”都僅僅是在歸納現象,而非解釋問題所以如此的原因。

據此而言,“綜合”與“分析”顯然不是一種“問題解釋型”的理論。相反,“綜合”與“分析”的提出,帶來一個更引人入勝的問題:“爲什麽語言似乎是以一種循環的方式在綜合性與分析性之間來回漂移?”(Schwegler 1990:xiii)②,“綜合⇆分析”雙向演變的背後是什麽機制在發揮作用? 這些問題在以往的研究中鮮有提及,至今缺乏一個合理的解釋和理論。

本文嘗試探討漢語中“綜合⇆分析”演變的内在動因(亦即:單向演變、循環演變以及雙向共存演變的内因),提出:“韻律”是促發或限制漢語“綜合⇆分析”句法演變的一個不可或缺的重要因素(如果不是唯一的因素);在韻律與句法和詞法的交互作用下,既能導致韻律語法界面的綜合性,也能産生韻律語法界面的分析性。

2 古漢語中“綜合⇆分析”的演變例證

漢語的歷時發展演變中,既有從綜合到分析的輕動詞、輕名詞由隱而顯的句法變化,又有從分析到綜合的兩個句法位置由一個詞來表達的複合構詞法的産生,我們將這兩個相反的句法變化過程稱爲“綜合化”(syntheticalization)與“分析化”(analyticalization)③。“綜合⇆分析”的雙向演變同時並存,“綜合化”與“分析化”都不具備句法結構演變上的導向作用,只是語言演變的一種結果。

2.1 從綜合到分析(“分析化”)的演變例證

漢語從綜合到分析的演變過程可以稱爲“分析化”(analyticalization),指“同一底層結構,從句法移位(move)派生複雜句法成分,到以顯性成分直接合併(merge)派生的演變過程”。我們發現,上古(或遠古)漢語到中古漢語的發展過程中,動詞短語和名詞短語中的部

① There is no parameter called [＋analytic] vs. [＋synthetic] except as a descriptive observational generalization. Macro-parametric(i. e. typological)generalizations are often seen as‘overwhelming tendencies’only. (Huang 2017)

② Why languages — Romance languages we well as IE and non-IE languages — appear to drift back and forth between analysis and synthesis in a cyclical matter? (Schwegler 1990:xiii)

③ “綜合化”“分析化”是與“詞彙化”“語法化”並存的漢語歷時與共時演變現象,“詞彙化”(lexicalization)是“從句法層面的自由組合到固定的詞彙單位的演變過程”(Feng 1997,董秀芳 2002:329)。“語法化”(grammaticalization)通常指語言中意義實在的詞轉化爲無實在意義、表語法功能的成分這樣一種過程或現象,中國傳統語言學稱之爲“實詞虚化”(沈家煊 1994)。簡要來説,“綜合化”(syntheticalization)是指從顯性的句法結構關係演變爲以句法移位派生表達複雜句法關係的過程;“分析化”(analyticalization)是指從句法移位派生的複雜句法成分,到以顯性的句法結構關係直接表現的演變過程。

分句法結構均發生了"分析化"的演變,亦即:句法上的低位核心詞(名詞、動詞、形容詞)向高位核心詞(輕動詞、輕名詞)移位的綜合性句法表現逐漸消失(馮勝利 2005;Huang 2005、2006、2009、2010、2015;蘇婧 2016),代之以輕成分(輕動詞、輕名詞)顯形的分析性句法合併的運作。下面分類説明之。

2.1.1 輕動詞(DO)

上古漢語中的"名詞動用""使動""意動"乃至"爲動""同動"等用法的輕動詞結構,都可以分析爲一個綜合性的句法成分表現了多個分析性的句法成分的組合意義,而這些成分的組合關係,到東漢之後都通過顯性的句法成分用"顯形"的方式來表達。

名詞動用是古漢語語法的一大特點。《史記・魯世家》"觀漁於棠","觀漁"出於《左傳》"公將如棠觀魚者",孔穎達《疏》云:"捕魚謂之魚",《説文》"漁,捕魚也"。顯然,"漁"是"魚"的孳乳字。根據形式句法理論,這種名詞滋生動詞的運作,採用下面的生成過程:

(2)
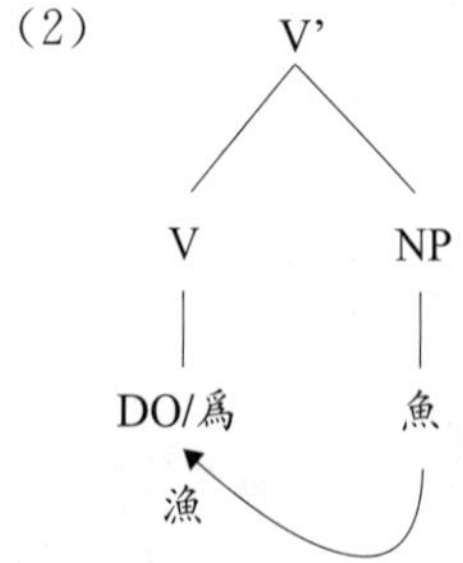

换言之,"漁"是從"爲=DO 魚"這類以隱性輕動詞爲核心詞的短語中,經過移位而産生的。就是説,"漁"兼有"捕捉"和捕捉對象"魚"的兩個詞的意思,集兩個詞於一身(一個句法位置),所以叫做"綜合型"的運作。這種綜合性的運作,從甲骨文時代就開始了。譬如:

(3)a. 帝其乍我薛(=孽)。(合集・14184)

b. 祖乙孽我。(合集・1632 正)

"孽我"就是"乍我孽","乍我孽"就是"對/沖(chòng)著我作孽"。例(3)的句子可以通過下面的句法運作生成。

(4)
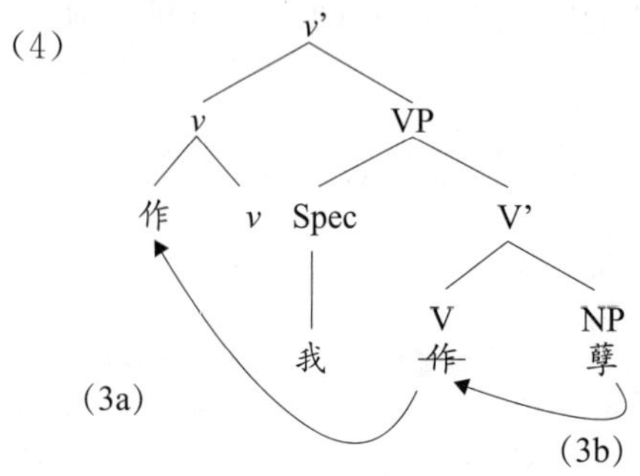

這裡的輕動詞"對/沖"和"作"都隐而不現,造成下面的名詞"孽"上移,先佔據"作"的位置(一重綜合),再佔據"對/沖"的句法位置(二重綜合)。二重性的綜合度要比一重强,句法結構關

係要比一重更爲複雜，這是上古漢語的語法特點。

“形容詞的使動、意動”用法同樣是輕動詞移位運作的結果，使動用法可以解釋爲“使 A 爲 B”，意動用法解釋爲“認爲 A 爲 B”，如：

(5)孔子登東山而小魯，登泰山而小天下。（孟子・盡心上）

意動是由兩層輕動詞構成的句法語義結構（參馮勝利 2005、2014，Tsai 2007），即：

(6)意動（以…NP…爲…V）＝把天下看作/作爲小

“小天下”表達的是“以…爲…”的複雜語義（題元）結構，是兩重綜合。

在上古漢語的綜合性結構中，我們還可以發現三重綜合的用法。如：

(7)a. 是故孔子曰：“知我者其惟《春秋》乎，罪我者其惟《春秋》乎！”（孟子・滕文公下）

b. 君（魯昭公）若以臣爲有罪，請囚于費，以待君之察也，亦唯君。（左傳・昭公三十一年）

通過(7a)與(7b)的對比，很容易看出，《左傳》的“以臣爲有罪”就是《孟子》中“罪我”的分析型解讀，《左傳》中“以、爲、有”都可以分析爲有音的輕動詞，而《孟子》中因爲輕動詞以無音形式存在，名詞性成分“罪”發生輕動詞移位，形成包含了三重綜合用法的複雜結構“罪我”。

(8) [（以）我 [（爲）[（有）罪]]]

(9)

綜合性的不同等級：
- 一重綜合（漁）
- 二重綜合（小天下）｝多重綜合
- 三重綜合（罪我）｝多重綜合

上古漢語之後，輕動詞逐漸顯形，以有音形式存在，原有的輕動詞移位操作也隨之消失。綜合性的結構於是通過分析性的句法合併（merge）來實現，這也正是胡敕瑞（2005、2008）所談的由隱含到呈現的變化。如：

(10)a. 一重綜合（漁）　→　分析性結構：打魚

b. 二重綜合（小天下）　→　分析性結構：以天下爲小

c. 三重綜合（罪我）　→　分析性結構：以我爲有罪

漢語中從綜合到分析的過程，可以分析爲由原來的移位（move＝copy＋merge）運作演變爲合併（merge）運作，如宋亞雲（2017）指出上古的“華”可以用作動詞，而中古以後，“花（華）”只有名詞用法，經常搭配輕動詞“發、生”等表示“開花”義。譬如：

(11)a. 始雨水，桃始華，倉庚鳴，鷹化爲鳩。（禮記・月令）

b. 本根既朽，枯楊生華，曷惟其舊！（漢書・敘傳下）

c. 樹先春而動色，草迎歲而發花。（魏書・李平傳）

這裡，“生華”與“打魚”在結構上相同，都是有音的輕動詞直接與名詞成分合併爲動賓短

語,即:

(12)

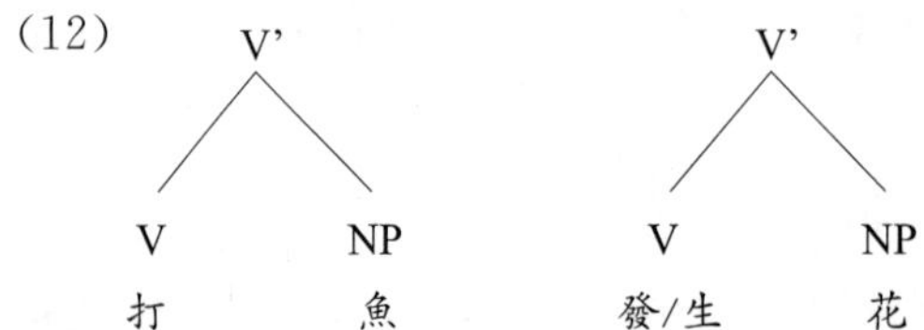

多重綜合結構在東漢後可以通過分析性的結構來表達,多層輕動詞或輕介詞(馮勝利2005)都以有音形式出現,如:

(13)兩層輕動詞顯形:

a. 出見而禮之。(淮南子·道應訓)

b. 汝到城門下,見人出者,爲之作禮。(雜寶藏經·卷4)

(14)輕介詞、輕動詞顯形:

a. 寡人疑之矣。(戰國策·魏策二)

b. 衆生無量劫中積罪甚重,無明垢深,於佛生疑。(大智度論·卷34)

2.1.2 **輕名詞-I 量詞(Classifier)**

量詞的出現也是漢語"分析化"現象的表現,經歷了句法上從綜合到分析的演變過程。在商周以前,漢語的名詞性結構系統中,並沒有量詞;而到魏晉時代,漢語基本建立了一套量詞系統(劉世儒1965;王力1980;Peyraube 1998;張赬2009;Feng 2012)。如下所示,在上古漢語中量詞一般是不出現的:

(15)三人行必有我師。(論語·述而)

(16)一戰帥服三十一國。(國語·齊語)

而在現代漢語的計數性的名詞結構中,量詞必須出現,如:

(17)a. 唐僧有三個徒弟。

b. *唐僧有三徒弟。

顯然,在名詞性結構中存在"量詞"這類成分的句法位置。趙元任(1948)將量詞的語法屬性特徵化爲"助名詞"(Auxiliary Noun),Feng(2012)指出輕名詞結構(量詞 *cl*[assifier])構成的名詞短語(CLP,Classifier Phrase)與輕動詞結構(*v*P)構成的動詞短語,在結構上具有很强的平行性,即:

(18)… [ClP … cl [NP [N]]]

… [*v*P … *v* [VP [V]]]

在 Borer(2005:96)提出的名詞性結構理論中,將量詞中心語設置爲一個開放值 DIV (divider,界分符),意味著:表複數的詞綴(如英語的-s)和獨立使用的量詞(如含有的"個")都是中心語$\langle e \rangle_{DIV}$賦值的結果。即:

(19)

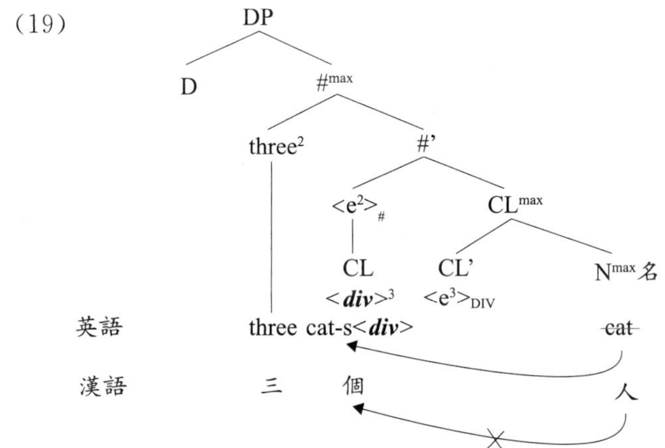

在這一理論觀照下,我們可以看到,在無量詞的名詞結構中,都有一個空的量詞存在,名詞可以移位至核心詞位置,形成我們所看到的古漢語中的無量詞結構,如(20)所示:

(20)

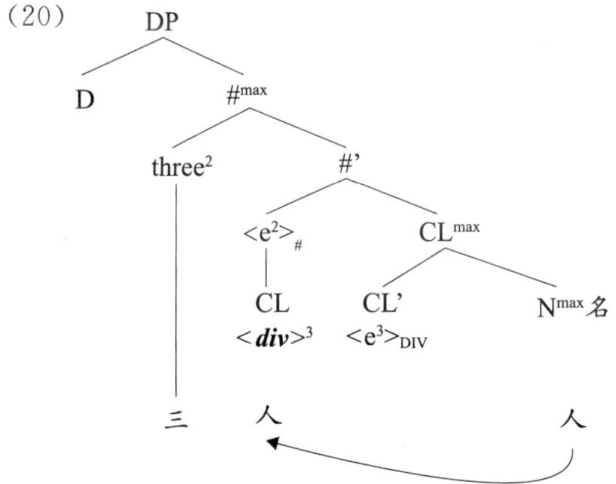

也就是説,漢語的歷時發展中,經歷了量詞由無到顯的發展過程。在無顯性量詞的結構中,名詞成分實際上包含了兩個句法位置"量詞核心"與"名詞核心",進而,包含"輕名詞"的結構是隱性的[ø+名]複雜名詞結構:在顯性量詞結構中,量詞和名詞各佔據 CLP 核心與 NP 核心的位置,包含顯性"輕名詞"的結構是顯性的[量+名]結構,充分説明了漢語句法演變中的"分析化"過程。

2.1.3 輕名詞-II 方位詞(Localizer)

不僅動詞短語中存在無音的輕形式,在名詞短語中也有無音的句法成分存在。與輕動詞現象平行發展的,還有"輕方位詞"現象。在上古漢語中並沒有方位詞,如:

(21)a. 八佾舞於庭,是可忍也,孰不可忍也。(論語・八佾)

b. 子产使校人蓄之池。(孟子・万章上)

而在現代漢語中,非地點名詞成分在表示地點時必須要帶一個方位詞,如:

(22)a. 書在桌子上。

b. * 書在桌子。

(23)a. 他住在黄河村。

b. 他住在黄河邊。

c. * 他住在黄河。

Huang(2009)指出,在上古漢語的地點短語中,有一個無音的表示地點的方位詞核心,該方位詞核心具有强特徵,要求名詞性成分移位至其指示語位置。

(24)

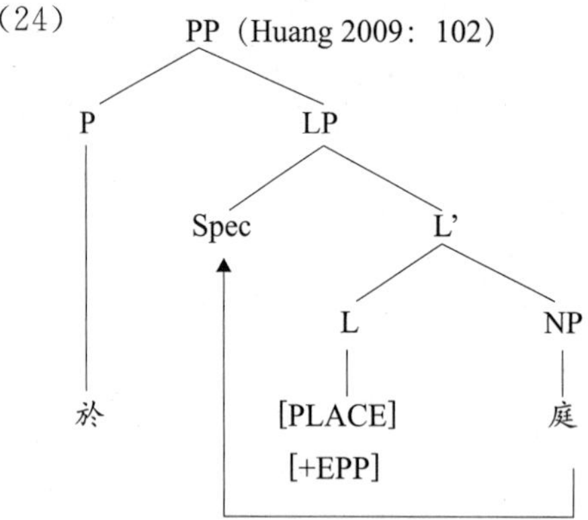

同樣的道理,我們可以知道,現代漢語中表示地點的核心句法位置採用有音的形式來表示,此時,方位詞短語中的名詞性成分與核心詞每個語音形式各佔據一個句法位置,呈現分析型的句法結構關係。即爲:

(25)

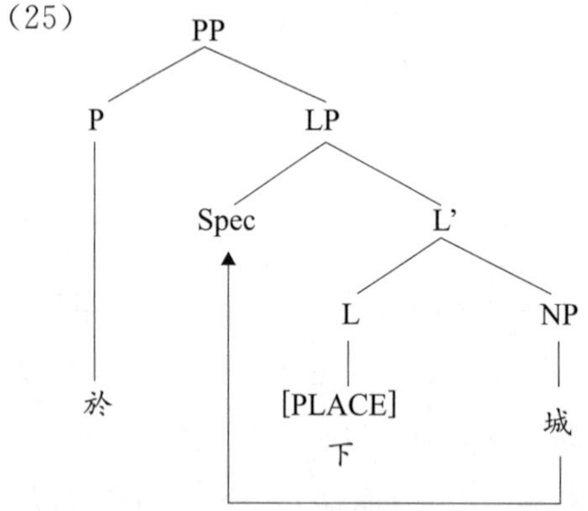

其結果,就形成上古"綜合型結構"和後代"分析型結構"的不同,如下所示:

上古　(於庭)　PP:[$_{PP}$ P [$_{LP}$… Nø [~~N~~]]]

中古　(在庭上)　PP:[$_{PP}$ P [$_{LP}$… NL [~~N~~]]]

這是漢語方位詞(Localizer)從綜合到分析的發展。

2.2　從分析到綜合("綜合化")的演變例證

漢語發展過程中,不僅存在由綜合到分析的"分析化",而且存在相反方向的由分析到綜合的"綜合化"演變。下面從[V_1而 V_2→V_1V_2]和複合詞的産生和發展兩個方面來看。

2.2.1　"V_1而 V_2"→V_1V_2

首先,"而"字並列結構的消失是上古漢語到中古漢語的一個重要演變(馮勝利 2002;梅廣 2003:35;楊榮祥 2010)。"而"的消失導致"V—V"由原來兩個動詞短語([[$_{VP}$[V]]而[$_{VP}$[V]]])之間的關係轉而爲詞([$_V$[VV]])内成分之間的關係(並列或者從屬,視組合成分以及所在結構環境而定),詞、句結構的演變也屬於綜合與分析類型演變中的重要現象。因此,就表達語法關係而論,中古"V—V"的合成性增加了(亦即由兩個句法位置表達的結構變成由一個句法位置來表達的結構)。如:

(26)a. 公出,自其厩射而殺之。(左傳・宣公十年)

b. 李廣上馬與十餘騎奔射殺胡白馬將。(史記・李將軍列傳)[①]

(27)a. 必楚王也,射而中之。(左傳・成公十六年)

b. 晉敗楚,射中共王目。(史記・楚世家)

例(26—27)中,由動詞短語並列演變爲詞内兩個成分合併的過程,可以分析爲句法上的併入(incorporation),如(28)所示:

(28)

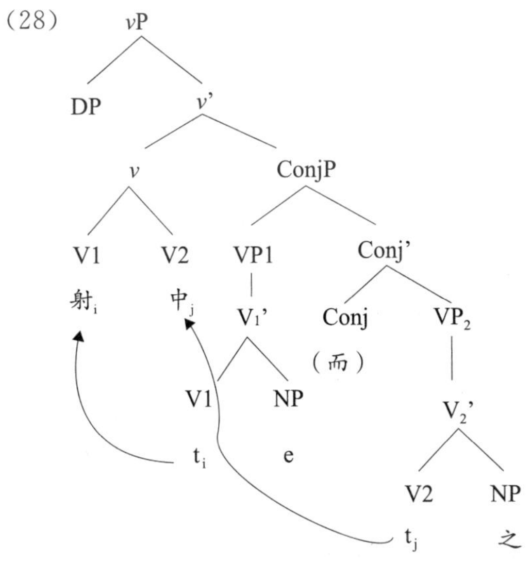

這裡兩個動詞併入形成句法上的詞(或"句法詞",參莊會彬 2015),其句法併入的操作事實上也是複製一個動詞性成分,使之合併到另一個核心詞的節點之下的運作,與輕動詞移位的句法操作具有一致性。所不同者:句法"並列式"併入,是從分析到綜合的運作;而上古漢語到中古漢語的無音輕動詞拼出(語音化)則是從綜合到分析的過程。這是兩個方向相反的語法演變過程,説明句法上的變化,可以是從綜合到分析,也可以是從分析到綜合,不一定是單向性演變要求的結果。

2.2.2　複合詞的產生和發展

其次,複合詞的發展過程也體現出"綜合化"的演變趨勢。何元建(2017)指出"跟上古中

---

① 比較"漢所以不擊取楚,以昧在公所。(史記・淮陰侯傳)雖奸非實……有似真是,故不燒滅之。(論衡・佚文)人間一物堪用,莫不奪取。(南史・張敬兒傳)道得即不打破,道不得即打破。(古尊宿語録・一)"VV 整體被副詞"不"否定,可知這裡 VV 是詞。

古比,現代漢語合成複合詞的形態和結構顯然更多元,更能充分地表達語法概念與關係。另外,現代漢語普通複合詞的形態和結構,也要比上古中古豐富很多”。因此,就複合構詞而言,現代漢語的合成性比上古中古要强得多。

譬如:今天,先秦兩漢在合成詞語素關係中留下來的句法類、型(=不同的語序)依然存在;而且,同一類型可能有不同的音節長度,反映出韻律形態的不同(參王麗娟 2015):

(29)主謂:SV:雙音:性急/膽怯/心虛/冰釋/物流

VS:雙音:教師/醫生/演員/考官/滑鼠

多音:研究員/選舉人/搬運工/裝卸工人/遊行方隊

述賓:VO:雙音:炒股/脱貧/盗版/隆胸/煽情/買婚/上網

多音:翻譯小説/計程車/學習檔/批判電影/處理商品

OV:雙音:瓶塞/胸罩/耳塞/牙箍/髮夾/筆洗/木刻

多音:資料分析/地質勘探/環境保護/水土保持/勞務輸出

偏正:XV:雙音:熱愛/空投/狂歡/合唱/遠眺/冰鎮/瓷實/電傳

多音:電力驅動/微波通訊/液壓傳動/線性切割/鐳射列印

動補:雙音:看完/撕爛/打倒/推翻/唱紅/跌穿/返升

多音:洗乾淨/弄清楚/看明白

甚至同一義項也可能有不同音節的表達形式,如:

(30)主謂:　VS:遊人/旅遊人/旅遊人士

述賓:　OV:書展/圖書展/圖書展覽

主謂賓:VOS:造謠者/製造謠言者;販毒者/販賣毒品者

主謂賓:SVO:人造絲/民營廠/鬼畫符/蟲蛀孔/市轄縣

OVS:素食者/樂評人/客運員/毒品販賣集團/股票倒賣團夥

VOS:播音員投機家/盗竊國寶犯/販賣毒品集團/倒賣股票團夥

主謂賓+偏正:SVOX:知青養豬場/工人讀報欄/貴賓候機室/部長渡假村

述賓+偏正:　VOX:留言簿/簽名册/垃圾焚化爐/文物走私車/房屋裝修圖

OVX:環保車/客運站/期刊閲覽室/珍珠養殖場/沼氣漚化池

偏正式:　VX:雙音:蒸籠/烤箱/浴巾/操場/宿舍/拖鞋/躺椅/抹布

多音:收發室/游泳池/通訊録/設計方案/審核程式

XVX:雷射印表機/定向爆破技術/線性切割機床/鐳射掃描程式

馮勝利(1997:150)指出:古今語法的變化之一就是:現代漢語把古代句法搬到構詞平面。如:

(31)詞法:罵街、養病、醉酒、醉氧、淹水

熟語:排頭個、吃食堂、睡小床、洗冷水、寫黑板

毫無疑問,這些都是把分析性的短語結構變成綜合型的構詞形式或成語性表達的結果。(請

注意:當代漢語綜合性表達的前提是"熟語/成語"性(idiomization)。這是我們的分析與其他分析的不同點(亦即 L-syntax 的結果)。)

2.3 "綜合⇆分析"雙向演變的原因

在古今句法演變過程中,"綜合化"與"分析化"現象並存,而這兩個演化過程背後的促發原因是什麽,至今少有討論。不止漢語,其他語言的研究也乏深論。所以 Schwegler(1990:xv)直言不諱:"從分析到綜合(或相反)的循環演變中最有趣的方面就是這些變化的起源問題。雖然過去幾年一直致力於研究這個問題,但仍然沒有得到解决。"①

這裡,我們針對漢語的"綜合化"與"分析化"現象,重申這一有趣而重要的問題:爲什麽古今句法演變,既有從綜合到分析,又有從分析到綜合?

就"綜合化"演變可能的促發機制而言,Schwegler(1990:193—194)曾經指出"長期的綜合通常涉及語義、形態句法和語音這三個層次的相互作用",其中"語義綜合總是先於所有其他類型的綜合","語音對於'綜合'問題的價值很微小","語音的綜合并不是廣泛綜合的先决條件"。但是,我們可以看到,漢語的演變過程中,若用語義的綜合解釋"綜合化"現象,那麽輕動詞、輕名詞的顯形,均無法得到合理的解釋。而面對這樣一個"綜合化"與"分析化"互逆的過程,句法上也只能提供一個方向性的描寫,無法提供一个"觸機"(trigger)而導致兩個相反運作的動因。困境如此,我們能不能從語音上去尋求可能性的答案呢?

漢語的事實告訴我們,漢語中大部分的"綜合化"與"分析化"現象背後的促發機制,可以從韻律的角度得到合理的解釋!下面我們就通過韻律與句法和詞法的界面研究,對漢語"綜合化"與"分析化"的現象依次進行原理性和規則性的解釋。

3 古漢語中韻律促發的"綜合⇆分析"的轉變

什麽是制約從綜合向分析發展、同時又促發從分析向綜合反向演變的語言機制呢?本文認爲:漢語史上"綜合⇆分析"演變的一個内在動因是韻律,韻律在漢語"綜合化"和"分析化"的過程中,發揮著激活(或啟動)語法運作的促變作用。

3.1 古漢語中韻律促發的"綜合→分析"(分析化)演變

在韻律系統的發展中,上古漢語到中古漢語有兩大變化:一是雙韻素音步演變爲雙音節音步(馮勝利 1997:40;2013:170);二是漢語的核心重音指派從"深重律"的方式轉變爲轄重律"管轄型核心重音指派規則"(G-based NSR)(馮勝利 2017a)。雙音節音步在韻律上的雙

---

① Most intriguing aspects of the cyclic move from analysis to synthesis(or vice-versa)is the question of the origin of these changes. Though considerable effort has been devoted to studying this issue in the past few years, it has remained unresolved. (Schwegler 1990:xv)

分支結構要求無音形式顯形;核心重音指派規則要求重音承重者在韻律上具有雙分支結構。

這兩條韻律規則(核心重音與音步分支)在與句法相互作用時,迫使句法節點以有音形式出現,於是句法上的分支得以顯形,實現了句法結構的分析化。下面從“輕動詞的語音化”、“雙音節促發的量詞出現”以及“重音位置上方位詞出現”幾個方面提供“由綜合到分析”的例證。

3.1.1　“雙音節音步結構”與輕動詞的語音化

從上古漢語到中古漢語的發展中,輕動詞發生了由無音形式到有音形式的演變,而正如馮勝利(2014,2016:172)所指出的,顯性輕動詞出現的語言環境幾乎沒有一個隱性輕動詞的替換形式。如:

(32)a. 復雨種種無量無邊天諸伎樂。不鼓自鳴。又出無量歌贊音聲。(佛本行集經·卷二)

b. 時彼大衆,或有踴身擲在虚空,或復騰鈴,或復打鼓。(佛本行集經·卷八)　＊或復鼓

c. 復教打鼓振鈴,遍告城内人。(佛本行集經·卷十四)　＊復教鼓振鈴

d. 天魔軍衆忽然集,處處打鼓震地噪。(佛本行集經·卷二十九)　＊處處鼓震地噪

e. 阿難復請,世尊默然。經夜後分,欲打鼓時,明星將現。《佛本行集經·卷三十六》　＊經夜後分,欲鼓時,明星將現。

f. 世尊當知,夜已後分。不久打鼓,明星欲出。(佛本行集經·卷三十六)　＊不久鼓

g. 處處打鼓,求欲論議。(佛本行集經·卷三十八)　＊處處鼓

輕動詞顯形的韻律環境是:當輕動詞的補足語(如“打鼓”的“鼓”)以單音節成分佔據(或承當)音步位置時,輕動詞必須顯形,幫助單音節補足語滿足音步雙分支的要求,即(“ø”代表無音形式,“σ”代表音節):

(33) $v_{\varnothing} \rightarrow V_{\sigma} / [_{\text{Foot}}\underline{\quad\quad} N_{\sigma}]$

爲什麽(32a)的“不鼓”可以不説成“不打鼓”,而同書的“處處打鼓”中的“鼓”則不能説成“處處鼓”呢?原因都在韻律:“不鼓”已經是一個音步,所以“鼓”可以採用“綜合”形式(鼓＝打鼓),而“處處|鼓”的“鼓”佔據動詞擕重的位置但卻不能與前面雙音節狀語“處處”抗衡,所以隱含的輕動詞 DO(＝打)就被迫顯形,變成“處處打鼓”,形成了今天所看到的分析性的句法結構。

3.1.2　“雙音節音步結構”與量詞的出現

與輕動詞發展相平行的量詞結構的發展,也再次證明了音步結構雙分支的“分析化”效應。雖然“句法説”爲我們研究量詞的發展提供了一個結構上的視角,但是正如馮勝利

(2016:192;Feng 2012)所指出的,單純從句法上我們無法回答"相同句法環境中,有的有量詞,有的沒有量詞"的情況。如:

(34)a. 夫人告曰:我今與汝百枚金錢。其婢報曰:我不須。夫人複告:與汝二百!乃至千枚金錢。(增壹阿含經)

b.(菩薩)探囊中五百銀錢,盡用與之。瞿夷念華極直數錢,乃雇五百。貪其銀寶,與五莖華,自留二枚。"(太子瑞應本起經上)

c. 且寺内先有數個猛狗,但見一狼,狗無不競來吠齧。(舍利感應記别録)

d. 七枚熱鐵丸……十八鐵丸……。(法苑珠林・卷七)

我們發現,單音節的數詞不能進入[[數]$_\sigma$[名名]$_{\sigma\sigma}$]與[[名名]$_{\sigma\sigma}$[數]$_\sigma$]結構,迄今爲止,我們尚未發現(35a'—d')這樣的用例。即:

(35)a. 一介嫡女……,一介嫡男……(國語・吴語)

a'. * 一嫡男

b. 堂屋西壁下……有三個石柱。(搜神記・卷一)

b'. * 三石柱

c. 竹竿萬個。(史記・貨殖列傳)

c'. * 竹竿萬

d. 絮巾一枚,黄布禪衣一領……(居延新簡・甲渠候官 EPT51・66)

d'. * 絮巾一

通過(35a—d)與(35a'—d')的對比可知,在句法底層結構相同的情況下,雙音節名詞搭配單音節數詞不合法(沒有用例),而雙音節名詞搭配"單音節的數詞+量詞"則俯拾皆是(合法的表現)。句法無法解釋這種韻律決定的語法表現,我們根據當時的韻律結構和節律系統,發現這裡是雙音節音步結構在發揮作用——量詞出現的韻律環境是:單音節數詞前後是音步成分時,量詞便顯形而出,幫助單音節數詞組成一個雙音節音步,以滿足韻律的要求。亦即:

(36) $Cl_{\emptyset} \rightarrow Cl_{\sigma} / [_{Foot} [Num]_{\sigma}$ ____ $]$

爲更清楚地看出韻律的作用,我們將韻律結構與句法結構的對應關係圖示如下:

(37)

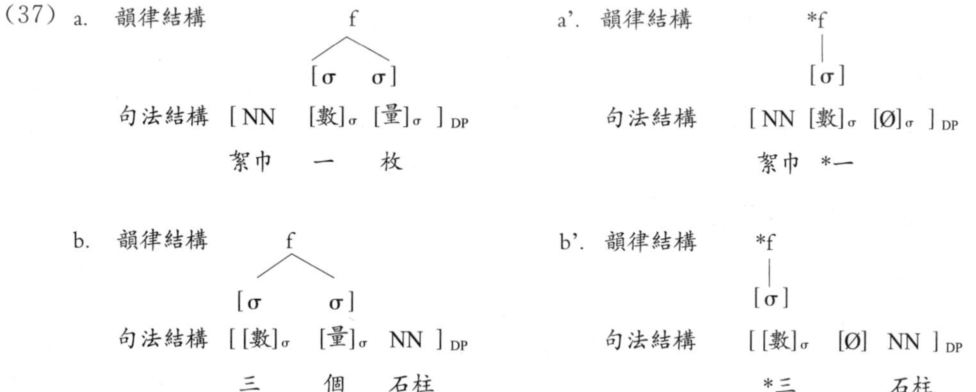

通過雙音節音步結構與句法結構的對比,可以看出,上述"＊絮巾一"、"＊三石柱"的不合法,並非句法上的不合法,而是沒有滿足音步結構的雙分支要求的緣故。也就是説,是韻律上的雙分支要求逼迫量詞在語音上必須顯形,而量詞一旦顯形,則使得句法上的"數量"結構以分析性的形式呈現出來。量詞的出現,再次説明了音步結構雙分支的要求在句法上具有使結構"分析化"的效應。

3.1.3 "核心重音"與"雙音節音步"迫使出現的方位詞

不僅輕動詞的語音化和量詞的出現受到雙音節音步結構的促發作用,方位詞(輕名詞)的產生也是韻律句法的效應和結果。正如 Sun(2008)、Feng(2015b)所指出的,東漢之後方位詞的使用越來越多,如:

(38)a. 臣始至於境。(孟子・梁惠王下)

a'. 臣嘗從大王與燕王會境上。(史記・廉頗藺相如列傳)

b. 是聖人僕也。是自埋於民,自藏於畔。(莊子・則陽)

b'. 分散在民間。(論衡・難歲篇)

但下面的事實告訴我們,在承擔核心重音(句末重音)的句法位置上,方位詞必須出現(a')。如:

(39)a. 終日在裡(面)默坐。(朱子語類・卷一百一十三)

a'. 有幾個秀才在裡＊(面)。(警世通言・卷六)

這説明,方位詞的發展也是在雙音節音步及其載重位置上激發出來的。換言之,當名詞性成分在核心重音位置時,單音節成分無法實現韻律雙分支,不能作爲承重者,於是迫使單音節名詞後的方位詞顯形(詳論見 Feng 2015b),兹圖示如下:

(40)

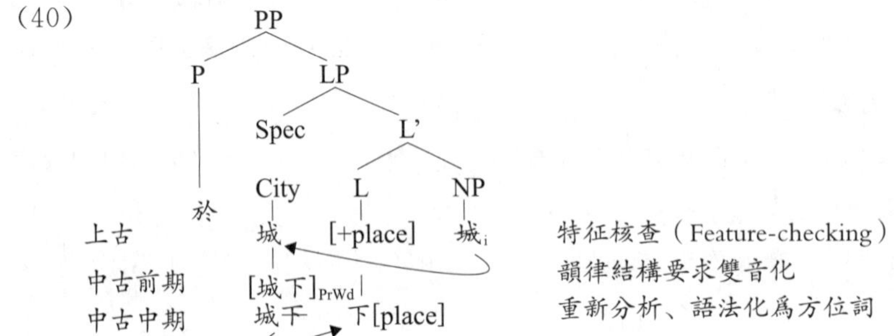

根據上例(38—39)的分析,我們認爲:雙音節音步結構的雙分支要求,迫使句法上一些空的句法節點實現爲有音形式,進而實現了句法的分析化過程。在這一分析下,輕動詞、輕名詞結構的語音顯形得到了統一的解釋:輕動詞和輕名詞結構從綜合到分析的演化,都是上古後期被韻律激活的句法演變。

3.2 古漢語中韻律促發的"分析→綜合"(綜合化)的演變

不僅"從綜合到分析"的句法演變是韻律促發的結果,"從分析到綜合"的句法演變也是韻律促發的結果。韻律語法理論中的"韻律構詞"、"一調一動律"、"核心重音指派規則"可以解釋漢語中一系列的綜合化演變現象。

3.2.1 “核心重音”與[V_i ~~而~~ V_i]複合詞的産生

[V 而 V]結構在漢代以後出現得越來越少,與之相反的是,漢代以後 VV 複合詞的數量急劇增加(參見 Sun 1988,Peyraube 1996,Feng 1997)。這裡的問題是[V 而 V]中兩個被“而”分開的動詞爲什麽會和怎樣才能構成 VV 複合詞、其中的原理是什麽。一言以蔽之,是什麽因素促發了這一句法上從短語到詞的綜合化?

句法上至今對此沒有一個機制性的解釋。我們認爲:這裡是“雙音節音步結構”(disyllabic foot formation)與“核心重音指派”共同作用的結果。請看下例:

(41)先秦:a. 伯夷餓而死於首陽之山。(戰國策・韓策)

漢代:b. 伯夷遂餓死於首陽山。(史記・伯夷列傳)

c. 伯夷不食周粟,餓死於首陽之下。(論衡・刺孟)

首先,[V_1 而 V_2](如“餓而死”)的結構在韻律上是有缺欠的。根據相對輕重原則(Relative Prominence Principle)(Liberman & Prince 1977),一個强節點必須與一個弱節點同時出現。在這一規則下,一個單一的節點無法實現相對輕重,因此也就無法實現重音。我們知道,東漢之後音節成爲韻律最小分支的單位,而[V_1 而 V_2]結構中的三個成分,無法滿足兩個動詞各自攜帶核心重音(“( )”代表音步):[V_1(而 V_2)]中,V_1 不成音步;[(V_1 而)V_2]中,V_2 不成音步。因此,根據韻律,上述兩種形式都不合法。如何讓漢末的[V_1 而 V_2]合乎當時日益强大的雙音化音步呢?最好的方式是 V_1 與 V_2 在句末併入在一起,組成一個 VV 複合詞,即:

(42)

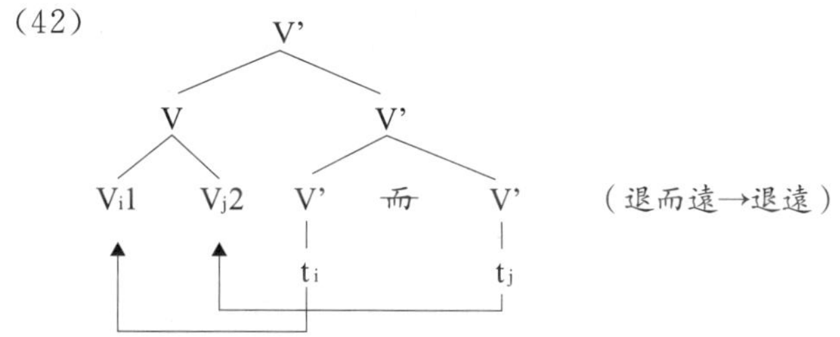

在上面新的結構中,[[V_i V_j]……[t_i 而 t_j]]中,連詞“而”必須删除。顯然,這樣既能滿足韻律又符合句法,是爲最理想派生形式。這一假設,可以很合理地解釋何以漢代語言中的[V_1 而 V_2]短語大多都去掉“而”字而成爲複合詞[V_1 V_2]的事實。注意:這種運作,句法沒有動機可言,語義更無解可説,但韻律上的雙音化則可成爲促發這種綜合化句法運作的關鍵要素。

除了韻律上的雙音化的要求之外,[V 而 V]變成 VV 的運作還有另一種韻律的作用。我們看到,在漢代材料中,[V_1 而 V_2]與[V_1 V_2]在同一時期(甚者同一段文字中)可以並存。何以然哉?答案是焦點重音影響的結果。請看:

(43)以道事君,君善其言,遂用其身,偶也。

行與主乖,退而遠,不偶也。

退遠未久,上官録召,命善録盛,不偶之害不能留也。《論衡・命義篇》

這裡,"退而遠,不偶也"中的"退而遠"是本句之焦點所在,因此,"退而遠"可以採用拉長單音節"遠"的方式(lengthening)實現其强調式,亦即用[(退而)(遠 ø)]的手段來實現焦點。焦點實現的伴隨現象是:前後成分隨之而輕。因此,下句"退遠未久"中的"未久"是該句的焦點而"退遠"乃非焦點,因此需讓位給焦點重音,於是變重讀形式的"退而遠"爲相對輕讀的"退遠"。這就是[V_1而 V_2]→[V_1 V_2]的韻律語法來源的另一渠道。

3.2.2 "核心重音"與 VP&VP→VV 的合成

與[Vi 而 Vi]平行發展的是[[$_{VP1}$ Vt e] 而 [$_{VP2}$ Vt NP]]結構,一般認爲[[$_{VP1}$ V_1] 而 [$_{VP2}$ V_2 NP]]結構是[Vt Vt]複合詞的來源,我們在這裡進一步提出:這一綜合變化的過程同樣是韻律句法促發的結果(亦即由核心重音指派規則所致)。請看:

(44)a. 郤至奉豕,寺人孟張奪之,郤至射而殺之。(左傳・成公十七年)

b. 郤至殺豕奉進,宦者奪之,郤至射殺宦者。(史記・晉世家)

c. ? 郤至殺豕奉進,宦者奪之,郤至射而殺宦者。

在[[$_{VP1}$ V_1]而[$_{VP2}$ V_2 NP]]中,兩個並列的及物動詞(V_1與 V_2)分別將核心重音指派給所直接管轄的賓語(補述語成分)。然而在該結構中,如果承擔重音的賓語(NP)不是 V_1 的直接管轄成分,V_1不能將重音指派給 NP 成分(如 44c),那么重音只在[V_2 NP]中實現。這樣一來,V_1將無法構成韻律上的雙音節音步,因爲它的賓語是一個空語類(e_i),如下圖所示:

(45)
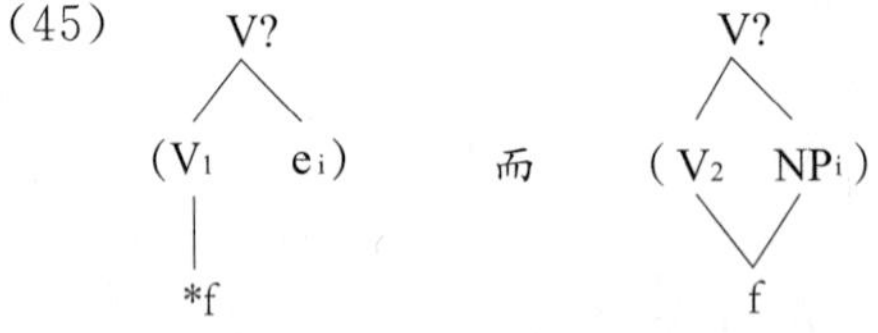

這樣不平衡的兩個並列動賓結構,在韻律上是不合規則的,因此促發了讓兩個中心語同時管轄一個補述語 NP,從而共同指派核心重音的變形運作。這種句法運作就是讓 V_1和 V_2通過核心詞移位的方式,重新組成一個新的句法單位,如(46)所示:

(46)
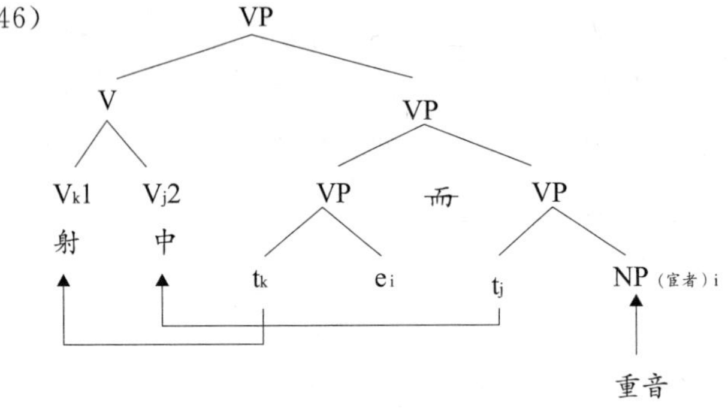

(46)中的"射中"既可以滿足核心重音指派規則,也可以保持韻律結構與句法結構的一致性。這種情況無疑是在韻律的要求下,才迫使句法上的兩個動詞移位到更高的位置,實現 C-統治並且管轄補述語 NP,導致了"VV"合成詞的結果。

3.2.3 "核心重音"与動補結構的綜合化

中古時期,大部分常見動補結構都有合用式與分用式,而到唐宋時期,分用式逐漸消失。蔣紹愚(1994)、曹廣順(1999)均曾指出:"分用的動結式和合用的動結式都在六朝産生"(蔣紹愚 1994:192),"在一些文獻的作者看來,不僅是 V_i 可以進入 VO 之間,而且變化後的 $V_{t/i}$ 亦可移至 V_tO 之後。"(曹廣順 1999:83)。馮勝利(2002)舉例如下:

(47)脚蹈地壞(十誦經)　　踏壞華室(出曜經)

打玉破(大莊嚴論經)　　打破水甕(大莊嚴論經)

兩手抱魔王取(佛本行集經·二九)　　兩手安徐捧取(佛本行集經·一二)

動補結構爲什麼會同時允許兩種形式,而分用式又爲什麼會消失?歷史句法需要給出機制性的解釋。我們認爲:如果合用式和分用式的並存是句法機制允許的,那麼從機制上可以得到的解釋就是:分用式的消失是韻律上核心重音要求的結果。舉例而言,"打破頭"可以分析爲"打頭破"形式中的補語"破"經過併入之後派生的形式,即:

(48)

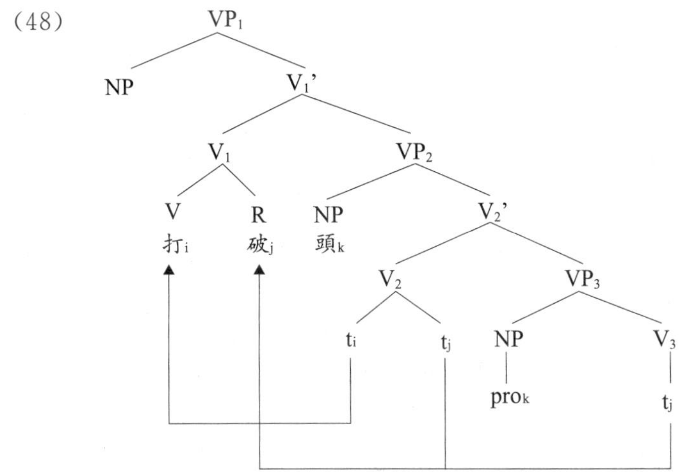

這一句法上的分析可以統攝分用式與合用式,對其做出統一的解釋。然而,句法分析仍然不能回答爲什麼補語成分"破"要發生句法上的併入,這是漢語動補結構産生過程中最難解釋的大問題。我們認爲,這個難題的根本原因也是前面提到的核心重音的作用。

根據韻律句法理論,動詞把核心重音指派給它直接管轄的句法成分。然而,在"V_1 NP V_2"結構中,如果動詞將重音指派給其直接管轄的賓語成分,那麼補語(亦即 V_2)就無法得到重音。句法提供的結構不能滿足韻律的要求,故而發生了補語的提升併入,如(48)所示。

注意:補語併入的分析雖然可以解釋分用式的消失,但仍然面臨如何解釋分用式何以存在的語言事實。我們認爲這裡仍然是韻律和句法相互調節的結果。具言之,在非併入的句法形式中,補語成分只能以單音節的可輕讀成分殿後,這樣才不影響核心重音將重音指派給賓語成分的要求——因爲殿後的輕讀單音節補語對核心重音來説是可以"隱形(invisible)"的。補語只宜輕而不宜重的這一分析,可以得到以下幾方面的證明。

第一,補語位置不能是不可輕讀的雙音節成分。如:

(49)打破煩惱碎。(壇經)　　　　*打煩惱破碎

彈盡《相思》破。(喜秋天)　　　　*彈《相思》盡破

打傷頭破。(太平廣記·二四三)*打頭傷破

第二,補語位置的成分不能成爲韻律上的獨立成分("#"代表停頓)。如:

(50)打頭破(出曜經)　　*打頭#破　　*打頭#大破

啄雌鴿殺(百喻經)　　*啄雌鴿#殺　　*啄雌鴿#未殺

通過上面的測試,我們可以發現,韻律作爲補語併入的促發因素,不僅可以充分解釋分用式消失的原因是韻律引起的,也可以解釋補語併入的動因同樣是爲了滿足核心重音的指派而啟動的。

4 理論推演:現漢中韻律促發的"綜合⇆分析"的轉變

韻律作爲歷時語法"綜合化"與"分析化"的促變因素,不僅可以解釋歷時發展中的語言演變現象,也可以對現代漢語共時層面的一些句法變化做出充分的解釋,既説明韻律在與句法界面中的作用,也爲句法分析所面臨的難題提供一些合理的解決方案。

4.1 "核心重音"與動詞的分解

在現代漢語中,有一批動詞(包括形容詞)既可以單獨使用,同時又可以分解爲動賓的形式。這類形式包含三種情況:第一類是離合詞[①]可以被打開;第二類是不及物動詞帶假賓語(dummy objects);第三類是及物動詞帶冗賓語(redundant objects)(馮勝利 2013:257)。如:

(51)a. 離合詞的打開式　　高什麼興、幽它一默、慷他人之慨

b. 自動詞的假賓語　　睡覺(sleep)、走路(walk)、跑步(run)

c. 他動詞的冗賓語　　唸書(read)、喝水(drink)、吃飯(eat)

這裡的問題是,離合詞爲什麼會被打開?離合詞被打開的條件是什麼?自動詞、他動詞爲什麼要離析出假賓語(51b)、冗賓語成分(51c)?爲什麼這三種情況都發生在動賓位置?

(52)
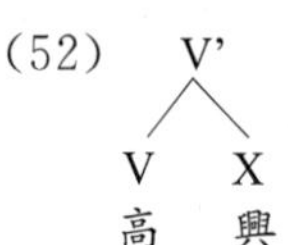

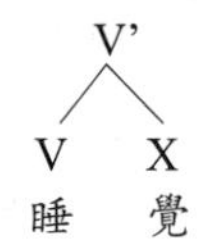

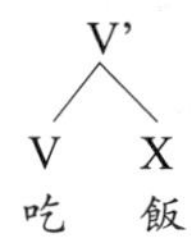

① 沿用學界現有名稱,我們把離合詞被打開的形式稱爲"離析結構",把分離前對應的雙音組合稱爲"離合詞"。

從韻律上解釋這些情況則非常容易。我們發現：第一，離合詞的“離”都在句末位置，與核心重音範域相對應，並且離合詞爲抑揚格，與漢語核心重音的輕重節律一致（黄梅、莊會彬、馮勝利 2017）；第二，它們在獨立句裡不帶賓語則句子不合法。如：

(53) a. ——媽媽，我餓了，我想吃飯。

b. ——媽媽，我餓了，* 我想吃。

(54) a. ——今天我睡了一覺！

b. ——？今天我睡了。（不是沒睡）

假賓語在語義上不是動詞的論元成分、冗賓語在語義上等於零；既如此，爲什麼這些動詞仍然要帶一個語義值爲零的成分，而該成分若不出現，句子則不合法呢？將這三類現象結合在一起，我們可以從韻律句法理論中找到答案，那就是核心重音的指派效應。抑揚格的離合詞與核心重音的節律一旦相互匹配，就有可能被重新分析爲一個動賓短語[$_{V'}$ A B]，派生出所謂的“離析結構”；而韻律在動詞單音節不合法時，經常需要補出一個成分，由動詞將核心重音指派給其補足語成分。由此可見，是韻律把“可能但不必或完全多餘”的成分補了出來；是韻律把單獨的句法單位（詞）離析爲短語結構，構成現代漢語從綜合到分析的一種重要結構。

4.2 “核心重音”與動詞併入

漢語中存在一種帶非常規賓語的述賓結構，如“切這把刀、寫毛筆、吃食堂、洗涼水”、“收徒少林寺”、“求學北師大”等。對於其中的“這把刀”、“毛筆”、“涼水”、“北師大”等賓語成分，已有研究稱之爲“代體賓語”（邢福義 1991）、“非常規賓語”（郭繼懋 1999）、“旁格賓語”（孫天琦 2009、王麗娟 2018）等。在形式句法理論的分析中，一般認爲旁格述賓結構爲隱性輕動詞結構（馮勝利 2000，Lin 2001，蔡維天 2016 等），動詞移位到隱性的輕動詞“用/對/在/爲”的位置，由此生成非核心論元在賓語位置的序列，即[$_{vP}$ USE [$_{V'}$ 這把刀 [$_{VP}$切 e]]]。這類結構與上古漢語中的輕動詞移位都採用了核心詞移位的方式，均爲綜合性的句法運作，這與上述“動詞分解”之類分析型運作，呈相反之勢。

這裡我們關心的是：促發這些輕動詞移位從而造成綜合型句法現象的語言機制是什麼呢？我們認爲，這裡仍然是韻律在發揮作用。根據王麗娟（2018）的研究，這種運作既包含口語體韻律所生成的不帶内部論元的旁格賓語結構如“切這把刀”，也包含正式體韻律生成的同時帶内部論元與旁格賓語的述賓結構如“求學北師大”。

先看口語中的現象。一般而言，口語中的旁格賓語成分都代表了一種新信息（邢福義 1991），是句子的焦點，動詞的常規賓語成分作爲舊信息，以零形式存在。在這種情況下，爲了使新信息與重音位置相匹配，則啟動了動詞移位到輕動詞位置的運作（馮勝利 2000）。即：

(55) 信息焦點結構：a. [ø NP$_{\text{新信息/重}}$ V e$_{\text{舊信息/輕}}$]

b. [ø 毛筆$_{\text{新信息/重}}$ 寫 e$_{\text{舊信息/輕}}$]

(56)普通重音規則:a. [ø $NP_{輕}$ V $e_{(重)}$]

b. [ø 毛筆$_{輕}$寫 $e_{(重)}$]

由於旁格賓語成分是句子的焦點,而焦點所要求的重音位置與普通重音規則的重音位置不相匹配,二者之間的矛盾促發動詞移位到輕動詞的位置,使獲得重音的成分在動詞指派的核心重音位置實現。基於焦點、句法、韻律的分析,我們可以進一步推演,當核心重音位置被常規賓語佔據時,無法實現輕動詞移位,而下面的語言事實正是我們理論預測的結果,同時也進一步證明了韻律促發輕動詞移位"綜合化"轉變的正確性。即:

(57)a. 你用這把刀切菜。

a'. * 你切這把刀菜。

b. 你用這把刀切三次。

b'. * 你切這把刀三次。

c. 你用這把刀切五分鐘。

c' * 你切這把刀五分鐘。

就正式體而言,動詞可以同時帶旁格賓語和常規賓語,如:

(58)a. 求學北師大

b. 贈書希望工程

c. 祈福世界和平

d. 連線前方記者

正如王麗娟(2018)所指出的,從節律音系學的角度來看,口語體和正式體旁格賓語的韻律對立非常清楚:口語體韻律格式是"音節+音步"(亦即,[$\sigma + f_{\sigma\sigma}$],如"睡+小床"),正式體的韻律格式是"雙音節音步+雙音節音步(亦即:[$f_{\sigma\sigma} + f_{\sigma\sigma}$],如"講學北大")。前者是上下兩級不同韻律單位的組配,組成輕重式結構——典型的懸差律;後者是同級韻律單位的組配,組成兩個(或多個)音步平行的分枝結構——典型的平衡律。

如果這一分析是對的,那麽它告訴我們:漢語旁格述賓結構的産生是由(1)懸差律口語語體和(2)平衡律正式語體的韻律語體規則促發産生的句法綜合型的結果。懸差律嚴格排斥 2+2 式和 1+1 式,而平衡律必然排斥 1+2 式、2+1 式、1+1 式①的事實證明了上述結論正確性。

(59)寫毛筆　　* 寫筆　　* 書寫毛筆

餵奶瓶　　* 喂瓶　　* 餵養奶瓶②

---

① 平衡律之所以排斥貌似平衡的 1+1 式,是因爲"音節+音節"的組配無法形成節律單位的均衡性重複,現代漢語的標準節律單位是雙音節音步,因此,節律單位的均衡重複就是音步的重複。如果參照馮勝利(2017b、c)提出的平衡律的"停頓"節律,1+1 式就更不合格,因爲單音節之間沒有自然節律單位(即自然音步)的停頓。

② 必須指出,少數 1+1 式旁格述賓結構如"吃山"、"刷漆"、"纏布"等,有的是從熟語中截取而來的(如"吃山"取自"靠山吃山"),有的則是從高頻共現的自由短語中臨時縮略而來(如源自"刷點兒漆"、"纏塊兒布"),其共同特點是沒有能産性(BCC 語料庫歷時檢索"刷漆"、"纏布"的用例都在 10 例以下),而且多爲對舉式用法(如"靠山吃山、吃山養山"),因此均屬個例、特例而非反例,故不影響本文的結論。

收徒北大　　＊收北大　　＊收徒京　　　＊收京

攜手媒體　　＊攜媒體　　＊攜手媒　　　＊攜媒

現代漢語這種口語體類的“寫毛筆”單音節光杆動詞的移位，以及正式體“收徒北大”類的併入運作後雙音節動賓式動詞的移位，不僅源於不同的句法運作和不同的語體要求，更重要的，它們都是韻律不同的核心詞（光杆單音節動詞 vs. 併入後的雙音節動詞）與句法、語體互動的結果，於是造成前者爲懸差律、後者爲平衡律的綜合型句法效應。

4.3 “句調、核心重音”與特殊句型的綜合化

漢語口語中沒有[VP&VP]並列句（Chao 1968：104—107），但卻又有一些特殊句型如“流水句、連動句、緊縮句”等，並且多用“意合法”來組織語句。漢語爲什麽會有如此“稀奇”的“綜合效應”？這些特殊句型背後的産生機制是什麽呢？我們認爲“流水句、連動句、緊縮句、意合法”都是漢語“一句一調”這種韻律語法導致的結果（詳論參馮勝利 2017a），在句調、重音、語調的共同作用下，不同小句、不同動詞短語都最大限度地壓合在一起，繪製出現代漢語綜合性語法的另一幅圖畫。

什麽是“一句一調”？漢語句子的韻律結構要滿足“一個句子一個句調”、“一個句子一個核心重音”以及“動詞指派核心重音”這三項要求。在這三條規則的共同作用下，我們可以推得“漢語的每個句調都只含有一個動詞”的結論，即：

∵（1）每個句子有一個句調（不是語調，見馮勝利 2017a）

（2）每個句子有一個核心（自然）重音（NSR）

若　每個核心重音均由動詞指派（G-NSR）

∴　每個句調只含一個動詞（謂語）

這種限定可以進一步嚴格地定義爲“漢語句調限定律”，表述如下：

漢語句調限定律（Constraint on Sentential Intonation in Chinese）：

一個句調不能包含兩個（或以上）的動詞謂語。

據此，我們可以在漢語句調限定律的基礎上進行深入和廣泛的推衍，如“一個句調不能包含兩個（或以上）的動詞謂語”，因此漢語不允許兩個核心動詞短語並列。理論如此，事實也冥合無間，趙元任（Chao 1968：265）説：“看來中文沒有英文 and 那樣的最基本的並列結構，可以簡單地把兩個表達有邏輯地聯合起來。”①這正是在描述漢語沒有分析型[VP&VP]並列結構的事實。如：

（60）a. ＊我沖上前去和將木盒搬下來。

a'. I rushed up and took the box down.（Can Xue 2006）

---

① Thus there seems to be no primarily coordinate conjunction of the English 'and'-type witch simply joins two expressions in logical conjunction.（Chao 1968：265）

b. *我昨天買和看了一本書。

b′. 學員昨天購買和閱讀了指定的教材。

漢語中的並列謂語不合法(60a),而相應的英文並列謂語則合法;受口語韻律制約的句子不合法,正式體的句子卻合法。這都説明漢語核心重音範域内沒有並列結構是漢語口語語法爲"一句一調"韻律所限定的結果。

其次,"漢語句調限定律"的另一個推論是,既然漢語口語中不允許並列謂語結構,那麽,多個VP的情況只能"變並列爲主從"。在這一推論下,漢語中的"流水句、連動句、意合法"都成爲"一句一調"規則控制下所派生的自然結果。如:

(61)a. 他不來,我不去。——並列

b. 他不來我不去。——流水

趙元任(Chao 1968:57)説,(61a)中的話語"前後都以停頓爲界",是兩個句子,(61b)中的兩個語式"連接而中間又沒有停頓,原來那個語式就不再是一個句子,反而那個擴大了的語式成爲一個句子"(丁邦新譯 1980:33)。這裡的分析與"一句一調"理論契如合符,當話語(utterance)有兩個核心謂語時,違反"漢語句調限定律",話語只能是兩個句子;否則,兩個小句只能成爲主從結構,(61b)表示"如果他不來,我就不去"。

第三,基於同樣的道理,我們認爲邢福義(2002/2014:238)所談的緊縮句也是一句一調的自然結果,他認爲緊縮句"有時爲了語句的凝練,句間承接停頓被取消,於是產生凝合連接的狀態",所以"形成了形式簡短的緊縮句"。我們認爲:正是因爲漢語中不允許並列的VP,只允準一個句子有一個句調,那麽複句中的兩個子句、兩個句調若要變成一個句子,則只能有一個句調,那麽緊縮句這種形式就只能是句調壓合的結果。如:

(62)a. 姑娘大了,管不了!(複句)——兩件事

b. 姑娘大了管不了!(緊縮句)——條件+結果

(63)a. 人在陣地在。(條件句)

b. 話不説不明。(不……不……,標記緊縮句)

這種從兩個分立的小句到一個緊縮句的過程,也是韻律促發下的句法綜合化的結果。

第四,在一句一調的限定下,連動式中的多個VP也只能是從屬關係,因爲漢語的句子只有一個句法核心,不能是多個VP的並列形式。如:

(64)大家都到橋上看熱鬧。——連動句

兩種句法解讀:(1)"到橋上"是方式狀語,"看熱鬧"是核心謂語。

(2)"看熱鬧"是目的補語,"到橋上"是核心謂語。

(65)八戒推門進屋看見一個妖怪。——連動句

三種句法解讀:(1)"推門"和"進屋"是方式狀語。

(2)"推門"和"進屋"是時間狀語。

(3)"推門"是時間狀語,"進屋"是方式狀語。

相對並列結構而言,上面的連動式也可以看作綜合型的句法現象。

第五,意合法是漢語組織語句的一種特别的方法。袁毓林(2015)指出:意合法"最低限度地利用語法形式手段來組織語句"。但是漢語"最低限度地利用句法手段"這種特征的壓力從何而來?從語言的機制上説,我們認爲這裡仍然是"一句一調"促發的結果。如:

(66)a. 他在/食堂/吃飯。　　(三個韻律短語①)

他吃/食堂。　　(兩個韻律短語)

b. 我們/按照/包伙的方式/吃飯。　　(四個韻律短語)

我們/吃包伙。　　(兩個韻律的短語)

漢語在用減少虚詞和句法標記的辦法消減句中的韻律短語和語調短語的數量,以期達到一句一調的目標。這一過程,也可以理解爲韻律逼迫句法採用綜合性的手段,導致了句中句法組織成分的減少。

綜上所述,並列 VP 的消失、流水句、緊縮句、連動句、意合法的出現,均可以看作"一個句調不允准一個句子包含兩個(或以上)的動詞謂語"的運作結果,均屬韻律導致的綜合性結果。理論的預測和漢語的事實,鑿枘相合,進一步證明了韻律分析的合理性。

5　結論

漢語中"綜合化"與"分析化"的現象並存,這一雙向演變的機制是什麽?本文通過考察"從綜合到分析"以及"從分析到綜合"的演變例證,提出:漢語史上"綜合⇆分析"演變的一個内在動因是韻律,韻律在漢語"綜合化"與"分析化"的過程中發揮著激活(或啟動)語法運作的促變作用。在歷時韻律句法學的理論觀照下,我們可以看到表象不同(輕動詞 vs. 輕名詞;複合詞的産生 vs. 動補結構的綜合化)但産生機制相同(雙音節音步結構 vs. 核心重音)的一系列平行演變現象,韻律是我們理解漢語古今演化機制的一把不可或缺的鑰匙。

以往的研究告訴我們:古代漢語的句法和現代漢語的句法都受到韻律的制約;現在我們又看到:古今漢語的句型演變——"綜合化"或"分析化"——同樣有韻律的參與。韻律當然不是語言所以如此的唯一原因,但是上述雙向發展和演變的共存現象,除非找到不是韻律導致的内部而非外部的機制性解釋,否則,韻律就是目前這些現象所以如此的根本甚至是唯一的原因。而正如我們所看到的,這些現象除了當前的韻律解釋外,尚沒有一個合理的機制可以明晰其背後的致變因素。通過韻律的視角去考察漢語的句法演變,可以幫助我們用漢語特有的語言材料去揭示普適的語言規律。

① 韻律短語和語調短語的異同,因語言不同而不同(參 Downing 2016)。這裡韻律短語的切分主要根據句中的間歇;其嚴格定義和操作,參王洪君 2011。

參考文獻

蔡維天 2016 《論漢語内、外輕動詞的分佈與詮釋》,《語言科學》第 4 期。

曹廣順 1999 《試論漢語動態助詞的形成過程》,《漢語史研究集刊》第 2 輯,成都:巴蜀書社。

董秀芳 2002 《詞彙化:漢語雙音詞的衍生和發展》,成都:四川民族出版社。

馮勝利 1997 《漢語的韻律、詞法和句法》,北京:北京大學出版社。

馮勝利 2000 《“寫毛筆”與韻律促發的動詞併入》,《語言教學與研究》第 1 期。

馮勝利 2002 《漢語動補結構來源的句法分析》,《語言學論叢》第 26 輯,北京:商務印書館。

馮勝利 2005 《輕動詞移位與古今漢語的動賓關係》,《語言科學》第 1 期。

馮勝利 2013 《漢語韻律句法學》(增訂本),北京:商務印書館。

馮勝利 2014 《上古漢語輕動詞的句法分析優於詞法加綴説例證,載何志華、馮勝利主編《繼承與拓新:漢語語言文字學研究(下)》,香港:商務印書館。

馮勝利 2016 《漢語歷時句法學論稿》,上海:上海教育出版社。

馮勝利 2017a 《漢語句法、重音、語調相互作用的語法效應》,《語言教學與研究》第 3 期。

馮勝利 2017b 《韻律的語體屬性與特徵》,第四期“當代語音學與音系學”高級研修班 8 月 29 日。

馮勝利 2017c 《論音系的語體屬性:正式語音和非正式語音的對立》,天津語言學年會 10 月 21 日。

郭繼懋 1999 《試談“飛上海”等不及物動詞帶賓語現象》,《中國語文》第 5 期。

何元建 2017 《漢語是否存在合成性(或分析性)導向的類型學轉變?——兼論古今複合詞、使役句、感歎句》,《語言教學與研究》第 4 期。

胡敕瑞 2005 《從隱含到呈現(上)——試論中古詞彙的一個本質變化》,《語言學論叢》第 31 輯,北京:商務印書館。

胡敕瑞 2008 《從隱含到呈現(下)——詞彙變化影響語法變化》,《語言學論叢》第 38 輯,北京:商務印書館。

黄 梅 莊會彬 馮勝利 2017 《韻律促發下的重新分析——論離合詞的産生機制》,《語言科學》第 2 期。

蔣紹愚 1994 《近代漢語研究概況》,北京:北京大學出版社。

劉世儒 1965 《魏晉南北朝量詞研究》,北京:中華書局。

梅 廣 2003 《迎接一個考證學和語言學結合的漢語語法史研究新局面》,載何大安主編《古今通塞:漢語的歷史與發展》,臺北:第三屆國際漢學會議。

沈家煊 1994 《“語法化”研究綜觀》,《外語教學與研究》第 4 期。

宋亞雲 2017 《古漢語輕動詞研究——以“發”“生”爲例》,《歷史語言學研究》第 11 輯。

蘇 婧 2016 《題元結構與輕動詞移位的歷時演變》,香港中文大學博士學位論文。

孫天琦 2009 《談漢語中旁格成分作賓語現象》,《漢語學習》第 3 期。

王洪君 2011 《漢語語法的基本單位與研究策略》(作者補記),載《基於單字的現代漢語詞法研究》,北京:商務印書館。

王 力 1980 《漢語史稿》,北京:中華書局。

王麗娟 2015 《漢語的韻律形態》,北京:北京語言大學出版社。

王麗娟 2018 《漢語旁格述賓結構的語體鑒定及其語法機制》,《語言教學與研究》第 6 期。

邢福義 1991 《漢語裡賓語帶入現象之觀察》,《世界漢語教學》第 2 期。

邢福義 2002 《漢語語法三百問》,北京:商務印書館,2014 年。

楊榮祥 2010 《"而"在上古漢語語法系統中的重要地位》,《漢語史學報》第 10 輯。

楊榮祥 2013 《論"詞類活用"與上古漢語"綜合性動詞"之關係》,《歷史語言學研究》第 6 輯,北京,商務印書館。

袁毓林 2015 《漢語意合語法的認知機制和描寫體系》,日本《中國語學》第 262 號。

張 禎 2009 《論漢語數量短語與中心名詞語序的演變》,《中國語言學》(第二輯),濟南:山東教育出版社。

趙元任 1948 《國語入門》(Mandarin Primer),哈佛大學出版。

莊會彬 2015 《漢語的句法詞》,北京:北京語言大學出版社。

Borer, Hagit 2005 *In Name Only*. Oxford: Oxford University Press.

Can Xue 2006 *Blue Light in the Sky and Other Stories*. Translated by Karen Gernant and Chen Zeping. New York: New Directions Books.

Chao, Yuen Ren(趙元任) 1968 *A Grammar of Spoken Chinese*. Berkeley and Los Angeles: University of California Press. 丁邦新全譯本《中國話的文法》,香港:香港中文大學出版社,1980 年。

Downing, Laura J. 2016 The prosodic hierarchy in Chichewa: How many levels? *Prosodic Studies* 1:1－44.

Feng, Shengli(馮勝利) 1997 Prosodic Structure and Compound Words in Classical Chinese. In J. L. Packard(Ed.) *New Approaches to Chinese Word Formation: Morphology, Phonology and the Lexicon in Modern and Ancient Chinese*. 197－260. Berlin & New York: Mouton de Gruyter.

Feng, Shengli(馮勝利) 2012 The syntax and prosody of classifiers in classical Chinese. In Xu Dan(ed.) *Plurality and Classifiers across Languages in China*. 67－99. Berlin: Walter de Gruyter Mouton.

Feng, Shengli(馮勝利) 2015a Light-verb syntax between English and classical Chinese. In Audrey Li, Andrew Simpson & Wei-Tien Dylan Tsai(Eds.) *Chinese Syntax in Cross-linguistic Perspective*. 229－250. Oxford: OUP.

Feng, Shengli(馮勝利) 2015b Prosodically constrained localizers in classical and modern Chinese. In *Space and Quantification in Languages of China*. 17－35. Springer International Publishing.

He, Yuanjian(何元建) 2014 How real is the syntheticity-to-analyticity shift from archaic to contemporary Chinese? Paper presented on the *18the Conference on Modern Chinese Grammar*. Macau University.

Huang, C.-T. James(黄正德) 2005 Syntactic analyticity and the other end of the parameters. Lecture Notes. LSA Summer Institute. MIT & Harvard.

Huang, C.-T. James(黄正德) 2006 The macro-history of Chinese syntax and the theory of change. Invited lecture presented at Workshop on Chinese Linguistics, University of Chicago.

Huang, C.-T. James(黄正德) 2009 Lexical decomposition, silent categories, and the localizer phrase.《語言學論叢》39:86－122.

Huang, C.-T. James(黄正德) 2010 Macro-and micro-variations and parametric theory: principles-and-parameters and minimalism. Summer Institute. Peking University.

Huang, C.-T. James(黄正德) 2015 On syntactic analyticity and parametric theory. *Chinese Syntax in a Cross-linguistic Perspective*. 1－48.

Huang, C.-T. James(黄正德) 2017 Syntactic analyticity and the principles and parameters of Universal Grammar. Lecture Notes. in the Chinese University of Hong Kong.

Liberman, Mark & Allen, Prince 1977 On stress and linguistic rhythm. *Linguistics Inquiry* 8(2):249－336.

Lin, Tzong-Hong 2001 *Light verb syntax and the theory of phrase structure* [D]. Ph. D dissertation, University of California, Irvine.

Peyraube, Alain(貝羅貝) 1996 Recent issues in Chinese historical syntax. In C.-T. J. Huang and Y.-H. A. Li(ed.) *New horizons in Chinese linguistics*. 161–213. Springer, Dordrecht.

Peyraube, Alain(貝羅貝) 1998 On the history of classifiers in archaic and medieval Chinese. *Studia linguistica serica*(漢語研究). Benjamin K. T'sou(ed.), 131–145. City University of Hong Kong.

Peyraube, Alain(貝羅貝) 2014 Has Chinese changed from a synthetic language into an analytic language? 載何志華、馮勝利主編《繼承與拓新:漢語語言文字學研究(上)》,39–66 頁,香港:商務印書館.

Sapir, Edward 1921 *Language: An Introduction to the Study of Speech*. New York: Harcourt, Brace and Company.

Schlegel, August Wilhelm von 1818 *Observations sur la langue et la litterature provencales*. Paris: Librairie grecque-latine-allemande.

Schwegler, Armin. 1990 *Analyticity and Syntheticity: A Diachronic Perspective with Special Reference to Romance Languages*. Berlin/New York: Mouton de Gruyter.

Sun, Chaofen(孫朝奮) 1988 *A Case Study of Grammaticalization: The Grammatical Status of De, Le, and Ba in the History of Chinese* [D]. Ph. D. Dissertation, Cornell University.

Sun, Chaofen(孫朝奮) 2008 Two conditions and grammaticalization of the Chinese locative. In *Space in Languages of China: Cross-linguistic, synchronic and diachronic perspectives*, Dan. Xu(ed.) 199–227. Heidelberg: Springer Science.

Tsai, Wei-Tien Dylan(蔡維天) 2007 Two types of light verbs in Chinese. Paper presented in *Symposium on Chinese Syntax and Semantics*. City University of Hong Kong.

Prosodic mechanism on the bi-directional changes between syntheticity and analyticity in Chinese

FENG Shengli LIU Liyuan

Abstract: Concerning the pattern of diachronic syntactic changes in Chinese, three explanations have been offered to account for whether Chinese has evolved from a synthetic language to an analytic one or it has developed in the opposite direction. The first explanation maintains that the synthetic syntax in Archaic Chinese became analytic in later periods. The second explanation proposes a cyclic mode in which Chinese syntax has been alternating between syntheticity and analyticity from Pre-Archaic Chinese to Archaic Chinese, Middle Chinese and Modern Chinese. The third one argues for a bi-directional pattern in which changes towards both directions co-exist in Chinese, causing this language to demonstrate no clear distinction among different times in the degree of being synthetic or analytic. Construed as a resultant state of linguistic changes, the two concepts "syntheticity" and "analyticity" are re-visited in this paper. It argues that synthetic and analytic changes are concurrent in Chinese, which are motivated by a language-internal factor—prosody. Specifically, diachronic changes and synchronic operations in syntax are activated or constrained by different prosodic rules such as Nuclear Stress Rule, Disyllabic Foot Structure, Focus Stress and Sentential Intonation etc. Prosodic syntax, therefore, serves as an indispensable theory to explain the bi-directional change between syntheticity and analyticity in Chinese.

Key words: syntactic changes, syntheticity and analyticity, prosody

(馮勝利 北京語言大學;劉麗媛 香港中文大學)

論上古漢語代詞"之"和"其"的替代功能*

大西克也

提　要　本文探討上古漢語代詞"其"和"之"的替代功能，初步得到了如下幾點看法：(1)"其""之"的指稱對象可以是其先行詞的轉喻内容。(2)"其""之"可以表示非特指(泛指)，其機制是説話者預設具有一般性質的某類實體，然後用"其""之"來替代。(3)用"其""之"表第一、第二人稱，是一種指稱間接化的手段，往往作爲禮貌策略使用。(4)"其"的基本功能是：參照先行詞，爲中心語賦予某種屬性，所謂領屬用法只是其中的特殊情況。"其"表述的是中心語的内涵，不是外延。(5)表"適當"義的"其"一般都有先行詞，不是泛指。先行詞表示的内容是"其"的中心語固有的、穩定的屬性，這是"適當"義産生的重要背景。(6)上古漢語中"其"不是定指標記。

關鍵詞　代詞　"其"　"之"　轉喻性替代　禮貌策略

一　前言

指示(deixis)和替代(substitution)是指代詞的兩大基本功能。"之"和"其"是上古漢語中最常見的指代詞，但它們缺少指示用法，而且在上古後期的語料中幾乎專門用來表示替代[①]。本文在前賢時哲研究的基礎上，調查和分析上古文獻中"其"和"之"的用例，並對它們的稱代功能提出一些初步設想。

二　轉喻性替代

上古後期"其""之"基本功能是替代篇章中已出現的人、物或事，也就是先行語的複指

---

*　本文的研究獲得"日本學術振興會科學研究費補助金基盤研究(B)18H00662"的資助，同時也是中國高校人文社會科學重點研究基地重大項目"基於語義知識庫建設的上古漢語詞彙語法研究"(18JJD740002)的成果之一。初稿曾在2016年7月29日德國柏林洪堡大學召開的第九屆國際古漢語語法研討會上宣讀，蒙何莫邪、馮勝利、胡敕瑞、梁銀峰等先生指教，在修改過程中雷瑭洵先生提出了不少寶貴意見，並指出了本文的不少錯誤和疏漏，在此一併表示衷心的謝忱。

①　姚振武(2015:200)指出："上古漢語還有'其''之'這兩個成分，學界一般都認爲是第三身代詞。這兩個成分絕大部分處於承指的位置(吕叔湘説'其'字'專用於承指')，所以學界分歧較小。""其"和"之"如果確實缺乏指示用法，那麼不妨視爲第三人稱代詞。但是目前仍有一些例句的解釋存在分歧，謹慎起見，本文仍舊歸入指代詞。這一點請參看魏培泉(2004:26—27)的討論。張敏(2003:240)指出："人稱代詞系統裏缺乏第三人稱，而由指示代詞臨時充任，這在世界各語言裏是非常自然的現象。"

(anaphora)。"其"和"之"的指稱功能基本相同①,差别只在於"其"主要作定語,"之"主要作賓語。例如:

(1)不好犯上,而好作亂者,未之有也。(《論語·學而》1—2B)

(2)子華使於齊,冉子爲其母請粟。(《論語·雍也》6—2A)

(3)子曰:"道不行,乘桴浮于海。從我者其由與?"子路聞之喜。(《論語·公冶長》5—3A)

(4)孔子曰:"見善如不及,見不善如探湯。吾見其人矣,吾聞其語矣。"(《論語·季氏》16—8B)

例(1)"之"代"不好犯上,而好作亂者",例(2)"其"代"子華",都是代人之例。例(3)"之"指孔子説"道不行,乘桴浮于海。從我者其由與?"這麽一個事情。例(4)"其人"指"見善如不及,見不善如探湯"之人,"其語"指"見善如不及,見不善如探湯"之語。這些例子中,"其""之"都有明確的先行語(antecedent),是二詞的常規用法。

但是在有的用例中,上文没有與"其""之"明確對應的先行語,只有相關的某種説法。請看下面兩個"之"的例子:

(5)疾,君視之,東首,加朝服,拖紳。(《論語·鄉黨》10—10B)

(6)王曰:"吾惽,不能進於是矣。願夫子輔吾志,明以教我。我雖不敏,請嘗試之。"(《孟子·梁惠王上》1下6B)

例(5)"之"指孔子,但"孔子"一詞在上文中没有出現,僅交代了"(孔子)疾"["(孔子)生病了"]這件事情;例(6)"請嘗試之"的"之"指梁惠王向孟子請教的内容,在上文中也没有出現,而是在下文中具體論述。最近梁銀峰(2015:261)稱這個現象爲"聯想用法(associative uses)"。梁文主張並重點論述的是"之"的這種用法不屬於"泛指",没有進一步分析"之"的指稱機制。

本文認爲,所謂"聯想用法"的本質是轉喻性(metonymy)的替代。例(5)"之"通過其先行語"疾"轉指"疾者",即孔子。例(6)"之"通過其先行語"明以教我"轉指"所教之事"。這種情況下,"之"的先行語和實際所指之間是什麽關係呢?先行語"疾"和"明以教我"描述了一個動作或事件,而"孔子"和"所教之事"是動作或事件的參與者。沈家煊(1999:8)説:"在概念上,動作和事物的區别是一種比較抽象的整體和部分的區别。一個動作概念總是包含相關的事物概念在内,不可能想象一個動作而不同時聯想到跟動作有關的事物。"因此,"之"通過謂詞性先行語指代名詞性目標,可以認爲是以整體代表部分的轉喻性替代。

① 關於"其""之"的功能,學界有各種不同的説法。本文贊同魏培泉(2004:30)的看法:"在上古漢語文獻中,'其''之'和指代情狀或方式的代詞(筆者注:指'焉''然''爾''云')有一個共同處,就是主要是用在複指,因此看不出有遠近或人稱的分别。"

在同一認知域 D(Domain)内有密切相關的兩個概念 A 和 B,人們往往用更加突顯的概念 A 作爲參照點,來指涉其目標概念 B,此時被提及的概念 A 激活認知域 D,附帶激活目標概念 B[①]。代詞“之”有激活先行語的作用,比如例(5)中“之”通過先行語“疾”激活了“孔子生病”這一認知域。在一個域中,指代詞選擇指代哪個參與者,往往由支配指代詞的動詞決定。例(5)中“之”當動詞“視”的賓語,“視”要求其賓語爲可見的人物,因此作爲病人的孔子就成爲焦點。例(6)中“之”指“願夫子輔吾志,明以教我”,由代詞“之”激活了“梁惠王向孟子請教”這一情景,其中主要參與者有三:梁惠王、孟子和教誨的内容。代詞“之”充當動詞“試”的賓語,“試”的邏輯主語是梁惠王,因此在三者中孟子教誨的内容就被突顯,成爲“之”指代的對象。

再舉一個比較複雜的例子:

(7)問人於他邦,再拜而送之。(《論語·鄉黨》10—9B)

此例楊伯峻先生(1980:105)翻譯爲:“託人給在外國的朋友問好送禮,便向受託者拜兩次送行。”在譯文中,“之”被翻譯成“受託者”,與“託人”的“人”共指;但是譯文中的“託人”沒有相應的原文,是楊先生補上去的,可見在原文中找不到“之”的直接指稱對象。按,“之”指“問人於他邦”這句話表示的情景,存在孔子“親自聘問”和“託人聘問”兩種可能;但是“之”作爲動詞“送”的賓語出現,因此“孔子託人聘問外國朋友”被選爲解讀的背景,受託者也被置於焦點而成爲轉喻指稱對象。

上面三個例子都有共同之處。“之”的所指,在例(5)中是“(子)疾”這一事件的當事,在例(6)中是“(夫子)明以教我”的内容賓語,在例(7)中是“(子使人)問人於他邦”的隱性賓語,都是“之”指代的情景的組成部分,實際上的機制都是用整體來轉喻組成部分。“之”的基本功能是複指先行語,所以被“之”直接稱代的整個事件突顯度最高,可以用它轉喻其中的某一個參與者。在這種轉喻性替代中,“之”和支配“之”的動詞共同發揮作用:“之”激活先行語表示的整個情景,成爲參照點;動詞的語義決定情景中哪一個部分成爲注意的焦點。這與“彈鋼琴”是彈鋼琴的“琴鍵”,“聽鋼琴”是聽鋼琴發出的“聲音”的道理是一樣的。

這種轉喻性替代在上古文獻中並不少見,再舉幾個例子:

(8)司馬牛問君子。子曰:“君子不憂不懼。”曰:“不憂不懼,斯謂之君子已乎?”(《論語·顔淵》12—2B)

(9)曰:“德何如,則可以王矣?”曰:“保民而王,莫之能禦也。”(《孟子·梁惠王上》1

① 本文對“其”“之”轉喻性替代機制的理解,參考了沈家煊(1999:4—5)提出的轉喻的認知模型:

(1)在某個語境中,爲了某種目的,需要指稱一個“目標”概念 B。(2)概念 A 指代 B,A 和 B 須同在一個“認知框架”内。(3)在同一“認知框架”内,A 和 B 密切相關,由於 A 的激活,B(一般只有 B)會被附帶激活。(4)A 附帶激活 B,A 在認知上的“顯著度”必定高於 B。(5)轉喻的認知模型是 A 和 B 在某一“認知框架”内相關聯的模型,這種關聯可叫作從 A 到 B 的函數關係。

下 2B)

(10)於是遂焚宮室,人莫救[之]。(《韓非子・内儲説上》594)

例(8)"之"指"不憂不懼"之人,即其先行語的邏輯主語;例(9)"之"指"保民而王"之人,也是先行語的邏輯主語。"之"的先行語是謂語而轉指其主語的例子比較常見。例(10)"之"的先行語是"焚宮室",在宮室發生火災這個背景下,因爲支配"之"的動詞"救"的賓語一般是表"災害"義的詞(如"火""寒""死"等)或受害的人、國家等生命度等級高的名詞性成分,"之"獲得了轉指宮室之"火"的解讀;宮室之類的無生物很少當"救"的賓語①,所以"之"不大可能指"宮室"。

下面接着談"其"。"其"的替代功能和"之"基本相同,所以轉喻性替代也不少見。比如:

(11)未有仁而遺[其]親者也。(《孟子・梁惠王上》1 上 2B)

(12)邾婁定公之時,有弒[其]父者。(《禮記・檀弓下》10—22B)

(13)智,譬則巧也;聖,譬則力也。由射於百步之外也;[其]至,爾力也;[其]中,非爾力也。(《孟子・萬章下》10 上 2B)

例(11)中"其"的先行詞是"仁",但它的所指不是"仁",而是"仁"的邏輯主語"仁者、仁人",發生了轉指。例(12)"其"的先行詞是"弒",轉指"弒(其父)"的施事。例(13)"其至""其中"的"其"指"箭",但在上文中沒有出現。"其"直接參照的情景是"射於百步之外也",通過動詞"至"和"中"的作用,情景中"到達"和"射中"的主體被置於焦點,因此"其"的所指從整個情景轉移至箭。從聽話者的立場説,只聽到"其"無法理解"其"的所指,聽完整個"其至"才能知道"其"指箭。

《論語》中有一個例子的解讀,也涉及到"其"的替代功能,這裏附帶討論:

(14)孟武伯問孝。子曰:"父母唯[其]疾之憂。"(《論語・爲政》2—3A)

此例中"其疾"指"父母"還是"孝子"的病,自古以來一直有爭議。王充《論衡》、高誘《淮南子注》、劉寶楠《論語正義》認爲"其"指"父母",如《論衡・問孔》云:"武伯善憂父母,故曰:'唯其疾之憂。'"馬融(何晏《論語集解》引)、皇侃《論語義疏》、朱熹《論語集注》認爲"其"指孝子,如《論語集解》云:"馬曰:武伯,懿子之子仲孫彘。武,謚也。言孝子不妄爲非,唯疾病,然後使父母憂。"姚榮松(1999:87)認爲後一種解釋"並非代名詞用法的常軌"。楊逢彬、蔣重母先生(2011:128)撰文支持後一看法,"其"當指孝子,根據是《論語》《左傳》《國語》《孟子》四部書中"NP_1唯 NP_2之(是)VP"句全都是施事主語句,如《左傳・襄公九年》:"鄭國而不唯晉命是聽。"但令人困惑的是,例(14)上文中只有"父母",那麼"其"怎麼可以指孝子呢?今按,《説

① 今本《老子》第二十七章有"救物":"是以聖人常善救人,故無棄人;常善救物,故無棄物;是謂襲明。"但馬王堆帛書本、北大漢簡本都沒有"常善救物"這一句,比如北大本作:"故聖人恆善救人,而無棄人,物無棄財,是謂欲明。"

文》云:“孝,善事父母者。”孟武伯問孝,就是問“孝子應該如何侍奉父母”,“孝子”和“父母”都存在於“孝”的認知域中,因此通過“孝”這個參照點來指“孝子”,也可算是整體和部分之間的轉喻性替代。在這一例中,“父母”在上下文中出現,其顯著度高於“孝子”,因此把“其疾”讀作“父母之疾”也顯得比較自然,這大概是兩千年來總有人將“其疾”解釋爲“父母之疾”的原因;但在孔子的時代,“NP_1唯NP_2之 VP”是施事主語句,“其疾”只能解釋爲孝子之疾。

總之,上古漢語“其”“之”具有轉喻性替代功能,可以轉指先行語表述的情景中的某一個參與者。

三　泛指的指稱意義和機制

“其”“之”的先行語在上文中沒有出現,這種情况往往被分析爲泛指用法,如:

(15)子曰:“其身正,不令而行;其身不正,雖令不從。”(《論語·子路》13—4A)

(16)子路宿於石門。晨門曰:“奚自?”子路曰:“自孔氏。”曰:“是知其不可而爲之者與?”(《論語·憲問》14—15A)

(17)孔子曰:“生而知之者,上也;學而知之者,次也;困而學之,又其次也;困而不學,民斯爲下矣。”(《論語·季氏》16—8A)

這種用法的指稱機制是,説話者預設具有一般性質的某類實體,然後用“其”“之”來稱代,因此其指稱意義屬於非特指(non-specific)。魏培泉(2004:34)指出:“有時我們以爲某個‘其’是泛指的,但有可能實際上是定指的。”

其實,上古漢語的光杆名詞在語境中找不到參照點時,往往帶有類指或非特指的含意(大西克也 2014),“之”“其”可以複指這種非特指的光杆名詞。請看下面這兩個例子:

(18)子曰:“善人爲邦百年,亦可以勝殘去殺矣。誠哉是言也!”(《論語·子路》13—5A)

(19)夫欲得力士而聽其自言,雖庸人與烏獲不可别也,授之以鼎俎則罷健效矣。(《韓非子·六反》1021)

例(18)中“善人”指具有“善人”這一特徵的任何人。例(19)中“其”複指非特指光杆名詞“力士”,因此“其”仍是非特指。

有時上文中沒有出現先行語,只是因爲先行語在説話者的頭腦中,沒有説出來。古人聽到或看到沒有參照點的“其”或“之”,默認的解釋是非特指。非特指名詞表示具有該名詞屬性的任何事物,其所指不是語言環境中存在的某個特定的人,聽話者不需要確定指稱對象,因此説話者和聽話者之間不會發生理解上的差錯。在這一點上,非特指和定指是有共通之處的。

用“之”引進的非特指實體,有時可以再用“之”或“其”來指稱,如:

(20)孟子曰:“附之以韓魏之家,如其自視欿然,則過人遠矣。”(《孟子·盡心上》13上7B)

(21)故君求之,則臣得之。君嗜之,則臣食之。君好之,則臣服之。君惡之,則臣匿之。(《管子·牧民》7)

例(20)“其”指的是“附之以韓魏之家”中的“之”;例(21)“則臣得之”的“之”就指“故君求之”的“之”。上古漢語中泛指代詞可以前後照應使用,現代漢語則用疑問詞表述,如:“君王追求什麽,臣下就想得到什麽。”

四　“其”做内涵定語與“其”領屬用法

一般認爲,“其”可以用來表領屬關係[1],這種説法無可非議,在文獻中確實有表示領屬關係的“其”,如:

(22)子華使於齊,冉子爲其母請粟。(《論語·雍也》6—2A)

此例“其母”即子華的母親。但是有學者認爲“其”就是領屬代詞[2],本文則不敢苟同。事實上,有不少“其 NP”的例句並不表示領屬[3]。請看下面的例子:

(23)孔子曰:“見善如不及,見不善如探湯。吾見其人矣,吾聞其語矣。隱居以求其志,行義以達其道。吾聞其語矣,未見其人也。”(《論語·季氏》16—8B9A)

周法高(1990:141)解釋説:“‘其’指前面二語,義爲‘吾見見善如不及,見不善如探湯之人矣,未聞見善如不及,見不善如探湯之語也’[4]。下準此。”此例中“其”的先行語是“見善如不及,見不善如探湯”,與中心語“人”的關係顯然不是領屬,而是對“人”屬性的描寫。正如周先生所説,“其 NP”相當於“NP_1(可由 VP 充當)之 NP_2”,而上古漢語中名詞定語往往表示“人事物的狀態或性質”(楊伯峻、何樂士 1992:48),所以相當於定語的“其”也可以表示人事物的狀態或性質。又如:

(24)子曰:“賢哉! 回也。一簞食,一瓢飲,在陋巷。人不堪其憂,回也不改其樂。

---

① 比如魏培泉(2004:34)説:“上古漢語作定語的‘其’有兩種功能:一爲表領有;一爲表定指,類似定冠詞的作用。”洪波(1991/2010:72)説:“起代替作用作定语是表示领属关系,只有‘厥’和‘其’可以这样用。”

② 蒲立本(Pulleyblank,1995:80)稱爲“possessive pronoun *qí*”。

③ “領屬”的涵義是不易下定義的。Dixon(2010:262—263)舉出了 6 種語義關係:A. 所有權關係(ownership);B. 整體—部分關係(whole-part relationship);C. 親屬關係(kinship relationship);D. 人或事物的屬性(attribute);E. 方所關係(orientation or location);F. 聯想關係(association)。其中 A、B、C 三種語義最典型。他還指出名詞化結構往往採用表面上和領屬結構很接近的形式。

④ 下半句“未聞見善如不及,見不善如探湯之語也”應改爲“未見隱居以求其志,行義以達其道之人也”。

賢哉！回也。”(《論語・雍也》6—5A)

(25)宋華向之亂，公子城、公孫忌、樂舍、司馬彊、向宜、向鄭、楚建、郳甲出奔鄭。其徒與華氏戰于鬼閻，敗子城，子城適晉。(《左傳・昭公二十年》49—9A)

(26)朔方之郡田地廣，水草美，民徙者不足以實其地。(《史記・淮南衡山列傳》3090)

(27)武侯問曰：“兩軍相望，不知其將，我欲相之，其術如何？”(《吴子・論將》54)

例(24)“其憂”指“一簞食，一瓢飲，在陋巷”這樣的窮苦，“其樂”指“一簞食，一瓢飲，在陋巷”這樣的快樂，“其”説明“苦”和“樂”的内容。皇侃《論語義疏》解釋説：“凡人以此爲憂而不能處，故云‘不堪其憂’也。顔淵以此爲樂，久而不變，故云‘不改其樂’也。”例(25)“其徒”之“其”就指“公子城、公孫忌、樂舍、司馬彊、向宜、向鄭、楚建、郳甲”等人，這種用法正和《墨子・所染》“其友皆好仁義，淳謹畏令，則家日益、身日安、名日榮，處官得其理矣，則段干木、禽子、傅説之徒是也”一致，定語和中心語是同位性的，“段干木、禽子、傅説”就是“徒”。例(26)“其地”指“朔方”之地，也是同位性定語。例(27)“其術”指“相敵將”之術，“相敵將”是“術”的内涵。這些例子中的“其”的作用是：通過替代功能，“其”的中心語被賦予先行語所表述的屬性。正因爲如此，“其 NP”未必總是表達定指的指稱意義。比如例(23)的“其人”不是指特定的人，而是非特指(non-specific)的人[①]。

“其”的所謂“領屬”用法在本質上和上述幾種用法沒有多大差别。無論是古漢語還是現代漢語，定語都具有表示中心語屬性的功能。木村英樹(2003：309)指出：“結構助詞‘的’具有對已經存在的特定的事物用某種標準加以限制來顯現其屬性的功能。比如‘小李的車’和‘我的車’這些名詞性表達可以理解爲是以‘領有者’這一區分標準對既存的‘車’加以限制的。同樣，‘白的花’和‘紅的花’這些名詞性表達可以理解爲是以‘色彩’這一標準對既存的‘花’加以限制的。”例(22)“其母”，通過複指功能，中心語“母”被賦予“其”的先行詞“子華”這一屬性；例(23)“其人”，也是通過“其”的複指功能，名詞“人”被賦予“見善如不及，見不善如探湯”這句話的説話者的屬性。

總之，本文認爲屬性賦予是“其”的核心作用[②]，因此它表述的是中心語的内涵[③]，不是外

---

① 此例“吾見其人”，Legge(1893/2001：314)翻譯爲“I have seen such men”，Lau(1979：141)翻譯爲“I have met such a man”。

② 馬悦然(Malmqvist，1981：366)稱爲“attributive chyi”。“attribute”兼有“屬性”和“定語”之義，馬先生沒有詳細討論“attributive chyi”的功能，我們難以確知馬先生所理解的“其”的本質。無論如何，本文認爲，如果用英文表達，“其”宜稱爲“attributive pronoun”，而不應稱爲“possessive pronoun”。

③ “段干木、禽子、傅説之徒”這一短語的定語部分列舉“徒”的具體成員，看上去似乎是外延定語，其實不然。這個例子通過舉例做定語來限定“徒”的某種屬性。“徒”表示徒黨、門徒，即同一類的所有人；但是加上具體成員做修飾，則會顯現出不同的特點。比如“七十子之徒”不是指孔門所有弟子，《史記・孔子世家》云：“孔子以詩書禮樂教，弟子蓋三千焉，身通六藝者七十有二人。”可見孔門弟子總共三千，其中“身通六藝者”才是“七十子之徒”。

延。這一點和現代漢語的“這”“那”構成外延定語不同[①],作内涵定語是上古漢語“其”的一大特點。

五　“之”“其”表第一、第二人稱

“之”“其”有時可以表示第一或第二人稱,這個現象有不少著作談及[②]。方有國(1985/2002:251)從修辭和禮貌的角度對這一現象的原因和機制作過很好的分析:“‘之’‘其’當然不同於敬稱和謙稱,但在對話中代替第一或第二人稱,也可以表達某種禮節上的思想感情,有時可能是敬稱和謙稱表達不出來的,如委婉的、隱晦的、曲折的、微妙的等。”本文贊成這一看法,不過在具體例子的分析上,或有過於偏重感情色彩之嫌,與我們的理解有所不同,因此在這裏做一點補充。

“之”“其”表示第一、二人稱,顯然出於禮貌策略(politeness strategy)。上古漢語中的不少例子都可以用消極禮貌策略(negative politeness strategy)得到合理的解釋。根據 Brown and Levinson(1987[2011]:79—80)的理論,面子(face)是社團中每個成員在進行言語交際時希望塑造或維護的自我形象(self-image),可分爲積極面子(positive face)和消極面子(negative face)兩個方面。積極面子是希望獲得對方贊許、認可的一種需求,消極面子是希望自己的行動不被他人妨礙的一種需求。命令、请求等言語行爲(speech act)是一種威脅對方面子的行爲(face-threatening acts,FTA),因此人們往往採取某種表達方式來減少或避免威脅聽話者的消極面子,這就是消極禮貌策略。請看《韓非子》中的一個例子:

(28)齊中大夫有夷射者,御飲於王,醉甚而出,倚於郎門,門者刖跪請曰:“足下無意賜之餘瀝乎?”夷射曰:“叱去!刑餘之人,何事乃敢乞飲長者?”(《韓非子·内儲説下六微》632)

此例中“之”是“門者刖跪”自稱。刖跪是“刑餘之人”,身份卑鄙,向齊王寵臣夷射要酒,説:“足下無意賜之餘瀝乎?”刖跪的表述非常謙恭:用“足下”稱對方;用否定疑問句“無意……乎”,表明説話者預設聽話者沒有這個意思;動詞“賜”表示尊者對卑者的給予行爲;“餘瀝”是剩下的水滴,表示量少,而且避免直接稱“酒”,滿嘴全是消極禮貌策略。與這些措辭一致,刖跪用指代詞“之”自稱,也是因威脅尊者的面子而採取的補償措施。

---

① 劉丹青(2008:3—4)將定語分爲内涵定語和外延定語兩大類:内涵定語“是給整個名詞語增加詞彙性語義要素(即内涵)的定語,包括描寫性和限制性定語”;外延定語“用來給名詞語賦以指稱、量化屬性,表明它在真實世界或可能世界中的具體所指範圍,即在不改變内涵的情況下指明其外延”。

② 馬建忠(1898/1983:46)説:“指名代字用以指前文者,‘之’‘其’二字最爲習用。《韻會》解‘其’爲指物之辭,所謂‘物’者,兼人物言,且兼人己言。”還可參楊伯峻(1982/1984),何樂士(1984)的分析。何樂士(1984:129)指出:“‘之’有時代第一人稱,常用以表示對自己的謙稱。”

上古漢語中用“之”自稱的例子，有不少出現在尊者（包括賢者）向卑者施與恩惠或進行教誨的情景中，如：

(29)（知罃）對曰：“以君之靈，纍臣得歸骨於晉，寡君之以爲戮，死且不朽。若從君之惠而免之，以賜君之外臣首；首其請於寡君，而以戮於宗，亦死且不朽。”（《左傳·成公三年》26—3A3B）

(30)宣子拜稽首焉，曰：“起也將亡，賴子存之，非起也敢專承之，其自桓叔以下嘉吾子之賜。”（《國語·晉語八》439）

(31)鄭同北見趙王。趙王曰：“子南方之傳士也，何以教之？”（《戰國策·趙策三》1146）

(32)朱亥笑曰：“臣廼市井鼓刀屠者，而公子親數存之，所以不報謝者，以爲小禮無所用。今公子有急，此乃臣效命之秋也。”（《史記·魏公子列傳》2381）

例(29)“之”是知罃自稱，他把“楚王赦免他回國接受父親荀首的誅戮”説成“君之惠”。例(30)“之”是韓宣子自稱，他聽到了“子”（指叔向）的話才明白自己的想法有錯，並認爲自己能活下去全靠叔向的教誨。例(31)趙王向鄭同討教，和例(28)一樣都是一種請求的行爲，因此用“之”自稱。值得注意的是，在《戰國策》中向對方討教的場景中，“教之”有8例，而從不用“教我”。例(32)朱亥是屠夫，魏公子卻多次親自訪問，對他來説無比光榮。第一人稱代詞的作用是直接指稱説話者，如果用第一人稱代詞（如“我”）來充當對方的行爲的賓語，那麽説話者會成爲恩惠的直接接受者；如果用“之”自稱，通過“之”的替代功能，説話者變爲被替代的對象，産生指稱間接化的作用。本文認爲，這是“之”帶有禮貌功能的主要原因。

下面是“之”“其”代表第二人稱的例子，如：

(33)晉侯將以師納公。范獻子曰：“若召季孫而不來，則信不臣矣，然後伐之，若何？”晉人召季孫。獻子使私焉，曰：“子必來，我受其無咎。”（《左傳·昭公三十一年》53—17B）

(34)伯牛有疾，子問之，自牖執其手，曰：“亡之，命矣夫！斯人也而有斯疾也！斯人也而有斯疾也！”（《論語·雍也》6—4B）

例(33)“我受其無咎”的“其”用如稱謂詞“子”，表示“我們保證您不會獲罪”的意思，説話者給予聽話者某種恩惠，施惠者用“其”稱對方，而例(28)—(32)中受惠者用“之”自稱，施受方向剛好相反，但道理是一樣的。例(34)“之”指伯牛，伯牛有惡疾，不能與孔子直接見面，孔子隔着窗户握着伯牛的手説話。這裏用“之”稱對方，看似近指，其實不是。孔子説“亡之，命矣夫”，伯牛要喪身是天命。對伯牛來説，雖然是天命，也是不堪承受的。如果用“汝”或“斯人”，就等於把殘酷的命運直接加在伯牛身上。因此孔子選擇沒有指示作用的“之”，拉開兩者之間的距離。這兩個例子都是禮貌策略的表現，類似的例子還有：

(35)通説范陽令徐公曰：“臣，范陽百姓蒯通也，竊閔公之將死，故弔之。雖然，賀

公得通而生也。"徐公再拜曰:"何以弔之?"(《漢書·蒯通傳》2159)

蒯通對徐公説不中聽的話,因此用"之"指稱徐公。那麼此例中徐公的回答也用"之"自稱,是出於什麼用意呢?蒯通弔慰徐公的言論使徐公的面子受到威脅,故徐公用"之"自稱,讓自己離開被威脅的焦點。再看兩個例子:

(36)(世子)謂然友曰:"吾他日未嘗學問,好馳馬試劍。今也父兄百官不我足也,恐其不能盡於大事,子爲我問孟子。"(《孟子·滕文公上》5上4A)

(37)今王室亂,單旗、劉狄剥亂天下,壹行不若,謂"先王何常之有,唯余心所命,其誰敢請〈討〉之。"(《左傳·昭公二十六年》52—10A)

例(36)世子用"其"自稱,説父兄百官擔心他不能盡心竭力地擔負起喪事,也和例(35)一樣出於忌諱的心理。例(37)單旗、劉狄用"之"自稱,如果有人責怪他們,就會威脅到他們的面子,所以用"之"把自己放在目標之外,口氣很大。

總之,用"之""其"表示第一、第二人稱,除了禮貌策略之外,還有迴避處於被威脅的焦點的目的。這兩個用法都利用了"之""其"指稱間接化的作用。

六　表"適當"義的"其"

王力(1958/1980:280)説:"'其'字用於指示的時候,也是用作定語的,它是特指(非近指,亦非遠指)的指示代詞,略等於現代漢語的'那種'、'那個'。它具有特定的意義,古人用它來表示它後面的名詞所代表的人物是'適當'的。"例如:

(38)子曰:"富與貴,是人之所欲也;不以其道得之,不處也。"(《論語·里仁》4—1B)

(39)孟子曰:"伯夷非其君不事,非其友不友。"(《孟子·公孫丑上》3下10B)

例(38)"不以其道",楊伯峻(1980:36)翻譯爲"不用正當的方法"。"其"的這種指稱方式常常被認爲是泛指,比如周法高(1990:140)説:"泛指:翻譯或解釋時,往往需要補充。"何樂士(2006:297)説:"'其'所指的不是某一個固定的对象,而是泛指。可譯爲'那(些)'等。"西山猛(2014:89)則認爲表"適當"的"其"沒有先行詞。

"其"被認爲表泛指(非特指,non-specific)的原因是,例(38)—(39)中的"其道""其君""其友"等并沒有特定的指稱對象,自然是表示泛指。但還需要考慮,"其道""其君"等的"適當"或"正當"的意義是從哪裏來的?"道"或"人"是否"適當"?只有在某種特定的預設下才可以做出判斷。因此,本文認爲表"適當"義的"其"有先行詞,例(38)"其道"的"其"複指"富與貴",例(39)"其君""其友"的"其"複指"伯夷"。

本文第四節指出屬性賦予是"其"的核心作用,表述中心語的內涵。請看一個典型的例子:

(40)子謂公冶長"可妻也。雖在縲絏之中,非其罪也"。以其子妻之。(《論語·公

冶長》5—1A)

“其子”是孔子的女兒,“其罪”是公冶長之罪,“其”參照先行詞,爲中心語賦予先行語所表示的屬性,因此從中心語看,“其”表示的是固定的、恆常的屬性。像“子”和孔子之間有密不可分的關係一樣,“道”和“富與貴”之間的關係也是固有的、穩定的。正因爲如此,“其”有時可以帶有“適當”的意味。

“道”是用來達到某種目的的方法、手段,所以常常用表示目的的詞語充當定語,例如:

(41)子思以爲鼎肉,使己僕僕爾亟拜也,非養君子之道也。(《孟子・萬章下》10下—7B)

這個例子中“道”的定語“養君子”表示“道”的目的。再如:

(42)聲音之道,與政通矣。宫爲君,商爲臣,角爲民,徵爲事,羽爲物。五者不亂,則無怗懘之音矣。(《礼記・樂記》37—4B5A)

“聲音之道”是音樂演奏方法。調音正確才能做到演奏和諧,這和政治一樣;將“聲音之道”理解爲演奏音樂的“適當”的方法也未嘗不可。可見例(38)“其道”就是“富貴之道”,也就是獲得富貴的正當的方法。

例(39)“其君”“其友”也是貼上“伯夷”這個標簽的非特指的“君”和“友”。通過“其”,“君”“友”和“伯夷”之間建立穩定的聯繫,所以可以分别表示伯夷該奉事的“君”和伯夷該交往的“友”。

下面的例子中“其”沒有明確的先行詞:

(43)子曰:“不在其位,不謀其政。”(《論語・泰伯》8—5B、《憲問》14—12A)

正如本文第三節所説,沒有先行詞的“其”表泛指的機制是,説話者預設具有一般性質的某類實體,然後用“其”“之”來替代。例(43)孔子的話中,首先預設某個非特定的職務,然後用“其”指代並充當“位”的修飾語,在二者之間設立一種穩定的聯繫,因此可以表示“和其職務相符的職位”。

七 關於所謂“定冠詞”用法

有學者認爲上古漢語中的“其”具有定指功能,接近所謂定冠詞(definite article)。比如:

(44)楚人有鬻楯與矛者,譽之曰:“吾楯之堅,莫能陷也。”又譽其矛曰:“吾矛之利,於物無不陷也。”或曰:“以子之矛陷子之楯,何如?”其人弗能應也。(《韓非子・難一》847)

蒲立本先生(Pulleyblank,1995:80)把“其人弗能應也”譯爲“The man could not answer”,並指出這種用法有點兒像定冠詞;董秀芳(2011)和黎路遐(2013)也認爲上古有些“其”是定指標記,例如:

(45)子貢欲去告朔之餼羊。子曰:“賜也,爾愛其羊,我愛其禮。”(《論語·八佾》3—10A)

(46)有一人秉劍而前,問曰:“幾何人之衆也?”管子曰:“千人之衆。”其人曰:“千人之衆,臣能陷之。”賜之百金。(《管子·輕重乙》611)

(47)或問儒者曰:“方此時也,堯安在?”其人曰:“堯爲天子。”(《韓非子·難一》846)

(48)大叔完聚,繕甲兵,具卒乘,將襲鄭。夫人將啟之。公聞其期,曰:“可矣。”命子封帥車二百乘以伐京。(《左傳·隱公元年》2—18B)

黎路遐(2013:422)指出:例(45)中“‘其’指代的是‘告朔’,‘其羊’‘其禮’分别是‘告朔之羊’和‘告朔之禮’”;例(46)“‘其人’指代‘秉劍而前’的那個人[①]。”“由於‘羊’和‘人’在上文中已出現過,是已知的信息,‘其羊’和‘其人’的‘其’就可以理解成表定指的成分。”董秀芳(2011:216)説:“一般認爲,古漢語中的‘其’是一個代詞,經常做定語,相當於‘名詞+之’。但是在不少情況下,‘其’可以看作一個定指(definite)標記,可對譯爲英文的定冠詞 the。”

“其”看成定指標記的意見固然有一定的道理,但“其”的指稱功能本身迫使我們採取保留的態度。本文第四節指出“其”作内涵定語,不作外延定語,它的基本功能是參照先行詞來給中心語賦予某種屬性,這種功能和定指性之間沒有必然的聯繫。而且,不能忽略的是,上古漢語中也有不少“其 NP”是泛指或非特指(具體例證請看第四節)。

“其”被看成定指標記,大概是因爲有些“其 NP”不大好理解爲“先行詞+之+NP”。比如例(44)“其人”,黎路遐(2013:422)説:“‘其人’就是賣盾和矛的那楚人,可直接理解成定指性的‘那人’。”其實,此例中“其”的功能和“其”的典型用法並無二致,通過上文給中心語“人”賦予屬性,即“譽之(指“楯”)曰‘吾楯之堅,莫能陷也’,又譽其矛曰‘吾矛之利,於物無不陷也’”的那個人。“其人”表定指,並不是因爲加上了“其”,表示定指也不一定要加“其”,而是因爲“其人”所指的那個人在上文已經出現過。儘管例(44)中的“其人”可以理解爲“那人”,但上古漢語“其”作内涵定語,現代漢語“那”作外延定語,二者語法性質大相徑庭,不能相提並論。

本文並不否認,表定指的“其 NP”中“其”有可能重新分析爲定指標記,比如:

(49)鄭縣人卜子妻之市,買鼈以歸,過潁水,以爲渴也,因縱而飲之,遂亡其鼈。(《韓非子·外儲説左上》693)

此例“其鼈”應釋爲“卜子妻之鼈”或“(卜子妻)以爲渴也,因縱而飲之”之鼈。不管是哪一種解釋,和上文中出現的“鼈”同指,故可譯爲“the turtle”。

魏培泉(2004:34)認爲東漢六朝以後“其”的定指用法比較常見,例如:

(50)佛復問曰:“此何等索?”諸比丘白佛:“其索腥臭,此繫魚之索。”(法炬、法立共

---

① 查顔昌嶢《管子校釋》等幾個本子,例(46)都缺“其人曰”三字,不知黎先生所據爲何種版本?

譯《法句譬喻經》,引自魏培泉 2004:36)

“其索”就是佛問的那個“索”,在説話者和聽話者面前,“其”賦予屬性的意味似乎很淡,不妨看成定指標記。這種用法應該是東漢以後發展起來的,上古時期的“其”不能看成定指標記。

最後,我們來看四種不同用法的“其人”,如:

(51)君子曰:甘受和,白受采;忠信之人,可以學禮。苟無忠信之人,則禮不虛道。是以得其人之爲貴也。(《禮記·禮器》24—15B16B)

(52)記曰:“虞、夏、商、周,有師保,有疑丞。”設四輔及三公,不必備,唯其人。(《禮記·文王世子》20—14B)

(53)樂王鮒見叔向,曰:“吾爲子請。”叔向弗應。出,不拜。其人皆咎叔向。(《左傳·襄公二十一年》34—16B)

(54)後數日,入朝,言於秦昭王曰:“客新有從山東來者蔡澤,其人辯士。臣之見人甚衆,莫有及者,臣不如也。”(《戰國策·秦策三》361)

例(51)“其人”表非特指的忠信之人,“其”指代“忠信”;例(52)“其人”表適當的人,“其”指代“四輔及三公”;例(53)“其人”是叔向的從者,表領有關係,“其”指代“叔向”;例(54)“其人”就指先行詞“蔡澤”,表定指。不過,複指先行詞的“其人”,有不少處在表述處所或者屬性判斷的句子中,如:

(55)平原君遂見辛垣衍曰:“東國有魯連先生,其人在此,勝請爲紹介,而見之於將軍。”(《戰國策·趙策三》1129)

(56)御史大夫張叔者,名歐,安丘侯説之庶子也。孝文時以治刑名言事太子。然歐雖治刑名家,其人長者。(《史記·萬石張叔列傳》2773)

可見這種“其人”强調人的具象實體或内在品行,不是簡單的定指的“The man”。總之,不管是哪種用法,“其”的功能都是參照先行詞爲中心語賦予屬性,這就是上古漢語“其”的基本特徵。

八 結語

關於上古漢語“其”“之”的替代功能,本文初步得到如下幾點看法:

(1)“其”“之”的指稱對象可以是其先行詞的轉喻内容。

(2)“其”“之”可以表示非特指(泛指),其機制是説話者預設具有一般性質的某類實體,然後用“其”“之”來替代。

(3)用“其”“之”表第一、第二人稱,是一種指稱間接化的手段,往往作爲禮貌策略使用。

(4)“其”的基本功能是:參照先行詞,爲中心語賦予某種屬性,所謂領屬用法只是其中的特殊情況。“其”表述的是中心語的内涵,不是外延。作内涵定語是上古漢語“其”的一大特點。

(5)表“適當”義的“其”一般都有先行詞,不是泛指。先行詞表示的内容是“其”的中心語固有的、穩定的屬性,這是“適當”義産生的重要背景。

(6)上古漢語中“其”不是定指標記。

引用書目

《禮記》《左傳》《論語》《孟子》,《重栞宋本十三經注疏》,臺北:藝文印書館。

《國語集解》,徐元誥,王樹岷、沈長雲點校,北京:中華書局,2002 年。

《韓非子新校注》,陳奇猷,上海:上海古籍出版社,2000 年。

《戰國策箋證》,范祥雍,上海:上海古籍出版社,2006 年。

《吴子》,《中國兵書集成》第一册,北京:解放軍出版社、瀋陽:遼瀋出版社,1987 年。

《管子校釋》,顏昌嶢,長沙:岳麓書社,1996 年。

《史記》《漢書》,中華書局編輯部點校本,北京:中華書局,1982 年。

參考文獻

大西克也 2014 《試論上古漢語光杆名詞主語句及其指稱特點》,何志華、馮勝利主編《承繼與拓新:漢語語言文字學研究》(下卷),香港:商務印書館,第 356—381 頁。

董秀芳 2011 《詞彙化:漢語雙音詞的衍生和發展》(修訂本),北京:商務印書館。

方有國 1985/2002 《“之”“其”活用淺議》,原載《西南師範學院學報》(哲學社會科學版)第 5 期;亦見於方有國《上古漢語語法研究》,成都:巴蜀書社,第 243—252 頁。

何樂士 1984 《〈左傳〉的人稱代詞》,《古漢語研究論文集》(二),北京:北京出版社,第 108—138 頁。

何樂士 2006 《古漢語虚詞詞典》,北京:語文出版社。

黎路遐 2013 《定指代詞“其”的發展》,《中國語文》第 5 期,第 421—429 頁。

梁銀峰 2015 《試論上古漢語中由“之”引導的預指性主從句》,《語言科學》第 3 期,第 258—271 頁。

劉丹青 2008 《漢語名詞性短語的句法類型特徵》,《中國語文》第 1 期,第 3—20 頁。

木村英樹 2003 《“的”字的句式語義及“的”字的功能擴展》,《中國語文》第 4 期,第 303—314 頁。

馬建忠 1898/1983 《馬氏文通》,北京:商務印書館。

沈家煊 1999 《轉指和轉喻》,《當代語言學》第 1 期,第 3—15 頁。

洪 波 1991/2010 《上古漢語指代詞書面体系的再研究》,原載《語言研究論叢》第六輯,天津:天津教育出版社,1991 年;亦見於洪波:《漢語歷史語法研究》,北京:商務印書館,2010 年,第 50—83 頁。

王 力 1945/1984 《中國語法理論》,《王力文集》第 1 卷,濟南:山東教育出版社。

王 力 1958/1980 《漢語史稿》(中册),北京:中華書局。

魏培泉 2004 《漢魏六朝稱代詞研究》,臺北:中研院語言學研究所。

楊伯峻 1980 《論語譯注》,北京:中華書局,第 2 版。

楊伯峻 1982/1984 《古漢語中之罕見語法現象》,原載《中國語文》第 6 期;亦見於《楊伯峻學術論文集》,長沙:岳麓書社,第 84—104 頁。

楊伯峻　何樂士　1992　《古漢語語法及其發展》，北京：語文出版社。

楊逢彬　蔣重母　2011　《〈論語〉詞語考釋五則》，《上海大學學報》（社會科學版）第5期，第127—133頁。

姚榮松　1999　《〈論語〉的主題句——從“父母唯其疾之憂”的句法説起》，《紀念許世瑛先生九十冥誕學術研討會論文集》，臺北：文史哲出版社，第83—98頁。

姚振武　2015　《上古漢語語法史》，上海：上海古籍出版社。

張　敏　2003　《從類型學看上古漢語定語標記“之”語法化的來源》，吴福祥、洪波主編《語法化與語法研究》（一），北京：商務印書館，第239—294頁。

周法高　1990　《中國古代語法・稱代編》，北京：中華書局。

〔日〕西山猛　2014　『漢語史における指示詞と人称詞』，東京：好文出版。

Brown, Penelope and Levinson, Stephen C. 1987[2011] *Politeness: Some Universals in Language Usage*. Cambridge: Cambridge University Press.［日譯本：『ポライトネス言語使用における、ある普遍現象』，田中典子監訳，東京：研究社，2011年。］

Dixon, R. M. W. 2010 *Basic Linguistic Theory Volume 2: Grammatical Topics*. NewYork: Oxford University Press.

Lau, D. C. (Trans.) 1979 *The Analects*. London: Penguin.

Legge, James (Trans.) 1893/2001 *The Chinese Classics Vol. 1 Confucian Analects, The Great Learning, and The Doctrine of the Mean*. 臺北：南天書局有限公司。

Malmqvist, Göran（馬悦然）1981 On the Function and Meanings of the Graph 其 *Chyi* in the Tzuoo Juann. 《“中研院”國際漢學會議論文集　語言文字組》，臺北：“中研院”歷史語言研究所，第365—389頁。

Pulleyblank, Edwin G. 1995 *Outline of Classical Chinese Grammar*. Vancouver: UBC Press.

On the Substitutional Functions of Two Pronouns 'qi(其)' and 'zhi(之)' in Old Chinese

ONISHI Katsuya

Abstract: This article discusses the substitutional functions of two pronouns 'qi(其)' and 'zhi(之)' in Old Chinese and shows some following elementary viewpoints. (1) These two pronouns have a metonymic substitutional function to their antecedent. (2) 'Qi(其)' and 'zhi(之)' can refer to non-specific entities, and its mechanism is that a speaker presuppose first a non-specific entity and then refer to it by these pronouns. (3) That 'qi(其)' and 'zhi(之)' are used as a first or second personal pronoun aims at the politeness strategy by making their referent indirect. (4) The fundamental function of the pronoun 'qi(其)' is giving a certain kind of attribute to its head by referring to its antecedent. What is called possessive pronoun usage is only a special case. It is the intension of the head which the pronoun 'qi(其)' stands for, and it is not the denotation. (5) The pronoun 'qi(其)' with the meaning of 'suitable' usually has an antecedent, it is not a non-specific pronoun. That there is a peculiar and constant relation between the antecedent of 'qi(其)' and its head is an important background which produces the meaning of 'suitable'. (6) 'Qi(其)' is not a so called definite marker in Old Chinese.

Key words: pronoun, 'Qi(其)', 'Zhi(之)', metonymic substitution, politeness strategy

（大西克也　日本東京大學人文社會系研究科）

重探先秦句末語氣詞*

——激進構式語法的"也字式"分析

劉承慧

提　要　本文基於 Croft(2001)提出的"激進構式語法",重探先秦句末語氣詞的結構層次分歧及多功能問題。句末語氣詞以"句末"指明它的語法位置,但更精確地説,應該是"小句之末"。它的註記範圍有時是謂語,有時是整個主謂式,這種結構層次分歧現象過去還没有很好的解釋。其次,帶有句末語氣詞的語句和語境高度連動,語氣詞相同卻可能隨著語境改變而表示不同的語氣,故而被指爲"多功能",可是功能分布狀況卻難以從詞組構成的角度分梳。本文憑藉先秦文獻中最常見的"也字式"及相關證據,論證如何藉助激進構式語法的圖式,闡述結構層次和多功能現象,以爲將句末語氣詞導入先秦語法體系的初步嘗試。

關鍵詞　句末語氣詞　也字式　激進構式語法　結構層次　多功能　先秦語法

〇　前言

句末語氣詞是先秦語法研究的難點。語氣很抽象,帶句末語氣詞的語句又與所在語境高度連動,使句末語氣詞顯得缺乏定性。另一個不容易回答的問題涉及結構層次,如下例中底線標註的"也"字句所示:

(1)乃若所憂則有之:舜,人也;我,亦人也。舜爲法於天下,可傳於後世,我由未免爲鄉人也,是則可憂也。(《孟子·離婁下》)

(2)尹士聞之,曰:"士誠小人也。"(《孟子·公孫丑下》)

例(1)中加線部分的"也"是與"人"、"亦人"還是與"舜人"、"我亦人"相搭配? 按照標點方式,①"也"應是直接搭配名詞謂語"人"、"亦人",然而例(2)中"士誠小人也"的"也"卻搭配主謂式"士誠小人"。

如何解釋這種分歧? 傳統語法主張詞組規律合成的語法單位是"語境無關"(context-free)的,不受語境條件的影響,它們進入語境才衍生出語用功能。同爲主謂式,"也"在"舜,人也"與謂語相結合,而在"士誠小人也"與主謂式相結合,若不考慮語境條件,就必須設定兩

* 本文爲"科技部"計劃(MOST 106-2410-H-007-036)研究成果。

① 兩例標點依據楊伯峻《孟子譯注》(2010 年版),例(1)見於第 182 頁,例(2)見於第 98 頁。

種“也”，一是搭配謂語的“也”，二是搭配主謂式的“也”。但如果從構式來解釋，“也”就只搭配一種成分，即“語境限定的表述成分”，例(1)中語境限定的表述成分是“人”、“亦人”，例(2)中是“士誠小人”。

例(2)的前後文顯示，“士誠小人也”是尹士表示知錯——孟子因有志難伸而離開齊國，尹士嚴詞批評，孟子聽見高子轉述後，很激動地加以駁斥，於是尹士承認批評失當，説他自己是小人；“士誠小人也”針對先前的批評，表述對象在主謂式外部。例(1)中的“人也”以主謂式内部的主語“舜”爲表述對象，並沒有連結到外部的語義成分。可見“也”字句的結構方式取決於語境，卻有違詞組和語境無關的假設。

如何闡釋句末語氣詞“也”高度依存於語境且結構層次有分歧的事實，讓它得到適當的語法定位，是本文關注的核心問題。我們認爲 Croft(2001)“激進構式語法”(Radical Construction Grammar)是有所助益的。由於形態不發達，先秦語法早就已經把“形式與意義配對”視爲重要的研究取徑；最初是囿於語言的特性而不得不然，近年卻隨著構式語法興起，出現了開展的契機，本文嘗試在激進構式語法基礎上重啟討論。

1 先秦“也”字句的圖式

構式語法包含許多不同的流派，[①]Goldberg(1995:4)將“構式”界定爲“形式與意義的配對體”(a form-meaning pair)，大致涵蓋各流派對“構式”的理解，而 Croft(2001:20)爲“Heather sings”繪製的圖式可以約略示意“構式語法”和“生成語法”(generative grammar)立論上的差異：

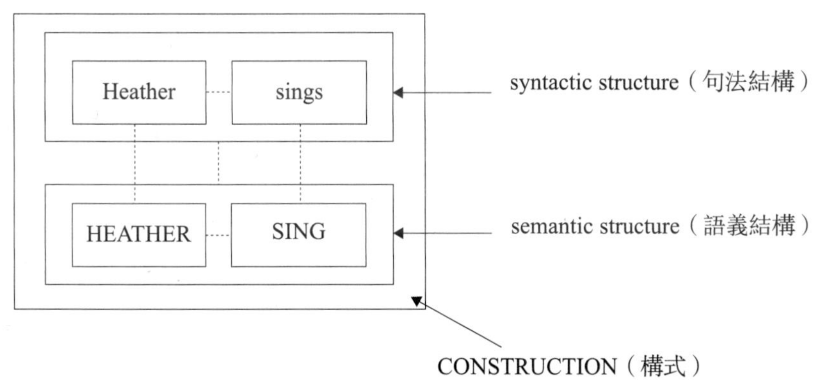

圖1 構式中的句法和語義結構

相同的組合，生成語法以$[[\text{Heather}]_{NP}[\text{sings}]_{VP}]_{S}$表示，專注在句法成分關係，而構式語法

① 請參閱 Croft & Cruse(2004:257—290)。

兼顧句法和語義,如圖1所示。圖式最外層的方框劃定構式範圍,包含形式層與意義層,"句法結構"屬於前者,"語義結構"屬於後者;當中三條縱向虛線示意兩層之間的符號鏈接;兩個結構層内部由横向虛線示意成分之間的連結關係。

圖1顯示廣義的構式語法如何看待構式内部的句法關係及語義關係。不過Croft(2001:233—240)卻主張"句法關係"(syntactic relation)就語言理解(language comprehension)而言並非絕對必要,語言的理解是基於構式意義,而從構式意義辨析出來的是"語義關係"(semantic relation)。[①] 下面是Croft & Cruse(2004:285)以"the song"爲例提出的語義關係圖式:

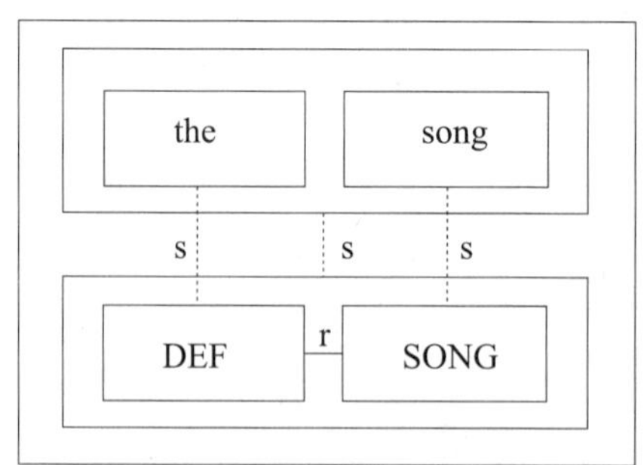

圖2　構式中的語義關係

圖中"s"代表"符號鏈接"(symbolic link),"r"代表"關係"(relation)。語義成分以"r"相連結,句法成分沒有"r"連結,句法成分的關係來自形式層和意義層之間的符號鏈接。也就是不存在獨立的"句法關係"。

句法關係源自於語義關係的主張可以從現代漢語得到印證。漢語母語者辨認句法關係所依據的正是語義關係,例如"時事評論"爲定中式,"評論時事"爲述賓式,源自語義關係的理解。[②]

回到前言的"也"字句例。以往研究認爲把句末語氣詞"也"附加到小句的末尾就成爲"也"字句,但未討論隨語境變動的"也"如何嫁接到小句中。構式語法主張取消詞彙、句法、語用的界線,因此在傳統語法被視爲跨界的成分可以納入同一構式。在傳統語法中"the"和"song"句法屬性不同,兩者的關係源自句法屬性關係;就構式語法而言,屬性差異不影響由概念化的語義關係"DEF-SONG"界定彼此的句法關係。兩種角度的解釋或許在英語系統難分軒輊,但在先秦漢語則大有不同。句末語氣詞"也"有時候搭配主謂式的謂語,有時候搭配整個主謂式,是傳統語法角度的見解;如果從構式來説,"也"搭配的是

---

① Croft(2001:233—240)針對如何"越過句法關係理解構式"(comprehending constructions without syntactic relations)提出了拆解式的論述,不再贅言。

② 漢語最重要的句法形式是"語序"和"虛詞"。但虛詞的使用往往不具强制性,最終的依據還是語序。不帶虛詞的線性組合中的句法關係有賴語義關係辨認。

"語境中的表述成分"。讓我們把"語境中的表述成分"稱作"述謂",以便區隔主謂式中的"表述"。

接著利用圖式說明"士誠小人也"和"舜,人也"的差異。第一個圖式整併圖 1 和圖 2,示意"也"字構式:

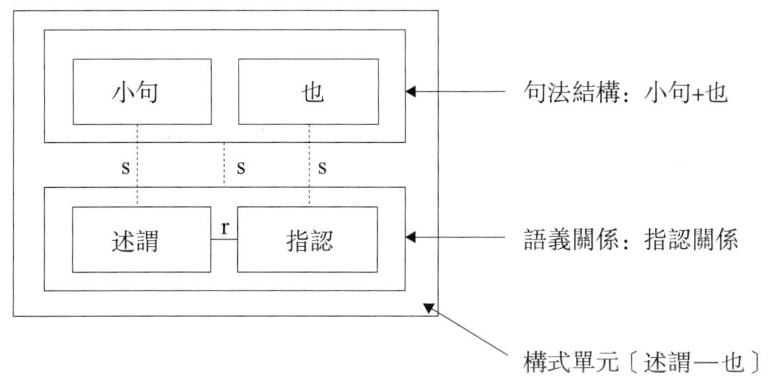

圖 3 "也字式"

形式層的"小句"鏈接意義層的"述謂","也"鏈接"指認";除了成分之間的鏈接,結構之間也有鏈接,"小句＋也"鏈接"指認關係"。"指認"的功能是按照劉承慧(2008;2013)對"也"的分析,"也字式"的構式意義爲"發言者指認'述謂'所述内容爲真"。語義成分"述謂"和"指認"的關係"r"是從構式意義辨認出來的,句法成分"小句"和"也"的關係由此成立。

第二個圖式係以圖 3 爲依據。"士誠小人也"的組成方式是由主謂式"士誠小人"搭配"也","主謂式"鏈接"述謂","也"鏈接"指認",如下圖所示:

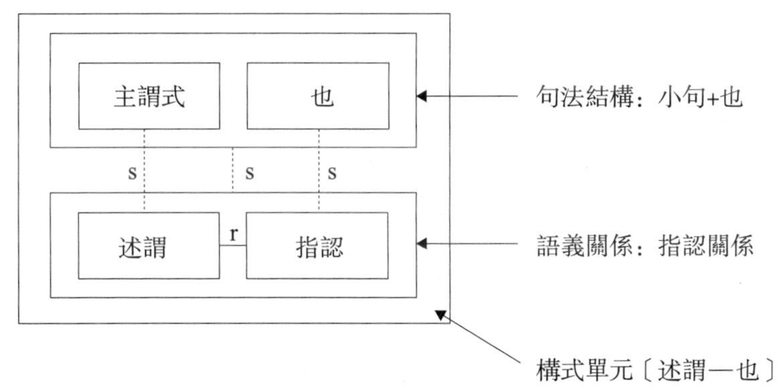

圖 4 "士誠小人也"

圖 3 示意"也字式"的類型(type),圖 4 示意"也字式"的實例(token)。實例圖式係沿用類型圖式而來。

主謂式本身亦爲構式,如圖 5 所示:

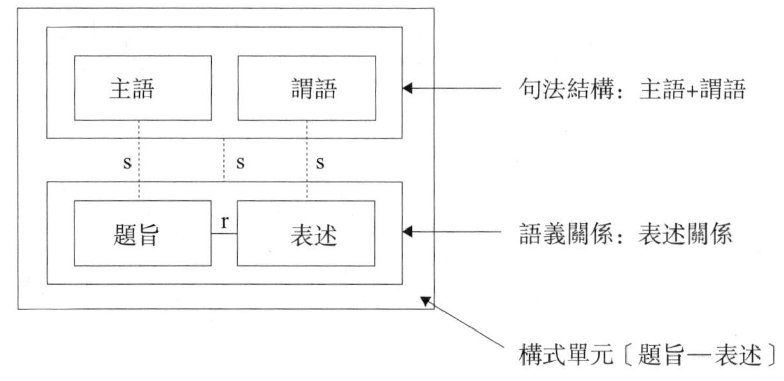

圖 5　主謂式

圖 6 沿用“主謂式”類型圖式，示意“舜，人也”的組成方式：

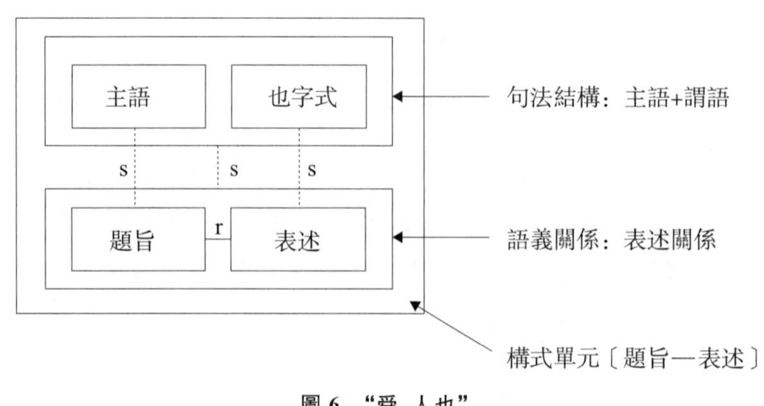

圖 6　“舜，人也”

此例以“人也”充當“謂語”，鏈接“表述”。“人也”屬於“也字式”，是由名詞謂語“人”搭配“也”所組成。“也字式”類型圖式見圖 3。

句法成分的組合涉及構式之間的包含關係。如圖 4 和圖 6 所示，“士誠小人也”是“也字式”包含“主謂式”，“舜，人也”是“主謂式”包含“也字式”；被包含的構式，結構層次低於包含它的構式。

2　句末語氣詞的結構層次

從結構層次觀察“也”搭配的述謂成分，例(1)中“人”是主謂式的謂語，例(2)中“士誠小人”是主謂式，屬於不同的結構層次。類似情況也見於其他的句末語氣詞。且看一組“矣”字例：

(3)君子謂文公“其能刑矣，三罪而民服。詩云：‘惠此中國，以綏四方’，不失賞、刑之謂也。”(《左傳・僖公二十八年》)

(4)(狐突)及期而往,(太子)告之曰:"帝許我伐有罪矣,敝於韓。"(《左傳·僖公十年》)

兩例轉引自楊永龍(2000:23)。[①] 例(3)屬於"君子謂某人如何如何"的"君子曰"構式,引號内部是對晉文公的評議;"其能刑矣"中的"其"複指文公,"矣"則搭配"其能刑"。例(4)中的"有罪"指晉公子夷吾,已逝的晉太子申生對狐突顯靈,説上天已經允諾懲罰夷吾,"帝許我伐有罪矣"中的"矣"搭配主謂式"帝許我伐有罪"。

例(4)中的"矣"搭配最高層主謂式,即如"士誠小人也"中的"也"。例(3)引號標註史官的發言,"君子謂文公"以下都是發言内容。就結構而論,"君子謂文公其能刑矣"爲主謂式,主語是"君子",謂語是"謂文公其能刑矣",由言説動詞"謂"搭配賓語"文公其能刑矣";賓語仍是主謂式,由主語"文公"搭配謂語"其能刑矣"。整個"矣"字式被深深的包覆在多重結構的底層,"矣"雖然出現在高層主謂式末尾,卻不表示高層主謂式的語氣。

再看下面一個例子:

(5)齊人無以仁義與王言者,豈以仁義爲不美也?(《孟子·公孫丑下》)

此例見於楊永龍(2000:24),同頁有"豈以仁義爲不美也"層次分析圖:

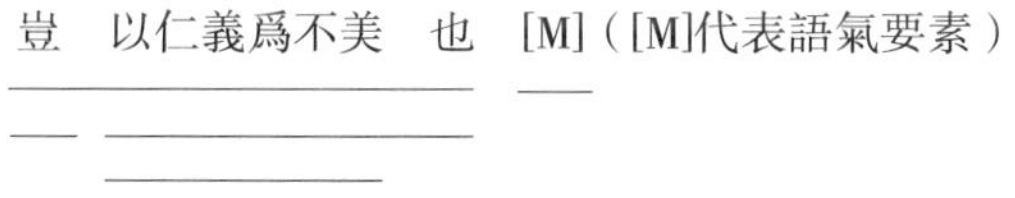

豈　以仁義爲不美　也　[M]([M]代表語氣要素)

圖7　"豈以仁義爲不美也"

圖中[M]是與反詰副詞"豈"搭配的"語氣要素"。楊永龍指出,"以仁義爲不美也"負載陳述信息,反詰語氣由"豈"和不見於字面的[M]共同承擔。不過狀語是句法成分,而句末語氣詞跨入語用,結構層次應高於狀語,"豈"的組合層次如何"凌駕"於"也",需要給予合理的解釋。然而,這還不是最棘手的。圖7要面對的最大難題是何以把[M]當作比"豈字式"結構層次更高的語氣要素:反詰語調伴隨著反詰式,是依附其上的音韻特徵;[M]與"豈"脱鉤,又被設定在更高的結構位階,有違語言實情。

圖7中的[M]即相當於吕叔湘(2014:361)所謂的"語勢"。[M]並没有保留在文字記録中,卻不妨透過現代口語設想。設若已有反詰副詞"難道",是否仍須伴隨著[M]方能成爲反詰句?就現代口語實況來説,反詰副詞與[M]可以並用也可以擇一使用。由此而論,例(5)未必得設定[M]。如果不設定[M],其結構即如下圖所示:[②]

① 我們根據楊伯峻《春秋左傳注》(2009年版)更動了引文的標點方式,並增添若干前後文,以利説明。例(3)見於第472頁,例(4)見於第335頁。

② 爲使行文簡潔,不再搭配類型圖式,直接以實例圖式表示。

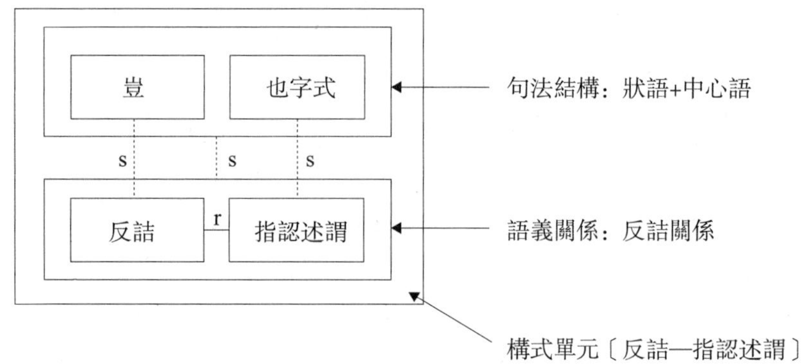

圖 8　“豈以仁義爲不美也”

圖式中的“也字式”是帶指認意義的述謂成分，進入“豈字式”，受到反詰構式意義的限定；“也字式”本身爲構式，“也”的指認功能止於構式内部搭配的述謂成分“以仁義爲不美”，與反詰語氣無關。“也字式”和“豈字式”只有表義上的分工，不存在句法凌駕語用問題。

如果反詰副詞和[M]兼用，那麽[M]是構式的音韻屬性成分，在形式層。爲了説明問題，讓我們先引用 Croft(2001:18)的圖式：

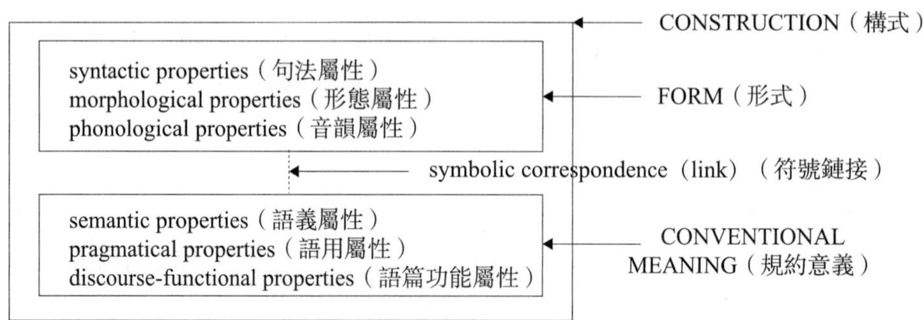

圖 9　構式中的形式層和意義層

圖 9 顯示構式語法把傳統視爲不同層級的形式類别，包括句法、形態、音韻成分都歸入“形式層”，把語義、語用、語篇功能成分都歸入“意義層”。如果是反詰副詞與[M]兼用，那麽它們同時在形式層起作用：

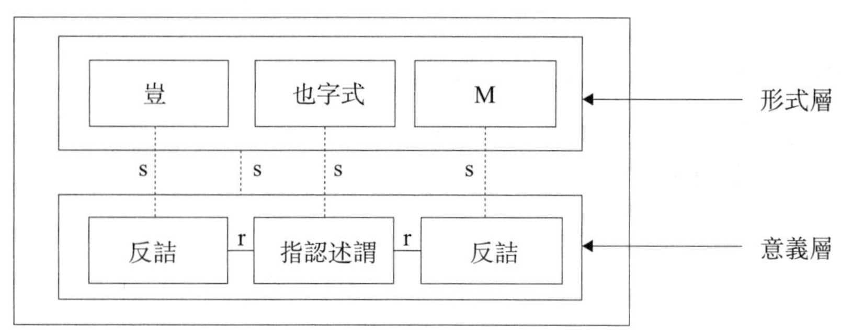

圖 10　“豈以仁義爲不美也[M]”

圖7設定的語氣要素[M],位在圖10中的形式層,跟“豈”是同步的,並不存在組合順序先後所導致的層次差異問題。

此外,楊永龍(2000:27)指出,“陳述”>“疑問”>“反問”>“感嘆”是句末語氣詞同現的位序,即陳述語氣詞先於疑問語氣詞,依此類推。如果將位序關係改換爲構式之間的包含關係,那麼是“感嘆”容許包含“反問”、“疑問”或“陳述”,“反問”容許包含“疑問”或“陳述”,“疑問”僅容許包含“陳述”。圖10顯示的是陳述構式進入反問構式,反問包含陳述。就句末語氣詞同現而言,層次分析法的闡釋很容易改換爲構式語法的闡釋,而層次分析法所潛藏的句法和語用分際的難題則可以從構式語法得到開解。

3 句末語氣詞的多功能現象

劉曉南(1991)以“歷時多義”解説語氣詞多功能的來由,即語氣詞隨著時代而變遷,當舊有的功能和新起的功能在同一個歷史平面上並行,就會形成多義或多功能現象。歷時演變係語言發展的常態,句末語氣詞超乎尋常的變動,恐怕才是引起廣泛關注的根本原因。設想有一種功能範疇,所屬成員被賦予的任務疊床架屋,那麼它們是否還具備區別作用,自然會令人懷疑——句末語氣詞的多功能現象正是這種情況。劉承慧(2013:2)根據劉曉南(1991)爲十個常見的句末語氣詞整理出功能總表,展示它們功能高度重疊的現實。其中最極端的是“也”,幾乎涵蓋所有的語氣類型。試問“也”跟其他語氣詞有何區別?

這個問題仍應從[M]談起。[M]是不佔音節的語氣成分,能夠與佔音節的語氣成分同現,如例(5)爲[M]與反詰副詞“豈”同現,但是單只由[M]表達反詰是現代口語的普遍現象,很可能也是先秦口語的普遍現象。不僅如此,疑問和感歎也都可以只用[M]。“也字式”跟不同類型的[M]結合,未能顯現在文字記録上,是否導致“也”被誤認爲多功能?

且看劉曉南(1991:74—75)所舉不同功能的“也”字句:

(6)令子常,先大夫之後也。(《國語·楚語》)

(7)宰我出,子曰:“予之不仁也!”(《論語·陽貨》)

(8)應侯亡地而言不憂,此其情也?(《戰國策·秦策二》)①

(9)事未可知,祇成惡名,止也!(《左傳·襄公二十七年》)

各例標點已略顯示句類。例(6)爲陳述句,用於指認事實。例(7)中的“予”指“宰我”,他表示爲父母守喪三年太長,經過一年的時序輪迴應該足夠,孔子問他是否能心安,他表示肯定,談話後孔子感嘆“予之不仁也”,感嘆語氣應來自文字記録未曾顯示的[M],而非“也”。例(8)的背景是應侯喪失了國土卻表示自己毫不煩憂,秦王感到可疑,因此詢問蒙傲的看法。“此

① 劉曉南(1991:75)引作“應侯亡地而不憂”,這裏依據中研院“上古漢語標記語料庫”修訂。

其情也"應是"也字式"進入疑問構式,疑問語氣由[M]表出,可與"子張問:'十世可知也?'"(《論語・爲政》)互相參照。①

例(7)和(8)是"也字式"與某種句類的[M]組合,或者説"也字式"被包裹進更高層的語氣構式。例(7)是"也字式"與[M]組合以後,在指認意義上包裹一層感嘆語氣。那麼"也字式"結合[M]表示的感嘆與"哉"或"夫"註記的感嘆有何區别? 劉承慧(2013:8—9)認爲"哉"註記"發言者的情意波動",郭錫良(2007:120)認爲"夫"要比"哉"所表達的語氣更爲低沉些,多用於表示"惋惜"或"哀嘆"。例(7)相較之下似乎只是"有所感"。

例(8)中的"也字式"在指認意義上包裹一層疑問語氣,提問中隱含"你説是這樣嗎"的求證意味,與"乎"所註記的詢問未盡相同。楊永龍(2000:25)把表示疑問的"十世可知也"與"十世可知也與"作對照,不曉得是不是因爲這種提問求證意義近乎"邪/與"所表示的"測問"。

例(7)和(8)都是"也字式"與[M]組合而成的構式,只是[M]類型不同。例(9)則不然:"止也"是帶"也"的祈使句,它的特殊之處在祈使和指認的語氣層次不如前兩例分明。省略第二人稱代詞的〔(第二人稱代詞)—謂語〕原本就是祈使構式,②"止"可獨立表示祈使,能否將"也"分析爲對祈使的指認? 此例背景是衛國的甯喜專政,衛獻公向公孫免餘表達憂慮,公孫免餘建議殺掉甯喜,獻公認爲沒把握,只會招來惡名,因此出言阻止他。那麼,"止也"是祈使成分"止"搭配表示指認的"也"? 或是"止也"進入祈使構式而成爲祈使句?

這個問題看起來曲折,但其實只是牽涉思考角度——祈使語氣和指認語氣難分先後,而層次分析法要求分出先後。如果是構式語法,就容許解釋爲省略形式和"也"共同組成祈使構式〔(第二人稱代詞)—謂語—也〕,且稱之爲"也字祈使式"。其中的"也"依附於構式,有别於指認的"也"。

劉曉南(1991:78)以"公曰:'行也!'"(《左傳・定公四年》)爲例,指出"獨用動詞亦可以表祈使,如'行!'但口氣强硬。在動詞後加'也',卻使强硬口氣得到某種緩和。這是'也'字的弱化用法,在句中類似於音節助詞的功能。"由此可見,祈使句中的"也"並非指認的"也",縱然可能互有歷史淵源,③但是就共時平面來説,"也字祈使式"的組成分子"也"已經脱離指認的"也",成爲相當於音節助詞的依附成分。

省略第二人稱代詞是祈使式的常態,"也字祈使式"也同樣不搭配第二人稱代詞。例(10)中"吾子其入也"的組成方式應該是呼喚成分"吾子"搭配"也字祈使式":

(10)子反曰:"日云莫矣,寡君須矣,吾子其入也!"(《左傳・成公十二年》)

晉國郤至到訪楚國,楚共王設宴款待,僭越了禮數。郤至表示不能接受,但子反説天色已晚,

① 此例分析請參閲郭錫良(1997:57—58)及楊永龍(2000:25)。

② 構式由方括弧〔 〕標註,内部的圓括弧及成分字樣代表"該成分省略"。

③ 請參閲劉承慧(2008)。

楚王正在等待,勸他入席。"吾子"是祈使前的呼喚,"其入也"則是祈使式。"其入也"的語氣要比"入也"更爲溫婉,因爲"也字式"進入語氣副詞"其"標註的"其字委婉式"。

句末語氣詞基於功能引申而形成多義現象,不難從現代漢語的句末語氣詞得到印證。我們特别關注的是句末語氣詞的功能高度分化,如何能夠實現標註語氣類型的作用。綜合以上對先秦"也字式"的討論,可以看出"也"的多功能應該只是文字記録的表象。表象背後涉及"構式組合"與"構式分化"。以述謂成分搭配"也"組成指認功能的"也字式",然後與不同的[M]搭配組成反詰句、感嘆句、疑問句,如例(5)、(7)、(8)所示;[M]結構層次高於"也",因此句類取決於[M]——這是"構式組合"。"構式分化"則是指"也"演變爲依附於"也字祈使式"的組成分子,分化爲與指認的"也"不同的語法標記。

4 結論

句末語氣詞自成一種特殊的類型。它在小句後面,語序固定,正像是典型的句法成分;然而它跟語境高度連動,被賦予語用的特性。要把這種成分納入傳統語法架構實有難處。再者,指認的"也"搭配主謂式的謂語或整個主謂式,完全取決於語境,不符合詞組和語境無關的假設。此外,陳述語氣詞如"也""矣"還有結構層次分歧,即便是在高層主謂式的末尾,也未必註記全句的語氣,而它們是如何被包覆在詞組規律所衍生的詞組内部的,也需要解釋。

本文嘗試由激進構式語法解答上述問題。激進構式語法從語義關係界定句法關係,其實並没有脱離傳統先秦語法"形式與意義配對"的研究進路。本文引用過去學者提出的若干關鍵例證,具體展示激進構式語法能爲令人費解的先秦句末語氣詞現象提出合理的詮釋;雖然引證範圍很有限,但本文目的是與既有的研究形成密切對話。我們認爲援引激進構式語法的觀念及圖式闡述先秦句末語氣詞的結構層次和多功能現象,是推進先秦語法研究很重要的一步——句末語氣詞隸屬語法系統的正當性可以從激進構式語法得到初步認證。

参考文獻

郭錫良 1997 《先秦語氣詞新探》,《漢語史論集》,北京:商務印書館。

郭錫良 2007 《古代漢語語法講稿》,北京:語文出版社。

劉承慧 2007 《先秦"矣"的功能及其分化》,《語言暨語言學》8.3:743—766。

劉承慧 2008 《先秦"也""矣"之辨——以〈左傳〉文本爲主要論據的研究》,《中國語言學集刊》2.2:43—71。

劉承慧 2013 《有關先秦句末語氣詞的若干思考》,《漢學研究》31.4:1—18。

劉曉南 1991 《先秦語氣詞的歷時多義現象》,《古漢語研究》12:74—81。

吕叔湘 2014 《中國文法要略》,北京:商務印書館。

楊伯峻 2009 《春秋左傳注》,北京:中華書局。

楊伯峻 2010 《孟子譯注》,北京:中華書局。

楊永龍 2000 《先秦漢語語氣詞同現的結構層次》,《古漢語研究》49:23—29。

Croft, William. 2001. *Radical Construction Grammar*. Oxford: Oxford University Press.

Croft, William and D. Alan Cruse. 2004. *Cognitive Linguistics*. Cambridge: Cambridge University Press.

Goldberg, Adele. 1995. *A Construction Grammar Approach to Argument Structure*. Chicago: The University of Chicago Press.

Revisiting Sentence-final Particles in Pre-Qin Chinese: A Study of the Ye-construction Based on Radical Construction Grammar

LIU Cheng-hui

Abstract: This paper revisits some problematic issues concerning structural divergence and functional variation of a same sentence-final particle in Pre-Qin Chinese. It is well-known that most of the sentence-final particles are highly context-dependent, contrary to the presupposition that outcomes of phrasal rules are context-free. Moreover, some of them reveal structural variability which could only be understood in a complicated way in terms of phrasal rules. As a consequence, the sentence-final particles can hardly fit into the established grammatical system. Among the most problematic is the particle of ye, and thus is selected to make a detailed case study. The paper displays how Radical Construction Grammar by Croft(2001) will resolve the above-mentioned problems step by step, to justify ye to be part of the grammatical system of Pre-Qin Chinese.

Key words: sentence-final particle, ye-construction, radical construction grammar, structural divergence, functional variation, pre-Qin Chinese grammar

(劉承慧　臺灣清華大學中文系)

中古譯經中的歎词和應答引導語

趙長才

提　要　歎词和應答引導詞雖屬兩類詞，在話語中分别起到不同的作用，但二者又有一定的共性和聯係。因此可以放在一起進行考察和討論。本文以東漢 29 种和魏晉南北朝(包括隋)65 种漢譯佛經爲基本語料，考察中古漢譯佛經裏歎词和應答引導詞的使用情況，並將其與同期本土文獻進行比較，在此基礎上嘗試建立中古譯經歎词和應答引導詞的表達系統。對從上古到中古歎词和應答引導詞的變化趨勢及原因進行了探討。

關鍵詞　中古漢語　中古譯經　歎词　應答引導詞　系統演變

一　引言

歎词主要用於表達喜、怒、哀、樂等各種較强烈的感情。多出現在對話語境中的句首，一般獨立成句，不與其他成分發生句法上的組合關係①。有時歎詞也可以出現在議論和敘事語篇中的非對話語境中。無論上古漢語，還是中古乃至近、現代漢語，歎词都是一個較小的封閉詞類②。

應答引導語是指在對話語境中對話的一方(通常是聽話者)對另一方(通常是説話者)所關切或詢問的問題所做出的肯定或否定的簡短回應語，一般多出現在對話語輪中應答語部分的開頭。根據答語的形式和實際内容，可以再細分爲三個小類。

第一類，本身便是應答語的全部内容，表示應答者肯定或否定，讚同或反對的主觀判斷和態度，自足成句。如：

(1)厲公將作難，胥童曰："必先三郤。族大，多怨。去大族，不偪；敵多怨，有庸。"公

---

①　吕叔湘(1982[1944]:316)："感歎詞就是獨立的語氣詞。我們感情激動時，感歎之聲先脱口而出，以後才繼以説明的語句。後面所説的語句或爲上文所説的感歎句，或爲其他句式，但後者用在此處必然帶有濃郁的情感。"郭鋭(2003:238)指出："就功能而言，歎詞總是獨立使用，這與其他任何一類詞都不同。就語義而言，歎詞不表示概念義，只表示某種感情意義。就語音形式而言，歎詞也有其獨特之處。"劉丹青(2011:150)則認爲："歎詞的共同本質屬性是代句而不是感歎，它是一類代句詞。……歎詞在詞類系統中與代詞的屬性最相近，是進入了詞類庫藏的句子。其所能代替的句子有陳述句、疑問句、祈使句、感歎句等各種句類。"

②　郭鋭據他考察的 43330 個詞的詞表，歎詞有 25 個，占 0.06%。不過他也指出："本項研究所用詞表只收了常見的歎詞，實際數量遠大於這個數字。"肖麗華(2011)統計《現代漢語詞典》(第 5 版)，計有 87 個歎詞。

曰:"然。"(《左傳·成公17年》)

(2)既而文公見之,與之蘭而御之。辭曰:"妾不才,幸而有子。將不信,敢徵蘭乎?"公曰:"諾。"生穆公,名之曰蘭。(《左傳·宣公3年》)

第二類,作爲應答語的一部分,用於句首,先對問話方所提出的問題或所涉及的事件,給出簡要概括性的表示肯定或否定的主觀認定、回應,同時還起到引導後面答語内容的作用,而後續的答語則通常是在此簡要回應的基礎上,進一步的具體申述或詳細說明①。如:

(3)蒯通至,上曰:"若教淮陰侯反乎?"對曰:"然,臣固教之。豎子不用臣之策,故令自夷於此。如彼豎子用臣之計,陛下安得而夷之乎!"(《史記·淮陰侯列傳》)

(4)爾時,曇無竭菩薩報言:"賢者,善聽。"薩陀波倫菩薩報言:"諾,當善聽。"(東漢支婁迦讖譯《道行般若經·卷9》)

第三類,不是對話語境中針對問話内容的應答,而是説話人根據當時的場景和已發生或將會發生的事件做出的主觀判斷,同時帶有强烈的感情色彩。如:

(5)戎姬嬖,仲姬生子牙,屬之戎姬。戎姬請以爲太子,公許之。仲姬曰:"不可。光之立,列於諸侯矣,今無故廢之,君必悔之。"(《史記·齊太公世家》)

我們將這三類統稱爲應答引導語。

歎词和應答引導語雖屬兩類詞,在話語中分别起到不同的作用,但二者又具有一定的共性和聯係。因此可以放在一起進行考察和討論。

本文以東漢29种和魏晉南北朝(包括隋)65种漢譯佛經爲基本語料,考察中古漢譯佛經裏歎词和應答引導語的使用情況,並將其與同期本土文獻進行比較,在此基礎上嘗試建立中古譯經歎词和應答引導語的表達系統。

二　歎词和應答引導語的聯係與區别

2.1　語用層面上歎词和應答引導語的作用

歎词和應答引導語都是對話語境中最常使用的話語成分,前者以独立的感歎詞來表達説話人對所聞見和感知的事物强烈的主觀情感(或情緒);後者則側重於答話人對問話人所提問題給予肯定或否定的客觀回應,同時也兼有答話人對問話内容或問話人所抱持的主觀態度。

2.2　從主觀到客觀:情感(情緒)的直接表達與相對客觀的應答引導

歎詞往往是出乎胸臆脱口而出的情感(或情緒)直接表達,應答引導語則一般是在理智

① 如果應答部分是一個完整的句子形式,我們不將其看作是應答引導語,如《莊子·至樂》:"仲尼曰:'子巧乎!有道邪?'曰:'我有道也。'"例中的"我有道也"便是以完備的句子形式對問話部分的回答。

冷静的分析判斷基礎上相對客觀的應答。因此,二者之間儘管都具有較强的主觀性,但在程度上有差别。前者的主觀性更强,後者則具有相對的客觀性。

三 上古漢語歎词和應答引導語使用情况概述

3.1 上古漢語的歎词系統

嘻(憘/譆)、熙、唉;

噫(意/億)、懿、已;噫嘻;

惡、啞;

吁、俞;吁嗟(于嗟)、吁嗟乎、猗嗟、猗與、猗兮、呼;

嚇、嚄;

叱、咄、咨(訾);叱嗟;

嗟、嗟乎、嗟夫、嗟來;

於、烏、嗚呼(於乎/烏乎/烏呼/烏戲/於戲/嗚嚧/烏虖)、嗚呼噫嘻;

對於上古漢語歎词所表達的意義及使用情况,一般的古漢語語法著作和虚詞詞典等工具書都會涉及和收録,不煩舉例。

3.2 上古漢語的應答引導語

上古漢語的應答引導語有多種表達方式,可以由不同的詞类成分充當,這些表達方式各自的虚化程度、所表達的語義内涵、所表現的情感强弱有所不同。下面根據充當應答引導語的詞類屬性分别進行討論。

1. 動詞:理論上用於應答的動詞是開放性的,只要針對謂語部分提問,都可以通過謂語動詞本身的肯定或否定形式來應答。但實際上直接以動詞或者以其否定形式進行應答的情形並不是很普遍,原因在於可供選擇應答的手段不是唯一的,可以是多樣的。這種應答方式最實,语法化程度也最低。

下面舉幾個比較常見的用動詞及其否定形式直接應答的例子(包括動詞後帶代詞賓語或否定詞後帶語氣詞的情況)。

有,有焉,有之/無,無有,未有,不,不也,未也

(6)文侯曰:"然則子無師邪?"子方曰:"有。"曰:"子之師誰邪?"子方曰:"東郭順子。"(《莊子·田子方》)|趙孟曰:"天乎?"對曰:"有焉。"(《左傳·昭公元年》)|蔡澤者,燕人也。游學干諸侯小大甚眾,不遇。而從唐舉相,曰:"吾聞先生相李兑,曰'百日之内持國秉',有之乎?"曰:"有之。"(《史記·范雎蔡澤列傳》)

(7)叔展曰:"有麥麴乎?"曰:"無。""有山鞠窮乎?"曰:"無。"(《左傳·宣公12年》)|

左師公曰:"今三世以前,至於趙主之子孫爲侯者,其繼有在者乎?"曰:"無有。"(《史記·趙世家》)|陳平曰:"人之上書言信反,有知之者乎?"曰:"未有。"(《史記·陳丞相世家》)|王怒,系伍被父母,囚之三月。復召曰:"將軍許寡人乎?"被曰:"不,直來爲大王畫耳。"(《史記·淮南衡山列傳》)|須賈笑曰:"范叔有説於秦邪?"曰:"不也。雎前日得過於魏相,故亡逃至此,安敢説乎!"(《史記·范雎蔡澤列傳》)|春申君曰:"娉入乎?"對曰:"未也。"(《史記·春申君列傳》)

知之/不知

(8)高帝曰:"諸君知獵乎?"曰:"知之。""知獵狗乎?"曰:"知之。"(《史記·蕭相國世家》)

(9)乃從其畫,復守敖倉,而使酈生説齊王曰:"王知天下之所歸乎?"王曰:"不知也。"(《史記·酈生陸賈列傳》)

2. 助動詞:上古漢語助動詞只有"可""能"及其否定形式可以單獨回答問題,作爲應答引導語。

可/不可,未可

(10)對曰:"猶可辭乎?"王曰:"可哉!"(《左傳·宣公11年》)|莊子曰:"射者非前期而中,謂之善射,天下皆羿也,可乎?"惠子曰:"可。"(《莊子·徐無鬼》)

(11)王曰:"吾以衆伐寡,二而伐一,可乎?"對曰:"不可。"王曰:"吾即以五而伐一,可乎?"對曰:"不可。"(《史記·趙世家》)|居三年,句踐召范蠡曰:"吴已殺子胥,導諛者衆,可乎?"對曰:"未可。"(《史記·越王句踐世家》)

能/不能,未能

(12)潘崇曰:"能事諸乎?"曰:"不能。""能行乎?"曰:"不能。""能行大事乎?"曰:"能。"(《左传·文公元年》)|今陛下能封聖人之墓,表賢者之閭,式智者之門乎?"曰:"未能也。"(《史記·留侯世家》)

3. 形容詞:只有肯定形式的"善""甚善",表示贊成對方的意見或就某種行爲表示肯定的看法,沒有相應的否定形式。

善,甚善

(13)代曰:"與之高都,則周必折而入于韓,秦聞之必大怒,而焚周之節,不通其使,是公以弊高都得完周也,何不與也?"公中曰:"善。"不征甲與粟于周而與高都,楚卒不拔雍氏而去。(《戰國策·西周策》)|子華子曰:"今使天下書銘於君之前,書之言曰:'左手攫之則右手廢,右手攫之則左手廢,然而攫之者必有天下。'君能攫之乎?"昭僖侯曰:"寡人不攫也。"子華子曰:"甚善! 自是觀之,兩臂重於天下也,身亦重於兩臂。韓之輕於天下亦遠矣,今之所爭者,其輕於韓又遠。君固愁身傷生以憂戚不得也!"(《莊子·讓王》)

4. 代詞：只限於謂詞性指代詞"然"及其否定形式。

然，甚然/不然；

(14)夜半，髑髏見夢曰："子之談者似辯士。視子所言，皆生人之累也，死則無此矣。子欲聞死之説乎？"莊子曰："然。"(《莊子・至樂》)｜王曰："以孟嘗、芒卯之賢，帥强韓、魏之兵以伐秦，猶無奈寡人何也！今以無能若耳、魏齊，帥弱韓、魏以攻秦，其無奈寡人何，亦明矣！"左右皆曰："甚然。"(《戰國策・秦策三》)

(15)群臣皆賀，陳軫獨吊之。楚王怒曰："寡人不興師發兵得六百里地，群臣皆賀，子獨吊，何也？"陳軫對曰："不然，以臣觀之，商於之地不可得而齊秦合，齊秦合則患必至矣。"(《史記・張儀列傳》)

5. 單純應答語：是一種禮貌性的應答引導語，使用最多的是"諾"和"唯"，表示對對話方所説内容或所做行爲的肯定性應答或附和。連用形式的"唯唯"只用於下對上的場合，顯得更爲謙恭。用"敬諾"也是表示更爲謙恭的應承。

諾，敬諾

(16)武子對曰："君冠，必以祼享之禮行之，以金石之樂節之，以先君之祧處之。今寡君在行，未可具也，請及兄弟之國而假備焉。"晉侯曰："諾。"(《左傳・襄公9年》)｜太子曰："愿因先生得愿交于荊軻，可乎？"田光曰："敬諾。"即起趨出。(《戰國策・燕策三》)

唯，唯唯

(17)夫差使人立於庭，苟出入，必謂己曰："夫差！而忘越王之殺而父乎？"則對曰："唯。不敢忘！"三年乃報越。(《左傳・定公14年》)｜南榮趎贏糧，七日七夜至老子之所。老子曰："子自楚之所來乎？"南榮趎曰："唯。"(《莊子・庚桑楚》)｜是日見范睢，見者無不變色易容者。秦王屏左右，宫中虚無人，秦王跪而請曰："先生何以幸教寡人？"范睢曰："唯唯。"有間，秦王復請，范睢曰："唯唯。"若是者三。(《戰國策・秦策三》)

四　中古譯經歎词和應答引導語的表達形式

從上古到中古時期，漢語的歎詞系統和應答引導語系統都發生了很大變化。就歎詞系統而言，最突出的變化是呈現出高度簡化的趨勢。而應答引導語除了繼承上古漢語常用的表達方式外，又産生了一批新的表達形式，有些則是漢譯佛經所特有的形式。

4.1　中古譯經的歎詞

相對於上古漢語，中古譯經的歎詞系統高度簡化。上古漢語紛繁多樣的歎詞大多已不再使用，只有"叱、咄(咄哉)、嗚呼"等少數幾個歎詞保留了下來，而且用例亦較少，沒有再産生新的歎詞。

1. 叱

歎詞"叱"只在元魏吉迦夜共曇曜譯《雜寶藏經》中見到 2 例,在所考察的其他譯經中未見。"叱"用以表達比較嚴厲的叱責,如:

(18)聞喚王聲,即便懀言:"叱! 汝是誰?"答言:"我是貝耳伏藏。"(卷 9)|時執杖釋,作色瞋忿,罵耶輸陀羅:"叱,爾凡鄙可愧之甚! 辱我種族,有何面目,我等前立!"(卷 10)

2. 咄,咄哉

該組歎詞均用於表達不滿、感慨或呵斥,如:

(19)天神言:"咄! 鸚鵡,汝何以癡! 千里之火寧爲汝兩翅水滅乎?"(舊署三國吴康僧會譯《舊雜譬喻經·卷上》)|次復前行,見捕魚師,張設羅網,所得甚多,積著陸地,趣能動摇。復問其故:"咄! 何以爾?"各前答言:"祖父已來,無餘生業,唯仰捕魚,賣供衣食。"(元魏慧覺等譯《賢愚經·卷 8》)|如昔波羅奈國,有王名梵譽,常於夜半聞塚間喚聲,喚言:"咄,王!咄,王!"如是一夜,三聞其聲。(《雜寶藏經·卷 9》)

(20)於是駒那羅觀掌中眼而作念言:"咄哉! 此眼,汝今何故不觀色也?"(西晉安法欽譯《阿育王傳·卷 3》)|諸小王等及諸大臣皆作是言:"咄哉! 愚人! 如何自割身體支節,令諸自在一旦衰滅,其餘肉摶復何所直?"(北涼曇無讖譯《悲華經·卷 10》)

連用兩個"咄"比單用所表達的不滿情緒更爲强烈,這是中古時期産生的新的表達形式,如:

(21)師徒益怖,皆言:"咄!咄! 殺是大沙門。"(三國吴支謙譯《太子瑞應本起經·卷下》)|於中有一衆生自有稻穀,而入他田竊取他稻。其主見已,便作是語:"咄!咄! 弊惡衆生,云何作是? 汝自有稻,而入他田竊取他稻。汝今可去,後莫復作。"(東晉僧伽提婆譯《中阿含經·卷 39》)|即語臣言:"咄!咄! 我遣汝入寺,欲令衆僧和合説戒,何以專輒而殺衆僧?"(蕭齊僧伽跋陀羅譯《善見律毘婆沙·卷 2》)

3. 嗚呼、嗚呼嗚呼

"嗚呼"在上古漢語常用,沿用至中古時期,仍主要用以表達悲愁哀傷的情感。如:

(22)是諸衆生見聞是已,心大憂愁,同時舉聲,悲啼號哭:"嗚呼! 慈父。痛哉苦哉!"舉手拍頭,搥胸叫喚。(北涼曇無讖譯《大般涅槃經·卷 1》)

但在譯經中,"嗚呼"還可以表達喜悦快樂的情感,這是上古漢語中所不曾見的。如:

(23)時化比丘,還復本身,深生歡喜:"嗚呼! 佛法極精妙!"(姚秦鳩摩羅什譯《大莊嚴論經·卷 7》)|心得自在,坐卧去住,無有障礙,三時唱言:"嗚呼! 快樂!"如是三稱。(隋闍那崛多譯《佛本行集經·卷 59》)

連用的"嗚呼! 嗚呼!"所表達的情感更爲强烈,如:

(24)太子憐愍彼諸衆等,亦復如是。見是事已,起大慈悲,即從馬王揵陟上下。下已,安庠經行,思念諸衆生等,有如是事,即復唱言:"嗚呼!嗚呼! 世間衆生,極受諸苦。"(隋闍那崛多譯《佛本行集經·卷 12》)

4.～哉

由形容詞與感歎語氣詞組成的凝固形式"～哉"也是用來表達强烈感歎情緒的常見方式,與歎詞的作用相當,是一個相對開放的形類。上古漢語便經常使用,在中古譯經中形式更加豐富,有的已凝固成爲慣用格式。常見的有"善哉、奇哉、怪哉、異哉、祸哉、苦哉、痛哉、甚哉、美哉、怨哉、哀哉"等,不煩舉例。

此外,歎詞"嗚呼"與"～哉"經常連用,組成相對固定的格式,常見的有"嗚呼奇哉、嗚呼苦哉、嗚呼哀哉、嗚呼痛哉"等,如:

(25)彼聞此經,即自起往,舉聲稱怨:"嗚呼痛哉!嗚呼,何以劇乎!"(西晉竺法護譯《生經·卷3》)|菩薩心定,顔無異相,猶如師子處於鹿群。皆悉歎言:"嗚呼奇哉!未曾有也,菩薩決定當成正覺。"(劉宋求那跋陀羅譯《過去現在因果經·卷3》)

4.2 中古譯經的應答引導語

同上古漢語相比,中古譯經中使用的應答引導語更加豐富,有多種表達方式。這些表達形式有一部分是上古漢語的沿用,如"善、甚善;然;諾、敬諾;唯、唯唯"等,還有一部分則是中古時期新産生的。下面根據組成應答引導語的形式類别分别描寫和討論。

1.動詞及其否定形式充當應答引導語

針對謂語部分的提問,以問句中主要謂語動詞本身的肯定或否定形式來應答。存現動詞"有"、判斷動詞"是"較爲常見,其他及物動詞和非不及物動詞也不鮮見。如:

(26)比丘即往問姊妹:"有比丘來到此中耶?"答言:"有。"(東晉佛陀跋陀羅共法顯譯《摩訶僧祇律·卷29》)|即語之言:"妹此室中有利刀不?我今須之。"彼答言:"有。"(元魏佛陀扇多譯《銀色女經》)

(27)又問:"汝是阿羅漢非?"答言:"是。"(劉宋佛陀什共竺道生等譯《彌沙塞部和醯五分律·卷30》)|爾時,世尊遥知此兒善根已熟,將諸大衆,往到尸所。告小兒言:"汝是長老比丘不?"答言:"實是。"(三國吴支謙譯《撰集百緣經·卷10》;按,此例"是"前有表確認的語氣副詞"實"加强判斷。)

(28)時有盜賊偷牛,夜在尸陀林中,殺噉有殘,語林中坐禪比丘言:"尊者須肉不?"答言:"須。"即與滿鉢。(東晉佛陀跋陀羅共法顯譯《摩訶僧祇律·卷30》)|乃至佛問:"作淨不?"答言:"作。"(東晉佛陀跋陀羅共法顯譯《摩訶僧祇律·卷31》)|佛復語言:"我今問汝,隨意答我。汝在家時善彈琴不?"答言:"善。"(劉宋佛陀什共竺道生等譯《彌沙塞部和醯五分律·卷21》;按,此例中的"善"爲動詞,猶"喜歡"。)|時諸夫人送食往餉,阿闍世問:"父王故活耶?"答言:"活。"(姚秦竺佛念譯《鼻奈耶·卷5》)|彼取食已,復問之言:"妹爲飽不?"彼答言:"飽。"(元魏佛陀扇多譯《銀色女經》)|彼比丘尼得已,還到所住處。諸比丘尼問言:"汝得衣不?"答言:"得。"又問:"從誰得?"答言:"偷羅難陀。"(劉宋佛陀什共竺道生等譯《彌沙塞部和醯五分律·卷12》)

否定形式的用例如：

(29)時二十億胡跪白佛："願聽出家，受具足戒。"佛言："父母聽汝未?"答言："未。"佛言："父母不聽，不得出家。"(劉宋佛陀什共竺道生等譯《彌沙塞部和醯五分律·卷21》)

需要注意的是，當答語爲一個主謂結構或述賓結構組成的完整句子時，我們不將其看作是應答引導語，而是當作完整自足的應答句，如：

(30)復問："汝識難陀不?"答言："我不識。"(東晉佛陀跋陀羅共法顯譯《摩訶僧祇律·卷11》)

2.助動詞及其否定形式充當應答引導語

经常充當應答引導語的助动词主要是"可、能、得"，比较而言，"可"使用的范围和频率更高一些，且有進一步的引申用法。"得"作應答引導語是中古時期新産生的用法。

可/不可

"可"作應答引導語有兩種用法，一是直接就問話中出現的助動詞"可"或其他表能性的助動詞如"堪""當"等作出肯定或否定的應答。如：

(31)"唯然，世尊，我豈堪任而説之乎?"告曰："可也。"(西晉竺法護譯《正法華經·卷3》)|供養訖畢，即説經曰："廁前日之污豈可於飯乎?"對曰："不可。"(三國吴康僧會譯《六度集經·卷4》)

二是就對話方所説的内容做出肯定或同意的回應，是一種附和性的應答引導語，猶"好的"。這種用法不是針對動作行爲的能否作答，且對話方所説的話語中並不一定要出現相應的助動詞"可"或其他助動詞，因此可看作是"可"助動詞用法的進一步引申和虚化，如：

(32)俱共詣佛，稽首白佛言："今我五百弟子以有信意，願欲離家除鬚髮，受佛戒。"佛言："可，諸沙門來。"迦葉及五百弟子鬚髮自墮，皆成沙門。(三國吴支謙譯《瑞應本起經·卷下》)|有一鳥言："秃梟應爲王。所以者何? 晝則安静，夜則勤伺，守護我等，堪爲王者。"衆咸言："可。"(東晉佛陀跋陀羅共法顯譯《摩訶僧祇律·卷7》)

能/不能

肯定形式的應答引導語"能"通常是針對問話中出現的帶有助動詞"能"的句子所作的相應回答。如：

(33)問言："汝能不?"答言："能。"(姚秦弗若多羅共羅什譯《十誦律·卷16》)|王唤外甥："汝能往閻浮利地波咤利弗國，請僧伽蜜多及取菩提樹不?"即答言："能。"(蕭齊僧伽跋陀羅譯《善見律毘婆沙·卷3》)

否定形式的應答引導語"不能"則既可以是針對問話中帶有助動詞"能"的句子所作的相應回答，如：

(34)佛語其父言："若人解脱於漏，寧能還受欲不?"答言："不能。"(劉宋佛陀什共竺道生等譯《彌沙塞部和醯五分律·卷15》)

也可以是就對話人所提要求做出的拒絕性應答。如：

(35)時長者自往耆婆童子所，語言："爲我治病，當雇汝百千兩金。"答言："不能。"復重語言："與汝二百三百四百千兩金。"答言："不能。"(姚秦佛陀耶舍共竺佛念等譯《四分律·卷40》)

得/不得

(36)時，尊者優波離知時而問世尊："病比丘得囑與人物不？"佛言："得。"(東晉佛陀跋陀羅共法顯譯《摩訶僧祇律·卷31》)|"是三種藥，手受口受，不病得服不？"佛言："不得。""是三種藥，手受口受，病得服不？"佛言："得。"(姚秦弗若多羅共羅什譯《十誦律·卷26》)

3.形容詞充當應答引導語

"善""佳""好"是一組意義相近的形容詞。"善"在上古漢語就已用作應答引導語，中古時期繼續沿用；"佳""好"則是中古時期新産生的應答引導語形式，在中古譯經里很常見。該組形容詞均用以表示贊同或附和對方的觀點、意見，犹"好的"。有時，形容詞前有程度副詞"甚""大"等修飾成分。

善，甚善，大善

(37)"云何作衣？"居士答言："作如是衣。"跋難陀釋子言："善。"(姚秦弗若多羅共羅什譯《十誦律·卷6》)|是時，釋提桓因語毘沙門天王曰："汝亦可佐此梵志，辦此食具。"毘沙門報曰："甚善，天王。"(東晉僧伽提婆譯《增壹阿含經·卷26》)|守門者白王言："外有梵志，姓駒夷，欲見王。"王言："大善。"便請前坐。(三國吴支謙譯《佛説義足經·卷上》)

佳，大佳

(38)王告夫人："子生非凡，吾國有道人，名曰阿夷，年百餘歲，耆舊多識，明曉相法。今欲共行相子，可乎？"夫人曰："佳。"(三國吴支謙譯《太子瑞應本起經·卷上》)|"檀越若下意者，聽我説譬喻。"報曰："大佳，願欲聞之。"(姚秦竺佛念譯《出曜經·卷15》)

好

"好"是中古譯經中新産生的應答引導語，表肯定或附和，一直沿用至現代漢語。但在中古時期"好"前尚未出現程度副詞"甚""大"等修飾成分。

(39)語婆羅門言："我已示竟。"婆羅門言："好，更可示餘房舍。"(東晉佛陀跋陀羅共法顯譯《摩訶僧祇律·卷1》)|"汝喜欲得受齋戒不？欲得財物施佛像不？"悉答言："好。"(元魏慧覺等譯《賢愚經·卷4》)

"善"和"好"除用於對上句所涉事件内容進行肯定性的贊許應答外，另一種常見用法是针對上句中的性質形容詞"善""好"本身進行肯定或否定的評斷。這種用法的"善"和"好"意義仍比較實，語法化程度比較低。如：

(40)復問："是罪爲善？不善？"答言："不善。"(北涼曇無讖譯《大般涅槃經·卷26》)

(41)於諸比丘尼前言:"看我師與我作是衣好不?"諸比丘尼言:"好。"(姚秦弗若多羅共羅什譯《十誦律·卷12》)|又問:"琴弦急時,聲調好不?"答言:"不好。"又問:"琴弦緩時,聲調好不?"答言:"不好。"(劉宋佛陀什共竺道生等譯《彌沙塞部和醯五分律·卷21》)

4. 謂詞性代詞及其否定形式充當應答引導語

中古譯經中謂詞性代詞"然""爾"常用作應答引導語,表示認同、贊許對話方的意見或以肯定的形式回答對方的疑問。有時代詞前有表確認的語氣副詞"實""審"等修飾成分。否定形式爲"不然""不爾"。

然(實然,審然)/不然

"然"作應答引導語沿用自上古漢語,但"實然""審然"則是中古時期才産生的。

(42)王言:"善哉!善哉!如世尊言,我已有福,我國界中乃有持法上富之人。"佛言:"然。亦多有真人在王界内。"(三國魏白延譯《佛説須賴經》)|太子又問:"吾亦當爾,不免此患耶?"答曰:"然,生必有老,無有豪賤。"(姚秦佛陀耶舍共竺佛念譯《長阿含經·卷1》)

(43)菩薩報言:"希有此事。尊者前説,後受於有,何故復言更不還也?"阿羅邏言:"實然,仁者,此大希有。"(隋闍那崛多譯《佛本行集經·卷22》)|世尊知而告此摩訶羅比丘曰:"汝實斫此樹耶?"時摩訶羅比丘内懷慚愧,外則恥衆,右膝著地,叉手白世尊言:"審然,世尊。"(姚秦竺佛念譯《鼻奈耶·卷4》)

"不然"爲否定性的應答引導語,一般不自足,後面需要跟進一步的解釋或説明。如:

(44)抆淚而曰:"吾聞新王募吾甚重,子取吾首可獲重賞。"答曰:"不然,遙服天王,仁濟衆生,潤等天地,故委本土,庶蒙自濟,今勑斬首,不敢承命矣。"(三國吴康僧會譯《六度集經·卷1》)|時有女人,見淨飯王已入園内,抱持菩薩,將詣王所,作如是言:"童子今可敬禮父王。"王言:"不然,先遣禮我師婆羅門,然後見我。"(隋闍那崛多譯《佛本行集經·卷8》)

爾(實爾,審爾)/不爾

"爾"是中古譯經中新産生的應答引導語,"爾"前還可以有表確認的副詞"實""審"等限定成分構成"實爾""審爾"。有兩種主要用法:

1)用在回應上句爲疑問句的答語中,是針對問話人所提問題或疑問表示認可或確認時的肯定性應答,既可以本身構成完整自足的應答,也可以作爲引導語,引出後面進一步申述或説明的話語。如:

(45)往見已,便識,問言:"尊者已出家耶?"答言:"爾。"(東晉佛陀跋陀羅共法顯譯《摩訶僧祇律·卷24》)|佛言:"善男子,汝今欲知如來祕藏真實義不?"迦葉言:"爾,我今實欲得知如來祕藏之義。"(北涼曇無讖譯《大般涅槃經·卷8》)

(46)佛以是事集比丘僧,問慈地:"汝實以無根波羅夷謗陀婆不?"答言:"實爾,世

尊。"(劉宋佛陀什共竺道生等譯《彌沙塞部和醯五分律·卷3》)|世尊知而問賓頭盧:"汝審爲此事耶?""審爾,世尊。"(姚秦竺佛念譯《鼻奈耶·卷6》)

2)用於對祈使句或陳述句中説話人所吩咐或指令所做的遵從性肯定答復,主要表達對説話人意見和观点的附和、贊同,猶"是的""好的""確實如此",比第一種用法語法化程度更高。只有"爾"和"實爾"有這種用法,"審爾"未見此種用法。如:

(47)佛即語阿難:"盈長衣中取五衣與是比丘尼。"阿難言:"爾。"即盈長衣中取五衣與之。(姚秦弗若多羅共羅什譯《十誦律·卷6》)|母即歡喜,疾入婦房,語新婦言:"汝速莊嚴,著耶舍本所愛樂嚴身之服,與之相見。"新婦答言:"爾。"即便莊嚴,如教所勅。(東晉佛陀跋陀羅共法顯譯《摩訶僧祇律·卷1》)

(48)既坐上已,語迦葉言:"此衣輕軟。"迦葉白佛:"實爾,世尊。唯願世尊,憐愍我故,當受此衣。"(失譯人名今附秦録《别譯雜阿含經·卷6》)

兩個"實爾"連用,謙恭附和的語氣更强。如:

(49)作是念已,時婆羅門即詣佛所,問訊已訖,在一面坐,白佛言:"瞿曇,我從阿難聞説此偈,如我思惟。此偈句義,非人所作。"佛告婆羅門:"實爾,實爾,實是非人之所宣説,非人所造。"(失譯人名今附秦録《别譯雜阿含經·卷14》)

"不爾"則表示不予認可或承認,同樣既可以對問句給予否定性回答,也可以對説話人在陳述句中所做的推斷或提議等給予否認或反駁。前者的用例如:

(50)問曰:"十善道能令一切從他聞者皆作聲聞耶?"答曰:"不爾,若無大悲心,十善道能令此人至聲聞地。若有菩薩從諸佛聞法,以有大悲心故,十善道不能令至聲聞地。"(姚秦鳩摩羅什譯《十住毘婆沙論·卷14》)

後者的用例如:

(51)"佛契經説,如來世尊先當成二業,一眼知色,二耳知聲。愚者錯聞一者謂如來著色,二者謂如來貪聲,如來聲者如梵羯毘鳥。"佛言:"不爾,吾所説異義不如此。"(姚秦竺佛念譯《出曜經·卷21》)|其女白母:"我不欲嫁,樂修梵行。"母言:"不爾,男女之法,要有嫁娶。"(東晉佛陀跋陀羅共法顯譯《摩訶僧祇律·卷5》)

5.組合形式的應答引導語

中古譯經中由助動詞"可"與指代詞"爾"組成的"可爾",由動詞"如"與指代詞"是"組成的"如是",均可充當應答引導語。

可爾

"可爾"由助動詞"可"與代詞"爾"組合而成,本來的意思是"可以如此""可以這樣",各自還保留著原來的意義,比較實,如:

(52)諸比丘往巧師舍,語言:"我欲寄宿,可爾不?"報言:"可爾。"(姚秦佛陀耶舍共竺佛念等譯《四分律·卷18》)

隨着時間的推移和使用頻率的增加,"爾"原有的指代義越來越虚化,"可爾"逐漸凝固爲一個整體,成爲應答引導語,用來表示認可同意或附和對方的看法,猶今語"好啊""好的"。如:

(53)爾時,夫婦二人竭力營造,至十三日食具悉備,送置寺上,白知事人言:"唯願大德,明十五日勿令衆僧有出外者,當受我請。"彼知事人答言:"可爾。"(姚秦鳩摩羅什《大莊嚴論經·卷15》)|王告獵者:"我今急須金色鹿皮持用作褥,卿等爲吾疾速求之。"獵師答王:"願聽小還,共論此事。"王曰:"可爾。"(東晉佛陀跋陀羅共法顯譯《摩訶僧祇律·卷1》)

如是(如是,如是)

"如是"由動詞"如"與指代詞"是"組成,但在中古譯經對話語境中已經虚化,凝固爲一個整體,成爲這一時期新産生的應答引導語。主要有兩種用法。

1)當用於上句爲疑問句的問答語境時,作爲應答引導語的"如是"表示對問話内容的認可,猶"是的"。如:

(54)爾時,彼長者子白世尊言:"不審宿昔之中得善眠乎?"世尊告曰:"如是,童子,快善眠也。"(東晉僧伽提婆譯《增壹阿含經·卷20》)|爾時,世尊告婆悉吒曰:"汝等二人出婆羅門種,以信堅固於我法中出家修道耶?"答曰:"如是。"(姚秦佛陀耶舍共竺佛念譯《長阿含經·卷6》)

2)當用於上句爲陳述句或祈使句的對話語境時,作爲應答引導語的"如是"表示秉承指令或附和對方意見,猶今語"好的""是的"。如:

(55)爾時,世尊告一比丘:"汝往呼此二比丘使來。"比丘對曰:"如是,世尊。"(東晉僧伽提婆譯《增壹阿含經·卷22》)|白佛言:"佛是我世尊,我是佛弟子。"如是三説。佛亦復言:"如是,迦葉,我是汝世尊,汝是我弟子。"亦復三説。(失譯人名今附秦録《别譯雜阿含經·卷6》)

有時兩個"如是"連用作爲應答引導語,表示認可的語氣更爲强烈,猶今語"是的,是的""好啊,好啊"。如:

(56)爾時,欲色界諸天子白佛言:"世尊,般若波羅蜜甚深,難解難知。"佛言:"如是,如是。諸天子,般若波羅蜜甚深,難解難知。以是義故,我欲默然而不説法。"(姚秦鳩摩羅什譯《小品般若波羅蜜經·卷6》)|阿難白佛:"彼惡比丘非沙門,自言沙門,常作不淨,心已敗壞。我若獨往,彼必肆惡,隨意惱我。"佛告阿難:"如是,如是,如汝所説。"(劉宋佛陀什共竺道生等譯《彌沙塞部和醯五分律·卷3》)

6. 單純的應答引導語:唯、唯諾、唯然;諾、敬諾

"唯""諾""敬諾"是上古漢語既已使用的應答引導語,在中古譯經中繼續沿用下來,但用法上有新的變化。上古漢語中的"唯唯"不再使用,"唯諾""唯然"則是中古譯經中新出現的形式。

唯

譯經中"唯"在句首位置上有兩種用法，一是用作應答引導語，表示遵從指令或附和對方，猶"好的""是的"。這種用法雖沿自上古，但在中古時期已經很少使用了。如：

(57)善生居士子聞父教已，白父曰："唯，當如尊勑。"(東晉僧伽提婆譯《中阿含經・卷33》)

二是用來打招呼，提起後面的話語，使聽者引起注意，猶今語"喂"。這種用法是中古時期新出現的，更爲常見。如：

(58)於是溥首大士白佛："唯，大聖。此諸菩薩恭敬世尊，所當勸悦，難及難及。何時應當爲一切衆説斯經典?"(西晉竹法護譯《正法華經・卷7》)|憶念我昔，曾於林中，宴坐樹下。時維摩詰來，謂我言："唯，舍利弗，不必是坐爲宴坐也。"(姚秦鳩摩羅什譯《維摩詰所説經・卷上》)|於是，王波斯匿以其仁座而讓須賴，而説此言："唯，族姓子，垂恩矜愍坐此仁座。"須賴便坐於彼仁座。(前涼支施崙譯《佛説須賴經》)

下例通過"唯"和"如是，如是"的對比使用，可以看出二者的不同作用：

(59)於是，天王釋及三十三天、五結樂子往詣佛所。時，天王釋稽首佛足，再三自稱名姓，言："唯，大仙人，我是天王釋，我是天王釋。"世尊告曰："如是，如是，拘翼，汝是天王釋。"(東晉僧伽提婆譯《中阿含經・卷33》)

上例中"唯"用於打招呼，啟動話輪，"如是，如是"則用於承接，表示應答，對談話對象作出禮貌性的回應、附和。

唯諾

"唯諾"是由原本分别獨立使用的應答引導語"唯"和"諾"連用組合而成的，是中古譯經中新産生的形式。上古漢語里，"唯"和"諾"雖都是應答引導語，但用法和意義是有細微差别的。《禮記・曲禮上》："父召無'諾'，先生召無'諾'，'唯'而起。"鄭玄注："應辭，'唯'恭於'諾'。"孔穎達正義："父與先生呼召稱'唯'，唯，唏也；不得稱'諾'，其稱'諾'則似寬緩驕慢。但今人稱'諾'猶古人之稱'唯'，則其意急也；今之稱'唏'猶古之稱'諾'，其意緩也。是今古異也。"又《禮記・玉藻》："父命呼，唯而不諾，手執業則投之，食在口則吐之，走而不趨。"孔穎達正義："'唯而不諾'者，應之以'唯'而不稱'諾'，'唯'恭於'諾'也。"中古時期"唯"的使用減少，"諾"的使用越來越多(寫成"唏"的形式在中古譯經未見使用)，當時的人們可能已經感覺不出二者之間這種用法上的區别了，因此"唯"才能與"諾"合成爲一個雙音詞來使用，表示恭敬的應答。① 如：

① 中古時期即使是一般官員對"唯"與"諾"在應答時恭敬程度的差别也已經不甚了然了，以致時有混用的情形，如：(張)楚爲人短小而大聲，自爲吏，初不朝覲，被詔登階，不知儀式。帝令侍中贊引，呼"隴西太守前"，楚當言"唯"，而大應稱"諾"。帝顧之而笑，遂勞勉之。(《三國志・魏書・張既傳》，裴松之注引《三輔決録》)

(60)於時,世尊而告王曰:"復坐,善聽。"王言:"唯諾。"(東漢曇果共康孟詳譯《中本起經·卷下》)|逝心曰:"汝當隨我皆悉徒跣,不得著履。當如奴法,莫得不掩。"王與夫人皆言:"唯諾,從大家教,不敢違命。"(三國吴康僧會譯《六度集經·卷2》)|迦旃延言:"審欲賣者,一隨我語。"答言:"唯諾。"(元魏慧覺等譯《賢愚經·卷5》)

唯然

"唯然"是由"唯"和"然"這兩個不同來源的應答引導詞組合而成的雙音節應答引導語,是中古時期新産生的形式。究其來源,最初"唯"與"然"在應答話語中一起連用,有各自獨立的意義,而且不能作爲一個整體單位使用。上古漢語晚期的《史記》中才開始出現。如:

(61)齊中御府長信病,臣意入診其脈,告曰:"熱病氣也。然暑汗,脈少衰,不死。"曰:"此病得之當浴流水而寒甚,已則熱。"信曰:"唯,然!往冬時,爲王使於楚,至莒縣陽周水,而莒橋梁頗壞,信則擥車轅未欲渡也,馬驚,即墮,信身入水中,幾死,吏即來救信,出之水中,衣盡濡,有閒而身寒,已熱如火,至今不可以見寒。"(《史記·扁鵲倉公列傳》)

東漢以後,"唯然"連在一起使用的情況逐漸增多,意義上"唯"和"然"已不再能夠各自獨立,而需要作爲一個凝固的整體來理解,魏晉六朝時期使用頻率激增,徹底成爲一個完全獨立的應答引導語。上面《史記》的例子可以看作是中古譯經"唯然"連用成詞的先兆。

譯經中"唯然"的用法和出現的語境主要有兩種,一是用於對上句爲疑問句的應答,表示針對所提問題的認可,猶今語"是的"。如:

(62)佛言:"汝等見此童子不?""唯然,已見。"(竺大力共康孟詳譯《修行本起經·卷上》)|師告阿群:"爾欲仙乎?"對曰:"唯然。"(三國吴康僧會譯《六度集經·卷4》)

二是用於對上句爲陳述或祈使句的應答,表示秉承接受指令或贊同,猶今語"好的""遵命"。如:

(63)佛語釋提桓因:"我滅度後,當擁護善法。"釋提桓因白佛言:"世尊,唯然,受教。"(西晉安法欽譯《阿育王傳·卷3》)|爾時,世尊即從座起,小復前行,詣一樹下。又告阿難:"吾背痛甚,汝可敷座。"對曰:"唯然。"尋即敷座。(姚秦佛陀耶舍共竺佛念譯《長阿含經·卷3》)

譯經中,"唯然"除了用于應答外,出現在句首位置上時,也可以表示打招呼,以提示聽者關注後面要表達的内容。如:

(64)昔有一比丘往至世尊所,頭面禮足,叉手白佛言:"唯然,世尊,聽諸比丘露其形體,人間遊化,與世殊異,豈不快耶?"(姚秦竺佛念譯《出曜經·卷15》)

諾

"諾"沿用上古漢語的用法,在中古譯經中用例多見。主要用在對上句爲陳述或祈使句的對話語境,表示接受或秉承指令。如:

(65)爾時,曇無竭菩薩報言:"賢者,善聽。"薩陀波倫菩薩報言:"諾,當善聽。"(東漢

支婁迦讖譯《道行般若經·卷9》)|諸親厚共到父母所，言："聽使去學道，若樂者，可數來往相見；不樂者，便當來歸。"父母言："諾。"見聽已，子便自養視。(西晉法炬譯《前世三轉經》)

偶爾也用於對上句爲疑問句的應答，用例少見，如：

(66)長壽覺之，謂太子曰："彼貪吾國，懷毒而來。群臣以吾一人之身，欲殘民命。今吾委國，庶全天民，其義可乎?"太子曰："諾。"(三國吴康僧會譯《六度集經·卷1》)

除了表示應答外，"諾"在句首位置上還可以作表示祈求或命令的起首引領詞，提起後面的話語，使聽者引起注意。如：

(67)王即聽之，便乘騎到佛所，頭面著佛足竟，一面坐，叉手求願："諾，世尊道德深妙，可現變化，使未聞見者生信意，已聞見者重解，使異學無餘語。"佛語王言："却後七日，當作變化。"王聞歡喜，繞佛三匝而去。(三國吴支謙譯《佛説義足經·卷上》)|目犍連便前作禮，頭面著佛足，便白佛言："諾，閻浮利四輩，飢渴欲見佛。善哉，願尊愍念世間，以時下到閻浮利。"(三國吴支謙譯《佛説義足經·卷下》)

敬諾

"敬諾"雖延續上古漢語的用法，但中古時期用例已大大減少，多見於口語性不太强的譯經如《六度集經》中，表示恭敬的附和應答，猶"遵命""好的"。如：

(68)母曰："可試一行。"婦曰："敬諾。"(三國吴康僧會譯《六度集經·卷6》)|即告王曰："佛力殊勝，不同聲聞。聲聞入定，乃有神足。自後見我，勿投象也。"王言："敬諾。"(元魏吉迦夜譯《付法藏因緣傳·卷1》)

4.3 歎詞與應答引導語的連用

歎詞和應答引導語除了各自獨立使用外，還可以在應答句中連用。歎词與應答引導語連續使用時，多數情況下歎詞在前，應答引導語在後，起到進一步評價並引導後續句的功能。若是兩個應答引導語連用，通常虚化程度較高的在前，虚化程度較低的在後。這種情況在上古漢語里就出現了，如：

(69)三十六年，王爲東帝，秦昭王爲西帝。蘇代自燕來，入齊，見於章華東門。齊王曰："嘻，善，子來！秦使魏冉致帝，子以爲何如?"(史記·田敬仲完世家)|當道者曰："主君之疾，臣在帝側。"簡子曰："然，有之。子之見我，我何爲?"當道者曰："帝令主君射熊與羆，皆死。"(《史記·趙世家》)

在中古譯經中，也有不少用例。如：

(70)太子言："諾，大善！願以相與。"即勅左右被象金鞍疾牽來出。(西秦聖堅譯《太子須大拏經》)|佛告阿難："汝當善思，我今説之。"阿難對曰："如是，諾。當善聽。"(元魏慧覺等譯《賢愚經·卷2》)

五　中古譯經歎词和應答引導語與同時期本土文獻的比較

5.1　譯經歎詞與本土文獻歎詞的比較

同上古漢語相比，整個中古時期，無論是本土文獻還是漢譯佛經文獻，歎詞的使用都大爲減少，反映了歎詞系統從上古到中古高度簡化的大趨勢。兩類文獻在這一點上具有較高的一致性，差别不是很大。

譯經文獻中出現的歎詞只有“叱、咄、嗚呼”等少數幾個，基本上都是從上古漢語繼承下來的。除“嗚呼”外，其他歎詞使用頻率不高，有的甚至只出現在特定的譯經中。

從我們調查的幾部中古本土文獻(《論衡》、《三國志》及裴松之注、《世説新語》及劉孝標注、《抱樸子(外篇)》、《宋書》)來看，歎詞的數目雖然比譯經文獻要稍多一些，計有“噫，咄，惡，嗚呼，嗟乎、嗟夫，嘻(嘻乎)”等，但除“嗚呼”外，其他歎詞的使用頻率均很低。

噫

在所調查的上述幾部本土文獻中只使用了 3 次：

(71)顔淵死，子曰：“噫！天喪予！”此言人將起，天與之輔；人將廢，天奪其佑。(《論衡・問孔》)|先主聞飛都督之有表也，曰：“噫！飛死矣。”(《三國志・蜀書・張飛傳》)|王孝伯問謝太傅：“林公何如長史？”太傅曰：“長韻與。”問：“何如劉尹？”謝曰：“噫！劉尹秀。”(《世説新語・品藻》)

上面所舉《論衡》的例子引自《論語・先進》，不能算作王充自己使用的語言。若去掉這個例子，則本土文獻只使用 2 次“噫”。

咄

在對話語境中用作歎詞只出現 3 次，如：

(72)姜敘舉室感悲，敘母曰：“咄！伯奕，韋使君遇難，豈一州之恥，亦汝之負，豈獨義山哉？汝無顧我，事淹變生。人誰不死？死國，忠義之大者。但當速發，我自爲汝當之，不以餘年累汝也。”(《三國志・魏書・辛毗楊阜高堂隆傳》，裴松之注引皇甫謐《列女傳》)|後于張輔吴坐中相遇，别駕喚恪：“咄，咄，郎君。”恪因嘲之曰：“豫州亂矣，何咄咄之有？”(《世説新語・排調》)

惡

只在《世説新語》中出現 1 次：

(73)劉真長與殷淵源談，劉理如小屈，殷曰：“惡！卿不慾作將善雲梯仰攻？”(《世説新語・文學》)

嘻(嘻乎)

只在《論衡》中出現 3 次，《三國志》裴松之注中 2 次，如：

(74)從者以聞,簡子召之,曰:"嘻! 吾有所見子游也。"(《論衡·紀妖》)|若士者蓋然而笑曰:"嘻乎! 子中州民,寧肯而遠至此?"(《三國志·蜀書·郤正傳》,裴松之注引《淮南子》)|芝性好弩,手自射猿,中之。猿拔其箭,卷木葉塞其創。芝曰:"嘻! 吾違物之性,其將死矣!"(《三國志·蜀書·鄧芝傳》,裴松之注引《華陽國志》,按,另外《宋書·五行志·五》亦有同様記載,顯然出處相同。)

不過,《論衡》中的3例和《三國志》裴松之注所引《淮南子》的用例均引自上古典籍,嚴格來講不能算是中古時期口語中實際使用的語言形式。因此,"嘻"真正在我們所考察的中古時期本土文獻里則實際上只出現1次。

嗟乎,嗟夫

雙音節歎詞"嗟乎""嗟夫"只在中古本土文獻使用,用例亦很少,其中"嗟乎"在《論衡》中只出現1次,且引自先秦文獻,在《三國志》及裴注中出現3次;"嗟夫"在《三國志》和《宋書》中各使用1次。如:

(75)客具報,王大駭曰:"嗟乎! 淳于生誠聖人也。"(《論衡·知實》)|帝見波濤洶涌,歎曰:"嗟乎! 固天所以隔南北也!"遂歸。(《三國志·吴書·吴主傳》裴松之注引《吴録》)|嗟夫! 六蓺以宣聖教,九流以判賢徒。(《宋書·謝靈運傳》)

5.2 中古時期歎詞系統簡化的原因

歎詞系統在中古時期的簡化可能是多種因素造成的,需要進一步探討。從簡化的結果來看,大部分上古漢語的歎詞消失了,保留下來的也缺乏活力。還有一種情況是,上古原有的歎詞在中古時期單獨或與其他歎詞或動詞結合爲雙音詞,轉變了詞性,成爲動詞。比如"叱",單用或與其他同類動詞組成雙音詞"叱叱、呵叱、叱喚"等,均作動詞。如:

(76)爾時,密迹金剛力士瞋目叱之:"此是何人,而汝妖媚敢來觸嬈!"(姚秦鳩摩羅什譯《大智度論·卷14》)|時彼婬女左右侍從,見斯事已,深自慶幸,叱叱而言:"我等今者,所作甚善,能使衆會注意乃爾。"(姚秦鳩摩羅什譯《大莊嚴論經·卷4》)|世尊見而告曰:"不得呵叱人入室坐。"(姚秦竺佛念譯《鼻奈耶·卷10》)|時守門人見之問言:"鉢中何物而不示之?"又復叱喚,畏而示之。(東晉佛陀跋陀羅共法顯譯《摩訶僧祇律·卷40》)

再如"咄",在中古譯經中,"咄"除了在對話語境作爲一種直接的言語行爲以歎詞形式用以表達强烈的不滿情緒外,已主要用作動詞,後接對象賓語或言語動詞。如:

(77)憂惱不悦樂,咄此有爲法,流遷不常住。(姚秦佛陀耶舍共竺佛念譯《長阿含經·卷3》,"咄此有爲法"猶"嘆此有爲法")|瞿波利後至入於廟内,見有女人顔貌端正,作弄女姿,像如犯婬,有不淨在地。咄曰:"禍災未曾所見,云何舍利弗、目連等自稱智慧神足,誇世獨步,神通智達,謂爲第一,今乃與此放牛女人犯婬交接!"(姚秦竺佛念譯《出曜經·卷10》)

"咄叱、咄嗟、咄咤、咄唶"等雙音詞,都不再以歎詞的身份用於對話語境中,而是作爲動

詞來使用。甚至連用的"咄咄"有的也轉變了詞性和用法,作動詞,而"咄咄逼人""咄咄怪事"等則已成爲習語或成語。如:

(78)病困之時,仇在其旁,不能咄叱,人盜其物,不能禁奪,羸弱困劣之故也。(《論衡·論死》)|咄叱之頃,已成果證。(舊署後漢支婁迦讖譯《雜譬喻經》)|是時,阿難聞此語已,悲泣哽噎,不能自勝,並作是語:"咄嗟老至,乃至於斯!"(東晉僧伽提婆譯《增壹阿含經·卷18》)|(孫權)欲數見其顔色,又恐勞動,常穿壁瞻之,見小能下食則喜,顧左右言笑,不然則咄唶,夜不能寐。(《三國志·吴書·吕蒙傳》)

又如"嗟",中古時期在譯經文獻和本土文獻裏均沒有歎詞用法,只有動詞用法。譯經中未見雙音節歎詞"嗟乎、嗟夫",而"嗟"跟其他詞結合構成的雙音詞如"嗟歎、歎嗟、咄嗟、呼嗟、吁嗟、怨嗟、咨嗟、諮嗟、糢嗟"等在譯經文獻和本土文獻中也都用作動詞。

5.3　譯經應答引導語與本土文獻應答引導語的比較

中古時期本土文獻應答引導語無論從類型數量還是從使用頻率上看,都比譯經文獻少很多。譯經中常見的以動詞、助動詞、形容詞及其否定形式充當應答引導語的情況在本土文獻中使用的並不多。以助動詞"可"及否定形式"不可"爲例,"可"作應答引導語在《論衡》中出現3例,均用於直接引述先秦舊籍的場合;在《宋書》中出現4例,主要用於儀式化的應答場合,如:

(79)沈同以其私問曰:"燕可伐與?"孟子曰:"可。"(《論衡·刺孟》)|皇帝服衮冕之服,升太極殿,臨軒南面。謁者前北面一拜,跪奏:"大鴻臚臣某稽首言,群臣就位,謹具。"侍中稱制曰:"可。"謁者贊拜,在位皆再拜。(《宋書·禮志一》)

否定形式"不可"在《論衡》中出現2例,也是用於直接引述先秦文獻;在《宋書》中只使用1次。如:

(80)公曰:"清徵可得聞乎?"師曠曰:"不可!古之得聽清徵者,皆有德義君也。今吾君德薄,不足以聽之。"(《論衡·紀妖》)|道規等兵不滿萬人,而玄戰士數萬,衆並憚之,欲退還尋陽。道規曰:"不可!彼衆我寡,强弱異勢。今若畏懦不進,必爲所乘,雖至尋陽,豈能自固。(《宋書·宗室列傳·臨川烈武王道規》)

以謂詞性指代詞"然""爾"及其否定形式"不然""不爾"作應答引導語的用例在本土文獻中也不多見。如:

(81)簡子屏人。當道者曰:"日者主君之病,臣在帝側。"簡子曰:"然,有之。子見我何爲?"(《論衡·紀妖》)

(82)初,見謝失儀,而色自若。坐上賓客即相貶笑。公曰:"不然,觀其情貌,必自不凡,吾當試之。"(《世説新語·雅量》)|鴻臚孔群好飲酒,王丞相語云:"卿何爲恆飲酒,不見酒家覆瓿布,日月糜爛?"群曰:"不爾,不見糟肉,乃更堪久。"(《世説新語·任誕》)

由助動詞與謂詞性指代詞"可爾"組合而成的應答引導語在本土文獻中也只偶或一見,如:

(83)王僧彌、謝車騎共王小奴許集,僧彌舉酒勸謝云:"奉使君一觴。"謝曰:"可爾。"僧彌勃然起,作色曰:"汝故是吴興溪中釣碣耳,何敢诪張!"(《世説新語·雅量》)

單純的應答引導語在中古本土文獻中最常使用的是"諾",但用例相較於譯經文獻要少得多,且已沒有使用上的尊卑限制,下對上、上對下均可使用。《論衡》5例,《三國志》及裴注3例,《宋書》2例。如:

(84)召師涓而告之曰:"有鼓新聲者,使人問,左右盡報弗聞,其狀似鬼,子爲我聽而寫之。"師涓曰:"諾!"因静坐撫琴而寫之。明日報曰:"臣得之矣,然而未習,請更宿而習之。"靈公曰:"諾!"(《論衡·紀妖》)|謙至,或又謂謙曰:"足下輕辱三公,罪自己作,今蒙釋宥,德莫厚矣;宜降志卑辭以謝之。"謙曰:"諾!"(《三國志·蜀書·陶謙傳》,裴松之注引《吴書》)|前廢帝嘗戲云:"顯度刻虐,爲百姓所疾,比當除之。"左右因倡:"諾!"即日宣旨殺焉。(《宋書·恩倖列傳》)

上引《論衡》例子的這段對話出現了兩處"諾",前一處爲下對上(師涓對靈公),後一處爲上對下(靈公對師涓),可見"諾"在中古時期的本土文獻中確實已經是一個通用的應答引導語。

上古漢語中另一個比"諾"恭敬義更强的應答引導語"唯"在中古本土文獻裏已經基本上不再使用了,我們只在《三國志》裴注裏發現1例①,如下:

(85)皓獨言:"若爾,當以奴謝百姓。"衆因曰:"唯!"遂並起收昏。(《三國志·吴書·三嗣主傳》,裴松之注引干寶《晉紀》)

六 結語

通過對中古漢譯佛經歎詞和應答引導語的描寫和梳理,并將其與上古漢語及中古時期本土文獻進行比較,我們注意到,譯經的歎詞和應答引導語系統有一些比較顯著的特色。主要體現在以下兩個方面:(一)就歎詞系統而言,中古譯經的歎詞系統内部成員基本上承繼於上古漢語,但較上古漢語已經大爲簡化,不僅表現爲詞項減少,而且使用頻率也大幅降低。除了"嗚呼"及與之相關的"嗚呼~哉"等少數詞項使用頻率較高外,其他成員用例都不多。同時期的本土文獻在這點上與譯經文獻比較一致,且都再未有新的成員加入。這説明,從上古到中古,漢語的歎詞系統整體呈現出簡化趨勢。(二)應答引導語在譯經中得到更爲廣泛的使用,類型和類型内部的成員數量均比上古漢語更加豐富多様;在詞項類型及使用頻率方面也明顯高於同時期的本土文獻。出現了一批僅在譯經文獻裏使用的應答引導語如"好"

① 另有1例"唯唯"用於敘述文字而非對話語境,即:孫綝廢幼主,迎立琅邪王休。休未至,綝欲入宫,圖爲不軌,召百官會議,皆惶怖失色,徒唯唯而已。(《三國志·吴書·虞翻傳》,裴松之注引《會稽典録》)

"佳""爾""如是"等。

歎詞和應答引導語系統在中古譯經中所體現出的這些特點應該是譯經語料口語性强的具體表現,它們比同時期接近口語的一些本土文獻更能反映中古時期漢語的實際面貌。

參考文獻

郭　鋭　2002　《現代漢語詞類研究》,北京:商務印書館。

劉春萍　2015　《出土戰國文獻歎詞研究》,《寧夏大學學報》第 5 期。

劉丹青　2011　《歎詞的本質——代句詞》,《世界漢語教學》第 2 期。

劉寧生　1987　《歎詞研究》,《南京師範大學學報》第 3 期。

廖振佑　1988　《試論〈尚書〉中歎詞的作用及其影響》,《南昌大學學報》第 3 期。

吕叔湘　1982(1944)　《中國文法要略》,北京:商務印書館。

武振玉　2009　《先秦漢語歎詞試論》,《吉林師範大學學報》第 5 期。

肖麗華　2011　《現代漢語歎詞研究》,汕頭大學碩士學位論文。

章　天　2010　《古代漢語感歎詞研究》,内蒙古大學碩士學位論文。

中國社會科學院語言研究所古代漢語研究室　1999　《古代漢語虛詞詞典》,北京:商務印書館。

朱德熙　1982　《語法講義》,北京:商務印書館。

Interjections and Answering Guide Words in Medieval Chinese Translation of Buddhist Scriptures

ZHAO Changcai

Abstract: Based on the medieval Chinese translation of Buddhist scriptures, this paper examines the uses of interjections and answering guide words, and compares them with the local Chinese literature of the same period. On this basis, we try to establish an expression system of interjections and answering guide words.

Interjections are mainly used to express a variety of stronger feelings, more than the beginning of the sentence in the conversation, generally independent into a sentence, not with other components of the combination of relations. No matter the ancient Chinese, or the middle Chinese and even modern Chinese, Interjections is a very small closed word category. The answer guide word generally appears in the answer part of the conversation, which can be either the whole content of the answer or just a part of the answer, used for the beginning of the sentence, to guide the content of the latter answer. Although interjections and answering guide words belong to two kinds of words, they play different roles in discourse respectively, but they have certain commonness and connection. So it can be put together for discussion.

Key words: medieval Chinese translation of Buddhist scriptures, interjections, answering guide words

(趙長才　中國社會科學院語言研究所　100732;
中國社會科學院大學人文學院　102488)

漢語轉折詞演變綜論*

張麗麗

提　要　漢語轉折詞數量不少,能表達的轉折關係也豐富多樣,但各轉折詞功能互有重疊,不易區别清楚。本文嘗試從歷史角度釐清相關現象,文中首先區分 10 種轉折關係,並據以探討各轉折詞的歷史發展,最終提出七條演變路徑,以呈現漢語轉折詞的演變動態和現代用法分布。

關鍵詞　轉折詞　轉折關係　連詞　關聯副詞　關聯詞

1　序言

複句體系中,轉折複句可説是最爲複雜的類型,在學界也引起廣泛討論。現代漢語的轉折複句可以不帶關聯詞,但更常見的是帶有標誌轉折關係的功能詞,而且這些功能詞往往不能隨意略去。這樣的功能詞有四類:轉折連詞、轉折關聯副詞、轉折性語氣副詞和重複副詞,如下所示。例(1)的四組例句均爲轉折複句,其後分句則爲轉折句,這些功能詞都位於轉折句,都不可隨意省略。

(1)a. 他想參加,但不敢開口。

b. 他想參加,卻不敢開口。

c. 他想參加,偏偏不敢開口。

d. 他想參加,又不敢開口。

本文即欲以這四類功能詞爲對象,探討各詞發展出轉折功能的歷史。文中統稱爲“廣義轉折關聯詞”,並簡稱“轉折詞”,討論範圍如下:

(一)轉折連詞,含“但”“只是”“不過”“可”“可是”等。

(二)轉折關聯副詞,含“卻”“倒”“反”等。

(三)轉折性語氣副詞,含“偏”“偏偏”“竟”“竟然”“居然”“不意”“不期”“不料”“不想”等。

* 本文爲“科技部”計劃(MOST105－2410－H－002－186－MY3)的部分研究成果,文中利用下列語料庫檢索資料:“中研院古漢語文獻語料庫”“中研院上古漢語標記語料庫”“中研院中古漢語標記語料庫”“中研院近代漢語標記語料庫”“中研院現代漢語平衡語料庫”,特此聲明致謝。

(四)重複副詞,[①]包含類同義副詞“亦”“也”等,延續義副詞“尚”“猶”“仍”“還”等,以及累加義副詞“又”。

以上四類詞均具備標誌轉折關係的功能,其中前兩類以搭配轉折句爲常態用法,並稱爲轉折關聯詞,二者的差别主要在句法位置上,連詞可出現於主語前,關聯副詞則只能出現於主語後。關聯副詞在標誌複句關係的功能上並不亞於連詞,現代漢語有一些轉折句主要靠關聯副詞標誌,例如:

(2)a. 他快步上台,卻撞倒了麥克風。

b. *他快步上台,但撞倒了麥克風。

(3)a. 他很會開車,反而出車禍。

b. *他很會開車,但是出車禍。

至於轉折性語氣副詞和重複副詞,二者雖不必然用於轉折句,但仍具備標誌轉折關係的作用,而且往往是特定轉折句的必用成分。其實,關聯副詞和語氣副詞差異不大,二者句法位置和句法功能均一致,劉月華等(2001:212)就將“卻”“倒”“反正”等歸入語氣副詞,只是關聯副詞以搭配轉折句爲常,語氣副詞則無此限。此外,搭配轉折句的重複副詞也有虛化爲轉折關聯副詞的跡象,文中將會提出相關論證。

轉折複句與讓步複句關係緊密。讓步詞如“雖然”“盡管”“固然”等與上述轉折詞經常搭配使用,本文稱帶讓步詞的複句爲讓步複句,帶轉折詞的複句爲轉折複句,二者共現或都不出現則視爲兼類情形。雖然這兩種複句常可互通,但並不完全一致。大體而言,轉折複句的範圍要比讓步複句來得廣,下面的轉折複句均無法轉爲讓步複句。

(4)a. 他人很好,只是有點小氣。

b. *雖然他人很好,有點小氣。

(5)a. 家裏正高朋滿座,卻突然停電。

b. *雖然家裏正高朋滿座,突然停電。

由上可見讓步與轉折複句所表示的關係不完全一致,所使用的功能詞也不同,本文僅以轉折複句常見功能詞爲討論對象。

本文嘗試從歷史角度釐清轉折詞現代用法分布,故以現代漢語常見轉折詞爲主要討論對象,發達於古漢語的轉折詞,像是“而”“然”“然而”“顧”等,則不在討論之列。

2　轉折類型

轉折關係含納甚廣,要説清楚各轉折詞的來源和演變,需先瞭解轉折的類型。在漢學

---

① 本文依循張誼生(2000:22)所提副詞分類架構,稱此類副詞爲“重複副詞”,劉月華等(2001:212)一書則稱之爲“表示重複、頻率的”副詞。

界，轉折關係的類型劃分始終沒有定論。早期研究中，吕叔湘[1992(1956)：339—352]）一書影響較大，該書探討複句關係時，即指出四種相關的關係：轉折、保留、對待和正反。邢福義(2001：292—300)一書專門探討漢語複句，轉折複句係三大複句類型之一，並區分出"但"所帶領的三種轉折類型：直接對立、因果違逆和稍有抵觸。王忠玲(2001)以及李軍和王永娜(2004)二文均專門探討漢語轉折複句的分類，前者區分相反性轉折、差異性轉折和限制性轉折這三大類型，並在差異性轉折下又區分出對比關係與襯托關係，至於後者，則區分出撤銷預期類、補充限制類和對比類這三大類轉折複句。史金生和孫慧妍(2010)探討"但是"類轉折連詞内部差異，也論及轉折類型，區分語義轉折和語氣轉折，語義轉折下又區分正反對立式、因果違逆式和限制補充式三類。譚方方(2014)一文較爲特別，不單論漢語，還兼論英語，並參考西方文獻將漢語及英語轉折區分出六種類型：典型對比型、因果違逆型、論點爭論型、内容更正型、限制補充型和情態意外型。

以上各家分類架構不同，有三分法、四分法及六分法，所用名稱亦不同，但所區分類型大致可相互對應如下。

表一　各家轉折類型對應關係

	吕叔湘 (1992[1956])	邢福義 (2001)	王忠玲 (2001)	李軍和王永娜 (2004)	史金生和孫慧妍 (2010)	譚方方 (2014)
A	轉折	因果違逆	相反性	撤銷預期類	因果違逆式	因果違逆型
B	保留	稍有抵觸	限制性	補充限制類	限制補充式	限制補充型
C	對待、正反	直接對立	差異性	對比類	正反對立式	典型對比型
D					語氣轉折	
E						論點爭論型
F						内容更正型
G						情態意外型

以上劃分均有助於歷史觀察，但是還不夠。本文認爲，要瞭解廣義轉折關聯詞的演變，需區分下列十種轉折類型，上表A至G七種類型也在列，一律註明於各類後方括弧中：1不符預期型(A)、2遞進型、3不受影響型、4對比型(C)、5矛盾評價型(E)、6不相容型、7更正型(F)、8意外型(G)、9修正型(B)和10提醒型(D)。這十種類型中，前三種以因果關係爲基底，接着四種以並列關係爲基底，第八種以承接關係爲基底，後兩種則爲語用層次的轉折關係。

以下簡單説明各轉折特性。爲求各類説明能對應中外學界意見，討論中會引用上述各家以及西方學界重要觀點，主要是 Rudolph(1996)和 Malchukov(2004)二文。Rudolph(1996)一書綜合多種歐洲語言在轉折與讓步方面的研究成果，提出六大轉折類型，[①]是印歐

① 包含不符預期(denial of expectation)、議論(argumentation)、語義對立(semantic opposition)、更正(correction)、交際中攔阻聽者得出某結論(blockade of a communicative conclusion of the hearer)，以及涉及説話者的認定(reference to speaker assumptions)。

語轉折研究之統合性成果。Malchukov(2004)一文從跨語言角度探討轉折與並列關聯詞的多義現象,則區分七種轉折類型作爲討論基礎。①此外,Rudolph(1996)指出轉折類型有語義層次上的,也有語用層次上的。沈家煊(2003)參考 Sweetser(1990)意見,②也指出複句可分布於行域、知域與言域,以下説明也會視情況論及這兩方面特性。

2.1　不符預期型轉折(因果基底)

這是最基本、包容最廣的轉折類型,以因果關係爲基底,表示超出預期或常態的轉折類型。例如一般情況"天氣很好"會導致"遊客多",但例句(6a)卻不符此預期。

(6)a. 天氣很好,但遊客卻不多。

b. 這件外套雖然厚,倒很輕。

此類轉折含三階段論述。以(6a)爲例,内含論述如下:A 天氣很好,B 所以遊客應該很多,C 但卻不多。A 與 B 之間是因果關係,A 與 C 之間則是轉折關係,此類轉折複句隱含由 A 推導出的 B,只是沒説出。吕叔湘[1992(1956):346]曾用"軼出預期"這個詞説明轉折關係的基本性質,概念是一樣的。邢福義(2001:292)區别三種"但是"帶領的轉折關係,其中有一種爲"因果違逆",係指後分句的果"逆著"前分句的因,也是指此種類型。現代漢語多數轉折詞都能用於此類轉折句。

Rudolph(1996)與 Malchukov(2004)也都列有"不符預期"(denial of expectation)一類,所舉例如下。以下出自二文的例句均註明出處和頁碼,並以縮寫 R 和 M 分别代表二文。

(7)a. John is tall but he's no good at basketball. (R136)

"約翰個兒高,但不擅長籃球。"

b. Vanja prostudilsja, no poshel v shkolu. (俄語,M180)

"Vanja caught cold, but went to school."

"凡嘉感冒了,卻去上課。"

2.2　不受影響型轉折(因果基底)

此轉折類型表示後分句不受前分句影響,後分句通常帶有"也""還"等副詞。

(8)a. 父母極力反對,他也要去。

b. 工作雖吃重,還應付得了。

此類轉折也是以因果關係爲基底,也含三階段論述,例如(8a)所含論述如下:A 父母極

---

① 包含不符預期(denial of expectation)、矛盾評價/議論(contradicting evaluation/argumentative)、對比/語義對立(contrastive/semantic opposition)、更正(correction)、限定/防止(restrictive/preventive)、意外/非預期結果(mirative/unexpected result)和不相容(incompatibility)。

② Sweetser(1990)指出語義演變常常是在現實域(content domain)、認識域(epistemic domain)和言語行爲域(speech act domain)之間通過隱喻形成映射,並據以分析英語情態詞、連詞和條件複句。沈家煊(2003)則將三域改稱爲行域、知域與言域。

力反對，B 所以要放棄，C 但是他也要去。後分句的類同義副詞“也”以及延續義副詞“還”賦予轉折句不受影響之特性，如果例句中的“也”與“還”换成一般轉折關聯詞，性質就會改變。

(9)a. 父母極力反對，他卻要參加。（不符預期型）

b. 工作雖吃重，但應付得了。（不符預期型）

2.3 遞進型轉折(因果基底)

此類轉折也是以因果關係爲基底，但不是三階段論述，而是含四階段，現代漢語主要以“反而”帶領此類轉折句。關於“反而”的特性，馬真(1983)曾以下面的例句説明。

(10)今天午後下了一場雷陣雨，反而更悶熱了。

此例句含有如下四階段論述：A 今天午後下了一場雷陣雨，B 原以爲可以涼快一些，C 卻沒有涼下來，D 反而更悶熱了。由之可見，前分句 A 與後分句 D 之間還隱含 B 與 C 這兩層論述。如果是説出 A 與 C，如下，那就是屬於三階段論述的不符預期型轉折。

(11)今天午後下了一場雷陣雨，卻沒有涼下來。（不符預期型）

2.4 對比型轉折(並列基底)

對比是很重要的複句關係，此類轉折類型係並列兩種對比情況，主語通常不同，各有相對的性質，典型用例如下：

(12)a. 小張很高，他哥哥卻很矮。

b. 老李講話委婉，他太太倒直率。

吕叔湘[1992(1956)]一書稱此類複句爲“對待關係”，另外該書所提“正反關係”中主語不同的情況也“和一般的對待關係無異”，亦屬此類。邢福義(2001:292)劃分“但是”帶領的三種轉折關係，第一種即爲“直接對立”。王忠玲(2001:102)所列轉折類型也有“對比關係”。西方文獻也論及對比型轉折，Rudolph(1996)稱“語義對立”(semantic opposition)，Malchukov(2004)則稱“語義對立”或“對比”(contrastive)，二文所舉例如下：

(13)a. Fritz iβt Himbeereis sehr gerne, aber Franz kann es überhaupt nicht leiden.（德語，R134）

“Fritz likes to eat raspberry ice creme, but Franz does not like it at all.”

“Fritz 喜歡吃覆盆子冰淇淋，但 Franz 一點也不喜歡。”

b. John is short but Bill is long.(M180)

“約翰很矮，但比爾很高。”

對比型也可以是通則與例外的對比，如例(14a)是“大家”和“李四”的對比，例(14b)則是“每天”和“週日”的對比。

(14)a. 大家都同意，但獨獨李四不同意。

b. 他每天上健身房，但週日休息。

對比型還可以是一般與突出的對比,如下所示。雖前後謂語描述同樣性質,但是主語不同,等級强弱也有别,故也具有對比性。在此類複句中,後分句多半帶有"更""特别""尤其"等表示更高等詞的副詞。王忠玲(2001)一文列有襯托型轉折關係,即指此類型。

(15)a. 張三很帥,但他父親比他更帥。

b. 他家人都很熱情,但張三尤其熱情。

2.5　矛盾評價型轉折(並列基底)

此種轉折係指同一主語有兩種矛盾特質,多半是優點與缺點並陳,例(16a)中"有才華"是優點,"拙於言詞"則是缺點,例(16b)情況亦然。

(16)a. 老吴有才華,但拙於言詞。

b. 這蘋果雖然小,倒挺好吃。

吕叔湘[1992(1956):344]列有"正反關係",下分兩個次類:主語相同和主語不同,前者即爲本類型,後者則爲對比型。西方文獻也區分此類轉折,Rudolph(1996)稱爲"論斷型"(argumentative),[①]Malchukov(2004)則稱爲"論斷型"或"矛盾評價"(contradicting evaluation),[②]二文所舉例如下。

(17)a. Mary is intelligent, but she is ugly. (R146)

"瑪莉很聰明,但卻很醜。"

b. Kostjum krasivyj, no dorgoj. (俄語,M180)

"The suit is beautiful, but expensive."

"這件衣服很漂亮,但太貴了。"

沈家煊(2003)曾討論過下面兩個例句,後分句意義雖相反,卻能跟同一前分句構成轉折關係。該文認爲例句(18a)爲行域中的轉折複句,而《駱駝祥子》中的例(18b)則爲言域中的轉折複句。從本文分類來看,例(18a)爲不符預期型,是以因果關係爲基底:錢少,所以不需快跑,但實際卻要快跑;例(18b)則是矛盾評價型,針對這份工作而論,錢少是缺點,但無須快跑則是優點。

(18)a. 錢少,可是需要快跑。(行域、不符預期型)

b. 錢少,可是無須快跑。(《駱駝祥子》)(言域、矛盾評價型)

2.6　不相容型轉折(並列基底)

此類轉折也以並列關係爲基底,所列的是不宜相容的兩個事件,通常會使情況變糟,例

---

① 如此命名,係從論斷角度論其性質。在此類型中,"p 但是 q"中所呈現的關係是這樣的:就某點而言,p 是一種論斷,q 則是立場與之相反的論斷,而且一般情況是以後分句的主張爲主,亦即位於後分句的論斷 q 要比前分句的論斷 p 更爲重要。説出例(16a),可設想説話者是在考慮是否要推薦老吴當部門代表,前分句指出"很有才華",立場是支持,但後分句立場則是反對,因爲他"拙於言詞"。

② 譚方方(2014)列有"論點爭論型",即指此類。

如例(19a)中“感冒”跟“參賽”並存,對身體對比賽都不利;例(19b)中“手頭緊”和“愛上館子”這兩種情況並存,就會使當事人陷入困境。現代漢語此類轉折可以“但是”“可是”“卻”等連接,而且經常以“又”强化其特性。

(19)a. 小妹感冒了,但又得出賽。

b. 他手頭緊,卻又愛上館子。

Malchukov(2004)也論及“不相容”(incompatibility)關係,所舉例如下。

(20)Zima,a idet dozhdj.(俄語,M183)

“It's winter,but it is raining.”

“現在是冬天,卻又下著雨。”

2.7 更正型轉折(並列基底)

此類複句的前分句多半爲否定句,後分句則爲肯定句,是對前分句的更正。一些語言有專門表達更正關係的關聯詞,如現代漢語通常用“而”或“而是”,德語則是用 *sondern*,見例句(22a)。Rudolph(1996)和 Malchukov(2004)均論及“更正”(correction),所舉例見(22)。

(21)a. 他不是臺北人,而是臺中人。

b. 徐老闆不是聰明,而是狡詐。

(22)a. Friedhelm hat das Fahrrad nicht verschenkt,sondern verliehen.(R141)

“Friedhelm has not given away the bike,he has lent it.”

“Friedhelm 並未把自行車丢棄,而是借給别人。”

b. His name is not Peter,but John.(M192)

“他的名字不是彼得,而是約翰。”

2.8 意外型轉折(承接基底)

此類轉折複句以承接關係爲基底,後分句所述事件是出乎意料的,見例(23)。在現代漢語中,此類轉折句不太能以轉折連詞“但是”“可是”“不過”等帶領,但能以轉折關聯副詞“卻”“倒”等帶領,也可用語氣副詞“竟然”“居然”等强化其意外性。

(23)a. 大晴天登山,卻遇到山崩。

b. 他只是開玩笑,竟被他説中了。

Malchukov(2004)也論及此類,稱之爲“意外”(mirative)或“非預期結果”(unexpected result),所舉例如下。

(24)a. Pobezhal,da i upal.(俄語,M187)

“He started to run,but fell.”

“他跑了起來,卻跌倒了。”

b. Ilan'ani matyn ymta nulini k'ityg'-ja-k'y-nji,tuk'usimakan'a(愛斯基摩語

之西伯利亞 Yupik 語,M188)

"Once he started to beat his wife again,and(unexpectedly)killed her."

"他又開始揍老婆,竟然把她打死了。"

2.9　修正型轉折(語用層次)

此類轉折分句用於修正前分句意見,轉折意味輕,主要由"只是""就是""不過"等帶領。

(25)a. 他很想参加,只是沒時間。

b. 他人很好,就是有點小氣。

吕叔湘[1992(1956):351]認爲此類轉折句"意在修正",特將此類與典型轉折句區分開來,稱爲保留關係。邢福義(2001:292)也認爲"不過""只是""就是"都表示"輕微轉折",後分句是對前分句"作有限度的修補"。此外,該書所劃分的三種"但是"轉折關係中,有一類表示"稍有抵觸",也就是後分句對前分句"加以訂正和補充"。此類轉折類型屬語用層次,在轉折句放入限定詞,具有降低後句分量的作用,可減緩轉折句的衝擊,符合言談中禮貌原則,能發揮一定的語用效能。

2.10　提醒型轉折(語用層次)

此類轉折分句也屬語用層次,係針對前分句提出提醒,在現代漢語主要由"但是""不過""可是"等連接,也可由語氣副詞"可"强化其特性。從行知言三域而論,此類型屬言域,也是 Rudolph(1996:152)所稱語用層次上的類型。

(26)a. 雖然省下一筆錢,但可別高興得太早。

b. 你去吧,不過可要早點回來。

Rudolph(1996:152)的轉折分類中有一類爲"涉及説話者的認定",是説話者導向的語用類型,所舉例如下。此類複句的轉折存在於"説話者對聽者可能行動的認定"與"説話者對聽者行動的期待"之間,例如在例(27a)中,B 認定 A 會很晚回來,但 B 期待的是 A 不要太晚回來,所以 B 用轉折詞帶領句子。

(27)a. A:Ich gehe noch mal schnell einkaufen. B:Aber komm nicht so spät zurück.(德語,R153)

"A:I'll just go shopping for a while. B:But don't come back so late."

"甲:我還要去買一下東西。乙:可别太晚回來。"

b. You can have the scissors,but be careful!(R153)

"你可以用剪刀,但要小心!"

3　轉折詞的歷史考察

漢語史上有不少轉折詞,不但大多沿用至今,且有日趨增多的趨勢。這些詞的轉折功能都是後出的，且其轉折用法多有日漸擴展的趨勢，但各詞的擴展情形又不同。語言中有所謂的"滯留"(persistence)現象，早期舊用法會牽制後來的新用法，故從歷史角度可以比較清楚地説明各轉折詞的用法分布及擴展情形。爲清楚地彰顯其歷史動態，以下根據各功能詞最早形成的轉折類型分類探討，共有七種情況，分七小節説明。

筆者曾針對多種轉折詞進行歷史考察，包含張麗麗(2011)探討"反""卻""倒"的演變，張麗麗(2012)探討"但(是)""只(是)""不過"的演變，張麗麗(2016a,2016b,2017)探討"可"和"可是"的演變，張麗麗(2018)探討"偏""偏偏""竟""竟然"的演變，下文中關於這幾個詞的討論多取自諸文，不另説明。以下説明較爲簡略，相關演變細節可參考諸文。

3.1 始於修正型轉折

現代漢語"但"與"但是"是最基本的轉折連詞，"但"源自限定副詞，首先發展出的是修正型轉折，其演變路徑可概括如下：

"但"：限定副詞＞限定語氣副詞＞轉折連詞

無論古今，漢語限定副詞可有兩種用法，一種是限定功能，用於限定數量或範圍，如例(28)中的"只"，一般歸爲範圍副詞；[①]一種是評價功能，用於評價分量低，如例(29)中的"只是"與"不過"，此類用法一般不另分類，但實應歸入語氣副詞。[②] 以下例句均以[ ]標示限定詞的轄域。

(28)a. 他中午只吃了[半碗飯]。

b. 他只想[待家裏]，不想出門。

(29)a. 他只是[隨便説説]而已。

b. 那不過是[張臨摹作品]。

一旦限定副詞具有評價分量低的語氣副詞用法，便可帶領修正型轉折句。歷史上"但"本爲限定副詞，且經常用於評價分量低，見例(30)，此用法也用於轉折句，見例(31)，並在此語境中語法化爲轉折連詞。在例(31a)中，"但"出現在名詞組前，例(31b)中"但"出現在謂語前，還屬限定副詞的句法特性，但在例(31c)和(31d)中，"但"已出現在主語前，可確認已完成語法化。這四例均爲修正型轉折句，句末的語氣詞"耳"也説明句中帶有評價分量低之語氣。

(30)a. 今又走芒卯，入北地，此非但[攻梁]也，且劫王以多割也，王必勿聽也。(《戰國策・魏三》)

b. 取火悉燒梁之反辭，但[空手]來對景帝。(《史記・梁孝王世家》)

---

① 範圍副詞含有總括性範圍副詞，如"都""全""皆"等，以及限定性範圍副詞，如"只""僅僅"等。

② 關於漢語語氣副詞的特性與分類，可參見張誼生(2000:46—74)、齊春紅(2008)、史金生(2011)、齊滬揚(2011)等文獻。

(31)a. 然則純陽純陰,雖在四月十月,但[月中之一日]耳。(《西京雜記》卷5)

b. 將軍領天下,誰敢言者? 緩急相護,但恐[少夫無意]耳!(《漢書・外戚傳》)

c. 死即死矣,但[孝先所言,終無驗]耳。(《搜神記》卷3)

d. 鴻鵠固有遠志,但[燕雀自不知]耳。(《三國志・魏書・董二袁劉傳・董卓》注引《山陽公載記》)

除了"但",轉折連詞"只""只是""不過""只不過"走的都是一樣的演變路徑,①只是後續發展不盡相同,有些轉折用法大幅擴展,如"但""不過"等,有些還限於修正型轉折句,如"只是""只不過"等。歷史上限定副詞"特"也能搭配修正型轉折句(吕叔湘 1992[1956]:351),現代漢語限定詞"就是"亦然,見例(25b),但二詞一直維持限定副詞用法,所搭配轉折類型未見擴展。此外,限定詞"惟"也發展爲轉折連詞,但限於通用文言裏。(吕叔湘 1992[1956]:352)

3.2 始於提醒型轉折

在現代漢語,"可"與"可是"也是高頻轉折連詞。二詞經歷了相當複雜的演變過程,演變路徑可概括如下:

"可":可行義動詞>可行義情態動詞>反詰語氣副詞>强調語氣副詞>轉折關聯副詞>轉折連詞

"可是":反詰語氣副詞>强調語氣副詞>轉折關聯副詞>轉折連詞

轉折詞"可"與"可是"的前身是强調語氣副詞,二詞均是先發展爲轉折關聯副詞,再發展爲轉折連詞的。其强調語氣副詞的用法在現代漢語仍然普及,且有多種功能。② 二詞之所以會發展爲轉折關聯詞,關鍵在於其提醒作用,可針對前分句主張提出一個可能動摇該主張的提醒,故帶有轉折性。下面第一組是"可"的早期用例,第二組則是"可是"的早期用例,大致可見出"可"與"可是"的提醒作用。

(32)a. 石狀雖如幘,山形可類雞。(《全唐詩》,韋莊《雞公幘》)③

b. 小娘子靠着小官坐一坐,可也無傷也。(《關漢卿戲曲集・望江亭中秋切鱠旦》)

(33)a. 笛噴風前曲,歌翻意外聲。年來老子厭風情。可是於君一見、眼雙明。(《全宋詞》,楊无咎《南歌子》)

---

① 至於轉折連詞"但是",則是直接由連詞"但"和"是"詞彙化而成。(張麗麗 2012:261—263)

② 强調語氣副詞"可"有下列六種主要功能:1. 表示肯定,往往帶有讚嘆或出乎意料的語氣,多搭配形容詞組,如"這次的風浪可不小";2. 表示確定,帶有提醒或宣告語氣,多搭配動詞組,如"我可要走啦";3. 慶幸盼望終於實現,帶釋然語氣,如"你可來啦";4. 用於反駁,帶有申辯語氣,如"那可怨不著我";5. 用於祈使,帶祈使語氣,有"一定要"的意思,如"咱們可要説話算數的";6. 强調程度高,多半搭配形容詞組,有時口氣顯得誇張,句末往往還帶有語氣詞"啦""呢""了"等,如"他的女朋友可漂亮啦"。

③ 此例中前分句雖已有"雖"字,但後分句中的"可"仍宜分析爲强調語氣副詞,因當時"可"沒有其他轉折確例,此用法要到宋以後才逐漸普及。

b. 歌珠舞翠。怎禁得無情，一江流水。可是西山，半眉新綠向人覷。(《全宋詞》，龍紫蓬《齊天樂》題滕王閣)

在漢語中，還有一組語氣副詞常用於轉折句，一樣具提醒作用，那就是"畢竟""究竟""到底""終究"等。這幾個語氣副詞都表示所在句所指涉的情境不會改變，故具有提醒功能。以"畢竟"爲例，提醒功能使之能用於原因句，如例(34)所示，也能用於轉折句，如例(35)所示。

(34)a. 勸君休作悲秋賦，白髮如星也任垂。畢竟百年同是夢，長年何異少何爲。(《全唐詩》，元稹《酬樂天秋興見贈本句云莫怪獨吟秋興苦比君校近二毛年》)

b. 松樹千年朽，槿花一日歇。畢竟共虛空，何須誇歲月。(《全唐詩》，白居易《贈王山人》)

(35)a. 畬田既慵斫，稻田亦懶耘。相攜作遊手，皆道求金銀。畢竟金與銀，何殊泥與塵。且非衣食物，不濟飢寒人。(《全唐詩》，白居易《贈友》5 首之 2)

b. 諸佛至論，雖則妙理淵[淵]深，畢竟終未是吾棲神之地。(《祖堂集・卷 16・溈山和尚》)

不過這組副詞搭配的複句不限於轉折類，不能算是轉折性語氣副詞，但其用法也説明功能詞可藉由提醒功能進入轉折句，和"可"與"可是"的情況相當。

"可"與"可是"於唐宋開始搭配轉折句，並於明清發展爲轉折關聯詞，此後其搭配轉折類型快速擴展，在現代漢語中已可搭配多數轉折類型。

3.3 始於遞進型轉折

歷史上"反"與"倒"均先發展出遞進型轉折用法，且二詞的演變過程十分相近，均源自翻轉義動詞，也經歷相近的演變階段，如下所示，例(36)和(37)則分别爲二詞的早期用例。

"反"：返回義動作動詞＞反常義評價動詞、反向義副詞＞反常義語氣副詞＞轉折關聯副詞

"倒"：倒置義動詞、倒下義動詞、倒著義狀態動詞＞反常義評價動詞、反向義副詞＞反常義語氣副詞＞轉折關聯副詞

(36)a. 子元曰："婦人不忘襲讎，我反忘之！"(《左傳・莊公二十八年》)

b. 今眾人之所以欲成功而反爲敗者，生於不知道理而不肯問知而聽能。(《韓非子・解老》)

(37)a. 喻如彼人，畏其二足，倒加其八。(蕭齊・求那毘地《百喻經》卷 4，比種田喻》)

b. 巖低石倒險，嶺高松更疎。(《先秦漢魏晉南北朝詩》，北齊・蕭慤《奉和望山應教詩》)

爲何二詞帶領的轉折爲遞進型？這可能是動詞義的預設被保留下來使然。當我們説"他返回臺北"時，預設他過去有一個反向動作："從臺北來這兒"；到了反向義副詞用法，如"他反嗆回去"，也預設先發生"對方嗆他"此一反向行爲；至於反常義語氣副詞用法，如"他反過來罵我"，也預設原本應該是"我罵他"此反向動作；到了轉折關聯副詞用法，如"他不但沒

謝我,反而罵我",也預設原本應執行一個與"罵"相反的行爲,"他沒謝我"正點出該預設,而"反而"句則又進一層説出實際做出與之相反的行爲,是故所帶領的轉折關係爲遞進型。

不過,雖然來源相當,"反"與"倒"的轉折用法仍有一些差異。首先,轉折詞"反"形成得早,在先秦就見得到,"倒"要到南北朝才見到轉折用例,但即使到唐朝也不多見,而且在現代漢語中也還保有語氣副詞用法,如例(38)所示。其次,"反"的轉折用法一直限於遞進型轉折,而"倒"的轉折用法則有所擴展,在現代漢語中還可用於多種轉折句,且多爲正面描述,如例句(39)所示。

(38)a. 他家妹妹倒比哥哥高。

b. 這倒也是個辦法。

(39)a. 這件外套雖然厚,倒很輕。(不符預期型)

b. 工作雖吃重,倒還應付得了。(不受影響型)

c. 老李講話委婉,他太太倒直率。(對比型)

d. 這蘋果雖然小,倒挺好吃。(矛盾評價型)

e. 他不是負心漢,倒是個愛家的男人。(更正型)

f. 他只是開玩笑,倒被他説中了。(意外型)

3.4　始於意外型轉折

漢語有不少轉折功能詞,最先形成的是意外型轉折,包含源自承接副詞的"卻"、源自終於義副詞的"竟",以及源自顯然義副詞的"居然"。

3.4.1　"卻"

在現代漢語中,"卻"是最普及的轉折副詞,不但數量高,且可用於多種轉折類型。"卻"本爲後退義動詞,其轉折用法出自與其相對的承接功能,演變路徑如下:

"卻":後退義動詞>然後義時間副詞>承接關聯副詞>轉折關聯副詞

由後退義動詞到然後義時間副詞,係從空間上的向後透過隱喻機制發展爲時間上的向後。從時間副詞到承接關聯副詞,則是從時間關係擴展到事理關係。然而爲何承接關聯副詞會發展爲關係相對之轉折關聯副詞?

在歷史上,從東漢至明朝,副詞"卻"始終兼具承接與轉折用法,前後句關係主要靠語境判定。當兩個事件在時間上先後相承,但在事理上卻出乎預料,也就兼具轉折關係。例(40)是歷代可兩解的用例,句中的"卻"可解爲承接副詞,也可解爲轉折副詞。例(41)與例(42)分別是明朝小説中"卻"作承接副詞與轉折副詞的用例,分別取自《西遊記》第一回與《金瓶梅詞話》第一回,可清楚見出這兩種功能並存的狀況。

(40)a. 俗説長吏食重祿,芻稿豐美,馬肥希出。路旁小兒觀之,卻驚致死。(《全上古三代秦漢三國六朝文》(東漢以後)《全後漢文・應劭四・風俗通義一》)

b. 文合卒已再宿,停喪將殮,視其面,有色,捫心下,稍溫,少頃,却蘇。(《搜神

記》卷 15)

c. 只見母憐兒,不見兒憐母。長大取得妻,却嫌父母醜。耶娘不採括,專心聽婦語。(《王梵志詩》卷 2)

d. 不消半歇兒時辰,把那大蟲打死。躺臥著,卻似一個綿布袋,動不得了。(《金瓶梅詞話》第一回)

(41)a. 一羣猴子耍了一會,卻去那山澗中洗澡。(《西遊記》第一回)

b. 把那棒倚在一邊,放翻身體,卻待要睡,但見青天忽然起一陣狂風。(《金瓶梅詞話》第一回)

(42)a. 你看他瞑目蹲身,將身一縱,徑跳入瀑布泉中,忽睜睛抬頭觀看,那裏邊卻無水無波,明明朗朗的一架橋梁。(《西遊記》第一回)

b. 只見那兩個大蟲,于面前直立起來。武松定睛看時,卻是個人把虎皮縫做衣裳,頭上帶著虎磕腦。(《金瓶梅詞話》第一回)

歷史上,承接與轉折經常可以互相轉化。葛佳才(2005a,2005b:118—120)二文已指出,歷史上承接副詞"便""乃""自""則""輒""亦""即"等均曾轉化出轉折用法,而轉折副詞"反""更""轉"等也曾轉化出承接用法。"卻"即屬第一種情形。但特別的是,其他各詞轉化用法均爲臨時現象,而"卻"的轉化用法後來居上,清朝以後"卻"儼然以標誌轉折關係爲主。例(40a)和(40b)是"卻"的早期用例,帶有鮮明的意外特性,但後來就逐漸擴展到其他轉折類型。

3.4.2 "竟"

在現代漢語中,語氣副詞"竟"與"竟然"雖不必然搭配轉折句,但常用於轉折語境。無論是否搭配轉折句,二詞均表示出人意料的語氣,而此語氣也是轉折語境促成的。"竟"本表奏樂完畢,演變路徑如下:

奏樂完畢義動詞、窮究義動詞＞最終義時間副詞＞意外義語氣副詞

與"卻"一樣,作爲最終義時間副詞,"竟"所在句與前分句在時間上先後相承,但是如果最終結果是令人意外的,就帶有轉折性。下面是早期可以兩解的例句,"竟"都可理解爲最終義或意外義。

(43)a. 故太后母也,而以憂死;穰侯舅也,功莫大焉,而竟逐之;兩弟無罪,而再奪之國。(《史記・魏世家》)

b. 及吕后時,事多故矣,然平竟自脱,定宗廟,以榮名終,稱賢相,豈不善始善終哉!(《史記・陳丞相世家》)

值得留意的是,早期的語氣副詞"竟"也可表果然義,例句如下。這兩組例句的對比正説明語境對"竟"用法的制約,但隨著時間的推移,"竟"只限於表示出乎意料的語氣,不再表示吻合期待的語氣。

(44)a. 莊公患叔牙欲立慶父,退而問季友。季友曰:"請以死立斑也。"……八月癸

亥,莊公卒,季友竟立子斑爲君,如莊公命。(《史記·魯周公世家》)

b.初,獻公將伐驪戎,卜曰"齒牙爲禍"。及破驪戎,獲驪姬,愛之,竟以亂晉。(《史記·晉世家》)

"竟然"出現於明末,便可作語氣副詞,應當是語氣副詞"竟"直接與"然"詞彙化而成。到了現代漢語,"竟"與"竟然"不限於搭配意外型轉折句,也可搭配不符預期和不受影響型轉折句。

(45)a.德國隊是上屆冠軍,本屆竟然在小組賽被淘汰。(不符預期型)

b.隨便炒炒,竟然也被吃光光。(不受影響型)

3.4.3 "居然"

語氣副詞"居然"原爲顯然義形容詞,而此功能則承繼自"居"。"居然"原用於評論句,其性質之所以轉爲轉折句,也是因爲明顯的情況卻是令人意外的而形成此特殊語氣,其演變路徑如下:

"居然":顯然義形容詞＞顯然義語氣副詞＞意外義語氣副詞

下面是早期副詞"居然"所在語境可兩解的用例,可分析爲評論句,也可分析爲轉折句。六朝時僅檢索到一例,見例(46a),唐朝也不多見,見例(46b)和(46c)。

(46)a.謝安南清令不如其弟,學義不及孔巖,居然自勝。(《世説新語·品藻》)

b.高賢能創物,疏鑿皆有趣。不越方丈間,居然雲霄遇。(《全唐詩》,顔真卿《題杼山癸亭得暮字》)

c.憶昨雨多泥又深,猶能攜妓遠過尋。滿空亂雪花相似,何事居然無賞心。(《全唐詩》,裴度《雪中訝諸公不相訪》)

"居然"一詞在宋元明甚少出現,用法同唐朝。清朝之後用例稍增,已可見出"居然"從顯然義向意外義過渡的情形。下面第一組例句表顯然義,第二組例句爲過渡用例,第三組表出乎意料義。

(47)a.我和你已將近七十之數,到如今那孫子一個還無。乜丫頭居然是代把夫人做,他給了俺兒圓下房,如今又産麟兒落了肚。(《蒲松齡集·聊齋俚曲集·禳妒咒·31回》)

b.前擁後呼八人轎,居然一個小朝廷。(《蒲松齡集·聊齋俚曲集·磨難曲·4回》)

(48)a.一日到了北直境界宿下,夜間忽聽的鄰房唱曲子,居然是故鄉的腔調,心裏着實感嘆。(《蒲松齡集·聊齋俚曲集·富貴神仙·9回》)

b.兩個答應着出來,看見寶玉端然坐在床上,閉目合掌,居然像個和尚一般。(《紅樓夢·109回》)

(49)a.爲兒儌倖,居然得中。(《蒲松齡集·聊齋俚曲集·禳妒咒·25回》)

c.賈政原爲賈母作主,不敢違拗,不信沖喜之説。那知今日寶玉居然像個好人一般,賈政見了,倒也喜歡。(《紅樓夢·97回》)

到了現代漢語，就和“竟然”一樣，“居然”也可搭配不符預期型和不受影響型轉折。

(50)a. 這次颱風來勢洶洶，臺北居然沒風也沒雨。（不符預期型）

b. 他感冒了，聲音居然也這麼好聽。（不受影響型）

附帶一提，歷史上“不意”“不期”“不料”“不想”這四個語氣副詞也是表意外語氣，也常搭配轉折句。四詞原本爲否定動詞組，意義各不相同，分別表示不放心上、未約定、沒事先估算、不去想，但均不約而同發展出沒料到之義，並繼而發展爲語氣副詞，傳達説話者感到意外的立場。這幾個詞還是動詞組時就常搭配轉折句，語法化爲語氣副詞後情況依然，且都是搭配意外型轉折。現代漢語的“想不到”“沒想到”也都屬同類語氣副詞，也是搭配意外型轉折句。

3.5 始於對比型轉折

作爲語氣副詞，“偏”與“偏偏”均可表示事與願違的語氣，且經常搭配轉折句。二詞的語氣副詞功能均源自限定副詞，演變路徑可概括如下。

“偏”：偏向一側義動詞＞偏向義、單側義副詞＞限定副詞＞事與願違義語氣副詞

“偏偏”：限定副詞＞事與願違義語氣副詞

以下分別是“偏”與“偏偏”早期可以兩解的用例，例句中的“偏”與“偏偏”既可解爲單單義限定副詞，也可解爲語氣副詞。以下限定副詞的轄域以[ ]標示，如例(51a)是指乙單單懂得得仙之理，其轄域爲“其理”。這些例句都帶有對比關係，而且是全體和例外的對比，分別是“多”和“其理”的對比，“雜樹”和“梅”的對比，“果實”和“花蕊”的對比，“幾百張狀詞”和“這一張”的對比。

(51)a. 自古至今，有高才明達，而不信有仙者，有平平許人學而得仙者，甲雖多所鑒識而或蔽於仙，乙則多所不通而偏達[其理]，此豈非天命之所使然乎？（《抱朴子内篇·辨問》）

b. 中庭雜樹多，偏爲[梅]咨嗟。（南朝宋·鮑照《梅花落》）

(52)a. 如單食果實，到還是小事，偏偏只揀[花蕋]啄傷。（《醒世恆言·卷4》）

b. 也是趙成惡貫滿盈，幾百張狀詞，偏偏[這一張]却在准數之中。（《石點頭·卷10》）

在這兩組例句中，“偏”與“偏偏”均表示只有該事物與其他不同。在第一組例句中，“偏”雖帶有一定轉折性，但事與願違的語氣還不明顯；而在第二組例句中，“偏偏”表事與願違的語氣就相當明顯了。這是説話者的主觀判定，係指該情境違反説話者心願/期待，二詞後來又發展出主語刻意違背衆人心願/期待而爲之的用法，早期用例如下。

(53)a. 永嘉看文字，文字平白處都不看，偏要去注疏小字中，尋節目以爲博。（《朱子語類·卷123》）（對比型）

b. 指望你再生個兒，過給你哥，你偏偏的不肯生。（《醒世姻緣·90回》）（不符預期型）

從上面例句可見出語氣副詞“偏”與“偏偏”搭配的轉折類型已有所擴展,例(53a)仍爲對比型,例(53b)則爲不符預期型。在現代漢語中,除了對比與不符預期,二詞還可搭配多種轉折類型,如下所示。

(54)a. 已經上年紀了,偏偏做事還很衝動。(不受影響型)

b. 這房子地點好,偏偏樓下是餐廳。(矛盾評價型)

c. 明明結婚了,偏偏又忘不掉前男友。(不相容型)

d. 他孤注一擲,卻偏偏遇到金融風暴。(意外型)

3.6 始於不受影響型轉折

如前文所述,漢語不受影響型轉折句通常帶有類同義副詞“也”或延續義副詞“還”。縱觀歷史,這兩類副詞在轉折句均有虛化爲關聯詞的跡象。

3.6.1 類同義副詞

漢語的類同義副詞能帶領不受影響型轉折句,自古皆然。先秦時期的類同義副詞“亦”便有此類用法,見例(55)。“也”的類同義副詞用法出現時代很晚,要到南北朝才見得到,但是“也”一有類同義副詞用法,便用於此類轉折句,見例(56)。

(55)a. 雖速我訟,亦不女從。(《詩經·召南·行露》)

b. 其公大事,則以其喪服之精麤爲序,雖於公族之喪亦如之,以次主人。(《禮記·文王世子》)

(56)不能片時藏匣裏,暫出園中也自隨。(北周·庾信《鏡賦》)

此用法自是源自類同功能。① 例(56)有這樣的預設“平時帶在身邊”,所以才會使用“也”來説明“暫出園中”時的類同作法。雖如此,不少語法書將“亦”和“也”此用法另立爲一項獨立功能,楊伯峻和何樂士(2001:973)認爲此用法的“亦”是表示轉折的連詞,《漢語大詞典》則認爲此用法的“也”是表轉折的副詞,所舉例見(57),吕叔湘(1999:595—596)也指出此用法的“也”爲表示無論假設成立與否,後果都相同的副詞,所舉例見(58)。

(57)雖衆人要行禮,也不曾受。(《紅樓夢·62回》)

(58)a. 雖然已經下起大雨來了,足球賽也要按時舉行。

b. 你不説我也知道。

這樣的分析有其道理。首先,這些用例中的“也”都不能隨意略去,否則句子會不通順。讓步複句有實讓、虛讓、總讓之别,(邢福義 2001:467)實讓即本文所稱讓步複句,虛讓係指由“縱使”“即使”等帶領的縱予複句,所引介的往往是非實然或極端狀況,總讓則是由“無論”“不管”“再”等帶領的無條件讓步複句。縱予複句與無條件讓步複句的後分句也都是轉折

① 關於“也”的功能,吕叔湘(1999:595)認爲“表示兩事相同”,劉月華等(2001:244)則認爲表示“類同”。本文沿用後者用詞。

句,而且"也"是其中最常見的必用成分,一樣不能隨意省略。

(59)a. 即使不化妝,也漂亮。

b. 無論有多辛苦,也不放棄。/再辛苦,也不放棄。

其次,在一些用例中,"也"的類同義並不明顯,像下面例句,均不必然預設另一個類同情況。例(60a)不必然預設不沙啞的聲音就耐聽,只是表示其沙啞嗓音不影響耐聽性,例(60b)也是强調其不受影響,不必然預設身上有錢就能過得自在。

(60)a. 聲音有點沙啞,倒也耐聽。

b. 他身無分文,卻也過得自在。

3.6.2 延續義副詞

和類同義副詞一樣,延續義副詞也是搭配不受影響型轉折句,一樣自古皆然,以下是先秦時期"尚"和"猶"的用例以及南北朝時期"仍"的用例。

(61)a. 雖無老成人,尚有典刑。(《詩經・大雅・蕩》)

b. 韓、魏雖弱,尚賢在晉陽之下也。(《戰國策・秦四》)①

(62)a. 父母之於子,雖爲鄰國夫人,猶曰吾姜氏。(《公羊傳・桓公3年》)

b. 今君雖終,言猶在耳。(《左傳・文公7年》)

(63)a. 誠積雖微,仍見紀録。(《宋書・謝晦列傳》)

b. 雖至窮迫,仍不肯降。(《魏書・尉元列傳》)

此用法當源自延續功能。例(61a)有這樣的預設"原本有典刑",所以才會使用"尚"來説明"無老成人"時的延續狀況。在此類轉折句中,延續義副詞一樣有虚化的跡象。首先,在轉折句中,此類副詞也不能隨意略去,否則句子會不通順。吕叔湘(1999:252,254)便指出"還"與"還是"能用於"雖然(儘管、即使)……,還/還是……"的構式中,表示"動作或狀態不因爲有某種情況而改變",所舉例如下。如此陳述,正可見出其在此類構式的關鍵地位。此類副詞也可用於縱予複句和無條件讓步複句的後分句,例(64b)即爲縱予複句,"還"不能隨意略去。

(64)a. 演出雖然已經結束,人們還不願散去。

b. 即使有了一些成績,還要繼續努力。②

c. 雖然走了一些彎路,試驗還是獲得了成功。

d. 盡管雪大路滑,我們還是按時到達了。

其次,在一些轉折用例中,此類副詞的延續義已不明顯。像是例句(61b)的意思是"韓

---

① 高誘注:"賢於趙襄子見圍於晉陽也。"

② 吕叔湘(1999:252)中,此例句爲"即使有了一些成績,也還要繼續努力",本文刻意删除了句中的"也"字,以呈現此類轉折句中的"還"不能輕易略去的特性。

魏雖弱,還是賢於趙襄子見圍於晉陽",很難説此例句存在"韓魏原本就賢於趙襄子見圍於晉陽"的預設。例句(63a)和(64c,d)情況一樣,並不存在"原本就被記録""試驗原本就獲得了成功"、"我們原本就按時到達了"這樣的預設,"仍"和"還是"主要表達其不受影響的特性。

3.7　始於不相容型轉折

"又"是先秦使用至今的累加義副詞,也一直可搭配不相容型轉折句。先秦時期"又"主要表示累加關係,用於並列複句,聯繫同一主語所具備的兩項特性。①

(65)a. 叔善射忌,又良御忌。(《詩經・鄭風・大叔于田》)②

b. 戮而不已,又怒楚師,戰必不克。(《左傳・成公6年》)

當此用法的"又"連接的是不宜並存的兩種特性或事件,便帶有轉折性,例句如下。例(66a)的"又"預設"懷"之前有個與之相當的事件,也就是前分句的"歸",而不相容性則是語境賦予的。

(66)a. 既曰歸止,曷又懷止!(《詩經・齊風・南山》)③

b. 蘇子叛王即狄,又不能於狄。(《左傳・僖公10年》)

當時常見"而"與"又"並用,所聯繫的兩個命題若性質相近,便具累加性,見例(67),若是不宜並存,則帶轉折性,見例(68)。

(67)a. 過而不改,而又久之,以成其悔,何利之有焉?(《左傳・宣公17年》)

b. 既無老謀,而又無壯事,何以事君?(《國語・晉語》)

(68)a. 彼告不叛,且請受盟,而又伐之,伐無罪也。(《左傳・襄公24年》)

b. 今大夫老,而又不自安恬逸,而處以念惡。(《國語・吴語》)

在轉折句中"又"也展現虚化跡象。楊伯峻和何樂士(2001:973)即認爲古漢語的"又"爲"表示轉折的連詞"④,吕叔湘(1999:634—635)亦認爲現代漢語中的副詞"又"能表轉折語氣,常和"可是""但是""卻""而""雖然"搭配使用,所舉例句如下。

(69)a. 心裏有千言萬語,嘴裏又説不出來。

b. 既怕冷又不願多穿衣服。

這些例句中的"又"都不能省略,可説是此類轉折句的必用成分。其中有的無法以其他轉折詞替换,像是例(69b)不能説成"既怕冷但不願多穿衣服",另有些雖能被替换,但不相容性就會消失,而成爲他類轉折句。像例(69a)若改以"但是"連接,就成爲不符預期型轉折。

---

① 吕叔湘(1999:633—634)認爲"又"有三個基本用法:表示相繼、表示累積、表示語氣。此即爲第二種用法。

② 毛亨傳:"忌,辭也。"鄭玄箋:"忌,讀如'彼己之子'之'己'"。

③ 鄭玄箋:"懷,來也。言文姜既曰嫁於魯侯矣,何復來爲乎?非其來也。"

④ 據本文標準,"又"在句法位置上僅能位於主語後,不可在主語前,當爲副詞,而非連詞。

4 綜合討論

4.1 演變路徑

前一節逐一説明漢語重要轉折詞的來源，是根據最早形成的轉折類型分類，下表則根據各詞來源重新彙整，可區分如下 A 至 G 七條演變路徑。

表二 漢語廣義轉折關聯詞演變路徑

功能詞	演變路徑
A. 從限定到轉折	
[1]但、只是、不過	限定語氣副詞表修正型轉折＞轉折連詞
[2]偏、偏偏	限定副詞表對比型轉折＞事與願違義語氣副詞
B. 從强調到轉折	
[3]可、可是	强調語氣副詞表提醒型轉折＞轉折關聯副詞＞轉折連詞
C. 從反常到轉折	
[4]反、倒	反常義語氣副詞表遞進型轉折＞轉折關聯副詞
D. 從承接到轉折	
[5]卻	承接關聯副詞表意外型轉折＞轉折關聯副詞
[6]竟、竟然	最終義時間副詞表意外型轉折＞意外義語氣副詞
E. 從評論到轉折	
[7]居然	顯然義語氣副詞表意外型轉折＞意外義語氣副詞
F. 從類同延續到轉折	
[8]亦、也	類同義重複副詞表不受影響型轉折＞轉折關聯副詞
[9]尚、猶、仍、還	延續義重複副詞表不受影響型轉折＞轉折關聯副詞
G. 從累加到轉折	
[10]又	累加義重複副詞表不相容型轉折＞轉折關聯副詞

從上表可看出，本文所論轉折詞均源自副詞，尤以語氣副詞爲大宗，表示分量低、强調、反常、顯然等概念，這些概念都有助於鞏固轉折關係，可在語用層次上表示修正或提醒，或在語義層次上表達反常或明顯意外。除了語氣副詞，轉折詞還可源自限定副詞、承接類副詞和重複副詞，限定副詞有利於表達對比關係，承接類副詞有利於表達意外關係，重複副詞則有利於表達不受影響和不相容關係。

這些詞要發展爲轉折詞，均需經常搭配轉折語境，而諸詞進入轉折語境的情形有三種：其一，其本義就適合搭配轉折句，像是類同義副詞“亦”“也”和延續義副詞“尚”“還”等用於不受影響型轉折句、語氣副詞“不意”“不期”“不料”“不想”等用於意外型轉折句。其二，在轉折語境發展爲轉折詞後才經常搭配轉折句，如源自限定副詞的“但”“只是”“不過”“偏”“偏偏”等，源自强調語氣副詞的“可”與“可是”，以及源自反常義語氣副詞的“反”與“倒”。其三。先用於其他複句，並隨著語境性質改變轉而搭配轉折句，像是原用於並列複句的“又”，原用於承接複句的“卻”與“竟”,以及原用於評論複句的“居然”。

值得留意的是,本文所論連詞均始於語用類轉折關係,包含“但”“不過”等始於修正型轉折,“可”“可是”等始於提醒型轉折,至於本文所論副詞,則均始於語義類轉折關係。此現象或許不是巧合,而是有一定的道理。語用類轉折句與前分句的關係相對鬆散,故有利其語法化,也有利其帶領全分句,而發展爲連詞。

上述七大演變路徑中,存在來源相當但演變路徑不同的情形。“但”“只是”“不過”和“偏”“偏偏”同樣源自限定副詞,但演變路徑卻不同,這點可從諸詞的來源得到解釋。“偏”和“偏偏”並非一般限定副詞,二詞由偏向單側義發展爲限定副詞,是二者取一的限定概念,而一般限定副詞則是表達眾中的少數。由於是二選一,“偏”和“偏偏”容易帶有偏頗義,所以從之發展出的用法也帶有特殊語氣,表達不能維持中正而有所偏斜的情況,是說話者不認同的事與願違情況。至於“但”“只是”“不過”等詞,則是表示有別於眾的限定概念,可用於評價分量低,故適合表達修正關係。

4.2　後續演變

觀察各轉折詞的現代用法,可瞭解大部分轉折詞的用法已有所擴展,但也有少數維持原轉折類型。參考前文所論,表三條列本文所論轉折詞在現代漢語的功能分布情形,框起處則爲該詞起始所連繫的轉折關係。由此表可見出一些轉折詞的功能已大幅擴展,可以說“但(是)”“不過”“可(是)”“卻”“倒”是現代漢語最爲發達的轉折詞,能搭配的轉折類型最多。

表三　現代漢語廣義轉折關聯詞搭配各轉折類型的分布情形

	連詞			副詞						
	但(是),不過	可(是)	只是	卻	倒	反(而)	竟(然),居然	偏(偏)	也、還等	又
1.不符預期型	√	√		√	√		√	√		
2.不受影響型	√	√		√	√		√	√	☑	
3.遞進型				√	☑	☑				
4.對比型	√	√		√	√			☑		
5.矛盾評價型	√	√		√	√			√		
6.不相容型	√	√		√				√		☑
7.更正型				√	√					
8.意外型				☑	√		☑	√		
9.修正型	☑		☑							
10.提醒型	√	☑								

[1]不符預期型:天氣很好,但遊客卻不多。/這件外套雖然厚,倒很輕。

[2]不受影響型:父母極力反對,他也要去。/工作雖吃重,還應付得了。

[3]遞進型:今天午後下了一場雷陣雨,反而更悶熱了。

[4]對比型:小張很高,他哥哥卻很矮。/老李講話委婉,他太太倒直率。

[5]矛盾評價型:老吴有才華,但拙於言詞。/這蘋果雖然小,倒挺好吃。

[6]不相容型:小妹感冒了,但又得出賽。

[7]更正型:他不是臺北人,而是臺中人。

[8]意外型:大晴天登山,卻遇到山崩。/他只是開玩笑,竟被他説中了。

[9]修正型:他很想參加,只是沒時間。

[10]提醒型:雖然省下一筆錢,但可别高興得太早。

從表三可知,漢語轉折詞起始連接的轉折關係多爲範圍較小且特性較鮮明的單一類型,如修正型、提醒型、遞進型、意外型、不受影響型、不相容型等,而那些範圍較大、更爲基本的轉折類型,也是跨語言研究中經常提及的幾大轉折類型,如不符預期型、對比型、矛盾評價型、更正型等,通常是各轉折詞用法擴展後才得以表示。"偏"和"偏偏"雖看似例外,但是二詞早期是表示例外的對比關係,而非典型的對比用法,也算是符合起始範圍小的演變趨勢。在這些轉折類型中,不符預期型是最典型的轉折關係,本文所論轉折詞均是功能擴展後才發展出此用法。

從上表還可見出在轉折功能擴展上幾點傾向,以下逐一説明並推斷造成該傾向的因素。

(一)除了"只是",轉折連詞普遍大幅擴展。前文提及,轉折連詞均始於語用類轉折關係。語用類轉折句與前分句的關係相對鬆散,只要用於修正或提醒,都能成立,但從語義角度視之,則可能分屬不同類型,故有利其擴展。

(二)轉折副詞則以"卻"與"倒"擴展最爲普遍。"卻"是現代漢語最普及的轉折副詞,相對於其他轉折副詞,其語法化程度要來得高。其他轉折副詞源自語氣副詞、時間副詞或重複副詞,"卻"則是源自承接關聯副詞。在功能詞中,具連接複句作用的連詞與關聯副詞是語法化程度較高的,承接關聯副詞已屬高度語法化,從之又發展出轉折關聯副詞,其語法化程度自是高於一般副詞,故容易擴展到各轉折類型。至於"倒",在諸多轉折詞中其特殊性相當明顯,通常用於正面陳述,迥異於轉折句的普遍特質。"倒"具有此特性的原因不太好説,但將之與來源和演變路徑都相近的"反"比較,可見一些端倪。"反"和"倒"都源自反向義動詞,但前者是有意爲之的返回動作,後者則是被動的倒下動作或狀態,故二詞發展出的轉折功能也有一定差異,"倒"因其被動特質而帶有輕鬆舒緩語氣,適合搭配正面陳述。很可能正是因爲"倒"有此特性,能滿足特定表達需求,故其轉折用法得以大幅擴展。

(三)也有一些轉折詞始終維持原轉折用法,不見擴展。大體上,如果該功能詞因特定功能用於轉折句,而該功能又一直維持著,就傾向維持原轉折用法,重複副詞"也""還""又"等的情形如此,評價分量低的"只是"亦然。3.1 小節指出"但""只是""不過""只不過"等詞的演變路徑相當,且隨著時代推移,這些詞大多逐漸擴展出其他轉折類型。大體上,時代越久,限定用法越衰微,擴展情況越鮮明。轉折連詞"但"與"但是"形成於六朝,其限定用法也逐漸衰微,發展至今,二詞的用法已擴展到多數轉折類型。轉折連詞"不過"形成於清初,歷史還很短,也還能作限定副詞,雖已擴展到其他轉折類型,但仍常用於修正型轉折。轉折詞"只不過"出現於民國初年,限定副詞用法還很發達,僅用於修正型轉折。長期以來,"只是"是評價性限定用法的最常用詞,故轉折用法一直限於修正型。

(四)一些轉折副詞在轉折功能上呈現小幅擴展的情形,像"竟""竟然"與"居然"始於意外型,並擴及不符預期和不受影響型轉折。推測是因爲三詞仍帶有鮮明的意外語氣,故僅能擴展到基本的轉折類型。"偏"與"偏偏"的擴展則又多一些,二詞帶有事與願違的語氣,此特性與轉折關係相近,故能擴展的類型多。

(五)本文所論轉折連詞一律不擴展到遞進、更正與意外這三種轉折類型。推測可能是這三種轉折類型較爲特殊,算是轉折關係的最外圍。遞進關係涉及四階段論述,不單單是不符預期,而且是與預期相反,所表關係範圍小。如前所述,中外文獻中更正關係往往獨立爲一種複句關係,由特定功能詞帶領,可與轉折關係相提並論。而意外型轉折係源自承接關係,還帶有鮮明的承接性。

(六)轉折副詞則一律不擴展到修正型與提醒型。推測是因爲二者均爲語用類,需具備特定功能才能表達,故難以擴展過去。

本文嘗試提出一套轉折類型劃分,雖不見得周全,但有助於本文討論,也有利於釐清一些現象。例如序言中以例(2)和(3)説明現代漢語存在主要靠關聯副詞標誌的轉折複句,是爲意外型與遞進型;又如例(4)和(5)説明轉折複句超出讓步複句的範圍,則分屬修正型與意外型。

5 結論

本文探討轉折句常見功能詞的形成過程,並兼論其後續演變。就本文討論範圍而論,漢語廣義轉折關聯詞主要源自副詞,包含語氣副詞、限定副詞、承接關聯副詞、時間副詞、重複副詞等,而且各轉折詞都是先用於範圍較小的特定轉折類型,然後才擴展到其他類型。不符預期是最爲典型的轉折關係,也是各轉折詞擴展後才能表達的關係。

通過此綜合觀察,還可見到轉折領域中連詞和副詞的演變差異。首先,連詞類轉折詞均始於語用類轉折關係,而副詞類轉折詞則始於語義類轉折關係。其次,在轉折功能的擴展上,連詞類轉折詞難擴展到遞進、更正和意外這三種轉折關係,而副詞類轉折詞則難擴展到修正和提醒這兩種轉折關係。

參考文獻

王忠玲　2001　《轉折複句語義分類的新嘗試》,《華中師範大學學報》(人文社會科學版)第 5 期。

史金生　2011　《現代漢語副詞連用順序和同現研究》,北京:商務印書館。

史金生　孫慧妍　2010　《"但(是)"類轉折連詞的内部差異及其形成機制》,《語文研究》第 4 期。

吕叔湘　1992[1956]　《中國文法要略》,臺北:文史哲出版社。

吕叔湘　1999　《現代漢語八百詞》,北京:商務印書館。

李　軍　王永娜　2004　《也談轉折複句的内部分類》,《暨南大學華文學院學報》第 2 期。

沈家煊　2003　《複句三域"行、知、言"》,《中國語文》第 3 期。

邢福義　2001　《漢語複句研究》,北京:商務印書館。

馬　真　1983　《説"反而"》,《中國語文》第 3 期。

張誼生　2000　《現代漢語副詞研究》,上海:學林出版社。

張麗麗　2011　《轉折義副詞"反""卻""倒"的歷史演變與用法分布》,《漢學研究》第 4 期。

張麗麗　2012　《從限定到轉折》,《臺大中文學報》第 36 期。

張麗麗　2016a　《"可"疑問用法來源補議》,《漢學研究》第 2 期。

張麗麗　2016b　《轉折詞"可"與"可是"演變綜論》,《成大中文學報》第 54 期。

張麗麗　2017　《試論"可"强調用法的來源》,《清華學報》新 47 卷第 1 期。

張麗麗　2018　《轉折句常見語氣副詞的形成》,《成大中文學報》第 63 期。

楊伯峻　何樂士　2001　《古漢語語法及其發展》(修訂本),北京:語文出版社。

葛佳才　2005a　《〈太平經〉中表順承關係的"反"》,《語文研究》第 1 期。

葛佳才　2005b　《東漢副詞系統研究》,長沙:岳麓書社。

齊春紅　2008　《現代漢語語氣副詞》,昆明:雲南人民出版社。

齊滬揚主編　2011　《現代漢語語氣成分用法詞典》,北京:商務印書館。

劉月華　潘文娱　故　韡　2001　《實用現代漢語語法》(增定本),北京:商務印書館。

羅竹風主編　2001　《漢語大詞典》,上海:漢語大詞典出版社。

譚方方　2014　《廣義轉折關係的語義新分類與句法驗證:以漢英語爲例》,《外語教學與研究》第 5 期。

Malchukov, AndrejL　2004　"Toward a semantic typology of adversative and contrast marking." *Journal of Semantics* 21.

Rudolph, Elisabeth　1996　*Contrast: Adversative and Concessive Relations and their Expressions in English, German, Spanish, Portuguese on Sentence and Text Level*. Berlin, New York: Walter de Gruyter.

Sweetser, Eve　1990　*From Etymology to Pragmatics*. Cambridge: Cambridge University Press.

A Comprehensive Discussion on Historical Changes of Chinese Adversative Conjunctives

ZHANG Li-li

Abstract: Chinese adversatives are rich and diverse, and so are the adversative relations they represent. Their functions partially overlap one another and it's not easy to differentiate them synchronically. This paper aims to clarify the related phenomena from the historical perspective. After distinguishing ten adversative relations the paper explores the histories of the adversatives and finally proposes seven changing paths, along which their changing dynamics and the functional distributions in Modern Chinese can be precisely obtained.

Keywords: adversatives, adversative relations, conjunctions, conjunctive adverbs, conjunctives

(張麗麗　臺灣大學中國文學系)

“是……底(的)”的構式化、構式演化及相關問題

洪　波　張豔玲

提　要　本文對“是……底(的)”的構式化進行了重新梳理,認爲該構式的形成機制有“是+VP/AP底(的)”句式的高頻出現、主語和表語同指、充當表語核心成分的“VP/AP”的高可及性三種,形成動因是“完形動因”驅動下的信息結構的圖形重塑。本文還討論了該構式在元代之後的構式演化以及關於該構式的性質、功能等問題。

關鍵詞　“是……底(的)”　構式　構式化　機制　動因　構式演化

1　引言

1.1　助詞“的”書面形式的前身是“底”。“底”始見於唐代文獻,最初是個名詞化標記(nominalizer),表示轉指。

“底”字作爲名詞化標記最早的兩個例子:

(1)a. 崔湜之爲中書令,河東公張嘉貞爲舍人,湜輕之,常呼爲“張底”。後曾商量數事,意皆出人右,湜驚美久之,謂同官曰:“知無? 張底乃我輩一般人,此終是其坐處。(《隋唐嘉話》卷下)

b. 周静樂縣主,河内王懿宗妹,短醜;武氏最長,時號“大歌”。縣主與則天並馬行,命元一咏,曰:“馬帶桃花錦,裙拖綠草羅。定知紗(幃)帽底,儀容似大歌。”(《朝野僉載》)——轉引自劉敏芝(2008:45)

江藍生(1999)認爲上兩例中的“張底”相當於“姓張的”,“紗(幃)帽底”相當於“戴紗(幃)帽的”。所以雖然是“N+底”,亦當作“V+底”解。

據劉敏芝(2006),來源於上古漢語的關係化標記(relativization)“者”自晉代起也可以加在名詞性成分之後,功能與例(1)中的“底”相同。例如:

(2)a. 樹下有石麒麟二枚,刊其脅爲文字,是秦始皇驪山墓上物也。頭高一丈三尺,東邊者左脚折,折處有赤如血。(東晉・葛洪集《西京雜記・第三》)

b. 有菜名曰芸薇,類有三種,紫色者最繁。(東晉・王嘉《拾遺記》卷九)

c. 常有婦人來,美麗非凡間者。(南朝宋・劉義慶《幽明録》卷四)

d. 麥地占他家，竹園皆我者。(唐・寒山《寒山詩》)——轉引自劉敏芝(2006)

可見"底"的這種功能是承襲"者"字而來的。

《敦煌變文》是唐代文獻中助詞"底"用例最多的，其中有助詞"底"15 例(劉敏芝 2008:46)，其中，"N＋底"3 例、"V(p)＋底"3 例、"A＋底＋N"1 例、"V＋底＋N"8 例，"底"字的功能亦不出晉代以來"者"字的功能範圍。

"底"作爲關係化和名詞化標記與判斷詞"是"共現，最早的例子即見於《敦煌變文》：

(3)善德，善德！莫將浮賄施爲，非是菩薩行藏，此是俗門作底。(《維摩詰經講經文・六》)

在此之前，作爲關係化和名詞化標記的"者"在唐代文獻中已有與繫詞"是"共現的用例：

(4)a. 是日，果有一婦人從東騎驢來，漸近識之，乃是震母，亡十一年矣，葬於南山，其衣服尚是葬時者。(唐・李復言《續玄怪録》)

b. 左右齊曰："啓將軍，西邊是虜來者賤奴念經聲。"(《廬山遠公話》)

《敦煌變文》中亦可見到"是"與"者"共現的例子：

(5)其大王見佛化爲一千體相，宜(疑)悟問言大臣曰："那是前來者一軀佛，交朕如何認得？"(《敦煌變文》補編《悉達太子修道因緣》)

據此，與繫詞"是"共現的"底"同樣可以視爲"者"的變體。

作爲關係化和名詞化標記的"者"和"底"所構成的名詞性成分與繫詞"是"共現正如普通名詞與繫詞"是"共現，無論做判斷句的主語還是表語，都是很正常的。因此，在《祖堂集》裏，"底"與"是"共現的例子就多起來了。例如：

(6)a. 師帶刀行次，道吾問："背後底是什摩？"(《祖堂集・藥山和尚》)

b. 師曰："乞眼精底是眼不？"(《祖堂集・雲岩和尚》)

c. 時有人便問："承師有言：大家識取混崘，莫識取劈破。如何是混崘？"師良久。問："如何是劈破底？"師云："只這個是。"(《祖堂集・福先招慶和尚》)

"是……底(的)"構式即是從"底"字結構做繫詞"是"字的表語這種具體判斷句式演化來的。

1.2 "是"在戰國末期到秦漢之際(公元前 3—2 世紀)由指示代詞演變爲判斷詞，到東漢的《論衡》裏，"是"作爲判斷詞已經很常見了。王力(1980:355)指出："'是'字用爲繫詞以後，又産生許多活用用法，其中最主要的就是承認或否認某一件事實，有時候是追究原因。"王先生所説的"是"字的活用用法，實際上就是情態副詞的用法，也就是表示斷言語氣的用法。這種用法在魏晉六朝文獻裏是相當常見的。例如：

(7)a. 迦尸拘薩羅人民，亦是敗壞有變异。(托名東漢安世高譯《佛説婆羅門子命終愛念不離經》)

b. 佛身行口言心念，當與智慧俱是爲本。(托名三國支婁迦讖譯《佛説内藏百寶經》)

例(7)的兩個翻譯佛經的例子未必一定是東漢安世高和三國時期支樓迦讖譯的，但爲六朝文獻無疑,其中的“是”都是一般所説的“强調”用法。

實際上,上古漢語的判斷詞“也”除了用於判斷句,也有表示斷言語氣的功能。根據劉承慧(2008)、洪波(2015),“也”在《左傳》《論語》等文獻裏也經常用來表示説話人對命題認識的斷言確認語氣。繫詞演化爲表示斷言語氣的情態功能是一種普遍現象,“是”表示斷言語氣的功能與上古漢語的“也”是一脉相承的。

在晚唐五代(公元9—10世紀)以下的白話文獻裏,“是”表示斷言語氣更爲常見,而且用法多樣。下面是《祖堂集》裏的例子:

(8)a. 師曰:“真是省要。”(220)

b. 進曰:“是什麽人會?”師云:“是闍梨會。”(303)

c. 玄沙云:“諦當甚諦當,敢保未徹在。”僧進問:“正是也。和尚還徹也無?”(715)

d. 白牛是能證之人,故即是文殊是也。(755)

“是”表示斷言確認語氣的用法無疑爲“是……底(的)”構式的産生提供了語言基礎。正是由於在“是……的(底)”構式産生之前,“是”本身就有表示斷言確認語氣的功能,所以在宋代(公元12—13世紀)就出現了下面這種用例:

(9)一日,聞知事捶行者,而迅雷忽震,即大悟,趨見晦堂,忘納其屨。即自譽曰:“天下人總是參得底禪,某是悟得底。”(《五燈會元·黄龍悟新禪師》)

劉敏芝(2008:80)認爲例(9)中的“天下人總是參得底禪,某是悟得底”類似現代漢語“我是昨天進的城”,所以她認爲該例中“底”與“是”配合,指示焦點。該例從上下文語境看,“天下人是參得底禪”可以理解爲“天下人的禪是參得底禪”,“某是悟得底”可以理解爲“某底禪是悟得底禪”,因爲上文有“即大悟”的先行句,大悟即是悟禪,所以“天下人”在此語境中實指“天下人的禪”,而“某是悟得底”則進一步承上省略,故而例中“底”仍然是名詞化標記和關係化標記。不過,不管怎樣認識“底”在該例中的作用,“是”在該例中含有表示斷言確認語氣而不僅僅是一般的判斷,這一點毫無疑問。

有時候,説話人爲了凸顯自己的主觀斷言語氣,還可以叠床架屋:

(10)既言北朝照證文字煞多,因甚劄子内只説此兩件?必是此兩件是最親切底。(《乙卯入國奏請》)——轉引自劉敏芝(2008:74)

例(10)中的“必是此兩件是最親切底”既要表示判斷,又要表示斷言語氣(强調語氣),所以就用了兩個“是”,否則徑可説成“此兩件必是最親切底”。

六朝以降,繫詞“是”表示判斷和表示斷言語氣兩種功能一直並存,當關係化和名詞化標記“底”與“是”共現之後,在表示斷言語氣的“是”的裹挾之下,就産生了下面的例子:

(11)烏臼是作家,有呼蛇底手脚,亦有遣蛇底手段。這僧也不是瞌睡底,烏臼問:“定州法道何似這裏。”便是呼他。烏臼便打,是遣他。僧云:“棒頭有眼,不得草草打人。”却轉在這僧處,便是呼來。烏臼云:“汝若要,山僧回與汝。”僧便近前奪棒,也打三下，却是這僧遣去。乃至這僧大笑而出，烏臼云：“消得恁麼，消得恁麼。”此分明是遣得他恰好。看他兩個機鋒互换，絲來綫去，打成一片，始終賓主分明。(《碧岩録》75則)

例(11)“這僧也不是瞌睡底”中的“底”不再是名詞化標記和關係化標記，“是……底”共同表達言者對命題的斷言確認語氣。此時，一個新的構式“是……底”誕生了，是爲“是……底(的)”的構式化。①

表斷言語氣的“是……底(的)”構式在宋代還比較罕見，到元代逐漸多起來，“底”也是在這個時期被“的”替换的。例如：

(12)a. 尚書説道：“我女奉聖旨結彩樓，你著崔小姐做次妻。他是先奸後娶的，不應娶他。”(古本《西厢記》第五本・第三折)

b.【末】告夫人知道：自幼出家是沒丈夫的，在嫁出家是有丈夫的。那道姑是有丈夫的。(《琵琶記》第三十五齣)

c. 曾子又承上文引武王告康叔曾説：上天之命最是無常的。凡有天下者若能絜矩而散財得民，便得了天命而國家無難保矣；若不能絜矩而亡身殖貨，便失了天命而國家不可保矣。天命不常如此，爲人君的豈可不思所以保之哉？(《魯齋遺書・大學直解》)

d. 似你這般定價錢，就高麗田地裏也買不得，那裏是實買馬的？則是胡商量的。(《原本老乞大》23左：01)

例(12a)中“他是先奸後娶的”並非表達“他是先奸後娶的人”，而是表達“他確實是/真的是先奸後娶”；同樣，例(12b)中“那道姑是有丈夫的”是對命題“那道姑有丈夫”的斷言確認，例(12c)“上天之命最是無常的”就是對命題“上天之命最無常”的斷言確認，例(12d)中的“那裏是實買馬的，則是胡商量的”是對命題“買馬”的否定性斷言確認和對命題“胡商量”的肯定性斷言確認。

2　“是……底(的)”構式化的機制和動因

2.1　上文的描述顯示，繫詞“是”很早就衍生出表示斷言確認語氣的功能，晚唐五代以後“底(的)”字短語出現在“是”字後面作表語，且這樣的用例越來越常見，“是……底(的)”構式就是在這樣的句法環境中形成的。需要追問的是，“是”和“底(的)”是如何從非連續且跨層的兩個成分演變成一個框式構式的呢？

前引例(9)中的“天下人是參得底禪，某是悟得底”，劉敏芝(2008)認爲其中“是……底”的功能類似於現代漢語中的“我是昨天進的城”，她是將“是……底”看作表斷言確認語氣的

① Traugott, Elizabeth Closs and Graeme Trousdale(2013：1)對於構式化的定義是：一個新的形(式)——意(義)結合體的産生。

框式構式，而我們認爲這個例子中的“是……底”還不能看作真正的表斷言確認語氣的框式構式，其中的“底”還沒有完全失去關係化和名詞化的功能，因爲這個例子中的“天下人是參得底禪”仍可理解爲“天下人(的禪)是參得底禪”，“某是悟得底”可理解爲“某(底禪)是悟得底(禪)”。但我們承認這個句子已經有歧解。這個句子之所以有歧解，原因有兩個。原因之一是這兩個句子的主語“天下人(底禪)”和“某(底禪)”分别與“參得底禪”和“悟得底(禪)”同指，實際指稱對象都是“禪”，這種同指關係導致“底”作爲關係化和名詞化標記的轉指功能被削弱。這一點可以通過比較例(9)跟例(3)清楚地看出來。前引例(3)“此是俗門作底”中，句子主語“此”回指前文的“浮賄施爲”，“浮賄施爲”在這裏是一個“特指”的“行爲”，而句子表語“俗門作底”指稱的並不僅限於“浮賄施爲”這一特定的行爲，它泛指俗門所作的一切行爲，因此句子主語“此”與表語“俗門作底”並不同指。這正如現代漢語裏“數學老師是教數學的”與“華羅庚是教數學的”這兩個句子的差别一樣，前者是一個强調句，而後者則是一般的判斷句，原因就在於前者的句子主語與表語同指，而後者句子主語與表語只是類屬關係而非同指。

例(9)有歧解的另一個原因是，根據佛教禪宗文化語境，“參禪”是“禪性”獲得的主要經驗性途徑，因此“參得禪”對於禪宗教徒而言是高可及信息(high accessibility)。而例(9)的上文提供了悟新禪師“聞知事捶行者，而迅雷忽震，即大悟”，因而“某是悟得底”這個句子中的“悟得”也是高可及信息。判斷句的表語是提供新信息的，當判斷句的表語不提供新信息，它就失去了判斷性命題的基礎，從而爲繫詞“是”和關係化與名詞化標記“底”在功能上的重新分析提供了又一個必要條件。

根據以上分析，我們認爲引發“是……底(的)”構式化的機制，除了晚唐五代以後“是”“底”共現的用例越來越常見這樣一種任何語法化和構式化都賴以發生的頻率機制之外，還有兩種機制：其一是句子主語與表語同指，其二是充當句子表語的“V(A)p”表達高可及信息。

上述三種機制都是“是……底(的)”構式化的必要條件而非充分條件。任何語法化或者構式化，光有必要條件而無充分條件，都是不可能發生的。我們認爲，與其他語法化現象和構式化現象一樣，引發“是……底(的)”構式化的充分條件是“完形動因”(gestalt motivation)驅動下的信息結構圖形重塑(re-configuration)①。

2.2　我們知道，繫詞“是”無論表示命題判斷還是表示超命題的斷言確認語氣，句子的焦點一般都落在“是”的表語上。當“V(A)p底(的)”充當表語的時候，由於“底(的)”作爲關係化和名詞化標記成分是個弱性附綴(clitic)，因此，句子的焦點重音只能落在“V(A)p”上。也就是説，無論“是”本身是表示判斷還是表示斷言確認語氣，當“V(A)P底(的)”作“是”的表語時，句子的信息結構都是以“V(A)p”爲前景(figure)而形成句子的信息完形結構。

另一方面，由於“V(A)P”本身具有述謂性，可以獨立表達命題，因此，當“是”“底(的)”

---

①　參見洪波(2009)、洪波和王丹霞(2007)，以及洪波和關鍵(2017)。

構成的“是……底(的)”句子滿足上述三個必要條件且以“V(A)P”爲句子的前景信息時,便以“V(A)P”爲前景信息重新規劃句子的信息完形結構,即句子信息結構的圖形重塑(re-configuration),從而引發語用推理(pragmatic inference),導致句子的句法結構發生重新分析,V(A)P 作爲信息結構的前景(figure)提升爲句子真值謂語,而其前後的兩個弱成分“是”和“底”由於都處在背景(ground)位置,因而被重新分析成一個超命題的框式結構,共同表達言者對命題的斷言語氣。仍以例(9)爲例,這個例子中的兩個“是……底”句之所以有歧解,就是因爲它們都既滿足了三個必要條件,也滿足了“V(A)p”充當前景信息的充分條件。而且該例的兩個“是……底”句具有對比關係,對比關係使得句子的“V(A)p”部分由自然焦點變成了對比焦點,從而使前景信息更加凸顯。

正因爲有例(9)這樣的句子存在,詹芳瓊、孫朝奮(2013)遂認爲“是……底(的)”構式是在對比語境中産生的。但我們認爲,對比語境對於“是……底(的)”構式的産生儘管起到了推動作用,但決定性因素不是對比,而是在滿足必要條件的前提下完形認知動因的促動。前引例(3)“非是菩薩行藏,此是俗門作底”,其中的“是……底”句也出現在對比語境中,但句子並沒有歧解,還是一個地道的判斷句,原因就在於該例不滿足句子主語與表語同指以及“V(A)p”表達高可及信息這兩個必要條件。反過來看,“數學老師是教數學的”在任何語境中都只能理解爲强調句,而“華羅庚是教數學的”這個句子,即便給出“華羅庚是教數學的,周培源是教物理的”這樣的對比語境,也不可能理解爲“是……的”表斷言語氣的强調句。實際上前引例(12b)就是一個非常好的例證。該例中“自幼出家是沒丈夫的,在嫁出家是有丈夫的”具有對比關係,但都不是强調句,而“那道姑是有丈夫的”儘管沒有對比關係,卻是一個地道的“是……的”表斷言語氣的强調句。

3 元代以後“是……底(的)”構式的演化

3.1 元代開始出現“是……的便是”叠床架屋形式:

(13)a. 貧道是司馬德操的便是。(《關大王單刀會雜劇》)

b. 貧道陳摶先生的便是。(《泰華山陳摶高臥雜劇》)——上 2 例轉引自劉敏芝(2008:124)

例(13)所展示的現象主要見於元代文獻,明代以後很快就式微了。所以這一現象很可能是蒙古語影響的結果,很難視爲“是……底(的)”構式的真正演化。

3.2 元代開始,出現“的”單獨表示斷言語氣的情況:

(14)那的俺自會的,索甚麽你教?(《原本老乞大》09 左:05)

明代以後這種用例更爲常見:

(15)a. 他漢兒言語説不得的,因此上不敢説語。(《老乞大諺解》)

b. 公公,你不曾看見,解開噴鼻香的,裏外俱有花色。(《金瓶梅詞話》第 64 回)

c. 你而今就回去得幾時,少不得要到公婆家去的。(《拍案驚奇》卷 2)

d. 他不曾開鋪的。(《朴通事諺解》)——轉引自劉敏芝(2008:158—159)

這是"是……底(的)"構式産生之後的一個重要演化,或者説是最重要的演化。"底(的)"本是關係化和名詞化附綴,在與繫詞"是"共現的句法環境中被重新分析爲"是……底(的)"框式構式,表達斷言語氣,功能跟一個語氣副詞相當。很快,"底(的)"就脱離了這個框式構式,單獨即可表達斷言語氣功能。洪波、董正存(2004)曾研究過"非 X 不可"的構式化和功能演化問題①,根據該文的研究,"非……不可"構式經歷了比較漫長的構式化過程,但作爲表達道義情態意義(表達事理必要性)的前景化構式在唐宋時期已經産生。然而,該構式直到晚近的現代漢語時期才出現省縮形式,"非"單獨表達整個構式的語法意義。同樣是框式構式,爲何兩者的演化表現如此不同?我們認爲,根本的原因在於"非……不可"構式是一個前景性構式,而"是……底(的)"構式是一個背景性構式。這意味着,前景性構式和背景性構式的演化表現是有所不同的。前景性構式通常的演化趨向是强化,而背景性構式通常的演化趨向是弱化,構式省縮是弱化的重要表現,或者説是弱化的重要方式。正因爲這個原因,"是……底(的)"構式産生之後不久就出現了"的"單獨表達構式意義的用例②。至於前景性構式"非……不可"在當代漢語裏也出現省縮形式,"非"單獨可以表達構式意義,其原因洪波、董正存(2004)已經作過分析,與前景性構式的演化趨向無關。

通過"是……底(的)"構式和"非……不可"構式演化的比較,倒是有一點值得指出來。西方的語法化理論和構式化理論,通常只强調背景化的語法化和構式化,而基本不談前景化的語法化和構式化,因此在西方的語法化理論中,就有所謂的語法化伴隨音變通則,即隨著語法化程度的增强,其音段形式會發生音系學層面的弱化,也就是所謂的"語音銷蝕"或"語音融合"。西方語法化理論建構的語法化斜坡是:實詞>語法詞>附(著)詞>屈折詞綴③。這個斜坡顯示的不僅是功能的語法化程度逐步提高,也包括了形式的逐步弱化,即語音形式的逐步弱化。然而,語法化和構式化都不僅僅只有背景化一種途徑,也有前景化途徑。前景化的語法化和構式化,其伴隨的形式演化不是弱化而是强化。拿"非……不可"構式來説,儘管在當代漢語裏該構式發生了構式省縮,但單用的"非"擁有句子的絕對重音(强重音),這本身就是一種强化,而且單用的"非"還常常跟同樣擁有强重音的"得(děi)"一起連用,以起到

① "非 X 不可"的構式化在原文中稱爲語法化,此處爲與"是……底(的)"構式對照,同樣以構式化名之。這兩個構式的構式化和語法化沒有本質區别。

② 繫詞"是"在"是……底(的)"構式産生之前即可表達斷言語氣意義,且這種功能一直沿用到今天,因此元代以後文獻裏"是"單獨表達斷言語氣意義,不能視爲是"是……底(的)"構式的省縮。而"底(的)"原本只是個關係化和名詞化附綴,單獨表達斷言確認語氣,不可能由其原初功能演化而來,只可能來自"是……底(的)"構式的省縮。

③ 參看 Hopper & Traugott(2013:8)。

强化效果。

3.3　在元代,"是……底(的)"構式所在的句子允許出現新的對比焦點,且可以將對比焦點成分置於該構式之後。例如:

(16)子(只)是這三人定的計策,臣也都參透:是君王下的聖旨,麗后定的見識,賊子施的機彀。(《晉文公火燒介子推雜劇》)

此例反映了"是……底(的)"構式在元代的又一種新的演化。前文的分析指明,"是……底(的)"構式是由於所在句法結構中的"V(A)p"作爲焦點成分的前景位置,迫使"是"與"底(的)"在背景位置上的跨層非連續融合而産生的。隨著該構式在元代的廣泛使用,所在句子允許出現新的對比焦點,此例就是一個典型的例子。此例"是君王下的聖旨"以下三個句子中的"聖旨""見識"和"機彀"本是句子主語,原本的語序應是"聖旨是君王下的,見識是麗后定的,機彀是賊子施的"。言者基於語用凸顯的需要,將這三個充當句子主語的成分移位到"是……底(的)"構式的後面,以達到凸顯對比焦點的目的。

例(16)作爲"是……底(的)"構式在元代的重要演化現象,其價值不僅在於它反映了元代開始該構式允許出現新的對比焦點且允許新的對比焦點溢出該構式之外,它還開啓了該構式在明代出現的另外一種新的演化。明代以後,該構式的後面可以出現作爲句子對比焦點但與句子主語不同指的名詞成分。例如:

(17)a. 他家大娘子,也是我説的媒。(《金瓶梅詞話》第3回)

b. 我實對你説罷了,前者打太醫那兩個人,是如此如此、這般這般使的手段。(《金瓶梅詞話》第19回)

c. 娘原是氣惱上起的病。(《金瓶梅詞話》第62回)

d. 他説野猪挑擔子,是駡的八戒,多年老石猴,是駡的老孫。(《西遊記》第20回)

"的"字單用的時候也有這種情況:

(18)a. 後邊卷棚,昨日才打的基。(《金瓶梅詞話》第35回)

b. 我才在大官人屋裹吃的飯,不要吃了。(《金瓶梅詞話》第56回)

3.4　劉敏芝(2008)認爲下面各例中的"的",類似現代漢語狀態形容詞詞尾"的$_2$":

(19)a. 他少女嫩婦的,留著他在屋裹,有何算計?(《金瓶梅詞話》第7回)

b. 到底還是媒人嘴,一尺水,十丈波的。(《金瓶梅詞話》第88回)

c. 李瓶兒道:"媽媽子,一瓶兩瓶取了來,打水不渾的,勾誰吃?要取一兩罈兒來。"(《金瓶梅詞話》第24回)

d. 春梅道:"不當家化化的,磕什麼頭?"(《金瓶梅詞話》第95回)

我們認爲以上各例中的"的"還是表示斷言語氣的"的",與例(15)各例中"的"的功能是一樣的。例(19a)中"他少女嫩婦的"是對"他"的年齡狀態的肯定和確認,例(19b)中"一尺水,十丈波的"是對"媒人嘴"善於誇大其辭的肯定和確認,例(19c)中"打水不渾的"是對"一瓶兩瓶(酒)"起不到什麼作用的肯定和確認,(19d)中"不當家化化的"是對自己身份的肯定和確認。但有兩點值得注意:其一,例(15)各例都可以補出"是"來,而上述各例大多似乎已經無法補出"是"來,這說明從明代開始,"的"不僅可以獨立表達斷言語氣,而且它已經向句末語氣詞方向演變,它的功能對原構式的依賴程度已經大大降低了。其二,劉敏芝認爲上述各例中的"的"類似於現代漢語的狀態形容詞詞尾"的$_2$",也是有一定道理的,因爲這些例子中"的"所在的句子在語義上都具有描述性,整體的功能接近於狀態形容詞。至於現代漢語狀態形容詞詞尾"的"是否由表示斷言語氣的"的"演化而來,還可以做專門研究。

3.5 由於明代開始,表斷言語氣的"的"就開始完全脱離原構式而單獨使用,因而清代開始就出現一種新的情況:有些程度副詞如"怪""够"等修飾形容詞不能單説,後面要加"的"。例如:

(20)a. 人家孩子可怪委屈的。(《兒女英雄傳》第12回)

b. 姑娘忙攔他道:"算了,够酸的了!"(《兒女英雄傳》第8回)——轉引自劉敏芝(2008:182)

我們認爲這個"的"仍是表示斷言語氣的"的",但爲何有些程度副詞修飾形容詞要求加"的",有些程度副詞修飾形容詞却不能加"的",這也是一個值得研究的問題。

3.6 在當代口語中,"的"開始與它前面的重讀成分融合,變成重讀音節,在網絡語言中常寫成"滴"。例如:

(21)a. @平安北京:……夜間多雲轉陰有小雨,最低氣溫12℃,雨量雖不大,但對交通還是會有一些影響滴,親們出行就請防範下吧。

b. @RosyBabies:胡壹博(1歲男寶寶)——ROSYbabies第一次嘗試用暗調黄光源拍攝書景,感覺也很不錯吧,我們的小壹壹也是很配合滴喲,贊一個。

c. @櫻花無量:怪不得那多的裸官老婆女兒叫人家幫保管,原來是有原因滴。

這種情況是否預示著"是……底(的)"構式中"的"字的音變趨勢目前尚不敢斷定,但我們相信這種音變的發生絕不是偶然的,也不能完全歸因於年輕人的刻意創新。

4 關於"是……底(的)"構式的一些問題

4.1 "是……底(的)"構式不是分裂結構

漢語語法學界有不少人將"是……底(的)"構式跟英語的It is NP that/who REL構式等同起來,認爲"是……底(的)"構式也是一個分裂結構(cleft)。

單純從功能角度看,漢語的"是……底(的)"構式與英語的It is NP that/who REL構式是可以比較的,英語的這個分裂結構就常常拿"是……底(的)"構式來對譯。若從這個角度,爲了表述的方便起見,將"是……底(的)"構式稱爲"分裂結構"也未嘗不可。不過,就"是……

底(的)"構式本身而言,它的來源和產生過程表明,它不是一個分裂結構。"是……底(的)"構式是一個超命題構式,它的作用是表達言者對命題的斷言確認語氣,也常常用來體現言者對待命題的立場或態度,屬認識情態(epistemic modality)和語氣(mood)範疇。雖然是一個框式構式,但本質上跟一個語氣副詞差不多。

漢語中真正與英語 It is NP that/who REL 在結構上和功能上均可類比的是"S/VP 的是……"構式。

4.2 "是……底(的)"構式不是焦點標記

在現代漢語語法學界,認爲"是……底(的)"是焦點標記,這種觀點幾乎成爲定論(參看方梅 1995,袁毓林 2003)。但黄正德(1988)很早就指出該構式中的"是"不能單純視爲焦點標記,曾騫(2013)進一步探討了將"是……底(的)"構式中的"是"看作單純的語用標記所遇到的困難和問題。

誠然,"是……底(的)"構式句的焦點往往出現在"是……底(的)"的框架之内,例如:

(22)a. 他是昨天一早離開北京的。

b. 我想他是會來的。

但有時候句子的焦點也可以逸出"是……底(的)"框架之外。例如:

(23)a. 他是去的上海。

b. 這事兒絕對是他幹的。

例(23a)的焦點是"上海",例(23b)的焦點被唯焦點成分"絕對"所占據,兩例的焦點成分都不在"是……底(的)"構式之内。而且,前文 3.3 已經指出,焦點成分溢出"是……底(的)"構式的現象早在明代就出現了,因而也不大可能是現代漢語的一種臨時性語用創新所致。

4.3 "是……底(的)"構式中的"是"不再是動詞

黄正德(1988)、曾騫(2013)都認爲"是……底(的)"構式中的"是"仍然是繫動詞,但把"是"看作繫動詞也會遇到困難。

其一,"一定""必定""肯定""絕對"等語氣副詞出現在一般動詞句當中只能分布在動詞之前,不能分布在動詞之後。例如:

(24)a. 明天的運動會我一定參加。

b. *明天的運動會我參加一定。

c. 他肯定已經離開北京了。

d. *他已經離開肯定北京了。

這些語氣副詞與繫動詞"是"共現時也只能分布在"是"的前面。例如:

(25)a. 他肯定是個教書的。

b. *他是肯定個教書的。

c. 他絕對是個聰明絕頂的人。

d. ＊他是絕對個聰明絕頂的人。

但當這些語氣副詞與"是……底(的)"構式共現時,它們既可以出現在"是"的前面,也可以出現在"是"的後面,而且語感上出現在"是"後更爲自然。例如:

(26)a. 這種事兒我絕對是不會幹的。

b. 這種事兒我是絕對不會幹的。

c. 他肯定是會參加的。

d. 他是肯定會參加的。

其二,當"是……底(的)"構式與時間副詞共現時,時間副詞只能出現在"是"的後面。例如:

(27)a. 他是剛剛離開的。

b. ＊他剛剛是離開的。

c. 計劃我是已經想好了的

d. ＊計劃我已經是想好了的。

其三,"是……底(的)"構式與程度副詞共現時,程度副詞通常也只能出現在"是"的後面。例如:

(28)a. 他是非常不錯的。

b. ＊他非常是不錯的。

c. 這孩子是挺聰明的。

d. ＊這孩子挺是聰明的。

其四,弱讀語氣副詞"都"除了不能跟重讀語氣副詞共現之外,與上述"是……底(的)"構式中"是"的其他幾種分布却非常一致。例如:

(29)a. 他都已經走了,你才告訴我。

b. ＊他已經都走了,你才告訴我。

c. 他都很不高興了,你還逗他。

d. ＊他很都不高興了,你還逗他。

以上這些事實表明,"是……底(的)"構式中的"是"不可能還是繫動詞。

4.4　"是……底(的)"構式表示弱斷言語氣

現代漢語的斷言語氣有强弱兩類,語氣副詞"必定""肯定""一定""絕對"等用來表示强斷言語氣,它們在句子中都必須重讀,而且一般不能移位到句末;從範圍副詞語法化來的"都"、從類同副詞語法化來的"也"以及從關聯副詞語法化來的"就"等則表示弱斷言語氣,它們不能重讀,口語中常常移位到句尾或者在句尾再補説。例如:

(30)a. 都十二點了/十二點了都/都十二點了都。

b. 你也太誇張了/你太誇張了也/你也太誇張了也。

c. 我就不明白了,你怎麼老這樣啊?/我不明白了就,你怎麼老這樣啊?/我就不明白了就,你怎麼老這樣啊?

"是……底(的)"構式一般不重讀,因而屬表示弱斷言語氣一類。"都""也""就"等在句中句末同時使用的用法也可能就是受到"是……底(的)"這種框式構式的類化而産生的。當然,也有另外一種可能:現代漢語弱斷言語氣的常規句法位置是在句末,所以"都""也""就"等都向句末位置轉移。只是由於它們是在句中位置發生語法化的,原功能滯留使得它們還能繼續出現在句中位置,從而造成叠床架屋的情形。

由於"是……底(的)"是一個框式結構,它的使用情況與"都""也"等還是有所不同的。最主要的一點就是"是"在特定語境中可以重讀。例如:

(31)是老張告訴我的。——是老張告訴你的嗎?

是小王告訴你的吧。——是老張告訴我的,絕對沒錯!

上例最後一個"是老張告訴我的"中,"是"就是重讀的,這種情況在弱讀語氣副詞"都""也""就"上是不會出現的。

這種情況與單用表示斷言語氣的"是"是一樣的。前文説過,"是"很早就從判斷功能演化出表示斷言語氣的功能,這種功能一直保留到現代漢語。例如:

(32)a. 我們這個家庭生活是大有變化,真是大有變化,過去是,確實是困難,剛解放以後那時候。(北京大學 CCL 語料)

b. 單位,原來是這樣兒,我是在這個王府井兒,之後是在這個朝陽門大街,之後這個……。(北京大學 CCL 語料)

在對話過程中,説話人表示認同對方某種觀點的時候,單用的"是"也要重讀。例如:

(33)a. 這孩子很聰明。——這孩子是很聰明,樣樣功課都名列前茅。

b. 我是爲你好。——你是爲我好,我心裏很清楚,可是爲我好也不能把我當犯人看著啊!

重讀的"是"與非重讀的"是"不是兩個性質和功能都不同的詞,它們是同一個詞,表示的是相同的功能,都是表示斷言語氣,所不同的僅在於强調與非强調而已。

4.5 "的"字未演化出表示過去時的功能

不少學者認爲現代漢語句尾"的"有表示過去時的功能,龍海平、肖小平(2009)已對此觀點進行過反駁。我們同意龍海平、肖小平的觀點,出現在表示已然事件句句尾的"的"仍然是表示弱斷言語氣。

第一,所有這類句子都能補出"是",單用"的"實際上是"是……的"構式的省縮。例如:

(34)a. 我昨天下午(是)五點十分下的課。

b. 我們(是)才認識的。

c. 他(是)上個月戒的烟。

第二,表示已然事件的句子末尾出現"的",句子就不再是一個動態句,而是表達言者認識和態度的靜態句。比較:

(35)a. 他上個月戒烟了。

b. 他上個月戒的烟。

前一句是報道一個已然事件,句子的命題信息是新信息。後一句是對"他戒烟"這件事和戒烟的具體時間進行確認,而不是報道一個已然事件,句子的命題信息不是新信息,而是一個預設信息(高可及信息)。

5　結語

"是……底(的)"構式的研究成果已經有很多了,而從構式化角度加以研究的就我們目力所及,目前只有詹芳瓊、孫朝奮(2013)的文章。本文對"是……底(的)"的構式化進行重新梳理,主要原因是對於該構式的形成機制與動因有不同於詹、孫二位的觀點。此外,詹、孫二位的文章也沒有對該構式在元代之後的構式演化進行細緻梳理,本文庶可彌補一點缺憾。現代漢語語法學界討論該構式的文章不勝枚舉,但在很多問題上我們有不同的看法,借此機會一並加以討論。希望本文能對該構式的進一步研究有所裨益。

參考文獻

方　梅　1995　《漢語對比焦點的句法表現手段》,《中國語文》第4期。

洪　波　2009　《完形認知與"(NP)V得VP"句式A段的話題化與反話題化》,吴福祥、崔希亮主編　《語法化與語法研究》(四),北京:商務印書館。

洪　波　2015　《從〈左傳〉看先秦漢語"也""矣"的語氣功能差異》,吴福祥、汪國勝主編《語法化與語法研究》(七),北京:商務印書館。

洪　波　董正存　2004　《"非X不可"格式的歷史演化和語法化》,《中國語文》第3期。

洪　波　王丹霞　2007　《命令標記"與我"、"給我"的語法化及詞彙化問題探析》,沈家煊、吴福祥、李宗江主編《語法化與語法研究》(三),北京:商務印書館。

洪　波　關　鍵　2017　《"V/A得慌"的辭彙化及"得慌"的詞綴化》,吴福祥、陳前瑞主編《語法化與語法研究》(八),北京:商務印書館。

黄正德　1988　《漢語正反問句的模組語法》,《中國語文》第4期。

江藍生　1999　《處所詞的領格用法與結構助詞"底"的由來》,《中國語文》第2期。

劉承慧　2008　《先秦"也""矣"之辨——以〈左傳〉文本爲主要證據的研究》,《中國語言學集刊》第2卷第2期,北京:中華書局。

劉敏芝　2006　《宋代結構助詞"底"的新興用法及其來源》,《中國語文》第1期。

劉敏芝　2008　《漢語結構助詞"的"的歷史演變研究》,北京:語文出版社。

龍海平 肖小平 2009 《已然義"(是)……的"類句式的語法化:以"S是AV的O"句式爲例》,《語言教學與研究》第2期。

王 力 1980 《漢語史稿》,北京:中華書局。

袁毓林 2003 《從焦點理論看句尾"的"的句法語義功能》,《中國語文》第1期。

曾 騫 2013 《再論VP前"是"的語法性質》,《漢語學習》第1期。

詹芳瓊 孫朝奮 2013 《漢語分裂構式中的繫詞研究》(A Copula Analysis of shì in the Chinese Cleft Construction),《語言暨語言學》(*Language and Linguistics*)第4期。

Hopper, Paul J. and Elizabeth Closs Traugott 2013 《語法化》(第二版)(張麗麗譯),中研院語言學研究所。

Traugott, Elizabeth Closs and Graeme Trousdale 2013 *Constructionalization and Constructional Changes*. Oxford University Press.

The Constructionalization, Constructional changes and Related issues of "是…底(的)" construction

HONG Bo ZHANG Yanling

Abstract: This paper reorganizes the construction of "是…底(的)". It holds that the forming mechanisms of this construction include the high frequency appearance of "是+VP/AP底", the identicality of the subject and the predicative and the high accessibility of "VP/AP". The forming motivation is the re-configuration of information structure driven by "Gestalt Motivation". In addition, the constructional changes of the "是…底(的)" construction after the Yuan Dynasty and some other problems about it are also discussed.

Key words: "是…底(的)" construction, constructionalization, mechanism, motivation, constructional changes

(洪波 首都師範大學文學院 100089;
張艷玲 首都師範大學初等教育學院 100037)

漢語“上/下”義方位詞的類型及來源*

何　亮　吴福祥

提　要　基于漢語史和漢語方言的考察發現，漢語“上”義方位詞主要有“上”類、“高”類、“頂”類、“頭/腦”類、“面”類，“下”義方位詞主要有“下”類、“底”類、“腳”類、“豚”類、“肚/腹”類。漢語“上/下”義方位詞來自空間關係詞和物體/人體部位詞。部位詞語從表示具體部位到表示其他物體的相對部位，乃至表示抽象的空間方位或時間，同時具有隱喻和轉喻的因素，而在空間域内部，這些詞語的表義功能的擴展，主要由轉喻引起。

關鍵詞　上　下　方位詞　部位詞　來源

“上”“下”是人們日常生活中必不可少的方位概念。廖秋忠(1989)曾指出，“上”與“下”的主要意義是高於與低於某個參考點的位置，而且參考點與這個位置基本上在同一垂直於地面的垂線上或在該垂線兩邊附近。實際上，“上/下”義方位詞既表示某物的上/下方空間，有時也表示該物的表面。

在現代漢語共同語言中，這一方位範疇由方位詞“上”(含“上面”“上邊”等)和“下”(含“下面”“下邊”等)參與表達。如果我們把視線投到漢語史和漢語方言，就會發現漢語表達“上”“下”方位概念的詞語遠不止“上”“下”兩個。

本文主要考察漢語“上”“下”義方位詞的類型及其來源。我們所説的“方位詞”是指能普遍地附在其他詞的後邊表示方向和位置意義的詞(不排除單用)。

一　漢語史“上/下”義方位詞考察

(一)　漢語史“上”義方位詞

1.“上”類

據甘露(1999)考察，單純方位詞“上”“下”在甲骨文就已出現。“上”“下”直到今天一直作爲方位詞使用，例多不舉。

---

* 本文的部分内容曾在第六届《中國語文》青年學者論壇(2018 年 11 月，廈門大學)宣讀，感謝會議上劉丹青、汪維輝、史光輝等先生的寶貴意見。

其他由“上”構成的“上”義合成方位詞有以下幾個。

【上頭】

早在漢樂府《陌上桑》“東方千余騎，夫婿居上頭”中就有“上頭”，但指的是排列在前、序次在先。南北朝時期有“上頭”，指具體物體部位的用法，如：

(1)中夜天人來打户扇上頭，後夜龍王來打户扇下頭，是故天龍之異。(蕭齊僧伽跋陀羅《善見律毗婆沙》)

唐代“上頭”有單用指高處的用例。如：

(2)我來登上頭，下臨不測淵。(白居易《遊悟真寺詩》)

也有獨用表示物體上端的用法。如：

(3)言喬者，矛之柄近於上頭及矛之鋈室之下。(唐・孔穎達疏《詩經・清人》，鄭箋“喬矛”)

宋代“上頭”有表示物體的表面的用例。如：

(4)遂指法座云：“少間向上頭撒沙撒土去也。”(《古尊宿語録》卷二二，《法演和尚語録》)

【上邊】

“上邊”在唐代有表示位置較高或靠上的地方、方向的用法。如：

(5)此時主人初欲上，而僕在車上，轉身向主人以授綏，主人不就僕手外取之，而以手從僕手下進，拘取僕手裏上邊，示不用僕授也。(唐・孔穎達疏《禮記・曲禮上》，鄭注“不受”)

下面的“上邊”似表示物體的表面：

(6)從無明滅乃至積集俱滅，皆廣書之，複於像上邊書其二頌曰。(義淨《根本説一切有部毗奈耶》卷第四十五)

表示物體的表面，明清用例如：

(7)(袈裟)上邊有如意珠、摩尼珠、辟塵珠、定風珠。(明《西遊記》一二回)

(8)用手向他脈門摸了一摸，嘴唇人中上邊著力掐了兩下。(清《紅樓夢》五七回)

【上面】

南北朝已經出現了“上面”，但用例少見。如：

(9)若此克捷，天下無復事矣。根本既定，不憂上面不平也。(《宋書・本紀・武帝上》)

例中“上面”與“根本”對舉，已是引申義，“上面”應該已有具體空間用法。但我們檢索的結果，“上面”的具體空間用法唐代才見。

“上面”表示位置在上的一面，位置較高的地方。如：

(10)此木下及兩旁見面，其上面托著輿板，其面不見，故云三面材也。(唐・孔穎達疏《周禮・冬官・輈人》，鄭注“三面材”)

(11)堂上棟去基上面九十尺。按《周易》天數九，地數十。以九乘十，數當九十。故

去基上面九十尺。(《全唐文》卷十三高宗《定明堂規制詔》)

“上面”表示物體的表面宋代有用例。如:

(12)莫謂棒頭有眼明如日,上面光生盡是漆。(《五燈會元》卷一九《壽聖楚文禪師》)

【上首】

南北朝已見“上首”,指順序在前,如:

(13)羲白:季主學業幽玄,且道跡至勝,乃當在卷之上首耶。(《真誥·握真輔第一》卷十七)

唐代“上首”有位置靠上的一端的用法。如:

(14)天子、諸侯上首廣二寸半,……大夫士下首又廣二寸半,唯笏之中央同博三寸。(唐·孔穎達疏《禮記·玉藻》“其中博三寸”)

明清時期“上首”常見的用法是指謂位次較尊的一邊或位置靠上的一端,如明《金瓶梅詞話》五九回:“兩邊四間廂房,上首一明兩暗三間正房就是鄭愛月兒的房。”

“上首”指物體的表面較晚才見用例。如:

(15)管家脊背後,便是執事上的帽架子,上首還貼著兩張“爲禁約事”的告示。(清《儒林外史》四九回)

【上方】①

“上方”在東漢即表示空間方位處所。如:

(16)薩陀波倫菩薩作是啼哭時,上方虛空中化作佛,在空中立言:善哉善哉。(後漢·支婁迦讖《道行般若經·薩陀波倫菩薩品第二十八》)

(17)即得生其佛刹,南方西方北方上方下方亦如是,四維亦如是。(後漢·支婁迦讖《阿閦佛國經·佛般泥洹品第五》)

【上端】

“上端”先秦表示上部用例,但用例罕見,後代似乎也並不多。

(18)骶骨空在輔骨之上端,股際骨空在毛中動下。(《黄帝内經素問·骨空論篇第六十》)

後代有少數表示上方的方位詞用例。如:

(19)若升俎,則肩、臂、臑在上端,膊、胳在下端,脊、脅在中央。(《宋史·禮志一》)

2.“高”類

“高”在《禮記·曲禮上》中就有表示高處的用例。如:“不登高,不臨深。”《玉篇·高部》:“高,上也。”(《漢語大字典》第二版,4893 頁)只有當“高”不是指某事物本身的部分而是指該事物表面或該事物的上方空間,才真正變爲空間方位詞。雖然《玉篇》釋“高”爲“上”,但我們

① 《漢語大詞典》“上方”條未收空間方位義,當補。

並沒有在文獻中找到“高”作方位詞的用例。由“高”構成的合成方位詞主要有以下幾個。

【高處】

“高處”表示某物的高處、上部,在南北朝時出現。

(1)今夏水漂蕩,歲月消損,高處可二三尺,下處磨滅殆盡。(《水經注·江水》卷三十三)

(2)向云“高處一百七十丈,下處一百丈”,則是中央高,四邊漸下。(《真誥·稽神樞第一》)

(3)賊反走入城,常追迫之,城上射矢雨下,帝從百餘騎自城南高處望。”(《後漢書·王常傳》)

當“高處”不是指某物體本身部分,而是指該物體表面或不屬於該物體的上方空間,由空間區域發展爲空間方位時才真正變爲空間方位詞。唐代已見用例。如:

(4)不用多情欲相见,松萝高处是前山。(唐·魚玄機《和人次韻》)

(5)今遊人眾所見者,蓋非此橋,且猶溪高處,不見有橋,今眾人所見者,乃在歇亭西二十里,水流於剡縣界,定知不是長康所説之橋也。(《全唐文拾遺》,徐靈府《天臺山記》)

“溪高處”當指溪的上方空間。元代有表示物體表面的用例。如:

(6)饅頭上面都是糞,羊肉高處沾上泥。(《元曲選外編·升仙夢》二折)

【高頭】①

“高頭”唐代已見單用表示上面的用法,如:

(7)取高頭之規,壘泥作窟;上攀梁使,藉草爲床。(《敦煌變文·燕子賦》)

(8)高低古時塚,上有牛羊道。獨立最高頭,悠哉此懷抱。(白居易《登村東古塚》)

宋代以後有用在名詞後表示物體之上的用法。如:

(9)絕巘高頭惟古木,斷崖直下只孤城。(《全宋詩》,趙公碩《積雨初霽,乘興邀王和叟趙久成二監郡游南山,飲於雲間閣,因成一詩醉書》)

(10)忽聞有人咳嗽,仰面瞧處,正是如霞在樹枝高頭站著。(明·淩蒙初《二刻拍案驚奇》卷三十四)

【高上】

宋代“高上”有上方、高處的用例。如:

(11)陂北十餘步有金台,金台高上東西八十許步,南北加減,高十餘丈。(宋·李昉《太平御覽·居處部六》卷一百七十八)

(12)地處高處或上方。故孔子指其統會者而名之曰太極。極者,屋之脊棟,中正高

---

① 陳瑤(2001:70)認爲“高頭”很有可能是“高處”的歷史替代物:在唐代到元代之間,“高處”承擔“之上或上面”之義;到明代,“高頭”替代“高處”承擔這一詞義。

上,衆材之所冓合者也;太者,大大之謂也。(元·朱升《書性理字訓後》)

【高頂】

“高頂”起先指山的最高處,頂峰之處。例如:

(13)危峰帶北阜,高頂出南岑。(南朝·梁·沈約《登玄暢樓》詩)

(14)人在高頂低頭而視,風雨共雹亂墜。(《入唐求法巡禮行記》卷三)

當“高頂”並不指山的頂部或是某物的頂部,而指該物的上方空間上面的位置,則“高頂”轉變爲方位詞。如下面的例子中“高頂”仍有頂端的意義,但具備了轉變爲方位詞的基礎:

(15)零雨沾山百草香,樹梢高頂盡斜陽。(唐·薛能《山下偶作》)

3.“頭”類

【頭】

“頭”原指人體的最上部分或動物的最前部分。魏晉南北朝時,“頭”表示物的頂端的用法常見(汪維輝 2007:306),如:

(1)系馬長松下,廢鞍高嶽頭。(晉·劉琨《扶風歌》)

(2)澤少者,暫浸即出,不得待芽生,耬頭中下之。(《齊民要術·種麻》卷二)

王鍈(1986:233)指出“頭”在唐代有表示“上”“中”等用法。相當於“上”的用法如:

(3)市頭博米不用物,酒店買酒不肯賒。(盧仝《苦雪寄退之》詩)

【頭上】

“頭上”原指頭的上方、頭頂。如:

(4)春殘相憶荊江岸,一隻杜鵑頭上啼。(五代·齊己《荊渚感懷寄僧達禪弟》詩之二)

當作爲背景的參照物是非生命体且並無頭腳之分,且“頭上”並非表示頭部,只表示該事物的表面或上方時,“頭上”可視爲“上”義方位詞。唐代有用例,如:

(5)憶得少年長乞巧,竹竿頭上願絲多。(《全唐詩續拾》,見《日本古典文學大系》七三册藤原公任《和漢朗詠集》卷上《七夕》)

(6)曾有人合笠於首,明日看,笠子掛在樹頭上。(唐·張鷟《朝野僉載》)

由以上考察可知,漢語史“上”義方位詞主要有三類:“上”類、“高”類和“頭”類。

(二) 漢語史“下”義方位詞

1.“下”類

單純方位詞“下”自甲骨文至今一直沿用。漢語史上還有以下“下”類合成方位詞。

【下頭】

“下頭”在南北朝有下面的一頭、在下的一頭的用法。(汪維輝 2007:315)例如:

(1)栽石榴法:三月初,取枝大如手大指者,斬令長一尺半,八九枝共爲一窠,燒下頭二寸。(《齊民要術·安石榴第四十一》)

唐代“下頭”用作方位詞,表示下面、下邊。如:

(2)今歲暮春上巳,獨立香山下頭。(白居易《奉和裴令公〈三月上巳日游太原龍泉憶去歲禊洛〉見示之作》)

(3)葉撲仙槎擺欲沉,下頭應是驪龍窟。(唐·齊己《觀李瓊處士畫海濤》)

【下邊】

“下邊”在唐代有“下面”的用法,①但用例罕見。如:

(4)若籌及土塊,先持拭下邊;次以二三土,多水洗令淨。(唐·義淨《根本説一切有部毗奈耶頌》卷上)

明代方位詞“下邊”已很常見。如:

(5)更苦是一個耿埴,一個在床上,一個在床下還隔似天樣。下邊又冷颼颼起來,凍得要抖,卻又怕上邊知覺,動也不敢動,聲也不敢做,挨到三更。(明·陸人龍《型世言》第五回)

【下面】

唐代“下面”指下面、下方。

(6)此是左掩右移陣,見前面津口紅旗,下面總是鹿巷,李有硇勾搭索。(《敦煌變文校注》卷二《韓擒虎話本》)

宋代獨用的“下面”常見。如:

(7)譬如甑蒸飯,氣從下面滾到上面,又滾下,只管在裏面滾,便蒸得熟。(《朱子語類·孟子三》卷五十三)

用在名詞後的用例也已多見。如:

(8)問:“程子云‘若説鳶上面更有天在,説魚下面更有地在’,是如何?”(《朱子語類》第十二章)

【下首】

“下首”元明常表示位次較低的一邊。

(9)那個混世魔王樊瑞,騎一疋黑馬,立於陣前。上首是項充,下首是李衮。”(《水滸傳》第六十回)

“下首”用在名詞後表示下面、下邊的用例罕見。

【下方】

“下方”西漢已出現,如:

(10)故之大卜官,問掌故文學長老習事者,寫取龜策卜事,編于下方。(《史記·龜策列傳褚少孫論》)

表示空間位置方向的“下方”用例不多。東漢的用例如:

① 邱斌(2007:134)認爲“上邊”“下邊”明代產生,太晚。

(11)即得生其佛刹,南方西方北方上方下方亦如是,四維亦如是。(後漢・支婁迦讖《阿閦佛國經・佛般泥洹品第五》)

2.“底”類

【底】

《説文解字・廣部》:“底,一曰下也。”段玉裁注“下爲底,上爲蓋。今俗語如是。”指物體的底層,屬於物體的一部分。如:

(1)俯視崝嶸,窐寥窈冥;不見其底,虛聞松聲。(戰國・宋玉《高唐賦》)

(2)兩從者扶挾,前人相牽,後人見前人履底,前人見後人頂,如畫重累人矣。(東漢・馬第伯《封禪儀記》)

(3)澗底百重花,山根一片雨。(北周・庾信《遊山》詩)

當“底”不是指物體的自身部分,而是指以該事物爲參照的下面,“底”可視爲方位詞。南北朝有疑似用例,下例的“水底”可理解爲水面之下。如:

(4)能臥水底,持刀刺魚。(《魏書・列傳第八十九・獠》)

唐朝“底”相當於“下”的方位詞用法已很常見。如:

(5)比看伯叔四十人,有才無命百寮底。(杜甫《寄狄明府博濟》詩)

(6)城底濤聲震,樓頭蜃氣孤。(唐・岑參《送盧郎中杭州之任》)

(7)舜子上樹摘桃,阿娘也到樹底。(《敦煌變文・舜子變》)

【底下】

“底下”在唐代已用作“下”義方位詞。可獨用,也可跟在名詞之後。如:

(8)王即怪之,遂揭褥看,便見底下一褥垢膩多汙。(義淨《根本説一切有部毗柰耶破僧事》卷第九)

(9)若也不信,引到龍床底下,見其靈櫬,方可便信。(《敦煌變文・韓擒虎話本》)

(10)窗外山魈立,知渠腳不多。三更機底下,摸著是誰梭。(唐・張祜《讀曲歌五首》)

(11)寺内舊有池,下永樂東街數方土填之。今地底下樹根多露。(唐・段成式《酉陽雜俎》續集卷六)

【底頭】

元明時“底頭”有底下、下面的用例,如:

(12)元帥説道:“水底頭還有奸細。”解都督又是八枝賽犀飛,飛下水去。(明・羅懋登《三寶太監西洋記》第六十回)

3.“腳”類方位詞

“腳”原指人與動物腿的下端,接觸地面、支援身體和行走的部分。魏晉時期,“腳”産生指器物下端的新用法,最常見的有“床腳”“車腳”“鼎腳”等。(汪維輝 2017:57)當“腳”接合面廣,且不限於指物體的下端而可以指物體的下方時,才成爲“下”義方位詞。我們未能找到典型用例。“腳”參與構成的合成方位詞有以下幾個。

【腳下】

“腳下”原指腳底下。唐代後可指物體的下端或該物體的下方空間。如：

(1)草茫茫，土蒼蒼，蒼蒼茫茫在何處，驪山腳下秦皇墓。（唐・白居易《草茫茫》詩）

(2)憑檻雲腳下，頹陽日猶早。（唐・劉迥《爛柯山・石橋》）

(3)只見對陣旗旛腳下有一將，銀盔素鎧。（明《封神演義》三六回）

【腳底】

“腳底”在唐代以後可指物體的下面。如：

(1)鳥在林梢腳底看，夕陽無際戍煙殘。（唐・吴融《登鸛雀樓》）

(2)卻往書幃內，驚見張生，捽在床腳底，赤條條地，不能收拾身起。（《西廂記諸宫調》卷五）

由以上考察可知，漢語史“下”義方位詞主要也有三類：“下”類、“底”類、“腳”類。

二　漢語方言“上/下”義方位詞考察

我們以《現代漢語方言大詞典》《漢語方言大詞典》及其他方言論著爲中心，同時參考曹志耘(2008)主編的《漢語方言地圖集・語法卷》①，對漢語方言中表達“上/下”空間方位的詞語進行考察，結果如下。

（一）方言“上”義方位詞

方言區		詞形
官話	北京官話	上/上邊兒/上面/上頭/上邊兒兒
	東北官話	上/上邊兒拉/上面/浮上/浮頭兒
	冀魯官話	上/上頭/上邊/上邊兒/上半兒/頂上/頂兒上/直上/行/巷頭②/高頭/高處/尖上/浮頭
	膠遼官話	上/上邊兒/上頭兒/上面兒/上般兒/浮頭
	中原官話	上③/上頭/上面/上邊兒/上阪兒/上般兒/頂上/頂頭/腦頭/高頭/浮頭
	蘭銀官話	上/上頭/高頭
	西南官話	上/上邊/上頭/上首/上面/平面/頭上/頭起/皮頭/頭/頂上/頂頭/頂頂/高/高上/高頭/高首/高頂/高底/高起/高頭起邊
	江淮官話	上/上面/上頭/上邊/頂上/高頭/高處/浮頭
晉語		上/上頭/上邊/上面/浮上/浮頭/頭起/圪頂/頂上/頂頂/頂起/頂來/腦頭/腦面/高處/高頭/行頭④

① 《漢語方言地圖集・語法卷》收録了“上”類方位詞。

② 《河北方言詞彙集》寫“上頭”，但注明“上”音 hàng。

③ 陳瑤(2001:44)認爲西安音爲“[.xa]”或“[.a]”的詞就是方位詞“上”，其讀音是方位詞“上”的語音弱化形式，只是這個弱化形式正好與方位詞“下”的弱化形式偶合。

④ 《河北方言詞彙集》寫“上頭”，但注明“上”音 háng。

续表

方言區	詞形
徽語	上/上頭/高頭/上高/頂上
吴語	上/上面/上頂/上轉/上頭/對上/肚上/阿上/上爿/上底/上架/上登/浪/浪向/娘裏/咾/咾向/頭/頂上/背/高頭/高頂/高處
湘語	上/上頭/上面/高上/高裏/高頭/頂上/頂頂
贛語	上/上裏/上地/上邊/上等/上底/上頭/上背/上家/上面/頂上/頂上(裏)/腦/腦上/面上/面上(裏)/高爿/高頭/高統
客話	上/上底/上交/上背/上腦/頂/頂頂/頂高/腦/腦上/腦頭
粵語	上/上高/對上/上便/頂/頭/面/面頭/處
閩語	上/拍上/上頂/上邊/頂/頂位/頂骹/頂底/頂裏盼/頂面仔/頂頭/頂面/面頂/面上/面頭/懸頂勢/懸頂/以懸/中面/頭
平話	上/上頭/上高/高頭

由以上考察可知,從詞形看,如果以前一個語素爲核心語素,那麽漢語方言“上”義方位詞主要可分爲五類:“上”類(含“巷”“浪”“娘”類)、“高”類、“頂”類、“頭/腦”類和“面”類。

(二) 方言“下”義方位詞

方言區		詞形
官話	北京官話	下/下邊兒/下面兒/下頭/下邊兒旯/底下
	東北官話	下/下邊兒拉/下面/底下
	冀魯官話	下/下頭/下邊/下邊兒/底下/下半兒
	膠遼官話	下/下邊兒/下頭/下面兒/下般兒/底下
	中原官話	下/下頭/下邊兒/下阪兒/底下/底頭/底下頭/腳頭/底
	蘭銀官話	下/下頭/底下
	西南官話	下首/底下/下面/下頭/下邊/底下邊/透底/腳下/腳/腳腳/腳底/底腳/㞘下/豚地下/底底
	江淮官話	下/下頭/下面/下邊/底下/底頭/肚頭/肚/㞘下/地上
晉語		下頭/下邊/下面/底下/底起/底啊/根底/底上/底頭/底底/底起/底啊/底子兒/腳底
徽語		下/下頭/底下/豚底
吴語		下/下頭/下面/下面手/下爿/下向/下未/下轉/下勢/下底/下肩/下架/下登/阿下/底落/底下/底下頭/底上/底頭/底啦/底落/下底頭/頭底/底裏頭/低底/腳下/肚下/肚裏/㞘底/地下/對落
湘語		下面/底底/底腳/底下/腳下/㞘裏
贛語		下/下頭/下家/下裏/下底/下背/下面/下邊/下等/下爿/底下/底頭/底腳裏/腳下/腳下(裏)/㞘下/篤上/㞘低/落面下去
客話		下/下底/下當/下交/下背/下腦/下頭背/腹/㞘下/腳下/底下
粵語		下/下便/瓦下/打下/底/下底/下底便/下低/底下/㞘底/督底/㞘低/底督/對落
閩語		下/下位/下底/下底勢/下底邊/骹下/下骹/底/底頭/拍落/下向/下邊/下腳/肚下/底下
平話		下底/底下/腳底

由以上考察可知,從詞形看,如果以前一個語素爲核心語素,那麽漢語方言“下”義方位詞主要有五類:“下”類、“底”類、“腳”類、“豚(㞘)”類和“肚/腹”類。

三 漢語“上/下”義方位詞的來源

綜合漢語史和漢語方言“上/下”義方位詞，可知漢語“上”義方位詞主要有“上”類、“高”類、“頂”類、“頭/腦”類和“面”類；“下”義方位詞主要有“下”類、“底”類、“腳”類、“豚”類和“肚/腹”類。

從這幾類詞語的核心語素看，這些“上/下”義方位詞實際上可歸結爲兩大類：一是表示空間關係的“上”“下”類；二是物體或人體部位類。因此，也可以認爲漢語“上/下”義方位詞有兩大來源，一是來自空間關係詞“上/下”，二是來自物體人體部位詞。

（一） 來自空間關係詞“上”“下”

“上”，《説文解字》：“丄，高也。”段玉裁改作“二”，正與甲骨文字形相符。實際是以一物在另一物之上會意，説明二者的空間關係。從認知語言學來看，“二”（上）體現了“圖形—背景”關係，上面的短横相對較小/顯眼，位於中心位置，下面的長横相對較大，位於邊緣位置，屬於背景。

“下”，《説文解字》：“丅，底也。”段玉裁改爲“二”，並注：“有物在一之下也。”甲骨文恰爲二。實際是以一物與另一物之相對位置會意，説明二者的空間關係。從認知語言學來看，“二”（下）體現了“圖形—背景”關係，下面的短横相對較小/顯眼，位於中心位置，上面的長横相對較大，位於邊緣位置，屬於背景。

“上”“下”字形本身就表示了空間關係，它們從甲骨文就用作方位詞，直到今日仍在各方言區使用，屬於歷史最悠久、最基本的詞語。

漢語“上邊/下邊、上面/下面、上頭/下頭”等的興起跟“邊”“面”“頭”的詞綴化有關。

王鳳陽（2011：40—41）對“邊”的詞義演變有過介紹。“邊”在古代常用的有邊界義和邊側義。“邊”的邊界義一直保持，而表邊側的“邊”原本就有表方位的含義，當它和方位詞、數詞結合之後，“邊”的邊側義就不斷弱化，逐漸和“方”“面”合流了。“邊”的方位義在唐代即已産生了。實際上，當“邊”跟在具體事物名詞後，如“道邊”時，“邊”起著表明方向和位置的作用。但當“邊”跟在“東、南、西、北、上、下、左、右、前、後”之後時，這些方位詞本身就已經表明了方向或位置，“邊”失去了表示方向或位置的功能，逐步虚化爲詞綴。南北朝時期“邊”就已經與方位詞組合，但“上邊”的用法直到唐代才見。

王鳳陽（2011：40）簡單討論過“面”的詞義演變過程。他認爲當“面”帶賓語時，表示臉的朝向。當“面”的賓語不是具體物而是方位詞時，表方位的詞常是放在“面”的前面。當“面”和數詞結合時，“面”就只表方位，成了“方”的同義詞了。“面”的方面義在漢代已經部分完成。但是，“面”如何由朝向義變爲方位，其位置如何由方位詞的前面變爲後面，爲什麽與數詞結合就只表示範圍等關鍵問題,目前還缺乏研究。

實際上"頭"也可以作爲方位詞,但早在唐代就已經虚化,變爲一個泛向方位詞。王鍈(1986:233)指出唐代"頭"除表示"上""中"外,還可以表示"邊""前"等方位。"頭"用在其他名詞後時具有方位詞表明方向或位置的功能,當"頭"用在方位詞後,其標明方位功能消失。而作爲詞綴性質的"頭"早在魏晉南北朝就已出現。

嚴格説起來"高"也來自空間關係。"高",甲骨文字形[illegible]/[illegible],象高地穴居之形。"高"本指高處,《説文解字・高部》:"崇也,象台觀高之形。"已是引申之義。如前所述,雖然《玉篇》釋"高"爲"上",我們並沒有在文獻中找到"高"作方位詞的用例。但方言中"高"可以用作方位詞,且"高處""高頭"等詞語均是先表示高處再表示某物的上面,"高"的"上"義方位詞用法也應是由表示高處的用法而來。

(二)　來自人體/物體部位詞

漢語史及漢語方言中"頂"類、"頭/腦"類、"面"類、"底"類、"腳"類、"豚"類、"肚/腹"類方位詞提示我們,漢語一部分上下義方位詞來自人體或物體部位詞。

雖然由於歷史文獻的局限性(例如缺乏方言文獻),有些部位詞僅僅演變到表示其他物體的相對部位,找不到作爲"上/下"義方位詞的用例,但如果我們把漢語史和方言結合起來,就能清晰地看到物體或人體部位詞演變爲方位詞的軌跡。"頭""腦""面""底""腳""骹""豚"等原來都是人體部位,它們後來或擴展指其他物體的部位,然後再進一步發展爲方位詞,或者直接發展爲方位詞。

我們以"頂"和"豚(㞘)"來説明這個問題。

1."頂"類

"頂"本指頭的最上部。《説文・頁部》:"頂,顛也。"後來擴展爲物體的最上端或高處。如《方言》卷六:"頂,上也。"胡敕瑞(2002:124)在比較《論衡》和東漢譯經詞語後指出,舊詞多用"巔",擴充則爲"山頂",《論衡》與佛典都見"山頂",顯示"頂"詞義已擴展,但仍只指稱空間區域而不是空間方向或位置。下面的例子也是如此,例如:

(1)今不稱九天之頂,則言黄泉之底,是兩末之端議,何可以公論乎!(《淮南子・脩務訓》)

(2)樹頂鳴風飆,草根積霜露。(南朝・梁・沈約《宿東園》詩)

雖然我們在漢語史上未能找到"頂"作方位詞的用法,但在客話、粵語、閩語中的部分地區"頂"都用作"上"義方位詞。

又,"頂上"早期指頭頂上,如:

(3)佛坐其床上,應時佛笑。無央數色光明,而從口出遍於十方,還繞身三匝從頂上而入。(東漢支婁迦讖《佛説阿闍世王經》卷下)

南北朝擴展爲頂部、高處。如:

（4）惟西側一處得曆級升陟，頂上平地十許頃，沙門釋僧光表建二剎。（《水經注·河水》）

以上“頂上”均指物體的最頂端部分。雖然我們在漢語史上未能找到“頂上”作方位詞的用法，但在冀魯官話、中原官話、西南官話、江淮官話、晉語、徽語、吴語、湘語、贛語中，“頂上”都能用作“上”義方位詞。

類似的“頂頭”“頭頂”“頭腦”“面”“面上”也是雖然在漢語史上只找到表示人或物體的最頂端部分的用法，未見用作“上”義方位詞，但一些方言中都有作“上”義方位詞的用法。我們認爲方言中的這些方位詞用法是由人或物體部位發展演變而來。

2.“豚(㞘)”類

除閩語外，南方廣泛分布著一個語音爲[toʔ]、[tok]、[tou]、[tu]、[tuəʔ]、[tuɯ]的詞或語素，字形記作“㞘”“豚”“启”“篤”“督”等，筆者認爲它們是同一個語言成分，組成的詞語記作“㞘/㞘底/豚底/㞘㞘/豚豚/㞘兒/㞘子/豚子/督幹/㞘上/㞘下”等形式。這個語言成分作爲核心語素，主要有以下幾個意義(以下只録該語素的音標，因材料來源不一，不標聲調)：

（1）表示動物或人的肛門

如武漢[tou]、成都[tu]。又，清·唐訓方《里語征實》：“《蜀語》，尾下竅曰豚。”

（2）屁股或尾部

“㞘子”：内蒙包頭、呼和浩特、二連浩特，山西太原、大同、忻州、文水、朔縣、長治、長子、平遙、襄垣、臨縣、柳林、靈石、山陰，陝西綏德。

河北深縣[tu]，江蘇徐州[tu]，河南洛陽[tuɯ]，貴州清鎮[tu]，廣州[tok]。

（3）器物底部

梅縣[tuk]、廣州[tok]、東莞[tok]、溫州[dø]、寧波[toʔ]、南寧[tøk]、萬榮[thuɤ]、成都[tu]、隨州[təu]、天門[təu]、武漢[tou]，貴州沿河[tu]、歙縣[tuʔ]、績溪[tɤʔ]、萍鄉[tu]、南昌[tuk]/[tuʔ]、贛州蟠龍[tuʔ]，等等。

（4）下面，下邊，底下

杭州[toʔ]㞘底、寧波[toʔ]㞘底、銅陵[to]、廣州[tok]㞘底、信宜[tok]㞘低、陸川[tok]督底、明溪[tu]督幹、徽州[tɤʔ]、績溪[tɤʔ]、南昌[tuʔ]豚下、樂平[tu]㞘低、安慶[təu]㞘下、衡陽[to]㞘裹。

《現代漢語方言大詞典》認爲這個成分是《廣韻·屋韻》的“豚，尾下竅也”。記作“㞘”“豚”“启”等字形。雖然各方言寫法不同，但從各地的音義看，筆者傾向于認爲它們是同一個成分，並且認爲這個詞在最早期原始意義應指動物或人的臀部/屁股，而不是“尾下竅”(肛門)。①

《廣雅》《玉篇》均有記録。《廣雅·釋親》：“豚，臀也。”《玉篇·肉部》：“豚，尻也。”後來

① 按：上海[du]碗肚底/南京[tu]肚底下/揚州[tu]肚頭等地記作“肚”的，也可能是同一個成分。

《集韻·屋韻》(都木切):"豚,《博雅》,'臀也。'或作㞘。"從語音上提示這個"豚"就是今天各方言中廣泛存在的[toʔ]/[tok]/[tou]/[tu]等。《廣雅》乃三國魏時張揖撰,張揖,字稚讓,清河(今河北臨清縣)人。説明這個成分早在東漢時就已在北方存在。

這個成分有的方言區只表示人體屁股或昆蟲尾部,如:内蒙包頭、呼和浩特、二連浩特,山西大同、文水、朔縣、長治、長子、平遙、襄垣、臨縣、柳林、靈石、山陰,陝西綏德,河北深縣,江蘇徐州,河南洛陽等。有的方言中既表示人體部位,又表示物體底部,如:武漢、成都、廣州、太原等。有的既表示物體底部,又表示方位,如:武漢、成都、寧波、廣州、陸川、徽州、績溪、南昌、安慶等。

顯然,從各地方言的使用看,這個成分的發展並不平衡。有的地方只作爲人體或動物屁股的部位名稱,有的擴展到指物體的底部,有的則進一步發展爲表示在物體下面的方位詞。

四 結語

張敏(2010)曾指出,漢語方言既是漢語的空間變體,也是漢語的時間變體,對漢語的時間變體和空間變體的差異進行比較,其實已無異於跨語言比較。對漢語史和漢語方言的考察標明,漢語"上/下"義方位詞主要來自空間關係詞和人體/物體部位詞。

Heine & Kuteva 指出,某些身體部位名詞由於藴含相對位置義,形成表達直指方所的結構平臺。關係名詞(包括身體部位名詞)常常語法化形成關係語法標記(通常是空間或時間標記)。(龍海平 2012:60,83)例如瓦伊語(Vai)、蘇蘇語(Susu)的部位詞"脖子"都演變爲方所格後置詞,表示"在……上方"。(龍海平 2012:215)

吴福祥(2007)指出:"方所詞語,特别是源自身體部位的方所詞語,其形態句法和語義的演變通常是沿著一條可預測的路徑進行的,因而呈現跨語言的共性傾向。"

從認知角度看,漢語源自人體/物體部位詞的"上下"義方位詞主要是由轉喻引起。何亮(2017)考察過漢語部位詞的空間及時間概念隱喻的發展層級,認爲人體/物體部位詞語從表示具體部位到表示其他物體的相對部位,乃至表示抽象的空間方位或時間,同時具有隱喻和轉喻的因素。而在空間域内部,這些詞語的表義功能的擴展,主要由轉喻引起。

參考文獻

陳　瑶　2001　《官話方言方位詞比較研究》,暨南大學博士學位論文。

甘　露　1999　《甲骨文方位詞研究》,《殷都學刊》第 4 期。

何　亮　2017　《漢語部位詞的空間及時間概念隱喻的發展層級》,《合肥師範學院學報》第 1 期。

李行健　1995/2012　《河北方言詞彙編》,北京:商務印書館。

廖秋忠　1989　《空間方位詞和方位參考點》,《中國語文》第 1 期。

邱　斌　2007　《古今漢語方位詞對比研究》,復旦大學博士學位論文。
汪維輝　2007　《〈齊民要術〉詞彙語法研究》,上海:上海教育出版社。
汪維輝　2017　《東漢—隋常用詞演變研究》(修訂本),北京:商務印書館。
王鳳陽　2011　《古辭辨》,北京:中華書局。
王　鍈　1986　《詩詞曲語辭例釋》(增補本),北京:中華書局。
吴福祥　2007　《漢語方所詞語“後”的語義演變》,《中國語文》第6期。
徐中舒　1989　《甲骨文字典》,成都:四川辭書出版社。
張　敏　2010　《“語義地圖模型”:原理、操作及在漢語多功能語法形式研究中的運用》,《語言學論叢》第42輯。
Bernd Heine & Tania Kuteva 著　龍海平　谷　峰　肖小平　譯　2012　《語法化的世界詞庫》,北京:世界圖書出版公司。

The Types and Sources of Chinese Orientation Wordswith The Meaning of 上/下

HE Liang WU Fuxiang

Abstract: Based on the investigation of Chinese history and Chinese dialects, it is found that the Chinese orientation words with the meaning of 上(shàng) mainly include the types of “上”,“高”,“頂”,“頭/腦” and “面”, while with the meaning of 下(xià) mainly include the types of “下”,“底”,“脚”,“豚”and “肚/腹”. These words have been derived from the words about spatial relationship and object/human body parts. The semantic of the words describing the specific parts of the object/human body turns into describing the relative parts of the other objects, and even into the abstract spatial orientation or time. The above development of semantic is caused by metonymy and metaphor simultaneously. Meanwhile, the expansion of the meaning function of these words originating from the spatial domain is mainly caused by metonymy.

Key words: “上(shàng)/下(xià)”, orientation words, nouns of body parts, sources

(何亮　重慶師範大學文學院　401331;
吴福祥　北京語言大學語言科學院　100083)

“本、元”類副詞的演變*

李　明

提　要　本文討論古漢語中有“本來”“原來”一類追究原委意味(文中稱爲追原義)的副詞的演變。基於後來的情況與之前有無變化,這些副詞可分爲[+對比]與[-對比]兩種用法。追原義源於時間義“之前”。這個時間義,一方面可以發展爲兼有篇章連接作用的用法,另一方面,又可以發展爲具有人際交流功能的語氣副詞。

關鍵詞　元/元來　追原義　語義演變

一　引言

副詞“本”“元”等都有原本義。比如:

(1)本期善果,不知將來反獲其殃。(齊·求那毗地譯《百喻經》,4/545b)

(2)元期三年,何因六載不歸?(變文,《秋胡變文》①)

能表達這類意思的詞語,古漢語中還有“比、故、固、初、先、舊、近、幸”等單音詞,以及“本來、元來(原來)②、元本、本元、本自、比來、舊來”等複音詞。其中最典型的是“本、元”,以及與之相應的複音詞“本來、元來(原來)”。“本”以及與之相關的複音詞,李明(2018)已專文討論,下文將不再涉及。

現代漢語“本來”“原來”的原本義,有追究原委、追根溯源的意味,簡便起見,我們稱之爲追原義③。

拙文(李明 2014)曾用語用推理的兩條原則④——“足量原則”(Q-Principle)與“不過量

---

* 本文初稿寫於 2017 年,因原文較長,故不得不分爲兩部分。其中之一已發表,即李明(2018)。本文第四節亦是對李明(2014)相關部分的補充。

① 本文所用變文材料皆據黄征、張涌泉《敦煌變文校注》,北京:中華書局,1997 年。

② “元來”後改寫作“原來”,一般認爲是因爲明人避元朝之嫌。常引的材料有兩條:一是顧炎武《日知録》卷三二“元”字條曰:“元者,本也,本官曰元官,本籍曰元籍,本來曰元來。唐宋人多此語。後人以‘原’代之,不知何解。……或以爲洪武中臣下有稱元任官者,嫌於元朝之官,故改此字。”二是清·王應奎《柳南隨筆》卷三:“明太祖既登極,避勝朝國號,遂以元年爲原年,民間相傳如此,而史書不載。”不過汪維輝(2010)提到:《高麗史》提供了另一種解釋,即明人改“元”爲“原”,是爲了避明太祖諱。(此承汪先生見告,謹致謝忱。)

③ “追原”借用的是劉淇《助字辨略》的提法,參看該書“初”“始”等詞條。

④ 語用推理的這兩條原則,參看 Horn(1984)、沈家煊(2004)。

原則"(R-Principle)——來區分現代漢語副詞"本來"的兩種用法。比較：

(3a)女排怎麽輸了？

——女排本來很强(,現在不行了)。

(3b)女排怎麽贏了？

——女排本來就很强。

"本來很强"怎麽能回答兩個意義相反的問題(暫不考慮例(3b)中"就"這個副詞)？例(3a)中,"本來很强"意味著:之前强,但只是之前强,現在不同了。這是典型的基於"足量原則"的推理:説 p 意味著僅限於 p。追原義的這種用法,我們標記爲"[+對比]"。例(3b)中,"本來就很强"意味著:不僅之前强,一直强。這是典型的基於"不過量原則"的推理:説 p 不僅僅只意味著 p。這種用法下文標記爲"[-對比]"。

二 "元"的演變

副詞"元"似始見於隋唐。"元"本義爲人首,由此引申爲形容詞義"爲首的(如'元帥')、起始的(如'元年')"等,再由"起始的"引申爲表追原的副詞義"原本"。①

先看表追原的"元"[+對比]的情況。相對于表追原的"元"[-對比],表追原的"元"[+對比]在漢語史中用例很少。表示[+對比],一般用"本、本來",而不用"元、元來"。

"元"[+對比]又可分爲三小類：

一是表示"元"之後的命題只是之前的事實,但後來有了變化,後來的事實與之前相反。隱含的意思是"之前如此,後來不如此"。如：

(4)仁元在林,於我後發,即今何忽在我前,到此火神堂其中安坐？(隋・闍那崛多譯《佛本行集經》,3/846c)["仁"是第二人稱敬稱]

(5)我兒當去,元期三年,何因六載不歸？(變文,《秋胡變文》)

二是表示後來的事實與之前的意願、打算、想法等相反,即表示"事與願違"或不合預想,其後有"欲、期"等表意願或認知的主動詞。例如：

(6)玉貌元期漢帝招,誰知西嫁怨天驕。至今青塚愁雲起,疑是佳人恨未銷。(《全唐詩》卷647,胡曾《青塚》)

注意此例與例(5)不同。例(5)"期"後帶 NP,此例"期"後帶包孕子句。

三是表示與可能或當須發生的情況相反,即表示"事與理違"或不合預想,其後接表示

---

① 追原義也可以用爲名詞,但似乎僅限於與"本"的組合,例如：

元元本本,殫見洽聞。(班固《西都賦》,見《文選》)[引自《漢語大詞典》]

開化群生,令還本元。(吴・康僧會譯《六度集經》,3/28a)

“可以、可能、應該”等意義的情態動詞。這種情況,用“元”尤其少見。下面舉一個《紅樓夢》的例子:

(7)那邢夫人自然喜歡,便説道:“你這才是明理的孩子呢。象那巧姐兒的事,原該我做主的,你璉二哥糊塗,放著親奶奶,倒托别人去!”(《紅樓夢》,119回)

注意,在第一種情況中,是“元”所在的小句表述的命題與後來的事實不符。而在第二種用法中,是主動詞之後的包孕子句所表述的命題與後來的事實不符。比如例(5),“本期漢帝招”,是“期”之後的小句“漢帝招”與後來的事實不符。“期”本是“非敘實動詞”(non-factive verbs),也就是説,其後的命題不一定是真實發生的。但是,“元”加於其前,使其後的命題變成了“反敘實”(counter-factual)的,也就是説,與事實相反。第三種用法中,是除去情態動詞之後,小句表述的命題與後來的事實不符①,比如例(7),“象那巧姐兒的事,原該我做主的”表示“象那巧姐兒的事,(是)我做主的”不符事實。情態動詞也是表示非現實,其所在小句的命題不一定爲真;加上“元”之後,該命題成爲反敘實的,也就是與事實相反。

這三種情況有一個共同點:這些表追原的“元”[+對比],都仍可以理解爲“之前、當初、原先”(下文統稱爲“之前”義)的意思,因此還是時間副詞。但它們同時表示情況發生了變化、之前與後來的事實相反,因此又有表追原的“原本”義。因爲表示與後來的事實相反,所以“元”所在的小句語義常常不自足,上下文,尤其是下文,常有其他小句來承接或轉折,表示發生了某種變化。有時,“元”所在的小句單獨出現,但也可推測出有一個對比的意思沒有説出來。因此,這類“元”雖然都是時間副詞,但兼有篇章連接功能,即兼爲關聯副詞。

第二種用法,實際表示違反主語(“句子主語”)的預期,比如例(6)“玉貌元期漢帝招”,表示事後的結果違反了主語王昭君(該主語未出現,“玉貌”爲話題)的預期。第三種用法,實際表示違反敘述者/説話人(“言者主語”)的預期,比如例(7)表示違反説話人邢夫人的預期。例(7)的主語是“象那巧姐兒的事”,自然不可能是像例(6)一樣違反主語的預期。

上面“元”[+對比]的三種情況即:

(一)後來的情況與之前的情況相反。

(二)事與願違或不合預想,表示違反主語的預期。

(三)事與理違或不合預想,表示違反敘述者/説話人的預期。

下面再看“元”[-對比]的例子:

(8)金仙誕質,本在周朝;像法流行,元因漢代。(變文,《破魔變》)

(9)蘇武元還漢,黄公豈事秦?(杜甫《寄李十二白二十韻》詩)

① 一般認爲:情態動詞是命題之外的成分。可是漢語中通常所認定的情態動詞,其内部比較複雜,句法屬性不全同,並不都是命題外成分。所以這裏暫且説:除去情態動詞之後,小句表述的命題與後來的事實不符。

(10)父子相分擘,不及元不識。(王梵志詩)

(11)越國與楚和順,元不交兵,慮恐捉子送身,懷報(抱)雠心不達。(變文,《伍子胥變文》)

例(8)和(9)還隱含有"之前"的意思,例(10)和(11)隱含有"之前就"(近義于"素來、向來")的意思。因此,上面的例子多多少少還有時間義。

下面的例子已與時間義沒有關聯,近義於語氣副詞"從來":

(12)死生元有命,富貴本由天。(寒山詩)

(13)若言看心,心元是妄,妄如幻故,無所看也。(《壇經》)

這兩例"元",語境中沒有一個事件作爲背景,而且其後的謂語都是表示狀態(state)。另外,也不能喚起一個起點,故"元"不再有"之前"義。

[一對比]的例子,對譯成現代漢語時,都可以在"元"後再帶上表確認的語氣副詞"就"。比如例(8)可以對譯爲"像法流行,原本就因爲漢代",例(10)可以對譯爲"父子分離,不及原本就不相識"。但注意例(10),"原本就"隱含有"素來、向來"的意思,例(8)則沒有。

比較下兩例:

(7)那邢夫人自然喜歡,便説道:"你這才是明理的孩子呢。象那巧姐兒的事,原該我做主的,你璉二哥糊塗,放著親奶奶,倒托别人去!"(《紅樓夢》,119回)

(14)探春……又笑道:"有了這個好孫女兒,就忘了這孫子了。"寶玉笑道:"這倒不妨,原該多疼女兒些才是正理。……"(《紅樓夢》,49回)

這兩例都是"原該",但例(7)是[+對比],例(14)是[一對比]。

上文提及"元"[+對比]極少有後帶情態動詞的例子。下兩例出自唐詩,似乎是反例:

(15)昔年開汴水,元應别有由。或兼通楚塞,寧獨爲揚州?(《全唐詩》卷604,許棠《汴河十二韻》)

(16)十載聲沈覺自非,賤身元合衣荷衣。豈能得路陪先達,卻擬還家望少微。(《全唐詩》卷702,張蠙《言懷》)

可實際上,這兩例同例(14),都是[一對比],而不是同例(7)的[+對比]。對譯成現代漢語,都可以後加"就"。比如例(14)可對譯爲"原本就該多疼女兒些才是正理",例(15)可對譯爲"原本就該是别有原由",例(16)可對譯爲"我這卑賤之身,原本就該衣荷衣"。如果是"元"[+對比],是不好這麼對譯的。

例(14)—(16)這種後帶情態動詞的"元"[一對比],同例(12)和(13)一樣,理解爲時間義比較困難,相反,語氣的意味非常明顯。

上文已提到,[+對比]用"元、元來"少見,多用"本、本來"。"元"既然少用於[+對比],它的主要用法就是[一對比]。[+對比]是時間副詞兼關聯副詞。但[一對比]有的還有時間義,有的只單純表示語氣,這裏統一視爲語氣副詞。參看李明(2018)對"本"的處理。

三 元來

副詞“元來”也是較早見於隋唐。都有“原本”即追原的意味。下面是[＋對比]的例子：

(17)元來不見,他自尋常;無事相逢,卻交煩惱。(唐·張鷟《遊仙窟》)

(18)六日,立春節。賜胡餅寺。粥時行胡餅,俗家皆然。又別敕除左金吾衛大將軍——是國親,今帝之阿舅。元來貧窮。去年行於坊寺,擔羅葡、柴等賣。今新承恩,作金吾〔衛〕大將軍。(《入唐求法巡禮行記》,卷三)

下面是[－對比]的例子：

(19)當時樹上忽有一李子落下官懷中,下官詠曰:“問李樹:如何意不同？應來主手裏,翻入客懷中。”五嫂即報詩曰:“李樹子,元來不是偏。巧知娘子意,擲菓到渠邊。”(《遊仙窟》)

(20)唯黃河已北鎮、幽、魏、路等四節度元來敬重佛法,不拆〔寺〕舍,不條流僧尼。佛法之事,一切不動之。(《入唐求法巡禮行記》,卷四)

(21)坑灰未冷山東亂,劉項元來不讀書。(《全唐詩》卷669,章碣《焚書坑》)

例(19)還隱有“之前”的意思,後兩例隱有“之前就”(近義于“素來、向來”)的意思。

下面的例子已與時間義沒有關聯,只能視爲語氣副詞,近義于“從來”：

(22)須彌本非有,芥子元來空。(《祖堂集》卷十七,岑和尚)

(23)法界元來本清淨,都不關他空不空。(變文,《佛說阿彌陀經講經文(二)》)

四 “元/元來”表新發現

上文主要討論“元/元來”的追原義。其實,從唐代始,“元/元來”還發展出一種常見的用法:表示醒悟、出乎意料,即新發現,是語氣副詞。例如：

(24)誰知席帽下,元是昔愁人。(寒山詩)

(25)整(正)梳裝之次,鏡內忽見一人,回故而趣(覷),員(元)是聖人,從坐而起。皇帝宣問:“皇后梳裝如常,要酒何用?”(變文,《韓擒虎話本》)

這類“元/元來”來自表追原的“原本”義,這是無疑的。但沒有發現表追原的“元/元來”與表新發現的“元/元來”之間有明顯二義共存的過渡階段。

下例似與上文提到的表追原的[＋對比]還有關聯：

(26)皇帝依奏,令高力事(士)取劍斬道士,[□](頭)隨劍落,拋在一邊。頭元是酒甕子蓋,身畫甕子身,向上畫一個道士,帖符一道。(變文,《葉淨能詩》)

因爲:頭元是酒甕子蓋,後被淨能化爲了道士頭。

但下例又似與表追原的[一對比]還有關聯：

(27)夢時有時槍下臥，覺來元在鞞鼓邊。(變文，《季布詩詠》)

因爲：元在鞞鼓邊，之前就在鞞鼓邊。

因此，從一般的"先重新分析(導致二義共存)後擴展"的語法化的轉喻模式，根本無法判定這種"元/元來"是來自追原義的哪一種用法，即無法判定是來自"原本"義[十對比]還是"原本"義[一對比]。

我們認爲這種"元/元來"源自"語境吸收"：追原義在例(24)一類句子中，吸收了"誰知"一類意義(詳下)，由客觀域轉爲認知域，就成爲表新發現的語氣副詞。注意，"元"表示的新發現並不一定是敘述者/説話人的，也可能是句中主要人物的(比如例(25)是出乎皇后的意外)。

下面討論與表示新發現的"元/元來"相關的一種特定句式："本以爲……，沒想到元來……"。該句式包含兩部分：一是前面的"本以爲……"，可稱之爲"破句"；二是後面的"沒想到元來……"，可稱之爲"立句"。例如：

(28)我將謂天下無人，元來有老大蟲在。(《祖堂集》卷七，岩頭和尚)["將謂"義爲"認爲、以爲"]

(29)a 我乃本欲與女市釧，不意奄終不得言于女妻也。(《古小説鉤沉・幽明録》)

b 本將謂佛道長遠，勤苦曠劫，方始得成。今日始知，法身實相，本自具足。(《祖堂集》卷十五，汾州和尚)

參照例(29)，例(28)可以改寫爲：

(28')我(本)以爲天下無人，(不意/不料/不委/不期/誰知/今日始知)元來有老大蟲在。

"不意/不料/不委/不期"這樣的認知 VP 可以省掉，可見這種表新發現的"元來"是認知域的。例(24)"誰知席帽下，元是昔愁人"，大主語與認知 VP 的組合"誰知"沒有省略，但例(25)—(27)，並未出現這類含認知 VP 的組合。不過，前面"破句"中的"本"仍是表追原的"原本"義[十對比]，"以爲/將謂"這樣的認知動詞不能省略，可見前一句的"本"仍是客觀域的。

從句法位置上看，前面"破句"中的"本"[十對比]出現於認知 VP 之前，後面"立句"中的"元/元來"出現於認知 VP 之後。比較：

(6)玉貌元期漢帝招，誰知西嫁怨天驕。至今青塚愁雲起，疑是佳人恨未銷。(《全唐詩》卷 647，胡曾《青塚》)

(24)誰知席帽下，元是昔愁人。(寒山詩)

例(6)“元”爲表追原[＋對比],例(24)“元”表新發現。由上兩例明顯可知:表追原的“元”[＋對比]出現於“破句”主動詞(如例(6)“期”)之前,主動詞不能省,否則意義改變;表新發現的“元”出現於“立句”的主動詞(如例(24)“知”)之後,大主語加主動詞的組合“誰知”即使去掉,也不影響文義。

另外,從現代漢語的語感來看,這種表新發現的語氣副詞“元來”,可以在後面再接上表追原的“本來”[－對比]。例如:

(30)我本來以爲他是個壞人,元來他本來就是個好人。

例(29b)也可以改寫成:

(29b')本將謂佛道長遠,勤苦曠劫,方始得成。今日始知,元來法身實相,本自具足。

在例(30)、例(29b')之中,第一個“本/本來”出現於“破句”,是追原義“原本”[＋對比],爲時間副詞;而“立句”中的“元來”是這裏討論的表新發現的語氣副詞;“立句”中的“本來/本自”是追原義“原本”[－對比],本文統一視爲語義副詞。

“元/元來”的這種句式聯繫兩個句子:前面的“破句”表示預期,後面的“立句”表示與預期相反的事實。即:

本/本來以爲……,沒想到元/元來卻是……

這個格式不能置換爲:

*元/元來以爲……,沒想到本/本來卻是……

“破句”表示過去的情況,隱涵義是過去與現在不同,而這個過去是該摒棄的。“立句”表示現在對於原本(過去或一直)存在的某種狀態有了新的發現,這個現在的新發現才是對的。因此,“元/元來”雖本是“原本”的意思,但由於由客觀域升格到了認知域,它反而表“立”。

在這種句式中,“本、本來”與“元、元來”形成互補:“本、本來”只用於“破”,“元、元來”一般只用於“立”。“本、本來”並沒有發展出表新發現的用法,故只能出現於“破句”,而“立句”用“元/元來”。不過,參照下面的例子:

(6)玉貌元期漢帝招,誰知西嫁怨天驕。至今青塚愁雲起,疑是佳人恨未銷。(《全唐詩》卷647,胡曾《青塚》)

則“元/元來”其實也可以出現於“破句”。然而,既然“立句”已用“元/元來”且只能用“元/元來”,爲防止前後重複,則“破句”一般用“本/本來”而不用“元/元來”。上文提到:“元/元來”表追原[＋對比]少見,一般表追原[－對比];表追原[＋對比]主要用“本/本來”。而在這種句式中,“破句”的“本/本來、元/元來”即是表追原[＋對比]。故在這種句式中,“破句”一般用“本/本來”,而不用“元/元來”,一方面是爲了避免與後面“立句”中的“元/元來”重複,另一方面也是因爲“元/元來”表追原[＋對比]本來就少見。

這種句式中的"本/本來""元/元來"都有一定的連接作用;即使只有一個句子,該句也預設著另一個句的存在:對於"本、本來",預設還有一個句子表示"立";對於"元、元來",預設還有一個句子表示"破"。比較:

(31)座主云:"久嚮歸宗,元來只是粗行沙門。"(《祖堂集》卷十五,歸宗和尚)["久嚮"義即"久仰"]

(32)師遂依言而造百丈,禮而問:"從上相承之事,和尚如何指示于人?"百丈良久,師曰:"不可教後人斷絕去也。"百丈云:"我本將謂汝是一個人。"遂起入丈室,欲掩其户。(《祖堂集》卷十六,黄蘗和尚)

(33)道吾云:"兩個師兄與某甲三人,隱於深邃絕人煙處,避世養道過生,豈不是埋沒?"師云:"師弟元來有這個身心。……"(《祖堂集》卷五,華亭和尚)

例(31)破句、立句皆有,例(32)只有破句,例(33)只有立句。

"元來"還有一種特殊的用法,即是敘述者對剛提及的人事物作進一步的闡釋。較早見於宋元話本中,比如:

(34)王保跟張員外到家,要了他五百貫賞錢去了。原來王保就是王秀,渾名"病貓兒",他走得樓閣沒賽。(《古今小説·宋四公大鬧禁魂張》)

(35)這個俊俏後生是誰?原來不是本地,是徽州新安縣人氏;姓陳,名商……(同上,《蔣興哥重會珍珠衫》)

這其實與上文討論的表示(敘述者/説話人或句中主要人物)新發現的用法是相關的:可以認爲這是敘述者"假裝"有所發現,當然,敘述者其實是萬能的。這種用法明清小説常見。有時,表示新發現與表示敘述者的闡釋,這兩種用法有區分不開的情況:

(36)隆兒才坐下,端起杯來,忽聽馬棚内鬧起來。原來二馬同槽,不能相容,互相蹶踢起來。隆兒等慌的忙放下酒杯,出來喝馬……(《紅樓夢》,65回)

(37)一日清曉,寶釵春困已醒,搴帷下榻,微覺輕寒,啟户視之,見園中土潤苔青,原來五更時落了幾點微雨。於是喚起湘雲等人來,一面梳洗……(同上,59回)

這兩例既可以視爲表示主要人物(分別爲"隆兒"和"寶釵")的新發現,也可以視爲是敘述者的闡釋。

五　比、比來

"比、比來"用爲副詞似較早見於中古,本用作"近來、之前"等時間副詞義①,例如:

---

① 董志翹、蔡鏡浩(1994:24)説"先前"義漢代即已存在。所舉例爲:

[李肅]與判官程讓能同言於思綰曰:"太尉比與國家無嫌,但負罪懼誅,遂爲急計。"(《漢書·趙思綰傳》)

但此例實出自《舊五代史》。

(38)國寶見王緒問曰:"比與仲堪屏人何所道?"(《世説新語·讒險》)[近來/之前你與殷仲堪支開旁人説了些什麼?]①

(39)丞相在坐,代爲之解,命彬曰:"拜謝。"彬曰:"有足疾。比來見天子尚不能拜,何跪之有?"(《世説新語·識鑒》注引《王彬别傳》)[近來/之前]

(40)比來江東無他故,江道亦不艱難。(《宋書·天文二》)[近來]

(41)我唯有一子,死後勿如比來威抑之。(《魏書·外戚傳下·胡國珍》)[義爲"之前"。引自董志翹、蔡鏡浩1994:29]

由這個意思引申表追原的"原本"義。下面是表追原[+對比]的例子:

(42)吾比欲安處汝,職局無缺者,惟有雷公缺,當啟以補其職。(《古小説鉤沉·幽明録》)[表示事與願違]

下面是表追原[一對比]的例子:

(43)朱泰家在江陵,宋元徽中,病亡未殯。忽形見,還坐屍側,慰勉其母,眾皆見之,指揮送終之具,務從儉約。謂母曰:"家比貧,泰又亡歿,永違侍養,殯殮何可廣費?"(《古小説鉤沉·述異記》)

下面是唐五代的例子②:

(44)王問曰:"汝比出遊行,今何故不樂?"太子曰:"父王!我比出遊看園苑,不知人世有此辛。……"(變文,《雙恩記》)[之前]

(45)比緣貢獻,西進楚王,及與梁鄭二國計會軍國。(變文,《伍子胥變文》)[近來]

以上還是"近來、之前"等時間副詞義。

(46)比不相知,闕爲參展,今日之後,不敢差違。(《遊仙窟》)

(47)比望我子受快樂,因何愁苦轉悲傷?(變文,《八相變(一)》)

(48)比合上天堂,卻沉歸地獄。(拾得詩)

以上爲追原義[+對比]。例(46)表示之前的情況現在發生了變化,例(47)表示事與願違,例(48)表示事與理違。

(49)斫營比是王陵過,無辜老母有何愆!(變文,《漢將王陵變》)

(50)比欲相隨,今願倍(陪)從。(變文,《維摩詰經講經文(一)》)

---

① 兩本《世説新語》詞典(張永言1992,張萬起1993)都已指出:《世説新語》正文中,"近來、之前"義的"比"有三例,除此例外,餘兩例爲:

又問:"馬比死多少?"(《世説新語·簡傲》)[近來]

"卿在府久,比當相料理。"(同上)[近來當關照你。注意,此例"比"不指過去,而指將來]

② 有一例"本者"表示事與願違:

比者將爲真弟兄,誰知有此心中毒。(變文,《雙恩記》)

實際"者"多附於表示"之前"義的名詞或副詞,組成複音詞,如"昔者、曩者、向者、日者、往者",見楊伯峻、何樂士(1992:227—231)。

(51)空中總是善龍神,天上比無惡星宿。(變文,《解座文彙抄》)

以上爲追原義[一對比]。例(49)和(50)還可以還原爲"之前"義,但例(51)義近于"從來",時間意味很淡,語氣意味明顯。注意例(47)和(50)都是"比"修飾意願動詞短語,但一爲[+對比],一爲[一對比]。

(52)比來觸誤(忤),請公哀矜。(變文,《燕子賦(一)》)

(53)比來是夜叉,變即成菩薩。(拾得詩)｜師因騎馬行次,措大問:"既是騎馬,爲什摩不踏鐙?"師云:"比來騎馬歇足,踏鐙何非同步行?"(《祖堂集》卷八,疎山和尚)

(54)比來怕見民辛苦,特地教人卻種田。(變文,《雙恩記》)

以上三例"比來",例(52)義爲"之前",爲時間副詞;例(53)表追原,爲[+對比];例(54)表追原,爲[一對比]。

六 先、先來、先自

唐宋(包括金)時期有"原本"義。本多與"後、次、然、然後、又"對文,表先後順序;又有"之前"義,爲時間副詞:

(55)鄭玄欲注《春秋傳》,尚未成時,行與服子慎遇宿客舍,先未相識,服在外車上與人説己注《傳》意。(《世説新語·文學》)

由此時間副詞義,引申出表追原的"原本"義,下例表追原[+對比]:

(56)謂本無規財之心,乃爲别事毆打,因見財物,遂即奪之,事類"先强後盗",故計贓以强盗論,一尺徒三年,二匹加一等。以先無盗心之故,贓滿十匹應死者,加役流。若奪財物不得者,止從故鬥毆法。文稱"計贓以强盗論",奪物贓不滿尺,同"强盗不得財",徒二年。既元無盗心,雖持仗,亦不加其罪。(《唐律疏議》286條,卷19)

下面的例子都表追原[一對比]:

(57)翠瓜碧李沈玉甃,赤梨葡萄寒露成。可憐先不異枝蔓,此物娟娟長遠生。(杜甫《解悶》)[張相(1955:271)説:此詠荔枝。言與瓜李等物枝蔓本來無異,而遠地生者偏美也。]

(58)此寺先來貧虚,都無一物。縱有些些施利,旋總盤纏齋供,實無財帛,不敢誑忘(罔)將軍。(變文,廬山遠公話)

(59)先來小生心兒悶,見貧女又嫁。(南宋戲文《張協狀元》,第十六出)

(60)客館先來擗掠得雅,鋪設得更奢華。(金《西廂記諸宫調》,卷三)

(61)沁水田園先自多,齊城樓觀更無過。(唐·上官婉兒《遊長寧公主流杯池》)

更多例證請參看張相(1955:271—272)。例(57)、(60)和(61)張相已引用。

七　初

同“本、比、先”一樣,“初”也是由“之前”義引申爲表追原的副詞。但表示“之前、當初”的“初”最早應該是個時間名詞(如《左傳・隱公元年》:“初,鄭武公娶于申。”)。① 追原義較早見於中古。[+對比]例如:

(62)初欲改年爲建始,左丞王納之曰:“建始者,晉趙王倫之號也。”於是易爲永始。(《魏書・桓玄傳》)

[-對比]例如:

(63)嵩問曰:“叔父言汝中風,已差乎?”太祖曰:“初不中風,但失愛於叔父,故見罔耳。”(《三國志・魏志・武帝紀》,注引《曹瞞傳》)|真想初在襟,誰謂形跡拘。(陶淵明《始作鎮參軍經曲阿作》)[真樸之念本在我心,則不可謂身體和行跡受到束縛]|先帝侍女八千人,公孫劍器初第一。(杜甫《觀公孫大娘弟子舞劍器行》)|樵客初傳漢姓名,居人未改秦衣服。(王維《桃源行》)

唐宋更多例子見王鍈(1986:40)。

八　故

同“本、比、先、初”一樣,“故”也是由“之前”義引申爲表追原的副詞。表示“之前”這個意思,漢代較多。如《史記・項羽本紀》:“長史欣者,故爲櫟陽獄掾。”

追原義先秦兩漢並不多見,但常見於六朝。[+對比]例如:

(64)汝故是吴興溪中釣碣耳!何敢譸張!(《世説新語・雅量》)|謝公語孝伯:“君祖比劉尹,故爲得逮。”孝伯云:“劉尹非不能逮,直不逮。”(同上,《品藻》)|簡文與許玄度共語,許云:“舉君、親以爲難。”簡文便不復答。許去後而言曰:“玄度故可不至於此!”(同上,《輕詆》)|婦笑曰:“若使新婦得配參軍,生兒故可不啻如此!”(同上,《排調》)

[-對比]例如:

(65)凡禮義者,是生於聖人之僞,非故生於人之性也。”(《荀子・性惡》)[楊倞注:“故,

---

① 注意“初、始”作時間詞時,有“當初、之前”和“方始”二義(參看劉淇《助字辨略》和楊樹達《詞詮》)。“當初”義如“初,鄭武公娶于申”(《左傳・隱公元年》)、“始我於人也,聽其言而信其行”(《論語・公冶長》),“方始”義如“天下初定未久”(《史記・外戚世家》)、“桃始華”(《禮記・月令》)等。《詩・大雅・文王》:“文王在上,於昭于天”,鄭玄箋云:“文王初爲西伯,有功於民,其德著見於天,故天命之以爲王,使君天下也。”孔疏曰:“下言‘其命維新’,則此未受命時事,故鄭本而言文王初爲西伯,未受命之時,已有功於民,其德著見於天,故爲天所命也。言初爲西伯,以對後爲王。總受命之前爲初,非謂爲西伯之初耳。”孔穎達在這裏辨析:鄭所言“初爲西伯,有功於民”是指當初爲西伯時有功於民,非謂爲西伯之初;也就是説,這個“初”是“當初”義,而非“方始”義。

猶本也。"]|嬰故老耄無能也,請毋服壯者之事。(《晏子春秋·雜上五》)|殷侯既廢,桓公語諸人曰:"少時與淵源共騎竹馬,我棄去,己輒取之,故當出我下。"(《世說新語·品藻》)|天命修短,故非所計,政當無複近日事不?(同上,《言語》)|國寶見王緒問曰:"比與仲堪屏人何所道?"緒云:"故是常往來,無它所論。"(同上,《讒險》)

唐宋時期,"故"仍有"原本"義,參看張相(1955:532)。

由表追原[一對比],又可以發展爲表示"確實、肯定、當然"等語氣:

(66)太傅深恨在心未盡,謂同舟曰:"謝奉故是奇士。"(《世說新語·雅量》)|太傅善其對,因舉酒勸之曰:"故自佳!故自佳!"(同上,《言語》)|人言阿龍超,阿龍故自超。(同上,《企羨》)["確實"義]

(67)卿東來,故應有此物。(《世說新語·德行》)|若使介葛盧來朝,故當不昧此語。(同上,《言語》)|使真長來,故應有以制彼。(同上,《文學》)["肯定"義]

(68)世子、宣城俱有爽明之德,莫能優劣。如此,故當以年。(《世說新語·方正》,注引《中興書》)|謝中郎經曲阿後湖,問左右:"此是何水?"答曰:"曲阿湖。"謝曰:"故當淵注渟著,納而不流。"(同上,《言語》)|謝太傅問主簿陸退:"張憑何以作母誄,而不作父誄?"退答曰:"故當是丈夫之德,表於事行;婦人之美,非誄不顯。"(同上,《文學》)["當然"義]

有的例子,到底理解爲"原本"[一對比]還是"確實、肯定、當然",模棱兩可,故知是追原義[一對比]引申爲了"確實、肯定、當然"義:

(69)晉文王戲之曰:"卿云艾艾,定是幾艾?"對曰:"鳳兮鳳兮,故是一鳳。"(《世說新語·言語》)[原本/當然]

(70)賢女尚少,故其宜也。感念亡兒,若在初沒。(同上,《傷逝》)[您的女兒還年少,(再嫁)原本/確實/當然合宜]

"確實、肯定、當然"這幾個意義,本身也有交叉:

(71)汝故當不辦作袁彥道邪?(《世說新語·任誕》)[你肯定/當然不是袁彥道吧]

九　舊、舊來

同"本、比、先、初、故"一樣,"舊"也是由"之前"義引申爲表追原的副詞。"舊、舊來"義爲"原本",表追原,多見於唐代詩詞。

"之前"義例如《尚書·說命下》:"台小子,舊學于甘盤。"

表追原[十對比]例如:

(72)越國舊無唐印綬,蠻鄉今有漢衣冠。(《全唐詩》卷534,許渾《朝台送客有懷》)|舊來心肚熱,無端强熨他。即今形勢冷,誰肯重相磨!(《遊仙窟》)|璨璨盧家女,舊來

名莫愁。(寒山詩)

表追原[一對比]例如：

(73)叔陵舊多力,須臾,自奮得脱。(《陳書·長沙王叔堅傳》)[轉引自《漢語大詞典》]|驛邊沙舊白,湖外草新青。(杜甫《宿白沙驛》)|渭水自縈秦塞曲,黄山舊繞漢宫斜。(王維《奉和聖制》)

十　幸、幸自

唐宋金元時期有追原義。例見張相(1955:268—270)。[+對比]例如：

(74)君王幸是中山后,建國如何號蜀都。(晚唐·徐夤《詠蜀》)|郴江幸自繞郴山,爲誰流下瀟湘去。(秦觀《踏莎行》)|幸自沒嗔剛做嗔。(《西廂記諸宫調》,卷四)[張相解作:本自無嗔偏作嗔也。]|幸自夫妻恁美滿,被旁人厮間諜。(同上,卷八)[張相解作:言夫妻本自美滿,奈被旁人相離間也。]

[一對比]例如：

(75)幸自枝條能樹立,可煩蘿蔓作交加。(韓愈《楸樹》)|浮生事,長江水,幾時閑?幸是古來如此,且開顏。(朱敦儒《相見歡》)

“幸”的追原義,應該即是“幸好”。這個意義去掉了表僥倖的感情色彩,成爲表追原的[+對比]義;後者可以還原爲“之前”義,只是增加了篇章連接的作用,這個“之前”義如果帶上語氣,表示“之前就如何”,就是表追原的[一對比]義。

十一　小結

以上我們主要討論“元、元來、比、先、初、故、舊、幸”的追原副詞義。“本、比、先、初、故、舊”的發展,都遵循以下路線：

①[時間詞,“之前”義]→②[時間副詞兼關聯副詞,追原義,+對比]

↘③[語氣副詞,追原義,一對比]

而“元、元來、本來、幸”等的發展路線則是：

②[時間副詞兼關聯副詞,追原義,+對比]→③[語氣副詞,追原義,一對比]

也就是説,“本、比、先、初、故、舊”是由時間義“之前、當初、原先”(本文統稱爲“之前”義)發展爲追原義。而“元、元來、本來、幸”並沒有表示單純“之前”義的例子,不過追原義[+對比]仍都可以還原爲“之前”義,只是增加了篇章連接的作用,這個帶有篇章連接功能的“之前”義如果帶上語氣,表示“之前就如何”,就是表追原的[一對比]義。所以我們認爲“元、元來、本來、幸”的發展路線是:追原義[+對比]>追原義[一對比]。總體上説,這些詞的發展都遵循:

“之前”義＞追原義。①

十二　表示其他意義

值得注意的是:“元/元來”同時也發展出了時間副詞“素來、向來、一直、從來”的意思,並不表追原,所以不能理解爲“原本、本來”:

(76)説錢心即喜,見死元不愁。(王梵志詩)[從不愁]

(77)父母是怨家,生一五逆子。養大長成人,元來不得使。(王梵志詩)

(78)飲食盈帔案,蒲桃滿頡罇。元來不向口,交(教)命若何存?(變文,王昭君變文)[一直不吃,如何能讓生命存活下去?]

(79)既奉父王勸免(勉),元來不稱情懷。(變文,《八相變(一)》)[雖經父王勸勉,但一直不開心]

“初、故②、舊”等詞,也有此義:

(80)謝公夫人教兒,問太傅:“那得初不見君教兒?”答曰:“我常自教兒。”(同上,德行)[從來]

(81)阿舒已二八,懶惰故無匹。(陶淵明《責子》)

---

① 關於“本、本來”的演變,詳見李明(2018),這裏不再説明。“早、早來”也有追原義,但尋繹上下文義,“早”是從早已義(即動作發生得早這個形容詞義)而非早前義發展爲追原義的副詞:

罵妻早是惡,打婦更無知。(王梵志詩,引自江藍生、曹廣順 1997:428)

早是傷春夢雨天,可堪芳草更芊芊。(韋莊《長安清明》,引自張相 1955:272)

“罵妻早是惡”是“早已是惡”的意思,而非“早前就是惡”的意思。

因爲不是從早前義轉化而來,因此“早、早來”表追原,多是[一對比]。只有極少數[十對比]的例子:

早來個可使黑洞洞的,如今照耀的來便明朗朗。(元・無名氏雜劇《村樂堂》劇二,引自張相 1955:275)

又據張相(1955:453—454),“坐來”亦有追原義。如:

坐來憂白髮,況稱久從戎。(馬戴《汧上款朋友》)

因爲不是從“之前”義轉化而來,故也只有[一對比]。

另據董志翹、蔡鏡浩(1994:231—232),“近”也是由之前義轉化爲追原義。之前義如:

王夷甫嘗屬族人事,經時未行,遇於一處飲燕,因語之曰:“近屬尊事,那得不行?”(《世説新語・雅量》)

追原義例如:

明帝在西堂,會諸公飲酒,未大醉,帝問:“今名臣共集,何如堯、舜?”時周伯仁爲僕射,因厲聲曰:“今雖同人主,複那得等於聖治!”帝大怒,還内,作手詔滿一黄紙,遂付廷尉令收,因欲殺之。後數日,詔出周,群臣往省之。周曰:“近知當不死,罪不足至此。”(同上,《方正》)

婚泰山胡毋氏女,年二十,既有倍年之覺,而姿色清惠,近是上流婦人。(同上,《輕詆》注引孫統爲柔集敘)

但“近”表追原,用例較少。

② “故”還有“仍、尚”義,估計也是從“之前”義引申而來:

卿故複憶竹馬之好不?(《世説新語・方正》)|二兒故琢釘戲,了無遽容。(同上,《言語》)|琮左右見徽故是向老翁。(同上,《言語》,注引《司馬徽别傳》)|陶問:“用此何爲?”庾云:“故可種。”(同上,《儉嗇》)|然每至興會,故有相思。(同上,《賞譽》)|及出,諸王故在門。(同上,《尤悔》)|極進,然故是第二流中人耳!(同上,《品藻》)|然曠澹處,故當不如爾。(同上,《品藻》)

唐宋時期的例子見張相(1955:533—534)。

猿捷長難見,鷗輕故不還。(杜甫《悶》)

雨無多落泥偏滑,溪不勝深岸故頹。(楊萬里《明發三衢》)

上三例引自張相(1955:532—533),張相解作"常也,久也,素也"。

(82)江雨舊無時,天晴忽散絲。(杜甫《雨四首》)[引自蔣紹愚(1980b:108)]|巧兒舊來鐫未得,畫匠迎生摸不成。(《遊仙窟》)|賴我安居處,此曲舊來長。(寒山詩)|驄馬勸君皆卸卻,使君家醞舊來濃。(岑参《虢州西山》)|君心比妾心,妾意舊來深。(李嘉佑《雜興》)|逸氣舊來淩燕雀,高才何得混妍媸。(高適《同顏六少府旅宦秋中之作》)

時間副詞"素來、向來、一直、從來"義,又可以轉爲單純的語氣副詞:

(83)王子猷作桓車騎參軍。桓謂王曰:卿在府久,比當相料理。初不答,直高視,以手版拄頰云:西山朝來,致有爽氣。(《世説新語·簡傲》)

(84)自謂經過舊不迷,安知峰壑今來變。(王維《桃源行》)[引自蔣紹愚(1980b:108)]

以上兩例都沒有時間意味,表示"完全、絕對"等語氣。

綜上所述,時間義"之前"除可引申爲追原副詞"原本、本來"義外,還可以引申爲時間副詞"素來、向來、一直、從來"義,後者又可進一步引申爲語氣副詞"完全、絕對"等義。即:

"本、比、先、初、故、舊":

①[時間詞,"之前"義]→②[時間副詞兼關聯副詞,追原義,+對比]

↘③[語氣副詞,追原義,一對比]

"元、元來、本來、幸":

②[時間副詞兼關聯副詞,追原義,+對比]→③[語氣副詞,追原義,一對比]

"元、元來、初、故、舊":

①/②[時間詞(或兼關聯副詞),核心義爲"之前"義]→④[時間副詞,"素來、向來、一直、從來"義]→⑤[語氣副詞,"完全、絕對"義]

由①/②>④的引申,明顯是由於"不過量原則":即不僅之前如此,素來如此。

十三 結語

Halliday & Hasan(1976:1.3.4 節)提出語言系統有三個主要的功能—語義成分:概念成分、人際成分和篇章成分。受此啟發,Traugott(1982)認爲這三大功能—語義成分的發展順序爲:

命題義(即 Halliday 和 Hasan 所説的概念義)>(篇章義)>自我表述義(expressive, Halliday & Hasan 所説的人際義,即主觀義)

也就是説,概念義可以發展爲篇章連接義,進而發展出自我表述義;概念義也可以直接發展出自我表述義。

不過，本文通過考察"本、元"類副詞的演變發現：

1. 概念功能和人際功能往往糾合在一起，比如追原義[一對比]，本文都視爲語氣副詞，但實際很多用例仍有時間意味，純語氣的用例少見。概念功能和語篇功能也常糾合在一起，比如追原義[＋對比]。

2. 歷時地看這三大功能，"命題義＞(篇章義)＞ 自我表述義"只是簡化的情形。如果一個詞尚未完全虛化，兼有一定的概念功能，以及語篇功能，它也可以進一步發展出人際功能，比如表追原的"元、元來、本來、幸"[＋對比]都發展出了[一對比]的用法。另一方面，如果一個詞尚未完全主觀化(即純用爲人際功能)，兼有一定的概念功能，以及人際功能，那麽，它也可能發展出語篇功能，比如表追原的"先/先來"[一對比]，張相(1955：272)説："凡用'先'字者，其下往往用'更'字或'那堪'字以相呼應。……有作'先來'者，猶云'本來'也……亦多用'更'字、'還'字、'又'字以爲呼應也。"兹引兩例：

(85)謝娘春晚先多愁，更撩亂，絮如雪。(晏殊《望漢月》)

(86)先來愁未了，又聽一聲新鬩落漁家。(蕭允之《渡江雲》)

這説明表追原的"先/先來"[一對比]，到後來越來越附帶上了語篇連接的功能。

参考文獻

董志翹　蔡鏡浩　1994　《中古虚詞語法例釋》，長春：吉林教育出版社。

江藍生　曹廣順　1997　《唐五代語言詞典》，上海：上海教育出版社。

蔣紹愚　1980a　《唐詩詞語劄記》，《北京大學學報》第 3 期。

蔣紹愚　1980b　《杜詩詞語劄記》，《語言學論叢》第 6 輯。

李　明　2014　《試談語用推理及相關問題》，《古漢語研究》第 4 期。

李　明　2018　《副詞"本"的演變》，《古漢語研究》第 3 期。

沈家煊　2004　《語用原則、語用推理和語義演變》，《外語教學與研究》第 4 期。

汪維輝　2010　《〈高麗史〉和〈李朝實録〉中的漢語研究資料》，《漢語史學報》第 9 輯。

王　鍈　1986　《詩詞曲語辭例釋》(增訂本)，北京：中華書局。

楊伯峻　何樂士　1992　《古漢語語法及其發展》，北京：語文出版社。

張萬起　1993　《〈世説新語〉詞典》，北京：商務印書館。

張　相　1955　《詩詞曲語辭匯釋》，北京：中華書局。

張永言　1992　《〈世説新語〉辭典》，成都：四川人民出版社。

Halliday, M. A. K. and R. Hasan　1976　*Cohesion in English*. London: Longman.

Horn, L. R.　1984　Toward a new taxonomy for pragmatic inference: Q-based and R-based implicature. In: Deborah Schiffrin(ed.), *Meaning, Form, and Use in Context: Linguistic Applications*, 11 – 42. Washington, D. C.: Georgetown University Press.

Traugott, E. Closs　1982　From propositional to textual and expressive meanings: Some semantic-pragmatic aspects of grammaticalization. In Winfred P. Lehmann and Yakov Malkiel(eds.), *Perspectives on*

Historical Linguistics, 245 - 271. Amsterdam: Benjamins.

Evolution of Adverbs with the Sense of Origin-tracing

LI Ming

Abstract: This paper discusses the evolution of a series of adverbs with the sense of origin-tracing, especially the adverb '*yuan*/*yuanlai*' (元/元來). According to whether the later situation differs from the original, two uses could be distinguished: [+contrast] and [−contrast]. The sense of origin-tracing derives from the temporal meaning 'previously' which may evolve along two pathways: one is to develop into a textual function, with the temporal meaning still persisting, which is the case of [+contrast]; the other is to become a mood adverb expressing speaker's confirmation, which is the case of [−contrast].

Key words: adverb '*yuan*/*yuanlai*' (元/元來), sense of origin-tracing, semantic change

(李明　中國社會科學院語言研究所　100732)

明清可能結構“V得來(不來)”“V得了(不了)”研究

張　頳

提　要　本文對明清時期可能結構“V得來(不來)”“V得了(不了)”用法作了詳細考察描寫,並聯繫現代漢語普通話和方言,討論明清以来语法演变中通語與方言的互動關係。主要結論有:“V得來(不來)”產生於明中葉,是明清時期通行於南北的句法結構,在雙音謂詞使用上“V得來(不來)”明顯佔優勢;“V不了”元代產生,清中葉才在北方通語背景的作品中常見,同時出現肯定形式“V得了”;两组结构与唐宋时期产生的“V得(不得)”此期在“許可”義表達上形成對立;從明清到現代漢語,“V得(不得)”“V得來(不來)”退出通語,“V得來(不來)”表示客觀可能用法消失,“V得了(不了)”又一直只用於北方,漢語以可能結構表達可能的方式衰落了。

關鍵詞　可能結構　明清通語　方言　情態範疇　語法演變

〇　引言

本文考察表示動作實現可能性的“V得(不來)”“V得了(不了)”結構,如:

(1)若果然不保,身邊只有一個兒子又且少不更事,教他如何料理得來。(《連城壁》戌集)

(2)只因好吃懶做,丈夫養膳他不來,要想賣與别個。(《連城壁》外編卷三補)

(3)又説是:“璉二奶奶只怕也好不了,怎麽説璉二奶奶告的呢。”(《紅樓夢》一一三回)

(4)這話有的,只怕他這金銀你們動不了他的。(《兒女英雄傳》三十一回)

“V得來(不來)”“V得了(不了)”都有不單純表可能的用法,需要排除。下例(5)“來”表示動作的結果,該例“來”説明銀子没有隨著施事行爲的實施而出現,這類表示動作目的達成的“V得來”與表可能的“V得來”的產生有關,但不是本文要討論的可能結構。

(5)那婦人道我銀子又措辦不來。(《連城壁》寅集)

下面例(6)“移得來”是和尚本身具有的能力。

(6)這和尚好利害!怎麽一顆樹都會移得來?(《三寶太監西洋記》六十一回)

能力和可能語義密切相關,漢語裏常用同一形式兼表能力和可能,如現代漢語的“能、會”。本文認爲“能力”不屬於情態範疇,“可能”才屬於情態範疇,後者才是本文研究的對象。不過兩個用法的使用情況可以從一個側面反映可能表達“V得來”結構的成熟。

除上面談到的表能力、表可能、表達成的“V得來”結構外,近代漢語中“得來”可以是一個雙音結構助詞,引入補語,在《朱子語類》、元曲中多見。(江藍生1995)如“張子韶學問雖不是,然他卻做得來高,不似今人卑污。(《朱子語類》卷123,陳君舉)”,這一用法的“V得來”與本文討論的可能結構無關,需要區別開來。①

“V得了(不了)”可以表達動作是否影響到了所有受事,“了”有“完、盡”之義,如:

(7)你就是不住手的趕,也趕不了許多。(《紅樓夢》六十七回)

(8)老太太的這種銀子用不了,誰還要麽,仍舊該用在老太太身上。(《紅樓夢》一一零回)

這種語義的“V得了(不了)”不是單純地表示動作實現的可能性,不屬於本文要討論的可能結構。不過這種用法與可能義的産生有關,下文將討論。

有的“V不了”表達程度,與可能義無關。如:

(9)薛姨媽歎道:“他是沒籠頭的馬,天天忙不了,那里肯在家一日。”(《紅樓夢》八回)

(10)只見他們説笑不了,也不管尤氏在那里,只憑丫鬟們去伏侍,且同衆人一一的遊頑。(《紅樓夢》六十三回)

有的“V得了”連用,不是在一個句法層次上,如:

(11)寶玉先搶得了,吃著,方要問話,只見智善來叫智能去擺茶碟子,一時來請他兩個去吃茶果點心。(《紅樓夢》十五回)

(12)話説王夫人見中秋已過,鳳姐病已比先減了,雖未大愈,可以出入行走得了,仍命大夫每日診脈服藥,又開了丸藥方子來配調經養榮丸。(《紅樓夢》七十七回)

上例中“了”是位於句末的事態助詞,而“V得”表達動作或事件的達成。

能性表達屬於情態範疇,本文對可能結構的語法意義分析根據學界對能性情態範疇的意義分類進行,主要分爲動力情態的客觀可能、道義情態的許可和認識情態的認識可能三類。

1 明清時期可能結構“V得來(不來)”

1.1 可能結構“V得來(不來)”的産生

“來”自身做補語形成的“V得來(不來)”,唐宋時期就可見到。“來”表示動作的趨向,或表示行爲有了結果、事件完成了。表示動作趨向的例子如:

(13)若言行能謹,便自帶得祿來。(《朱子語類》卷二十四,論語六)

① 現代漢語吴語和四川方言中還可見這類用法。

(14)只是這國師法不靈,請他不來。(《西遊記》第四十五回)

表示行爲的結果、事件的完成的用例如:

(15)蓋向也交割得來,今卻失了,可不汲汲自修而反之乎!(《朱子語類》卷一一七,朱子十四)

(16)如祖公年紀自是大如爺,爺年紀自是大如我,只計較得來也無益。(《朱子語類》卷二十九,論語十一)

(17)然亦只是器小底人,一兩件事看得來。(《朱子語類》卷二十五,論語七)

(18)理會得那個來時,將久我著實處皆不曉得。(《朱子語類》卷三,鬼神)

表趨向到表達成,“來”的詞彙義虛化,語法意義增强,在具體語境中“來”的趨向義模糊,主要表達事物的出現,如例(15),進一步演變就是表達成,如例(16)。這種表達成的“V得來”如果用於未然的語境中就會帶上可能義,進一步發展脱離未然語境,就産生了可能義“V得來(不來)”。例(17)和(18)就可以兩可理解。表達成到表可能的演變是近代漢語中常見的可能結構的産生路徑,表達成的述補結構“V得C”“V得”都在近代漢語時期演變爲能性述補結構,如唐代“十五學得琵琶成”表達成,而在現代漢語中“學得成”一般情況下表達可能。這種表動作的結果、事件的完成的用例有時和表可能的用例不太好區分。如:

(19)也不管男女的八字合得來合不來,也不管兩家門第攀得及攀不及。(《醒世姻緣傳》第十八回)

“合得來合不來”與“攀得及攀不及”對文,“及”是結果補語,“來”也應是結果補語。但是謂詞“合”是表示狀態的動詞,而“攀”是行爲動詞,行爲會隱含有相應的結果,而狀態不隱含結果,只有該狀態是否出現,因此該例看成是可能補語。又如下兩例:

(20)殷四娘道:“只要費些心血有甚麼調處不來。”(《連城壁》申集)

(21)萬一有家庭之事屢次調處不來,畢竟要經官動府。(《連城壁》亥集)

例(20)是施事認爲自己只要用心就可以調停這些事,表達的是一種滿足條件後的可能性。例(21)是説如果調停後沒有結果,就要官府調停,並不是説不調停或不能調停,因此該例不看作可能結構用例,這樣的地方只能根據上下文進行判斷。

據本文考察,宋元時期的《朱子語類》①《劉知遠諸宫調》《元刊雜劇三十種》未見表可能的“V得來(不來)”結構,在明中葉的《金瓶梅》《三寶太監西洋記通俗演義》②《西遊記》才出現表可能的“V得來(不來)”用例,如:

(22)撬開口灌下去:“過得來便罷。如過不來,告過主家奶奶,必須要灸幾蘸纔好。”

---

① 本文《朱子語類》語料全部來源《宋代〈朱子語類〉動補詞語表》(“中研院”語言學研究文獻語料庫研究室及詞庫小組編),該資料選取了原書的四分之一的篇幅進行標注統計。

② 下文簡稱《西洋記》。

(《金瓶梅》五十九回)

(23)説大了話,收拾不來,故此忍著。(《西洋記》第六十三回)

(24)教我坐一會又走,走一會又坐,兩處怎麽顧盼得來。(《西遊記》第三十二回)

表可能的"V得來(不來)"《金瓶梅》4例,《西洋記》6例,《西遊記》1例,可以説這一用法剛剛萌芽。同時,"V得來(不來)"也出現了表能力的用法,如:

(25)顛倒也念得來,怎會忘得。(《西遊記》第九十三回)

(26)伯爵見西門慶看他擺放家活,就道:"虧了他兩個,收拾了許多事,替了二爹許多力氣。"西門慶道:"恐怕也伏侍不來。"伯爵道:"忒會了些。"(《金瓶梅》五十四回)

表能力的"V得來(不來)"《金瓶梅》1例,《西洋記》1例,《西遊記》2例,"V得來(不來)"表可能和表能力的用法同時産生,在明中葉兩個用法使用都不多。

《漢語大詞典》"來"條下列了表可能的用法,所舉用例是《二刻拍案驚奇》和李漁的傳奇作品。例句爲:

(27)孟沂支吾不來,顔色盡變。(《二刻拍案驚奇》十七回)

(28)只是才郎十分醜陋,配那小姐不來。(李漁《奈何天·媒欺》)

(29)若是一個不伏氣,到了官時,衙門中沒一個肯不要賺錢的。不要説後邊輸了,就是贏得來,算一算費用過的財物已自合不來了。(《二刻拍案驚奇》十回)

例(29)不表可能,而表示動作沒有達成預期效果,"來"爲結果補語,不屬於本文討論的可能結構。《近代漢語詞典》"得來"條未列表可能的用法,"不來"條所列"表示不成""表示不夠、不足""表示不能夠、做不到""表示不可以""表示不能忍受或不能持續""表示不得法、不到位"等用法,從所舉用例看多爲本文所討論的可能結構,所舉例句最早是《型世言》和《古今小説》。

據本文考察,表可能的"V得來(不來)"的例證可提前,明中葉已經産生這一用法,《金瓶梅》《西洋記》《西遊記》均有用例。到明末清初時期這一用法有了很大發展,在使用頻率、修飾的謂詞類型、表達的語義方面都有表現。

1.2　"V得來(不來)"的使用頻率

下表是對明清時期所考察文獻中可能結構"V得來(不來)"出現頻次及萬字頻的統計。

表一　可能結構"V得來(不來)"在明清文獻中的分布情況

	北方通語文獻:頻次/萬字頻	南方通語文獻
明中葉	金瓶梅:4/0.08	西遊記:1/0.014
	三寶太監西洋記通俗演義:6/0.08	
明末清初	醒世姻緣傳:24/0.27	遼海丹忠録:7/0.58
	醉醒石:9/0.82	拍案驚奇、二刻拍案驚奇:18/0.22
	續金瓶梅:5/0.19	玉嬌梨:3/0.23
		連城璧、十二樓:61/1.74

可以看到，明末清初的文獻中可能結構“V得來(不來)”的使用頻率普遍高於明中葉的文獻，該結構在南北通語文獻中廣泛分布，呈現相同的發展趨勢。説明從明中葉到明末清初時期，可能結構“V得來(不來)”確在不斷發展，而且沒有南北地域差異。表一还顯示《醉醒石》《連城璧》《十二樓》中“V得來(不來)”的頻率特别高，前者作者爲北方人，後二者作者爲南方人，這顯示了作者的個人語言風格，比如李漁喜歡在小説中品評人物、世事，因而李漁的兩部作品《連城璧》和《十二樓》中“V得來(不來)”使用特别频繁，如下面的例子：

(30)獨有這樁生意肯賒，空拳白手也都做得來的。(《連城璧》外編卷四)

(31)有後無後是前生註定的，那裏當真修得來？(《連城璧》外編卷三)

個别作家作品中“V得來(不來)”的高頻使用並不影響我們對明末清初表可能的“V得來(不來)”已經是語言中一種成熟的、通行的結構的判斷，而南北通語的作品中均有高頻使用現象的出現，説明這一現象不是作家個人方言所致，也從另一方面説明了這一結構在當時語言中已經流行開來。

明末清初“V得來(不來)”結構另一值得關注的特點是表能力的用例比表可能的用法少很多，在明中葉三部文獻中“V得來(不來)”表可能共11例，表能力的有4例，明末清初文獻中有127例“V得來(不來)”表可能，有18例表能力，表可能明顯上升明顯。

1.3 “V得來(不來)”的謂詞類型

“V得來(不來)”中的謂詞主要是非位移義的行爲動詞，如上舉各例。狀態動詞和形容詞也可做“V得來(不來)”中的謂詞，如：

(32)就是仰仗天威，平静得來，也不知要費幾百萬錢糧，傷幾百萬士卒。(《醒世姻緣傳》第九十九回)

(33)難道那張供狀也是假得來的，死者的文理、死者的筆跡分分明明一毫不錯，怎麽説是做造出來的。(《連城璧》亥集)

(34)只要遂得意來，一個元寶也情願謝你。(《連城璧》辰集)

(35)這腎囊裏面只有一個卵子豈是同得來的。(《十二樓》卷十一第四回)

雖然用例不多，但謂詞類型的擴展説明“V得來(不來)”在語言中擴散。“V得來(不來)”結構的謂詞最突出的特點是雙音詞的大量使用，從産生之初就有這個特點，《西遊記》1例“V得來(不來)”結構，動詞是雙音動詞，《金瓶梅》6例可能“V得來(不來)”，1例是雙音動詞，在本文考察的明末清初語料中，“V得來(不來)”127例，其中謂詞爲雙音形式的81例，雙音謂詞的用例如下：

(36)大哥此時也該來了，莫待弄晏了，頑耍不來？(《金瓶梅》五十四回)

(37)當初有中原全勢還敵不過他，今日一隅之地，如何支持得來？(《續金瓶梅》五十八回)

(38)太師那裏拘管得來？(《二刻拍案驚奇》三十四回)

(39)若非二十分聰明,那裏就領略得來?(《玉嬌梨》十回)

(40)狄希陳不曉得甚麽叫是内艱,睁了眼,答應不來。(《醒世姻緣傳》六十二回)

(41)但地方太大,近來有了年紀,那精神也照管不來。(《醒世姻緣傳》五回)

雙音謂詞是"V得來(不來)"使用上升的一個重要原因。這一時期助詞"得"形成的表達可能的結構還有"V得",李漁作品是"V得來"使用最多的文獻,61例中有32例爲雙音謂詞,達到一半。但李漁作品中"V得"才是最常用的可能結構,有159例,雙音謂詞只有24例,僅占15%。下面是李漁兩部作品中謂詞爲雙音、單音的"V得"用例:

(42)凡做女旦的是人都可以調戲得,只有同班的朋友調戲不得。(《連城壁》子集)

(43)八字是生成的怎麽改得。(《連城壁》丑集)

(44)如得其人,定要領至公堂,面相一過,做得他的配偶,方許完姻。(《十二樓》卷二第一回)

(45)斷然是假借不得的。(《十二樓》卷二第一回)

1.4 "V得來(不來)"的語法意義

明清時期"V得來(不來)"最常見的語義是表示客觀條件下的可能性,如上例(23)和(24)。客觀可能性有時和能力不太好區分,如下面兩例施事能否應對是個人的能力,但這個能力又與施事的身份地位和經歷有關:

(46)銀瓶老實,不曾出門,那裏答應得來。(《續金瓶梅》二十六回)

(47)蘇友白道:"我也不獨爲此,他一個翰林人家,我一個窮秀才,如何對得他來?"(《玉嬌梨》四回)

本文根據語段判斷,如果是强調條件的,歸爲可能義,如果没有出現條件,直接表達施事的能力認定爲能力义。因此,上兩例是可能結構,而下兩例只表能力。

(48)行得這四件,方纔叫得是人;這四件事做不來,便不是人了。(《醒世姻緣傳》五十二回)

(49)若有人和得他的韻來,便情願嫁他。(《玉嬌梨》六回)

有些例子仔細體味是表達客觀條件的許可,不過這樣的例子很少,如:

(50)所以説有萬金之福,必有萬金之才,才享得來。(《續金瓶梅》二十八回)

(51)没有一點情義,都是那人所幹不來的刻薄營生。(《醒世姻緣傳》八十二回)

客觀條件下的可能性屬於動力情態範疇,在一定條件下可以向認識情態的可能義轉化,表達説話人的主觀態度。根據本文的考察主要有三個條件:用於反詰句;用於表示强調的"是……的"句;"V得來(不來)"的謂詞受表示推斷的副詞修飾。反詰句以疑問的方式表明説話人的態度,明清小説中主要用疑問代詞構成的特殊疑問句表達,如:

(52)韃兵如何支得來,被這六支人馬殺得大敗。(《遼海丹忠録》二十三回)

(53)今在途中,惟妾得以自主,就此改嫁從君,不到那董家去了,誰人禁得我來?

(《二刻拍案驚奇》卷七)

(54)官酒每一桌必用廚子八名,止我一個如何做得來?(《醒世姻緣傳》五十四回)

(55)若還只求命好不論刑尅,這些八字裏面那一個配合不來。(《十二樓》卷七四回)

明清時期我們檢得28例反詰句,其中26例均用了疑問代詞,只有下例(56)(57)未用疑問代詞。(57)用反詰副詞與“是……的”配合表示説話人的態度:

(56)這腎囊裏面只有一個卵子豈是同得來的。(《十二樓》卷十一第四回)

(57)難道那張供狀也是假得來的,死者的文理、死者的筆跡分分明明一毫不錯,怎麽説是做造出來的。(《連城璧》亥集)

换句話説,“V得來(不來)”與疑問代詞構成的句子大多數是反詰句,疑問代詞有“如何、誰、那(哪)一個、那(哪)裏、怎麽”等。可見明清小説中疑問代詞與“V得來(不來)”搭配使用時,基本用於反詰,而真正的疑問則用疑問語氣副詞“可”、句末疑問語氣詞“麽”,以及正反並列問句“V得來V不來”,如:

(58)這等奴酋入犯之處,你可料得來麽?(《遼海丹忠録》六回)

(59)衆人道:“且未知當得來當不來,不必先自耽憂。”(《二刻拍案驚奇》一回)

(60)自己拇量,可做的來做不來?(《醒世姻緣傳》五十五回)

(61)你説你是個小姐又生得標致,我是個平民又生得醜陋,配你不來麽。(《連城璧》辰集)

“V得來(不來)”與“(是)……的”句結合時,由於“(是)……的”句語義,整個句子表達説話人對事件可能性的判斷。如:

(62)張多保道:“事體是做得來的。”(《拍案驚奇》卷二十二)

(63)另結一枝開頭牡丹,花朵豐滿,枝葉繁茂,人工做不來的。(《二刻拍案驚奇》十九回)

(64)就知道這分人家不是做婦人的家數做得來的。(《連城璧》外編卷三補)

(65)大事不依就依了,小事也是講不來的。(《連城璧》申集)

在本文調查的語料中,“V得來(不來)”用於“是……的”句有16例,其中12例見於李漁的兩部作品,另有反詰句有12例,二者相加24例,占其作品“V得來(不來)”用例的39%,反映出作者鮮明的創作風格——喜歡在書中或借人物、或直接以敘述者的身份品評人物、世事。

句中“V得來(不來)”受表示推斷的副詞修飾時,句子也是表達説話者對可能性的一種判斷。本文調查的明末清初語料中見到3例。如:

(66)只怕知府使銀子上不來,知州從來使銀子上的。(《醒世姻緣傳》第十八回)

(67)又有那才行俱優,卻又在那禮貌上不肯苟簡,未免又恐怕相處不來。(《醒世姻緣傳》十六回)

(68)這更不可做,斷斷做不來。(《醉醒石》十二回)

下面3例表示説話人的態度,但没有用於反詰句或是“是……的”句,也没有受推斷副詞修飾,在清中葉以前的文獻中僅這3例。

(69)郗小姐大驚道:“好涵養好德性女中聖人也,我一千也學他不來。”(《連城璧》辰集)

(70)熊爺曾薦你防寬海,習知夷地山川形勢,你試度這事做得來麽?(《遼海丹忠録》九回)

(71)我看起來,器械精利,一個廉幹有執持的官做得來。(《遼海丹忠録》二十回)

鑒於明清時期“V得來(不來)”表認識可能基本是有其他條件輔助的,單獨表達認識可能的用例很少。本文認爲“V得來(不來)”明清時期主要表示客觀條件下的可能性,獨立的認識可能的用法剛剛産生。不過,從與反詰句、“是……的”句結合的用例,可以看到向認識可能發展的趨向。清中葉以後,認識可能用法有了明顯的發展,《紅樓夢》4例肯定式“V得來”,3例用於“是……的”句,1例用於反詰句,《兒女英雄傳》中肯定“V得來”14例,12例或用於“是……的”句,或用於反詰句,而剩下2例都是表達認識可能。

(72)就便用個部屬,作呢還作得來,但是這個年紀,還靴桶兒裏掖著一把子稿,滿道四處去找堂官,也就露著無趣。(《兒女英雄》一回)

(73)我從晌午起,鬧到這時候兒了,這如今便再有這等的五六十里地,我還趕得來,就再有那等的三二十和尚,我也送的了,但是我從吃早飯後到此時,水米沒沾唇,我可餓不起了。(《兒女英雄傳》九回)

兩書的否定式“V不來”共23例,受推斷副詞修飾、用於“是……的”句或反詰句的只有3例,清中葉時期肯定式與否定式的用法有分化,“V得來”只用於表示推斷、認識的語境中,認識可能用法進一步加强。

下例“V不來”還表示不應該、不可以做某事,是屬於道義情態的“許可”義,本文只只見到一例:

(74)老爺聽了這話,心下一想:“要是這樣的頑法,這豈不是拿著國家有用的帑項錢糧,來供大家的養家肥己、胡作非爲麽?這我可就有點子弄不來了。”(《兒女英雄傳》二回)

2 可能結構“V得了(不了)”

2.1 可能結構“V得了(不了)”的産生與演變

“V不了”本是動詞帶結果補語結構,“了”爲實義,表示“盡、完全”義,整個結構表達事件没有徹底完成、没有達到預期目標,如:

(75)不帶性氣底人,爲僧不成,做道不了。(《朱子語類》卷八,學二)

(76)學問亦如此,若一番理會不了,又作一番理會,終不濟事。(《朱子語類》卷八,

學二)

例(75)表達做道士沒有成功,例(76)表達理會得不夠透徹。事件沒有徹底完成,也就是沒有完成,在假設語境中,産生了"不可能"的語義。下例就是歧義的用例,既可理解爲"讀不完",也可理解爲"不能讀"。

(77)人若辦得十來年讀書,世間甚書讀不了!(《朱子語類》卷十一,學五)

根據李宗江(1994)和本文的考察,表可能的"V不了"最早用例出現在元代。

(78)子是刎頸交害命傷身,離不了這短劍、白練、藥酒。(《元刊雜劇三十種·晉文公火燒介子推》第二折)

(79)我不求金玉重重貴,可甚兒孫個個賢?稱不了平生願。(《元刊雜劇三十種·承明殿霍光鬼諫》第二折)

(80)稱不了老兄心,去不了俺漢朝節。(《元刊雜劇三十種·關大王單刀會》第四折)

(81)急去不了鬥筲之器,倒不了糞土之牆,壞不了朽木之材。這廝不分個菽麥,恨不的攬盡世間財。(《元刊雜劇三十種·看錢奴買冤家債主》第二折)

但是,元代的用例多少帶有一點結果補語的意思,如上例(79)"稱不了","稱"爲狀態動詞,整個結構表達"不能稱心",例(81)"倒、壞"表示狀態,整個結構表達不可能出現這種狀態,但是與它們對舉的"去不了"是有一定實義的動結式否定式,"了"有實義,表示動作的結果或程度,顯示出可能結構與來源結構的聯繫。下面例(82)李宗江(1994)看成是可能式,但是對比例(83),本文仍歸爲動結式。

(82)您是裙帶頭衣食,我是劍甲上俸錢。不打死今番豁不了冤!(《元刊雜劇三十種·承明殿霍光鬼諫》第二折)

(83)都子爲辱家門豁不盡心頭氣,獻妹妹遮不了臉上羞。(《元刊雜劇三十種·承明殿霍光鬼諫》第三折)

元代的"V得了"還是表示事件行爲進行程度的動補結構,"了"有實義。如:

(84)濯呵濯得了腮邊血污,滌呵滌得淨面上塵灰。(《元刊雜劇三十種·輔成王周公攝政》第三折)①

綜上,元代産生了表可能的"V不了"式,但用例很少,《元刊雜劇三十種》中共8例,均爲"V不了"。本文還考察了《朱子語類》《劉知遠諸宮調》《董解元西廂記》,均爲未見到用例,可見文獻分布也不廣泛。同時,這一時期表可能的"V不了"結構常和動結式"V不C"對舉,表可能、表動作結果歧解的"V不了"多見,顯示出一種句法結構産生初期的特點。而元代"V得了"還是表達動作結構的普通的"V得C"式。因此,從用例初現時間來説,"V得了(不了)"的産生比"V得來(不來)"早,但産生時只有"V不了"式,到清中葉以前都只有"V不

① 該例李宗江(1994)亦引。

了”且用例很少。本文上小節考察了明清時期的“V得來”的使用情況,對同一批文獻中“V得了(不了)”使用情況也作了考察,結果只在《金瓶梅》中檢得7例“V不了”,《續金瓶梅》中檢得4例“V不了”,《連城壁》中檢得2例“V不了”,三書各舉1例如下:

(85)月娘道:“親家好説。我家嫂子是何人。鄭三姐是何人。我與你愛親做親,就是我家小兒也玷辱不了你家小姐,如何卻説此話?”(《金瓶梅》四十一回)

(86)那時,買下幾百筒布,這是藏不了的,他敢不分與我,那時節到官也不怕他,强似這金子是開不得口的。(《續金瓶梅》八回)

(87)可見天地之間沒有做不了的,戲文沒有看不了的鬧熱。(《連城壁》丑集)

《金瓶梅》中“V得來(不來)”有4例,《續金瓶梅》“V得來(不來)”有5例,可見雖然“V得了(不了)”産生時間早,但並沒有發展起來,到“V得來(不來)”産生時,“V得了(不了)”仍用得很少,從所出現的文獻看,基本集中在個别北方文獻中,元代只於“元刊雜劇”,明代只見于《金瓶梅》,清初只見于《續金瓶梅》。到清代中葉情況才有所改變,在《紅樓夢》和《兒女英雄傳》中可見到較多用例。如:

(88)賈母便道:“你是個女菩薩,你瞧瞧我的病可好得了好不了?”(《紅樓夢》一零九回)

(89)小神坐的背後是砌的牆,自然東西丢不了。(《紅樓夢》一一七回)

(90)況且那褚一官我也略曉得些消息,便去請他,他三五天裏也來不了。(《兒女英雄傳》八回)

(91)只是我鄧老九的銀子是憑精氣命脈神掙來的,你這等輕輕鬆鬆只怕拿不了去!(《兒女英雄傳》十五回)

我們對《紅樓夢》《兒女英雄傳》《儒林外史》中的“V得來(不來)”“V得了(不了)”用例作了統計,如下表二:

表二 清中葉語料中可能結構“V得來(不來)”“V得了(不了)”使用情況統計①

	V得來	V不來	V得了	V不了
紅樓夢	4	4	7	8
兒女英雄傳	21	20	10	25
儒林外史	21	16	0	0

可見,到清中葉“V得了(不了)”成爲一個常用的能性表達結構,與明中葉至清初時期形成鮮明對比。但這一變化只限於北方,在《儒林外史》中不見“V得了(不了)”。另一值得注意的是,直到清中葉才出現“V得了”結構。文獻中大量的“V得了”連用用例,實際上是表動作達成的“V得”帶助詞“了”的用例,如:

(92)由不得立刻沉下臉來,説道:“我白認得了你。罷了,罷了!"(《紅樓夢》二十九回)

① 表中“V得了(不了)”用例数与李宗江(1994)不一样,可能是因为本文排除了表达能力的用例。

(93)我如今被你一説,我有些懂得了。(《紅樓夢》一一四回)

助詞“了”的用法一定程度上限制了可能結構“V得了”的發展。

“V得了”首現用例時間遠遠晚於“V不了”,説明極有可能“V不了”和“V得了”的産生機制不同,可能式“V不了”由表達達成的動結式“V不了”語法化而來,隨著“V不了”使用日漸頻繁,受結構和語法意義相同的可能結構“V得來(不來)”的影響,“V不了”産生了對應的肯定式“V得了”,“V得了”由填補同類結構的空格而産生。

2.2 “V得了(不了)”與“V得來(不來)”異同

兩個結構首先在地域分布上有差異。表二顯示清中葉“V得來(不來)”是通用於南北的常用可能結構,而“V得了(不了)”則是通行於北方的常見的可能結構。

語法意義上,“V得了(不了)”同“V得來(不來)”一樣,都主要表示客觀可能性,一定語境下可表示認識可能義。表客觀可能義用例如下前4例,“V得了(不了)”受推斷副詞或反詰副詞修飾,或用於“是……的”的帶有認識可能義,如後3例。

(94)他們可去的去了,我們去不了的,到底想個法兒才好。(《紅樓夢》九十九回)

(95)如今何不用計制伏,又止息口聲,又傷不了臉面。(《紅樓夢》九回)

(96)張姑娘説:“正是,我也想到這裏,才叫柳條兒瞧去了,也來不了了。”(《兒女英雄傳》三十五回)

(97)大奶奶,只怕林姑娘好不了,那里都哭呢。(《紅樓夢》九十七回)

(98)那時要仗我這把刀、這張彈弓子,不是取不了那賊子的首級,要不了那賊子的性命。但是使不得。(《兒女英雄傳》八回)

(99)及至忽然從書房里掏出來,淮上一來一往走了一蕩,也只不過聆略些沖途市井的風土人情,長得了甚的心胸見識?(《兒女英雄傳》三十回)

《紅樓夢》中“V得來(不來)”8例,受推斷副詞修飾、用於“是……的”句或反詰句的有4例,“V得了(不了)”13例,其中受推斷副詞修飾、用於“是……的”句的有5例,占其總用例的38%。《兒女英雄傳》受推斷副詞修飾、用於“是……的”句或反詰句的“V得來(不來)”有18例,占其總用例的42%,受推斷副詞修飾、用於“是……的”句或反詰句的“V得了(不了)”有12例,占其總用例的34%。和明至清初大部分作品中偶見表達認識可能用法的“V得來(不來)”用例不同,清中葉“V得來(不來)”用於表達説話者認識可能的語境很常見,對比同爲世情小説的作于清初的《醒世姻緣傳》情況,這個變化十分清楚。而這一時期才開始多見使用的“V得了(不了)”結構用於表達認識可能語境的比例也比較高。這些情況説明,這類可能結構從明到清中葉其認識情態功能在增强。

完全不借助其他成分而獨立表達認識可能的“V得了(不了)”有3例,均見於《兒女英雄傳》:

(100)舅太太道:“不勞費心,我女孩兒的事,我都已早都弄妥當了,臨期横竪誤不了。”(《兒女英雄傳》二十四回)

(101)你老萬安罷,這是走路的常事,等他來説給他就完了,誤不了事。(《兒女英雄傳》三回)

(102)姐姐,歎氣也當不了説話。(《兒女英雄傳》二十六回)

“V得了(不了)”未見表達道義情態的“許可”義的用例,而上小節已述“V得來(不來)”表“許可”僅《兒女英雄傳》1例。這一情況説明,“許可”義與“可能”義的關係較爲疏遠。而客觀可能和認識可能則有密切關係,前文的用例顯認識可能義從客觀可能發展而來。

明清時期可能結構“V得來(不來)”與“V得了(不了)”最明顯的差異是“V得來(不來)”肯定形式和否定形式並存,而“V不了”明顯比“V得了”佔有優勢。

除此而外,在所修飾的謂詞上,也有明顯差異。上文説過,“V得來(不來)”的謂詞爲雙音的比例較高,在“V得來(不來)”用例較多的《醒世姻緣傳》和李漁作品中,雙音謂詞的比例約占一半,明顯高於另一可能結構“V得”。《紅樓夢》和《兒女英雄傳》中共有48例“V得了(不了)”,雙音謂詞僅3例,見下。

(103)你若告訴了我,這會子平安不了?(《紅樓夢》六十八回)

(104)放著這等一位恢宏大度的何蕭史,一位細膩風光的張桐卿,還怕幫助不了一個安龍媒?(《兒女英雄傳》三十回)

(105)要這麽慪會子人,只怕明白不了那信上是甚麽使,還叫你把人的屎慪出來呢!(《兒女英雄傳》四十回)

而兩部作品中“V得來(不來)”50例,其中雙音謂詞13例。總體上,“V得來(不來)”中出現雙音謂詞的頻率要高於“V得了(不了)”。如果從雙音謂詞的角度來觀察,可以説明清時期當謂詞是雙音時,主要使用“V得來(不來)”。

“V得了(不了)”到清中葉才常見,在《紅樓夢》和《兒女英雄傳》中“V得來(不來)”和“V得了(不了)”使用頻次差不多,對比兩部作品,可以發現兩類結構中謂詞的語義特徵也有明顯區别。“V得了(不了)”中謂詞多爲狀態詞或瞬間動詞。狀態詞包括動詞和形容詞,有“委屈、好、忙、平安、完、朽、傷、誤、了、當、快活、抵、成、明白”等,瞬間動詞有“忘、到、丢、動、入、出”等。《紅樓夢》中“V得了(不了)”幾乎全爲狀態詞或瞬間動詞,《兒女英雄傳》中這兩類謂詞的“V得了(不了)”有15例,占了一半多。而兩書“V得來(不來)”用例中一共只有8例謂詞是狀態詞或瞬間動詞,“V得來(不來)”的謂詞基本像“做、拘管、學、謝”這樣的活動動詞。

3 明清至現代漢語可能結構的演變

上文考察描述了明清時期産生且使用呈上升趨勢的“V得來(不來)”“V得了(不了)”。在明清時期還有一組更常用的可能結構“V得(不得)”。“V得(不得)”從唐代起表示動作的可能性,下面例句轉引自太田辰夫(1958/1987):

(106)數莖白髮那拋得?(杜甫詩)

(107)誰言寸草心,報得三春暉?(孟郊詩)

(108)不醉黔中爭去得?(白居易詩)

(109)城高遮得賊?(元稹詩)

太田辰夫(1958/1987)和蔣紹愚(1994)都指出漢代已經出現"VO,不得"這樣的句子,由此演變爲表可能的"VO不得",而表可能"V不得(O)"到宋代才出現,下例仍轉引自太田辰夫(1958/1987):

(110)今壹受詔如此,且使妾搖手不得。(《漢書·外戚傳》)

(111)在古雖大惡在上,一面誅殺,亦斷不得人議論。(河南程氏遺書2下)

近代漢語中"V得(不得)"一直是表示動作可能性最常用的句法結構,李宗江(1994)對唐至清的語料中"V得(不得)"的統計也顯示了這一點。

上文的研究表明,明中葉新産生可能結構"V得來(不來)"到清代已經較常見,元代産生但一直罕見使用的"V不了"清中葉也成爲常見的可能結構,同時出現肯定式"V得了",兩組結構的使用增多,在清代形成了三組可能結構並用的局面。上文比較過,"V得(不得)"結構中雙音謂詞的使用頻率遠遠低於"V得來(不來)",對雙音謂詞的適應性是新可能結構和"V得(不得)"一個明顯差別。

另一個明顯差異表現是語法意義。兩組新産生的可能結構都基本不表達屬於義務情態的"許可"義,僅在《兒女英雄傳》中有1例表達"許可"(前例(74))。而"V得(不得)"卻十分常見,如:

(112)客人道:"這便使得。"(《連城壁》外編卷四)(條件許可)

(113)如今神聖面前不是兒戲得的。(《連城壁》巳集)(條件許可)

(114)喬小姐道:"只有請罪的一樁還可以依得。"(《連城壁》申集)(條件許可)

(115)他眼睛裏再著不得一些嫌疑之事。(《連城壁》酉集)(道義許可)

(116)那裏曉得衣食兩件是好不得的。(《連城壁》外編卷三補)(道義許可)

(117)從來女子的芳心再使他動撣不得,一動之後就不能復靜。(《十二樓》卷四第一回)(道義許可)

(118)可見做婦人的不但有人之處露不得身體。(《十二樓》卷四第三回)(道義許可)

前幾例表達某種條件下可以或不可以做某事,後幾例則表達通常可以或不可以做某事,沒有條件限制,表達了説話者明確的態度,即認爲這些是應該遵循的社會行爲規範,是主觀性更强、更典型的道義情態表達。李漁作品中"V得(不得)"表"許可"有34例,表"可能"130例。本文還窮盡統計了《醒世姻緣傳》中的"V得(不得)",表客觀可能性的共243例,表"許可"的35例。從數量和次級語法意義的豐富程度上説,"許可"義都是"V得(不得)"一個常用語法意義,在"許可"義的表達上,"V得(不得)"與另兩組新産生的可能結構形成鮮明的對立分布。

“V得(不得)”表達“許可”義時,也會出現在“是……的”、反詰句中,如例(116),也會與表示推斷的副詞配合使用,如例(117)。因此,前文不把這三個條件看成“認識可能”義標記是有道理的,這三個條件並非專與“認識可能”義配合,在此條件下表達“認識可能”的“V得來(不來)”“V得了(不了)”只是主觀性有所增强,還未真正發展出認識情態功能。

三組可能結構共同的特點是都以表達客觀可能爲主,在一定條件下有“認識可能”義。李漁作品中只有1例“V得(不得)”表認識可能的用例:

(119)做妻子的人終日埋怨丈夫的也叫不得個有用的婦人。(《連城璧》外編卷三補)

作爲一個老牌的可能結構,“V得(不得)”在明清時期仍然佔有絕對的優勢地位。不過從明末清初開始,它的“勢力範圍”已經開始受到侵蝕。兩組新産生的可能結構以雙音謂詞、“客觀可能”義用法爲突破口,進入以句法手段表達能性情態範疇的領域,兩組新結構的使用頻率不斷上升。在清中葉前,這一變化還較緩慢,但清中葉以後,這一變化很快,在《兒女英雄傳》之後的一百多年裏,北京話的“V得(不得)”被“V得了(不了)”所代替,現代漢語口語材料中“V得(不得)”只局限於少數幾個固定搭配,如“顧不得、捨得、算不得”等。① 現代漢語中“V得(不得)”在湘、贛、客、粵方言中保留,表達許可、能力,如長沙話“沒帶房門鑰匙,進不門得,煮不飯得”。(柯理思2001)。

《漢語口語語法》(1979)把現代漢語中表示可能的“V得/來”中的“來”稱爲“傀儡補語”,如“做得來”,同時指出有些“V得來”有專門意義,是詞典收條範圍,如有“談得來、説得/不來、合得/來”。根據徐靜茜(1986)的調查,北京人只接受“談得來、合不來”這樣個別的説法,對大量“V得/不來”結構基本不接受。因此,她懷疑這一結構是否進入了現代漢語普通話。確如趙元任所指出的,“談得來、説得/不來、合得/來”的“來”還有一點實義的,如“談得來”表達“談得投機”,並不是單純地表示可能性,和明清可能結構“V得來(不來)”還不一樣,對比上文例句可知。因此,“V得來(不來)”不僅在普通話中較少使用,可能情態義也不典型。現代漢語方言中報道,有表示可能的“V得來(不來)”結構的有西南官話、吴語和客家話。特别是吴語,該結構使用頻率極高,但觀察這些報道所舉例句,基本都是表示有無某種能力或技能的,並不是本文所討論的可能結構,例句如:②

(120)你做得來做不來?四川話

(121)他扯不來謊。四川話

(122)吾寫得來文章。(我能寫文章。)吴語

(123)我唱得佗個歌兒來。(我會唱這個歌。)吴語

(124)跳舞佢跳得來,俺就跳唔來欸。(跳舞她跳得來,咱就跳不來。)客家話

---

① 參見李宗江(1994)統計與討論。

② 例(120)—(132)轉引自本文參閲的相關方言研究文獻,具體篇目見文末參考文獻。

柯理思(2001)認爲,吴語中“V得/不來”雖然使用頻率高,但只表能力,不表一般的可能義或是説話者的主觀判斷,現代漢語各方言裏的類似結構都有這個共同特點。本文對所見到的方言的調查報告用例進行整理,只見到個别表示可能性的例子,如:

(125)我演不來這起角色。四川話

(126)我聞不來這個氣氣。四川話

(127)飯忒硬,吾喫勿來。(飯太硬,我不能吃。)吴語

(128)飯硬是硬點,不過吾喫得來。(飯是硬一些,不過我能吃。)吴語

(129)格道題目省力,吾做得來。(這道題容易我做得來。)吴語

(130)介辣格菜吾喫勿來。(這麽辣的菜我吃不慣。)吴語

下面兩例吴語的例子可以對比看出表可能性與表能力的區别。

(131)格件衣裳花來,吾著勿來。(這件衣服太豔,我不能穿。)

(132)格小囡自家著得來衣裳哦?(這孩子自己能穿衣裳嗎?)

這些表可能的句子都是表達在某個客觀條件下的可能性,如例(125)和(126)角色太難、氣味特殊等,後面的例句均有小句表示了條件。現代漢語方言中表示可能的“V得來(不來)”結構爲動力情態。范曉蕾(2011)根據對漢語跨方言的研究對比指出,現代漢語方言中的這類可能式表認識可能性受很大限制,表現爲動詞爲静態的非自主動詞或形容詞,一般用於否定式,肯定式用於疑問句。

對比明清時期與現代漢語,可能結構“V得來(不來)”“V得了(不了)”有如下變化:

(一)地域分布縮小了。明清時期“V得來(不來)”在南北通語文獻中廣泛分布,至清中葉《紅樓夢》《兒女英雄傳》《儒林外史》中都很常見,見上表一和表二。但在現代漢語中,主要分布在南方,包括南方的通語。

(二)語法化程度高的用法衰落。明清時期“V得來(不來)”主要表示客觀可能,而現代漢語方言中的“V得來(不來)”一般只表達能力,一般不表達可能性,能力是否屬於情態範疇學界有不同意見,其語法化程度顯然不如“可能”義高。從明到清中葉,“V得來(不來)”的認識可能的用法已經有一定程度發展,但范曉蕾(2011)的研究表明,現代漢語中認識可能用法並没有發展起來,“V得來(不來)”表達認識可能還是受到很多限制。所以,雖然“V得來(不來)”從明中葉到清中葉有一定程度的發展,是僅次於“V得(不得)”的可能結構,但到現代漢語中也衰落了,也主要保留在南方話中。

(三)“V得了(不了)”元代産生,開始只有否定形式,且只出現在“元刊雜劇”《金瓶梅》等個别語料中,説明其産生有地域性。産生後很長一段時間中,該結構罕見使用,直到清中葉才在北方通語背景的作品中常見,同時出現肯定形式。但清中葉後發展迅速,是現在北京話中最常用的可能結構。不過它始終只是在北方地區使用,今南方地區,無論是方言还是通語,都不見使用。

4 結論

本文對明清三組可能結構“V得來(不來)”“V得了(不了)”“V得(不得)”的用法和演變作了詳細考察描寫,並聯繫漢語史和現代漢語中可能結構的使用,得出如下結論:

“V得來(不來)”産生於明中葉,當時是通行於南北的句法結構,由明入清成爲一個常用結構,在謂詞爲雙音形式時使用頻繁,上升尤其快,有取代“V得(不得)”部分功能的趨勢。

“V不了”産生於元代,開始只見於個别文獻,直到清中葉使用才明顯增多,在北方成爲與“V得來(不來)”一樣常見的可能結構。“V不了”和“V得來(不來)”都由“了、來”作實義補語的述補結構語法化而來。“V不了”受“V得來(不來)”影響,産生了相應的肯定式“V得了”,清中葉剛剛出現。

“V得(不得)”是唐宋時期已經産生並廣泛使用的可能結構,明清時期在“許可”義表達上與“V得(不得)”“V得了(不了)”形成對立,與雙音謂詞的結合能力則不如“V得來(不來)”,清中葉開始使用頻率有减少的趨勢。

從明清到現代漢語,“V得(不得)”由通語成分成爲方言成分,“V得來(不來)”同樣由通語成分成爲方言成分,同時能性情態意義衰落。清中葉,這兩項變化還沒有端倪,都是於現代漢語中發生的。“V得了(不了)”的産生和通行始終在北方,成爲北方通語中常見的可能結構是在清中葉。綜合“V得(不得)”“V得來(不來)”退出通語、方言中“V得來(不來)”能性情態用法衰落、“V得了(不了)”的能性情態用法也沒有進一步發展等幾方面的情況,可以説,明清時期通語表達可能有可能結構和助動詞兩種方式,而現代漢語普通話和北方話中可能結構的表達方式衰落了,表達可能基本用助動詞表達。

明清時期是近代漢語後期,與現代漢語直接相接,能性情態範疇是重要的語法範疇。本文的研究顯示這一語法範疇表達從明清到現代有重要的變化,可見對近代漢語後期的語法演變的關注是揭示現代漢語語法特徵來源的重要一環,需要更多深入細緻的研究。三組可能結構通行地域的變化表明漢語史上通語與方言成分在現代漢語中通語和方言中有複雜表現,漢語通語和方言的歷史都需要更多的個案研究來豐富。

參考文獻

范曉蕾 2011 《以漢語方言爲本的能性情態語義地圖》,《語言學論叢》第43輯。

郭 輝 2008 《皖北濉溪方言的語氣詞“來”》,《方言》第2期。

江藍生 1995 《吴語助詞“來”“得來”溯源》,《中國語言學報》第5期。

蔣紹愚 1994 《近代漢語研究概況》,北京:北京大學出版社。

柯理思 2001 《從普通話裏跟“得”有關的幾個格式去探討方言類型學》,《語言研究》第2期。

李宗江 1994 《"V得(不得)"與"V得了(不了)"》,《中國語文》第5期。
林立芳 1997 《梅縣方言的"來"》,《語文研究》第2期。
羅榮華 2012 《贛語上高話助詞"來"》,江西省語言學會年會。
錢乃榮 1997 《吴語中的"來"和"來"字結構》,《上海大學學報》(社會科學版)第3期。
史秀菊 2008 《近代漢語句末助詞"去""來""了""也"在晉方言中的分布與功能》,《晉方言研究——第三届晉方言國際學術研討會論文集》。
太田辰夫 1958 《中國語歷史文法》,蔣紹愚、徐昌華譯,北京:北京大學出版社,1987。
王春玲 2007 《四川官話中的助詞"來"》,《西南交通大學學報》(社會科學版)第3期。
邢向東 2015a 《陝北、内蒙古晉語中"來"表商請語氣的用法及其源流》,《中國語文》第5期。
邢向東 2015b 《論晉語時制標記的語氣功能——晉語時制範疇研究之一》,《安徽大學學報》(哲學社會科學版)第4期。
邢向東 2017 《晉語過去時標記"來"與經歷體標記"過"的異同——晉語時制範疇研究之二》,《語文研究》第3期。
徐靜茜 1986 《也談"V得來""V不來"》,《漢語學習》第2期。
趙元任 1979 《漢語口語語法》,北京:商務印書館。

語料來源

中國基本古籍庫
"中研院"近代漢語標記語料庫
北京大學語言學研究中心 CCL 語料庫

Study of "V De Lai2(V Bu Lai2)" and"V De Liao3 (V bu Liao3)"Constructions of Possibility in Old Mandarin

ZHANG Cheng

Abstract: The study describes usages of the two kinds of constructions expressing possibility in old Mandarin,"V De Lai2(V Bu Lai2)"and"V De Liao3(V bu Liao3)",compares their use in old Mandarin and Modern Chinese,and discusses interaction between Mandarin and dialects of Chinese in the historical changes of the language. The main conclusions are as follows. Emerging in the mid-Ming Dynasty,"V De Lai2(V Bu Lai2)"was used both in the North and South of China,but also as a preponderant construction when the predicates were disyllables. On the other hand,"Vbu Liao3"was first used in Yuan Dynasty,but was not a common construction for possibility until the mid-Qing Dynasty. Its affirmative form"V De Liao3"also emerged at that time. The two kinds of constructions and"V de(V bu de)"which emerged during Tang and Song Dynasties formed complementary distribution in expressing"permission"in early Mandarin. Since Ming and Qing Dynasties,changes have occurred. The constructions of"V De(V bu de)"&"V De Lai2(V Bu Lai2)"has exited from Mandarin and remained in use only in dialects of modern Chinese,and"V De Lai2(V Bu Lai2)"has lost the sense of expressing objective possibility,while"V De Liao3(V bu Liao3)"has been used in the North of China. Because of all these changes,the ways of expressing possibility in syntactic structure have declined in Chinese.

Key words: construction expressing possibility,old Mandarin,dialect,modality,historical change of grammar

(張赬 清華大學人文學院 100084)

動詞重疊時體用法的演化關係*

陳前瑞　王繼紅

提　要　本文從類型學和語法化的角度研究動詞重疊形式所表示的時體用法之間可能的語法化路徑。針對以往研究中很少提及的動詞重疊所表達的將來時用法、完成體用法、短時體用法和完結體的話語隱涵，論文提出了四條演化路徑。這些用法的産生基本上可以用 Bybee et al.（1994）提出的語義演化機制來解釋。

關鍵詞　動詞重疊　時體意義　語法化　類型學

一　引言

本文從類型學和語法化的角度研究動詞重疊形式所表示的時體用法之間可能的語法化路徑。重疊是一種公認的形態手段，動詞重疊是重疊的類型學研究中最重要的内容之一，Kiyomi（1993）指出，如果某個語言有重疊，那麽該語言通常具有動詞重疊。Kiyomi（1995）把馬來-波利尼西亞語族的動詞重疊所表示的意義分爲三類：1）寬泛的"動作尚未結束"，包括反復、延續、進行、慣常、未完整以及短時、隨意、嘗試等；2）事件複數，包括複數的事件、分布性的事件（多人在多地進行）和交互事件；3）强化。其中接近 80％的語言的動詞重疊具有寬泛的"動作尚未結束"的意義。"動作尚未結束"明顯是跟時體相關的用法，因此，本文討論的跟時體相關的用法是動詞重疊各種用法中最基本的用法，具體重疊的方式既包括完全重疊也包括部分重疊，是一個相對寬泛的概念，既包括相同形式的重複出現，也包括相近或相對形式的重複出現。

有關動詞重疊的功能或用法的類型學專門研究並不多見，如共時的類型研究有 Key（1965）、Moravcsik（1978）、Abbi（1992）、Kiyomi（1993）、Al-Hassan（1998）、張敏（2001）、Hurch（2005）和 Rubino（2011）。近年來越來越重視歷時的研究，如 Hurch（2005，2009）等。有關動詞重疊表達的時體意義的歷時研究可以追蹤到 William（1875），該文試圖把梵語、古希臘語及拉丁語中部分動詞重疊表示完成體意義的來源追溯到强化用法，但缺乏對中間環

* 本研究得到吴福祥教授主持的國家社科基金重大課題"功能-類型學取向的漢語語義演變研究"（項目批准號 14ZDB098）的資助，也是北京市社科基金項目成果（14WYB018），論文先後在"漢語裏對'量'的表達與習得"國際研討會論文（2013 年 5 月，巴黎）、國際中國語言學第 21 届年會（2013 年 6 月，臺北）、首届語言類型學國際學術研討會（2013 年 11 月，常熟）等場合報告，得到與會者的指教，发表时有所修改。匿名審稿專家提供了精準的修改建議。謹此一併致謝。本文通訊作者爲王繼紅。

節的有效梳理。跟重疊時體意義有關的具有歷時傾向的類型學研究最突出的代表是 Bybee et al.(1994),該書的一節將動詞重疊的語法化路徑概括爲(172 頁):

(1)反復體→延續體→進行體 ↘

未完整體→不及物

反復體→頻現體→慣常體 ↗

這一路徑沒有正面涉及動詞重疊跟完成體(perfect)相關的用法,Haspelmath(1992)雖然把古希臘的完成體追蹤到表示狀態持續的結果體(resultative),但沒有進一步討論結果體的來源。該路徑也沒有涉及南島語常見的動詞重疊表示將來時的現象。

語言類型學與歷史語言學日益緊密的結合逐漸促成了歷時類型學(diachronic typology)的研究範式(詳見羅仁地 2006),該範式致力於探討形式背後功能聯繫的一致性與多樣性。本文依據歷時類型學的思路,基於已有的類型學研究以及部分具體語言的研究成果,概括動詞重疊所表示的時體意義的演化路徑,具體而言,包括四條主要路徑:1)從反復體經延續體、進行體到未完整體以及將來時的演化路徑;2)從反復體經頻現體、慣常體、結果體到完成體、完整體的演化路徑;3)從强化到完結體的話語隱涵;4)從反復體到短時體的演化路徑。在此基礎上,討論動詞重疊所表示的時體意義的演化機制。由於缺乏足夠的歷時材料,本文提出的演變路徑在很大程度上是基於有限的共時材料和普遍演化路徑的構擬,還有待具體語言材料的驗證。

二 從反復體到未完整體

2.1 從反復體到延續體

根據 Bybee et al.(1994:127),反復體(iterative)指在特定場合下重複發生的事件。反復體的概念與終結性(telic)謂詞尤爲相關,終結性謂詞就是有明確定義的終止點的謂詞。延續體(continuative)表示一個動態情狀在持續,延續體同時還特别强調動作的施事刻意保持動作持續的狀態。Bybee et al.(1994:169)專門指出,如果反復體是重複的起源意義,那麽它原本就是和僅有一個循環的動詞共現,隨後擴展應用於其他類型的動詞,其意義也泛化爲包含了延續體的意義。這樣,就可以提出重疊語義發展的一個步驟,即(2)。

(2)反復體→延續體

古古-亞蘭吉語(Gugu-Yalanji,澳大利亞語群語言)中的重疊爲這一路徑提供了支撑材料,因爲它依據動詞類型可以同時用於反復體和延續體;而樣本中有四種語言的動詞重疊僅有反復體的用法。不過,這畢竟只是跨語言的共時證據,類型學的已有研究中鮮見明確的歷時證據。

漢語的"V 來 V 去"就是一種表示反復體意義的特殊重疊形式,其演化過程正好提供了從反復體到延續體演化過程的證據。李晉霞(2002)把"跑來跑去、移來移去"這類動詞具有行爲義,“來、去”具有向度義的“V來V去”歸爲A類;把“想來想去、商討來商討去”這類動詞具有行爲義,而“來、去”不具有向度義的“V來V去”歸爲B類;把“説來説去、講來講去”這類動詞不具有行爲義,“來、去”不具有向度義的“V來V去”歸爲C類,主要起歸結話語主旨的作用。其中A類動詞,如“跑”,本身不一定是具有内在終結點的動詞,但“跑來”和“跑去”帶上了方位成分,使得“跑來/去”成爲一個有大致空間終點的行爲,雖然不具有終結動詞(如“死、到達、毁滅”等)所具有的内在的終止點,但也是一種具有限定終止點的動作單元;也正因爲“跑來/去”具有限定的終止點,才可以不停地重複,表示相對典型的反復體意義。從漢語的“V來V去”所表達的反復體的意義來看,Bybee et al.(1994:127)把反復體與動詞的終結特徵聯繫起來是正確的,但是不能在這兩者之間建立直接聯繫;動作的反復不一定需要動詞具有終結特徵,但必須具有某種性質的終結點,使得動作得以重複。(參見陳前瑞2008:78)而B類的“想來想去、看來看去”表示動作施事不具有空間性的持續性行爲,不具有空間性也就無法獲得限定的終止點,因此該類格式表示的意義更加接近於延續體。李晉霞(2002)在元代文獻中同時發現了A類和B類,因而難以構建兩類之間的語法化關係。劉志生(2004)在《全唐詩》等唐代文獻中發現了12例“V來V去”,其中A類8例,B類4例(原文誤作2例),C類爲0,故提出從A到B到C的演化路徑。本文在《全唐詩》中檢得A類12例,B類3例,B類的動詞均爲劉志生(2004)提及的3例“看來看去”。而且唐詩中B類的“看來看去”實際上並不完全排除有一定的向度義,例如:

(3)帝宅王家大道邊,神馬潛龍湧聖泉。
昔日昔時經此地,看來看去漸成川。(蔡孚《奉和聖制龍池篇》)

(4)漢家宫女春未闌,愛此芳香朝暮看。
看來看去心不忘,攀折將安鏡臺上。(崔顥《行路難》)

“看來看去”在例(3)中具有明顯的空間意義,在例(4)中可以有空間義和時間義兩種理解。因此,在唐詩中,A類的發展明顯更爲成熟,而B類只限於個别的動詞,有可能是從具有向度義的格式發展而來。本文還在中古漢譯佛經中發現了一些A類具有向度義的“V來V去”,表示空間上的反復,例如:

(5)以我先身修行之時,于父母師長沙門婆羅門,雖爲忠孝心生恭敬,然於其所,不能慇懃恭敬禮拜迎來送去。(元魏吉迦夜共曇曜譯《雜寶藏經》)

(6)爾時大女,往適他家,奉給夫主,謙卑恭謹,拂拭床褥,供設飲食,迎來送去,拜起問訊,譬如婢事大家。(元魏慧覺等譯《賢愚經》)

(7)身非威儀者,若走來走去、跳行跳躑、倒行匍匐、扣盆戲笑、遞相擔負,作如是比種種身戲。(東晉佛陀跋陀羅共法顯譯《摩訶僧祇律》)

漢語的歷史文獻清楚地説明,“V來V去”先表示反復體,後表示延續體。這樣不僅爲類型學中從反復體到延續體的演變提供了非常有力的歷史證據,而且也解決了漢語“V來V

去”格式的共時語法意義分類的問題，實現了共時和歷時分析的統一。

2.2　從進行體到未完整體

延續體與進行體非常密切。延續體本身含進行體的意義，只是在語義上更加强調施事刻意保持動作持續的狀態，而進行體則相對而言更爲寬泛，可以是某種客體動態的持續。因此，從延續體發展成爲進行體的用法是非常自然的語義演變。從進行體到未完整體的演變則是更爲顯著的演變。根據 Bybee et al.（1994：141），未完整體既包括正在進行的動作，又包括慣常發生的情狀，可能還可以用於狀態以及格言或類指的情狀；我們想要找到表達以上四種意義的各種子集的語法語素也是可能的。根據上述認識，不同語言的未完整體語法語素涵蓋的意義範圍略有不同；本文進一步認爲，只要是某個語法語素超越了相對具體的進行體用法就可以視爲未完整體標記，本文依據 Bybee et al.（1994：139）的認識，不單列持續體這一節點。因爲該節點在類型學調查中較爲罕見，認識也不一致，故將文獻中提及的一部分持續體納入到未完整體之中。[①]

Bybee et al.（1994：171）指出，進行體和慣常體可能都以相同的重疊形式進行表達。一旦發生這種情況，該種形式所表達的意義就是未完整體的意義，如納卡奈語（Nakanai，南島語群語言）的例（8）和（9）（Johnston 1980：131）。[②]

（8）Eia　o-io　sa-sapa.
　　3.s　at-there　REDUP-sweep
　　3.單　在-那裏　重疊-掃
　　‘She is there sweeping.’
　　“她在那兒掃地。”

（9）Eia　sa-sapa　te　la　kavikoki.
　　3.s　REDUP-sweep　PREP　NCL　morning
　　3.單　重疊-掃地　前置詞　名量　早上
　　‘She sweeps in the mornings.’
　　“她早上掃地。”

動詞重疊表示進行體在臺灣南島語中比較常見，而表示狀態與類指表達的現象比較少見。Adelaar（2000）報道了臺灣南島語已消失的語言西拉雅語[③]（Siraya）的 Ca 重疊（Ca-reduplication，一種部分重疊方式，重疊詞根的第一個輔音和固定的元音/a/），該重疊式除表進行體之外，還表示“狀態”（state）和“類指體”（generic aspect）。後兩種用法分別見例（10）和（11）。

---

① 有關持續體與未完整體的類型學地位，第一作者將另文討論。

② 本文所引用的行間注釋一律保持原文，中文的行間注釋儘量與原文保持一致。

③ 本文的臺灣南島語的中文翻譯均參照孫宏開等（2007：2111）。

(10) aleyka　asi-kow　mä-xa-xawey-a　[ki　kaäwlung]
in order to　not-2S. TOP　AGOR-CaRED-look. like-SUBJ　RM　human being
以便　不-2 單. 話題　施事指向-Ca 重疊-看. 像-主語　關係標記　人
mama ki　m -i-ra-rkŭd
like　RM　AGOR-LOC-CaRED-fast
像　關係標記　施事指向-處所-Ca 重疊-禁食
'so that you do not appear[to people]like those who are fasting'(vi:I8)'
"這樣看來,你不像那些禁食的人"

(11) Tama-matäutäux,　ä-äu-äux-aw-mau-kow
person. who-teach　COM-RED-follow-SUBJ+UO-IS. AG-2S. TOP
人. 誰-教　伴隨-重疊-跟隨-虛擬+受事指向-1 單. 施事-2 單. 話題
tu　ma-mang　ta　sa-ka-kua-ey-mhu
to　RED-what　TM　LP-CaRED-move-SUBJ+UO-2S. POSS
對　重疊-什麼　話題標記　詞彙前綴-Ca 重疊-移動-虛擬+受事指向-2 單. 領屬
'Master,I will follow you wherever you go'(viii:19)
"主呀,無論您去哪裏,我都跟隨著您。"

例(10)的兩個狀態謂詞都發生了 Ca 重疊,説明重疊的用法從動態動詞擴展到這些狀態動詞上。例(11)是典型的無條件句,適合於任何一種情況,這種用法雖然也是一種特徵性表達,屬於廣義的類指表達,但還不是狹義的類指表達,即表示某一類名詞全部成員的屬性。(參見劉丹青 2002)狹義的類指表達在世界語言内傾向於不用標記或使用最少的標記。在某些使用標記成分標記狹義類指表達的語言中,傾向於用同一種成分標記條件句和狹義類指表達(Dahl 1995:422)。可見,西拉雅語的 Ca-重疊雖然沒有覆蓋典型的類指表達,但其重疊所表達的未完整體的語義覆蓋範圍算是比較寬泛的,提供了非常難得的材料。

2.3 從未完整體到將來時

根據 Bybee et al. (1994:277),從進行體或未完整體進一步發展出將來時間指稱用法,這是從時體意義演化出將來時的一條常規路徑。如果考慮到一般現在時的實際用法也是一種未完整體的話,那麽這一演化路徑就更加常見。動詞重疊形式從未完整體進一步發展出將來時間指稱用法的情況在他伽祿語(Tagalog,菲律賓語言)中最爲典型。

根據 Schachter&Otanes(1972:368),他伽祿語的完整體形式爲基礎形式,未完整體形式由基礎形式重疊構成,這兩種體的對立都帶有體的標記成分 N 即 nagl);但將來時則是在未完整體的重疊形式的基礎上去掉體的標記成分 N 而構成,如例(12)①。例(12)中的 A 式

① 網上原文已經無法查證,例(12)括注的例證轉引自 Blake(1917:427—428)。

重疊指重複基礎形式的第一音節的元音和輔音;其中重疊後的元音總是長元音,不管原來是長元音還是短元音。

(12)完整體＝N＋基礎形式(naglarô"玩了"＝標記成分 nagl＋larô"玩")

未完整體＝N＋A 式重疊＋基礎形式(naglalarô"常常玩"＝標記成分 nagl＋la＋larô)

將來時＝A 式重疊＋基礎形式(maglalarô"將要玩"＝前綴 mag＋la＋larô)

更有力的證據還應來自歷時證據和跨方言、跨語言的證據。前文提及的臺灣南島語西拉雅語的動詞重疊兼具進行體和未完整體用法就是同一語系中跨語言的證據。另據 Yeh (2009)的歸納,臺灣南島語七個分支的九種語言的 Ca-動詞重疊中,有三種語言只有持續體或進行體的用法,即卡那卡那富語(Kanakanabu)、沙阿魯阿語(Saaroa)和鄒語(Thao);有三種兼有進行體和將來時的用法,即巴則海語(Pazeh)、卑南語(Puyuma)和魯凱語(Ruaki);有三種語言只有將來時的用法,即阿美語(Amis)、賽夏語(Saisiyat)和泰耶爾語(Atayal)。由於這些語言中重疊所表示的進行體、持續體與未完整體的關係沒有進行嚴格的界定,我們暫且用更爲寬泛的未完整體來代替它們。Yeh(2009)還指出,臺灣南島語的不同語言中,Ca-動詞重疊在表示將來時用法這一點上處於不同的發展階段,顯示出不同的語法化發展階段和概括化的水準。在巴則海語中,將來時由 Ca-重疊與非現實標記後綴-ay 共同表示;卑南語中,在非現實的主動態中,Ca-重疊可以獨立表示將來時,而在其他語態中還需要與非現實後綴共現。可見,Ca-重疊是在與其他成分共同表示將來時的過程中,通過頻繁地使用,逐步獲得獨立表示將來時的用法。這也證明重疊所表示的將來時是通過語境吸收等語義演變機制獲得的。

Abbi(1992:42)指出南亞的一些語言中重疊形式可以表示反復、延續、進行。這些意義的用例有的超越了進行體,接近於未完整體,如例(13)塔多語(Thado);除此之外,部分語言的動詞重疊還表示動作即將發生但最終沒有發生的體貌意義,並概括爲 non-precipitation,該術語可直譯爲"將行未行體",例(14)是印地語的例子:①

(13)Thado:

pon *lɔsp lɔsp* lɛn əlho poI

Clothes got torn (having been) washed washed(字面翻譯)

'Clothes got torn off by excessive washing'

"衣服(老是)洗呀洗的就会坏。"

(14)Hindi:

barIŝ *hote hote* rɛh gəi

---

① Kuteva(2001:142)報道了保加利亞語中過去意願義經由過去將來、反事實或假設用法發展出這種將行未行體的用法,該書的術語是 avertive。而且這種用法還會進一步發展出比較純粹的最近將來時用法,並不涉及該行爲是否最終發生。(105 頁)

rain happen happen but did not happen(字面翻譯)

'It was going to rain/about to rain but did not'

"看着看着就要下雨,最後還是沒下成。"

這些用例中常常會伴隨"停止、逃脱、停留"等意義的詞語,Abbi 認爲這些詞語提供了所謂的將行未行體的意義。實際上,所謂的未行的意義是由"停止"等成分表示的,動詞重疊本身表示的應是"即將發生"的意義,這種意義非常接近於類型學研究中的最近將來時。Bybee et al.(1994:273)認爲,最近將來時跟典型的具有預見性的一般將來時還是有所區别的,是否一定要把它歸爲將來時還可以斟酌;對於那些會進一步發展出一般將來時的最近將來時,可以把它作爲將來時的過渡階段。考慮到南島語言中動詞重疊表將來時的情況,可以把南亞語言中這種將行未行體試著歸入最近將來時,以充分反映動詞重疊時體意義的多樣性和一致性,從而建構出從最近將來時到一般將來時的演化路徑,即:

(15)反復體→延續體→進行體→未完整體→最近將來時→將來時①

2.4 從未完整體到不及物?

Bybee et al.(1994:172)把重疊形式將及物動詞轉變爲不及物動詞的用法視爲未完整體的進一步演化。Bybee et al.(1994:171)發現,三種語言都有部分重疊的不及物用法。巴里語(Bari,東蘇丹語支語言)和納卡奈語中重疊用法基本一致。在這兩個例子當中,重疊都有著非常概括的延續體或者未完整體的體意義。此外,重疊的及物動詞不需要一個顯性賓語的名詞短語,只需要表明賓語的存在即可。如納卡奈語的例(17)(Johnston1980:155—156)。

(16)La	sobe	hugu	la	obu.
NM	girl	carry	NM	wood
名詞標記	女孩	頂	名詞標記	木頭

'The young woman carried the wood(on her head).'

"一個年輕女子(用頭)頂著木頭。"

(17)La	sobe	hugugu.
NM	girl	carry-REDUP
名詞標記	女孩	頂-重疊

'The young woman is carrying(something on her head).'

"一個年輕女子正頂著(些東西在她頭上)。"

資料顯示,重疊的不及物功能很晚才得以發展,它出現在重疊的體功能完全泛化之後。在具備該重疊功能的三種語言中,重疊形式均有很大程度的縮減。因此,該書得到這樣的結論,

---

① 最近將來時既可以直接從進行時發展而來,也可以從未完整體發展而來。對於動詞重疊形式的將來時而言,由於缺乏材料,無法將其來源鎖定到進行體或未完整體,暫且用粗略的線性順序來表示。

即重疊的不及物功能來自其未完整體意義。

Kiyomi(1995)在 30 種馬來-波利尼西亞語言中發現有六種語言的動詞重疊具有這種將及物動詞轉變爲不及物的用法。這種不及物用法對受事的影響相對於及物動詞來説是一種弱化(Hopper & Thompson 1980),因此該文把這一用法歸爲"量少時短"等含義的短時用法(Diminution),認爲這種用法與其及物形式相比表達上有所弱化。下面是 Paamese 語的例子:

(18) tasíi　lahi-e
taxi　3sg-Real-carry-3sg
出租車　3 單-現實性-載-3 單
'The taxi is carrying him'
"出租車拉著他"

(19) tasíi　lahi-lahi
taxi　3sg-Real-carry-RED
出租車　3 單-現實性-載-重疊
'The taxi is occupied.'
"出租車上有人"

從例(18)和(19)來看,重疊後的形式狀態意義比較突出,但動作帶來的狀態意義本身是一種相對具體的意義,從跨語言的角度來看,並不是一種高度虛化的意義,詳情參見下文關於結果體的討論。因此未完整體到不及物的用法得不到材料的有效支持。而且詞類的轉化是一種涉及詞彙意義與語法功能的變化,是一種比較具體的語法手段,不是明顯的時體意義,也不大可能從高度虛化的未完整體演化而來。鄭懿德(1983:39)在討論福州話的單音節動詞重疊式時指出,單音節動詞重疊後改變了原有的動詞性,轉變爲形容詞,可作謂語、定語等;且該文沒有報道此類重疊有高度虛化的未完整體用法。因此,本文在討論動詞重疊時體意義的演化路徑時剔除 Bybee et al. (1994)從未完整體到不及物這一終極環節。

三　從反復體至完整體

3.1　從結果體到完整體

梵語、古希臘、拉丁語、哥特語(Gothic)等語言中的動詞重疊都可以用來表示跟過去時相關的一組用法,包括完成體、完整體和過去時(Swadesh 1971:147—148)。例(20)是古希臘語《荷馬史詩》的例子,轉引自 Haspelmath(1992),其中的 *gé-graph-e* 'Re-write-3sg' "重疊-寫-3 人稱單數"就包含部分重疊的成分。

(20) Gé-graph-e　dè　kai　taũta　ho
Re-write-3SG　PT　and　that:N.PL.ACC　the

重疊-寫-3單 小品詞 和 那個:中性.複數.賓格 這個

autōs Thoukudidēs.

self:M.SG.NOM Thucydides:NOM

自己:陽性.單數.主格 人名:主格

'Thucydides himself has written this'(Thuc.5,26,11)

"Thucydides 他自己寫的這個。"

對這一現象,Swadesh(1971:147—148)認爲重疊形式作爲前綴只是用來形成過去時,並未增加任何意義;因此 Kiyomi(1995)把重疊視爲普通的前綴,列爲重疊的非相似性用法,在其研究重疊的新方法中並未深入討論。Kiyomi(1995)也沒有注意到學術界從語法化的角度已經對印歐語中的動詞重疊進行了富有成效的理論思考。

Bybee et al.(1994:172)注意到一些語言的重疊具有類似于被動意義或狀態意義的用法。基於這一事實,Bybee et al.(1994:172)在附注提出,如果這一系列的發展能夠得到重疊的被動意義或者是狀態意義,我們就可以解釋在希臘語和其他印歐語言中,爲什麽看似反常用法的重疊可以表達完成體或完整體。這個解釋就是,完成體是由被動分詞構成,是一種高度發展的重疊形式,是一種具有屈折形式的助動詞。對於 Bybee 等的這一注釋可以有兩種不同的理解:

第一,由於 Bybee et al.(1994:172)是把狀態用法歸於未完整體,依據這一思路,有可能構建如下路徑,即完成體用法源於屬於未完整體的狀態用法:

(21)反復體>頻現體>慣常體>未完整體>不及物

↘完成體>完整體

這一路徑存在兩個難以解決的問題:1)未完整體本身是一種高度虚化的用法,再從未完整體發展出相對不那麽虚化的完成體不符合已有的時體語法化的一般認識,而且也鮮見這方面的明確事實依據。2)在 Bybee et al.(1994)的系統中,作爲未完整體的"狀態"並未得到嚴格的定義,並已經受到學術界的質疑。比如 Drinka(1998)質疑,被動分詞所表示的狀態意義不應當視爲未完整體,而應當視爲不那麽虚化的結果體。筆者在研究中也發現,Bybee et al.(1994)的"狀態"意義過於寬泛,應該區别不同性質的狀態。

第二,重疊的被動意義或者是狀態意義視爲結果體,從而維護了從結果體到完成體的演化路徑,這正是 Bybee et al.(1994)一書最重要的結論之一。Haspelmath(1992)一方面受 Bybee et al.(1994)未發表的手稿的影響,認爲古希臘語中完成體應當遵循從結果體發展爲完成體、完整體的演化路徑,另一方面對 Bybee et al.(1994)中結果體的定義提出修正。根據 Nedjalkov & Jaxontov(1988:6)的定義,結果體表示動作行爲帶來的狀態持續。結果體這一動詞形式不僅表示狀態,而且還藴含狀態是由之前的動作帶來的。Haspelmath(1992)認爲,從語義的角度來看,確定這一藴含的存在有很大的困難;因此應對結果體的定義加以修改,認爲結果體的寬泛定義爲表示一種狀態的動詞形式,該形式由動態動詞的派生而來且狀態爲該動詞的結果。跟此前的定義相比,動詞的範圍有所擴寬。根據 Nedjalkov & Jaxontov(1988:6),結果體的動詞一般是終結性的(teclic),Bybee et al.(1994:65)也繼承了這一看法,認爲結果體只是與表示狀態變化或帶來狀態變化的謂詞相容;Haspelmath(1992)把結果體相容的動詞從終結動詞擴展到一般的動態動詞。事實上,Nedjalkov & Jaxontov(1988:3—7)還提出了另外一種動詞形式就是狀態體,該形式只是表示與動作相關的狀態,不强調帶來狀態的動作,並把狀態體視爲一種廣義的結果體,區別於前面强調過去動作的狹義結果體。因此,Haspelmath(1992)對結果體定義的修改雖然沒有參照 Nedjalkov & Jaxontov(1988:3—7)關於狀態體的看法,但總體的精神實質是一致的。Drinka(1998)雖然沒有參照 Nedjalkov & Jaxontov(1988:3—7)和 Haspelmath(1992),但結論是一致的。比較而言,第二種理解更具有合理性。

Haspelmath(1992)指出,古希臘語的動詞重疊可以表示不同性質的結果體,既可以描述及物動詞的受事所處的狀態,如例(22),也可以描述不及物動詞的主語所處的狀態,如例(23),這些都是結果體在不同語言中的常見用法。

(22)é-rrhōg-a　　rhēg-numi
'I am broken'　　'I break'
"我被打壞了"　　"我打壞"

(23)té-thnē-k-a　　thnēisk-ō
'I am dead'　　'I die'
"我是死的"　　"我死"

一旦界定了古希臘語的結果體形式,從類型學的角度看,就不難理解該結果體形式如何進一步發展成爲完成體和完整體。例(24)中 eí-lēph-en 由重疊形式 *eí-* 構成的動詞形式與 egémi-s-en 中由-s 詞綴構成的不定過去時(aorist)在同一個句子中共現,都是用來敘述連續的事件,推進事件的時間進程。而所謂的不定過去時形式就是表示完整體意義,可見重疊式所標示的完成體已經發展成爲完整體;所不同的是,不定過去時形式沿用至今,而重疊所表達的完整體早已棄而不用。

(24)kai　eí-lēph-en　ho　ággelos　tōn
and　RE-take-3SG　the:M.NOM.SG　angel:NOM　the:M.ACC.SG
然後　重疊-拿-3單數　定冠詞:陽性.主格.單數　天使:主格　定冠詞:陽性.賓格.單數
líbanōtōn,　kai　egémí-s-en　autón(Rev.8,5)
censer[M]:ACC　and　fill-AOR-3SG　it:M.ACC.SG
香爐[陽性]:賓格　然後　填-不定過去-3單　它:陽性.賓格.單數
'And the angel took the censer, and filled it.'

"天使拿起香爐,把它填滿了。"①

漢語方言的動詞重疊也在一定程度上體現了從結果體到完成體的演化。漢語部分方言中單音節動詞重疊可以表示"過去了的、已經發生了的動作",該意義在鄭懿德(1983)對福州話單音節動詞重疊的描述中概括爲"經歷體",實際上相當於類型學的完成體;例(25)顯然不好理解爲經歷體的"過",而是相當於過去發生的"的"。例(26)也明顯不同於典型地表示過去不確定時間至少發生過一次的經歷體,而是在較近的過去對特定對象實施的具體行爲。福建寧德方言、安徽涇縣方言和山東高密方言中也有類似的用法(參見陳麗冰 1998,朱蕾 2005,王文娟 2008),②如例(25)和(26)。這些例證中都有"的",説明重疊的這種用法還沒有完全成熟,還需要與"的"共同表達。

(25)汝昨冥講講唭許椿事計……(你昨天説的那樁事)③(福州方言,鄭懿德 1983)

ny^{31} so^{31} man^{53} kouŋ^{35} kouŋ^{31} ŋi^{11} xi^{11} ʒouŋ^{44} tai^{53} iɛ^{213}

(26)這個蘋果我吃吃的,把人家吃不衛生了。(涇縣江淮官話,朱蕾 2005)

這一用法在涇縣適用的動詞較多,但在周邊方言中僅限於零星的幾個動詞,難以考證其動詞重疊的完成體意義的來源。不過,福州方言的單音節動詞重疊可以用於"夾、戴、背"類動詞表示動作帶來的狀態的持續,而且有的語境中明顯顯示這些狀態仍然處於持續和保持狀態,如例(27),這正好就是類型學的結果體的意義。可見這些方言中動詞重疊表示的完成體用法最有可能來自於表示狀態持續的結果體。鄭懿德(1983)列舉了四例結果體的用法,但只舉了 1 例完成體的用法,説明結果體的用法更爲常見,是演變階段上處於早期階段的用法。

(27)汝骨骼下夾夾唭許把傘……(你腋下夾的那把傘)(福州方言,鄭懿德 1983)

ny^{31} ko^{11} louʔ^{5} a^{242} kei^{44} kɛiʔ^{5} ki^{31} xi^{35} βa^{31} saŋ^{31}

3.2　從反復體到結果體以及結果體語法化的雙路徑

古希臘語的完成體已被認定爲源自於結果體,可是結果體又源自於什麼? Haspelmath(1992)通過對結果體的重新界定解決了古希臘語完成體演變的一系列難題,但是仍然遺留了一個難解之題。如例(28):

(28)*me-mēk-ṓs*　'bleating'"(小羊或牛)咩咩地叫"

ke-kaphē-ṓs　'panting'"吁吁地喘氣"

Haspelmath(1992)認爲這些動詞重疊的用例在荷馬時期也僅有 10 例,都是用來表示動物的叫聲,其中聲音爲複數形式;筆者理解這些複數應當是表示動物重複的叫喚,據此可以找

① 對應的漢語句子中使用句尾"了",一般認爲是句尾"了"是完成體。但是這裏明顯是用於敘述語篇推進事件的進程。因此,也可以把這裏的句尾"了"視爲完整體,參見陳前瑞和張華(2007)。

② 感謝上海外國語大學王芳博士告知山東高密方言的相關用法並促使筆者進一步搜集相關材料。

③ 原文採用調型來標注實際讀音,由於有的調型無法録入,本文根據該文注 2 的單字調實際調值標注調值。

到解決這個難解之題的線索。

根據 Banerjee(1983:20),在梵語和古希臘語言中,動詞重疊不僅用來表示完成體,而且還用來表示重複的(repeated)、持續的(continuous)和頻繁發生(frequetative)的動作,但在同一頁的列表和具體行文中徑直用頻現體(frequetative)來代替動詞重疊的三種具體的意義。而根據 Bybee et al. (1994:127),頻現體包括慣常體的意義,即表示情狀是一段時間內的特徵,而且還特別表示在該時間段内頻繁發生或出現;與反復體限於特定情景的重複不同的是,頻現體不限於特定的情景。可見,Banerjee(1983)的頻現體涵蓋 Bybee et al. (1994)的反復體、頻現體等多種意義,這一點需要特別注意。

梵語和古希臘的動詞重疊在表示頻現體方面存在明顯的差異。Banerjee(1983:21)指出,在荷馬時代的古希臘語中,有一些例子不用動詞重疊來表示頻現體,而在作者分析的梵語材料中都是用重疊來表示頻現體;梵語具有重疊形式的頻現體這一事實説明,梵語的動詞重疊保留了更爲初始的意義。下面是希臘語和梵語表反復體的用例(Banerjee 1983:11):

(29)　　希臘語　　　梵語

原型:　βην　　ágām

重疊形式:βίβηι(βίβαω)　　jigāmi

重疊前的意義:表示瞬間動作"我走"。

重疊後的意義:'I make step after step.'"我走啊走走啊走。"

Banerjee(1983:21)認爲下面幾個例子中的重疊表示頻現體:dardarimi'I smash'"我破壞";dardharti'holds zealously'"有熱情";nānadati'sound loudly'"發出很大的聲音"。根據該書的慣例(參見 20 頁),頻現體所表示的重複發生的意義並沒有在注釋中直接體現出來,而是在行文中特別解釋或用概念指代。這些用例中,dardharti'hods zealously'"有熱情"屬於比較抽象的性格或表情,一般不適宜理解爲具體場景中重複的動作,因此應當是屬於人的特徵或心情的一部分,因而在一定時間内常常出現,應當屬於 Bybee et al. (1994)典型的頻現體。據此,可以進一步確認從反復體到頻現體的演化路徑。

根據 Bybee et al. (1994)的定義,頻現體已經包含了慣常體,在 Bybee et al. (1994:168)的樣本中芒洪語(Maung 澳大利亞語群語言)的部分重疊兼有慣常體和頻現體這兩種用法,因此可以將動詞重疊所表示的慣常體併入頻現體之中。慣常是一種狀態性的意義,結果體也是表示狀態的持續,兩者的概念意義非常接近,因而可以把從結果體到完成體的演化路徑嫁接到從反復體到頻現體(慣常體)的路徑之上,Bybee et al. (1994:172)的演化路徑(30)改造爲(31):①

① 不同語言形式表達的慣常體意義很可能具有不同的體貌地位,在進行體意義上發展出來的慣常體意義就比較虛,而在反復體發展出來的頻現體或慣常體的意義就比較實在。一些用詞彙手段表達的慣常意義也比較實在。

(30)反復體→頻現體→慣常體→未完整體

(31)反復體→頻現體(慣常體)→結果體→完成體

至於 Bybee et al.(1994:172)構擬的重疊形式從慣常體到未完整體的路徑似無必要,因爲作者已經明確表示:"我們尚未可知的是,慣常體泛化爲未完整體是否如同進行體泛化爲未完整體一樣。我們已有後者以非重疊形式出現的例子,但前者的例子卻尚未找到。"(171 頁)

從反復體到結果體的演化路徑的構建也可以把漢語動詞重疊所表達的反復體及相關意義納入到類型學的演化路徑之中。陳前瑞(2002,2008)的"反復體"既包括同一情景的反復,也包括不同情景的反復,實際上包括了 Bybee et al.(1994)的反復體和頻現體;而且陳前瑞(2002)的反復體作爲一種跟動量有關的階段體,並沒有進入實際的時間流程,一旦進入時間流程,就可以表達類似於頻現體或慣常體的用法,並獲得類似於結果體所表達的狀態的意義。例如:

(32)他們在那兒吃吃喝喝的。(反復體)

(33)他這幾年整天吃吃喝喝的。(頻現體)

前文提及福州話中動詞重疊做定語時兼表結果體和完成體,有利於建構從結果體到完成體的演變;福州話的結果體同樣可以聯繫到反復體的用法。① 在福州話中,單音節動詞重疊表示動作反復的用法很好地保留在兒歌童謠的對舉用法中,例如:

(34)福州兒歌(鄭懿德 1983)

鼻流流,蟶蜀碗(鼻涕流呀流呀,流得像一碗蟶一樣)

p'ɛi^{213} lau^{31} lau^{53}, t'ɛiŋ^{44} no^{31} uaŋ^{31}

從結果體到完成體的演變路徑的構建還可以解釋類型學研究中提出的重疊所表示的起始體和進行體的問題。Rubino(2011)所列舉的動詞所表示的體的用法中有一項起始體(inchoativity),表示狀態的變化。重疊表起始體的説法目前僅見 Reichard(1959)對五種北美 Salish 語言的比較。這五種語言的詞根重疊表示重複、頻現和慣常。例(35)是 S-D 語言中重疊表示頻現體的用例(242 頁):

(35)a. u-t'óq'- t'oq'-əb(toq'ob 'cough' "咳嗽")

'he coughed and coughed' "他不停地咳嗽。"

b. u-bə́d-bəd-čə-b(badč 'tell lies' "撒謊")

'he keeps on lying' "他老撒謊"

其中 a 中的"咳嗽"爲具體的動作,可以是特定情境的反復體,也可以是頻現體和慣常體;而 b 的"撒謊"不大可能在特定情境中反復,最有可能是頻現體和慣常體。

① 福州話這一組用動詞重疊表達的意義在形式上具有共同的特點,都是前一音節按一般雙音節變調規律變調,後音節不變調。鄭懿德(1983)歸爲 DD 式,與其他形式的重疊所表示的意義有明顯不同。

在這五種語言中,大部分具有一種中間成分重疊的手段,即重疊詞根的元音表示近似於“變成”義的起始體。比如在 Ca 語言中,該重疊形式表示“非自主地逐漸發生變化”(gradually becoming without volition)。從具體用例來看,這些變化實際上已經發生,例如:

(36)a. luˀup(lup‘dry’“幹”)‘it became dry, it dried out’“它變幹了,它幹了。”

b. naˀas(nas‘wet’“濕”)‘it became wet’“它變濕了。”

這些用例既可以表示狀態的變化,也可以表示變化後的狀態。它們介於結果體與完成體之間,正好是重疊所表示的結果體到完成體演變的例證,其中結果體强調變化帶來的狀態,是一種狹義的結果體。至於“起始體”所具有的“狀態變化義”,實際上是完成體與狀態謂詞共現時的一種具體的意義,如漢語的“紅了”就有“變紅了”的意思,沒有必要將這種狀態變化意義單列爲起始體。典型的起始應該表示一個完成體動作的開始階段。從 Ca 語言及其他幾種語言的用例來看,基本上可以概括爲結果體或完成體。

但在 Kal 語中情況略有不同,既可以理解爲結果體或完成體,如例(37a),還可以有進行體的理解,如例(37b)和(37c):

(37)a. *xu-xuˀús*‘they were awake, they wakened(?)’“他們是醒的,他們醒了(?)”

b. *paˀáq*(paq‘white’“濕”)‘it is fading’“它正在褪色。”

c. *čin-naˀas*(nas‘wet’“濕”)‘I am getting wet’“我正在變濕。”

這裏的動詞重疊在獲得結果體的意義之後,在相近的語言中有可能具有進行體和完成體雙重理解,其可能的演化路徑如(38),類似於漢語方言和近代漢語兼表持續(含結果體、進行體)與完成的“著”,呈現出結果體語法化的雙路徑。(參見陳前瑞 2008:110)

↗進行體

(38)反復體→頻現體(慣常體)→結果體→完成體

3.3 從完成體到現在狀態

漢語的句尾“了”,不僅有完成體用法,如“天亮了”,也可以用於“太亮了”。後者的用法在 Bybee et al.(1994)被定義爲“現在狀態”(present state),表示事物當前的狀態;在一些語言中實際上具有一定的强調作用。根據 Banerjee(1983:77、97),古希臘語被稱爲“完成時”的重疊形式也有這種用法。這種用法與一般現在時相比,有一種加强程度的意思,如完成時形式的 γηθεω 有“充滿了快樂”“極度興奮”的意思,而一般現在時則有一種持續性的意思,如“常常快樂”“正高興”。這種用法可以與程度副詞共現,也可以不與程度副詞共現。根據 Banerjee(1983:110),在古典梵語之前的吠陀語早期階段的 Rigveda 語(公元前 1500 年—2000 年)中,$\sqrt{\text{bbi}}$‘fear’“害怕”的直陳式的完成時形式 *bibhāya* 出現了三次,均與其他現在時形式的詞一起出現,有“極度恐懼”(lit. is extremely terrified)的意思。這種加强程度的意思對於現在狀態而言,是否具有普遍性還有待進一步的研究。

Bybee et al.(1994:77)指出,現在狀態可以從完結體、結果體、完成體和完整體這四種用法與狀態謂詞的互動中形成。考慮到現有材料中特别是漢語普通話的類似現象中,現在狀態的用法與完成體的聯繫更爲明顯,更爲多見,爲簡化起見,在現有的語法化路徑上首先在這兩種用法之間建立關聯。

3.4　小結

根據前文的材料和分析,我們把重疊所表示的從反復體到完整體的演化路徑歸納如下:

↗進行體

(39)反復體→頻現體(慣常體)→結果體→完成體→完整體

↘現在狀態

四　從强化到完結體與從反復到短時的演化方式

前面討論的動詞重疊的兩條演化路徑都是在反復體的基礎上進一步演化的,反復體主要體現在整體動作持續時間的延長;本節討論的動詞重疊主要跟動作的强度有關。重疊導致動作强度的變化體現爲兩種强度,一種是强化(intensity),一種是"量少時短"的短時(diminution)。先看强化。

4.1　從强化到完結體的話語隱涵

Kiyomi(1995)在 30 種馬來-波利尼西亞語言中,發現有九種語言的動詞重疊具有强化的用法,並列舉了兩種語言不同的强化含義,如例(40)和(41);Banerjee(1983:20)也列舉了古希臘語的一種强化含義,如例(42):

(40)Ambrym:

nor 'to think'"想"

nor-nor 'to think over'"仔細想;想來想去"

(41)Rennellese:

hoa 'to crack'"開裂"

hoa-hoa 'smash'"破碎"

(42)古希臘語:

φαίνω 'shine'"閃"

παμφαίνω 'shine brightly'"閃閃發亮"

這三種强化既有動作本身的深入細緻,也有强化力度導致物體更大程度的破損,還有動作本身發出更大的光芒。這三種强化跟時體意義的關係不那麽直接。

還有一種强化,它隱涵一種完結體(completive)的含義。完結體就是指完全、徹底的做某事，並隱涵動作涉及的對象完全受到影響，並具有强調的意味[Bybee et al.(1994:57)]。例(43)和(44)中，"切斷"不僅跟動作有關而且也涉及動作的受事，動作影響受事的每一部分，使得動作自然地結束。由於"切斷"及下一例的"摧毁"是有内在終結點的動作，動作的强化自然指向實現這一内在終結點。釋義中的 completely 也很好地體現了這種含義。

(43)梵語(Banerjee 1983:20)

lū 'sever'"切斷"

lolū < *lūlū* 'to sever completely'"完全地切斷"

(44)他伽祿語(Blake 1917:429)

magkasirasírà'to be completely destroyed'"被徹底地摧毁"

應當指出的是，這種完結體的意義不同於完成體，後者只是表示事件在參照時間發生並具有相關性。文獻中用來描述重疊形式的意義有時也用完成(completion)，其準確含義應細加分辨。Williams(1875)試圖把梵語、古希臘語及拉丁語中部分動詞重疊表示完成之類的動作的來源追蹤到强化用法，這種觀點與前文討論的 Haspelmath(1992)等的論證明顯相反，也得不到跨語言材料的支撑，因此此類强化用法只是零星的，並未成爲一種規則化的現象，比起重疊所表示的結果體的狀態意義而言，只是限於一些特定詞彙意義的話語隱涵。

4.2 從反復體到短時體

漢語動詞重疊式"VV"或"V 一 V"表示"量少時短"的短時體，是對基礎動作的弱化。在類型學研究中，類似於漢語動詞重疊所表示的短時體一般稱爲 diminution，表示減少或少量的意思，可對譯爲"一點"(a little)，本文在體貌的框架下通譯爲短時體，實際涵蓋的意義不限於字面的"短時"與"體"的意義(也可譯爲"減量")。在 Kiyomi(1995)對 30 種馬來-波利尼西亞語言的調查中，動詞重疊具有短時體用法的語言有 10 種，另外有四種語言具有隨意的用法(aimlessness)，一種語言具有嘗試的用法，該文把這三種具體用法都歸爲短時類。可見，有二分之一的馬來-波利尼西亞語言具有短時類的用法，該語族中只有三分之一具有短時體的用法。但是，動詞重疊具有反復類意義(含反復、延續、慣常等)的有 25 種語言。可見在動詞重疊所表達的語義中，反復類是一種無標記的用法，而短時類是一種有標記的用法。

Kiyomi(1995)把反復體、延續體、慣常體、强化一類的用法視爲重疊的象似性用法，把短時類的用法視爲非象似性用法；並且推測：重疊最開始的用法是象似性的，後來才發展出非象似性的用法。我國景頗族使用的幾種語言的比較材料也進一步支持這一點，比如景頗語的動詞在狀語位置修飾泛義動詞時有兩種用法(戴慶廈 2012:105—106)：

(一)單音節動詞的完全重疊式表示動作是"經常的"，如例(45)；但是，若用在第一人稱作主語的句子中，則表示動作行爲是"輕微"的，如例(46)：

(45)naŋ^{33}　ka̱^{33}　ka̱^{33}　ti^{33}　u^{ʔ31}.

你　寫　(疊)(泛)(尾)

你經常寫吧。

(46)ŋai^{33}　tʃe̱^{33}　tʃe̱^{33}　ŋu^{55}　ni^{ʔ55} ai^{33}.

我　會　(疊)(泛)(尾)

我有點會了。

(二)雙音節動詞全部重疊表示動作行爲是“輕微”的,如例(47);若只重疊後一音節,則表示動作行爲是“經常”的,如例(48):

(47)wo^{55} ʒa^{31}　ko^{ʔ55}　ʃă^{31}mu^{33}　ʃă^{31}mu^{33}　ʒai^{31}　ŋa^{31}　ai^{33}.

那　(方)　動　(疊)　(泛)(貌)(尾)

那裏有點動。

(48)wo^{55} ʒa^{31}　ko^{ʔ55}　ʃa^{31}mu^{33}　mu^{33}　ʒai^{31}　ŋa^{31}　ai^{33}.

那　(方)　動　(疊)(泛)(貌)(尾)

那裏經常動。

景頗語的材料説明,單音節動詞重疊表示“輕微”僅限於第一人稱,是一種語用上受到明顯限制的用法,其“輕微”義與第一人稱自謙的特點是有密切關聯的,因此該用法很可能是正在形成中的用法。綜合前面討論的從反復體到頻現體(慣常體)的演化路徑,我們有理由認爲景頗語的動詞重疊經歷了一個從反復經由頻現體(慣常體)到短時體的發展過程,即反復的用法發展成爲頻現體之後成爲某個人的固有特徵,再在第一人稱表示自謙的用法中獲得短時的意義。王姝(2016)指出,在其調查的126種語言中,大部分語言的動詞重疊都表量增,表量減的是侗台語族的各種語言和南島語系的京語,有證據表明這些語言的動詞重疊都是受漢語影響所致,不是獨立的證據。根據近年來許多接觸引發的語法演變的研究,語言内部因素導致的演變和語言外部因素導致的演變的區别只在於演變的動因,而演變的一般機制是一致的。從這個角度看,受漢語影響而産生動詞重疊表示量減的現象反而具有特别的證據力,可以在借用之外看到這些動詞重疊産生量減功能的語義演變機制,進而分析它們與漢語動詞重疊形成該功能的特定條件與具體機制的異同。

再來看漢語動詞重疊表短時體用法的發展過程。現有研究對漢語動詞重疊的産生過程有幾種不同的看法。太田辰夫(1958:176)認爲,這恐怕是從重複的動詞中間加“一”這種形式變來的,隨著“一”的省略,就不表次數了。張赬(2000)認爲,“V 一 V”與“VV”式的産生與動詞借用動量詞和同源動量詞的用法的興起有直接的關係,“V 一 V”式先産生,“VV”式後産生,它們與表示動作反復的動詞重疊式没有直接關係。現代漢語中表示時間短、次數少、程度輕的“V 一 V 在南宋末年(十二世紀末)已經形成。崔應賢(2011)以專著的篇幅考察漢語動詞重疊的歷史,提出早期表示反復的“VV”式在唐詩中已經有“轉眼間”的用法,有的已經接近于現代的動詞重疊,如例(49)。崔應賢(2011:118)還認爲,例(50)中的"看看"表示的時間意味恐怕更短,連過程的内涵都沒有。

(49)卻思毫末栽松處,青翠才將衆草分。

今日散材遮不得,看看氣色欲淩雲。(施肩吾《玩手植松》)

(50)君有絕藝終身寶,方寸巧心通萬造。

忽然寫出澗底松,筆下看看一枝老。(施肩吾《觀吴偃畫松》)

以下兩例是筆者檢索到的唐詩用例,似乎更像現代漢語的已然的"看了看"。它們都用在前一分句,引出所看到的情景且這些情景都是變化性的。一般不適合長時間的觀看,而是一次行爲直接看到變化的結果,如例(51),或引發後續行爲,如例(52):

(51)三複招隱吟,不知寒夜深。看看西來月,移到青天心。(施肩吾《寒夜》)

(52)二月三月時,平原草初綠。三個五個騎羸牛,前村後村來放牧。

笛聲才一舉,衆稚齊歌舞。看看白日向西斜,各自騎牛又歸去。(隱巒《牧童》)

崔應賢(2011:149)指出,《祖堂集》也有動詞重疊,如例(53)用於祈使句,受禮貌原則的影響,一般的祈使句往往有弱化語氣的成分,如"且",它與重疊的作用是一致的。

(53)臨濟問師:"十二面觀音豈不是聖?"師雲:"是也。""作摩生是本來面?"

臨濟一摑。師雲:"長老且寬寬。"濟側掌,師歸受業寺。(《米和尚》)

因此,崔應賢(2011)認爲,現代漢語動詞重疊的來源可能有多種路徑,"VV"的前身並不是"V 一 V",而是自先秦以降、表示反復的重疊形式演化而來;"V 一 V"的前身是自《齊民要術》以降的"一 V",唐詩宋詞的"試一 V"。這兩種形式共存並平行發展。

崔應賢(2011)沒有詳細描述表反復的"VV"是經由什麼機制發展成爲表短時的"VV",而且早期的反復用例較少,後期的短時例證集中於動詞"看";①但這一演變路徑很可能更具有潛在的普遍性,如同景頗語單音節動詞重疊的短時體用法受限於第一人稱這一語用條件一樣。本文無意否定漢語動詞重疊的短時體用法與動量意義的關聯,只是强調這一路徑受制於漢語特有的句法形式。就像其他不具有動量結構的語言可以從反復發展出短時的意義一樣,漢語也可能存在這種演變的特定環境和演變的潛在機制。在現階段,我們可以肯定,在某種語言中動詞重疊往往先有反復體的用法,後有短時體的用法;至於短時體用法的具體産生途徑可能存在跨語言的變異現象,甚至一種語言中也會有多種不同的途徑,這些都有待進一步研究。②

---

① 這兩點分别由劉丹青教授和張楨教授向第一作者談起,謹此致謝。

② 在現有的研究中,如何解釋動詞重疊從表示象似性的反復發展出表示非象似性的短時或少量,並沒有很好的理論方案,也都缺乏細緻的歷時考察。比如有的設置了一個離散型重複作爲持續性重複與短時或少量的橋樑,一個完整的動作、物體離散開來,就是一個小量的動作或物體(Kouwenberg & LaCharité 2005:540)。

五 動詞重疊時體用法的表達與演化機制

重疊的表達機制及其不同用法的演化機制既涉及重疊本身的問題,也涉及語義演變的一般機制,學術界有過一些不同的看法。Kiyomi(1995)從認知的角度把重疊的表達機制分爲兩類,一類是象似性的表達,包括反復體、進行體、未完整體等;一類是非象似性的表達,指重疊作爲一個常規的詞綴所表達的用法,如前文提到的梵語和古希臘語中重疊表達的過去時,也包括重疊所表達的減量或短時體用法。這兩類表達背後共用一個共同的語義原則,即動詞重疊的原型語義就是改變基礎形式的語義内涵,或使之變得程度更高,或變得程度更低,可簡稱爲"或高或低原則"(a higher /lower degree of…)。張敏(2001)認爲提出動詞重疊表少量仍然可以從共時得到解釋。在有動詞三疊式的語言裏,三疊式只能表多量;而二疊式則既可以表示多量也可以表示少量。因此,重疊的各種語義都可以從"類同物複現"的高層認知圖式中推導出來。

以上兩種解釋模式都還不夠完善。張敏(2001)的"類同物複現"只是提供了一個具有最大公約數性質的解釋,三疊式不表少量也是提供了一個最大範圍的限制。在此基礎上,還需要有一些具體的原則或機制來解釋動詞重疊所表達的時體意義及其演化機制。Kiyomi(1995)把動詞重疊所表示的過去時用法視爲一個常規的詞綴,沒法解釋這一詞綴仍然是從具有象似性的反復體一步一步演化而來的,更沒有辦法解釋爲什麼同樣具有象似性的反復體在不同的語言中分别發展出具有象似性的未完整體用法和不具有相似性的完整體或過去時用法。僅用象似性與非象似性的對立也沒有辦法解釋動詞重疊與其他形式的語法手段一樣,在表示時體意義時遵循近乎相同的演化路徑。因此,我們需要將動詞重疊的語義演化機制與一般的語義演化機制結合起來。

Bybee et al. (1994:167)已經指出,完全重疊在其源頭意義上體現出最大程度的象似性,即動詞的重複表示動詞描述的動作的重複。在從反復體向未完整體或完整體演化路徑的早期階段,反復體表示單個情景的重複,一般限於終結動詞;延續體也是同一情景的動作重複,但已經可以適用於非終結動詞;頻現體(也包括慣常體)也是動作的重複,但已經不限於單個情景的重複。Bybee 等認爲這幾個意義標籤都是表示重複,都體現了不同程度的象似性,由象似性導致的演變機制應該是隱喻的機制。但是,也應該注意到語法化進程的每一步也都伴隨著其他的演變機制,從這幾步來看,都明顯伴有語義泛化的機制:或從終結動詞擴展到非終結動詞,或從單一情景擴展到非單一情景。

在動詞重疊時體意義演化的中間階段,也就是進行體和結果體産生的階段,雖然這兩者的意義結構與延續體、頻現體保持相似的内部結構,但意義的著重點已經發生轉移,進行體著意於參照點這一時刻動作所處的持續;結果體則關注動作結果帶來的狀態的持續,動作本身的重複已經不再重要了。在這一階段,語用推理的作用更爲明顯,既然動作在持續地延續,那麽在某個參照點,動作也仍在持續;既然頻現體或慣常體表示動作成爲一段時間内的特徵,那麽在當前時刻,由該特徵決定的狀態應該仍然延續,從而獲得結果體的狀態持續意義。

在動詞重疊時體演化的後期階段,語義演化的機制與前期有所不同。在從進行體向未完成體的演化過程中,動詞重疊在進行體的基礎上,逐步獲得表示慣常、狀態存在,乃至於不同性質的類指的意義,從而成爲寬泛的未完整體標記,這其中語義泛化機制的作用最爲明顯。從未完整體到將來時,以及從完成體到强調當前狀態,這些都是比較抽象的意義,重疊形式所獲得的意義應當主要來自語境吸收的語義演化機制。比如臺灣南島語的Ca-動詞重疊的將來時用法就是在與非現實標記共現的過程中逐步獲得單獨表示將來時的用法,這其中主要是語境吸收機制的作用。這是Bybee et al.(1994:297)所概括的時體意義演化的一般規律,特别是不同的語義演化機制作用於不同的語義演變階段,並不限於動詞重疊所表達的相應意義。

總之,Kiyomi(1995)概括的"或高或低原則"作爲一個基礎語義原則,既可以解釋重複或强化這一"高"的變化,也可以解釋減量或短時這一"低"的變化;張敏(2001)"類同物複現"可以解釋爲什麽"高"的變化是最爲常見的變化,但仍然無法具體解釋重疊所表示的短時用法的産生機制。劉丹青(2012)指出,漢語的動詞重疊表減量不符合象似性原則,這是因爲它源自動量性的"V一V";此類重疊屬於次生重疊,可能繼承其結構前身的表義功能,而與重疊的普遍性無關。在本文看來,在沒有充分證據證明每一種語言重疊結構的非象似性意義産生的理據之前,仍然要相信在特定語言的特定解釋之外,仍然存在形成重疊非象似性意義的一般的語義演變機制。這是因爲儘管動詞重疊表示減量的研究基礎還遠遠不夠,但動詞重疊從表結果體意義到完成體意義的演變已經證明了這種可能性的存在。因此,要準確地解釋動詞重疊所表示的時體意義的演變過程,仍然需要借鑒Bybee et al.(1994)所概括的語義演變的機制,以及不同機制作用於不同階段的理論。

六 結語

基於前文研究,可以把跨語言中重疊所表示的時體意義的語法化路徑的類型概括如下:

(54)a. 反復體→延續體→進行體→未完整體→最近將來時→將來時

↗進行體

b. 反復體→頻現體(慣常體)→結果體→完成體→完整體

↘强調現在狀態

c. 强化→完結體的話語隱涵

d. 反復體→頻現體→短時體

動詞重疊時體意義演化的機制在早期階段,以隱喻和泛化爲主;在中期階段,以語義推理和泛化爲主;在後期階段,以語境吸收和語用推理爲主。動詞重疊時體意義的演化符合 Bybee et al.(1994)所概括的語義演變的一般機制。

本文的研究在前人的基礎上,在掌握材料的廣度和語法化路徑分析的深度上有所推進,期待在相關領域引發更多的思考。

参考文獻

陳麗冰　1998　《福建寧德方言單音節動詞重疊式》,《寧德師專學報》第 7 期。

陳前瑞　2002　《漢語反復體的考察》,《語法研究和探索》(十一),北京:商務印書館。

陳前瑞　2008　《漢語體貌研究的類型學視野》,北京:商務印書館。

陳前瑞　張　華　2007　《從句尾"了"到詞尾"了"——〈祖堂集〉〈朝北盟會編〉中"了"用法的發展》,《語言教學與研究》第 3 期。

崔應賢　2011　《漢語動詞重疊的歷史考察》,北京:光明日報出版社。

戴慶廈　2012　《景頗語參考語法》,北京:中國社會科學出版社。

李晉霞　2002　《"V 來 V 去"格式及其語法化》,《語言研究》第 2 期。

劉丹青　2002　《漢語類指成分的語義屬性和句法屬性》,《中國語文》第 5 期。

劉丹青　2012　《原生重疊和次生重疊:重疊式歷時來源的多樣性》,《方言》第 1 期。

劉志生　2004　《近代漢語中的"V 來 V 去"格式考察》,《古漢語研究》第 4 期。

羅仁地　2006　《歷史語言學和語言類型學》,《北京大學學報》第 2 期。

孫宏開　胡增益　黄行主編　2007　《中國的語言》,北京:商務印書館。

太田辰夫　1958　《中國語歷史文法》,日本江南書院。中譯本蔣紹愚、徐昌華譯,北京大學出版社,1987 年。

王姝　2016　《現代漢語動詞重疊式何以表量減》,《語言教學與研究》第 5 期。

王文娟　2008　《山東高密方言中"VV+的"和"AA+的"重疊式》,《現代語文》(語文研究)第 8 期。

張禎　2000　《現代漢語"V 一 V"式和"VV"式的來源》,《語言教學與研究》第 4 期。

張敏　2001　《漢語方言重疊式語義模式的研究》,《中國語文研究》第 1 期。

鄭懿德　1983　《福州方言單音節動詞重疊式》,《中國語文》第 1 期。

朱蕾　2005　《安徽涇縣方言的"VV 的"重疊式》,《中國語文》第 3 期。

Abbi, Anvita　1992　*Reduplication in South Asian Languages: An Areal, Typological, and Historical Study*. New Delhi: Allied Publishers.

Adelaar, K. Alexande　2000　Siraya reduplication. *Oceanic Linguistics* 39.1:33 - 52.

Al-Hassan, B. S. Y.　1998　*Reduplication in the Chadic Languages: A Study of Form and Function*. Frankfurt am Main; New York: P. Lang.

Banerjee, Satya Ranjan　1983　*Indo-European Tense and Aspect in Greek and Sanskrit*. Calcutta: Sanskrit Book DepotP(Ltd).

Blake, Frank R.　1917　Reduplication in Tagalog. *The American Journal of Philology* 38.4:425 - 431.

Bybee, Joan, Revere Perkins & William Pagliuca　1994　*The Evolution of Grammar: Tense, Aspect, and Modality in the Languages of the World*. Chicago: The University of Chicago Press.

Dahl, Östen 1995 The marking of the episodic/generic distinction in tense-aspect systems. In Greg N. Carlson and Francis Jeffry Pelletier(eds.) *The Generic Book*. Chicago: University of Chicago Press. 412 - 425.

Drinka, Bridget 1998 The evolution of grammar: Evidence from Indo-Eropean perfects. In Monika S. Schmid, Jennifer R. Austin, and Dieter Stein(eds.) *Historical Linguistics, 1997: Selected Papers from the 13th International Conference on Historical Linguistics*, DüSseldorf, 10 - 17 August 1997. Amsterdam: John Benjamins Publishing. 117 - 134.

Haspelmath, Martin 1992 From resultative to perfect in Ancient Greek. In Iturrioz Leza and José Luis (eds.), *Nuevos Estudios Sobre Construcciones Resultativos* (=Función 11 - 12). Universidad de Guadalajara: Centro de Investigación de LenguasIndígenas. 187 - 224.

Hopper, Paul J. & Sandra Thompson 1980 Transitivity in grammar and discourse. *Language* 56: 251 - 99.

Hurch, Bernhard(ed.) 2005 *Studies on Reduplication*. Berlin, New York: Mouton de Gruyter.

Hurch, Bernhard(ed.) 2009 *Diachrony and Productivity of Reduplication: A Reprise*. Graz: Institut für Sprachwissenschaft.

Johnston, Raymond Leslie 1980 *Nakanai of New Britain*. Canberra: Australian National University.

Key, Harold 1965 Some semantic functions of reduplication in various languages. *Anthropological Linguistics* 7: 88 - 101.

Kiyomi, Setsuko 1993 A typological study of reduplication as a morpho-semantic process: Evidence from five language families(Bantu, Australian, Papuan, Austroasiatic and Malayo-Polynesian). PhD. Dissertation, Indiana University.

Kiyomi, Setsuko 1995 A new approach to reduplication: A semantic study of noun and verb reduplication in the Malayo-Polynesian languages. *Linguistics* 33: 1145 - 1167.

Kouwenberg, Silvia & Darlene LaCharité 2005 Less is More: Evidence from Diminutive Reduplication in Caribbean Creole Languages. In Bernhard Hurch(ed.) *Studies on Reduplication*. Berlin: Mouton de Gruyter. 533 - 545.

Kuteva, Tania 2001 *Auxiliation: An Enquiry into the Nature of Grammaticalization*. New York: Oxford University Press.

Moravcsik, Edith, A. 1978 Reduplicative constructions. In Joseph H. Greenberg(ed.) *Universals of Human Language, vol. 3: Word Structure*. Stanford: Stanford University Press. 297 - 334.

Nedjalkov, Vladimir P. & Sergej Je Jaxontov 1988 The typology of resultative constructions. In Vladimir P. Nedjalkov(ed.) *Typology of Resultative Constructions*. Amsterdam: John Benjamins. 3 - 62.

Reichard, Gladys A. 1959 A Comparison of Five Salish Languages: V. *International Journal of American Linguistics* 25. 4: 239 - 253.

Rubino, Carl 2011 Reduplication. In Dryer, Matthew S. & Haspelmath, Martin(eds.) *The World Atlas of Language Structures Online*. Munich: Max Planck Digital Library, chapter 27. Available online at http://wals. info/chapter/27, Accessed on 2013 - 03 - 11.

Schachter, Paul & Fe T. Otanes 1972 *Tagalog Reference Grammar*. Berkeley: University of California Press.

Swadesh, Morris 1971 *Origin and Diversification of Language*. Edited by Joel Sherzer. London:

Rouledge and Kegan Paul.

Williams, Alonzo　1875　On verb-reduplication as a means of expressing completed action. *Transactions of the American Philological Association*(*1869 -1896*) 6:54 - 68.

Yeh, Marie Meili(葉美利)　2009　Ca-reduplication in Formosan languages. *Grazer Linguistische Studien* 71:135 - 156.

The Diachronic Relations of Tense and Aspect Uses in Verb Reduplication

CHEN Qianrui　WANG Jihong

Abstract: This paper discusses grammaticalization of tense and aspect uses in verb reduplication from a typological perspective. The uses of future, perfect, diminution and the conversational implicature of completive in verb reduplication were less discussed in several typological studies, but in this work they are put into four different developmental paths and explained in the mechanisms of semantic change by Bybee et al. (1994).

Key words: verb reduplication, tense and aspect, grammaticalization, typology

(陳前瑞　中國人民大學文學院　100872;
王繼紅　北京外國語大學中國語言文學學院　100089)

句末情態成分“才好”的歷史發展

畢曉燕　祖生利

提　要　本文著重探討了句末情態成分“才好”的歷史來源、發展過程和形成機制，指出其前身爲唐五代時期產生的句末情態助詞“好”，由性質形容詞“好”主觀化和語法化而來；明代在詞彙雙音化、韻律規則及類推的作用下，出現了“才好”和“才是”。唐五代至元明，句末情態成分“好”、“才好”及“才是”主要表達動力情態和道義情態，清代出現表示認識情態的用法，這一發展鏈條符合世界語言情態語義演變的一般路線和規律。

關鍵詞　句末情態成分　“才好”　“好”　主觀化　語法化

一

現代漢語裏位於句末的“才好”，主要有兩種用法：一是用於陳述句中，“才好”是一個偏正結構，充當謂語中心成分，表示對事物性質的描述或評價；二是“才好”附於小句後面，意義虛化，主要作為一個情態成分，表達主觀意願或建議、勸誡等情態意義，在口語中一般會輕讀(李宗江、王慧蘭 2011，邵長超 2016)。例如：

(1)他停住筆，抬起頭望了望，問道：“這麼大的雨，滿院都是水，你感冒才好，來做什麼？”(引自北大 CCL 語料庫)

(2)你們那種膏藥只治標不治本，真要解決問題，我看還得有種“挺腿瞪眼丸”叫他們服下，效果才好。(引自北大 CCL 語料庫)

(3)我的行事原則就是，辦多少事就花多少錢，千萬不要浪費才好。(引自北大 CCL 語料庫)

(4)是啊，不裝電話耽誤事兒，裝了電話吵死人。別因爲這些雜事兒得罪了客人才好。(陳建功、趙大年《皇城根》)

例(1)、(2)裏，“才好”屬於第一種用法，“才”“好”均具有實際的詞彙意義，副詞“才”修飾性質形容詞“好”，在句中充當謂詞，是全句語義的中心和信息焦點；例(3)、(4)裏，“才好”屬於第二種用法，位于句末，詞義虛化，結構凝固，“才好”是對前述命題的主觀評價，屬於句末情態成分，刪除後不影響句子語義表達。此外，現代漢語裏，與“才好”情態語義和功能類似的句末成分還有一個“才是”。例如：

(5)你爲什麽還穿長袖襯衫呢？你該帶頭换上短袖才是。(劉心武《班主任》)

學界通常以情態成分所表達的語義爲基礎,把情態語義分爲動力情態、道義情態與認識情態三種類型,三者之間存在著普遍的發展鏈條,即許多情態成分最初僅表示動力情態,此後才發展出道義情態和認識情態(參 Perkins1983;Palmer1986,1990;Bybee,Perkins & Pagliuca 1994;彭利貞 2007 等)。現代漢語裏,句末情態成分"才好"也可以表達這三種主要的情態語義。如①動力情態,即表達説話者對某個事件必要性或迫切性的態度。例如:

(6)希望我們的電視臺也要及早準備才好。(引自北大 CCL 語料庫)

(7)她見大家不噴聲,但總要快點想個辦法才好,便打破了沉默,問:"啥叫做社會主義改造呀?"(周而復《上海的早晨》第四卷)

②道義情態,即表達説話者對聽話者應採取某種行爲的建議或勸誡(常與助動詞"應該"等共現)。例如:

(8)王醫生見秀芬的動作那麽乾淨俐落,非常满意。對許鳳説道:"秀芬同志應該學做護士才好,簡直再合適也沒有了。"(雪克《戰鬥的青春》第 2 章)

(9)你應該幫助她,你也需要她的幫助,你們應該把觀點一致起來才好。(引自北大 CCL 語料庫)

③認識情態,即表達説話者對某個事件情形的推測或某種結果的推斷。例如:

(10)畫中的太陽同建築物一比,也感到不大相稱,看來也得加倍放大才好。(引自北大 CCL 語料庫)

(11)因爲這是一個美好吉祥的地方,一定要住你這樣祥瑞的人才好。(星雲大師《釋迦牟尼佛傳》第 14 章)

本文即試圖探討句末情態成分"才好"的歷史來源、發展過程和機制及情態語義演變的鏈條。

二

句末情態成分"才好"的前身是單音節的句末情態助詞"好"。現有研究表明,唐五代時句末情態助詞"好"已經產生(蔣紹愚 1985;江藍生、曹廣順 1997),多用來表達動力情態和道義情態。例如:

(12)公子王孫莫來好,嶺花多是斷腸枝。(韓琮《駱谷晚望》)

(13)僧云:"不會。"師云:"會取好,莫傍家取人處分。"(《祖堂集》卷 11,保福和尚)

句末情態助詞"好"則是源自性質形容詞"好"。中古以前主要用於"好+N"等體詞性結構,充當修飾語,或用於"N+好"結構,充當表語。例如:

(14)文必麗以好,言必辯以巧。(《論衡·自紀篇》)

(15)阮光禄在剡,曾有好車,借者無不皆給。(《世説新語·德行》)

(16)今人往往於地中得馬蹄金,金甚精好,而形制巧妙。(《漢書·高帝本紀》)

作爲性質形容詞,“好”對於所述事物性質的描述藴含了説話者的主觀評價,爲其日後主觀化爲情態成分(助動詞和句末語氣助詞)奠定了語義基礎。

南北朝時期出現了“好+VP”和“VP+好”的結構,“好”率先産生出表達動力情態的助動詞用法,只是尚處於萌芽狀態(太田辰夫 1958;李晉霞 2005;李明 2016)。例如:

(17)家有一李樹,結子殊好,母恆使守之。(《世説新語·德行》)

(18)治之方:豎長竿於圈中,竿頭施横板,令獮猴上居數日,自然差。此獸辟惡,常安於圈中亦好。(《齊民要術·卷6·養羊》)

(19)盛德烈壯,好建功勳。(《三國志·曹爽傳》,注引魏末傳;轉引自太田辰夫[1958]2003)

(20)羔有死者,皮好作裘褥,肉好作乾臘,及作肉醬,味又甚美。(《齊民要術·卷6·養羊》)

(21)五月取椹著水中,即以手潰之,以手灌洗,取子陰乾。治肥田十畝,荒田久不耕者尤善,好耕治之。(《齊民要術·卷5·種桑柘》)

例(17)、(18)裏“好”表達了説話者對所述事件的評價、判斷,帶有一定的主觀性,具備向情態成分演變的語義基礎,此时“好+VP”和“VP+好”結構的出現和廣泛使用則爲其主觀化和語法化爲情態助動詞和句末情態助詞提供了適宜的句法環境,例(19)—(21)句中的“好”表達説話者對事件的主觀看法,即主觀上認爲是適宜的,已是表示動力情態的助動詞。

唐五代時期,“好”的助動詞用法已爲較常見。句末情態助詞“好”的語法化和主觀化過程也已經基本完成,用例頗多,並且主要表達動力情態和道義情態。除前舉例(12)和(13)外,又如:

(22)進曰:“不問不答時如何?”師云:“你亦須别頭好。”(《祖堂集》卷13,招慶和尚)

(23)云:“還得全也無?”師云:“莫寐語好。”(《祖堂集》卷11,保福和尚)

(24)師云:“大凡行脚人,到處且子細好。”(《祖堂集》卷13,報慈和尚)

例(13)、(24)表達説話者的主觀態度,屬於動力情態範疇,例(12)、(22)、(23)表達説話者對聽話者的勸誡,屬於道義情態範疇。

這一時期句末情態助詞“好”常與其他表示情態的助動詞、否定副詞或者情態副詞等共現(蔣紹愚 1985;羅驥 2003;江藍生 2005),如《祖堂集》裏出現的 21 個句末情態助詞“好”的用例中,前有助動詞“須”的 7 例,前有否定副詞“莫”的 4 例,前有情態副詞“且”的 2 例。由於句子的基本情態義可以藉由“須”“莫”“且”這些句中情態成分來表達,在語義和句法上都已經自足,句末“好”即使删除掉也不影響全句的命題陳述,顯得羨餘。當“須/莫/且 VP”等在表達動力情態、道義情態等情態意義上已經自足,就使得句末原本對命題内容進行客觀判斷的“好”的實際詞彙意義受到削弱,動力情態、道義情態等情態義得到凸顯,主要起到舒緩語氣或加重命令、禁別、勸導等祈使語氣的作用,進而有可能被重新分析爲純粹表示情態的句末助詞。

唐五代時期句末情態助詞"好"的這些用法在宋代得到延續(刁晏斌 2001;羅驥 2003;江藍生 2005)。例如:

(25)水火裏燒煮去、大不容易受。大須恐懼好。(《景德傳燈録》卷 18)

(26)奉勸且依古聖慈悲門好。(《景德傳燈録》卷 28)

(27)請和尚合取口好!(《五燈會元》卷 19)

(28)僧云:"誰是枯涸者?"福云:"我。"僧云:"和尚莫瞞人好。"(《碧岩録》卷 5)

(29)何不覓取個管帶路好!(《景德傳燈録》卷 18)

(30)若更不會,不如且依古語好。(《景德傳燈録》卷 28)

例中句末情態助詞"好"同樣多與"須""且""請""莫""何不""不如"等表達情態語義的成分共現,表示主觀態度、建議、勸誡等動力或道義情態。不過用例也主要見於佛教禪宗文獻,宋代其他口語文獻裏則較少見到。例如:

(31)趁取日中歸去好!□莫待黄昏後。(李之儀《姑溪詞·雨中花令》)

(32)臣括又云:"學士北朝名臣,括在南朝,久聞盛名。今日事正好裨贊朝廷,早了卻好。"(沈括《乙卯入國奏請》)

例(31)、(32)句中均没有其他情態成分與句末的情態助詞"好"共現,"好"獨立使用,表達説話者的主觀態度、看法等道義情態。

宋代開始出現了"恰好""便好""才是"等雙音節形式用於句末的情形。例如:

(33)這僧當初但持錫出去恰好。(《景德傳燈録》卷 7)

(34)若一一從得時便好,如不從得,便領兵巡邊。(《三朝北盟會編》卷 13)

(35)曰:"'嚴父',只是周公於文王如此稱才是,成王便是祖。"(《朱子語類》卷 82)

例(33)"恰好"、例(34)"便好"位於句末,構成假設與條件關係的緊縮分句,語義上是對前面分句所虛擬(過去時和將來時)的命題内容作出判斷,删除則全句語義不完整,例(35)句末"才是"同樣是對前述命題内容作出判斷,不能被省略,因此它們都尚不具備情態助詞的身份。語法上,都還只是偏正結構的短語,尚未凝固成一個情態成分。但這些句末雙音節形式的"X 好/是"的出現及廣泛使用,爲明代以後句末情態成分"才好"的産生提供了良好的句法基礎。

元代,句末情態助詞"好"仍見使用,但目前所檢得的用例不多,且多以"X 好"的雙音節形式出現。例如:

(36)辛勝回到灞上,報覆王翦曰:"聖旨每事皆賜一千。"王翦歎曰:"怎生不每事賜一萬也好。"辛勝聞之大笑。(《全相平話五種·秦併六國》)

(37)(旦向張千云)哥哥,怎生放我孩兒吃些飯也好。(關漢卿《包待制三勘蝴蝶夢》第 3 折)

(38)你是佛家弟子,穿著衲襖,將著缽盂,披著袈裟,揀那清淨山庵裏,安禪悟法卻不好?更不時,歸佛敬法、看經念佛也好。(《朴通事》)

例(36)—(38)均以“也好”的形式出現,且主要並不是表達對前述命題内容作出判斷,例(36)、(37)“也好”表達説話者的主觀意願,屬於動力情態的範疇,例(38)“也好”表達説話者對聽話者的建議,屬於道義情態的範疇。這一時期還出現了“(VP)呵好/的好”“(VP)呵是/的是”這樣的雙音節形式。例如:

(39)咱每人參價錢也都收拾了,行貨都發落了也。咱每買些甚麼行貨回去呵好?(古本《老乞大》)

(40)二兩半鈔,與恁多少呵是?由你,但與的是。(古本《老乞大》)

例(39)(40)句末“呵好”“呵是”表達説話者向聽話者尋求意見,删去後似乎不影響句義表述的完整性,具有情態成分的性質。例(40)句末“(的)是”表達説話者的一種聽憑的態度,但仍然具有實際的語義,不可省略,否則句意不完整。江藍生(2005)認爲,雙音節句末情態成分“的好/的是”是對元代“呵好/呵是”的類推和興替,後者則是元代特殊假設複句“(VP)呵,好”“(VP)呵,是”的一種緊縮形式。

明代,句末雙音節情態成分“才好”以及“才是”已經正式出現並廣泛使用了。例如:

(41)行者道:“那犀不比望月之犀,乃是修行得道,都有千年之壽者。須得四位同去才好,切勿推調。”(《西遊記》第92回)

(42)今日相公與天師餞行,酒席還是設在縣裏,還是設在祠裏?也要預先整備才好,怕一時來不迭。(《初刻拍案驚奇》卷39)

(43)梅香云:“姐姐也還要選個好日期才是。”(明臧晉叔《元曲選·留鞋記》1折)

(44)秦王心下自想:“朝廷置酒,因爲解釋仇恨,敬我皇叔、大哥,理之當然,次該敬我才是,如何先敬三弟?”(《大唐秦王詞話》15回)

同唐宋時期句末情態助詞“好”常與句中其他情態成分共現一樣,例(41)—(44)裏“才好”和“才是”的前面均有助動詞“須得”“要”“該”等情態成分,整句在語義和句法上都是自足的,句末“才好”“才是”主要傳達説話者對採取某種行爲的必要性的態度或建議,屬於動力情態和道義情態範疇。此外,明代還出現了“便好”“方好”等雙音節句末情態成分。例如:

(45)卜良道:“果然標緻,名不虛傳。幾時再得見見,看個仔細便好。”(《初刻拍案驚奇》卷6)

(46)燦若又要上京應試,只恨著家裏無人照顧。……也思量道:“須是續弦一個掌家娘子方好。”(《初刻拍案驚奇》卷16)

例(45)“便好”、例(46)“方好”均表達説話者的主觀願望,屬於動力情態的範疇。

清代,句末情態成分“才好”、“才是”繼續廣泛使用。在所表達的情態類型上,除了此前常見的表示動力情態和道義情態,還出現了表示認識情態的用例。例如:

(47)姑娘,既承你救了我這條草命,怎的領我去見見我那女兒、老伴兒才好!(《兒女英雄傳》7 回)

(48)姐妹們雖拙,大家一處作伴,也可以解些煩悶。或有委屈之處,只管説,别外道了才是。(《紅樓夢》3 回)

(49)老伯酒量極高的,當日同先君喫半夜,今日也要盡醉才好。(《儒林外史》31 回)

(50)還是周大老爺的親筆,你不該貼在這裏,拿些水噴了,揭下來裱一裱,收著才是。(《儒林外史》7 回)

(51)(黛玉)心裏自己盤算道:"如何他不來瞧寶玉?便是有事纏住了,他必定也是要來打個花胡哨,討好老太太、太太的好兒才是。今兒這早晚不來,必有原故。"(《紅樓夢》35 回)

例(47)、(48)"才好""才是"表達説話者的主觀願望和態度、觀點,屬於動力情態類型,例(49)、(50)"才好""才是"表達説話者對聽話者的建議、勸誡,屬於道義情態類型,例(51)"才是"前面有情態副詞"必定"照應,表達的是黛玉對於鳳姐彼時可能採取的行爲的主觀推測,屬於認識情態範疇。

此時,受滿語的接觸影響,還出現了"是呢""才是呢""才好呢"等句末情態成分。例如:

(52)衆位阿哥們你們也呵幾鐘是呢。(《清文啟蒙》卷 2)

(53)我聽見寶兒説老太太心裏不大爽,因此如今也不敢驚動。早知如此,我竟該請了才是呢。(《紅樓夢》50 回)

(54)姑奶奶,咱們可得弄點什麽兒吃才好呢。(《兒女英雄傳》20 回)

"是呢"主要在旗人漢語裏使用,是滿語動詞祈使式的反映,"才是呢""才好呢"則是滿式漢語的"是呢"與明清漢語固有的"才是/才好"的混合疊加形式(詳祖生利、畢曉燕 2017)。

三

通過以上對歷時語料的調查可知,現代漢語句末情態成分"才好"產生於明代,其前身則是唐五代時期出現的句末情態助詞"好"。"好"本爲性質形容詞,中古在"好 VP"結構中先行演變爲表達動力情態的助動詞,近代漢語早期又演變爲表達動力情態和道義情態的句末語氣助詞,此後再演變爲雙音節形式的句末情態成分"才好",並在近代漢語後期產生出表達認識情態的用法。綜觀句末情態成分"才好"及"才是"的歷史發展過程,主要是語義的主觀化和功能語法化,以及韻律要求和類推作用的結果。

作爲性質形容詞,"好"所反映的説話者對於客觀事物或已然事件的認識、判斷,本身帶有一定的主觀性,具備向情態成分演變的語義基礎。當其用於對未然事件作出評價和判斷時,主觀性則更加顯著,情態意義開始凸顯,只是實義性尚存,句法上也還不能被省略。當其用於疑問語境中(如李白《自溧水道哭王炎·其二》:“悲來欲脱劍,掛向何枝好?”),説話者所給出的“A好”的回答不再單純表示判斷,還表達了説話者傾向性的觀點、態度等,對於聽話者來説則具有某種建議性,這是“好”從表示判斷、評價主觀化爲句末情態成分的關鍵性的一步,其内在邏輯關聯是,後者隱含了説話者主觀上認爲“A是最好的選擇,非A都不好”或“A好,B不好”這樣的判斷。更進一步,在脱離上述特指問或選擇問的語境制約,變爲説話者主動向對方提出自己認爲最優選擇的“A好”的建議時,“好”表達動力情態和道義情態的主觀情態意義就得到了進一步增强。

實詞的語法化通常總伴隨著語義的主觀化。“好”由單純描述事物的性質,到對事件做出主觀判斷、評價,再到主要表達動力、道義等情態範疇,其詞彙意義逐漸減弱,情態意義日益增强,這一主觀化的過程同時也是它從性質形容詞語法化爲句末情態助詞的過程。南北朝時期“好+VP”“VP+好”結構的出現和廣泛運用,爲日後“好”的主觀化以及語法化爲助動詞和句末情態助詞,提供了適宜的句法環境。在“VP+好”結構中單獨充當表語性謂詞,是句末情態助詞“好”的語法化的起點,但此時它是全句的重心所在,不可缺省。到了唐五代時期,當前面VP中有其他情態成分(助動詞、情態副詞等)與之共現,VP不論在句法上還是語義上都已經自足時,“好”即使被删除,對於全句意思的表達也影響不大,句法上的重要性大爲降低,從而有可能被重新分析爲輔助表達説話者主觀態度、建議等情態意義的句末助詞。當其進一步擺脱句中有其他情態成分與之共現這一語義限制,獨自承擔全句情態語氣的傳達時,“好”便最終完成了其句末情態助詞的語法化。需要指出,“好”在唐五代時期完成了向句末情態助詞的語法化後,並未停止進一步語法化的腳步,明代以後隨著雙音節形式“才好”的出現,“好”進一步由句法成分演變爲詞内成分,語法地位進一步降低。

唐至宋元,句末情態助詞“好”主要表達説話者的主觀意願、態度等動力情態或是對聽話者的建議、勸告等道義情態。明代“好”被雙音節形式的“才好”及“才是”所興替,主要仍表達動力情態和道義情態,清代則出現了表示推測或推斷的認識情態用法。我們知道,人們判斷某一事件或行爲的好壞,通常有一定的客觀標準,因此客觀性也較强;而在表達自己意願或勸誡他人時,則必然帶有自身的觀點和想法,具有較强的主觀性;而當立足于未然事件加以推測或推斷時,其主觀性則更强。句末情態成分“好”“才好”“才是”由表達動力情態和道義情態,到表達認識情態,這一語義發展鏈條不僅體現了其主觀性不斷增强、客觀性不斷減弱的演變趨勢,也符合世界語言情態語義演化的一般路線和規律。

中古以後,漢語詞彙複音化的步伐逐漸加快。到近代漢語早期,詞彙複音化的程度已經很高,唐五代時期以雙音節詞爲主的詞彙系統已初步建立。宋元以後,詞彙複音化程度進一步加深,不僅新興詞語基本以雙音詞爲主,許多單音節傳統虛詞也開始出現雙音形式。“才好”“才是”等句末雙音節情態成分正是順應這一趨勢出現的,並逐漸取代了早期的“好”。在

宋代口語文獻裏已可見到"便好""才是"等出現於句尾的情形,只是當時它們仍是偏正結構短語,非專職情態成分。這些句末雙音節短语结构在元代得以繼承和發展,儘管仍不具備情態助詞的身份,但爲明代句末情態成分"才好""才是"的最終形成作好了形式上的準備。此外,前輩學者已經注意到,由於韻律規則的要求和類推作用,元代還産生了"的好""的是"這樣的雙音節句末情態成分,其源於假設複句的"(VP)呵好/呵是"結構,由於單音節"好"位於句末韻律上缺乏穩定性,在韻律規律作用下,"(VP)呵(的)|好""(VP)呵(的)|是"重新組合爲"(VP)|的好""(VP)|的是"(江藍生 2005)。明代在詞彙雙音化趨勢和韻律規則作用下,原本在句法上是兩個獨立單位的偏正結構短語"才(副詞)+好(性質形容詞)"經由與句末情態助詞"好"相似的語法化路徑,凝結爲雙音節句末情態成分。受"才好"的類推,明代又出現了"才是"這一句末情態成分。

参考文獻

曹廣順 1995 《近代漢語助詞》,北京:語文出版社。

刁晏斌 2001 《近代漢語句法論稿》,瀋陽:遼寧師範大學出版社。

江藍生 2005 《"VP 的好"句式的兩個來源》,《中國語文》第 5 期。

江藍生 曹廣順 1997 《唐五代語言詞典》,上海:上海教育出版社。

蔣紹愚 1985 《〈祖堂集〉詞語試釋》,《中國語文》第 2 期。

李晉霞 2005 《"好"的語法化與主觀性》,《世界漢語教學》第 1 期。

李 明 2003 《漢語表必要的情態詞的兩條主觀化路線》,《語法研究和探索(十二)》,北京:商務印書館。

李 明 2016 《漢語助動詞的歷史演變研究》,北京:商務印書館。

李宗江 王慧蘭 2011 《漢語新虚詞》,上海:上海教育出版社。

劉 堅 江藍生 白維國 曹廣順 1992 《近代漢語虚詞研究》,北京:語文出版社。

羅 驥 2003 《北宋語氣詞及其源流》,成都:巴蜀書社。

彭利貞 2007 《現代漢語情態研究》,北京:中國社會科學出版社。

邵長超 2016 《句尾成分"才好"的虚化及其話語功能的改變》,《當代修辭學》第 1 期。

沈家煊 1994 《"語法化"研究綜觀》,《外語教學與研究》第 4 期。

沈家煊 2001 《語言的"主觀性"和"主觀化"》,《外語教學與研究》第 4 期。

太田辰夫 1958 《中國語歷史文法》(蔣紹愚,徐昌華譯),北京:北京大學出版社,2003。

吴福祥主編 2011 《漢語主觀性與主觀化研究》,北京:商務印書館。

竹越孝 2015 《從滿語教材到漢語教材——清代滿漢合璧會話教材的語言及其演變》,《民族語文》第 6 期。

祖生利 2013 《清代旗人漢語的滿語干擾特徵初探——以〈清文啟蒙〉等三種兼漢滿語會話教材爲研究的中心》,《歷史語言學研究》第六輯,北京:商務印書館。

祖生利 畢曉燕 2017 《清代句末語氣助詞"是呢"、"才是呢"》,《歷史語言學研究》第十一輯,北京:商務印書館。

Bybee Joan, Perkins R. & Pagliuca W. 1994 *The Evolution of Grammer: Tense, Aspect and Modality in the Language of the World*. Chicago: The University of Chicago Press.

Hopper, Paul J. & Elizabeth Closs Traugott. 1993 *Grammaticalization*. Cambridge: Cambridge University Press.

Palmer, F. R. 1986 *Mood and Modality*. Cambridge: Cambridge University Press.

Palmer, F. R. 1990 *Modality and the English Modals* (2nd edition). London and New York: Routledge.

Perkins, Michael R. 1983 *Modal Expressions in English*. Norwood: Ables Publishing Co..

Traugott, E. C. 1989 On the rise of epistemic meanings in English: An example of subjectification in semantic change. *Language*, 65: 31－55.

The Historical Development of the Modal Composition *caihao* at the End of a Sentence

BI Xiaoyan ZU Shengli

Abstract: This paper mainly discusses the historical sources, development and mechanisms of formation of the modal composition *caihao*. The predecessor of *caihao* is the modal particle *hao* in Tang and Five Dynasties, which is from subjectification and grammaticalization of qualitative adjective *hao*. *Caihao* and *caishi* appeared in Ming Dynasty by the trend of disyllablization, prosodic rules and analogy. *Hao*, *caihao* and *caishi* mainly expresses dynamic modality and moral modality from Tang and Five Dynasties to Yuan and Ming Dynasties, moreover to express cognitive modality in Qing Dynasty. This chain of development conforms to the general line and rule in the languages of the world.

Key words: the modal composition at the end of a sentence, *caihao*(才好), *hao*(好), subjectification, grammaticalization

（畢曉燕 中國社會科學院研究生院語言學系 102488；
祖生利 中國社會科學院語言研究所 100732）

“見”字新解

——從“見笑方家”到“慈父見背”“人見斷絕”

姜 南

提 要 對於漢語史上先後産生又共存於中古的三個“見”字式:“見笑方家”“慈父見背”和“人見斷絕”,以往研究雖能説出它們的分别,卻道不明它們的聯繫,結果難免造成對“見”字用法的誤讀和諸多解釋困境。中古譯經及其梵漢對勘則别開生面,有望厘清幾個“見”字式間撲朔迷離的關係。它們相繼出現,實與漢語受事主語句的發展合流,即由表被動的狹義受事主語句向表狀態的廣義受事主語句派生擴展的結果,而前附於動詞的“見”字,其意義雖漸趨虚泛,但作爲語態標記的性質未變。這也符合跨語言的共性。

關鍵詞 “見”字式 受事主語句 語態標記 梵漢佛经對勘

一 懸而未決的問題

1.1 根據表層構造的不同,漢語史上先後出現過以下三種“見”字結構:

[一]受事+見+及物動詞+(於)施事(記作 R 見 V)

(1)吾嘗見笑於大方之家。(《莊子·秋水》)

(2)紹、簡亦見重當世。(《世説新語·賞譽》)

(3)曾子見疑而吟,伯奇被逐而歌。(《論衡·感虚》)

[二]施事+見+及物動詞(記作 A 見 V)

(4)生孩六月,慈父見背。(李密《陳情表》)

(5)初除之日,士大夫皆見吊勉。(《後漢書·虞詡傳》)

(6)若使君不見聽許,登亦未敢聽使君也。(《三國志·蜀志·先主傳》)

[三]話題主語+見+不及物動詞/形容詞(記作 T 見 V[A])

(7)旋復在市中乞,衣不見污如故。(《搜神記》卷一)

(8)向於夜半,人見斷絕。(晉竺法護《生經》卷五)

(9)病不見好 | 個頭見長 |……

第一類“見”字式的特點是,主語位置只能出現動作的受事,而施事須位於動詞之後,靠“於”引介,有時也可省略介詞“於”。楊伯峻、何樂士(1992)稱它是漢語最古老的被動句式,甲骨文裏已有,其中"見"字用爲被動標記。學界歷來持此觀點①,問題主要集中在第二、第三類中古産生的"見"字式上。

1.2　就第二類"見"字式(A見V)而言,由於施事非同尋常地出現在"見V"前的主語位置而引發熱議,大家圍繞該式的由來和"見"字的性質討論多年,至今仍未得善解。

《馬氏文通》最早注意到這一特異表現,舉韓愈《進學解》中"然而聖主不加誅,宰臣不見斥,兹非其幸歟?"一句爲例,説:"其意蓋謂不爲宰臣所斥也,則'見斥'二字反矣。未解。"可見,馬氏仍將這樣的"見"字句看作被動式,其中"見"字仍表被動,只是不解施事爲何會前移,由動詞後移至動詞前。

其實,馬氏語感並無大錯,可惜未獲後世回應,反遭詬病。楊樹達(1928)首先反駁道:"是'見'字古自有此種用法,非韓文創爲也。……此乃'見'字之變用法。"吕叔湘(1943)繼而明確界説,稱該式爲非被動式,其特點是"見"字後動詞之受事皆爲出語者本人,而皆略而不言。去"見"而於動詞後著"我",如例(6)轉换成"若使君不許登,登亦未敢聽使君也",句義無殊。因此"見"字之例用有類第一身指代詞,表示第一身代詞作賓語之省略。還批評馬氏不解"見"字有不表被動之用法,誠失之陋。楊伯峻、何樂士(1992)也認爲"見"在這裏已完全失去表被動的作用,成爲一個動詞詞頭兼表指代之用。

儘管這是目前爲大多學者認同的主流觀點,但仍無法掩蓋其中存在的矛盾和問題。譬如受事賓語的浮現,既然"見"字指代動詞後省略的賓語,賓語當隱而不現,但動詞後出現受事賓語的事例屢見不鮮,恐怕難用所謂的特例爲解。如:

(10)人不見知我,我不怨不尤者,唯天知之耳。(《論語義疏·憲問》)

(11)所以然者,長生太子見活吾命,吾亦活此人命。(東晉僧伽提婆譯《增壹阿含經》卷16)

(12)高公曰:"諸賢勿以武士見待朱將軍,此公甚精名理,又善屬文。"(《太平廣記·東陽夜怪録》)

退而言之,即便"見"字指代動詞後省略的賓語,賓語也不限於第一身代詞,還可以是第二身、第三身,甚至非身稱形式。如:

(13)彼若見惡,當拂衣去耳。(《南齊書·王僧虔傳》)

(14)後布詣允,陳卓幾見殺狀。(《三國志·魏書·三嗣主傳》)

(15)既無文殊,誰能見賞。(《世説新語·文學》)

過去認爲,例(13)中"惡"的受事是"你",例(14)中"殺"的受事是"吕布",例(15)中"賞"的受事是"支道林的《即色論》",非身稱形式,所以有學者認爲,這個"見"字甚至不起任何指代作

① 姚振武(1999)取不同意见,认为"見"与"遇、遭、受、被、罹、得"等遭遇义动词在语法功能、语义特点上完全一致,不宜分作两种对待。

用(姚振武 1990)。

然而根本問題還是未能説清"A 見 V"結構的由來,即施事是如何出現在動詞前的主語位置的。

吕叔湘(1943)認爲"A 見 V"結構是由"R 爲 A 所見 V"式删去"爲……所"造成的。"R 爲 A 所見 V"式又是由"R 見 V 於 A"式和"R 爲 A 所 V"式疊加糅合而成的。如:"蓋'爲……所'一增一删,表施事之詞已由後移前,而'見'字亦遂發生指代之作用矣。"

吕先生雖然意識到"A 見 V"式的來源應與被動式有關,指明"尋繹'見'字此種用法之由來,當先審别'見'字表被動之句式",但這一基於推論而非語言事實的説法卻不堪一擊。譬如王洪君(1991)質疑,"R 爲 A 所見 V"變爲相應的非被動式時,爲什麽不連"見"也一併删去?魏培泉(2004)也同樣懷疑,"R 爲 A 所見 V"出現的時間差不多就和"A 見 V"是平行的,可能還在"A 見 V"式流行之後的四、五世紀之間,這一趨勢似乎和"A 見 V"是由"R 爲 A 所見 V"造成的觀點不甚相契。

於是,王洪君(1991)把目光投向魏晉多現的零主語"見 V"式,指出在這種環境下,省略的主語可做施事和受事兩解,主被動難分,是個共時句法歧義句。如:

(16)徐曰:國破家亡,無心至此,今日若能見殺,乃是本懷。(《世説新語·賢媛》)([我]若能就死 / 君若能殺我)

(17)心自念言,若到彼國,王必被覺,見執不疑。(晉竺法護《生經》卷二)(王肯定會抓住我/我肯定會被抓住)

王氏認爲這種有歧解的"見 V"句在演變中起了舉足輕重的作用,主語位置上的空格吸引著其他成分來填補。加之同時期其他被動式"爲 A 所 V"、"爲 A 見 V"、"爲 A 所見 V"中施事出現的位置,也形成一股强大的類推力量,支持施事 A 來填補"見"字式主語的空格,"A 見 V"式便應運而生了。

如果這個解釋行得通,或許早爲吕叔湘(1943)採納,但他卻説:"'見 V'有被動和非被動之兩種解釋,往往可從時代或文體上判别何種解説較近真象。然既有歧解可能,則或亦有助於見字指代用法之形成。惟若以此爲變化之關鍵,則又未必然耳。"原因在於王氏的論説忽略了一個重要前提,如果當時的語言中"見 V"前的主語位置根本不允許出現施事,人們不可能異想天開地在這種無主語的"見 V"式前面補上施事,而只能補上受事(蔣紹愚 2004)。如:

(18)匈奴至爲偶人象郅都,令騎馳射莫能中;(郅都)見憚如此。(《史記·酷吏列傳》)

(19)漢已破矣,齐趣下三國;(齐)不且見屠。(《史記·齊悼惠世家》)

只有當施事可以在"見 V"前做主語後,才有省略的主語是施事還是受事的問題,也就是應當先有"A 見 V"式的存在,才有"見 V"的所謂兩可分析。將有歧解的"見 V"視爲演變的關鍵,無異於反因爲果,本末倒置。

而將同時期其他被動式“爲 A 所 V”等視爲“A 見 V”的相關句式也不免顧此失彼。既然“A 見 V”式不再屬於被動式，不管叫它非被動式還是主動式，都與被動式是對立的。如果説兩者相關，等於又將“A 見 V”式拉回到被動句的陣營，顯然有違初衷。

魏培泉(2004)則從“A 見 V”式的語用環境和語用功能出發，指出從 3 世紀起，主動的“見 V”式(即同“A 見 V”式)和被動的“見 V”式(即同“R 見 V”式)同時並存，且持續相當長的一段時間，意味著言談的語境在實際上扮演了相當的角色。主動“見 V”式的語用環境有限，多用於對話、書信、表疏等以上對下、以尊對卑的場合，表示謙敬，是一種比較客氣禮貌的説法。這和吕叔湘(1943)、王洪君(1991)、楊伯峻、何樂士(1992)等人的看法大同小異，所不同的是，魏氏認爲這一特定語境可將主動“見 V”式與上古漢語裏由“召見”或“使…見”義的“見”構成的連動式建立起聯繫，如：

(20)天子見問，説之。(《史記・儒林列傳》)

(21)上乃見問薛公，對曰…(《漢書・黥布傳》)

(22)上欲以爲助，乃見問興，…(《漢書・楚元王傳》)

這裏的“見問”通常也用在以尊對卑的場合，並且主語是施事，其形式和運用場合都和後來的主動“見 V”式相同，所以類比發展出表達敬謹態度的主動“見 V”式並非不可能。

但與此同時他又承認，零主語的“見 V”式主被動難分，兩者用途有共通之處，無論主動還是被動都具有“不可抗”的意涵，也就是它們的深層語義關係是一樣的，都是動作由外界的施事指向受事説話者本人。所以，主動“見 V”的來源還應與被動“見 V”有關。最後得出主動“見 V”式的來源或不止一端的論斷。

這個説法看似照顧周全，卻難以左右逢源。既然主動“見 V”的來源與被動“見 V”有關，意味著其中“見”字存在語義關聯，都應溯源於“見”的“遭遇”之義，顯然與“見問”中“見”的“召見”義相扞格，説明這兩個來源互相排斥。所以有些學者如姚振武(1990)認爲，“A 見 V”中的“見”字不起任何指代作用，而是一個表顯示義的實義動詞，應讀爲 xiàn，寫作“現”，“見 V”相當於單個動詞的複合結構。但是鑒於不同“見”字式間的聯繫(詳見下文)，特别是現今口語中還常有“病不見好”“個頭見長”的説法，其中“見”的讀音是 jiàn 而不是 xiàn 來看，它不會是“現”的後裔。

各家説法不一，説明施事主語的來歷的確是個棘手且亟待解決的問題，否則難以把握其中“見”字的確切用法。

1.3　同樣的問題也發生在第三類“見”字式(T 見 V[A])上。

這類“見”字式的特點是，“見”後的動詞是不及物的，無主被動之分，其主語當然無所謂施事、受事之分，也不存在省略賓語(王洪君 1991)，可直接看作話題句。楊樹達(1928)認爲其中“見”字無實在意義，排除韻律因素，似乎可以删去。王洪君(1991))則給出兩種解釋：(一)實義動詞，“人見斷絶”就是“看不見人行走”，“衣不見污”就是“看不見衣服髒”。(二)放在不及物動詞或形容詞前表狀態,類似狀態詞頭,有一種表中性語態的功能。"人見斷絕"就是"無人行走的樣子","衣不見污"就是"衣服不髒的樣子"。同時指出,由於漢語中及物與不及物動詞沒有形式上的區分,及物動詞也可以不帶賓語,所以這種"見"字式與"A 見 V"式有時很難區分。

然而我們認爲歸根結底還是主語的問題,即主語是如何成爲無分施受的話題的。主語的更替才是幾個"見"字式彼此聯繫的紐帶。但如上所述,要揭示主語更替背後的機制和動因卻非易事,因此本文打算另闢蹊徑,借助中古漢語不可分割的重要組成部分——漢譯佛經,通過梵漢對勘,試圖厘清幾個"見"字式間撲朔迷離的關係,還原"見"字的真實本性。

二　漢譯佛經中的變異句式與"A 見 V"式

漢譯佛經中有一種"見 V"結構,由於直接仿照原典梵語的詞序句法而來,打破了古漢語"見 V"被動式原本在受事和動詞謂語之間不能插入施事的限制,形成"受事＋施事＋見 V"組合,即"話題—評論"式的受事主語句。

(23)我聞授記音,心歡喜充滿,如甘露見灌。(《妙法蓮花經·受記品第九》)

śrutvā	vyākaraṇaṃ	idam	amṛtena	yathā	siktāḥ	sukhitā	sma
ger.	n. sg. Ac.	dem. Ac.	n. sg. I.	adv.	ppp. N.	ppp. N.	indecl.
聽見	授記	這個	甘露	如同	澆灌	(我們)快樂	(表過去)

現代漢語譯文:我們聽到這個授記,如同被甘露澆灌,感到快樂幸福。

對勘顯示,"見灌"對應原文表被動的過去被動分詞 siktāḥ,但"見灌"的主語"甘露"並非通常所見的動作的受事,而是動作的施事,對應原文表施動者的具格名詞"amṛtena",至於動作的受事"我"則被提升至句首話題位置。

(24)我等同入法性,云何如來以小乘法而見濟度?(《妙法蓮花經·譬喻品第三》)

tulye	nāma	dharma-dhātu-praveśe	vayaṃ	bhagavatā	hīnena	yānena	niryātitāḥ
adj. L.	indecl.	m. sg. L.	pers. 1. pl. N.	m. sg. I.	adj. I.	n. sg. I.	ppp. pl. N.
同等	確實	進入法界	我們	世尊	低劣	車乘	給與、惠施

現代漢語譯文:雖然同樣進入法界,世尊卻施與我們小乘。

對勘顯示,"見濟度"對應原文表被動的過去被動分詞 niryātitāḥ。"見濟度"的主語由動作的施事"如來"充當,對應原文表施事的具格名詞"bhagavatā",而動作的受事"我等"則被提升至句首話題位置。

同時,由於受事話題常爲第一人稱,即出語者本人,翻譯時常省略不譯。如:

(25)即白太子曰:大王先見勅,爲子作良友。(《佛所行讚·離欲品第四》)

···ahaṃ	nṛpatinā	dattaḥ	sakhā	tubhyaṃ	kṣamaḥ	kila
pers. 1. sg. N.	m. sg. I.	ppp. N.	m. sg. N.	pers. 1. sg. G.	adj. N.	indecl.
我	國王	給予	朋友	你的	適合	確實

現代漢語譯文:(車夫對太子説道:)"我是受國王指派,來做你的良友。"

對勘顯示,"見勅"對應原文表被動的過去被動分詞 dattaḥ,"見勅"的主語由動作的施事"大王"充當,對應原文表施事的具格名詞"nṛpatinā",原文表受事的主格名詞 ahaṃ(我)因爲是出語者本人而省略,但它作爲話題仍然存在。

甚至話題和主語在施受關係及人稱明確的情況下,皆可省略。如:

(26)是時,菩薩熙怡微笑,而作是言:"今者見將,欲往何處?"姨母告言:"將太子出,謁於天廟。"(《方廣大莊嚴經·入天祠品第八》)

···āha—	amba	kutrāham	upaneṣyata	iti |
perf. 3. sg. P.	f. sg. V.	indecl. pers. 1. sg. N.	fut. 1. sg. pass.	indecl.
(王子)説	媽媽	哪裏 我	被帶去	(引語)

āha—	devakulaṃ	putreti
perf. 3. sg. P.	n. sg. Ac.	m. sg. V. indecl.
(姨媽)説	天祠	兒子(引語)

現代漢語譯文:(王子對姨母)説道:"媽媽,我要被帶去哪裏?"姨母回答説:"去天祠,孩子!"

對勘顯示,"見將"對應原文動詞將來時被動語態 upaneṣyate,施事主語"媽媽"和受事話題"我"因面對面説話,人稱明確,都略而未譯。

有時可見"見蒙"同義連用,構成"受事+施事+見蒙 V"組合,如:

(27)佛即告曰:"汝輩,瞿曇彌! 勿懷悒悒而爲愁戚悲顔觀佛,恨言如來而不班宣,獨不見蒙授無上至真正覺之決。"(《正法華品·勸請品第十二》)

atha	khalu	bhagavāṃs	tasyāṃ	velāyāṃ	Mahāprajāpatīṃ	Gautamīm
indecl.	indecl.	m. sg. N.	pron. L.	f. sg. L.	f. sg. Ac.	f. sg. Ac.
然後	確實	世尊	這個	時候	大愛道	瞿夷

āmantrayāmāsa /	kiṃ	tvaṃ	Gautami	durmanasvinī	sthitā	tathāgataṃ
perf. 3. sg. P.	indecl.	pers. 2. sg. N.	f. sg. V.	adj. f. sg. N.	ppp. P.	m. sg. Ac.
告訴	爲何	你	瞿夷	憂愁	住立	如來

vyavalokayasi / nâhaṃ　parikīrtitā　vyākṛtā cânuttarāyāṃ　samyak-saṃbodhau

pres. 2. sg. P.　indecl.　pers.　1. sg. N.　ppt. N.　ppp. N.　conj.　adj. L.　f. sg. L.

注視　不　我　宣説　受記　又　無上　正等菩提

現代漢語譯文：此時，世尊對大愛道瞿夷説："瞿夷，你怎麽悶悶不樂地站在這兒看著如來？我沒有宣説、受記無上正等菩提嗎？"

可見，佛經翻譯對原文被動句語序的模仿造成古漢語"見 V"被動句語序的重新排列。而在此之前，甚至中古同期，漢語原本"見 V"被動句，即第一類"見"字式的特點是，主語和謂語之間關係比較緊密，在受事和動詞謂語之間不能插入施事，施事只能位於動詞後，靠"於"引介。

然而這一超常組合並未從根本上動搖漢語自身結構的組織原則，反而凸顯了漢語的類型特徵，即與同期漢語受事主語句的發展合流。中古是漢語受事主語句發展的重要時期，受事類話題的大量存在也是漢語作爲話題優先型語言的一個突出表現(劉丹青 2009)。因而，漢語原有的"見 V"被動句得以順利轉型爲"話題—評論"式的受事主語句，施事也成功移至動詞前的主語位置，生成所謂的"A 見 V"式。所以，這一變革可謂意義非凡，不僅推動了施事的前移，還溝通了"R 見 V"式與"A 見 V"式的聯繫，即由狹義被動句擴展爲廣義被動句的結果，而困擾學界多年的難題也有望得解。

首先是"A 見 V"中"見"字的屬性。從"見 V"對應原文動詞被動語態來看，"見"字依然用作語態標記，而非指代動詞後省略的受事賓語。受事並未作爲賓語省略，而是在施事前移的擠壓下話題化爲全句的話題。只不過由於漢語自身的特點，如曹逢甫(1995)所言，將句子放在上下文中看，話題及主語常可省略，但仍然可以"恢復"，因而在分析孤立的句子時無法找到的資訊對於聽話者來説實際上都是存在的。換言之，聽話者可以將省略造成的空位填補上，即存在"零形話題"及"零形主語"。同時曹逢甫指出，零形話題是保持話題連續和局部篇章連貫的重要手段，所以，話題是比主語更爲顯著的候選先行語。

由此可見，以往討論"A 見 V"式時存在認知盲區，忽視了提升至話題位置的受事，"A 見 V"式的完整形式實爲"(R)A 見 V"受事主語句，受事話題因與篇章話題(多爲出語者本人)同指而省略，即以"零形話題"的形式存在。如：

(28)今我爲腹使，唯人尊見恕。(晉竺法護《生經》卷三)

(29)謂竺曰："我天使也，當往燒東海麋竺家，感君見載，故以相語。"(《搜神記》卷四)

(30)江於是躍來就之曰："我自是天下男子厭，何預卿事，而見喚耶？"(《世説新語·假譎》)

即便對於零主語的"見 V"式而言，考慮到篇章話題的連貫和上下文的銜接，"見 V"前也當首先補出受事話題，所以不存在所謂的兩可分析或主被動難分的情況。而受事身爲話題，自然不會受人稱限制，甚至非身形式，如例(13)(14)(15)。這也是我們復查王洪君窮盡調查的中古零主語"見 V"式的結果。

(31)我于此時,隨從太子,永無歸意。太子見遣,終不聽住。(宋求那跋陀羅《過去現在因果經》卷二)

王氏視其爲主動式,而對比下例:

(32)吾死不幸,見遣三年。(《搜神記》卷四)

同樣的"見遣",因前未出現施事主語,王氏便做兩可分析,或又歸入被動式,標準搖擺不定。

而曾受非議的馬氏舉例恰恰反映了漢語的這一特點,現將該句所在局部篇章抄録如下:

(33)先生曰:"……今先生學雖勤而不繇其統,言雖多而不要其中,文雖奇而不濟於用,行雖修而不顯於衆。猶且月費俸錢,歲靡廩粟;子不知耕,婦不知織;乘馬從徒,安坐而食。踵常途之役役,窺陳編以盗竊。然而聖主不加誅,宰臣不見斥,茲非其幸歟?

這段由十餘個小句組成的語篇中,除最後一句,其他各句都是對第一句中話題主語"先生(我)"的評論説明,即爲後續小句的共用話題,可見"見"字無所指,不宜解作"我"。

這樣一來,"見 V"後出現受事賓語的情況也就司空見慣,不足爲奇了。對於漢語的受事主語句來説,無論廣狹,動詞後的位置本就可以容納受事主語的同指、復指及隸屬成分,即主語爲間接受事者,動詞後的賓語才是直接的受事者。如:

(34)女以知者爲必用邪?王子比干不見剖心乎?女以忠者爲必用邪?關龍逢不見刑乎?(《荀子·宥坐》)

(35)公孫敖出代郡,爲胡所敗七千餘人。(《史記·匈奴列傳》)

(36)齊襄公將爲賊所殺……豕人立而啼。公懼,墜于車,傷足喪履,而爲賊殺之。夫殺襄公者賊也。(《論衡·訂鬼》)

(37)吾子,白帝子也,化爲蛇,當道,今爲赤帝子斬之,故哭。(《史記·高祖本紀》)

(38)馬被刺脚。(《齊民要術·養牛馬驢騾》)

(39)昔有秦故彦是皇帝之子,當爲昔魯家鬥戲,被損落一齒,不知所在。(《敦煌變文集·搜神記·行孝第一》)

(40)若是下人出來著衣,更勝阿郎。奈何緣被人識得伊?(《祖堂集》卷八)

(41)林黛玉……步步留心,時時在意,不肯輕易多説一句話,多行一步路,惟恐被人恥笑了他去。(《紅樓夢》第三回)

(42)楊奉言侯成盗其馬,被侯成殺了楊奉。(《三國志平話》)

(43)這廝夜來赤條條地睡在靈官殿裹,被我拿了這廝。(《水滸》第十四回)

也正是在這個意義上,"(R)A 見 V"式才會跟同時期的"爲 A 所 V"等被動式構成相關句式,王洪君文提出的類推作用才有可能發生。誠如楊伯峻、何樂士(1992)所言,在"爲……動"式中第一次出現了被動句内施事者的前移,由動詞後移至動詞前,這是被動句發展演變上的一件大事。不過鑒於同期(至少在中土文獻裹)"R 見 V 於 A"被動式仍佔據相當勢力(參見唐鈺明 1987 統計:27 例),佛經翻譯及其對原文語序的模仿仍不失爲推動施事前移的主要動力,功不可沒。

三　受事主語句的語用功能與“T 見 V[A]”式

當然,擴展爲受事主語句的“(R)A 見 V”式主要不是表示被動關係,而是話題和評論的關係,因此動性大減,體現爲一種弱影響性,相反明顯增加了形容詞性,帶有更多狀態特徵。這也是爲什麽隨著時間的推移,該結構逐漸語法化爲一種固定格式,逐步限制於一定範圍,並且有了特殊的語義和語用功能,即如衆人所云,多用於表示一種比較禮貌客氣的説法。尤其在對話中,話題主語經常因隱含而省略。所以説,不同的形式總是藴含了意義和交際功能上的不同,絕對的同義形式是不存在的(Haiman1985),也就是,A 見 V $\neq$ AV(R),將例(6)轉换成“若使君不許登,登亦未敢聽使君也”,並非句義無殊。加之梵漢佛經對勘材料的支持,“見 V”依然對應原文動詞的被動態,“見”字並未轉變爲指代詞,或由語境賦予其指代意義,即便是在與偏指副詞“相”對舉的情况下,如:

(44)窮子驚愕,稱怨大唤:“我不相犯,何爲見捉?”(《妙法蓮華經・信解品》)

“相”可視爲指代動詞後省略的受事賓語“你們”,但“見捉”的受事“我”並未省略,而是出現在句首話題位置。“見”字雖依然用作語態標記,但表被動的性質有所减弱,表狀態的性質有所增强,語氣更爲恭敬。如魏培泉(2004)所舉:

(45)一人陳辭,出其贊言,而高自畜:“咄,卿男子! 當惠我肉,欲得食之。”第二人曰:“唯兄施肉,令弟得食。”第三人曰:“仁者可愛,以肉相與,吾思食之。”第四人曰:“親厚捐肉,唯見乞施,吾欲食之。”(晉竺法護《生經》卷三)

魏氏解析道:這段話中第一人的口氣是屬於態度較爲不遜的,第二人語氣稍嫌平常,第三人的口氣比較親切,至於第四人的話就比較敬謹,甚至可説已帶有懇求語氣。就這個故事的文意看,發話越在後頭的應該越能得到施者的歡之,而且事實上各人所得之厚薄也確是按照這個順序。該文將“見 V”句安排在最後,應該是由於其語氣十分恭謹之故,而“相 V”式用於陌生人之間則稍嫌進展太快了。

直到“T 見 V[A]”式出現,“見”字才完全表示狀態。而從表被動到表狀態是一條具有語言共性的被動態的派生路綫。劉丹青(2009)將被動態分爲動態被動和静態被動,被動態的動態表示一個行爲或事件,而被動態的静態表示的不再是該動詞所表示的行爲或事件,而是行爲、事件後留下的持續狀態或某種關係。譬如英語多以被動態出現表静態被動的“係詞(被動態助動詞)+過去分詞”形式已被理解爲“係詞+形容詞”,如 The window is broken(這窗户是破的),此句並不關心窗户被打破這一事件,而關心的是窗户的一種屬性——破的,broken 已用如一個形容詞。從這個意義上講,古漢語中由“見”直接附著於不及物動詞尤其是形容詞之前形成的"見 V"結構即可視爲靜態被動,對話題主語的狀態屬性進行説明,如例(7)(8)(9)所示。佛經翻譯也可反映出這一具有語言共性的演變。如：

(46)聞佛授我決　世光見飽滿。(《正法華經·受記品第九》)

tṛptās	sma	loka-pradyota	śrutvā	vyākaraṇam	idam
ppp. m. pl. N.	indecl.	m. sg. V.	ger.	n. sg. Ac.	dem. Ac.
充足、飽滿(表過去)		世間聖光	聽見	授記	這個

現代漢語譯文:世間聖光啊!(我們)聽到這個授記,感到滿足。

對勘顯示,"見"字出現在形容詞"飽滿"前,對應原文與被動態同形且同樣派生出狀態義的過去被動分詞 tṛptās。"見"字與其稱作狀態詞頭(王洪君 1992),不如遵循語言演變的共性,統稱作語態標記。表狀態的"見"字式可視爲漢語表被動的"見"字式自身派生的結果,並未受到外來影響,相反或許可爲佛經翻譯影響下産生的"A 見 V"式奠定基礎,即作爲語態標記的"見"字早就可以用在"話題—説明"關係的話題句中。

四　結語

古漢語"見"字式的派生擴展和"見"字的穩定屬性很好詮釋了語言接觸和語言派生引發的兩種演變,可視爲語言演變的一個縮影,即語言接觸帶來的外部動因和符合語言共性的内在動因,皆可觸發並推動語言的發展演變。當然,外部的接觸影響須以内在的結構規則爲基礎,而僅靠内因有些演變也難以發生,如"(R)A 見 V"式的形成。簡單圖示如下：

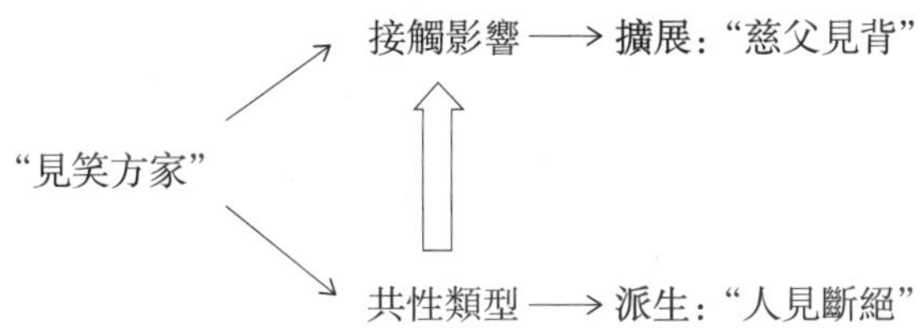

略語表

A.	ātmanepada, middle-voice 爲己,中間語態
Ac.	accusative 業格,對格
adj.	adjective 形容詞
adv.	adverb 副詞
conj.	conjunction 連詞
f.	feminine 陰性
fut.	future 將來時

G. genitive 屬格
I. instrumental 具格
indec. indeclinable 不變詞
inter. interrogarive 疑問代名詞
L. locativen 位格,依格
m. masculine 陽性
N. nominative 主格
n. neuter 中性
opt. optative 祈願語氣、虛擬語氣
P. parasmaipada,active-voice 爲他,主動語態
pers. 1. first-personal 第一人稱代名詞
pers. 2. second-personal 第二人稱代名詞
perf. Perfective 完成時
pl. plural 複數
ppp. past-passive-participle 過去被動分詞
ppt. present-participle 現在分詞
pres. present 現在時
pron. pronoun 代名詞
sg. singular 單數
V. vocative 呼格

参考文獻

曹逢甫 1995 《話題在漢語中的功能研究——邁向語段分析的第一步》,謝天蔚譯,北京:語文出版社。
董志翹 1986 《中世漢語中的三類特殊句式》,《中國語文》第6期。
蔣紹愚 2004 《受事主語句的發展與使役句到被動句的演變》,載高島謙一、蔣紹愚主編《意義與形式——古代漢語語法論文集》,Lincom Europa.
吕叔湘 1943 《"見"字之指代用法》,載《漢語語法論文集》(增訂本),1984。
劉丹青 編著 2008 《語法調查研究手册》,上海:上海教育出版社。
劉丹青 2009 《話題優先的句法後果》,載程工、劉丹青主編《漢語的形式與功能研究》,北京:商務印書館。
馬建忠 1898 《馬氏文通》,北京:商務印書館,1983。
桊 晶 2006 《漢語口語體受事前置句》,《北京大學學報》第4期。
沈家煊 2004 《語用原則、語用推理和語義演變》,《外語教學與研究》第4期。
唐鈺明 1987 《漢魏六朝被動式略論》,《中國語文》第3期。
王洪君 1991 《"見"分布的變化及其意義的演變》,《語言學論叢》第16輯,北京:商務印書館。
魏培泉 2004 《漢魏六朝稱代詞研究》,臺灣:中研院語言學研究所。
楊伯峻 何樂士 1992 《古漢語語法及其發展》,北京:語文出版社。
楊樹達 1928 《詞詮》,北京:商務印書館。
姚振武 1990 《古漢語受事句中"見V"結構再研究》,《古漢語研究》第2期。

姚振武 1999 《先秦漢語受事主語句系統》,《中國語文》第 1 期。
袁毓林 1996 《話題化及其相關的語法過程》,《中國語文》第 4 期。
朱冠明 2011 《中古佛典與漢語受事主語句的發展——兼談佛經翻譯影響漢語語法的模式》,《中國語文》第 2 期。
Anna Siewierska 1984 The Passive:A comparative Linguistics analysis. Croom Helm,Sydney,Australia.
Haiman 1985 *Natural Syntax*. Cambridge University.

A new comprehension of *jian*(見):from *jianxiao fang jia*(見笑方家)to *ci fujianbei* (慈父見背)and *ren jian duan jue*(人見斷絕)

JIANG Nan

Abstract:Based on comparative studies of Sanskrit and Chinese of transltated Buddhist Scriptures in Medieval times,this paper tries to clarify the complicated relationship between several constructions of *jian*(見): *jianxiao fang jia*(見笑方家),*ci fujianbei*(慈父見背)*and renjianduanjue*(人見斷絕). In fact,their appearance one after another met the development of Chinese objective subject sentences,i. e. the result of derivation and expansion from passive sentences in narrow sense to generalized objective subject sentences expressing state,while the nature of the word *jian*(見)pre-attached to verbsas a voice markerremains unchanged. This also accords with cross-linguistic commonalities.

Key words:constructions of *jian*(見),objective subject sentences,voice marker,comparative studies of Sanskrit and Chinese of transltated Buddhist Scriptures

(姜南 中國社會科學院語言研究所 100732)

編後記

今年是本刊顧問蔣紹愚先生八十華誕。

蔣紹愚先生1940年1月生於上海，1962年在北京大學畢業後留校任教，爲北京大學中文系教授，博士生導師；曾任中文系副主任，中文系學術委員會主任，北京大學漢語語言學研究中心副主任、主任；現受聘爲北京大學國學研究院導師，清華大學人文學院教授；是國家級“有突出貢獻專家”和國家級“教學名師”。

蔣紹愚先生在漢語歷史語言學研究的諸多領域取得了突出成就，在古漢語詞彙研究及近代漢語語法研究方面成就尤爲卓著。著有《古漢語詞彙綱要》《唐詩語言研究》《近代漢語研究概況》《近代漢語研究概要》《漢語歷史詞彙學概要》《古漢語常用字字典》(統稿)等，發表了一系列高質量的學術論文，部分論文收入其論文集《著名中年語言學家自選集·蔣紹愚自選集》《漢語詞彙語法史論文集》《漢語詞彙語法史論文續集》中。

蔣紹愚先生長期與中國社會科學院語言研究所合作，先後主編了《近代漢語語法資料彙編》(劉堅、蔣紹愚主編)、《近代漢語語法史研究綜述》(蔣紹愚、曹廣順主編)等；從本刊創刊起就擔任本刊顧問，並多次賜稿。本輯出版正值蔣先生八十華誕之際，我們在常規組稿的基礎上，另在小範圍内特約了部分稿件，把該輯冠名爲“慶祝蔣紹愚先生八秩華誕特輯”，以感謝蔣先生對漢語歷史語法和詞彙研究做出的傑出貢獻以及多年來對本刊的大力支持。

感謝各位學者賜稿，感謝商務印書館及相關編輯對本刊的大力支持和認真細緻的勞動！同時向希望撰文爲蔣先生賀壽而限於篇幅難以如願的學者表示歉意。

本輯的具體編輯工作主要由姜南負責，編輯部其他成員也參與了部分工作。

《歷史語言學研究》編輯部

2019年3月

《歷史語言學研究》稿約

一

《歷史語言學研究》是由中國社會科學院語言研究所歷史語法與詞彙學學科(中國社會科學院重點學科)主辦、商務印書館出版發行的系列學術集刊(暫定每年一輯),旨在爲國内外歷史語言學界提供一個較高水準的學術交流平臺。

本刊主要發表原創性的歷史語言學及其相關專業的學術論文。

本刊面向國内外語言學界組稿,實行雙向匿名審稿制。歡迎投稿。本刊通訊地址:100732 中國北京建國門内大街 5 號中國社會科學院語言研究所《歷史語言學研究》編輯部。電話:010－85195400,85195388。電子郵件:lsyyx@cass. org. cn。

二

來稿請注意以下事項:

1. 篇幅一般請控制在 20000 字以内,超過 5000 字者請提供 300 以内的中文提要和 3 至 5 個關鍵詞,以及相應的英文題目、提要、關鍵詞。

2. 請提供紙質文本和電子文本各一份。電子文本以 WORD 編輯,通過電子郵件以附件形式發送。作者姓名、單位、電子郵件、電話、通信地址及郵編等請另頁給出。

3. 本刊以繁體漢字排印(請注意繁簡轉换時一簡對多繁現象和可能出現的錯誤,如"信息"可能會轉成"資訊"等),GBK 以外字體及特殊符號、須製版的圖表等,請另頁標出。

4. 編輯部在收到稿件後半年内告知評審結果。限於人力,來稿恕不退還。論文一經發表,即贈樣書兩本,並略致薄酬。

三

稿件編排格式請參照《中國語文》。主要體例提示如下:

1. 章節層次編號,可以用 1、2,1.1、1.2,1.1.1、1.1.2,……;或一、二、三,(一)、(二)、(三),1、2、3,……。圖表編號,用附圖 1、附圖 2;附表 1、附表 2……。

2. 例句編號,用(1)、(2)、(3)。例句版式,首行空 2 格,回行齊漢字;必要時接排,中間用竪綫隔開。例句出處在圓括號内標明,包括書名、卷回名或卷回數等,文末附有引書目録時可以注明頁數;書名與卷回頁碼之間以逗號隔開,書名號可省略。

3. 國際音標是否加方括號視需要而定,調值用數位形式標在音標右上角,如"[lou^{35}]"。

4. 謝啓置於首頁下,並於篇題之後標星號參照。脚注每頁重新排序用①②③……。

5. 徵引形式爲"曹廣順(1995)";引述原文時,兼附頁碼,如"王力(1980:21)",或加在引文後面"(王力:21)"。

6. 徵引文獻一律附在文末"參考文獻"下,先中文,後日文、英文,按音序排列。

《歷史語言學研究》編輯部

圖書在版編目(CIP)數據

歷史語言學研究. 第13輯/中國社會科學院語言研究所《歷史語言學研究》編輯部編. 一北京:商務印書館,2019
ISBN 978-7-100-17784-9

Ⅰ. ①歷… Ⅱ. ①中… Ⅲ. ①語言學史一文集 Ⅳ. ①H0-09

中國版本圖書館CIP數據核字(2019)第189352號

LÌSHǏ YǓYÁNXUÉ YÁNJIŪ
歷史語言學研究
(第十三輯)
中國社會科學院語言研究所
《歷史語言學研究》編輯部 編

商 務 印 書 館 出 版
(北京王府井大街36號 郵政編碼100710)
商 務 印 書 館 發 行
北京藝輝伊航圖文有限公司印刷
ISBN 978-7-100-17784-9

2019年10月第1版 開本787×1092 1/16
2019年10月北京第1次印刷 印張28
定價:78.00元